对《Head First PHP & MySQL》的高度赞誉

"PHP和MySQL是当前最流行的两项Web开发技术，这本书向读者展示出，如今不使用这两种技术构建网站就如同没有CSS的Web设计一样难以想象。这本书不仅有透彻的介绍，其幽默的文笔更让人忍俊不禁。这正是我一直以来希望学习的书。"

—— Harvey Quamen, 阿尔伯达大学英语与人文计算副教授

"一直以来我们都已经接受这样一个观点：认为技术学习是一个苦差事，但如今这种看法已经改变，取而代之，已经诞生了一种超乎寻常的有趣的学习方法。我可以非常自信地说，Head First系列绝对是出版业的一次技术革命，这些新方法终将成为标准。我敢打赌，尽管我的老祖母对新技术避之不及，但简单看过这本书后也会对PHP和MySQL技术有所认识。她甚至很可能对此饶有兴致！"

—— Will Harris, 数据库管理员, Powered By Geek

"读《Head First PHP & MySQL》就像是听一位'最酷'的老师上课。它会让你迫不及待地想要学习。"

—— Stephanie Liese, Web开发人员

"通过运用图片加上幽默的风格，使得这本书不仅很容易领会，同时也为我们提供了真正的技术秘诀。"

—— Jereme Allen, Web开发人员

"兴趣盎然地快速读过这本书，并且实践了大量离奇的'实际动手'项目（比如'我的小狗被外星人劫持了'和'互补配对介绍所'）之后，我已经迫不及待地想要为我的Web网站增加真正的PHP功能了。"

—— David Briggs, 软件工程师和技术作者

对《Head First HTML with CSS & XHTML》的赞誉

"Eric和Elisabeth Freeman显然对这些内容了如指掌。随着Internet变得越来越复杂，Web页面的巧妙构建也变得越来越重要。这里每一章都以精巧的设计为核心，所有概念的阐述都同样富含实用性和过人智慧。"

　　　　　　—— Ken Goldstein, 执行副总裁&管理主管, Disney Online

"如果每一位HTML编写者都能先读读这本书，Web的状况肯定比现在好得多。"

　　　　　　—— L. David Baron, Technical Lead, Layout & CSS, Mozilla公司
　　　　　　　http://dbaron.org/

"到现在为止，我学习HTML和CSS已经有十年了，之前充满尝试、错误、再尝试的漫长学习过程已经完全浓缩到这本有趣的书中。原先你可以简单地'摆弄'HTML，直到屏幕上看到还算不错的结果，不过，随着Web标准的出现再加上追求可访问性的趋势，这种草率的编码做法已经无法让人接受……不论是从企业角度还是从社会责任感来讲都是如此。《Head First HTML with CSS & XHTML》会教你如何从一开始就摆正心态，但不会使整个过程让人心生畏惧。经过恰当地解释，HTML不再比英语更复杂，另外Freeman能让所有概念都一目了然，他在这方面确实很有一套。"

　　　　　　——Mike Davidson, 总裁&CEO, Newsvine公司

"哇，太棒了。你们能让一本XHTML书简单到连CEO都能看懂。接下来会怎样呢？能不能简单到连我的开发人员也能看懂？要知道，我们要作为一个团队共同协作。"

　　　　　　——Janice Fraser, CEO, Adaptive Path

"这本书充满了幽默和睿智，最重要的是，它很真诚。我知道这么说一本技术书听起来有些荒谬，不过我从内心里确实这样认为，这本书（或者至少是它的作者们）真心为读者考虑。从风格、语言以及技术上都体现出这一点。从读者的角度学习（真正的了解和理解）显然在Freeman心里是重中之重。这本书坚决而明智地提倡标准兼容，为此真的非常非常谢谢你。看到这样一本入门书（不过我认为它会被人们广泛阅读和研究）如此循循善诱、如此令人信服地强调标准兼容在Web页面代码中的价值，确实是一大幸事。甚至在这里还找到了一些我自己都未曾想到的理由——如果有人问我（确实还有人这样问我）：'兼容有什么意义，有什么必要去考虑兼容？'我会记住这些理由并充分利用，现在我有了更多的'炮弹'来还击！另外我也很喜欢基础知识中有关如何让Web页面变得生动的一些小技巧 —— FTP、Web服务器基础、文件结构等。"

　　　　　　——Robert Neer, 产品开发主管, Movies.com

"如此实用，而且讲解如此细致。这本书可以很好地将一无所知的新手带入JavaScript世界，而且再一次沿袭了Head First系列的教学风格。其他JavaScript书无法比拟的是，《Head First JavaScript》尽管篇幅很长，但与电话薄厚度的其他参考书相比，它学习起来很轻松。"

—— Alex Lee, 学生, Houston大学

" 初级JavaScript开发人员的绝佳选择。"

—— Fletcher Moore, Web开发人员和设计师，乔治亚理工学院

"秉承Head First风格的又一本好书。"

—— TW Scannell

"JavaScript一直以来都是驱动Web页面的客户端引擎，不过同时它也长期被误解甚至被误用。通过《Head First JavaScript》，Michael Morrison对这种语言给出了一个直接明了的介绍，消除了长期存在的误解，并展示了如何最有效地使用它来改进Web页面。"

—— Anthony T. Holdener III, Web应用开发人员，《Ajax权威指南》的作者

"一个Web页面有3部分——内容（HTML）、外观（CSS）和行为（JavaScript）。《Head First HTML With CSS& XHTML》介绍了前两部分，而这本书使用同样诙谐但实用的方法介绍了JavaScript。这本书一方面采用有趣的方式介绍JavaScript，另外还采用多种方法强调有关信息使你不会忘记，所有这些使它非常适合于初学者，他们可以利用这本书开始尝试让Web页面更具交互性。"

—— Stephen Chapman, Owner Felgall Pty公司, JavaScript编辑, about.com

"这是我一直以来想要推荐给读者的书。一方面它很简单，即使完全是初学者也可以看懂，另一方面它也有足够的深度，对高级用户来说也很有帮助。而且它会使学习的过程充满乐趣。这可能是你需要的唯一的JavaScript书。"

—— Julie L Baumler, JavaScript编辑, BellaOnline.com

O'Reilly的其他相关图书

Learning PHP & MySQL

Web Database Applications with PHP and MySQL

Programming PHP

Learning MySQL

PHP in a Nutshell

PHP Cookbook™

PHP Hacks™

MySQL in a Nutshell

MySQL Cookbook™

O'Reilly的Head First系列图书

Head First Java™

Head First Object-Oriented Analysis and Design (OOA&D)

Head First HTML with CSS and XHTML

Head First Design Patterns

Head First Servlets and JSP

Head First EJB

Head First PMP

Head First SQL

Head First Software Development

Head First JavaScript

Head First Ajax

Head First Physics

Head First Statistics

Head First Rails

Head First Web Design

Head First Algebra

Head First PHP & MySQL

如果有一本**PHP & MySQL**书能让人感觉数据库和服务器端**Web**编程就像在天堂里举行的比赛一样精彩绝伦，那该多好呀！这可能只是个梦想吧……

Lynn Beighley

Michael Morrison 著

苏金国 徐阳 等译

O'REILLY®

Beijing · Cambridge · Köln · Sebastopol · Tokyo

图书在版编目（CIP）数据

Head First PHP & MySQL：中文版/（美）贝伊利（Beighley, L.），（美）莫里森（Morrison, M.）著；
苏金国等译，－北京：中国电力出版社，2011.3（2020.1 重印）

书名原文：Head First PHP & MySQL

ISBN 978-7-5123-0513-7

I. ①H…　II.①贝…②莫…③苏…　III.①PHP语言－程序设计 ②关系数据库－数据库管理系统，
MySQL　IV.①TP312②TP311.138

中国版本图书馆CIP数据核字（2010）第107824号

北京市版权局著作权合同登记

图字：01-2010-3053号

封面设计/　　Louise Barr，Steve Fehler，张健

出版发行/　　中国电力出版社

地　　址/　　北京市东城区北京站西街 19 号（邮政编码 100005）

印　　刷/　　三河市航远印刷有限公司

开　　本/　　850 毫米×980 毫米　16 开本　50.75 印张　1109 千字

版　　次/　　2011年 3 月第 1 版　2020年 1 月第 10 次印刷

印　　数/　　19501—21000 册

定　　价/　　98.00 元（册）

献给经常使用Web应用而且总在我身边的爸爸妈妈。

—— Lynn Beighley

献给Rasmus Lerdorf，是他单枪匹马地创造了这种语言而最终成为现在我们所熟知的PHP。只需要一个人就能带领我们踏上全新的、更加光明的道路，这确实是一个亘古不变的真理。

—— Michael Morrison

Head First PHP & MySQL的作者

Lynn Beighley

Michael Morrison

Lynn Beighley表面上是一个技术图书作者，但内心里实际上是一个科幻作家。发现写技术图书确实可以挣钱后，她开始接受并逐渐喜欢上这个工作。回到学校获得计算机科学的硕士学位后，她曾任职于NRL和LANL。然后她发现了Flash，并撰写了她的第一部畅销书。不过她没有把握好时机，恰好在大萧条之前搬到了硅谷。她曾为Yahoo!工作多年，并撰写了另外一些书和培训教程。最后还是为她的创意写作爱好而让步，搬到了纽约地区去攻读创意写作美术硕士学位。她发表Head First风格的论文时，报告厅挤满了教授和学生。论文好评如潮，当然她也完成了学业。不仅如此，随后又完成了《Head First SQL》，另外刚刚完成了《Head First PHP & MySQL》。真了不得！

Lynn喜欢旅游和写作，还喜欢编造有关陌生人的生平故事。她有点害怕UFO。

Michael Morrison从最初在他的Commodore 64开办BBS以来就一直在热情地为在线世界做贡献，那时技术高手可远没有现在这么"酷"。很久以后，他还对我们有如此之大，而且如此之快的进步感到惊奇。Michael不再开设BBS，不过他仍在大量参与和BBS相关的其他活动，并对用于建立BBS的工具投入大量精力。他把大部分"正式"时间用来撰写Web相关技术的图书，已经著有或合著50余本书，范围从移动游戏编程到XML都有涉及。从撰写《Head First JavaScript》开始他加入到Head First团队，并从此一往直前。

Michael还是Stalefish Labs (www.stalefishlabs.com) 的创始人，这是一个致力于游戏、玩具和交互式媒体的娱乐公司。另外大家都知道，不在网上时，他喜欢玩滑板、冰球，与妻子Masheed住在他的koi池塘旁，甚至偶尔会睡一觉。

目录（概览）

详细目录

引子

让你的大脑来学PHP & MySQL。你想坐下来学点东西，可是你的大脑却总在帮倒忙，一直在告诉你学这些不重要。你的大脑在想，"还是把空间留给更重要的事情吧，比方说要躲开哪些野兽，还有水下瑜珈是不是不太好。"那么你该如何骗过大脑，让它认为如果不学会PHP & MySQL你将无法生存？

目录

1 为静态页面赋予生命

充满生机

你已经用HTML创建了不错的Web页面，可能还用到一点点CSS。不过你已经注意到，访问你的网站的人除了被动地查看页面上的内容外，并不能做多少其他工作。这种交流是单向的，你想改变这种现状。实际上，你非常想知道访问者在想些什么。不过你要允许用户在Web表单中输入信息来了解他们所想，而且需要能够处理这些信息，并能让这些信息传达给你。看起来要把你的网站提高到一个新的层次，仅仅靠HTML是不够的。

你见过他吗?

2 连接MySQL

如何连接在一起

开始构建应用之前最好先了解各部分如何连接在一起。 你已经创建了你的第一个PHP脚本，而且这个PHP脚本表现还不错。不过通过邮件来得到表单结果还不够好。你需要一种方法来存储表单的结果，从而只要需要就能一直保存，并在希望得到数据时能够获取。MySQL数据库可以存储你的数据，实现安全的维护。不过需要先把PHP脚本与MySQL数据库连接起来才能达到目的。

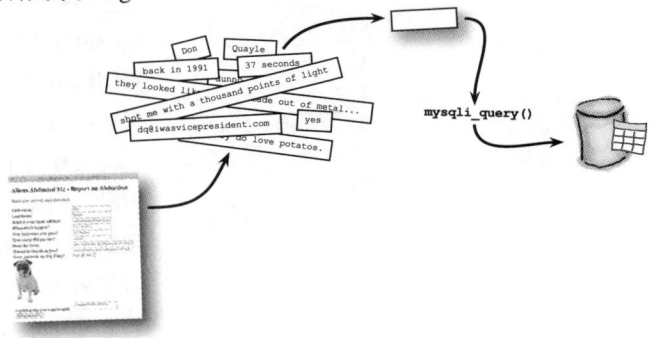

新的报告表单很不错，不过现在我收到的email太多了。即使我喝再多的咖啡也没有足够的精力保证一收到邮件就全部加以处理。

mysqli_query()

目录

创建与填充数据库

创建你自己的数据

你并不一定拥有你需要的数据。 在真正使用数据之前首先需要创建数据。有时需要创建数据库表来保存那些数据。另外有时必须创建数据库来保存需要在使用之前先行创建的数据。是不是有些糊涂了？读过这一章你就会完全明白。准备好，我们来学习如何创建你自己的数据库和数据库表。如果你还嫌不够尽兴，实际上在这个过程中你还将构建你的第一个PHP和MySQL应用。

4 现实的实际应用

你的Web应用

有时必须现实一点，需要重新考虑你的规划。 或者开始规划时就更谨慎一些。应用发布到Web上时，你可能会发现原先的规划还不够周全。你原本认为可以做到的事情在真实世界中并不那么顺利。这一章会分析将应用从测试网站转为真实网站时可能遇到的一些实际问题。在这个过程中，我们还会展示一些更重要的PHP和SQL代码。

5 使用存储在文件中的数据

如果数据库还不够

不要完全相信关于数据库的……夸张宣传，有些宣传确实过于夸大了。不错，数据库对于存储各种文本数据可谓能力非凡，不过二进制数据呢？你知道的，就像JPEG图像和PDF文档之类的数据。把你的珍藏吉他的所有图片都存储在一个数据库表中有意义吗？往往并没有多大意义。这种数据通常存储在文件中，而且我们也仍用文件来存储。不过你完全可以另辟蹊径，这一章将展示可以结合使用文件和数据库来构建包含大量二进制数据的PHP应用。

6 保证应用安全

假想他们都在搜寻你

听爸爸妈妈的话没有错，不要跟陌生人说话。 或者至少不要轻信他们。最起码的，不要把应用数据的钥匙给他们，以为他们不会做坏事。这是一个残酷的世界，你不能过分相信任何一个人。实际上，作为一个Web应用开发人员，你必须持半怀疑半合作的态度。不过，人往往都有坏心眼，他们肯定都在想方设法算计你！不错，也许这有点偏激，不过重视安全性确实非常重要，要适当地设计应用，使它得到充分保护免受可能有危害的人进行破坏。

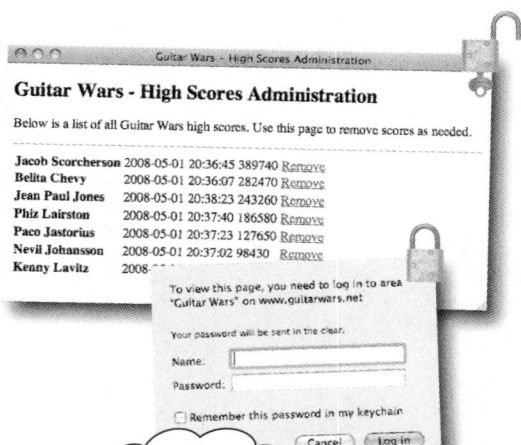

目录

构建个性化Web应用

还记得我吗?

任何人都不喜欢被遗忘，特别是Web应用的用户。 如果应用提供某种"会员资格"，这表示用户可以采用一种个性化方式与应用交互，相应地应用需要记住这个用户。你肯定不愿意每次走进家门时都必须重新向家人介绍你自己，而且也根本不需要这么做，因为你的家人有一个很好的本领，这就是记忆。不过Web应用并不会自动地记住用户，要由高水平的Web开发人员使用他们喜欢的工具（可能是PHP和MySQL）来构建能真正记住用户的个性化Web应用。

7 1/2 消除重复代码

分享就是关爱

并不只是伞能分享。 在任何Web应用中，你都会遇到这样的情况，即相同的代码重复出现在多个地方。这样不仅很浪费，而且会导致维护困难，因为你肯定会修改代码，这就必须在多个位置上都做此修改。解决方案就是通过共享来消除重复代码。换句话说，把重复代码放在一个位置上，然后在需要它的地方直接引用这个唯一的副本就可以了。消除重复代码会使应用更高效，更易于维护，并且最终更为健壮。

页眉出现在每个Mismatch页面的最上方，显示应用标题以及页面特定的标题。

startsession.php

Mismatch中每个针对用户的个性化页面需要登录代码来跟踪该用户。

header.php

navmenu.php

导航菜单就出现在页眉下面，为每个Mismatch页面提供一个一致的菜单从而在主页面之间导航。

脚本在每个Mismatch页面最下方提供内容，其中包括一个版本声明信息。

footer.php

index.php

在这么多脚本的帮助下，index.php脚本可以专注于它独有的功能，即显示主用户列表。

目录

控制你的数据，世界在你手中

8

收获数据

没有什么能够比得上一次完美的数据秋收。 已经准备好丰富的信息，可以供你检查、分类、比较和合并，一般来讲可以做你的一流Web应用需要完成的任何工作。是不是很满足？不错。不过就像真正的秋收一样，控制一个MySQL数据库中的数据也需要一些艰苦的工作，还要有相当的经验。Web用户想要的绝不只是让人毫无兴趣、枯燥乏味的陈旧数据。用户们希望得到有丰富内涵……能完成任务……真正重要的数据。那么你还等什么呢？开动你的MySQL收割机，开始工作吧！

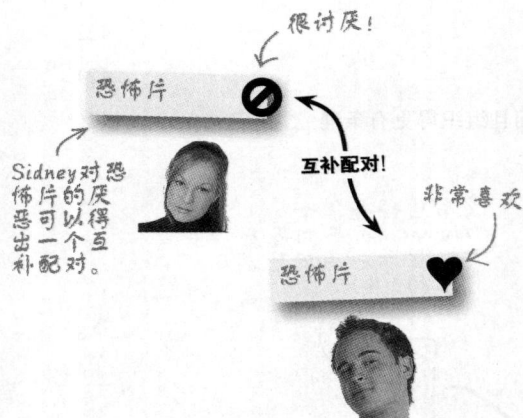

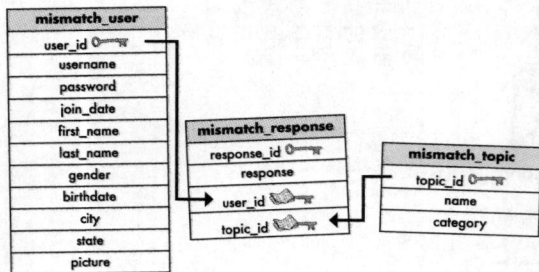

很讨厌！

恐怖片 ⊘

*Sidney*对恐怖片的厌恶可以得出一个互补配对。

互补配对！

非常喜欢

恐怖片 ♥

mismatch_user
- user_id
- username
- password
- join_date
- first_name
- last_name
- gender
- birthdate
- city
- state
- picture

mismatch_response
- response_id
- response
- user_id
- topic_id

mismatch_topic
- topic_id
- name
- category

9

串与定制函数

通过函数改善生活

函数能把应用提升到一个全新高度。 之前你一直在使用PHP内置函数，现在有必要来了解一些更有用的内置函数。然后学习如何构建你自己的定制函数来达到超乎你想象的高度。必须承认，也许还达不到养鲨鱼当宠物的程度，但定制函数确实能改善你的代码，保证重用。

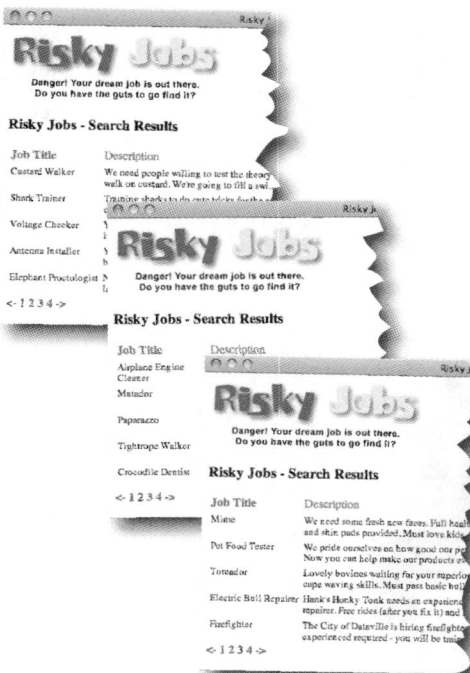

正则表达式

替换规则

串函数很可爱，不过它们也很受限。当然，它们可以告诉你串的长度，可以将串截断，还可以把一些字符改为另外一些字符。不过，有时你还需要自由发挥，完成更复杂的文本处理。在这方面正则表达式可以提供帮助。它们可以根据一组规则而不只是一个条件准确地修改字符串。

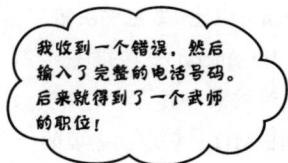

First Name: Jimmy
Last Name: Swift
Email: JS@sim-u-duck.com
Phone: 636 4652
Desired Job: Ninja

我收到一个错误，然后输入了完整的电话号码。后来就得到了一个武师的职位！

First Name: Jimmy
Last Name: Swift
Email: JS@sim-u-duck.com
Phone: (555) 636 4652
Desired Job: Ninja

11

数据可视化……以及更多！

绘制动态图像

当然，我们都知道一个好的查询和丰富的结果很有意义。不过，查询结果并不总能清楚地自我表达。有时有必要换个角度描述数据，可能需要一个更可见的角度。PHP使之成为可能，可以提供数据库数据的一个图形化表示：饼图、直方图、维恩图、罗夏图等。只要能帮助用户了解应用中的数据流程，就都是有益的。不过并非PHP应用中所有有意义的图像都来自于数据库。例如，你知道可以利用动态生成的图像挫败填写表单的垃圾邮件机器人吗？

目录

合成与Web服务

12

与世界连接

外面的世界很大，不容忽视你的Web应用。 也许更重要的，你更希望这个世界不要忽视你的应用。要把你的Web应用加入这个世界，一个绝妙的方法是让Web应用的数据可供合成，这是指用户可以订购你的网站的内容，而不必直接访问网站来查找新的信息。不仅如此，你的应用可以通过Web服务与其他应用连接，充分利用其他人的数据为用户提供更丰富的体验。

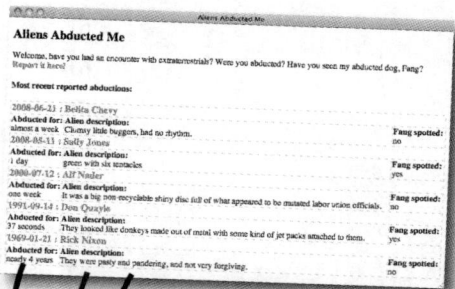

一些email客户程序支持"推"内容，允许采用接收email邮件的方式来接收网站更新。

许多常规的Web浏览器也允许浏览"推"内容，可以很快地展示网站发布的最新新闻。

甚至移动设备也允许访问"推"内容，网站上有更新时会自动发送这些内容。

其他

（我们没有谈到的）十大主题

尽管讲了这么多，还是不能面面俱到。还有一些问题我们认为你需要知道。觉得完全忽略这些主题有些不合适，不过也不必太过深入，只需简单提到即可。所以在放下这本书之前，再来简单了解这些非常重要的PHP和MySQL技术。另外，读完这些内容后，就只剩下另外两个小附录和索引，可能还有一些广告。然后你就大功告成了。我们保证！

DATAVILLE
SAVINGS & LOAN

建立开发环境

搭建舞台

你需要一个场所来实践刚刚学到的PHP和MySQL技术，而不影响Web上的实际数据。将PHP应用发布到Web公布于众之前，最好先在一个安全的场所进行开发。这个附录介绍了如何安装一个Web服务器、MySQL和PHP，来为你提供一个安全的场所进行工作和实践。

服务器计算机

Web服务器

数据库服务器

扩展PHP

还可以更多

是的，你可以用PHP和MySQL编程，创建非常棒的Web应用。不过你知道肯定还不止这些。这个简短的附录会展示如何安装mysqli扩展和GD图形库扩展。我们还会提到另外一些你可能想得到的PHP扩展包。因为有时要得更多没有坏处。

应该能看到php_gd2.dll和php_mysqli.dll。

得到mysqli的版本以匹配你的PHP版本。

如何使用这本书

引子

> 真是无法相信，这样一些东西也能放在一本PHP和MySQL书里！

有一个问题真是听得我们耳朵都磨出茧了，这就是："你们到底为什么要把这样一些东西放在一本PHP和MySQL书里呢？"这一节正是要回答这个问题。

谁适合看这本书？

如果对下面的所有问题你都能肯定地回答"是"：

(1) 你是不是一位有HTML或XHTML经验的Web设计人员，迫切希望你的Web页面能更上一层楼？

(2) 你是不是不满足于简单的HTML页面，而希望学习并通晓如何使用PHP和MySQL来构建Web应用，并将所学牢牢记住？

(3) 你是不是更喜欢一种轻松的氛围，就像在餐桌上交谈一样，而不愿意被动地听技术报告似的枯燥乏味的说教？

那么，这本书正是你需要的。

谁暂时还不适合看这本书？

如果满足下面任何一种情况：

(1) **你是不是对变量和循环之类的基本编程概念一无所知？**

（不过，即使你此前从未编过程，也许从这本书中可以了解所需的重要概念。）

(2) 你本身是不是已经堪称一个很棒的PHP Web开发人员，正在找一本**参考书**？

(3) 你是不是**对新鲜事物都畏首畏尾**？只喜欢简单的样式，而不敢尝试把条纹和格子混在一起看看？你是不是觉得，如果创造一个外星劫持行动，这样的一本书肯定不是一本正儿八经的技术书？

很遗憾，这本书不适合你。

[来自市场的声音：只要有信用卡，任何人都可以拥有这本书。]

我们知道你在想什么

"这算一本正儿八经的PHP 和 MySQL书吗？"

"这些图是做什么的？"

"我真地能这样学吗？"

我们也知道你的大脑正在想什么

你的大脑总是渴求一些新奇的东西。它一直在搜寻、审视、期待着不寻常的事情发生。大脑的构造就是如此，正是这一点才让我们不至于墨守成规，而能与时俱进。

我们每天都会遇到许多按部就班的事情，这些事情很普通，对于这样一些例行的事情或者平常的东西，你的大脑又是怎么处理的呢？它的做法很简单，就是不让这些平常的东西妨碍它真正的工作。那么什么是大脑真正的工作呢？这就是记住那些确实重要的事情。它不会费心地去记乏味的东西；就好像大脑里有一个筛子，这个筛子会筛掉"显然不重要"的东西，如果遇到的事情枯燥乏味，这些东西就无法通过这个筛子。

那么你的大脑怎么知道到底哪些东西重要呢？打个比方，假如你某一天外出旅行，突然一只大老虎跳到你面前，此时此刻，你的大脑还有身体会做何反应？

神经元会"点火"，情绪爆发，释放出一些化学物质。

好了，这样你的大脑就会知道……

这肯定很重要! 可不能忘记了!

不过，假如你正待在家里或者坐在图书馆里，这里很安全、很舒适，肯定没有老虎。你正在刻苦学习，准备应付考试。也可能想学一些比较难的技术，你的老板认为掌握这种技术需要一周时间，最多不超过十天。

这就存在一个问题。你的大脑很想给你帮忙。它会努力地把这些显然不太重要的内容赶走，保证这些东西不去侵占本不算充足的脑力资源。这些资源最好还是用来记住那些确实重要的事情，比如大老虎或者火灾险情。再比如，如何在老板突然出现时迅速藏起有外星人镜头的YouTube视频窗口。

没有一种简单的办法来告诉大脑："嘿，大脑，真是谢谢你了，不过不管这本书多没意思，也不管现在我对它多么无动于衷，但我确实希望你能把这些东西记下来。"

你的大脑想着，这真的很重要。

唉，又是750多页没意思的文字，枯燥又乏味。

你的大脑认为，这些根本不值得去记。

对你的大脑来说，YouTube里的UFO镜头显然比一些计算机书更有意思。

UFO Spotted Near Eiffel Tower!

我们认为Head First的读者就是要学习的人。

那么，怎么学习呢？首先必须获得知识，然后保证自己确实不会忘记。这可不是填鸭式的硬塞。根据认知科学、神经生物学和教育心理学的最新研究，学习的途径相当丰富，绝非只是通过书本上的文字。我们很清楚怎么让你的大脑兴奋起来。

下面是一些Head First学习原则：

看得到。与单纯的文字相比，图片更能让人记得住，通过图片，学习效率会更高（对于记忆和传递型的学习，甚至能有多达89%的效率提升）。而且图片更能让人看懂。以往总是把图片放在一页的最下面，甚至放在另外的一页上，与此不同，如果把文字放在与之相关的图片内部，或者在图片的周围写上相关文字，学习者的能力就能得到多至两倍的提高，从而能更好地解决有关的问题。

user_id = 1

采用一种针对个人的交谈式风格。最新的研究表明，如果学习过程中采用一种第一人称的交谈方式直接向读者讲述有关内容，而不是用一种干巴巴的语调介绍，学生在学习之后的考试中成绩会提高40%。正确的做法是讲故事，而不是作报告。要用通俗的语言。另外不要太严肃。如果你面对着这样两个人，一个是你在宴会上结识的很有意思的朋友，另一个人学究气十足，喋喋不休地对你说教，在这两个人中，你会更注意哪一个呢？

出错！
不知道通行短语。

让学习的人想得更深。换句话说，除非你很积极地让神经元活动起来，否则你的头脑里什么也不会发生。必须引起读者的好奇，促进、要求并鼓励读者去解决问题、得出结论、产生新的知识。为此，需要发出挑战，留下练习题和拓宽思路的问题，并要求读者完成一些实践活动，让左右脑都开动起来，而且要利用到多种思维。

引起读者的注意，而且要让他一直保持注意。我们可能都有过这样的体验，"我真的想把这个学会，不过看过一页后实在是让我昏昏欲睡"。你的大脑注意的是那些不一般、有意思、有些奇怪、抢眼的、意料之外的东西。学习一项有难度的新技术并不一定枯燥。如果学习过程不乏味，你的大脑很快就能学会。

影响读者的情绪。现在我们知道了，记忆能力很大程度上取决于所记的内容对我们的情绪有怎样的影响。如果是你关心的东西，就肯定记得住。如果让你感受到了什么，这些东西就会留在你的脑海中。不过，我们所说的可不是什么关于男孩与狗的伤心故事。这里所说的情绪是惊讶、好奇、觉得有趣、想知道"什么……？"还有就是一种自豪感，如果你解决了一个难题，学会了所有人都觉得很难的东西，或者发现你了解的一些知识竟是那些自以为无所不能的傲慢家伙所不知道的，此时就会有一种自豪感油然而生。

这里要做一点·)·)·的修正。我们确实会
讲一个关于男孩与狗的伤心故事——·)·狗
被外星人劫持，你要帮助男孩找回他的
·)·狗！

元认知：有关思考的思考

如果你真的想学，而且想学得更快、更深入，就应该注意你怎样才会专注起来，考虑自己是怎样思考的，并了解你的学习方法。

我们中间大多数人长这么大可能都没有上过有关元认知或学习理论的课程。我们想学习，但是很少有人教我们怎么来学习。

不过,这里可以作一个假设，如果你手上有这本书，你非常想学习如何用PHP和MySQL构建数据库驱动的网站，而且可能不想花费太多时间。如果你想把这本书中读到的知识真正用起来，就需要记住你读到的所有内容。为此必须理解这些内容。要想最大程度地利用这本书或其他任何一本书介绍的知识，就要让你的大脑负起责来，要求它记住这些内容。

怎么做到呢？技巧就在于要让你的大脑认为你学习的新东西确实很重要，对你的生活有很大影响。就像老虎出现在面前一样。如若不然，你将陷入旷日持久的拉锯战中，虽然你很想记住所学的新内容，但是你的大脑却会竭尽全力地把它们拒之门外。

那么究竟怎样才能让你的大脑把PHP 和 MySQL看作是一只饥饿的老虎呢？

这有两条路，一条比较慢，很乏味。另一条路不仅更快，还更有效。慢方法就是大量地重复。你肯定知道，如果反反复复地看到同一个东西，即便再没有意思，你也能学会并记住。如果做了足够的重复，你的大脑就会说，"尽管看上去这对他来说好像不重要，不过，既然他这样一而再、再而三地看同一个东西，所以我觉得这应该是重要的。"

更快的方法是尽一切可能让大脑活动起来，特别是开动大脑来完成不同类型的活动。如何做到这一点呢？上一页列出的学习原则正是一些主要的可取做法，而且经证实，它们确实有助于让你的大脑全力以赴。例如，研究表明，把文字放在所描述图片的中间（而不是放在这一页的别处，比如作为标题，或者放在正文中），这样会让你的大脑更多地考虑这些文字与图片之间有什么关系，而这就会让更多的神经元点火。让更多的神经元点火 = 你的大脑更有可能认为这些内容值得关注，而且很可能需要记下来。

交谈式风格也很有帮助，当人们意识到自己在与"别人"交谈时，往往会更专心，这是因为他们总想跟上谈话的思路，并能做出适当的发言。让人惊奇的是，大脑并不关心"交谈"的对象究竟是谁，即使你只是与一本书"交谈"，它也不会在乎！另一方面，如果写作风格很正统、干巴巴的，你的大脑就会觉得，这就像坐在一群人当中被动地听人作报告一样，很没意思，所以不必在意对方说的是什么，甚至可以打瞌睡。

不过，图片和交谈风格还只是开始而已，能做的还有很多……

我们是这么做的：

恐怖片

互补配对！

恐怖片

我们用了很多**图**，因为你的大脑更能接受看得见的东西，而不是纯文字。对你的大脑来说，一幅图顶得上一千个字。如果既有文字又有图片，我们会把文字放在图片当中，因为文字处在所描述的图片中间时，大脑的工作效率更高，倘若把这些描述文字作为标题，或者"淹没"在别处的大段文字中，就达不到这种效果了。

我们采用了重复手法，会用不同方式，采用不同类型的媒体，运用多种思维手段来介绍同一个东西，目的是让有关内容更有可能储存在你的大脑中，而且在大脑中多个区域都有容身之地。

我们会用你想不到的方式运用概念和图片，因为你的大脑喜欢新鲜玩艺儿。在提供图和思想时，至少会含着一些情绪因素，因为如果能产生情绪反应，你的大脑就会更为关注。而这会让你感觉到这些东西更有可能要被记住，其实这种感觉可能只是有点幽默，让人奇怪或者比较感兴趣而已。

我们采用了一种针对个人的交谈式风格，因为当你的大脑认为你在参与一个会谈，而不是被动地听一场演示汇报时，它就会更加关注。即使你实际上是在读一本书，也就是说在与书"交谈"，而不是真正与人交谈，但这对你的大脑来说并没有什么分别。

在这本书里，我们加入了80多个实践活动，因为与单纯的阅读相比，如果能实际做点什么，你的大脑会更乐于学习，更愿意去记。练习都是我们精心设计的，有一定的难度，但是确实能做出来，因为这是大多数人所希望的。

试试看！

我们采用了多种学习模式，因为尽管你可能想循序渐进地学习，但是其他人可能希望先对整体有一个全面的认识，另外可能还有人只是想看一个例子。不过，不管你想怎么学，要是同样的内容能以多种方式来表述，这对每一个人都会有好处。

这里的内容不只是单单涉及左脑，也不只是让右脑有所动作，我们会让你的左右脑都开动起来，因为你的大脑参与得越多，你就越有可能学会并记住，而且能更长时间地保持注意力。如果只有一半大脑在工作，通常意味着另一半有机会休息，这样你就能更有效率地学习更长时间。

运行测试

我们会讲故事，留练习，从多种不同的角度来看同一个问题，这是因为，如果要求大脑做一些评价和判断，它就能更深入地学习。

我们会给出一些练习，还会提出一些问题，这些问题往往没有直截了当的答案，通过克服这些挑战，你就能学得更好，因为让大脑真正做点什么的话，它就更能学会并记住。想想吧，如果只是在体育馆里看着别人流汗，这对于保持你自己的体形肯定不会有什么帮助，正所谓临渊羡鱼，不如退而结网。不过另一方面，我们会竭尽所能不让你钻牛角尖，把劲用错了地方，而是能把功夫用在点子上。也就是说，你不会为搞定一个难懂的例子而耽搁，也不会花太多时间去弄明白一段艰涩难懂而且通篇行话的文字，我们的描述也不会太过简洁而让人无从下手。

不要相信这微笑！

我们用了拟人手法。在故事中，在例子中，还有在图中，你都会看到人的出现，这是因为你本身是一个人，不错，这就是原因。如果和人打交道，相对于东西而言，你的大脑会表示出更多的注意。

可以用下面的方法让你的大脑就范

好了，我们该做的已经做了，剩下的就要看你自己的了。以下提示可以作为一个起点：听一听你的大脑是怎么说的，弄清楚对你来说哪些做法可行，哪些做法不能奏效。要尝试新鲜事物。

把这一页撕下来，贴到你的冰箱上。

---

① 慢一点。你理解的越多，需要记的就越少。

不要光是看看就行了。停下来，好好想一想。书中提出问题的时候，你不要直接去翻答案。可以假想真的有人在问你这个问题。你让大脑想得越深入，就越有可能学会并记住它。

② 做练习，自己记笔记。

我们留了练习，但是如果这些练习的解答也由我们一手包办，那和有人替你参加考试有什么分别？不要只是坐在那里看着练习发呆。拿出笔来，写一写画一画。大量研究都证实，学习过程中如果能实际动动手，这将改善你的学习。

③ 阅读 "There are No Dumb Questions"（"没有傻问题"）。

顾名思义。这些问题不是可有可无的旁注，它们绝对是核心内容的一部分！千万不要跳过去不看。

④ 上床睡觉之前不要再看别的书，至少不要看其他有难度的东西。

学习中有一部分是在你合上书之后完成的（特别是，要把学到的知识长久地记住，这往往无法在看书的过程中做到）。你的大脑也需要有自己的时间，这样才能再做一些处理。如果在这段处理时间内你又往大脑里灌输了新的知识，那么你刚才学的一些东西就会丢掉。

⑤ 要喝水，而且要多喝点水。

能提供充足的液体，你的大脑才能有最佳表现。如果缺水（可能在你感觉到口渴之前就已经缺水了），学习能力就会下降。

⑥ 讲出来，而且要大声讲出来。

说话可以刺激大脑的另一部分。如果你想看懂什么，或者想更牢地记住它，就要大声地说出来。更好的办法是，大声地解释给别人听。这样你会学得更快，而且可能会有以前光看不说时不曾有的新发现。

⑦ 听听你的大脑怎么说。

注意一下你的大脑是不是负荷太重了。如果发现自己开始浮光掠影地翻看，或者刚看的东西就忘记了，这说明你该休息一会了。达到某个临界点时，如果还是一味地向大脑里塞，这对于加快学习速度根本没有帮助，甚至还可能影响正常的学习进程。

⑧ 要有点感觉。

你的大脑需要知道这是很重要的东西。要真正融入到书中的故事里。为书里的照片加上你自己的说明。你可能觉得一个笑话很蹩脚，不太让人满意，但这总比根本无动于衷要好。

⑨ 编写大量软件!

要学习编程，没有别的办法，只能通过编写大量代码。这本书正是要这么做。编写代码是一种技巧，要想在这方面擅长，只能通过实践。我们会给你提供大量实践的机会：每一章都留有练习，提出问题让你解决。不要跳过这些练习，很多知识都是在完成这些练习的过程中学到的。我们为每个练习都提供了答案，如果你实在做不出来（很容易被一些小问题卡住），看看答案也无妨！不过在看答案之前，还是要尽力先自己解决问题。而且在读下一部分之前，一定要确确实实地掌握前面的内容。

利用PHP和MySQL可以构建实际可用的Web应用——别忘了上传你构建的Web应用，并尝试在真正的Web服务器上运行。

你现在的位置 ▶ **xxxiii**

重要说明

要把这看作是一个学习过程，而不要简单地把它看成是一本参考书。我们在安排内容的时候有意做了一些删减，只要是对有关内容的学习有妨碍，我们都毫不留情地把这些部分一律删掉。另外，第一次看这本书的时候，要从第一页从头看起，因为书中后面的部分会假定你已经看过而且学会了前面的内容。

我们的讲授思路是，首先介绍简单的编程概念和数据库连接基本知识，然后介绍较为复杂的PHP函数和MySQL语句，最后再介绍更复杂的应用概念。

创建允许用户增加和检索数据的Web应用固然很重要，但在你能够做到这一点之前，首先需要了解PHP和MySQL的语法。所以我们会先介绍你可以亲身尝试的PHP和MySQL语句。这样一来，你就可以立即着手使用PHP和MySQL做点什么，而且由此会对PHP和MySQL颇为着迷。接下来，本书稍后一点将提供一些很好的应用和数据库设计实践。了解这些内容之后，你会切实地掌握需要用到的语法，并把注意力集中在概念的学习上。

我们不会涵盖每一个PHP和MySQL语句、函数或关键字。

当然可以把每一个PHP和MySQL语句、函数和关键字都包含在这本书里，不过我们认为你可能更希望看到一本更高层次的书，只介绍最重要的语句、函数和关键字。在这里会提供你需要了解的内容，也就是95%的情况下所使用的那些语句、函数和关键字。读完这本书时，你可以自信满满地查找出需要用到的函数来完善你编写的一流应用。

本书支持PHP 5和MySQL 5.0。 ← *学习这本书时确实可以使用PHP 4，不过需要对代码稍做修改。可以查看附录i的井i来了解需要做哪些修改。*

因为还有很多人仍在使用PHP 4或5，所以我们会尽可能避免使用任何特定于PHP 4、 5或6版本的代码。建议你学习本书中的概念时使用PHP 5或6以及MySQL 5或6。在写这本书的过程中，我们的重点是PHP 5和MySQL 5，不过要知道这里的代码完全可以与更新的版本兼容。

需要有一个支持PHP的Web服务器。

PHP必须通过Web服务器运行才能正确工作。需要在你的本地机器或有权访问的某个机器（从而能够对数据运行MySQL命令）上安装Apache或另外某个Web服务器。请参考附录ii和iii来了解有关如何安装和扩展PHP和MySQL的说明。

我们使用了MySQL。

尽管有标准SQL语言，但这本书中我们将强调MySQL的特定语法。只需对语法稍做修改，本书中的代码就可以用于Oracle、MS SQL Server、PostgreSQL、DB2以及目前已有的更多其他关系数据库管理系统（Relational Database Management Systems，RDBMS）。如果希望连接这样一些RDBMS，你需要查看相应的特定PHP函数和语法。如果这本书中涵盖每一个命令的每一种语法变化，目前的篇幅肯定远远不够，页数会更多。我们很欣赏大树，所以这里只重点介绍MySQL。

书里的实践活动不是可有可无的。

这里的练习和实践活动不是可有可无的装饰和摆设，它们也是这本书核心内容的一部分。其中有些练习和活动有助于记忆，有些能够帮助你理解，还有一些对于如何应用所学的知识很有帮助。千万不要把这些练习跳过不做。只有填字游戏不要求一定完成，不过通过这些填字游戏，可以让你的大脑有机会从不同的上下文考虑这些词汇和概念。

我们有意安排了许多重复，这些重复非常重要。

Head First系列的书有一个与众不同的地方，这就是我们希望你确确实实地学会，另外希望在学完这本书之后你能记住学过了什么。大多数参考书都不太重视重复和回顾，但是由于这是一本有关学习的书，你会看到一些概念一而再、再而三地出现很多次。

代码例子尽可能短小精悍。

有读者告诉我们，如果查了200行代码才能找到要理解的那两行代码，这是很让人郁闷的。这本书里大多数例子往往都开门见山，作为上下文的代码会尽可能的少，这样你就能一目了然地看到哪些东西是需要你学习的。别指望所有示例都非常健壮，要知道这里的代码甚至是不完整的。这些例子特意写得很简单，以方便你学习，但它们的功能不一定完备。

也有很多示例是成熟完备的Web应用，确实提供了相当强大的功能。

所有示例代码和应用都已经在网上公布，以便你将其中部分代码复制粘贴到文本编辑器或MySQL终端中，还可以原样上传到你自己的Web服务器进行测试。所有代码都可以从http://www.headfirstlabs.com/books/hfphp/得到。

"Brain Power"（头脑风暴）练习没有答案。

有一些头脑风暴练习根本没有正确的答案，而对于另外一些练习，头脑风暴实践活动中有一部分学习过程就是让你确定你的答案是否正确以及在何种情况下正确。在其中一些头脑风暴练习中，你会得到一些提示，为你指明正确的方向。

技术审校团队

Jereme Allen

David Briggs

Will Harris

Stephanie Liese

Steve Milano

Harvey Quamen

Chris Shiflett

致技术审校：

Jereme Allen是一位高水平Web开发人员，对于利用最新技术创建Web应用有着丰富的经验。他拥有9年多使用PHP、MySQL以及其他多种框架、操作系统、编程语言以及开发软件的经历。

David Briggs是一位技术作者，同时也是一位软件本地化工程师，居住在英国的伯明翰。他非常热衷于指导用户完成特别棘手的软件，其他时间里，他最喜欢和妻子Paulette还有家里的小狗Cleo去当地的公园走一走。

Will Harris全力运营着一个IT部门，向4个大洲的11家公司提供服务，另外他还是Las Vegas PASS (Professional Association for SQL Server，SQL Server专业协会)分部的副总裁。晚上他又会换上他的Web 2.0"行头"，通过使用MySQL和Rails，帮助Powered By Geek的设计人员和开发人员确保他们的数据平台是灵活的、可移植、可维护而且快速的。他还喜欢与妻子Heather、漂亮的孩子们Mara和Ellie，还有他的狗Swiper呆在一起。

Stephanie Liese是一位技术培训师和Web开发人员，生活在加利福尼亚州的萨克拉曼多。她很乐于称颂标准兼容的代码的优点，或者调试CSS布局，除此之外，你可能会看到她在快节奏瑜珈课上汗流浃背地健身。

如果**Steve Milano**不是在为Day Job™编写代码，或者没有和他的乐队Onion Flavored Rings在某个不通风的地下室里玩庞克摇滚，那他很可能在家摆弄他的笔记本电脑，而忽略了他的小猫Ralph和女朋友Bianca。

Harvey Quamen放弃了一份计算机编程工作，加入了经常坐喷气式飞机旅行、总有记者追逐的上流学术界。他目前是阿尔伯达大家英语和人文计算副教授，在这里主要讲授有关电脑文化、20世纪文明和Web开发（包括PHP和MySQL）的课程。

Chris Shiflett是OmniTI的首席技术官，领导Web应用安全活动并指导启动Web开发。Chris是PHP和Web应用安全社区（这是一个有大量读者的博客，位于shiflett.org）的一个很有想法的领导人，也是全球行业会议的一位很受欢迎的演讲人，另外他还是PHP Security Consortium的创始人。他撰写的书包括《Essential PHP Security》（O'Reilly)和《HTTP Developer's Handbook》（Sams)。

致谢

致我们的编辑：

非常感谢Brett McLaughlin非凡的串连图板让我们走上正轨，另外要感谢他对认知式学习坚定的支持。

如果没有Sanders Kleinfeld辛勤的努力、无比的耐心和不懈的坚持，这本书将无法问世。他总是想方设法解决问题。真心希望他在接手下一个难度相当的项目之前能好好休息几天。

Brett McLaughlin

致O'Reilly团队：

感谢Lou Barr高超的设计技艺，让这本书成为一个视觉享受。

还要感谢Brittany Smith，直到最后一分钟还在努力工作。另外要感谢Caitrin McCullough启动并运行示例网站。还要感谢Laurie Petrycki对于我们能够完成另一本优秀的Head First图书充满信心。

Sanders Kleinfeld

Lou Barr

还有更多：

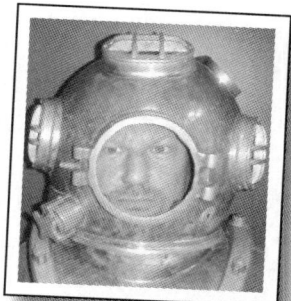

最后，特别要感谢Elvis Wilson收集了第12章的所有外星人YouTube。干得不错！要知道他只是一个普通的艺术导演。

Safari®图书在线

Safari Books Online

如果在你喜欢的技术书封面上看到一个Safari®图标，这说明可以通过O'Reilly NetworkSafari Bookshelf在线获得这本书英文版。

Safari提供了一个比电子图书更好的解决方案。这是一个虚拟图书馆，可以从中很容易地搜索成千上万顶尖的技术书，剪切、粘贴你需要的代码示例，下载章节内容；如果需要最准确、最前沿的信息，还可以在这里快速地找到答案。请访问 http://safari.oreilly.com免费尝试。

1 为静态页面赋予生命

充满生机！

只想让她告诉我现在我很无聊……

你已经用HTML创建了不错的Web页面，可能还用到一点点CSS。 不过你已经注意到，访问你的网站的人除了被动地查看页面上的内容外，并不能做多少其他工作。这种交流是单向的，你想改变这种现状。实际上，你非常想知道访问者在想些什么。不过你要允许用户在Web表单中输入信息来了解他们所想，而且需要能够处理这些信息，并能让这些信息传达给你。看起来要把你的网站提高到一个新的层次，仅仅靠HTML是不够的。

HTML静态而乏味

HTML对于创建Web页面很不错，这一点我们已经很清楚。不过，如果需要Web页面真正做点实际工作该怎么做呢？假设需要搜索一个数据库或者需要发送一个email……如何做到呢？HTML会有些力不从心，因为它完全是一种无生命的语言，只是设计用来显示从不改变的信息。

如果你只是想与人分享宠物的照片，HTML会很胜任……不过如果你想与网站的访问者交互，HTML就不那么合适了。

你好？

这些人在寻求交互！

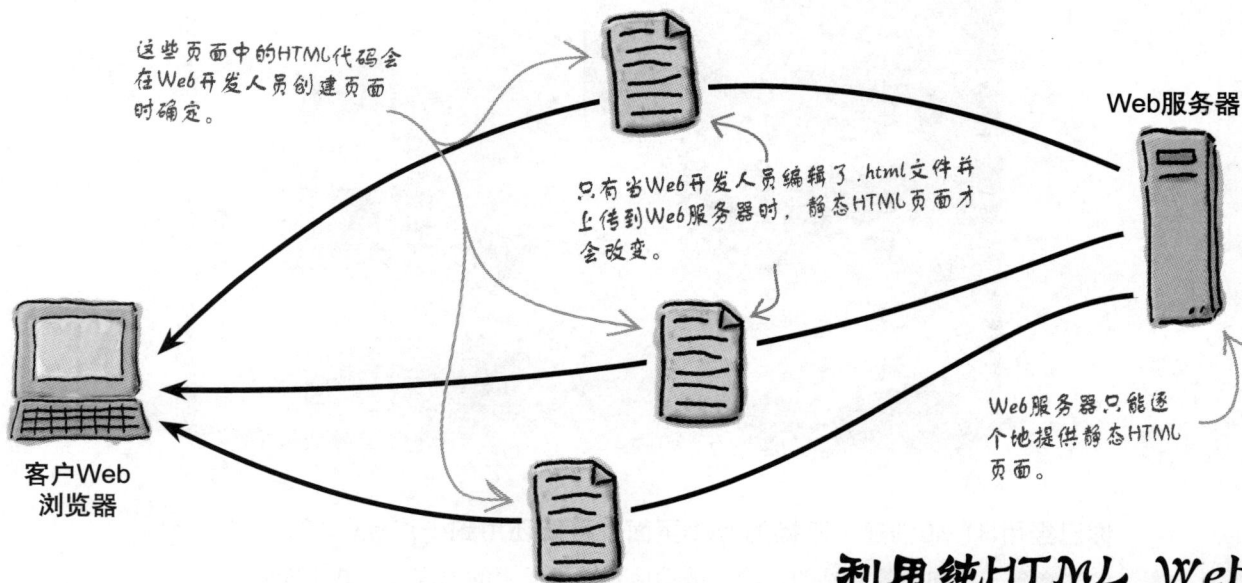

这些页面中的HTML代码会在Web开发人员创建页面时确定。

只有当Web开发人员编辑了.html文件并上传到Web服务器时，静态HTML页面才会改变。

Web服务器

Web服务器只能逐个地提供静态HTML页面。

客户Web浏览器

如果只是利用无生命的HTML，Web服务器就很成问题，因为它只提供了一种乏味的交付机制。浏览器请求一个页面，然后服务器利用HTML做出响应，故事到此为止。要把Web网站变成交互式的Web应用，Web服务器必须扮演一个更具动态性的新角色……而PHP使得这个角色成为可能。

利用纯HTML Web页面，服务器只能提供静态HTML，而静态HTML只能显示内容。

PHP为web页面赋予生命

还需要服务器的一点帮助！

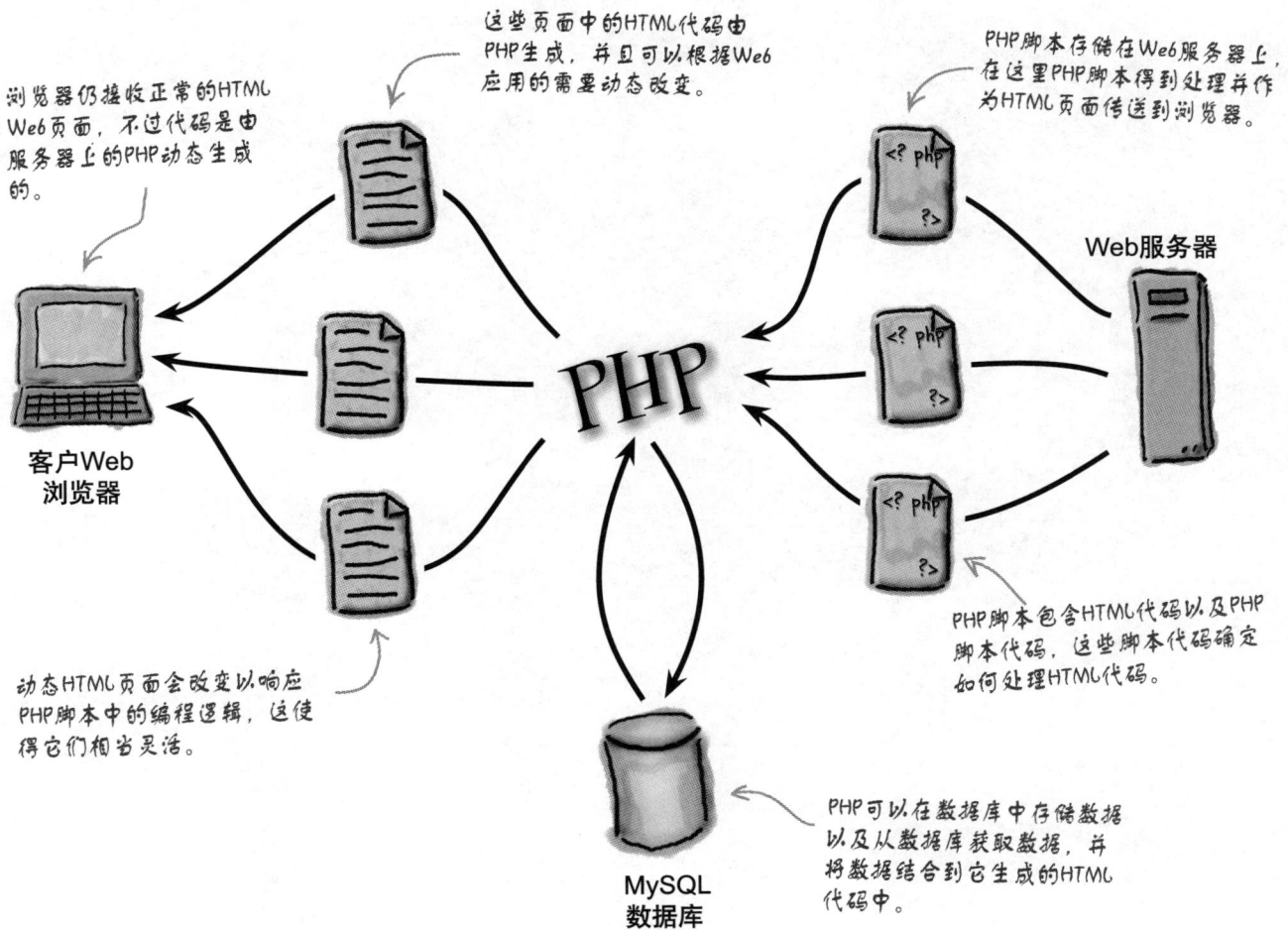

在页面交付到客户浏览器之前，PHP允许你处理服务器上的Web页面内容。它的工作如下：在服务器上运行一个PHP脚本，它可以根据需要改变或生成HTML代码。仍会向浏览器传送一个HTML Web页面，不过浏览器并不知道也不关心PHP已经介入其中，并且修改了服务器上的HTML。

通过引入PHP，web服务器能够动态地生成HTML Web页面。

这些页面中的HTML代码由PHP生成，并且可以根据Web应用的需要动态改变。

浏览器仍接收正常的HTML Web页面，不过代码是由服务器上的PHP动态生成的。

PHP脚本存储在Web服务器上，在这里PHP脚本得到处理并作为HTML页面传送到浏览器。

Web服务器

客户Web浏览器

PHP

PHP脚本包含HTML代码以及PHP脚本代码，这些脚本代码确定如何处理HTML代码。

动态HTML页面会改变以响应PHP脚本中的编程逻辑，这使得它们相当灵活。

PHP可以在数据库中存储数据以及从数据库获取数据，并将数据结合到它生成的HTML代码中。

MySQL数据库

被劫持到外太空的小狗

这位是Owen先生。Owen找不到他的小狗Fang。不过寻找这只狗可不是轻而易举的事情，并不只是在周围随便找找那么简单。要知道，Fang被外星人劫持了，这就需要把Owen的搜索范围扩大到整个银河系。Owen懂一点HTML和CSS，他想如果建立一个定制的Web网站对于解决他的问题可能会有帮助，这样可以让其他人分享他们自己被外星人劫持的经历。

不过要从其他人那里得到信息，Owen需要一个Web表单，这个表单能够接收用户输入（可能有相当多的输入），并能告知Owen。没问题——HTML提供了大量标记可以用来建立Web表单。

你见过它吗？

详细情况不明，不过我们确实知道Fangs是被一束强光带入太空的。

Owen懂一点HTML和CSS，他认为可以利用Web来帮助搜寻他的小狗Fang。

表单可以帮助Owen了解全部情况

Owen的新Web网站AliensAbductedMe.com旨在帮助Owen与其他被外星人劫持过的人取得联系，这些人也许能够对Fang的失踪提供一些线索。Owen知道他需要一个HTML表单请求访问者提供他们的劫持经历，而且必须找出在他们的星际旅行中是否碰到过Fang。不过Owen需要你的帮助来建立并运行这样一个HTML表单。以下是他心里所想的表单。

这个域用来填写访问者的email地址。

Owen希望得到外星人的外形描述。

Owen真希望有人能回答"是"，表示他们曾在外星人的飞船上看见过Fang。

所有其他说明可以放在这里。

Owen希望用户提交表单时他能接收到一个email邮件。

这个表单是一个100%纯粹的A级HTML！

你认为Owen的HTML表单怎么样？
你能想到Owen使用这个表单收集外星人劫持数据时可能遇到的问题吗？开动脑筋想想看，把你的想法记下来。

表单由HTML构成

Owen的"ReportanAbduction"表单完全由HMTL标记和属性构成。大多数问题都使用了文本域，还用到单选按钮来确定访问者是否见过Fang，另外有一个文本区用来增加额外说明。这个表单还会把表单数据传送到Owen的email地址。

如果需要复习如何创建HTML表单，请参考《Head First HTML with CSS & XHTML》的第14章。

"mailto"是一种允许通过email传送表单数据的协议。

Owen会在这个email地址得到发送给他的表单内容，可以把Owen的email地址改成你自己的地址来测试表单。

```html
<p>Share your story of alien abduction:</p>
<form method="post" action="mailto:owen@aliensabductedme.com">
  <label for="firstname">First name:</label>
  <input type="text" id="firstname" name="firstname" /><br />
  <label for="lastname">Last name:</label>
  <input type="text" id="lastname" name="lastname" /><br />
  <label for="email">What is your email address?</label>
  <input type="text" id="email" name="email" /><br />
  <label for="whenithappened">When did it happen?</label>
  <input type="text" id="whenithappened" name="whenithappened" /><br />
  <label for="howlong">How long were you gone?</label>
  <input type="text" id="howlong" name="howlong" /><br />
  <label for="howmany">How many did you see?</label>
  <input type="text" id="howmany" name="howmany" /><br />
  <label for="aliendescription">Describe them:</label>
  <input type="text" id="aliendescription" name="aliendescription" size="32" /><br />
  <label for="whattheydid">What did they do to you?</label>
  <input type="text" id="whattheydid" name="whattheydid" size="32" /><br />
  <label for="fangspotted">Have you seen my dog Fang?</label>
  Yes <input id="fangspotted" name="fangspotted" type="radio" value="yes" />
  No <input id="fangspotted" name="fangspotted" type="radio" value="no" /><br />
  <img src="fang.jpg" width="100" height="175"
    alt="My abducted dog Fang." /><br />
  <label for="other">Anything else you want to add?</label>
  <textarea id="other" name="other"></textarea><br />
  <input type="submit" value="Report Abduction" name="submit" />
</form>
```

这个值告诉服务器如何发送数据。这可以是"post"或"get"。稍后会解释二者的区别。

input标记告诉表单这里需要输入信息。

type属性指出接收文本的表单动作。

表单包围在开始和结束<form>标记之间。

毫不奇怪——这个表单是100%的纯HTML代码！

提交按钮告诉表单执行表单动作。

运行测试

测试Report an Abduction表单。

从Head First Labs网站（**www.headfirstlabs.com/books/hfphp**）下载Report an Abduction Web页面的代码。相应代码放在**chapter01**文件夹中。这个文件夹包含了Owen的Web表单（**report.html**），还有一个样式表（**style.css**）以及Fang的图片（**Fang.jpg**）。

在一个文本编辑器中打开report.html页面，并把Owen的email地址改为你自己的地址。然后在Web浏览器中打开这个页面，在表单中输入一些外星人劫持信息，点击Report Abduction按钮。

style.css
report.html fang.jpg

提交表单会使表单数据通过email发送……在某种程度上。

HTML表单不知道具体如何发送一个email消息，所以它把任务委托给用户自己的email程序来完成。

Aliens Abducted Me - Report an Abduction

Share your story of alien abduction:

First name: Alf
Last name: Nader
What is your email address? alfn@theyreallgreen.com
When did it happen? last November
How long were you gone? 11 hours
How many did you see? dozens
Describe them: little green men
What did they do to you? asked me about UFO regulations
Have you seen my dog Fang? Yes ○ No ◉

Anything else you want to add? Please vote for me.

Report Abduction

New Message
To: owen@aliensabductedme.com
Subject:
From:

firstname=Alf&lastname=Nader&email=alfn%40theyreallgreen.com&whenithappened=last+November&howlong=11+hours&howmany=dozens&aliendescription=little+green+men&whattheydid=asked+me+about+UFO+regulations&fangspotted=no&other=Please+vote+for+me.&submit=Report+Abduction

除非用户手动地发送这个看起来有些怪异的email，否则表单数据不会发送给Owen。

你认为怎么样？你在收件箱里收到这个表单数据email了吗？

HTML表单有问题

Owen的Report an Abduction表单已经建立而且顺利运行，不过他并未从用户那里得到多少信息。难道Fang被劫持真的只是一个孤立的意外事件吗…… 或者是不是他的表单有什么问题？下面来看用户对这个表单的说法。

> 我点击按钮时，它打开了我的email程序Outlook，但其中根本没有刚才我花了15分钟在表单中输入的内容！

> 我在Subject域里看到这样的文字：**?When=&Where=**。真把我搞糊涂了，我不知道这是什么。

> 我看到一个需要填写的空email。我在表单中精心填入的所有答案都不见踪影。真希望有人把这个愚蠢的表单带走！

Aliens Abducted Me - Report an Abduction

Aliens Abducted Me - Report an Abduction

Share your story of alien abduction:

First name:
Last name:
What is your email address?
When did it happen?
How long were you gone?
How many did you see?
Describe them:
What did they do to you?
Have you seen my dog Fang?   Yes ○ No ○

Anything else you want to add?

Report Abduction

> 什么也没有发生，因为我的Web浏览器根本没有默认email客户程序…… 不管是什么程序。

Owen的表单从网站访问者那里没有得到多少信息，更多的倒是失望和牢骚。

到底怎么了？对于如何修正这个表单你有什么想法吗？

> 这个表单看起来一切正常。问题是不是出在**mailto**部分？

没错。HTML表单代码没有问题，不过mailto并不是传送表单数据的好方法。

在用户点击Report　Abduction按钮之前，Owen的表单一切都很正常。而在用户点击这个按钮时，完全依赖于mailto将表单数据打包到一个email中。但是这个email并不会自动发送——相反，它会在用户计算机上的默认email程序中创建。而填数据的人……用户必须自行发送email才能将数据发送给你！所以你对于email传送无法施加任何控制，这意味着数据从Web表单通过浏览器到达email客户程序再作为一个email消息返回的旅程有可能成功，但也有可能无法完成。这可不太好。

需要一种方法来控制Web表单的传送。更具体地，你需要PHP将表单数据打包到一个email消息中，然后确认这个email消息确实得到发送。为此，需要将注意力从客户（HTML、mailto等）转向服务器（PHP）。

点击Report Abduction按钮之前这个表单都还很不错。一旦点击按钮，就出现问题了！

HTML作用于客户端

Owen的表单完全采用HTML编写，其中包含一个mailto表单动作试图通过email发送表单数据。尽管report.html Web页面来自一个Web服务器，但它完全在用户的Web浏览器上填写和处理。

> 我想要Owen的Report an Abduction Web页面，谢谢。

> Owen的Web服务器软件在这里运行，也称为服务器。

> 这是你要的东西。

1 浏览器请求Owen的Web页面，其中包含这个表单。

你的计算机上的浏览器软件在这里运行，也称为客户。

2 服务器返回这个Web页面的HTML代码。

> 现在，我希望提交Owen的表单，其中包含用户输入的数据，谢谢。

3 用户填写表单并提交。

> 嗯，这些与我无关。

```
<form action =
"mailto: ......
```

4 form action标记告诉浏览器请求用户的email程序来创建一个email。

Owen可能会收到这个email，也可能收不到。

5 用户的email程序利用表单数据创建一个email，最后要由用户具体将它发送给Owen。

服务器不会接触到使用mailto的Web表单中输入的数据。

服务器在这里的角色仅限于将Web页面传送到浏览器。用户提交表单时，浏览器（客户！）要利用它自己的设备来确定如何得到通过email发送的表单数据。客户机并非用于传送表单数据——这本应是服务器的任务。

PHP工作于服务器端

通过利用email透明地发送数据，PHP允许你对用户在表单中键入的数据加以控制。用户在表单中键入他的劫持故事，点击Report Abduction按钮，他的任务就完成了！PHP代码会创建email消息并发送给你，然后为用户生成一个确认Web页面。

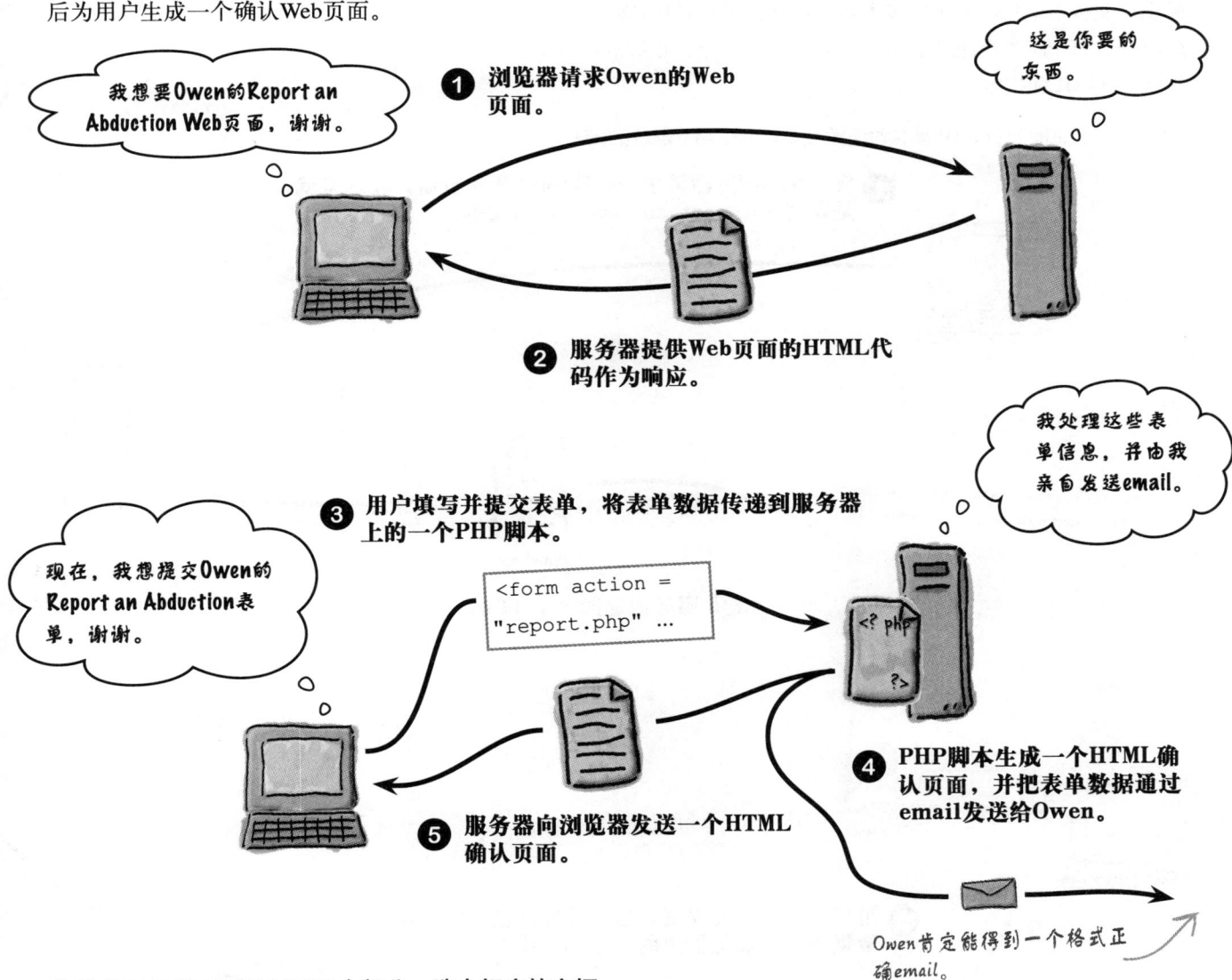

这是你要的东西。

我想要Owen的Report an Abduction Web页面，谢谢。

1 浏览器请求Owen的Web页面。

2 服务器提供Web页面的HTML代码作为响应。

我处理这些表单信息，并由我亲自发送email。

3 用户填写并提交表单，将表单数据传递到服务器上的一个PHP脚本。

现在，我想提交Owen的Report an Abduction表单，谢谢。

```
<form action =
"report.php" ...
```

```
<? php

?>
```

4 PHP脚本生成一个HTML确认页面，并把表单数据通过email发送给Owen。

5 服务器向浏览器发送一个HTML确认页面。

Owen肯定能得到一个格式正确email。

你认为PHP脚本属于以下哪个部分，选中相应的方框：

☐ 客户　　☐ 服务器　　☐ 二者都有　　☐ 二者都没有

PHP脚本在服务器上运行

PHP代码在服务器上运行，它们存储在PHP脚本中，PHP脚本的
文件扩展名通常是.php。PHP脚本看上去通常与正常的HTML Web
页面很相似，因为它们都可以同时包含HTML代码和CSS代码。实
际上，服务器运行一个PHP脚本时，最终结果都是纯HTML和CSS。
所以一旦PHP脚本在服务器上运行结束，每一个PHP脚本最终都会
转换为HTML和CSS。

下面来更仔细地分析PHP脚本如何改变Owen的Web表单的流程。

❶ 客户Web浏览器请求一个HTML Web页面，在这里就
是在请求Report an Abduction表单。

report.html

❷ 服务器返回这个HTML Web页面。

点击Report Abduction会把表单数据
提交给服务器上的PHP脚本。

❸ 用户填写表单并提交，这会导致浏览器将表单
数据传递给服务器上的一个PHP脚本。

PHP是一种<u>服务器端</u>编程语言，它在Web服务器上运行。

⑤ 服务器返回一个由PHP脚本生成的纯HTML Web页面。

尽管在浏览器中显示的页面名中包含.php，不过此时这是一个纯HTML页面。

PHP脚本在服务器上运行！

report.php

⑥ 浏览器显示确认Web页面。

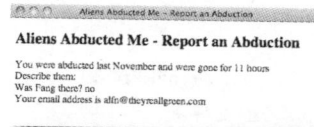

Aliens Abducted Me - Report an Abduction

Aliens Abducted Me - Report an Abduction

You were abducted last November and were gone for 11 hours
Describe them:
Was Fang there? no
Your email address is alfn@theyreallgreen.com

report.php

用户看到一个确认Web页面。

④ 服务器运行PHP脚本，这会发送一个email并生成一个HTML确认Web页面。

⑦ email发送到Owen的收件箱。

Owen收到email。

> 我知道了。不过到底是什么导致PHP脚本在服务器上运行呢？

表单通过form元素的action属性与一个PHP脚本连接，从而在提交表单时导致脚本运行。

表单使用HTML `<form>`标记创建，每个`<form>`标记有一个 `action`属性。不论为action属性设置什么文件名，表单提交时 Web服务器都会用所设置的这个文件来处理表单。所以，如果Owen 的PHP脚本名为report.php，将它与表单相连接的`<form>`标记 则如下所示：

`<form action = "report.php" method = "post">`

这是你的PHP脚本 的文件名。

用户点击表单中的Report Abduction按钮时，这个表单动作会导致在 服务器上运行report.php脚本来处理表单数据。

```
<html>
<head>
  <title>Aliens Abducted Me - Report an Abduction</title>
</head>
<body>
  <h2>Aliens Abducted Me - Report an Abduction</h2>
  <link rel="stylesheet" type="text/css" href="style.css" />
</head>
<body>
  <h2>Aliens Abducted Me - Report an Abduction</h2>

  <p>Share your story of alien abduction:</p>
<form method="post" action="report.php">
  <label for="firstname">First name:</label>
  <input type="text" id="firstname" name="firstname" /><br />
```

report.html

正是`<form>`标记的action 属性使得表单提交时会在 服务器上运行PHP脚本。

report.php

there are no
Dumb Questions

问：PHP代表什么？

答：　　PHP是一个缩写，原来代表Personal Home Pages（个人主页）。不过在后来的发展过程中，这个缩写变为表示PHP: Hypertext Processor（PHP超文本处理器）。有人认为后一种解释是一个递归的缩写词，因为其中引用了它自身——即缩写PHP本身又出现在这个缩写中。是不是觉得很巧妙？或者认为这会让人糊涂？不同的人会有不同看法！

问：尽管我的Web浏览器显示的Web页面的文件名以.php结尾，这仍是纯HTML，是这样吗？怎么会这样呢？

答：　　这是有可能的，因为页面原先作为PHP代码存储在服务器上，不过在传递到浏览器之前会转换为HTML代码。所以服务器会运行PHP代码，并在发送到浏览器查看之前把它转换为HTML代码。这说明，即使一个.php文件包含PHP代码，浏览器也绝对不会看到，它只会看到服务器上运行PHP代码所得到的HTML代码。

问：不过难道不是所有Web页面原先都在服务器上吗，甚至存储在.html文件中的纯HTML页面？

答：　没错。网站的所有文件都存储在服务器上——.html、.css、.php等。不过，它们并非都由服务器处理。HTML和CSS文件以及图像文件会直接发送到客户浏览器，而不会操心其中具体包含什么。PHP文件有所不同，因为PHP文件中包含要由Web服务器处理并在服务器上运行的代码。并非将PHP代码发送到浏览器，而是会发送运行PHP代码的结果，这些结果正是纯HTML和CSS。

使用PHP访问表单数据

因此，Owen需要一个PHP脚本，从而能够比mailto技术更可靠地得到外星人劫持表单信息。下面就来创建这个PHP脚本。即使不能理解这里的全部内容也不要担心，接下来会逐步介绍：

PHP脚本包含常规HTML标记和属性是完全正常的。

PHP脚本的开头与HTML Web页面非常相似。

```php
<html>

<head>

    <title>Aliens Abducted Me - Report an Abduction</title>

</head>

<body>

    <h2>Aliens Abducted Me - Report an Abduction</h2>
```

以下整个脚本代码块是PHP代码……脚本的其余部分是正常的HTML。

哈哈，这里开始有点意思了。这是真正的PHP代码的开始。

```php
<?php

    $when_it_happened = $_POST['whenithappened'];

    $how_long = $_POST['howlong'];

    $alien_description = $_POST['description'];

    $fang_spotted = $_POST['fangspotted'];

    $email = $_POST['email'];


    echo 'Thanks for submitting the form.<br />';

    echo 'You were abducted ' . $when_it_happened;

    echo ' and were gone for ' . $how_long . '<br />';

    echo 'Describe them: ' . $alien_description . '<br />';

    echo 'Was Fang there? ' . $fang_spotted . '<br />';

    echo 'Your email address is ' . $email;

?>
```

这个PHP代码块获取表单数据，从而作为确认页面的一部分显示。

这里使用PHP利用表单数据生成HTML代码。

```php
</body>

</html>
```

类似正常的Web页面，这个PHP脚本同样以与开始HTML标记对应的结束标记结束。

运行测试

修改Owen的表单使用PHP脚本来处理表单数据。

创建一个新的文本文件，名为**report.php**，输入上一页的所有代码。这就是将处理Owen Web表单的脚本。

这个PHP脚本尚未连接到表单，所以在一个文本编辑器中打开report.html页面，将表单动作改为report.php而不是mailto。

```
<form action = "report.php" method = "post">
```

在一个Web浏览器中打开report.html页面，在表单中输入一些外星人劫持信息，并点击Report Abduction按钮。

取决于你的浏览器，你可能会看到一个包含一些奇怪文本的Web页面，或者可能只会看到report.php脚本的PHP源代码。

你认为这就是PHP脚本的工作方式吗？不论是或不是，请写出原因，以及你认为发生了什么。

....

....

....

PHP脚本必须放在服务器上！

除非你的本地计算机上正好运行有一个Web服务器，否则提交Report an Abduction表单时report.php脚本将无法运行。要记住，PHP是一种编程语言，需要一个允许它运行的环境。这个环境就是一个提供PHP支持的Web服务器。PHP脚本和依赖于这些脚本的Web页面必须放在一个实际Web服务器上，而不只是从本地文件系统打开一个脚本。

如果确实在本地安装了一个Web服务器，而且它提供了PHP支持，那么你可以在你的本地计算机上直接测试PHP脚本。

HTML Web页面可以在一个Web浏览器上本地打开，与之不同，PHP脚本必须从Web服务器通过一个URL"打开"。

Web浏览器对于PHP一无所知，相应地，也没有能力运行PHP脚本。

这个PHP脚本对于Web浏览器来说只是一堆毫无意义的代码。

Web服务器理解这个PHP代码并运行脚本！

提供PHP支持的Web服务器能够运行PHP脚本并将其转换为浏览器能够理解的HTML Web页面。

要区分一个Web页面是否由Web服务器传送，一种快捷方法是查找以"http:"开头的URL。作为本地文件打开的Web页面总是以"file:"开头。

PHP脚本必须在一个**Web服务器**上运行，否则将无法工作。

将PHP脚本放在服务器上

完全可以在你的本地计算机上创建和编辑PHP脚本。不过要真正运行则需要把这些文件放在一个Web服务器上。在Web服务器上PHP文件总是与HTML文件放置在一起。对于在Web服务器上如何放置PHP脚本并没有任何特殊之处，只需把它们上传到Web页面能够访问的某个位置即可。向Web服务器上传文件需要借助于一个实用工具，如一个FTP (File Transfer Protocol，文件传输协议)工具。

大多数PHP脚本随其他文件都放在Web服务器上的同一个文件夹中。

Web服务器上通常有一个存储着大多数（甚至全部）Web文件的文件夹。

图像有时单独存储在Web服务器上的另一个文件夹中以便于管理…… 不过这里没有这样做。

report.html   report.php   style.css   fang.jpg

只是向Web服务器上传你的PHP脚本还不够，Web服务器上还必须安装了PHP。一些Web服务器默认安装有PHP，但还有一些Web服务器并未安装。

there are no
Dumb Questions

问: 我怎么知道我的Web服务器是否已经安装了PHP?

答: 你可以问问你的Web服务器管理员或者Web服务器托管公司，或者也可以自己做个小小的测试。创建一个文本文件，名为test.php，在其中输入以下代码：

```
<?php
  phpinfo();
?>
```

这个代码要求PHP显示有关它自己的信息。

现在将test.php上传到你的Web服务器，然后把它的URL输入到一个Web浏览器。如果你的服务器上安装有PHP，你就会看到有关PHP的大量详细信息，包括PHP的版本。就这么简单！

Relax　如果你的Web服务器上没有安装PHP，请参考附录ii。

你会看到在Web服务器上安装和运行PHP的有关说明。

要记住，完成测试后一定要删除phpinfo()脚本，这样别人就不会看到这些信息了。

运行测试

将Report an Abduction文件上传到一个Web服务器，并尝试……再
一次测试这个表单。

将 report.html、report.php、style.css和fang.
jpg 上传到一个安装有PHP的Web服务器。在浏览器中输入
report.html页面的URL，在表单中填写外星人劫持信息，然后点
击Report Abduction按钮。

report.i. report.php yle.c fang.jpg

Aliens Abducted Me - Report an Abduction

Share your story of alien abduction:

First name: Alf
Last name: Nader
What is your email address?   alfn@theyreallgreen.com
When did it happen?   last November
How long were you gone?   11 hours
How many did you see?   dozens
Describe them: little green men
What did they do to you?   asked me about UFO regulations
Have you seen my dog Fang?   Yes ○ No ◉

Anything else you want to add?   Please vote for me.

[Report Abduction]

PHP脚本真的起作用了！它在一个确
认Web页面中显示了表单数据。

Aliens Abducted Me - Report an Abduction

You were abducted last November and were gone for 11 hours
Describe them:
Was Fang there? no
Your email address is alfn@theyreallgreen.com

真棒。现在只需要增加一些**PHP**代码负责通过**email**发送表单数据。

确实如此。 `report.php`脚本中还缺少相应的代码将外星人劫持数据通过email发送给Owen。

不过这不成问题，因为PHP提供了一个函数，一个预置的可重用代码块，可以利用这个函数发送email消息。只需确定email消息的内容，然后使用PHP来创建并发送这个email。

暂停一下！我们甚至还不知道原来的**report.php**脚本是如何工作的，现在又转变话题来讨论发送**email**。是不是内容太多了……喂，听到了吗？

确实。 要想更充分地利用PHP需要更多地了解PHP。

所以为了在Owen的report.php脚本中增加email功能，下面要更深入地研究PHP，切实掌握到目前为止脚本是如何工作的。

服务器将PHP转换为HTML

要理解PHP脚本如何工作，很重要的一部分就是要掌握脚本在服务器上运行时发生了什么。大多数PHP脚本都同时包含有PHP代码和HTML代码，服务器将所有内容作为HTML传送给客户Web浏览器之前，这些PHP代码会运行并转换为HTML。在Owen的report.php脚本中，PHP代码生成了确认页面中的大部分HTML内容。包围PHP代码的HTML代码则原样传送而不做任何改变。

这个HTML代码不做修改地传递到浏览器。

```
<html>
<head>
  <title>Aliens Abducted Me - Report an Abduction</title>
</head>
<body>
  <h2>Aliens Abducted Me - Report an Abduction</h2>
```

这个PHP代码由服务器运行，并生成HTML代码，其中包含输入到表单的数据。

```php
<?php
  $when_it_happened = $_POST['whenithappened'];
  $how_long = $_POST['howlong'];
  $alien_description = $_POST['aliendescription'];
  $fang_spotted = $_POST['fangspotted'];
  $email = $_POST['email'];

  echo 'Thanks for submitting the form.<br />';
  echo 'You were abducted ' . $when_it_happened;
  echo ' and were gone for ' . $how_long . '<br />';
  echo 'Describe them: ' . $alien_description . '<br />';
  echo 'Was Fang there? ' . $fang_spotted . '<br />';
  echo 'Your email address is ' . $email;
?>
```

```
</body>
</html>
```

report.php

更多静态HTML代码，这些代码由服务器传递到浏览器而不做任何修改。

静态——不会改变。

动态——每次有人提交
表单时都会改变！

这些HTML代码是由PHP脚本动
态创建的，因此可以做一些很
酷的事情，比如结合刚刚输入
的表单数据。

```
<html>
<head>
  <title>Aliens Abducted Me - Report an Abduction</title>
</head>
<body>
  <h2>Aliens Abducted Me - Report an Abduction</h2>
```

```
Thanks  for  submitting  the  form.<br   />
You were abducted last November and were gone for 11 hours<br />
Describe them: <br />
Was Fang there? no<br />
Your email address is alfn@theyreallgreen.com
```

```
</body>
</html>
```

report.php

PHP脚本的最终结果是一个在
服务器上动态生成的纯HTML
Web页面。

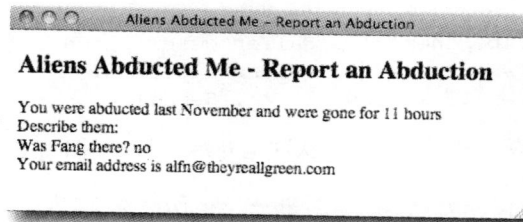

| ○○○ | Aliens Abducted Me - Report an Abduction |

Aliens Abducted Me - Report an Abduction

You were abducted last November and were gone for 11 hours
Describe them:
Was Fang there? no
Your email address is alfn@theyreallgreen.com

分析Owen的PHP脚本

report.php脚本由Report an Abduction表单触发，它的任务（就目前来讲）就是取得表单数据，并生成一个确认Web页面。下面来看这是怎样做到的。

最前面的代码块是纯HTML。它只是建立我们要构建的页面，包括所有页面都必须有的一些HTML标记。

```html
<html>
<head>
   <title>Aliens Abducted Me - Report an Abduction</title>
</head>
<body>
   <h2>Aliens Abducted Me - Report an Abduction</h2>
```

没错，这个HTML代码相当简化，理想情况下还需要有DOCTYPE、<meta>标记等，不过这里我们将力求简单。

下面开始更有意思一些了。我们暂时离开HTML代码而转向PHP代码。<?php标记是一段PHP代码的开始，这个标记后面的所有内容都是纯PHP。

```php
<?php
```

从这里，我们开始处理PHP代码……至少在遇到结束?>标记之前。

这段代码获取表单数据，并将其存储在各个变量中，以便于以后访问。PHP变量允许存储值，它们可以是数字、文本或其他数据类型。

```php
$when_it_happened = $_POST['whenithappened'];
$how_long = $_POST['howlong'];
$alien_description = $_POST['description'];
$fang_spotted = $_POST['fangspotted'];
$email = $_POST['email'];
```

这里的各行PHP代码将一个表单域的数据赋给一个新变量。

现在我们在进行交谈！我们用到了刚创建的变量，在此将它们插入到动态生成的HTML代码中。echo命令将返回的HTML代码直接输出到Web浏览器。

```php
echo 'Thanks for submitting the form.<br />';
echo 'You were abducted ' . $when_it_happened;
echo ' and were gone for ' . $how_long . '<br />';
echo 'Describe them: ' . $alien_description . '<br />';
echo 'Was Fang there? ' . $fang_spotted . '<br />';
echo 'Your email address is ' . $email;
```

这个PHP代码将变量结合到输出到浏览器的HTML代码中。

?>标记与<?php对应，结束一段PHP代码。从这里开始，又回到正常的HTML代码。

```php
?>
```

这就结束了PHP代码，在此之后返回到正常的HTML。

现在结束页面，关闭我们之前打开的HTML标记。

```html
</body>
</html>
```

不要忘记，我们在生成一个HTML页面，所以要结束HTML代码。

编码
~~生活~~遵循的一些PHP规则

Owen的`report.php`脚本展示了适用于所有PHP脚本的PHP语言基本原则。下面来介绍这些原则。

☑ PHP 代码总是用`<?php` 和`?>`包围。

你的PHP代码放在这里。

```
<?php
......
?>
```

大多数PHP脚本只是包含有PHP代码的HTML Web页面，这些标记告诉服务器哪些代码是PHP代码。

☑ 每个PHP语句都必须以一个分号（;）结束。

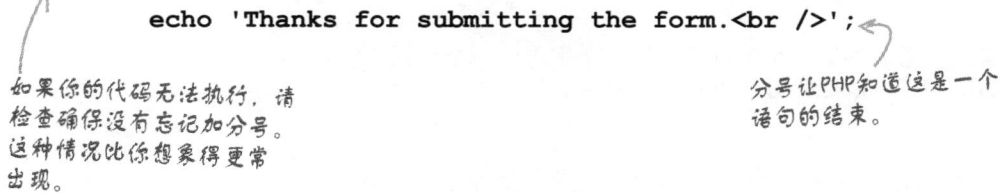

```
echo 'Thanks for submitting the form.<br />';
```

如果你的代码无法执行，请检查确保没有忘记加分号。这种情况比你想象得更常出现。

分号让PHP知道这是一个语句的结束。

☑ 如果Web页面中有PHP代码，一个好的想法是将Web服务器上的文件命名为扩展名是.php而不是.html。

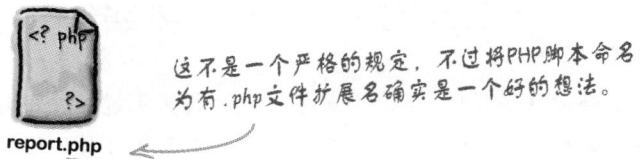

```
<? php
?>
```
report.php

这不是一个严格的规定，不过将PHP脚本命名为有.php文件扩展名确实是一个好的想法。

☑ PHP变量名总是以一个美元符号($)开头。

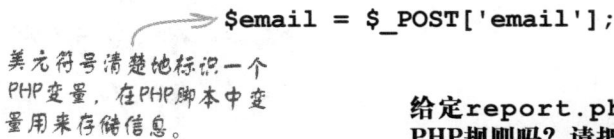

```
$email = $_POST['email'];
```

美元符号清楚地标识一个PHP变量，在PHP脚本中变量用来存储信息。

给定`report.php`脚本中使用的变量，你能看出有关变量的其他PHP规则吗？请把它们写下来！

....
....
....

找出最佳的变量名

PHP变量名不仅以一个$开头，而且是区分大小写的。不过这还不是全部，对于如何对变量命名还有其他一些重要的规则。其中一些规则是语法规则，也就是说，如果你违反了这些规则，代码将无法运行，而另外一些规则只是早先高明的PHP开发人员传承下来的好思想。

下面先从正式规则说起，对变量命名时如果忽视这些规则肯定会导致问题。创建合法的变量名时一定要遵循以下规则。

变量是一个<u>容器</u>，可以在其中存储数据，每个变量都有一个唯一的名字。

知道了！

✓ 第一个字符必须是一个美元符号(**$**)。

✓ 变量名长度至少有<u>1</u>个字符。

$字符不算在内，这是每一个变量名都必须有的。

✓ 美元符号后的第一个字符可以是一个字母或一个下划线(**_**)，此后的字符可以是字母、下划线或数字。

✓ 空格以及非_和$的其他特殊字符不允许出现在变量名中。

非法！PHP变量名不能包含连字符或空格。

| **$email** | *合法* | | | **$fang-spotted** | | **$what_they_did** | **$when-it happened** |

合法

$how_long

非法！连字符在PHP变量名中是不允许的。

合法

alien_description

非法！PHP变量名必须以美元符号($)开头。

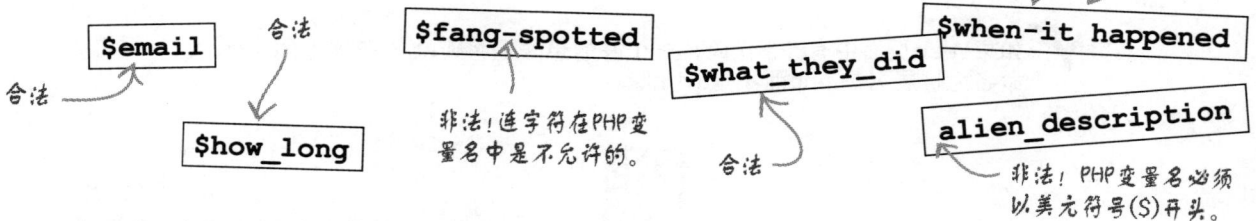

如果未能遵循这些规则，你的代码将不能运行。不过另外还有两个规则，最好把它们当作编码约定。这些规则有助于使PHP代码更为一致、更易读。

✓ 变量名都使用小写。

✓ 用下划线分隔多词变量名中的各个词。

如果忽略这两个规则不会影响代码的运行，而且你肯定会看到一些PHP代码没有遵循这两条规则也能工作得很好。这是因为，它们只是一种风格约定，不过如果你开始创建并命名自己的变量，这些规则会对你有很大帮助。

PHP变量名必须以一个美元符号($) <u>开头</u>，而且<u>不能</u>包含空格。

there are no
Dumb Questions

问： PHP命令采用大写或是小写有影响吗？

答： 可能有，也可能没有。大多数情况下，PHP是不区分大小写的，所以大多数命令大小写可以混用。这说明，回显内容时可以使用echo、ECHO或EcHO。不过，按照约定，保持脚本中大小写一致是一个很好的想法。大多数PHP开发人员倾向于PHP代码中绝大部分都使用小写，正是因为这个原因你会看到这本书的示例代码中都使用了echo。

问： 所以尽管这是一个不好的编码习惯，但我确实可以在PHP代码中混用不同的大小写，是吗？

答： 不，不完全是。一般来讲PHP不区分大小写，但有一个很重要的例外，这就是变量名，这适用于你创建的数据存储位置。所以下面以Report an Abduction脚本中使用的$email变量为例。这个变量名是区分大小写的，所以不能引用为$EMAIL或$eMail。与此类似，PHP中的所有变量名都是区分大小写的，所以要仔细地对变量命名，然后在代码中以一致的方式引用，这非常重要。稍后还会讨论更多有关变量名的内容。

问： 把PHP和HTML代码放在同一个文件中真的可以吗？

答： 绝对可以。实际上，很多情况下这也是绝对必要的。

问： 为什么要那么做？

答： 因为Web服务器的基本思想就是向浏览器提供HTML Web页面。PHP也不会改变这一点。PHP允许你做的只是利用一些变化的信息动态改变HTML内容，如当天日期、从数据库获取的数据，或者甚至是计算得出的值（如购物车订单总金额）。所以PHP允许你管理动态放在Web页面中的HTML，而不是设计时静态创建的HTML。一个页面的HTML代码间分布着PHP代码来插入重要的数据或者通过编程改变HTML，这种做法是相当常见的。

问： 嵌在HTML文件中的PHP代码必须在单独的代码行上，还是可以嵌在一个HTML代码行上，比如作为HTML标记属性的一部分？

答： 除了需要把PHP代码放在<?php和?>标记中间之外，对于如何将PHP代码嵌入到HTML代码中没有任何限制。实际上，通常必须将一段PHP代码放在HTML代码的中间，比如设置一个HTML标记的属性时。这是PHP的一个相当合理的用法。

问： 我见过PHP代码用<?作为开始标记而不是<?php。这样对吗？

答： 不太正确。理论上讲，这是合法的，但是并不推荐这种做法。为支持短开始标记(<?)必须启用一个服务器设置。通常的<?php标记总能正常工作，所以最好使用这个标记，这样能确信你的代码能正常工作。

问： 即然Web服务器总向客户浏览器返回纯HTML代码，为什么URL会显示PHP脚本名，如webpage.php？

答： 应该记得，每个Web页面都是一个双向通信的结果，包括来自客户浏览器的一个请求和来自Web服务器的一个响应。URL是请求的基础，而服务器返回的内容是响应。PHP脚本就像正常的HTML Web页面一样通过输入到浏览器的URL或从其他页面链接或者作为表单动作来请求。这就解释了为什么一个PHP"页面"的URL会显示PHP脚本名。

通信的另外一半是来自服务器的响应，这是由PHP脚本生成的结果代码。由于大多数PHP脚本都生成HTML代码，所以这个代码是HTML而非PHP。因此URL引用服务器上的一个.php文件并不是意外事故，这会导致在服务器上执行PHP代码，最终得到纯HTML内容返回到浏览器。

问： PHP变量能存储其他类型的数据吗？

答： 当然可以。可以使用变量存储Boolean (true/false)数据。另外数值数据可以是整数或浮点数（小数）。还有数组，其中存储一个数据集合，另外还可以用变量存储对象，对象可以将一组数据与用于处理该数据的代码相关联。数组将在本章稍后介绍，对象将在第12章讨论。还有一种特殊的数据类型名为NULL，这表示没有任何值。例如，未赋值的一个变量就认为是NULL。

要么是PHP的记性不太好，要么是脚本有问题…… 还缺少一些表单数据。

Aliens Abducted Me - Report an Abduction

Share your story of alien abduction:

First name: Alf
Last name: Nader
What is your email address?   alfn@theyreallgreen.com
When did it happen?   last November
How long were you gone?   11 hours
How many did you see?   dozens
Describe them: little green men
What did they do to you?   asked me about UFO regulations
Have you seen my dog Fang?   Yes ○ No ◉

显然已经向表单输入了外星人描述……

Anything else you want to add?   Please vote for me.

Report Abduction

……不过在确认Web页面中可以注意到描述没有了。

Aliens Abducted Me - Report an Abduction

You were abducted last November and were gone for 11 hours
Describe them:
Was Fang there? no
Your email address is alfn@theyreallgreen.com

Sharpen your pencil

Owen的report.php脚本中外星人描述表单数据有点问题。圈出你认为与这个问题有关的代码行，并写出这些代码做了什么。哪里出了问题？你有什么想法？

```
<html>
<head>
  <title>Aliens Abducted Me - Report an Abduction</title>
</head>
<body>
  <h2>Aliens Abducted Me - Report an Abduction</h2>

<?php
  $when_it_happened = $_POST['whenithappened'];
  $how_long = $_POST['howlong'];
  $alien_description = $_POST['description'];
  $fang_spotted = $_POST['fangspotted'];
  $email = $_POST['email'];

  echo 'Thanks for submitting the form.<br />';
  echo 'You were abducted ' . $when_it_happened;
  echo ' and were gone for ' . $how_long . '<br />';
  echo 'Describe them: ' . $alien_description . '<br />';
  echo 'Was Fang there? ' . $fang_spotted . '<br />';
  echo 'Your email address is ' . $email;
?>

</body>
</html>
```

report.php

Sharpen your pencil
Solution

Owen的report.php脚本中外星人描述表单数据有点问题。圈出你认为与这个问题有关的代码行，并写出这些代码做了什么。哪里出了问题？你有什么想法？

这行代码从HTML表单域获得外星人描述，并存储在一个名为$alien_description的PHP变量中。

这个代码将外星人描述以及其他一些文本与HTML代码结合在一起，并把它们全部输出到浏览器。

```
<html>
<head>
  <title>Aliens Abducted Me - Report an Abduction</title>
</head>
<body>
  <h2>Aliens Abducted Me - Report an Abduction</h2>

<?php
  $when_it_happened = $_POST['whenithappened'];
  $how_long = $_POST['howlong'];
  $alien_description = $_POST['description'];
  $fang_spotted = $_POST['fangspotted'];
  $email = $_POST['email'];

  echo 'Thanks for submitting the form.<br />';
  echo 'You were abducted ' . $when_it_happened;
  echo ' and were gone for ' . $how_long . '<br />';
  echo 'Describe them: ' . $alien_description . '<br />';
  echo 'Was Fang there? ' . $fang_spotted . '<br />';
  echo 'Your email address is ' . $email;
?>

</body>
</html>
```

report.php

出于某种原因$alien_description变量看上去为空……这可不好。

变量用于存储脚本数据

PHP变量是一些存储容器，可以存储信息，就像是一个杯子可以存放饮料一样。由于$alien_description变量为空，我们知道表单数据没有放在这里。所以$alien_description变量保持为空，尽管我们试图为它赋以数据。

little green men

我们在寻找一个装有外星人描述的杯子。

遗憾的是，我们的杯子目前是空的。

这是变量名。

$alien_description

$alien_description

要修正这个脚本，一种办法是直接将我们期望的具体字符串赋给$alien_description变量，如下：

```
$alien_description = 'little green men';
```

等号告诉PHP将右边的值赋给左边的变量。

PHP文本，也称为字符串，必须用引号引起，可以是单引号或双引号。

这个代码能正常工作，因为它以最明确的方式将文本'little green men'存储在$alien_description变量中。不过我们在解决一个问题的同时又带来了另一个新的问题——这个代码会导致外星人描述总是一样的，而不论用户在表单中具体输入了什么。

⚛ BRAIN POWER

出于某种原因，将外星人描述表单数据赋至$alien_description变量时结果为空。

```
$alien_description = $_POST['description'];
```

你认为这个代码哪里有问题？

> 问题显然出在$_POST上。不过我对它还一无所知。

问题确实出在$_POST，这是一种用来向脚本传递表单数据的机制。

$_POST最前面的美元符号（$）是一个线索…… $_POST是一个存储容器！更确切地讲，$_POST是一个存储位置集合，这些位置用来存储来自Web表单的数据。对于Owen的情况，有人在表单中填写了数据并点击 Report Abduction按钮时，$_POST中就包含了发送到report.php脚本的所有数据。所以，为了访问表单数据并进行处理，就必须通过$_POST。还记得以下代码吗？

```
$when_it_happened = $_POST['whenithappened'];

$how_long = $_POST['howlong'];

$alien_description = $_POST['description'];

$fang_spotted = $_POST['fangspotted'];

$email = $_POST['email'];
```

包含劫持时间的这部分表单数据赋给变量$how_long。

这里也是一样，只不过是把email表单数据抽取并存储在$email变量中。

所以，Report an Abduction表单中各个域中的数据都使用$_POST来访问。不过，$_POST到底是什么…… 是个变量吗？

$_POST是包含表单数据的一个特殊变量

$_POST是一个特殊的变量，称为超级全局变量，因为这是PHP内置的，而且在整个脚本中都可用。你的脚本一旦运行，$_POST就已经存在了，不必像创建其他PHP变量那样创建$_POST。

11 hours

$_POST超级全局变量包含
输入到表单的各部分数据。

$_POST['howlong']

Aliens Abducted Me - Report an Abduction

Share your story of alien abduction:

First name: Alf
Last name: Nader
What is your email address? alfn@theyreallgreen.com
When did it happen? last November
How long were you gone? 11 hours
How many did you see? dozens
Describe them: little green men
What did they do to you? asked me about UFO regulations
Have you seen my dog Fang? Yes ○ No ●

Anything else you want to add? Please vote for me.

[Report Abduction]

```
<html>
<head>
  <title>Aliens Abducted Me - Report an Abduction</title>
</head>
<body>
  <h2>Aliens Abducted Me - Report an Abduction</h2>

<?php
  $when_it_happened = $_POST['whenithappened'];
  $how_long = $_POST['howlong'];
  $alien_description = $_POST['description'];
  $fang_spotted = $_POST['fangspotted'];
  $email = $_POST['email'];

  echo 'Thanks for submitting the form.<br />';
  echo 'You were abducted ' . $when_it_happened;
  echo ' and were gone for ' . $how_long . '<br />';
  echo 'Describe them: ' . $alien_description . '<br />';
  echo 'Was Fang there? ' . $fang_spotted . '<br />';
  echo 'Your email address is ' . $email;
?>

</body>
</html>
```

report.php

$_POST超级全局变量直接绑定到HTML表单使用的表单提交方法。
如果方法设置为post，那么所有表单数据都会打包到$_POST超级
全局变量中，可以根据需要从中抽取和使用各部分数据。

"howlong" 来自这个表单域<input>
标记的name属性。

```
……
<form method="post" action="report.php">
  ……
```

report.html

表单提交方法确定表单数据如
何提供给PHP脚本。

BRAIN POWER

你认为$_POST超级全局变量是如何工作的？
它怎样存储Owen表单上所有那些文本框中
的多个值？

$_POST将表单数据传送到你的脚本

$_POST是一种特殊的PHP存储容器，称为数组，它将一个变量集合存储在同一个名下。有人提交Owen的表单时，他们键入到表单域中的数据就存储在$_POST数组中，这个数组的任务就是把数据传送到脚本。

$_POST数组中的每个元素对应输入到一个表单域中的部分数据。要访问一个特定表单域的数据，使用$_POST的同时还要提供这个域的域名。所以一次劫持的持续时间就存储在$_POST['howlong']中。Owen表单的HTML代码显示出表单名与$_POST中存储的数据间有何关系。

```html
<p>Share your story of alien abduction:</p>
<form method="post" action="report.php">
  <label for="firstname">First name:</label>
  <input type="text" id="firstname" name="firstname" /><br />
  <label for="lastname">Last name:</label>
  <input type="text" id="lastname" name="lastname" /><br />
  <label for="email">What is your email address?</label>
  <input type="text" id="email" name="email" /><br />
  <label for="whenithappened">When did it happen?</label>
  <input type="text" id="whenithappened" name="whenithappened" /><br />
  <label for="howlong">How long were you gone?</label>
  <input type="text" id="howlong" name="howlong" /><br />
  <label for="howmany">How many did you see?</label>
  <input type="text" id="howmany" name="howmany" /><br />
  <label for="aliendescription">Describe them:</label>
  <input type="text" id="aliendescription" name="aliendescription" size="32" /><br />
  <label for="whattheydid">What did they do to you?</label>
  <input type="text" id="whattheydid" name="whattheydid" size="32" /><br />
  <label for="fangspotted">Have you seen my dog Fang?</label>
  Yes <input id="fangspotted" name="fangspotted" type="radio" value="yes" />
  No <input id="fangspotted" name="fangspotted" type="radio" value="no" /><br />
  <img src="fang.jpg" width="100" height="175"
    alt="My abducted dog Fang." /><br />
  <label for="other">Anything else you want to add?</label>
  <textarea name="other"></textarea><br />
  <input type="submit" value="Report Abduction" name="submit" />
</form>
```

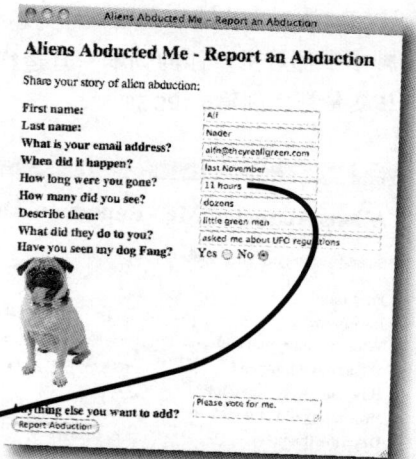

$_POST数组填入了用户在表单中输入的值。

表单域的名确定了如何在$_POST数组中访问。

alf · Nader · alfn@t... · last... · 11 hours · dozens · little...

'firstname'　'email'　'howlong'　'aliendescription'
　'lastname'　'whenithappened'　'howmany'

$_POST

所有表单数据都通过$_POST数组访问。

Sharpen your pencil

检查report.php中导致外星人描述为空的代码，然后写出应当如何修正。提示：使用上一页上的HTML表单代码来帮助你分离出问题。

```
<html>
<head>
  <title>Aliens Abducted Me - Report an Abduction</title>
</head>
<body>
  <h2>Aliens Abducted Me - Report an Abduction</h2>

<?php
  $when_it_happened = $_POST['whenithappened'];
  $how_long = $_POST['howlong'];
  $alien_description = $_POST['description'];
  $fang_spotted = $_POST['fangspotted'];
  $email = $_POST['email'];


  echo 'Thanks for submitting the form.<br />';
  echo 'You were abducted ' . $when_it_happened;
  echo ' and were gone for ' . $how_long . '<br />';
  echo 'Describe them: ' . $alien_description . '<br />';
  echo 'Was Fang there? ' . $fang_spotted . '<br />';
  echo 'Your email address is ' . $email;
?>


</body>
</html>
```

要记住，较早前我们已经分离出问题出在这两行代码。

report.php

Sharpen your pencil
Solution

检查report.php中导致外星人描述为空的代码，然后写出应当如何修正。提示：使用上一页上的HTML表单代码来帮助你分离出问题。

```
......
<input type="text" id="aliendescription" name="aliendescription" size="32" />
......
```

report.html

```
                                    Abducted Me - Repo        oduction</title>
</head>
<body>
    h2>Aliens Abducted Me - Report an Abduction</h2>

<?php
    $when_it_happened = $_POST['whenithappened'];
    $how_long = $_POST['howlong'];          'aliendescription'
    $alien_description = $_POST['description'];
    $fang_spotted = $_POST['fangspotted']
    $email = $_POST['email'];

    echo 'Thanks for submitting the form.<br />';
    echo 'You were abducted ' . $when_it_happened;
    echo ' and were gone for ' . $how_long . '<br />';
    echo 'Describe them: ' . $alien_description . '<br />';
    echo 'Was Fang there? ' . $fang_spotted . '<br />';
    echo 'Your email address is ' . $email;
?>

</body>
</html>
```

report.html中表单域的名是"aliendescription"，这与$_POST中用的名不匹配。

需要修改$_POST使表单域名为正确的'aliendescription'。

report.php

运行测试

修正脚本并测试。

修改report.php中有问题的代码行，然后把脚本上传到你的Web服务器。在浏览器中打开report.html页面，在表单中填写外星人劫持信息，点击Report Abduction按钮将表单提交到新修复的脚本。

Aliens Abducted Me – Report an Abduction

Aliens Abducted Me - Report an Abduction

Share your story of alien abduction:

First name: Alf
Last name: Nader
What is your email address?   alfn@theyreallgreen.com
When did it happen?   last November
How long were you gone?   11 hours
How many did you see?   dozens
Describe them: little green men
What did they do to you?   asked me about UFO regulations
Have you seen my dog Fang?   Yes ○ No ●

Anything else you want

[Report Abduction]

不错。不过你要知道，还是漏了一些表单数据……

确认页面现在正确地显示了外星人描述的有关表单数据！

Aliens Abducted Me – Report an Abduction

Aliens Abducted Me - Report an Abduction

You were abducted last November and were gone for 11 hours
Describe them: little green men
Was Fang there? no
Your email address is alfn@theyreallgreen.com

Sharpen your pencil

有一些数据已经输入Owen的Report an Abduction表单，但是我们目前并没有使用。要记住，这些数据包含了有关一次外星人劫持的重要信息，这些信息可能可以帮助Owen找回他丢失的小狗Fang。所以我们需要得到所有劫持数据，并存储在PHP变量中。

> report.php脚本目前忽略了5个不同的表单数据。真令人震惊！

Aliens Abducted Me - Report an Abduction

Aliens Abducted Me - Report an Abduction

Share your story of alien abduction:

First name: Alf
Last name: Nader
What is your email address? alfn@theyrealigreen.com
When did it happen? last November
How long were you gone? 11 hours
How many did you see? dozens
Describe them: little green men
What did they do to you? asked me about UFO regulations
Have you seen my dog Fang? Yes ○ No ●

Anything else you want to add? Please vote for me.
[Report Abduction]

```
......
<form method="post" action="report.php">
  <label for="firstname">First name:</label>
  <input type="text" id="firstname" name="firstname" /><br />
  <label for="lastname">Last name:</label>
  <input type="text" id="lastname" name="lastname" /><br />
  <label for="email">What is your email address?</label>
  <input type="text" id="email" name="email" /><br />
  <label for="whenithappened">When did it happen?</label>
  <input type="text" id="whenithappened" name="whenithappened" /><b
  <label for="howlong">How long were you gone?</label>
  <input type="text" id="howlong" name="howlong" /><br />
  <label for="howmany">How many did you see?</label>
  <input type="text" id="howmany" name="howmany" /><br />
  <label for="aliendescription">Describe them:</label>
  <input type="text" id="aliendescription" name="aliendescription" size="32" /><br />
  <label for="whattheydid">What did they do to you?</label>
  <input type="text" id="whattheydid" name="whattheydid" size="32" /><br />
  <label for="fangspotted">Have you seen my dog Fang?</label>
  Yes <input id="fangspotted" name="fangspotted" type="radio" value="yes" />
  No <input id="fangspotted" name="fangspotted" type="radio" value="no" /><br />
  <img src="fang.jpg" width="100" height="175"
    alt="My abducted dog Fang." /><br />
  <label for="other">Anything else you want to add?</label>
  <textarea id="other" name="other"></textarea><br />
  <input type="submit" value="Report Abduction" name="submit" />
</form>
</body>
</html>
```

> 每个表单域的<input>标记包含从PHP访问表单数据的键。

report.html

编写PHP代码创建4个新的变量来存储遗漏的表单数据：$name、$how_many、$what_they_did和$other。
提示：创建$name变量来存储用户的全名。

你的工作还没有完全结束。PHP脚本生成的确认Web页面需要使用这些新变量来显示有关外星人劫持的更多信息。

我们需要将这个页面……

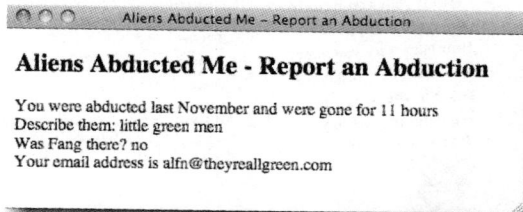

Aliens Abducted Me - Report an Abduction

Aliens Abducted Me - Report an Abduction

You were abducted last November and were gone for 11 hours
Describe them: little green men
Was Fang there? no
Your email address is alfn@theyreallgreen.com

……改进为这个页面！注意这里显示了更多的信息。

Aliens Abducted Me - Report an Abduction

Aliens Abducted Me - Report an Abduction

Thanks for submitting the form.
You were abducted last November and were gone for 11 hours
Number of aliens: dozens
Describe them: little green men
The aliens did this: asked me about UFO regulations
Was Fang there? no
Other comments: Please vote for me.
Your email address is alfn@theyreallgreen.com

用户的名字对于确认页面来说并不重要，不过我们后面向Owen发送劫持email时会需要这个信息。

使用你刚创建的所有变量（除$name以外），完成以下缺少的代码，生成一个提供更多信息的确认页面。

```
echo 'Thanks for submitting the form.<br />';

echo 'You were abducted ' . $when_it_happened;

echo ' and were gone for ' . $how_long . '<br />';

.....................................................................

echo 'Describe them: ' . $alien_description . '<br />';

.....................................................................

echo 'Was Fang there? ' . $fang_spotted . '<br />';

.....................................................................

echo 'Your email address is ' . $email;
```

Sharpen your pencil
Solution

有一些数据已经输入Owen的Report an Abduction表单，但
是我们目前并没有使用。要记住，这些数据包含了有关一
次外星人劫持的重要信息，这些信息可能可以帮助Owen
找回他丢失的小狗Fang。所以我们需要得到所有劫持数据，
并存储在PHP变量中。

report.php脚本目前忽略了5
个不同的表单数据，真令人
震惊！

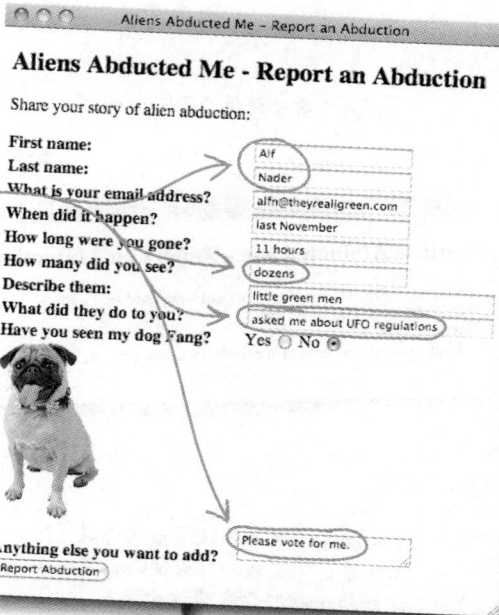

Aliens Abducted Me - Report an Abduction

Aliens Abducted Me - Report an Abduction

Share your story of alien abduction:

First name: Alf
Last name: Nader
What is your email address? alfn@theyrealigreen.com
When did it happen? last November
How long were you gone? 11 hours
How many did you see? dozens
Describe them: little green men
What did they do to you? asked me about UFO regulations
Have you seen my dog Fang? Yes ○ No ◉

Anything else you want to add? Please vote for me.
[Report Abduction]

```
......
<form method="post" action="report.php">
  <label for="firstname">First name:</label>
  <input type="text" id="firstname" name="firstname" /><br />
  <label for="lastname">Last name:</label>
  <input type="text" id="lastname" name="lastname" /><br />
  <label for="email">What is your email address?</label>
  <input type="text" id="email" name="email" /><br />
  <label for="whenithappened">When did it happen?</label>
  <input type="text" id="whenithappened" name="whenithappened" /><b
  <label for="howlong">How long were you gone?</label>
  <input type="text" id="howlong" name="howlong" /><br />
  <label for="howmany">How many did you see?</label>
  <input type="text" id="howmany" name="howmany" /><br />
  <label for="aliendescription">Describe them:</label>
  <input type="text" id="aliendescription" name="aliendescription" size="32" /><br />
  <label for="whattheydid">What did they do to you?</label>
  <input type="text" id="whattheydid" name="whattheydid" size="32" /><br />
  <label for="fangspotted">Have you seen my dog Fang?</label>
  Yes <input id="fangspotted" name="fangspotted" type="radio" value="yes" />
  No <input id="fangspotted" name="fangspotted" type="radio" value="no" /><br />
  <img src="fang.jpg" width="100" height="175"
    alt="My abducted dog Fang." /><br />
  <label for="other">Anything else you want to add?</label>
  <textarea id="other" name="other"></textarea><br />
  <input type="submit" value="Report Abduction" name="submit" />
</form>
</body>
</html>
```

report.html

各个表单域的<input>
标记包含了从PHP访问
表单数据的键。

编写PHP代码创建4个新的变量来存储遗漏的表单数据：$name、
$how_many、$what_they_did和$other。
提示：创建$name变量来存储用户的全名。

这个空格
分隔了名
和姓。

点号允许将多个文本串
粘合为一个串，这个过
程称为连接。

$name = $_POST['firstname'] . ' ' . $_POST['lastname'];

$how_many = $_POST['howmany'];

$what_they_did = $_POST['whattheydid'];

$other = $_POST['other'];

你的工作还没有完全结束。PHP脚本生成的确认Web页面
需要使用这些新变量来显示有关外星人劫持的更多信息。

我们需要将这个页面⋯⋯

⋯⋯改进为这个页面！注意这里显示了
更多的信息。

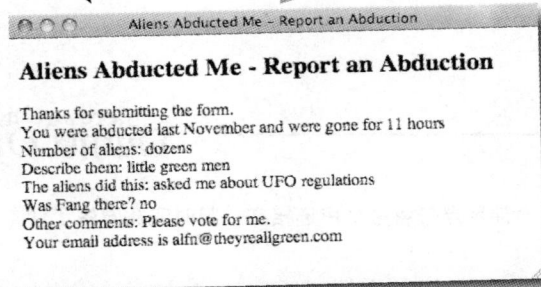

Aliens Abducted Me - Report an Abduction

Aliens Abducted Me - Report an Abduction

You were abducted last November and were gone for 11 hours
Describe them: little green men
Was Fang there? no
Your email address is alfn@theyreallgreen.com

Aliens Abducted Me - Report an Abduction

Aliens Abducted Me - Report an Abduction

Thanks for submitting the form.
You were abducted last November and were gone for 11 hours
Number of aliens: dozens
Describe them: little green men
The aliens did this: asked me about UFO regulations
Was Fang there? no
Other comments: Please vote for me.
Your email address is alfn@theyreallgreen.com

用户的名字对于确认页面来说并不重
要，不过我们后面向Owen发送劫持
email时会需要这个信息。

使用你刚创建的所有变量（除$name以外），完成以下缺
少的代码，生成一个提供更多信息的确认页面。

echo命令用于将额外的
信息作为HTML内容输
出到浏览器。

`<br />`标记帮助格式
化信息，不要忘记我们
在使用PHP创建HTML。

```
echo 'Thanks for submitting the form.<br />';
echo 'You were abducted ' . $when_it_happened;
echo ' and were gone for ' . $how_long . '<br />';
echo 'Number of aliens: ' . $how_many . '<br />';
echo 'Describe them: ' . $alien_description . '<br />';
echo 'The aliens did this: ' . $what_they_did . '<br />';
echo 'Was Fang there? ' . $fang_spotted . '<br />';
echo 'Other comments: ' . $other . '<br />';
echo 'Your email address is ' . $email;
```

再次说明，点号用于将
串和变量连接在一起。

运行测试

调整Owen的脚本，对这些修改进行测试。

向 `report.php` 增加新变量的相应代码，并增加将变量作为格式化HTML输出到浏览器的相应代码。然后把脚本上传到你的Web服务器，在浏览器打开 `report.html` 页面，在表单中填入外星人劫持信息。最后，点击Report Abduction按钮提交表单查看结果。

there are no Dumb Questions

问： 使用点号将多个串连接在一起时究竟发生了什么？

答： 连接就是把多个串粘合在一起构成一个完整的新串。串连接的最终结果往往是一个串，而不论开始有多少个串。所以，在一个echo命令中连接串时，PHP首先会把这些串合并起来形成一个串，然后再把这个串输出到浏览器。

问： 将一个变量与一个串连接时，这个变量必须包含文本吗？

答： 不必。尽管连接总是得到一个串，但并不要求变量必须包含串才能完成连接。所以假设一个变量包含一个数，PHP会首先把这个数转换为一个串，然后再完成连接。

问： 浏览器上会对PHP代码做些什么？

答： 什么也没有。这是因为浏览器永远不会看到PHP代码。PHP代码在服务器上运行，并转换为HTML代码发送到浏览器。所以浏览器完全不知道PHP的存在，Web页面会作为纯HTML和CSS到达。

问： 那好，那么服务器到底是怎样把PHP代码转换为HTML和CSS代码的呢？

答： 首先，要记住默认情况下PHP脚本中的代码都认为是HTML代码。把PHP代码放在 `<?php` 和 `?>` 标记之间就可以标识出一个脚本中的PHP代码。服务器看到这些标记，知道要把其中的代码作为PHP代码运行，而这些标记以外的所有代码都直接作为HTML传递到浏览器。

问： 很好。不过这还是不能解释PHP代码是如何转换为HTML/CSS代码的。到底是怎么回事？

答： 哈，这里就需要echo命令登场了。可以认为echo命令超出 `<?php` 和 `?>` 标记范围输出信息。所以echo命令就是PHP能够动态生成HTML/CSS代码的关键所在。通过连接文本串与PHP变量，你可以实时构造HTML代码。然后使用echo将其作为结果Web页面的一部分输出到浏览器。在Owen的 `report.php` 脚本中，对此有一个很好的例子，`<br />` 标记加在一段文本的最后就会在HTML中生成一个换行。

确认Web页面对用户很有帮助，但是对我并没有任何好处。我还是需要表单数据能通过一个email发送给我。

PHP脚本仍然需要通过email把表单数据发送给Owen。

确实，`report.php`脚本从Report an Abduction表单获取数据，并为用户生成了一个HTML确认页面。不过这还是没有解决原先的问题，即表单提交时需要通过email向Owen发送一个消息。他只是希望收到一个简短的文本email消息，与下类似：

类似于确认Web页面，这个email消息由静态文本结合表单数据构成。

```
Alf Nader was abducted last November and was gone for
11 hours.

Number of aliens: dozens

Alien description: little green men

What they did: asked me about UFO regulations

Fang spotted: no

Other comments: Please vote for me.
```

这个email消息可以由PHP代码集成一个串来生成，即把诸如`"Other comments:"`等静态文本与存储在变量中的表单域数据结合起来。

请写出如何结合静态文本和PHP变量合成一个email消息串。

....

....

利用PHP创建email消息体

你已经看到PHP代码中可以使用一个点号将多个文本串连接构成一个串。
现在需要再次使用连接来构建一个email消息串，将变量分布在静态文
本中。

即使你没有加入换行（回车），大多数文本编辑器也会自动将代码换行。

变量和静态文本使用点号连接构成一个email消息串。

```
$msg = $name . ' was abducted ' . $when_it_happened . ' and was gone for ' . $how_long . '.' .
'Number of aliens:' . $how_many . 'Alien description: ' . $alien_description . 'What they did: ' .
$what_they_did . 'Fang spotted: ' . $fang_spotted . 'Other comments: ' . $other;
```

要记住，每个变量包含从 Report an Abduction 表单获取的一个文本串。

构建这样一个长串存在一个问题，它需要一个很长的PHP代码行，这将
很难阅读也很难理解。可以把PHP代码分为多行，以便于阅读。不过要
确保只是在间隔不会造成影响的位置划分代码，如两个连接串之间，而
不是一个串的中间。然后在最后一行代码的末尾放置一个分号来结束这
个PHP语句。

这实际上只是一个相当长的代码行，被划分到多行上。

```
$msg = $name . ' was abducted ' . $when_it_happened . ' and was gone for ' . $how_long . '.' .
  'Number of aliens: ' . $how_many .
  'Alien description: ' . $alien_description .
  'What they did: ' . $what_they_did .
  'Fang spotted: ' . $fang_spotted .
  'Other comments: ' . $other;
```

这行代码经过精心划分，而不至于在一个串的中间分开。

一行PHP代码有意划分为多行时，习惯上会缩进第一行之后的各行，来帮助你查看代码中哪些行属于同一行代码。

还必须用一个分号结束整个语句。

只要谨慎安排如何划分代码，一个很长的PHP代码行可以跨多行。

这个**PHP**代码确实好看些了。不过既然没有格式，难道email消息不会混杂在一起吗？

没错。只是很好地组织PHP代码并不意味着它的输出自动地会看上去很好。

组织PHP代码，从而能更好地理解它，这与格式化用户将看到的PHP代码的输出完全是两码事。你通常会使用HTML标记来格式化PHP代码的输出，因为在大多数情况下，PHP都用于自动生成一个Web页面。但是这里并非如此。

在这里我们要生成一个email消息，这是纯文本而非HTML。现在消息看上去如下所示，我们需要解决这个问题：

> Alf Nader was abducted last November and was gone for 11 hours. Number of aliens: dozensAlien description: little green menWhat they did: asked me about UFO regulationsFang spotted: noOther comments: Please vote for me.

唉呀！这可不是Owen心里所想的Abduction Report email消息。

there are no Dumb Questions

问： 有没有办法在从PHP脚本发送的email中使用HTML格式化？

答： 有。不过这需要另外一步，其中涉及为消息设置内容类型首部。首部和内容类型有些超出这里讨论的范围，所以我们一直坚持使用纯文本email消息作为Owen的email响应。第6章中你会了解更多有关首部的内容，所以后面再次谈到HTML email时你会有更多了解。

BRAIN POWER

如何对纯文本email消息重新格式化使之更易于阅读？

纯文本也能格式化……但只能一点点

由于Owen要发送没有任何HTML格式化的纯文本email消息，他不能简单地通过增加`<br />`标记在内容汇集的位置增加换行。不过他可以使用换行符号，转义为\n。所以只要email文本中出现\n，就会插入一个换行，使得在它之后的所有内容都从另一行开始。以下是增加了换行符的新的email消息代码：

PHP中的转义字符以一个反斜线（\）开头。

\n用于在整个email消息中放置换行符。

```php
$msg = $name . ' was abducted ' . $when_it_happened . ' and was gone for ' . $how_long . '.\n' .
  'Number of aliens: ' . $how_many . '\n' .
  'Alien description: ' . $alien_description . '\n' .
  'What they did: ' . $what_they_did . '\n' .
  'Fang spotted: ' . $fang_spotted . '\n' .
  'Other comments: ' . $other;
```

换行听起来想法不错……不过糟糕的是代码不能正常工作。

> Alf Nader was abducted last November and was gone for 11 hours. \nNumber of aliens: dozens\nAlien description: little green men \nWhat they did: asked me about UFO regulations\nFang spotted: no\nOther comments: Please vote for me.

\n作为正常文本出现，而不是作为换行符……这可不太好。

there are no Dumb Questions

问： 转义字符到底是什么？

答： 转义字符就是一个很难键入的字符，或者是可能导致PHP代码出现混乱的字符。你可能对HTML中的转义字符很熟悉，在HTML中转义字符的编码稍有不同，如代表版权符号的`&#169;`或`&copy;`。PHP有一个很小的转义字符集，用来转义可能导致与PHP语言本身符号产生混淆的内容，如单引号（\'）、双引号（\"），当然还有换行（\n）。

换行需要双引号串

Owen代码的问题在于，PHP会以不同的方式处理串，这取决于串是用单引号包围还是双引号包围。更确切地讲，换行符（\n）只能在双引号串中转义。所以Abduction Report email消息必须使用双引号串来构造才能保证换行符起作用。

不过单引号和双引号的问题还不止这一点，单引号串被认为是原始文本，而PHP处理双引号串时会寻找变量。在一个双引号串中遇到变量时，PHP会在串中插入该变量的值，就好像连接串一样。所以双引号串不仅是保证换行符在email消息中正常工作的必要前提，它还使我们能够简化代码，只需在串中直接插入变量。

不再需要连接，因为变量可以在一个双引号串中直接引用。

```
$msg = "$name was abducted $when_it_happened and was gone for $how_long.\n" .

  "Number of aliens: $how_many\n" .

  "Alien description: $alien_description\n" .

  "What they did: $what_they_did\n" .

  "Fang spotted: $fang_spotted\n" .

  "Other comments: $other";
```

换行符现在会得到正确的解释，这要归功于双引号串。

但是我们还需要把消息分为多个相互连接的串，让代码跨多行以便于阅读。

最后不再需要换行符，因为这是email消息的最后一行。

there are no Dumb Questions

问：既然双引号串这么棒，为什么到目前为止我们大多都使用单引号串呢？

答：嗯，要记住PHP不会以任何方式处理单引号串，这对于只包含纯文本而没有任何嵌入变量的串来说非常理想。所以本书中我们还会继续使用单引号串，除非有绝对必要的原因要求使用双引号串。关于串两边使用单引号还是双引号，最重要的一点是要努力保证尽可能一致。

问：如果我需要在一个单引号串中使用单引号（撇号），比如说'He's lost!'，该怎么做呢？

答：这里就能显示出转义字符的方便性了。要在一个单引号串内部使用单引号，只需将它转义为\'，类似'He\'s lost!'。这同样适用于双引号串中的双引号——只需使用\"。不会发生冲突时则不必转义引号，如双引号串中的单引号可以直接写作："He's lost!"。

问：这么说单引号串支持\'但不支持\n。我怎么知道单引号之间可以使用哪些转义字符呢？

答：单引号串只支持\'和\\转义字符，所有其他转义字符都只能用于双引号串中。

为Owen组装email消息

email的消息体已经生成为一个串，可以继续为Owen组装email的余下部分。email消息不只有一个消息体，还有很多不同部分。尽管有些是可选的，但以下几部分信息在所有email中都要用到：

已经完成！

① 消息体

这里可以是你希望的任何主题，它会在Owen的收件箱中作为email主题出现。

② 消息主题

用户的email地址。

③ 发送者email地址（消息来自哪里：from）

Owen的email地址。

④ 接收者email地址（消息由谁接收：to）

这才是有人提交外星人劫持报告时Owen希望接收到的email消息。

这是用户的email地址，已经存储在$email变量中。

这可以是静态串。

这是Owen的email地址，也可以是一个静态串。

```
○ ○ ○         Aliens Abducted Me - Abduction Report — inbox
    From:  alfn@theyreallgreen.com  ③           ②
    Subject: Aliens Abducted Me - Abduction Report
    Date:  October 1, 2008 12:07:20 PM CDT
    To:    owen@aliensabductedme.com  ④

    Alf Nader was abducted last November and was gone for 11 hours.
    Number of aliens: dozens
    Alien description: little green men
    What they did: asked me about UFO regulations    ①
    Fang spotted: no
    Other comments: Please vote for me.
```

我们已经为email消息体构造了一个串，存储在$msg变量中。

这个示例email显示出内容大部分都在消息的体中，这部分你已经完成。剩下的就是提供消息主题、发送者email地址（"from"）和接收者email地址（"to"）……当然，还要使用PHP以某种方式具体发送消息！

变量存储email各部分信息

我们已经将消息体存储在$msg中，但是还缺少消息主题以及"from"和"to" email地址。主题和"to" email地址可以作为静态文本设置在新变量中，而"from" email地址已经由本章前面编写的表单处理代码存储在$email变量中。

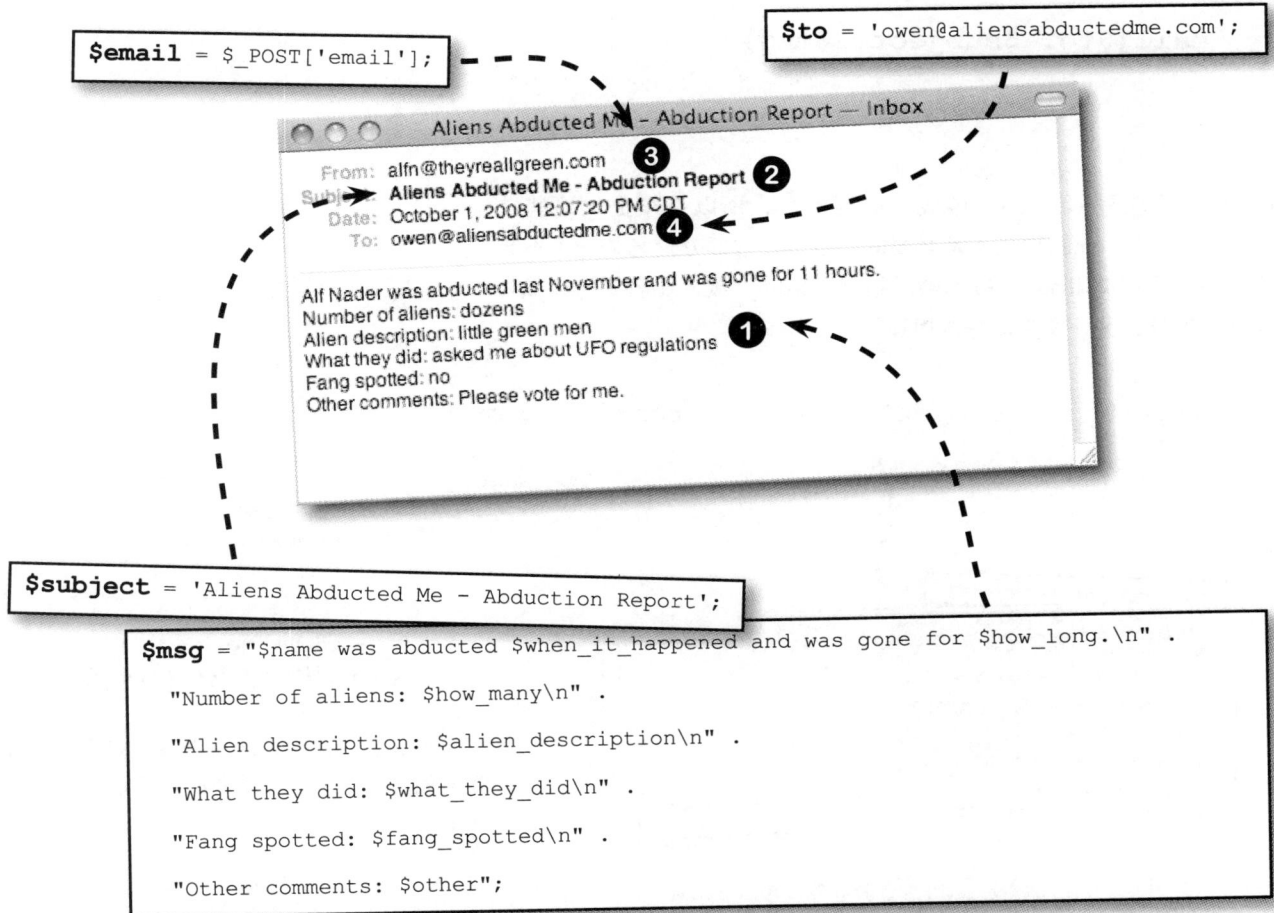

```
$email = $_POST['email'];
```

```
$to = 'owen@aliensabductedme.com';
```

```
○○○          Aliens Abducted Me – Abduction Report — Inbox

From:  alfn@theyreallgreen.com            ③
Subject: Aliens Abducted Me - Abduction Report  ②
Date:  October 1, 2008 12:07:20 PM CDT
To:    owen@aliensabductedme.com          ④

Alf Nader was abducted last November and was gone for 11 hours.
Number of aliens: dozens
Alien description: little green men          ①
What they did: asked me about UFO regulations
Fang spotted: no
Other comments: Please vote for me.
```

```
$subject = 'Aliens Abducted Me - Abduction Report';
```

```
$msg = "$name was abducted $when_it_happened and was gone for $how_long.\n" .

    "Number of aliens: $how_many\n" .

    "Alien description: $alien_description\n" .

    "What they did: $what_they_did\n" .

    "Fang spotted: $fang_spotted\n" .

    "Other comments: $other";
```

email的所有信息都已经收集并准备就绪！

① 消息体

② 消息主题

③ 发送者email地址（消息来自哪里：from）

④ 接收者email地址（消息由谁接收：to）

利用PHP发送email消息

现在准备编写PHP代码向Owen具体发送email消息。这需要用到PHP内置mail()函数，它会基于你提供的信息发送一个消息。

PHP mail()函数可以从脚本发送一个email消息。

"to" email地址 →

→ *消息主题*

```
mail($to, $subject, $msg);
```

↑ *消息体*

这3部分信息是mail()函数的必要参数，所以必须提供这些信息。"from" email地址不是必要的，但包含这部分信息是一个不错的想法。要在调用mail()函数时指定"from"域，还需要一个额外的函数参数，另外要完成一些串连接。

指定email发送者的地址时必须将文本'From:'追加在email地址前。

```
mail($to, $subject, $msg, 'From:' . $email);
```

点号可以再一次方便地连接'From:'和Owen的email地址。

```
$to = 'owen@aliensabductedme.com';
$subject = 'Aliens Abducted Me - Abduction Report';
$msg = "$name was abducted $when_it_happened and was gone for $how_long.\n" .
    "Number of aliens: $how_many\n" .
    "Alien description: $alien_description\n" .
    "What they did: $what_they_did\n" .
    "Fang spotted: $fang_spotted\n" .
    "Other comments: $other";
$email = $_POST['email'];
```

email消息的各部分信息都由一个变量提供给mail()函数。

there are no Dumb Questions

问： 除了"from" email地址，是否可以指定其他内容作为email消息的一部分？

答： 是的。还可以采用指定"from"发送者同样的方式指定"copy"（抄送）和"blind copy"（密送）接收者——只是要使用'Cc:'或'Bcc:'而不是'From:'。如果希望同时指定"from"发送者和"copy"接收者，必须用一个回车换行符组合（\r\n）将其分开，如下：

这里没有错，确实是两个转义字符放在一起！

```
"From:" . $from . "\r\nCc:" . $cc
```

这里必须使用双引号，因为我们使用了"\r"和"\n"转义字符。

那么到底怎么使用mail()函数呢？

只需要把调用mail()的代码增加到脚本中。

要发送email消息，所需要的只是调用mail()函数的代码行。确保这个代码出现在脚本中创建email变量的相应代码的后面，这样就可以了。以下是Owen的report.php脚本的完整代码，其中包括有mail()函数调用。

```
<html>
<head>
    <title>Aliens Abducted Me - Report an Abduction</title>
</head>
<body>
    <h2>Aliens Abducted Me - Report an Abduction</h2>

<?php
    $name = $_POST['firstname'] . ' ' . $_POST['lastname'];
    $when_it_happened = $_POST['whenithappened'];
    $how_long = $_POST['howlong'];
    $how_many = $_POST['howmany'];
    $alien_description = $_POST['aliendescription'];
    $what_they_did = $_POST['whattheydid'];
    $fang_spotted = $_POST['fangspotted'];
    $email = $_POST['email'];
    $other = $_POST['other'];

    $to = 'owen@aliensabductedme.com';
    $subject = 'Aliens Abducted Me - Abduction Report';
    $msg = "$name was abducted $when_it_happened and was gone for $how_long.\n" .
        "Number of aliens: $how_many\n" .
        "Alien description: $alien_description\n" .
        "What they did: $what_they_did\n" .
        "Fang spotted: $fang_spotted\n" .
        "Other comments: $other";
    mail($to, $subject, $msg, 'From:' . $email);

    echo 'Thanks for submitting the form.<br />';
    echo 'You were abducted ' . $when_it_happened;
    echo ' and were gone for ' . $how_long . '<br />';
    echo 'Number of aliens: ' . $how_many . '<br />';
    echo 'Describe them: ' . $alien_description . '<br />';
    echo 'The aliens did this: ' . $what_they_did . '<br />';
    echo 'Was Fang there? ' . $fang_spotted . '<br />';
    echo 'Other comments: ' . $other . '<br />';
    echo 'Your email address is ' . $email;
?>

</body>
</html>
```

从$_POST数组获取所有表单数据，并分别存储在各个变量中。

一定要把这个email地址改为你自己的地址来测试这个脚本。

发送email消息。

组装发送给Owen的email消息的不同部分。

动态生成HTML Web页面，确认已经成功提交表单。

report.php

运行测试

完成Owen的脚本，并再次测试。

向report.php脚本增加3个新email变量（$to、$subject和$msg），另外增加mail()函数调用。确保$to变量设置为你自己的email地址，而不是Owen的地址！将脚本上传到Web服务器，在浏览器中打开页面，在表单中填写外星人劫持信息。点击Report Abduction按钮提交表单。等待几秒种，然后查看你的email收件箱查找这个消息。

表单数据成功地格式化并作为一个email消息发送！

动态生成的确认页面仍能确认表单的提交。

可能需要在你的Web服务器上适当配置PHP，使它知道如何发送email。

如果mail()函数不起作用，问题可能出在你的PHP安装中未能正确地配置email支持。查看www.php.net/mail了解Web服务器上配置email特性的详细信息。

Owen开始<u>收到</u>email

Owen很兴奋，他确实开始接收到从Web表单直接发送到email收件箱的外星人劫持信息。现在他不必担心是否听说有人看见过他的小狗，因为他可以从联系他的每一个人那里得到email地址。更棒的是，他还能在有空的时候查看这些响应。

Sally，最近被外星人劫持过。

Sally提交了表单。

```
<form action
= "report.php"
......
```

<form>标记的action属性使得report.php脚本处理表单数据。

Aliens Abducted Me - Report an Abduction

Share your story of alien abduction.

First name: Sally
Last name: Jones
What is your email address? s9?y@gregs-list.net
When did it happen? 3 days ago
How long were you gone? 1 day
How many did you see? four
Describe them: green, with six tentacles
What did they do to you? we just talked and played with a dog
Have you seen my dog Fang? Yes ○ No ●

Aliens Abducted Me - Report an Abduction

Thanks for submitting the form.
You were abducted 3 days ago and were gone for 1 day.
Describe them: green, with six tentacles
The aliens did this: we just talked and played with a dog
Was Fang there? yes
Other comments: I may have seen your dog. Contact me.
Your email address is sally@gregs-list.net

PHP脚本动态生成一个确认HTML页面。

PHP脚本还生成一个email消息，然后发送给Owen。

真不错！有这样的劫持报告email，我相信肯定能找到Fang。

Aliens Abducted Me - Abduction Report - Inbox

From: sally@gregs-list.net
Subject: Aliens Abducted Me - Abduction Report
Date: October 1, 2008 12:11:29 PM CDT
To: owen@aliensabductedme.com

Sally Jones was abducted 3 days ago and was gone for 1 day.
Number of aliens: four
Alien description: green, with six tentacles
What they did: We just talked and played with a dog
Fang spotted: yes
Other comments: I may have seen your dog. Contact me.

Owen现在可以快活地去露营了，因为他可以通过表单接收外星人劫持email。

Owen开始丢email

有好消息也有坏消息，好消息是Owen现在开始收到email了。坏消息是，他收到了太多太多的email。email实在太多，跟踪起来相当困难。他的收件箱已满，而且他已经无意地删除了一些email……   Owen需要一种更好的方法来存储外星人劫持数据。

> 这可不太好。看看这么多的email！我需要一种方法能够在我希望得到数据的时候获取数据。而且要放在一个安全的地方以免数据丢失。

WHO DOES WHAT?

现在你心里想的是不是全是外星人？先把他们放在一边，将以下各个HTML和PHP组件与你所认为的相应作用配对。

HTML　　　　　　　　　　一个查看Web页面并与之交互的软件应用，相当于Web通信的客户端。

PHP　　　　　　　　　　　这个PHP命令用于输出内容，如纯文本或HTML代码。

Web表单　　　　　　　　　这些标记用于包围PHP代码，使Web服务器知道要处理和运行这些代码。

浏览器　　　　　　　　　　这个内置的PHP数组存储了使用"post"方法提交的数据。

<?php ?>　　　　　　　　　这是一种编程语言，用于创建在Web服务器上运行的脚本。

变量　　　　　　　　　　　所有串都必须包围在它们之间。

引号　　　　　　　　　　　这是一个软件应用，用于发布Web页面，作为Web通信的服务器端。

echo　　　　　　　　　　　这是一种标记语言，用于描述Web浏览器中查看的Web页面内容的结构。

$_POST　　　　　　　　　这个名字用于描述所有脚本都可访问的内置PHP变量。

Web服务器　　　　　　　　这是Web页面上的一系列输入域，用于从用户得到信息。

数组　　　　　　　　　　　这是一个内置PHP函数，用于发送email消息。

超级全局变量　　　　　　　PHP脚本中的一个存储位置，有其自己唯一的名和数据类型。

mail()　　　　　　　　　　这是一种PHP数据存储，允许你在一个位置存储多个信息。

WHO DOES WHAT?

答案

现在你心里想的是不是全是外星人？先把他们放在一边，将以下各个HTML和PHP组件与你所认为的相应作用配对。

HTML

PHP

Web表单

浏览器

<?php ?>

变量

引号

echo

$_POST

Web服务器

数组

超级全局变量

mail()

一个查看Web页面并与之交互的软件应用，相当于Web通信的客户端。

这个PHP命令用于输出内容，如纯文本或HTML代码。

这些标记用于包围PHP代码，使Web服务器知道要处理和运行这些代码。

这个内置的PHP数组存储了使用"post"方法提交的数据。

这是一种编程语言，用于创建在Web服务器上运行的脚本。

所有串都必须包围在它们之间。

这是一个软件应用，用于发布Web页面，作为Web通信的服务器端。

这是一种标记语言，用于描述Web浏览器中查看的Web页面内容的结构。

这个名字用于描述所有脚本都可访问的内置PHP变量。

这是Web页面上的一系列输入域，用于从用户得到信息。

这是一个内置PHP函数，用于发送email消息。

PHP脚本中的一个存储位置，有其自己唯一的名和数据类型。

这是一种PHP数据存储，允许你在一个位置存储多个信息。

你的PHP & MySQL工具箱

第1章中你了解了如何使用PHP为Owen的Web表单赋予生命。看看你学到的内容……

变量

一个数据的存储容器。在PHP中，变量必须以美元符号开头，如下：

$variable_name。

$_POST

一个存储表单数据的特殊变量。

PHP

一种服务器端脚本语言，允许你在页面发布到客户浏览器之前处理服务器上的Web页面内容。

PHP脚本

包含PHP代码的一个文本文件，在Web服务器上完成任务。

<?php ?>

PHP脚本中的所有PHP代码必须包围在这组标记之间。

mail()

发送email的PHP函数。它取email主题、email消息体文本和email目标地址作为参数（还可以可选地指定一个From地址）。

echo

向浏览器窗口发送输出的PHP命令。其语法如下：

echo 'Hello World';

MySQL

这个应用允许你将数据存储在数据库和数据库表中，可以使用SQL语言插入和获取信息。

SQL

一种查询语言，用于与MySQL之类的数据库应用交互。

客户端

只由客户Web浏览器解释。

服务器端

由Web服务器解释（而不是客户机）。

数组

存储一组值的数据结构。每个值有一个索引，可以使用这个索引访问相应的值。

转义字符

用于表示PHP代码中很难键入或可能与其他代码冲突的字符，如"\n"（换行）。

2 连接MySQL

如何连接在一起

连接网站配置器之前我们必须先插入interweb。

我可不让她接近我的Web应用。

开始构建应用之前最好先了解各部分如何连接在一起。 你已经创建了你的第一个PHP脚本，而且这个PHP脚本表现还不错。不过通过邮件来得到表单结果还不够好。你需要一种方法来存储表单的结果，从而只要需要就能一直保存，并在希望得到数据时能够获取。MySQL数据库可以存储你的数据，实现安全的维护。不过需要先把PHP脚本与MySQL数据库连接起来才能达到目的。

Owen的PHP表单表现很好。好得有些过分了……

> 新的报告表单很不错，不过现在我收到的email太多了。即使我喝再多的咖啡也没有足够的精力保证一收到邮件就全部加以处理。

只收到数量不多的几个响应时，Owen的email脚本还不错，不过现在他收到过多的email，已经完全超出他的管理能力。

他已经不小心删除了一些email而根本没有读过。有些邮件塞在他的垃圾邮件夹中，这些他永远也不会查看。实际上，他非常感兴趣的一封邮件此时此刻就藏在他的垃圾邮件文件夹下……Owen需要一种合适的方法来存储所有这些邮件，以便在有空的时候检查，从而轻松地找到与Fang有关的邮件。

Owen不得不喝很多杯咖啡才有精力应付收件箱里收到的所有外星人勃持报告。

被漏掉的这个外星人勃持报告中提到看见过一只狗……这正是Owen迫切需要的信息。

Aliens Abducted Me – Abduction Report — Inbox

From: sally@gregs-list.net
Subject: **Aliens Abducted Me - Abduction Report**
Date: October 1, 2008 12:11:29 PM CDT
To: owen@aliensabductedme.com

Sally Jones was abducted 3 days ago and was gone for 1 day.
Number of aliens: four
Alien description: green with six tentacles
What they did: We just talked and played with a dog
Fang spotted: yes
Other comments: I may have seen your dog. Contact me.

Owen需要将类似这样的邮件安全地存储在某个位置，以便从中筛选出提到可能见过Fang的邮件。

也许你不知道，大多数人读MySQL时都会单独拼读最后3个字母，如"my-ess-que-el"。

在这里MySQL数据库可以提供帮助……

MySQL擅长存储数据

Owen确实需要一种方法将外星人劫持报告数据存储在一个安全的地方，而不是他的email收件箱。他需要的是一个数据库，这就像一个方便的、非常有条理的电子文件柜。由于数据库中的信息极有组织性，所以可以在需要时准确地取出你想要的信息。

数据库由一个特殊的程序管理，称为数据库服务器，对于我们来说就是一个MySQL数据库服务器。你要用数据库服务器能理解的语言与它交互，在这里就是SQL语言。数据库服务器通常与一个Web服务器运行在同一个服务器计算机上，它们协同工作来读写数据以及传送Web页面。

MySQL中的"SQL"代表结构化查询语言（Structured Query Language）。

MySQL将数据存储在数据库表中。

Web服务器处理Web页面请求，运行PHP脚本，并返回HTML内容。

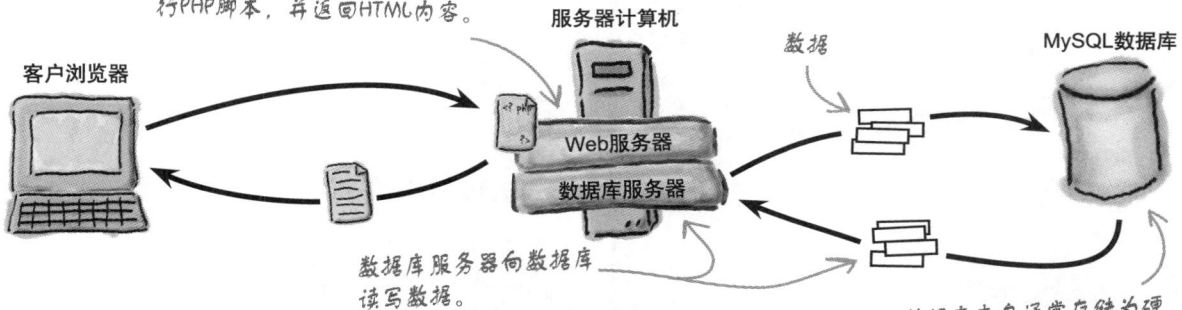

客户浏览器 · 服务器计算机 · 数据 · MySQL数据库

Web服务器 · 数据库服务器

数据库服务器向数据库读写数据。

数据库本身通常存储为硬盘上的一个文件，但并不一定必须如此。

MySQL数据库组织为数据库表，这些表将数据存储为相关数据的行和列。大多数Web应用都会使用一个数据库中的一个或多个表，这有些像一个文件柜中的不同文件夹。

MySQL数据库服务器可以包含多个数据库。

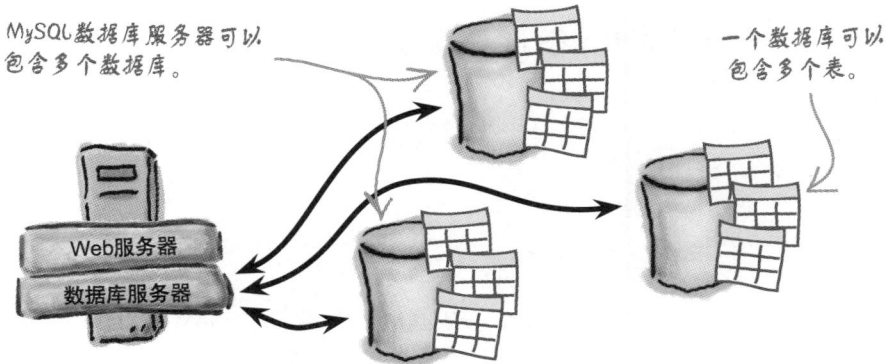

一个数据库可以包含多个表。

Web服务器 · 数据库服务器

SQL是用于与MySQL数据库通信的查询语言。

如果外星人劫持报告数据安全地存储在一个MySQL数据库中，Owen就能在他方便时分析那些对Fang问题回答为"yes"的报告。他只需要使用一点点SQL代码与数据库服务器通信。

Owen需要一个MySQL数据库

就这么定了：MySQL数据库很不错，Owen需要一个MySQL数据库存储外星人劫持数据。他可以修改report.php脚本将数据存储在数据库表中，而不是通过email发送给自己。数据库表能保证数据从被劫持者那里大量流入时得到安全可靠的存储，从而给Owen留出时间从中筛选，并分离出可能看见过Fang的报告。不过最首要的是…… 一个数据库！

创建一个MySQL数据库需要一个MySQL数据库服务器和一个特殊的软件工具。其原因在于，不同于Web服务器，必须使用SQL命令与数据库服务器通信。

创建MySQL数据库和表要求与一个MySQL数据库服务器通信。

> 我总听人说：工欲善其事，必先利其器。我怎么知道用哪个MySQL工具来创建数据库和表呢？

MySQL终端是一个命令行窗口，允许访问命令行并在其中输入SQL命令。

MySQL终端

```
File Edit Window Help MustFindFang
mysql> CREATE TABLE aliens_abduction (
    first_name varchar(30),
    last_name varchar(30),
    when_it_happened varchar(30),
    how_long varchar(30),
    how_many varchar(30),
    alien_description varchar(100),
    what_they_did varchar(100),
    fang_spotted varchar(10),
    other varchar(100),
    email varchar(50)
    );
Query OK, 0 rows affected (0.14 sec)
```

Owen需要一个MySQL工具来创建他的新外星人劫持数据库/表。

phpMyAdmin 图形化工具

Welcome to phpMyAdmin 2.6.2-pl1
MySQL 4.1.21-log running on localhost as owen@localhost

phpMyAdmin是一个图形化工具，允许你通过一个Web界面创建数据库和表。

phpMyAdmin实际上就是用PHP编写的。

有两个流行的MySQL工具，分别是MySQL终端和phpMyAdmin。这两个工具都允许你执行SQL命令来创建数据库和表、插入数据、选择数据等，不过phpMyAdmin更进一步，它还提供了一个基于Web的点击式界面。有些Web托管公司就包含了phpMyAdmin作为其标准MySQL服务的一部分，不过大多数MySQL安装都可以使用MySQL终端来访问。

调整页面之前必须先安装MySQL数据库服务器。

如果没有一个MySQL数据库服务器就无法帮助Owen！如果你已经安装有一个MySQL数据库服务器，而且它能正常工作，那么可以继续读后面的内容。如果还没有，请翻到附录ii，按照有关的说明完成安装。如果你在使用一个提供MySQL的Web托管服务，可以要求他们进行安装。访问MySQL数据库服务器要求提供一些信息。后面你还会需要这些信息，所以最好现在先明确它们到底是什么。写出以下各个信息后再分别核对：

☐ **我的MySQL服务器位置（IP地址或主机名）：** ....

☐ **我的数据库用户名：** ....

☐ **我的数据库口令：** ....

如果担心这本书落入有不良企图的人手中，可以跳过这一项不写。

需要核对所有这些信息。

有了MySQL数据库服务器信息，接下来就要确认服务器已经启动并在正常运行。选择以下某一项，确认你确实能成功地访问MySQL服务器。

☐ **我能使用MySQL终端成功地访问MySQL服务器。**

☐ **我能使用phpMyAdmin成功地访问MySQL服务器。**

☐ **我能使用** .... **成功地访问MySQL服务器。**

只需要选择其中之一。

如果你找到其他可用的MySQL工具，可以写在这里。

创建MySQL数据库和表

有些MySQL安装已经包含有一个数据库。如果你的MySQL安装未提供数据库，则需要在MySQL终端中使用CREATE DATABASE SQL命令创建一个数据库。不过首先需要在一个命令行窗口打开MySQL终端，通常只需键入mysql就可以。命令提示符变成**mysql>**时你就能知道已经成功地进入了终端。

要创建新的外星人劫持数据库，需要键入如下命令：

```
CREATE DATABASE aliendatabase;
```

```
File  Edit  Window  Help  PhoneHome
mysql> CREATE DATABASE aliendatabase;
Query OK, 1 row affected (0.01 sec)
```

MySQL服务器通常会做出响应，让你知道命令已经成功执行。

使用终端时，必须在每个命令最后加一个分号。

在数据库中创建表之前，需要确保已经选择了这个新数据库。输入以下命令：

```
USE aliendatabase;
```

```
File  Edit  Window  Help  PhoneHome
mysql> USE aliendatabase;
Database changed
```

创建表的SQL代码稍微复杂一些，因为必须准确地描述存储何种数据。在终端中输入这个SQL命令之前下面先对它做一些分析：

这是一个创建新表的SQL命令。

```
CREATE TABLE aliens_abduction (
  first_name varchar(30),
  last_name varchar(30),
  when_it_happened varchar(30),
  how_long varchar(30),
  how_many varchar(30),
  alien_description varchar(100),
  what_they_did varchar(100),
  fang_spotted varchar(10),
  other varchar(100),
  email varchar(50)
);
```

所有其他内容是有关表中可以存储何种数据的详细信息。

输入到MySQL终端的所有SQL命令最后都必须以一个分号结束。

要真正创建这个新表，将这个庞大的CREATE TABLE命令输入到MySQL终端（这个命令的代码可以在www.headfirstlabs.com/books/hfphp上找到）。成功地输入这个命令后，就会得到一个全新的aliens_abduction表。

```
File Edit Window Help PhoneHome
mysql> CREATE TABLE aliens_abduction (
  first_name varchar(30),
  last_name varchar(30),
  when_it_happened varchar(30),
  how_long varchar(30),
  how_many varchar(30),
  alien_description varchar(100),
  what_they_did varchar(100),
  fang_spotted varchar(10),
  other varchar(100),
  email varchar(50)
);
Query OK, 0 rows affected (0.14 sec)
```

MySQL服务器的"Query OK"响应使你知道表已经顺利地成功创建。

你的MySQL安装可能提供了基于Web的phpMyAdmin工具，利用这个工具可以采用图形化方式访问你的数据库和表。可以使用phpMyAdmin用户界面一路点击完成数据库和数据库表的创建，或者也可以像在MySQL终端中一样直接输入SQL命令。点击phpMyAdmin中的SQL页可以得到一个文本框，这就相当于MySQL终端。

可以像在MySQL终端中一样在这里输入同样的命令，只需点击Go来执行这些命令。

Server: localhost ► Database: aliendatabase

Structure | SQL | Export | Search | Query | Operations

Run SQL query/queries on database aliendatabase:

```
CREATE TABLE aliens_abduction
  first_name varchar(30),
  last_name varchar(30),
  when_it_happened varchar(30),
  how_long varchar(30),
  how_many varchar(30),
  alien_description varchar(100),
  what_they_did varchar(100),
```

☑ Show this query here again

Or
Location of the text file:

[Browse...] (Max: 8,192KB)

Compression:
◉ Autodetect ○ None ○ "gzipped"

Character set of the file: utf8

phpMyAdmin

Database
aliendatabase

aliendatabase (-)

Go

输入SQL代码后，点击这个按钮来创建表。

所以可以说phpMyAdmin应用的SQL页提供了一种执行SQL命令的方法，就好像在使用MySQL终端一样。

> 我已经有了一个 **MySQL**数据库和表,现在怎么放入数据呢?

使用SQL INSERT语句向表中插入数据。

SQL语句提供了各种非常棒的语句来与数据库交互。其中最常用的语句之一就是INSERT,它的工作就是在表中存储数据。

请看下面的语句来了解INSERT是如何工作的。要记住,这个语句并不是一个真正的SQL语句,这是一个语句模板,用来向你展示INSERT的一般格式。

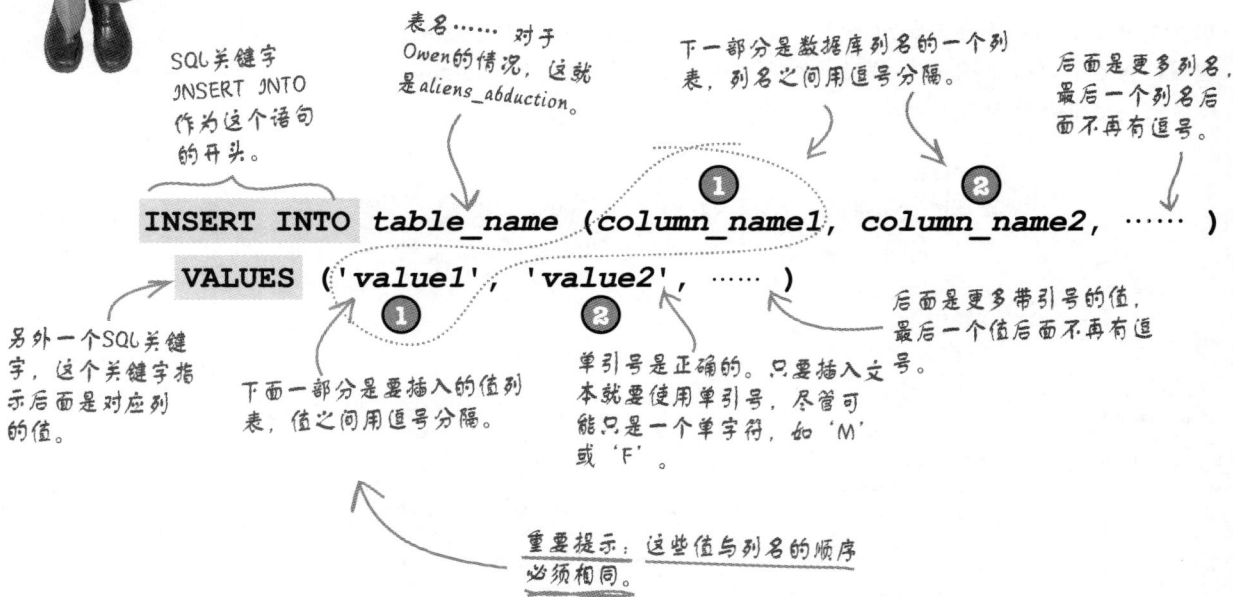

SQL关键字 INSERT INTO 作为这个语句的开头。

表名…… 对于 Owen的情况,这就是aliens_abduction。

下一部分是数据库列名的一个列表,列名之间用逗号分隔。

后面是更多列名,最后一个列名后面不再有逗号。

INSERT INTO *table_name* (*column_name1*, *column_name2*, ……)
    VALUES ('*value1*', '*value2*', ……)

另外一个SQL关键字,这个关键字指示后面是对应列的值。

下面一部分是要插入的值列表,值之间用逗号分隔。

单引号是正确的。只要插入文字本就要使用单引号,尽管可能只是一个单字符,如'M'或'F'。

后面是更多带引号的值,最后一个值后面不再有逗号。

<u>重要提示:</u>这些值与列名的顺序必须相同。

需要指出,这个语句最重要的问题之一是,第二组括号中的值必须与数据库列名的顺序相同。INSERT语句插入数据时就是依此将值对应到相应的列。

INSERT语句的实际使用

以下展示了如何使用INSERT语句将外星人劫持数据存储
在Owen的新aliens_abduction表中。

顺序很重要!

要插入的值必须以与列名
完全相同的顺序排列。

Watch it!

*这是要插入数据的
表名，而不是数据
库名。*

*列名放在第一组括号中，各
列名之间用逗号分隔。*

```
INSERT INTO aliens_abduction (first_name, last_name,
           when_it_happened, how_long, how_many, alien_description,
           what_they_did, fang_spotted, other, email)
    VALUES ('Sally', 'Jones', '3 days ago', '1 day', 'four',
           'green with six tentacles', 'We just talked and played with a dog',
           'yes', 'I may have seen your dog. Contact me.',
           'sally@gregs-list.net')
```

*这个长相滑稽的外星人
到底是谁?*

*对应各列的值放在第二组括
号中，也用逗号分隔。*

*不同于PHP语句，在PHP代
码中使用时SQL语句不以
分号结束。*

*所有这些值都包含文
本而不是数值，所
以要在各个值上加单
引号。*

Sharpen your pencil

以下显示了aliens_abduction表，但其中还没有任何数
据。请将Sally的外星人劫持数据写入这个表。如果空间不够
也可以将一些数据写在表上方，并用箭头指示。

这些是列名。

aliens_abduction

first_name	last_name	when_it_happened	how_long	how_many	alien_description	what_they_did	fang_spotted	other	email

Sharpen your pencil
Solution

以下显示了aliens_abduction表，但其中还没有任何数据。请将Sally的外星人劫持数据写入这个表。如果空间不够也可以将一些数据写在表上方，并用箭头指示。

green with six tentacles

We just talked and played with a dog

I may have seen your dog. Contact me

sally@gregs-list.net

aliens_abduction

first_name	last_name	when_it_happened	how_long	how_many	alien_description	what_they_did	fang_spotted	other	email
Sally	Jones	3 days ago	1 day	four			yes		

there are no Dumb Questions

问： 我不确定是不是真的明白数据库和表之间的区别。它们不都是要存储数据吗？

答： 对。表提供了一种方法将数据库中的数据划分为相关的组，这样一来就不再只是庞大的一堆数据。这有些像下面两种放鞋子方式之间的区别，可以把一大堆鞋子都扔进一个巨大的盒子，或者可以先把每双鞋子放在一个较小的盒子里，大盒子就是数据库，较小的鞋盒就是表。所以数据是存储在表中，而表存储在数据库中。

问： MySQL终端到底是什么？在我的计算机上如何找到这个终端？

答： MySQL终端是通过一个命令行界面访问MySQL数据库服务器的技术。很多情况下MySQL终端并不是一个单独的程序，而是从一个"通用"终端程序（如Mac OS X中的终端应用）使用命令行建立的一个连接。取决于你使用哪个操作系统以及MySQL服务器是本地还是远程的（位于你的计算机以外的其他地方），访问MySQL终端的方式会有很大变化。附录ii对于如何访问MySQL终端提供了更多详细信息。

问： phpMyAdmin呢？在哪里能找到呢？

答： 与MySQL终端不同，phpMyAdmin是一个允许访问MySQL数据库的基于Web的应用。它实际上是一个PHP应用，也正是因为这个原因总能从Web服务器访问，而不需要作为一个本地的客户应用安装。很多Web托管公司都提供了phpMyAdmin作为其标准MySQL托管计划的一部分，所以可能已经为你安装了这个工具。如果没有，你可以自行下载和安装phpMyAdmin。可以从www.phpmyadmin.net免费下载。只是要记住它必须安装在一个Web服务器上，而且要配置为能够访问你的MySQL数据库，就像所有其他PHP和MySQL应用一样。

问： 我同时拥有MySQL终端和phpMyAdmin。应该使用哪一个来访问我的数据库呢？

答： 这完全看你的个人喜好。phpMyAdmin的好处在于，你可以采用可视化方式浏览数据库和数据库表而不必输入SQL命令。如果你已经熟悉SQL而不希望为每一个小工作都手动地输入命令，这可能相当方便。不过，对于现在来说，我们强调要真正理解如何使用SQL命令与你的MySQL数据交互，这是一个很好的想法，在这种情况下以上两种工具都很适用。

运行测试

用一条SQL INSERT语句在你的数据库中存储一个外星人劫持报告。

使用一个MySQL工具（如MySQL终端或phpMyAdmin的SQL页），
输入一条INSERT语句来插入一个外星人劫持信息。作为一个例子，
以下是有关Sally Jones劫持事件的INSERT语句：

```
INSERT INTO aliens_abduction (first_name, last_name,
    when_it_happened, how_long, how_many, alien_description,
    what_they_did, fang_spotted, other, email)
    VALUES ('Sally', 'Jones', '3 days ago', '1 day', 'four',
    'green with six tentacles', 'We just talked and played with a dog',
    'yes', 'I may have seen your dog. Contact me.',
    'sally@gregs-list.net')
```

```
File  Edit  Window  Help  PugsInSpace
mysql> INSERT INTO aliens_abduction (first_name, last_name,
    when_it_happened, how_long, how_many, alien_description,
    what_they_did, fang_spotted, other, email)
    VALUES ('Sally', 'Jones', '3 days ago', '1 day', 'four',
    'green with six tentacles', 'We just talked and played with a dog',
    'yes', 'I may have seen your dog. Contact me.',
    'sally@gregs-list.net');
Query OK, 1 rows affected (0.0005 sec)
```

在MySQL终端中执行这个INSERT语
句会在aliens_abduction表中增加一个
新的数据行。

INSERT语句看起来已经成功执行。请写出你认为可以如何确认数据已经增加。

....
....
....

使用SELECT得到表数据

向数据库表插入数据非常方便，但是由于尚未确认数据确实已经增加到表中，所以让人不免还是有某种程度的不安。这有些类似于把钱存入一个存款帐户，但是永远也无法得到帐户余额。利用SELECT语句就可以得到数据库中一个表的"余额"。或者更确切地说，SELECT允许你从一个表请求数据列。

SELECT后面是列的一个列表，你希望得到这些列的数据。

SELECT总是针对于一个特定的数据库表，而不是一般意义上的数据库。

SELECT *columns* **FROM** *table_name*

SELECT语句中的FROM部分确保SELECT知道我们将从哪个表选择数据。

SQL SELECT语句从一个数据库表获取数据列。

提供给SELECT语句的数据列必须用逗号分隔。不论一个表有多少个列，只会返回SELECT中指定的列中的数据。这个SELECT语句将从aliens_abduction表中获取被外星人劫持者的名和姓：

这个SELECT语句只会返回这两列的数据。

这个SELECT语句只从aliens_abduction表获取数据。

SELECT first_name, last_name FROM aliens_abduction

要检查一条INSERT语句，需要一种快捷的方法来查看一个表中的所有数据，而不只是某几列。以下SELECT语句提供了一种便捷途径来完成这个工作：

星号或"星"（）告诉 SELECT语句获取表中所有列的数据。*

SELECT * FROM aliens_abduction

*不必提供列列表，因为*就表示"全部获取"！*

运行测试

通过SELECT选择表数据确保外星人劫持INSERT语句起作用。

使用一个MySQL工具执行SELECT查询来查看aliens_abduction表的全部内容。确保你刚插入的新数据行出现在结果中。

```
SELECT * FROM aliens_abduction
```

这些是列。

```
File Edit Window Help HaveYouSeenHim
mysql> SELECT * FROM aliens_abduction;
+------------+-----------+----------------+----------+----------+------------------+
| first_name | last_name | when_it_happened | how_long | how_many | alien_description |
+------------+-----------+----------------+----------+----------+------------------+
| Sally      | Jones     | 3 days ago     | 1 day    | four     | green with six tent
+------------+-----------+----------------+----------+----------+------------------+

1 row in set (0.0005 sec)
```

各列名下面是该列的数据。

SELECT查询显示了表中存储的一个数据行。

你的表中有多少个数据行？ ....

你是说，每次我想向我的数据库增加一个新的外星人劫持报告都必须写一个INSERT语句？这么看来，这些MySQL内容突然也没那么有吸引力了。

```
aliens_abduction (first_name, last_name,
    pened, how_long, how_many, alien_description,
    did, fang_spotted, other, email)
VALUES ('Sally', 'Jones', '3 days ago'
'green
'yes',
'sally@g
Query OK,
```

```
File Edit Window Help Kang
mysql> INSERT INTO aliens_abduction (first_name, last_name,
    when_it_happened, how_long, how_many, alien_description,
    what_they_did, fang_spotted, other, email)
    VALUES ('Don', 'Quayle', 'back in 1991', '37 seconds',
    'dunno', 'they looked like donkeys made out of metal with some kind
```

```
File Edit Window Help Kodos
mysql> INSERT INTO aliens_abduction (first_name, last_name,
    when_it_happened, how_long, how_many, alien_description,
    what_they_did, fang_spotted, other, email)
    VALUES ('Shill', 'Watner', 'summer of \'69', '2 hours',
    'don\'t know',
    'there was a bright light in the sky, followed by a bark or two',
    'they beamed me toward a gas station in the desert', 'yes',
    'I was out of gas, so it was a pretty good abduction.',
    'shillwatner@imightbecaptkirk.com');
Query OK, 1 rows affected (0.0005 sec)
```

```
'Looking forward
'belitac@rockin.net'));
Query OK, 1 rows affected (0.0005 sec)
```

没错，对MySQL数据库的每一个插入都需要一个INSERT语句。

另外正是这一点暴露出纯粹通过SQL命令与MySQL数据库通信很是繁琐。将Owen的数据存储在数据库中相对于作为收件箱中的邮件确实能得到很多好处，不过通过在一个MySQL工具中执行SQL语句来手动地管理这些数据并不是一个可行的方案。

BRAIN POWER

你认为Owen的MySQL数据插入问题可以如何解决？

让PHP处理繁琐的SQL事务

针对Owen的问题，解决方案并不是避开SQL，而是借助于PHP自动执行SQL。利用PHP，可以在服务器上运行的脚本中执行SQL语句，所以你根本不需要使用MySQL工具。这说明Owen的HTML表单可以调用一个PHP脚本，这样一旦有数据提交这个脚本便向数据库中插入数据，不再有email，不再有SQL工具，不再有麻烦！

Owen创建了一个SQL INSERT语句，将email中的数据插入到数据库中。

HTML表单生成Owen接收的一个email，然后必须手动地增加到数据库。

```
File Edit Window Help NanooNanoo
mysql> INSERT INTO aliens_abduction (first_name, last_name,
    when_it_happened, how_long, how_many, alien_description,
    what_they_did, fang_spotted, other, email)
    ... Jones', '3 days ago', '1 day', 'four',
    ... tentacles', 'We just talked and played with a dog',
    ... seen your dog. Contact me.',
    ...t');
    ...ected (0.0005 sec)
```

如果没有PHP，需要分别手动执行一条SQL INSERT语句在数据库中存储各个外星人劫持报告。

有了PHP，PHP脚本会自动地在表单提交时处理插入（INSERT）。

report.html

```php
<?php
  $dbc = mysqli_connect('data.aliensabductedme.com', 'owen', 'aliensrool', 'aliendatabase')
    or die('Error connecting to MySQL server.');

  $query = "INSERT INTO aliens_abduction (first_name, last_name, " .
    "when_it_happened, how_long, how_many, alien_description, " .
    "what_they_did, fang_spotted, other, email) " .
    "VALUES ('Sally', 'Jones', '3 days ago', '1 day', 'four', " .
    "'green with six tentacles', 'We just talked and played with a dog', " .
    "'yes', 'I may have seen your dog. Contact me.', " .
    "'sally@gregs-list.net')";

  $result = mysqli_query($dbc, $query)
    or die('Error querying database.');

  mysqli_close($dbc);
?>
```

HTML表单调用一个PHP脚本，并请求它将表单数据增加到数据库。

PHP脚本创建一个INSERT语句，它将表单数据插入到数据库……**根本无需Owen介入！**

report.php

PHP支持数据驱动Owen的Web表单

PHP能够改进Owen的外星人劫持Web表单，由一个脚本直接向数据库发送表单数据，而不是把数据发送到Owen的email地址并由Owen手动输入。下面更详细地分析引入PHP后这个应用具体是如何工作的。

1 Sally填写了外星人劫持表单，并按下Report Abduction按钮提交表单。有关信息发送到Web服务器上的 `report.php` 脚本。

我太孤单了，不是吗？

Sally最近被外星人劫持过。

report.html

Web服务器

数据库服务器

一旦用户提交，*report.html* 页面中的表单会调用Web服务器上的 *report.php* 脚本。

2 太多太多其他人还在继续提交表单。

3 Owen的`report.php`脚本连接到一个MySQL数据库，并使用SQL INSERT语句插入每次提交得到的信息。

report.php脚本与MySQL服务器通信将数据插入到数据库的aliens_abduction表。

report.php

aliens_abduction表将外星人劫持报告存储为数据行。

4 Owen不仅需要一个脚本将数据放入数据库，还需要一个脚本来搜索和查看数据。实际上，这可以作为他的网站的主页。`index.php`脚本连接到数据库，获取外星人劫持数据，并显示给Owen。

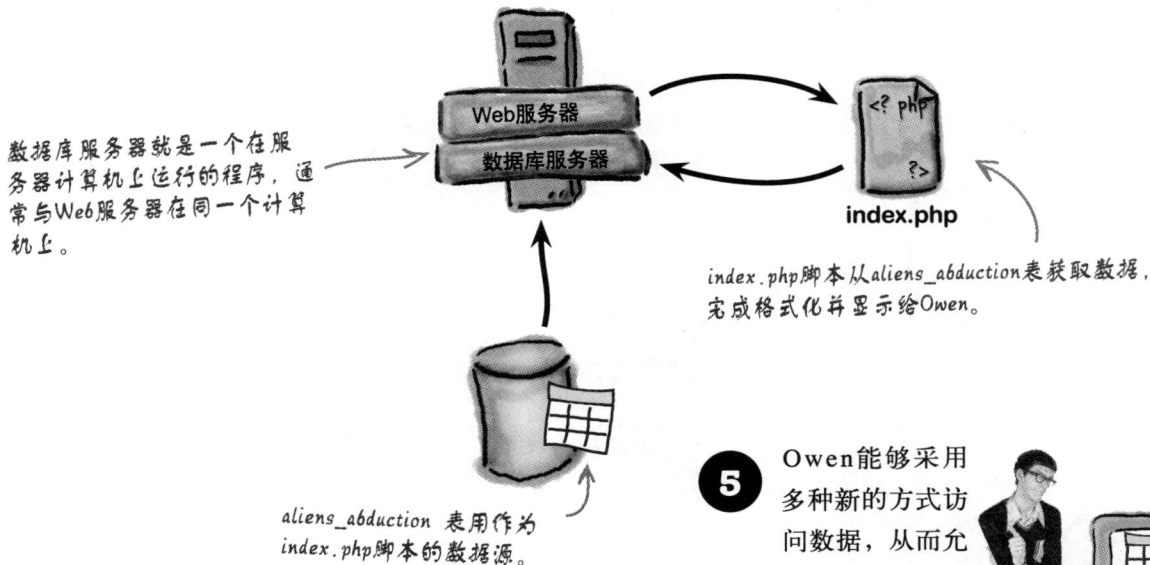

数据库服务器就是一个在服务器计算机上运行的程序，通常与Web服务器在同一个计算机上。

index.php

index.php脚本从aliens_abduction表获取数据，完成格式化并显示给Owen。

aliens_abduction 表用作index.php脚本的数据源。

5 Owen能够采用多种新的方式访问数据，从而允许他重点关注如何寻找他丢失的小狗Fang。

从PHP连接数据库

PHP脚本向一个MySQL数据库插入数据或从中获取数据之前，必须先连接到这个数据库。从PHP连接到一个MySQL数据库在很多方面类似于从一个MySQL工具访问数据库，也需要同样的一些信息。还记得本章前面需要你填写的3个选项吗？下面再次给出这几个选项，不过这里另增了一个对应数据库名的选项，请再一次填写这些信息。

你的Web托管服务或网管可能会告诉你这个信息，或者如果你的Web服务器和MySQL数据库服务器在同一个机器上运行，也可以使用"localhost"。

① **我的MySQL服务器位置（IP地址或主机名）**：..

② **我的数据库用户名**：..

③ **我的数据库口令**：..

④ **我的数据库名**：..

先前创建的数据库的名，即aliendatabase。如果出于某种原因你的数据库有其他名字或者如果你决定使用一个已经创建的数据库，则应使用该数据库名。

通过一个PHP脚本建立与一个MySQL数据库的连接时，数据库服务器的主机位置、用户名、口令和数据库名都是必要的。一旦建立了连接，脚本就能够执行SQL命令，就好像你在一个MySQL工具中手动地输入这些命令一样。

你自己的4部分连接数据可能与此不同。

report.php

任何向一个MySQL数据库存储和获取数据的PHP脚本必须首先使用这4部分信息建立与数据库的一个连接。

index.php

① localhost
② owen
③ **********
④ aliendatabase

数据库服务器

数据库名是aliendatabase，脚本与数据库通信时必须提供这个信息。

aliendatabase

aliens_abduction

这是我们刚创建的数据库和表。

表名是aliens_abduction，在开始执行SQL命令之前这个表名还没有正式上场。

用PHP脚本插入数据

从PHP代码执行一个MySQL查询首先要求建立与数据库的一个连接。然后将查询构建为一个PHP串。在将这个串传至数据库服务器之前这个串并不会真正执行。最后，完成对数据库的查询后，要关闭连接。所有这些任务都通过PHP脚本代码完成。以下是插入一个新的外星人劫持数据行的例子：

连接到MySQL数据库。

这些应当是你自己的4个值，而不是Owen的相应信息。

```php
<?php
  $dbc = mysqli_connect('data.aliensabductedme.com', 'owen', 'aliensrool', 'aliendatabase')
    or die('Error connecting to MySQL server.');
```

数据库位置也可以使用 'localhost' 而不必使用域名。

```php
  $query = "INSERT INTO aliens_abduction (first_name, last_name, when_it_happened, how_long, " .
    "how_many, alien_description, what_they_did, fang_spotted, other, email) " .
    "VALUES ('Sally', 'Jones', '3 days ago', '1 day', 'four', 'green with six tentacles', " .
    "'We just talked and played with a dog', 'yes', 'I may have seen your dog. Contact me.', " .
    "'sally@gregs-list.net')";
```

INSERT查询构建为PHP代码中的一个串。

这里一定要当心引号和双引号，另外还要注意引号前后的空格！

```php
  $result = mysqli_query($dbc, $query)
    or die('Error querying database.');
```

在MySQL数据库上执行INSERT查询。

```php
  mysqli_close($dbc);
?>
```

这些函数要求你的Web服务器安装有PHP 4.1及以后版本。

BRAIN POWER

你认为以下各个PHP函数在脚本中起什么作用？

```
mysqli_connect()
mysqli_query()
mysqli_close()
```

使用PHP函数与数据库通信

有3个主要的PHP函数用于与MySQL数据库通信：mysqli_connect()、mysqli_query()和mysqli_close()。也许你已经发现这里有一个规律，这并不是偶然的，所有与MySQL交互的最新PHP函数都以mysqli_开头。

较早的一组与MySQL通信的PHP函数以mysql_开头，没有这里的"i"。这个"i"代表"改进"（improved），现在更倾向于使用mysqli_系列函数。

mysqli_connect()

使用前面已经了解的4部分信息连接MySQL数据库。

mysqli_query()

在MySQL数据库上执行一个查询，这通常涉及在表中存储数据或从表获取数据。

mysqli_close()

关闭与一个MySQL数据库的连接。

使用上述3个函数通常都需要完成以下可预知的一系列步骤。

❶ 使用mysqli_connect()函数连接数据库。

提供服务器位置、用户名和口令来得到与MySQL数据库服务器交互的许可。另外还要指定数据库名，因为这是与一个特定数据库的连接。

> 喂？呼叫MySQL服务器，你在吗？

> 我在。

mysqli_connect()

已连接!

数据库服务器

❷ 创建一个SQL查询，并把它作为一个串存储在一个PHP变量中。

要与数据库服务器通信，必须使用SQL命令。例如，要向aliens_abduction表增加数据就需要一个INSERT语句。这里选择的变量名并没有什么特殊之处，不过类似$query的简单变量名就很不错。

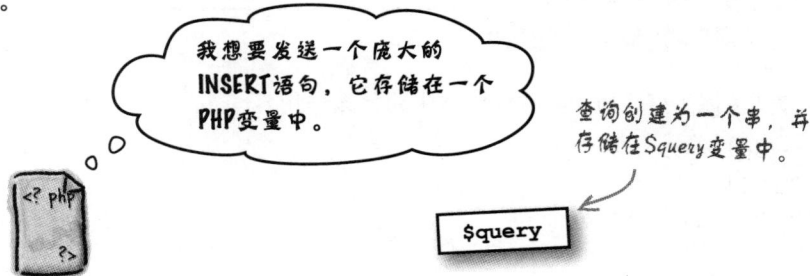

> 我想要发送一个庞大的INSERT语句，它存储在一个PHP变量中。

查询创建为一个串，并存储在$query变量中。

$query

③ 用mysqli_query()函数执行查询。

利用$query变量使用mysqli_query()函数与MySQL数据库服务器通信，并向aliens_abduction表增加数据。必须向mysqli_query()告知第1步创建的连接名以及第2步中存放查询的变量名。

> 这个函数会执行你的查询，这是一个向表中插入数据的INSERT语句。

> 喂，把这些内容插入（INSERT）到你的表里。

mysqli_query()

> 好的！

成功！

④ 用mysqli_close()函数关闭数据库连接。

最后，mysqli_close() 告诉MySQL数据库服务器已经结束与它的通信。

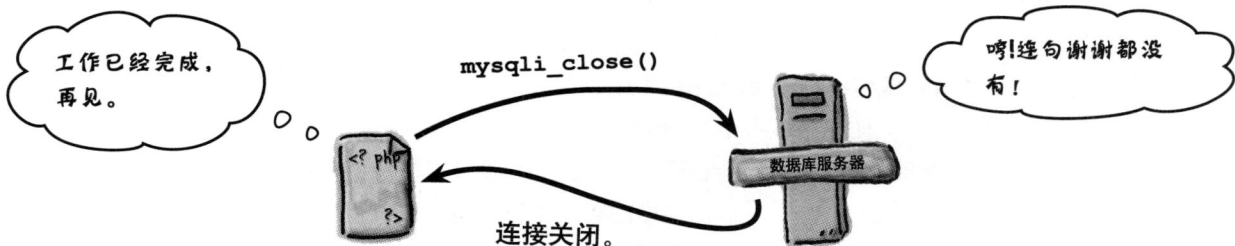

> 工作已经完成，再见。

mysqli_close()

> 哼！连句谢谢都没有！

连接关闭。

这是连接变量名。

如果出问题，这会向你发回一个消息，并中止所有工作。

这是一个SQL INSERT查询，用于向数据库增加数据。

```php
<?php
  $dbc = mysqli_connect('data.aliensabductedme.com', 'owen', 'aliensrool', 'aliendatabase')
    or die('Error connecting to MySQL server.');

  $query = "INSERT INTO aliens_abduction (first_name, last_name, when_it_happened, how_long, " .
    "how_many, alien_description, what_they_did, fang_spotted, other, email) " .
    "VALUES ('Sally', 'Jones', '3 days ago', '1 day', 'four', 'green with six tentacles', " .
    "'We just talked and played with a dog', 'yes', 'I may have seen your dog. Contact me.', " .
    "'sally@gregs-list.net')";

  $result = mysqli_query($dbc, $query)
    or die('Error querying database.');

  mysqli_close($dbc);
?>
```

PHP就是利用mysqli_query()与MySQL服务器通信。$query变量中存储的代码是SQL代码而不是PHP代码。

在这里关闭连接。

下面更深入地分析上述各个PHP数据库函数，先从mysqli_connect()开始……

用mysqli_connect()建立连接

要让PHP脚本利用mysqli_connect()函数创建与数据库的一个连接，首先需要一些信息，这些信息你可能已经相当熟悉了。没错，这就是之前使用MySQL终端时所用的相同信息，另外再加上数据库名。

① 用mysqli_connect()连接数据库。
② 组装查询串。
③ 用mysqli_query()执行查询。
④ 用mysqli_close()关闭连接。

谁?

你的用户名和口令。

对应你自己的数据库服务器，需要你自己的用户名和口令。这些可能由你设置，也可能是你的Web托管公司在第一次安装MySQL时设定的。如果安装了你自己的MySQL，要根据安装说明为自己建立一个安全的用户名和口令。

什么?

你的数据库名。

在我们的例子中，已经将数据库命名为aliendatabase。你的数据库可能是你之前建立数据库时所选定的其他名字，或者如果你的Web托管公司为你创建了数据库，则要使用他们提供的数据库名。

哪里?

数据库的位置（域名、IP地址或localhost）。

在我们的例子中，使用了Owen的（假想）数据库的位置。你要使用你自己的MySQL服务器的位置。通常情况下，如果数据库服务器与你的Web服务器在同一台机器上这就是localhost。你的Web托管公司应该能告诉你数据库位置。这可能是一个IP地址，或者类似于Owen的情况，也可能是一个域名，如yourserver.yourisp.com。

mysqli_connect()函数中的MySQL数据库的位置、用户名、口令和数据库名都必须用引号引起来。

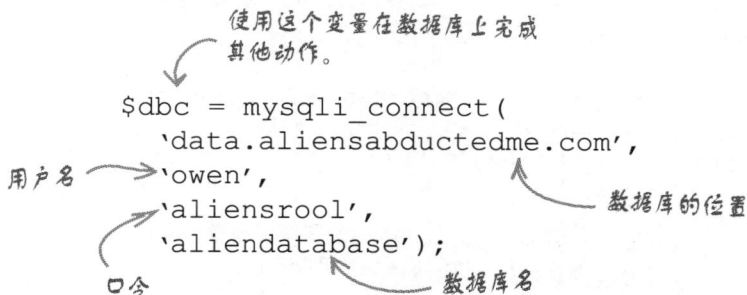

使用这个变量在数据库上完成其他动作。

```
$dbc = mysqli_connect(
    'data.aliensabductedme.com',
    'owen',
    'aliensrool',
    'aliendatabase');
```

用户名 ↗
口令

数据库的位置
数据库名

mysqli_connect()函数将位置、用户名、口令和数据库名处理为串，所以必须用引号引起。

调用这个函数的结果是得到一个数据库连接，另外会得到一个PHP变量，可以使用这个变量与数据库交互。在这个例子中这个变量命名为$dbc，不过也可以选择你喜欢的任何名字。

Sharpen your pencil

以下是PHP数据库连接串的一些例子。分别查看各个连接串，然后写出它是否能正常工作，如果有问题又该如何修正。另外圈出你发现有问题的代码。

```
$dbc = mysqli_connect('data.aliensabductedme.com', 'owen', 'aliensrool',
  'aliendatabase');
```

....

....

```
$dbc = mysqli_connect('data.aliensabductedme.com', 'owen', 'aliensrool',
  "aliendatabase")
```

....

....

```
$fangisgone = mysqli_connect('data.aliensabductedme.com', 'owen', 'aliensrool',
  'aliendatabase');
```

....

....

```
$dbc = mysqli_connect('localhost', 'owen', 'aliensrool', 'aliendatabase');
```

....

....

```
$dbc = mysqli_connect('data.aliensabductedme.com', 'owen', '', 'aliendatabase');
```

....

....

```
$dbc = mysqli_connect('data.aliensabductedme.com', 'owen', 'aliensrool');
mysqli_select_db($dbc, 'aliendatabase');
```

....

....

....

Sharpen your pencil
Solution

以下是PHP数据库连接串的一些例子。分别查看各个连接串，然后写出它是否能正常工作，如果有问题又该如何修正。另外圈出你发现有问题的代码。

```
$dbc = mysqli_connect('data.aliensabductedme.com', 'owen', 'aliensrool',
    'aliendatabase');
```

.... 这个连接串能正常工作。

这里需要一个分号来
结束PHP语句。

在本书中，对于PHP串我们使用单引号，而保留双引号用于SQL查询。

```
$dbc = mysqli_connect('data.aliensabductedme.com', 'owen', 'aliensrool',
    "aliendatabase")
```

这个查询无法正常工作，因为这里缺少一个分号。也可用双引号，与单引号作用相同。

对于一个数据库连接来说，这个变量名描
述性不强。

```
$fangisgone = mysqli_connect('data.aliensabductedme.com', 'owen', 'aliensrool',
    'aliendatabase');
```

.... 这是可以的，尽管数据库连接名不太好。

这里假定数据库服务器与Web服务器在同一个
服务器计算机上。

```
$dbc = mysqli_connect('localhost', 'owen', 'aliensrool', 'aliendatabase');
```

这是可以的，这里假设Web服务器和据库服务器在同一台机器上。

数据库口令为空可不是一个
好主意。

```
$dbc = mysqli_connect('data.aliensabductedme.com', 'owen', '', 'aliendatabase');
```

只有当你为数据库设置空口令时才能正常工作。不过这不是一个好主意！应当为每
一个数据库都设置一个口令。

如果省略第4个参数，会要求你调
用mysqli_select_db()选择数据库。

```
$dbc = mysqli_connect('data.aliensabductedme.com', 'owen', 'aliensrool');
mysqli_select_db($dbc, 'aliendatabase');
```

抱歉，这是一个有陷阱的问题。在mysqli_connect()中，第4项即数据库名是可选的。在这个函数中可以省
略这个参数，并使用mysqli_select_db()指定数据库名。所以这个代码的作用与向mysqli_connect()传入所有4
个参数完全相同。

看起来很容易弄错连接数据库所用的某个信息。我怎么确定连接是否已正常工作呢?

这里PHP die()函数就能发挥作用了。

PHP die()函数会终止一个PHP脚本,并提供失败代码的反馈。尽管它无法精确地揭示哪里出了问题,但die()确实能告诉我们存在问题,而且需要修正这个问题。如果mysqli_connect()的4个连接变量之一有问题,或者如果无法找到数据库服务器,die()函数就会中止其余PHP脚本的运行,并显示括号里的错误消息。

如果连接未能创建则调用die()函数。

如果mysqli_connect()函数的4个串参数中任意一个不正确,则得到反馈。

```php
$dbc = mysqli_connect('data.aliensabductedme.com', 'owen', 'aliensrool', 'aliendatabase')
   or die('Error connecting to MySQL server.');
```

如果连接失败,这个消息将回显输出到页面上。

这里不需要分号,因为"or die(……)"从技术上讲是同一条语句的延续。

> 好的，这样我们已经有了一个PHP
> 数据库连接，现在做什么？可以像在
> MySQL终端一样开始执行查询了吗？

没错！一旦用mysqli_connect()建立了一个数据库连接，就可以直接从PHP执行SQL查询了。

MySQL终端中能做的几乎所有工作都可以在PHP代码中利用前面建立的数据库连接来完成。正是这个连接建立了PHP脚本和MySQL数据库之间的通信通道。例如，现在Owen有一个指向他的数据库的一个连接，他可以利用mysqli_query()函数和一些SQL查询代码开始向aliens_abduction表插入数据。

要记住，我们的目标是使用PHP代码自动执行这个INSERT查询。

```
File Edit Window Help UFO
mysql> INSERT INTO aliens_abduction (first_name, last_name,
  when_it_happened, how_long, how_many, alien_description,
  what_they_did, fang_spotted, other, email)
VALUES ('Sally', 'Jones', '3 days ago', '1 day', 'four',
'green with six tentacles', 'We just talked and played with a dog',
'yes', 'I may have seen your dog. Contact me.',
  'sally@gregs-list.net');
Query OK, 1 rows affected (0.0005 sec)
```

Sally
Jones
3 days ago
1 day
and played with a dog
yes
four
green with six tentacles
I may have seen your
sally@gregs-list.net
me.

mysqli_query($dbc, $query)

SQL查询作为一个PHP串传入mysqli_query()。

mysqli_query()函数需要一个存储在PHP串（$query）中的SQL查询来完成外星人劫持数据的插入。

在PHP中建立INSERT查询

PHP中的SQL查询表示为字符串，一般的惯例是一个查询传递到mysqli_query()函数之前先将它存储在一个串中。由于SQL查询可能相当长，所以通常必须利用较小的串来构造查询串，这可能需要跨多行代码。对此Owen的INSERT查询就是一个很好的例子：

① 用mysqli_connect()连接数据库。
② 组装查询串。
③ 用mysqli_query()执行查询。
④ 用mysqli_close()关闭连接。

点号（.）告诉PHP将这个串与下一行的串联接在一起。

这是一个PHP串变量，现在包含一个INSERT查询。

```
$query = "INSERT INTO aliens_abduction (first_name, last_name, " .
    "when_it_happened, how_long, how_many, alien_description, " .
    "what_they_did, fang_spotted, other, email) " .
    "VALUES ('Sally', 'Jones', '3 days ago', '1 day', 'four', " .
    "'green with six tentacles', 'We just talked and played with a dog', " .
    "'yes', 'I may have seen your dog. Contact me.', " .
    "'sally@gregs-list.net')";
```

由于整个这段代码是PHP代码，所以必须以一个分号结束。

查询串分为多行，使得这个查询更具可读性，点号告诉PHP将这些串转换为一个很长的串。

INSERT查询存储在一个串中之后，现在可以将它传递到mysqli_query()函数，具体完成插入。

there are no Dumb Questions

问： 为什么向数据库插入数据称为一个查询？"查询"不是指我们向数据库请求些什么吗？

答： 是的，"查询"确实是指请求些什么……你现在就在请求数据库做某个工作。在MySQL数据库应用中，"查询"一词的含义相当广义，可以指在数据库上完成的任何SQL命令，包括存储和获取数据。

问： 为什么不把这个INSERT语句直接创建为一个很长的串呢？

答： 要记住，INSERT语句确实存储为一个很长的串，尽管它是由多个较小的串创建得来的。理想情况下，INSERT语句会编写为一个串。但是像许多SQL语句一样，INSERT语句相当长，在"普通"的一行代码中可能无法放下。所以如果将查询串编写为较小的串，再用点号连接起来，这样读查询串会更为容易。

问： 完成INSERT时确实有必要列出列名吗？

答： 不必。可以省略INSERT语句中的列名。在这种情况下，必须按各列在表结构中出现的顺序为表中的所有列提供值。了解到这一点后，你会发现，通常指定列名的做法更安全也更方便。

利用PHP查询MySQL数据库

mysqli_query()函数需要两个信息来完成一个查询：一个数据库连接和一个SQL查询串。

① 用mysqli_connect()连接数据库。
② 组装查询串。
③ 用mysqli_query()执行查询。
④ 用mysqli_close()关闭连接。

mysqli_query(*database_connection*, *query*);

这是一个通过mysqli_connect()函数建立的数据库连接。

这是将要完成的SQL查询……
这个查询存储在一个串中。

mysqli_query()函数所需的数据库连接由mysqli_connect()函数返回。如果你对此还不太清楚，下面再次给出建立这个连接的代码：

记住，对于你的数据库设置，这些连接变量可能会有所不同。

```
$dbc = mysqli_connect('data.aliensabductedme.com', 'owen', 'aliensrool', 'aliendatabase')
    or die('Error connecting to MySQL server.');
```

数据库连接之前存储在$dbc变量中。

这样你已经有了一个数据库连接（$dbc）和一个SQL查询（$query）。接下来只需要将它们传递到mysqli_query()函数。

SQL查询是用SQL代码编写并发送到数据库服务器的一个**请求**。

```
$result = mysqli_query($dbc, $query);
    or die('Error querying database.');
```

查询
数据库连接
查询结果

这个代码显示出调用mysqli_query()函数并不只是一个单向通信。这个函数会返回一个信息（存储在$result变量中），作为给你的一个回应。不过不会从INSERT查询返回具体的数据，$result变量只是存储mysqli_query()执行的查询是否成功。

*mysqli_query()函数需要一个**数据库连接**和一个**查询串**来完成SQL查询。*

用mysqli-close()关闭连接

① 用mysqli_connect()连接数据库。

② 组装查询串。

③ 用mysqli_query()执行查询。

④ 用mysqli_close()关闭连接。

由于我们只是要执行一条INSERT查询，所以数据库交互已经结束，至少对这个脚本而言是这样。数据库连接用完时，就应当将其关闭。当用户导航到其他页面时数据库连接会自行关闭，不过就像及时关门一样，一旦用完连接就将其关闭是一个好习惯。PHP mysqli_close()函数会关闭一个MySQL数据库连接。

一旦用完MySQL数据库连接就将其关闭是一个好习惯。

```
mysqli_close(database_connection);
```

要在这里传入前面与数据库交互时一直使用的数据库连接变量。

对于Owen的脚本，需要向mysqli_close()传入具体的数据库连接，它存储在$dbc变量中。

```
mysqli_close($dbc);
```

这个变量包含数据库连接的一个引用，这是第一次打开连接时由mysqli_connect()创建的。

> 但是既然数据库连接会自动关闭，为什么我们还自找麻烦呢？

数据库服务器同时只允许有一定数目的可用连接，所以要尽可能地节省。

关闭一个连接时，它会释放这个连接，这样就可以创建一个新的连接。如果你在一个共享数据库上，例如可能只为你分配了5个连接。在创建新的数据库驱动应用时，你肯定希望尽可能地保证可用连接的供应。

there are no
Dumb Questions

问: 为什么不把所有SQL代码直接放在mysqli_query()函数里，从而不必使用$query变量？

答: 当然也可以这么做，但是这太乱了。把查询存储在变量中，然后再在mysqli_query()函数中使用这些变量，这样管理代码会容易一些。

问: 执行INSERT查询的代码应当对结果做其他处理吗？

答: 也许是这样。到目前为止，我们一直在用die()来终止脚本，并在出错时向浏览器发送一条消息。最终你可能希望在查询不成功时向用户提供更多信息，在这种情况下就可以使用查询的结果来确定查询是否成功。

BULLET POINTS

- 数据库连接需要一个位置、一个用户名、一个口令和一个数据库名。

- mysqli_connect()函数在你的PHP脚本和MySQL数据库服务器之间建立了一个连接。

- die()函数会在连接失败时中止脚本并返回反馈。

- 从PHP代码执行一个SQL查询时需要组装查询并保存在一个串中，然后利用一个mysqi_query()调用来执行。

- 调用mysqli_close()函数可以在用完一个MySQL数据库连接时从PHP将其关闭。

运行测试

替换Owen **report.php**脚本中的email代码，使之将数据插入到MySQL数据库，再进行测试。

删除report.php脚本中将表单数据通过email发送给Owen的代码。取而代之，输入以下代码，包括连接到你的MySQL数据库、构建一个SQL查询作为一个PHP串，在数据库上执行这个查询，然后关闭连接。

这里是你开发的新的PHP数据库代码。不要在*report.php*中输入<?php ?>标记，因为你只是把这部分代码增加到脚本中一个特定的位置，而这个位置本来就在<?php ?>标记之间。

```php
<?php
  $dbc = mysqli_connect('data.aliensabductedme.com', 'owen', 'aliensrool', 'aliendatabase')
    or die('Error connecting to MySQL server.');

  $query = "INSERT INTO aliens_abduction (first_name, last_name, " .
    "when_it_happened, how_long, how_many, alien_description, " .
    "what_they_did, fang_spotted, other, email) " .
    "VALUES ('Sally', 'Jones', '3 days ago', '1 day', 'four', " .
    "'green with six tentacles', 'We just talked and played with a dog', " .
    "'yes', 'I may have seen your dog. Contact me.', " .
    "'sally@gregs-list.net')";

  $result = mysqli_query($dbc, $query)
    or die('Error querying database.');

  mysqli_close($dbc);
?>
```

将新的report.php文件上传到你Web服务器，然后在一个浏览器中打开report.html页面来访问Report an Abduction表单。填写这个表单，并点击Report Abduction将数据存储到数据库中。现在打开你的MySQL工具，完成一个SELECT查询来查看数据库中发生的改变。

```
File Edit Window Help IMissFangLots
mysql> SELECT * FROM aliens_abduction;

+------------+-----------+-----------------+----------+----------+-------------------------+
| first_name | last_name | when_it_happened | how_long | how_many | alien_description       |
+------------+-----------+-----------------+----------+----------+-------------------------+
| Sally      | Jones     | 3 days ago      | 1 day    | four     | green with six tentacles |
| Sally      | Jones     | 3 days ago      | 1 day    | four     | green with six tentacles |
+------------+-----------+-----------------+----------+----------+-------------------------+

2 rows in set (0.0005 sec)
```

这个结果对吗？你认为这是否就是脚本所应做的工作，请写出你的结论，并指出原因。

....
....
....

> 先等等。这里的重点不是从一个表单取得数据并把它存储在数据库中吗？看起来这个查询总是在插入同样的数据而不论表单中输入什么内容。我看不出这个PHP脚本如何自动完成工作。

这是一个严重的问题。INSERT需要插入表单数据，而不是静态的串。

我们建立的查询由硬编码的串构成，而不是由外星人劫持表单中输入的文本数据构成。为了让脚本处理这个表单，需要将数据从表单域传送到查询串。

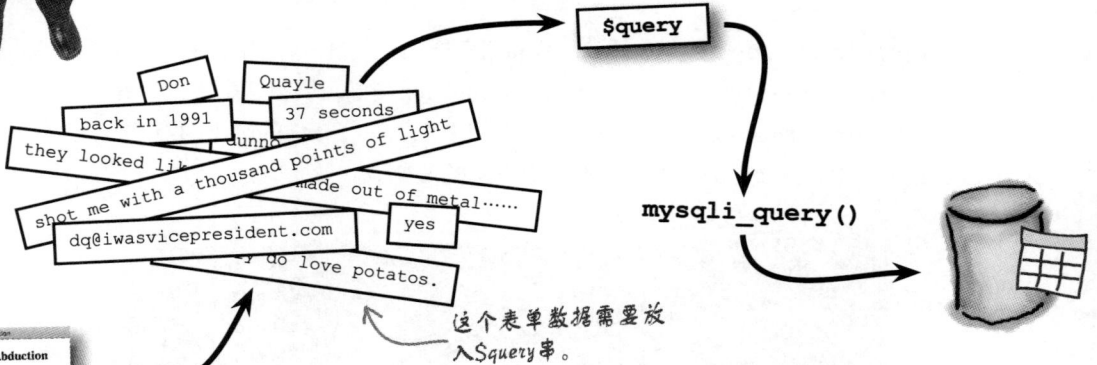

`$query`

`mysqli_query()`

Don　　Quayle

back in 1991　　37 seconds

they looked li...　　dunno

shot me with a thousand points of light　　made out of metal......

dq@iwasvicepresident.com　　yes

...y do love potatos.

这个表单数据需要放入$query串。

Aliens Abducted Me - Report an Abduction

Share your story of alien abduction:

First name:　Don
Last name:　Quayle
What is your email address?　dq@iwasvicepresident.com
When did it happen?　back in 1991
How long were you gone?　37 seconds
How many did you see?　dunno
Describe them:　they looked like donkeys made out of met
What did they do to you?　shot me with a thousand points of light
Have you seen my dog Fang?　Yes ● No ○

Anything else you want to add?　I really do love potatos.
Report Abduction

外星人劫持表单是用户报告数据的来源。

BRAIN POWER

用什么PHP代码可以帮助我们将Owen表单中的值放入INSERT查询？

$_POST提供表单数据

对此有一个好消息，通过$_POST超级全局变量，report.php
脚本已经将表单数据存储在变量中。还记得这个PHP代码吗？

```
$name = $_POST['firstname'] . ' ' . $_POST['lastname'];

$when_it_happened = $_POST['whenithappened'];

$how_long = $_POST['howlong'];

$how_many = $_POST['howmany'];

$alien_description = $_POST['aliendescription'];

$what_they_did = $_POST['whattheydid'];

$fang_spotted = $_POST['fangspotted'];

$email = $_POST['email'];

$other = $_POST['other'];
```

已经用$_POST 超级全局变量从
Owen的各个表单域抽取数据并存储
在变量中。

要记住，用于$_POST的变量名
要与HTML表单域的名字一致。

这样你就得到了表单数据，只需将它们结合到外星人劫持INSERT语
句中。不过首先需要做个小小的修改。既然不再需要通过email发送表
单数据，也就不再需要$name变量。确实还需要用户的名和姓，从而
能将其增加到数据库中，不过需要将这些数据分别存储在单独的变量
中。

```
$first_name = $_POST['firstname'];

$last_name = $_POST['lastname'];
```

用户的名字现在存储在单独的变量
中，以便插入到aliens_abduction表
的不同列。

Exercise

编写PHP代码创建Owen的INSERT查询串（存储在$query变量中），确保执行代码后
将把具体表单数据存储在aliens_abduction表中。

....

....

....

....

编写PHP代码创建Owen的INSERT查询串（存储在$query变量中），确保执行代码后将把具体表单数据存储在aliens_abduction表中。

Exercise Solution

SQL语句中列名与前面一样。

$query = "INSERT INTO aliens_abduction (first_name, last_name, when_it_happened, how_long, ".

"how_many, alien_description, what_they_did, bang_spotted, other, email) ".

"VALUES ('$first_name' , '$last_name' , '$when_it_happened' , '$how_long' , '$how_many' , ".

"'$alien_description' , '$what_they_did' , '$bang_spotted' , '$other' , '$email')";

不再是关于Sally Jones劫持事件的静态数据，现在要插入用户在表单中输入的数据。

变量顺序必须与列名顺序一致，这样数据才能存储到表中正确的列中。

there are no Dumb Questions

问: 必须创建所有这些变量来存储$_POST数据吗？难道不能直接在$query串中引用$_POST数据吗？

答: 确实，这是可以的。你完全可以把$_POST直接放在查询中。不过，在处理表单数据之前先将其隔离是一个很好的编程习惯。这是因为，先对表单数据进行某种程度的处理，然后再将其插入到数据库中，这是相当常见的做法。例如，黑客可能采用很多狡猾的方法通过输入危险的表单数据尝试拦截你的查询。在第6章中你将了解如何防范这种企图。为力求简单，这一章不对表单数据做任何处理，不过这并不妨碍你更有远见一些，养成好习惯，先将表单数据存储在变量中，然后再将变量放入查询中。

问: 那么，哪里使用单引号以及哪里使用双引号有什么不同吗？可以用单引号包围整个查询，而用双引号包围各个变量吗？

答: 是的，确实不同。第二个问题的答案是否定的，你不能使用单引号包围整个查询，而用双引号包围变量。原因在于，PHP会根据串出现在单引号中还是双引号中对串做不同的处理。这二者的区别是，对于单引号，会原样表示其中包含的文本，而对于双引号中的文本会做一些额外的处理。这种处理会导致双引号中的变量得到处理，将其值置于串中来取代变量名。这很方便，因此双引号通常更适合构建SQL查询串。

问: 难道不能利用SQL代码通过联接变量来构建查询串吗？

答: 这是可以的，如果你采用这种联接途径，肯定要使用单引号而不是双引号。不过查询串往往相当杂乱，所以提高可读性总是一件好事，将变量直接嵌入到双引号串中而不是完全用单引号将其联接在一起，这样会使查询串更易于理解。

下面使用我们已经学到的知识来完成Owen的表单处理PHP脚本，使它能成功地将外星人劫持数据存储在一个数据库中。补全以下的PHP代码来完成report.php脚本。

```php
<?php
    ..........................................................

    ..........................................................
    $when_it_happened = $_POST['whenithappened'];
    $how_long = $_POST['howlong'];
    $how_many = $_POST['howmany'];
    $alien_description = $_POST['aliendescription'];
    $what_they_did = $_POST['whattheydid'];
    $fang_spotted = $_POST['fangspotted'];
    $email = $_POST['email'];
    $other = $_POST['other'];

    $dbc = .....................................................................................

        ...................................................................................


    $query = "INSERT INTO aliens_abduction (first_name, last_name, when_it_happened, how_long, " .
        "how_many, alien_description, what_they_did, fang_spotted, other, email) " .
        "VALUES ('$first_name', '$last_name', '$when_it_happened', '$how_long', '$how_many', " .
        "'$alien_description', '$what_they_did', '$fang_spotted', '$other', '$email')";

    $result = ...........................................

        ...........................................

    ......................................

    echo 'Thanks for submitting the form.<br />';
    echo 'You were abducted ' . $when_it_happened;
    echo ' and were gone for ' . $how_long . '<br />';
    echo 'Number of aliens: ' . $how_many . '<br />';
    echo 'Describe them: ' . $alien_description . '<br />';
    echo 'The aliens did this: ' . $what_they_did . '<br />';
    echo 'Was Fang there? ' . $fang_spotted . '<br />';
    echo 'Other comments: ' . $other . '<br />';
    echo 'Your email address is ' . $email;
?>
```

Exercise Solution

下面使用我们已经学到的知识来完成Owen的表单处理PHP脚本，使它能成功地将外星人劫持数据存储在一个数据库中。补全以下的PHP代码来完成report.php脚本。

新的名字变量包含了表单中输入的用户的名和姓。

```php
<?php
  $first_name = $_POST['firstname'];

  $last_name = $_POST['lastname'];

  $when_it_happened = $_POST['whenithappened'];
  $how_long = $_POST['howlong'];
  $how_many = $_POST['howmany'];
  $alien_description = $_POST['aliendescription'];
  $what_they_did = $_POST['whattheydid'];
  $fang_spotted = $_POST['fangspotted'];
  $email = $_POST['email'];
  $other = $_POST['other'];

  $dbc =    mysqli_connect('data.aliensabductedme.com', 'owen', 'aliensrool', 'aliendatabase')
     or die( 'Error connecting to MySQL server.' );

  $query = "INSERT INTO aliens_abduction (first_name, last_name, when_it_happened, how_long, " .
    "how_many, alien_description, what_they_did, fang_spotted, other, email) " .
    "VALUES ('$first_name', '$last_name', '$when_it_happened', '$how_long', '$how_many', " .
    "'$alien_description', '$what_they_did', '$fang_spotted', '$other', '$email')";

  $result =    mysqli_query($dbc, $query)
     or die('Error querying database.');

  mysqli_close($dbc);

  echo 'Thanks for submitting the form.<br />';
  echo 'You were abducted ' . $when_it_happened;
  echo ' and were gone for ' . $how_long . '<br />';
  echo 'Number of aliens: ' . $how_many . '<br />';
  echo 'Describe them: ' . $alien_description . '<br />';
  echo 'The aliens did this: ' . $what_they_did . '<br />';
  echo 'Was Fang there? ' . $fang_spotted . '<br />';
  echo 'Other comments: ' . $other . '<br />';
  echo 'Your email address is ' . $email;
?>
```

从PHP完成任何SQL查询之前必须连接到数据库并提供正确的连接信息。

查询构造为一个PHP串，要使用从表单域抽取的数据。

在数据库上执行查询，这会插入数据！

关闭数据库连接。

确保表单成功提交，这与原脚本中相同。

运行测试

修改Owen的脚本从而在完成INSERT时使用真正的表单数据。

在report.php脚本中删除$name变量，增加$first_name和$last_name变量，并修改$query变量使之使用表单变量而不是INSERT语句中的静态文本。上传这个脚本的新版本，再尝试将report.html页面中的表单提交多次，确保每次输入不同的数据。

现在使用你的MySQL工具来完成一个SELECT查询，查看aliens_abduction表的内容。

新的外星人劫持报告如你所愿地出现在表中！

这里还有多余的对应Sally Jones的数据行，这是修正INSERT查询之前增加的。不要担心，下一章就会学习如何删除不想要的数据。

Owen需要帮助来筛选他的数据

改进后的新report.php脚本可以很好地完成工作，自动向数据库增加外星人劫持报告。Owen可以在一边休息，让报告自行增加……不过这里还有一个新问题。有更多的数据并不能让查找工作更容易，我们不会因此就能更轻松地找出有可能见过Fang的外星人劫持报告。

> 我现在有了一个数据库，能自动填入用户提交的外星人劫持报告，这确实让我非常兴奋。但是这并不能帮我分离出那些可能有助于找到Fang的报告。

Owen需要一种查找特定数据的方法，如看见过Fang的外星人劫持报告。

你知道数据库的哪一列包含有关这个问题的信息：fang_spotted。这一列包含yes或no，这取决于被劫持者是否声称见过Fang。所以你需要的就是找到一种办法在aliens_abduction表中只选出fang_spotted列值为yes的报告。

你知道以下SQL查询会返回表中的所有数据：

SELECT * FROM aliens_abduction

SQL SELECT语句允许你追加一个子句来控制查询返回的数据。这个子句名为WHERE，你要准确地指出希望如何过滤查询结果。对于Owen的情况来说，也就是只选择fang_spotted列等于yes的外星人劫持报告。

要记住，如果没有WHERE子句，这会选择表中的所有数据。

列名。

要选择数据必须设置列值。

SELECT * FROM aliens_abduction WHERE fang_spotted = 'yes'

SELECT查询的这一部分仍保持不变，WHERE子句负责缩小结果范围。

这个子句会缩减查询返回的数据，只返回fang_spotted列设置为yes的列。

尝试用一个带WHERE子句的SELECT查询查找指定数据。

在你的MySQL工具中尝试带WHERE子句的SELECT查询来搜索特别提到见过Fang的外星人劫持数据。

```
File Edit Window Help HaveYouSeenHim
mysql> SELECT * FROM aliens_abduction WHERE fang_spotted = 'yes';

+------------+-----------+-----------------+-------------------------------+-------------+
| first_name | last_name | when_it_happened | how_long                     | how_many    |
+------------+-----------+-----------------+-------------------------------+-------------+
| Sally      | Jones     | 3 days ago      | 1 day                         | four        |
| Sally      | Jones     | 3 days ago      | 1 day                         | four        |
| Don        | Quayle    | back in 1991    | 37 seconds                    | dunno       |
| Shill      | Watner    | summer of '69   | 2 hours                       | don't know  |
| Mickey     | Mikens    | just now        | 45 minutes……and counting     | hundreds    |
+------------+-----------+-----------------+-------------------------------+-------------+

5 rows in set (0.0005 sec)
```

```
------+--------------+----------------------------------------------------------------+
      | fang_spotted | other                                                          |
------+--------------+----------------------------------------------------------------+
.net  | yes          | I may have seen your dog. Contact me.                          |
.net  | yes          | I may have seen your dog. Contact me.                          |
.com  | yes          | I really do love potatos.                                      |
.com  | yes          | I was out of gas, so it was a pretty good abduction.           |
.net  | yes          | I'm thinking about designing a helmet to thwart future abductions. |
------+--------------+----------------------------------------------------------------+
```

所有这些记录的fang_spotted列都设置为yes。

Owen开始寻找Fang

利用PHP以及与MySQL交互的PHP函数，Owen的MySQL数据库服务器从一个HTML表单接收到外星人劫持数据，并将其保存到一个数据库表中。这些数据安全地放在表中，直到Owen找到机会进行筛选。准备就绪时，只需一个简单的SELECT查询区分出可能与Fang有关的外星人劫持报告。

我出名了！

Web服务器

数据库服务器

Owen，UFO迷，同时也是数据库爱好者。

太棒了。把数据存储到数据库中比起email的方式好太多了，我现在终于可以重点关注可能见过Fang的外星人劫持报告了。

```
File Edit Window Help TheDogIsOutThere
mysql> SELECT * FROM aliens_abduction WHERE fang_spotted = 'yes';

+------------+-----------+------------------+--------------------------+------------+
| first_name | last_name | when_it_happened | how_long                 | how_many   |
+------------+-----------+------------------+--------------------------+------------+
| Sally      | Jones     | 3 days ago       | 1 day                    | four       |
| Don        | Quayle    | back in 1991     | 37 seconds               | dunno      |
| Shill      | Watner    | summer of '69    | 2 hours                  | don't know |
| Mickey     | Mikens    | just now         | 45 minutes……and counting | hundreds   |
| James      | Decola    | sometime in the 70's | several years        | plenty     |
+------------+-----------+------------------+--------------------------+------------+

5 rows i
```

```
------+--------------+-------------------------------------------------------------+
      | fang_spotted | other                                                       |
------+--------------+-------------------------------------------------------------+
 .net | yes          | I may have seen your dog. Contact me.                       |
 .com | yes          | I really do love potatos.                                   |
 .com | yes          | I was out of gas, so it was a pretty good abduction.        |
 .net | yes          | I'm thinking about designing a helmet to thwart future abductions. |
 .com | yes          | I did see a dog, and bunches of beetles.                    |
------+--------------+-------------------------------------------------------------+
```

WHO DOES WHAT?

尽管还没有看到如何集成在一起，先根据你的想法将以下各个
HTML、PHP和MySQL组件与相应的功能配对。

aliendatabase

这是PHP脚本传至MySQL服务器的SQL代码。

aliens_abduction表

这会运行PHP脚本，并向浏览器返回HTML页面，在这个过
程中通常会与一个数据库通信。

report.html

包含aliens_abduction表的数据库的名字。

report.php

HTML表单使用这个请求方法将表单中的数据发送至
一个PHP脚本。

POST

report.html表单中的数据最终要存储在这里。

Web服务器

Owen在这里收集用户的数据。

MySQL数据库服务器

这个PHP函数关闭与MySQL服务器的连接。

Submit按钮

这是Owen使用的PHP脚本，用于处理用户在其
report.html表单输入的数据。

查询

这个PHP函数向MySQL服务器发送一个查询。

网站访问者填写完表单时会使用这个HTML元素。

mysqli_connect()

这是运行MySQL及其中所包含数据库和表的软件的另
一个名字。

mysqli_close()

这个可选的PHP函数告诉数据库服务器使用哪一个数
据库。

mysqli_query()

这会打开PHP脚本与MySQL服务器之间的连接使它
们能够通信。

mysqli_select_db()

WHO DOES WHAT?
解答

尽管还没有看到如何集成在一起，先根据你的想法将以下各个HTML、PHP和MySQL组件与相应的功能配对。

aliendatabase

aliens_abduction表

report.html

report.php

POST

Web服务器

MySQL数据库服务器

Submit按钮

查询

mysqli_connect()

mysqli_close()

mysqli_query()

mysqli_select_db()

这是PHP脚本传至MySQL服务器的SQL代码。

这会运行PHP脚本，并向浏览器返回HTML页面，在这个过程中通常会与一个数据库通信。

包含aliens_abduction表的数据库的名字。

HTML表单使用这个请求方法将表单中的数据发送至一个PHP脚本。

report.html表单中的数据最终要存储在这里。

Owen在这里收集用户的数据。

这个PHP函数关闭与MySQL服务器的连接。

这是Owen使用的PHP脚本，用于处理用户在其report.html表单输入的数据。

这个PHP函数向MySQL服务器发送一个查询。

网站访问者填写完表单时会使用这个HTML元素。

这是运行MySQL及其中所包含数据库和表的软件的另一个名字。

这个可选的PHP函数告诉数据库服务器使用哪一个数据库。

这会打开PHP脚本与MySQL服务器之间的连接使它们能够通信。

there are no
Dumb Questions

问：我已经知道如何向MySQL表插入数据，这实在太棒了，不过对于表以及数据库如何创建我还有些不明白。能讲讲吗？

答：这个问题问得好。你当然需要了解如何创建你自己的表，而不只是使用这里提供给你的代码。到目前为止你已经创建了一个表，但对CREATE TABLE语法并没有太多了解。由于Owen只有这一个表，所以即使不太了解CREATE TABLE语法也没有太大问题，不过如果需要创建你自己设计的多个表时，这就不行了。需要更深入地分析新表中将存储的所有数据，并考虑表示这些数据的最佳方式。这正是下一章要讨论的重点……准备好了吗？

3 创建与填充数据库

创建你自己的数据

你是牙买加人吗？牙买加人实在令我神魂颠倒！

别那么急，Dexter。首先我还需要一些数据。

你并不一定拥有你需要的数据。 在真正使用数据之前首先需要创建数据。有时需要创建数据库表来保存那些数据。另外有时必须创建数据库来保存需要在使用之前先行创建的数据。是不是有些糊涂了？读过这一章你就会完全明白。准备好，我们来学习如何创建你自己的数据库和数据库表。如果你还嫌不够尽兴，实际上在这个过程中你还将构建你的第一个PHP & MySQL应用。

猫王商店开业

Elmer Priestley的猫王商店（MakeMeElvis.com）开张了。需求量相当大。他已经售出了大量镶嵌树脂钮扣的连身衣，很多假络腮胡子，以及成百上千副太阳镜。

每次有人购买商品时，Elmer都会收集到一个新的邮件地址。他使用这些邮件地址来发送促销商品的最新时讯。目前，Elmer必须手工地逐一查看列表中的每一个邮件地址，通过复制粘贴来发出他的广告邮件。这种做法是可行的，不过太花费时间和精力了。

Elmer，无可争议的在线猫王商品之王。

> 这太费时间了。我宁可用这些时间来模仿猫王，而不是手工发送邮件。

目前Elmer已经收集了328个邮件地址，而且每天还会增加更多地址。

Elmer的客户邮件列表：

Anderson	Jillian	jill_anderson@breakneckpizza.com
Joffe	Kevin	joffe@simuduck.com
Newsome	Amanda	aman2luv@breakneckpizza.com
Garcia	Ed	ed99@b0tt0msup.com
Roundtree	Jo-Ann	jojoround@breakneckpizza.com
Briggs	Chris	cbriggs@boards-r-us.com
Harte	Lloyd	hovercraft@breakneckpizza.com
Toth	Anne	AnneToth@leapinlimos.com
Wiley	Andrew	andrewwiley@objectville.net
Palumbo	Tom	palofmine@mightygumball.net
Ryan	Alanna	angrypirate@breakneckpizza.com
McKinney	Clay	clay@starbuzzcoffee.com
Meeker	Ann	annmeeker@chocoholic-inc.com
Powers	Brian	bp@honey-doit.com
Manson	Anne	am86@objectville.net
Mandel	Debra	debmonster@breakneckpizza.com
Tedesco	Janis	janistedesco@starbuzzcoffee.com
Talwar	Vikram	vikt@starbuzzcoffee.com
Szwed	Joe	szwedjoe@objectville.net
Sheridan	Diana	sheridi@mightygumball.net
Snow	Edward	snowman@tikibeanlounge.com
Otto	Glenn	glenn0098@objectville.net
Hardy	Anne	anneh@b0tt0msup.com
Deal	Mary	nobigdeal@starbuzzcoffee.com
Jagel	Ann	dreamgirl@breakneckpizza.com
Melfi	James	drmelfi@b0tt0msup.com
Oliver	Lee	leeoliver@weatherorama.com
Parker	Anne	annep@starbuzzcoffee.com
Ricci	Peter	ricciman@tikibeanlounge.com
Reno	Grace	grace23@objectville.net
Moss	Zelda	zelda@weatherorama.com
Day	Clifford	cliffnight@breakneckpizza.com
Bolger	Joyce	joyce@chocoholic-inc.com
Blunt	Anne	anneblunt@breakneckpizza.com
Bolling	Lindy	lindy@tikibeanlounge.com
Gares	Fred	fgares@objectville.net
Jacobs	Anne	anne99@objectville.net

这些人都已经加入Elmer的邮件列表，希望在Elmer的帮助下能够看上去更像猫王。

Elmer先编写以下邮件，然后把各个邮件地址复制粘贴到"To"域中。

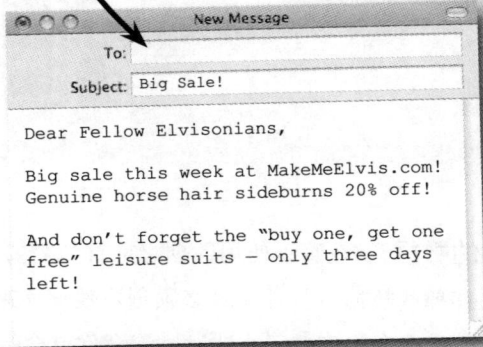

New Message

To:

Subject: Big Sale!

Dear Fellow Elvisionians,

Big sale this week at MakeMeElvis.com! Genuine horse hair sideburns 20% off!

And don't forget the "buy one, get one free" leisure suits — only three days left!

Elmer要把这些邮件地址复制粘贴到客户邮件应用的"To"域中，为此花费了太多的时间。他希望能简化这个任务，能够自动增加新的邮件地址，并成批发送邮件。

Elmer需要一个<u>应用</u>

应用就是专门设计用来满足用户某个特定目标的软件程序。Elmer就需要一个应用来维护他的邮件地址列表，这样他只需点击一个表单按钮就能向邮件列表中的所有人员发送邮件。以下是他所希望的工作方式：

☑️ 访问一个Web页面，并输入邮件正文。

☑️ 点击这个页面上的一个提交按钮，这个邮件就会发送到整个**MakeMeElvis.com**邮件列表中的每一个人。

☑️ 允许新客户通过一个Web表单注册从而支持邮件列表自行构建。

基于以上应用需求清单，Elmer可以通过图示描述这个应用辉煌的全景……

Web应用是一个设计用来满足用户某个特定目标的动态网站。

这个邮件应用听起来与Owen的外星人劫持应用很类似，不过这里的区别在于，Elmer的邮件列表会自行构建，而且他的邮件会发送到整个列表中的每一个人。Elmer的应用是<u>全自动的</u>!

⚛️ BRAIN POWER

MakeMeElvis.com Web应用包括两个主要组成部分：其中一个表单向Elmer邮件列表中的人员发送邮件，另一个表单允许新客户加入邮件列表。基于这两个表单，请大致画出Elmer应用的设计。

Elmer应用设计图示

在深入研究开发细节之前，先图示描述应用的设计往往很有帮助。这表示需要明确将要涉及的页面和脚本，以及这些内容如何结合在一起，另外也许最重要的是，需要明确如何将数据存储在一个MySQL数据库中。

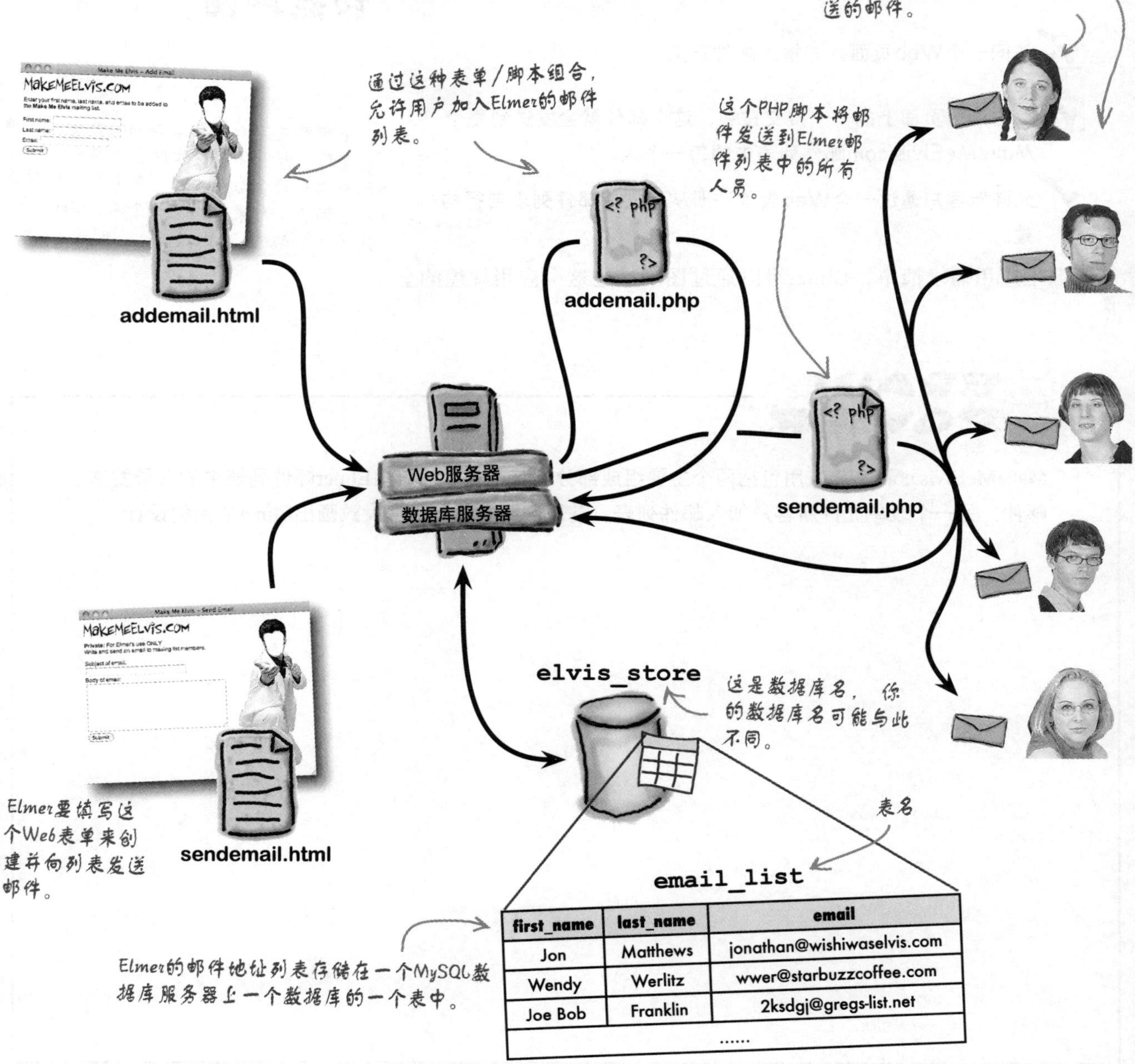

这些人都在Elmer的邮件列表中，他们会收到Elmer向邮件列表发送的邮件。

通过这种表单/脚本组合，允许用户加入Elmer的邮件列表。

这个PHP脚本将邮件发送到Elmer邮件列表中的所有人员。

addemail.html

addemail.php

sendemail.php

Web服务器

数据库服务器

elvis_store

这是数据库名，你的数据库名可能与此不同。

Elmer要编写这个Web表单来创建并向列表发送邮件。

sendemail.html

Elmer的邮件地址列表存储在一个MySQL数据库服务器上一个数据库的一个表中。

表名

email_list

first_name	last_name	email
Jon	Matthews	jonathan@wishiwaselvis.com
Wendy	Werlitz	wwer@starbuzzcoffee.com
Joe Bob	Franklin	2ksdgj@gregs-list.net
......		

那么我们该从哪里入手来构建一个**PHP**和**MySQL**应用呢？是不是应该先写**PHP**脚本，然后创建数据库表来存储数据？或者是否应该先建立数据库表再编写脚本？

Joe: 我看不出这有什么区别。无论怎样，应用真正工作之前数据库表和脚本都是需要的。

Frank: 说得没错，不过我觉得应该先写脚本，这样在连接数据库之前就可以先测试PHP代码。

Jill: 不过PHP脚本完全依赖于数据库。如果没有一个与之连接的数据库，将很难对脚本进行测试。

Frank: 难道不能这样做吗？先创建脚本，不过暂时不考虑与数据库连接的具体代码。这样一来，除了与数据库的交互外，我们可以完成所有其他工作。这会很有帮助，对不对？

Joe: 那可不一定。要记住，脚本的唯一工作就是获取输入到一个HTML表单的数据，并把这些数据存放到一个数据库中。或者，如果要向邮件列表发送一个邮件，脚本需要从数据库读取数据，并为每个用户生成一个邮件。不管哪一项工作，对于脚本来说数据库都是至关重要的。

Jill: 确实如此，不过我们根本没有考虑HTML表单。它在这里起什么作用？我认为需要先创建数据库，然后才能考虑编写脚本的有关问题。

Frank: 正是如此！首先我们创建HTML表单，然后确定数据库中存放哪些数据，一切准备就绪后再用脚本把它们集成在一起。

Joe: 我还不太明白这样做的意义。既然我们无法100%地确定需要从用户得到哪些数据，又该如何创建HTML表单呢？

Jill: Joe说得对。HTML表单确实还要求我们先明确应用需要的数据。一切均由数据驱动，所以可能应该先构建数据库和数据库表，然后得HTML表单，最后才是对表单提交做出反应的脚本。

Frank: 我同意。那就开始动手吧！

Joe: 我认为可能还需要对如何集成这个应用提出一些具体的步骤……

请写出MakeMeElvis.com应用从设计到实现过程中你认为可能涉及的具体步骤。

....

....

....

PLAN AHEAD

对于如何集成Elmer的应用我们确实需要有所规划。通过步骤分解，我们可以一次只关注一个问题，而不至于因为要求太多让人无所适从。

1 **为邮件列表创建一个数据库和数据库表。**

这个表将保存Elmer邮件列表中每一个人的姓、名和邮件地址。

elvis_store

2 **创建一个Add Email（增加邮件）Web表单，并创建将新客户增加到列表的PHP脚本。**

我们将在这一步构建一个表单，并建立脚本，从而允许客户轻松地输入他们的姓、名和邮件地址，然后将他们增加到邮件列表。

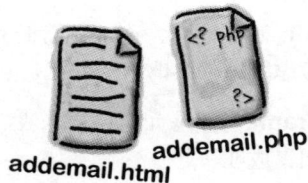

addemail.php

addemail.html

3 **创建一个Send Email（发送邮件）Web表单，并创建向邮件列表发送一个邮件的PHP脚本。**

最后，我们将构建一个Web表单，允许Elmer编写邮件正文，更重要的，这一步还人要构建一个脚本，它将获取邮件，并将这个邮件发送到存储在邮件列表数据库表中的每一个人。

sendemail.php

sendemail.html

一切从数据库表开始

实际上，一切都从数据库开始，基本说来这就是存储数据的一个容器。应该记得上一章中指出，数据库在内部又划分为更多容器，这些容器则称为数据库表（table）。

类似日历中的日期和周，数据库表由数据行和列构成。列包括一种特定类型的数据，如"姓"、"名"和"email"。行则是列集合，一行由各列中的一个元素构成。以下是行的一个例子"Wendy, Werlitz, wwer@starbuzzcoffee.com."

数据库是以一种结构化方式存储数据的容器。

calendar

Sunday	Monday	Tuesday	Wednesday	Thursday	Friday	Saturday
1	2	3	4	5	6	7
8	9	10	11	12	13	14
15	16	17	18	19	20	21
......						

这些数据结构都是数据库表。

这是一列。

email_list

first_name	last_name	email
		......
Jon	Matthews	jonathan@wishiwaselvis.com
Wendy	Werlitz	wwer@starbuzzcoffee.com
Joe Bob	Franklin	2ksdgj@gregs-list.net

这是一行。

总的说来，一个数据库中的所有表彼此之间会有某种关系，尽管这种关联有时可能相当松散。通常一个Web应用包括多个数据库表，而且这些数据库表之间通过其数据相互连接。不过所有数据库表都是由列和行构成。

数据库表以一种行和列的表格方式存储数据。

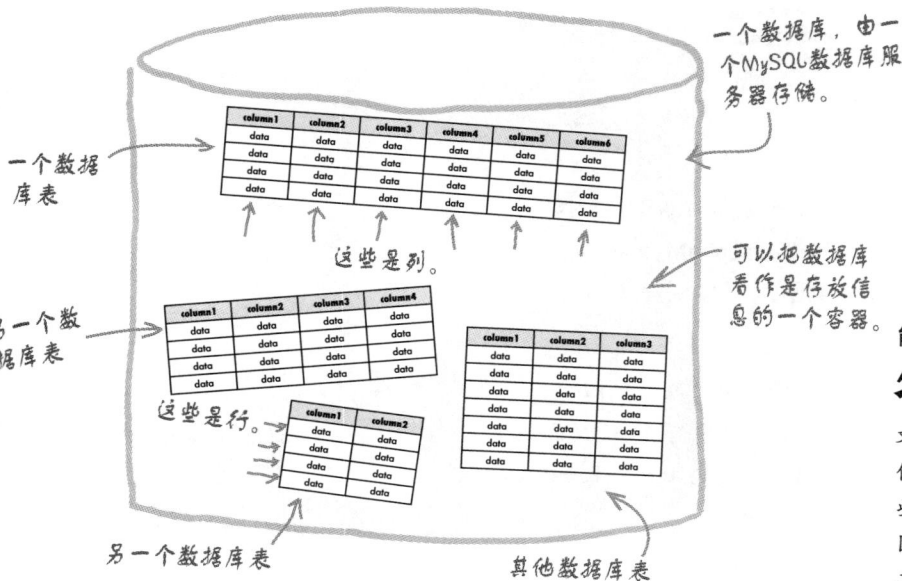

一个数据库，由一个MySQL数据库服务器存储。

一个数据库表

column1	column2	column3	column4	column5	column6
data	data	data	data	data	data
data	data	data	data	data	data
data	data	data	data	data	data

这些是列。

另一个数据库表

column1	column2	column3	column4
data	data	data	data
data	data	data	data
data	data	data	data

这些是行。

column1	column2
data	data
data	data
data	data
data	data

另一个数据库表

column1	column2	column3
data	data	data
data	data	data
data	data	data
data	data	data

其他数据库表

可以把数据库看作是存放信息的一个容器。

there are no
Dumb Questions

问：数据库数据到底存放在哪里？我能看到这些文件吗？

答：数据库数据通常存放在硬盘上的文件中。尽管你当然可以看到这些文件，但从中看不出什么。数据库文件都是一些二进制文件，无法打开和查看。正是因此我们需要SQ，用来查看数据库并与其中存储的数据交互。

联系MySQL服务器

Elmer的应用设计需要一个数据库和一个数据库表。处理数据库的日常工作大多都要与数据库表交互，不过如果没有首先创建存储数据库表的数据库，并不能直接创建数据库表。

CREATE DATABASE命令就是用于创建数据库的SQL命令。一旦创建数据库，接下来则可以使用CREATE TABLE命令创建一个数据库表。不过，在使用上述命令之前，必须先连接MySQL数据库服务器。你在上一章已经做过这个工作，为此需要几个重要信息。

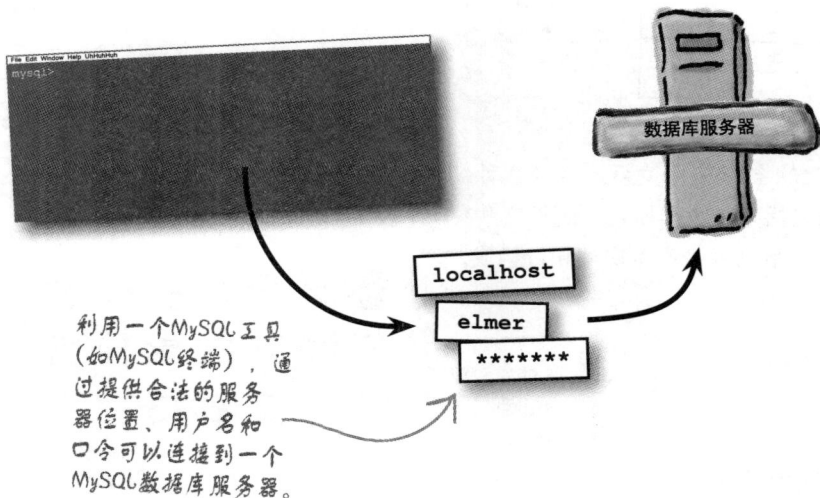

名字是Elmer，E-L-M-E-R……

数据库服务器

```
File Edit Window Help UhHuhHuh
mysql>
```

localhost

elmer

****

利用一个MySQL工具（如MySQL终端），通过提供合法的服务器位置、用户名和口令可以连接到一个MySQL数据库服务器。

类似于利用PHP脚本建立与数据库的连接并完成数据库动作，数据库服务器位置、用户和口令对于使用MySQL终端或phpMyAdmin来说也至关重要。这些工具对于创建初始的数据库和数据库表从而启动数据库应用很有帮助。

由于为Elmer应用创建数据库和数据库表的工作只需一次，所以完全可以使用一个SQL查询手动创建。因此打开你选择的MySQL工具，做好准备，下面进入开发Elmer应用的第一步，为邮件列表创建一个数据库和数据库表。

你目前在完成这一步。

① 为邮件列表创建一个数据库和数据库表。

② 创建一个Add Email Web表单和PHP脚本向列表增加新客户。

③ 创建一个Send Email Web表单和PHP脚本向列表发送一个邮件。

为Elmer的邮件列表创建一个数据库

要为Elmer的邮件列表创建新的数据库和数据库表，首先需要创建elvis_store数据库，其中将存储email_list表。我们使用SQL命令来创建这个数据库和数据库表。用来创建数据库的SQL命令是CREATE DATABASE，这个命令在前一章已经简单地使用过。下面更详细地介绍它是如何工作的。

CREATE DATABASE *database_name*

> 将创建的新数据库的名

CREATE DATABASE 是用来创建一个新数据库的SQL命令。

在命令CREATE DATABASE后面需要指定新数据库的名。以下是为Elmer创建数据库的SQL语句：

CREATE DATABASE elvis_store

在一个MySQL数据库服务器上执行这条语句时，数据库将成功创建。

> 在终端上运行SQL命令时，一定要在最后加一个分号……不过通过PHP mysqli_query()函数执行SQL查询时不必加分号。

```
File Edit Window Help Don'tBeCruel
mysql> CREATE DATABASE elvis_store;
Query OK, 1 row affected (0.01 sec)
```

elvis_store

用CREATE DATABASE命令创建elvis_store数据库会得到一个全新的数据库，但是其中还没有真正存储数据的表……

> 数据库已经创建，但是如果没有表，它无法存储任何数据。

Watch it!

只有当使用终端时才有必要在SQL语句的最后加分号。

在你的PHP代码中，SQL语句无需以分号结尾。不过，MySQL终端有所不同，它要求每个SQL语句的最后都有一个分号。这是因为，终端能够运行多条SQL语句，而在PHP中，一次只能提交一条语句。

在数据库中创建一个表

在创建数据库表之前，必须知道你打算在表中存储何种数据。Elmer希望能够利用邮件列表中人员的名和姓，使得发出的邮件更个性化。这样一来，除邮件地址外再加上这个信息，Elmer的email_list表需要为每个条目（每个人）存储3部分数据。

表中的每部分数据都放在列中，列需要有一个描述数据的列名。下面分别使用first_name、last_name和email作为我们的列名。表中的各行包含分别对应各个列的一些数据，并构成Elmer邮件列表中的一个条目。

email_list表是可以存储在elvis_store数据库中的诸多表之一。

elvis_store

Elmer原来的邮件地址文本文件与数据库表在结构和安全性方面根本无法相比。

Jon Matthews
jonathan@wishiwaselvis.com

Wendy Wurlitz
wwer@starbuzzcoffee.com

Joe Bob Franklin
2ksdg@gregs-list.net

mailinglist.txt

email_list

first_name	last_name	email
......		
Jon	Matthews	jonathan@wishiwaselvis.com
Wendy	Werlitz	wwer@starbuzzcoffee.com
Joe Bob	Franklin	2ksdgj@gregs-list.net

这些是列。这个表中有3个列。

这些是行。每一行包含每个人的名、姓和邮件地址。

表行是水平的，表列是垂直的。

现在我们知道了，客户的名、姓和邮件地址必须创建为email_list表中的列。但问题是，MySQL表是高度结构化的，它希望你不仅仅提供数据列的名。你还必须告诉数据库希望在列中存储何种数据的有关更多信息。

Elmer新email_list表中的数据列。

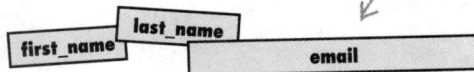

first_name last_name email

需要定义数据

创建一个表时，必须告诉MySQL服务器每一列将存放何种数据类型。数据类型对于所有MySQL列都是必要的，一个表中的每一列都保存一个特定类型的数据。这说明，有些列可能存放文本，有些列可能存放数值，还有一些可能存放时间或日期，诸如此类。MySQL提供了大量数据类型，你必须知道哪一个类型适用于你的特定数据。下面假设Elmer有一个名为products的数据库表，用于跟踪他的商店销售的商品：

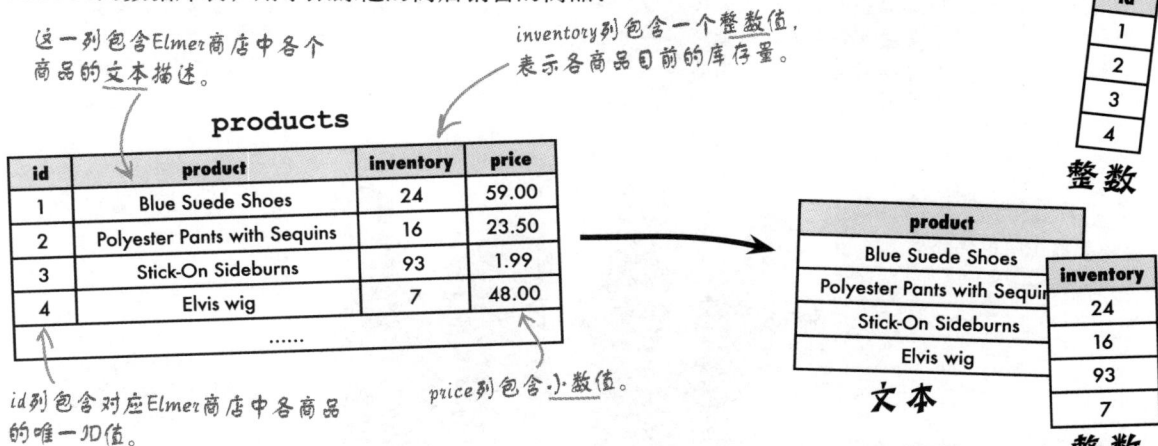

这一列包含Elmer商店中各个商品的**文本**描述。

inventory列包含一个**整数值**，表示各商品目前的库存量。

products

id	product	inventory	price
1	Blue Suede Shoes	24	59.00
2	Polyester Pants with Sequins	16	23.50
3	Stick-On Sideburns	93	1.99
4	Elvis wig	7	48.00
	......		

id列包含对应Elmer商店中各商品的唯一ID值。

price列包含**小数**值。

id
1
2
3
4

整数

product
Blue Suede Shoes
Polyester Pants with Sequin
Stick-On Sideburns
Elvis wig

文本

inventory
24
16
93
7

整数

price
59.00
23.50
1.99
48.00

小数

注意product是products表中唯一的文本列。另外对应price列为小数，对应inventory和id列为整数。MySQL对于上述各个数据类型分别有其自己的类型名，此外对于日期和时间等更多其他类型也提供了相应的类型名。

创建表列时使用合适的数据类型非常重要，这样才能保证你的数据库表准确而高效。例如，文本数据的存储会比整数数据占用更大空间，所以如果一个列只需存储整数，那么它使用整数数据类型就是一个明智的做法。另外，如果Web服务器知道一个列中将存放何种类型的数据，就不会允许你无意中插入类型不正确的数据。所以，如果有一个存放日期的列，倘若试图在该列中插入并非日期的其他类型的数据，你就会收到一个错误。

要创建一个表，需要知道各个表列中存储的**数据类型**。

BRAIN POWER

与所有一切都只用文本存储相比，你认为为什么使用不同的数据类型会更好？

认识一些MySQL数据类型

以下是最有用的一些MySQL数据类型。要记住，你可以使用其中任何类型来
描述一个特定数据列中存储的数据。他们的任务就是准确无误地为你存储数
据。

CHAR 或 CHARACTER。她很严格，希
望数据是定长的。如果你的文本
总是相同的长度，这种类型会非
常高效。

INT 或 INTEGER认为数字应当是整
数，不过并不畏惧负数。他还能
存储短整数，在这种情况下称为
TINYINT。

他名叫BLOB。他喜欢
大块的二进制数据。

DEC，这是DECIMAL的简写。他会
提供你请求的全部小数位数（至
少在在他达到上限之前）。

她是BLOB的好朋友，名
叫TEXT，她非常擅长存储大量
文本，比CHAR或VARCHAR多得
多的文本。

她是DATETIME或者TIMESTAMP，
可以跟踪日期和时间。

DATE可以跟踪日期。不过，
她不关心时间。她还有一个
双胞胎TIME，TIME则不关
心日期。

这是VARCHAR，VARiable CHARacter（可变字符）的
简写，能够存储文本数据。他非常灵活，可以适应
你的数据长度，只存储你需要的数据而不用额外的
空格填充。

这取决于你的MySQL版本，在MySQL 5.0.3之前长
度可以是255个字符，而在5.0.3及以后的版本中
最大可以达到65535个字符。

there are no Dumb Questions

问： 既然VARCHAR能做同样的事情而且更为灵活，为什么还要使用CHAR呢？

答： 答案在于准确性和效率。从设计的角度来看，总是要尽可能严格地设计你的数据库表来建立数据的模型。如果你毫无疑问地知道一个state列总是存放2个字符的州缩写，就完全可以用CHAR(2)只分配两个字符的存储空间。不过，如果一个password列可能包含最多10个字符，那么使用VARCHAR(10)就更为合适。这是从设计角度来考虑。所以CHAR比VARCHAR在效率方面要技高一筹，因为它不必维护可变长度。因此，如果明确地知道一个文本列有确定的长度，则更适合使用CHAR。

问： 为什么需要使用这些数值类型，比如INT和DEC？

答： 这要归结于数据库的存储空间和效率。为表中每一列选择最合适的数据类型可以缩减表的大小，使得数据操作速度更快。将一个数确实存储为数值类型（INT，DEC等）而不是文本字符往往更为高效。

问： 就这些吗？这就是全部类型吗？

答： 当然不是，不过这些是最为常用的类型。现在就会利用这些类型开始建立并运行我们的应用，而不会过于深入面面俱到地介绍那些你可能永远也用不到的数据类型。

WHAT'S MY PURPOSE?

将各个MySQL数据类型与表中可能存储的数据的各个描述配对。

数据类型	描述
INT	你的全名
CHAR(1)	两字母的州缩写
DATE	猫王假发的价格：48.99
TIME	猫王最畅销相册的价格
VARCHAR(2)	外星人劫持的日期：2/19/2004
DEC(4,2)	猫王络腮胡子的库存量：93
VARCHAR(60)	你见过Owen的狗吗？是（Y）或否（N）
CHAR(2)	你的邮件地址
DATETIME	你什么时间用餐
DEC(10,2)	你被劫持时看到多少外星人
	猫王出生时间

WHAT'S MY PURPOSE?

将各个MySQL数据类型与表中可能存储的数据的各个描述配对。

不需要。尽管这个类型可以用来存储州缩写，但CHAR(2)是更好的选择，因为后者往往更为高效。

如果文本值的长度有可能变化，VARCHAR则是一个很好的选择。要让它足够长以便存放可能需要存储的任何值。

数据类型

INT

CHAR(1)

DATE

TIME

~~VARCHAR(2)~~

DEC(4,2)

VARCHAR(60)

CHAR(2)

DATETIME

DEC(10,2)

描述

你的全名

两字母的州缩写

猫王假发的价格：48.99

猫王最畅销相册的价格

外星人劫持的日期：2/19/2004

猫王络腮胡子的库存量：93

你见过Owen的狗吗？是（Y）或否（N）

你的邮件地址

你什么时间用餐

你被劫持时看到多少外星人

猫王出生时间

如果能准确地知道一列中会有多少个字符，应当使用CHAR。

DEC通常用于存储价格以及其他小数值。

这两个数指示了数据库所要求的小数点前后分别有多少位。

这里你可能会选择DATE，不过真正的猫王崇拜者们往往想知道准确的日期和时间。

对于在MySQL中如何表示yes/no值（是/否）可能还有异议，认为与使用CHAR(1)相比还有其他（可能更好的）方法，不过这种方法很直接，而且也相当高效。

利用查询创建数据库表

我们已经得到了创建数据库表所需的所有信息，甚至已经有了一个不错的表名（email_list）。我们还为各个数据列指定了列名：first_name、last_name和email。现在缺少的只是各个列的数据类型，另外还需要一条SQL语句将所有这些信息集成起来创建数据库表。创建表的SQL命令是CREATE TABLE。

首先是CREATE TABLE，后面是你的表名。接下来是一对括号，其中包含由所有列名构成的一个列表，各列之间用逗号分隔，各列名后面跟有一个数据类型。这个命令形式如下：

没错，我们还只是原地不动……不过就快完成并进入下一步了。

① 为邮件列表创建一个数据库和数据库表。

② 创建一个Add Email Web表单和PHP脚本向列表增加新客户。

③ 创建一个Send Email Web表单和PHP脚本向列表发送一个邮件。

CREATE TABLE *table_name*

表名

(

column_name1 column_type1,

列名

column_name2 column_type2,

列的数据类型

......

)

如果需要还可以有更多的列

对数据库表和列命名时不一定非得使用这种形式，即用下划线连接各个不同的单词，不过最好保证有一致的命名。

CREATE TABLE SQL 命令用于在数据库中创建一个新表。

✏️ **Sharpen your pencil**

编写一个SQL查询创建Elmer的email_list表，其中包含所需的3个数据列：first_name、last_name和email。

....

....

....

....

....

....

Sharpen your pencil
Solution

编写一个SQL查询创建Elmer的email_list表，其中包含所需的3个数据列：first_name、last_name和email。

这是创建表的SQL命令，注意这里是大写字母。

表名要小写，另外要用下划线取代空格。

CREATE TABLE email_list

开始括号指示下面是将要创建的列的列表。

(

first_name VARCHAR(20),

逗号分隔将创建的各个列。

last_name VARCHAR(20),

email VARCHAR(60)

)

结束括号指示列列表结束。

存储邮件地址的列的列名。

这会告诉MySQL email列的数据类型为VARCHAR。(60)表示其中包含的文本长度最多为60字符。

运行测试

创建Elmer的数据库和数据库表。

使用一个MySQL工具执行CREATE DATABASE和CREATE TABLE查询来创建elvis_store数据库，并在其中创建email_list表。

CREATE DATABASE elvis_store

CREATE TABLE email_list(first_name VARCHAR(20), last_name VARCHAR(20), email VARCHAR(60))

这两个查询都能毫无障碍地顺利执行吗？如果不能，请写出你认为哪里可能有问题。

等一下，这里有点不对。我按前面
的方式输入代码来创建数据库表……
可能现在我看到一个有些奇怪的错误。

CREATE TABLE语句没有问题，不过
MySQL终端不知道要在哪个数据库
里创建表……这可不太好。

```
File Edit Window Help Oops
mysql> CREATE TABLE email_list
(
  first_name VARCHAR(20),
  last_name VARCHAR(20),
  email VARCHAR(60)
);
ERROR 1046 (3D000): No database selected
```

出于某种原因在MySQL终端中执行CREATE
TABLE语句时失败了。

数据库 表
先有 马车 后有 马

Elmer遇到的问题是有道理的，这是因为执行这个命令时MySQL终端并
不会自动知道你是指哪个数据库。当然，它知道你刚刚创建了elvis_
store数据库，但是在这个服务器上很有可能还存储有大量其他数据库，
它不能假定你所说的就是刚刚创建的这个数据库。

幸运的是，对此有一个简单的解决方案，只需告诉MySQL终端：后面的所
有语句都针对某个数据库……

Elmer很震惊，因为他的
CREATE TABLE语句本身并没
有问题，但MySQL终端却报
告了一个错误。

there are no Dumb Questions

问： 我有时候会在MySQL终端中看到一些莫名其妙的 -> 提示符，这
是怎么回事？

答： -> 提示符是指你在跨行输入一条语句。MySQL实际上在告诉
你，它知道你还在输入同一条语句，尽管你按下了回车把这条语句分为
多行。一旦语句结束并在最后加一个分号，MySQL就会执行这条语句。

使用数据库之前先执行USE命令

要让CREATE TABLE语句正常工作,Elmer需要在MySQL终端中选择数据库,让MySQL终端知道这个新表属于哪个数据库。USE命令会选择一个数据库作为终端中的默认数据库,这说明所有后续的命令都会应用到这个数据库。它的工作如下:

> USE命令选择一个数据库作为后续SQL语句的默认数据库。

USE命令告诉MySQL你希望使用哪个数据库。

USE *database_name*

Elmer应当在USE语句中指定他的数据库名(elvis_store)来选择数据库并访问他的新表。

想要"使用"(USE)的数据库的名。

USE elvis_store

USE命令选择你想要使用的数据库。

elvis_

elvis_lyrics

elvis_fans

elvis_store

一旦选择了要使用的数据库,就会忽略数据库服务器上的其他数据库……除非再次使用USE命令选择另一个数据库。

运行测试

首先利用USE命令选择Elmer的数据库，然后创建数据库表。

在一个MySQL工具中执行USE查询来选择Elmer的`elvis_store`数据库，然后执行CREATE TABLE查询在这个数据库中创建`email_list`表。

```
USE elvis_store
```

```
CREATE TABLE email_list(first_name VARCHAR(20), last_name VARCHAR(20), email VARCHAR(60))
```

如果使用一个图形化SQL工具（如 phpMyAdmin），USE语句则不是必要的，这些工具要求在执行SQL语句之前先采用图形化方式选择数据库。

```
File  Edit  Window  Help  LisaMarie
mysql> USE elvis_store;
Database changed
mysql> CREATE TABLE email_list
(
  first_name VARCHAR(20),
  last_name VARCHAR(20),
  email VARCHAR(60)
);
Your SQL query has been executed successfully (Query took 0.4481 sec)
```

创建表的代码与前面完全一样，只是它在正常工作之前需要先选定数据库。

有了通过USE命令选择的数据库，现在可以毫无问题地创建表了。

> 唉呀！我的CREATE TABLE语句里有一个拼写错误，不过它还是执行了。SQL有没有一个还原选项？

SQL中并没有严格意义上的还原选项，但当然可以修正错误。

不过，首先需要查出究竟犯了什么错误以便修正。假设email_list 表如下：

email_list

first_naem	last_name	email

圈出你认为这个表中有问题的地方。关于如何修正这个问题你有没有什么想法？

DESCRIBE展示表的结构

要修正表中的一个错误，首先需要查出错误所在。尽管你并不期望出现错误，但对工作进行检查绝对没有坏处。SQL DESCRIBE命令会分析一个表的结构，并显示一个列表，其中包括列名、数据类型以及其他信息。

> DESCRIBE `table_name`

加入Elmer的表名就得到了以下SQL语句：

这是我们想要描述的表的名字。

> DESCRIBE `email_list`

```
File Edit Window Help Graceland
mysql> DESCRIBE email_list;
+-------------+-------------+------+-----+---------+-------+
| Field       | Type        | Null | Key | Default | Extra |
+-------------+-------------+------+-----+---------+-------+
| first_naem  | varchar(30) | YES  |     | NULL    |       |
| last_name   | varchar(30) | YES  |     | NULL    |       |
| email       | varchar(60) | YES  |     | NULL    |       |
+-------------+-------------+------+-----+---------+-------+
3 rows in set (0.02 sec)
```

在"Field"下面可以看到各列的列名。

"Type"下可以看到为各列设置的数据类型。

MySQL对于保留字（如数据类型）不区分大小写，正是因为这个原因有时你可能会看到保留字采用小写。

there are no Dumb Questions

问： 另外那几列（Null、Key、Default和Extra）是什么意思？

答： MySQL允许你为表中的各个列设置多个选项。这些选项分别控制着一些方面，比如一个列是否可以为空，或者是否有一个默认值。本书后面将了解到，这些方面对于应用会变得更重要，到时我们还会更详细地讨论。

问： 如果我的表中确实已经存储了一些数据，这些数据会显示出来吗？

答： 不会。DESCRIBE只会显示表结构，而不会显示表中存储的数据。不过不要担心，很快你就会看到表中的数据了……但是首先我们必须了解如何真正把数据放入表中。

问： 使用phpMyAdmin也会看到同样的表结构吗？

答： 没错。诸如phpMyAdmin等图形化数据库工具允许你执行一个DESCRIBE语句或者点击一个表的可视化视图来查看表结构。究竟使用哪一种工具分析你的数据库表完全由你决定。

> 我修正了拼写错误，想再次运行这个
> **CREATE TABLE**查询。但不能成功。我
> 确信没有必要先删除拼写有误的表……
> 不是吗？

first_name列不小心错拼为
first_naem……真糟糕！

```
File Edit Window Help Typo?
mysql> DESCRIBE email_list;
+------------+-------------+------+-----+---------+-------+
| Field      | Type        | Null | Key | Default | Extra |
+------------+-------------+------+-----+---------+-------+
| first_naem | varchar(30) | YES  |     | NULL    |       |
| last_name  | varchar(30) | YES  |     | NULL    |       |
| email      | varchar(60) | YES  |     | NULL    |       |
+------------+-------------+------+-----+---------+-------+
3 rows in set (0.02 sec)
```

实际上，你确实必须首先删除先前拼写有误的表。一旦一个表已经创建，你就不能再使用CREATE TABLE再次创建这个表。

一旦创建了一个表，它就会一直存在，而且不会被一个新的CREATE TABLE查询所覆盖。如果你想从头开始重新创建一个表，则必须先删除原有的表，然后再另起炉灶从头再来。

在SQL中，DROP TABLE命令用于从数据库中删除一个表。它会删除这个表以及其中存储的所有数据。因为新表中还没有任何数据，所以删除这个表并另外创建一个新表（已经修正为正确的first_name）不会有任何损失。

希望从数据库中删除的表的表名。

DROP TABLE email_list

DROP TABLE命令将从数据库中删除一个表以及其中的所有数据。

Elmer已经做好准备存储数据

前面已经成功地使用CREATE DATABASE、USE和CREATE TABLE SQL命令创建了Elmer的邮件列表数据库和表。Elmer 非常满意，不过如果数据库表中已经填入有强烈购买欲望的客户，他会更高兴。这正是PHP要做的工作……

> 还不错。已经创建了数据库和表，我已经做好准备，可以开始存储一些真正的邮件列表数据了。

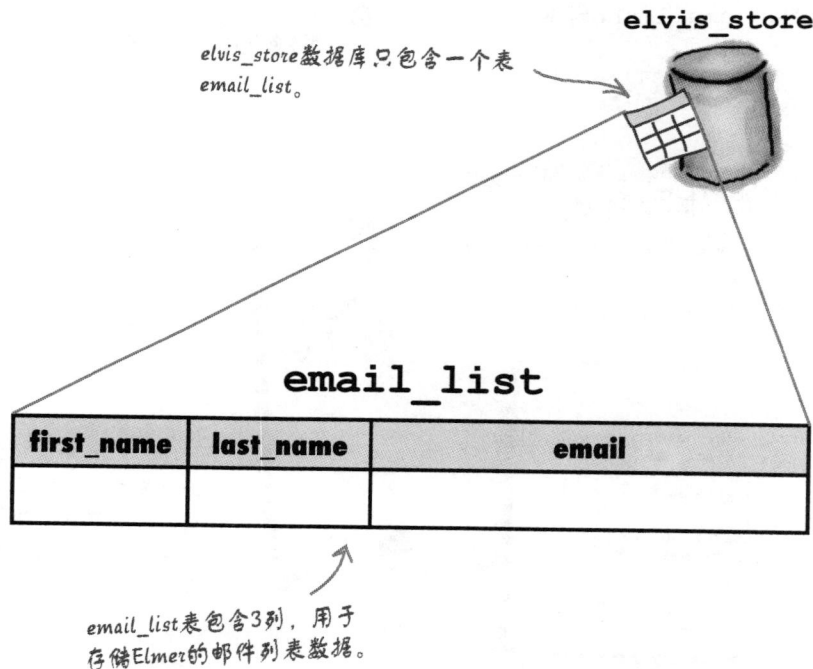

elvis_store

elvis_store数据库只包含一个表 email_list。

email_list

first_name	last_name	email

email_list表包含3列，用于存储Elmer的邮件列表数据。

there are no
Dumb Questions

问： 嘿，我手上有一本《Head First SQL》（顺便说一句，这可是一本好书）。这本书里每次给出一个SQL语句的代码时都在后面加一个分号。为什么这里没有这样做？

答： 很高兴你能喜欢《Head First SQL》。不同之处在于，直接与MySQL交互时，需要有一个分号让它知道语句在哪里结束。这是因为可以直接向MySQL发送多条语句。在PHP中使用mysqli_query()函数时，一次只能执行一条SQL命令，所以不需要分号。不过不要忘记每条PHP语句的最后还是需要有一个分号！

问： 如果我的表中已经有数据，而我删除了这个表，是不是我的所有数据也都被删除了？

答： 是这样的。所以删除表时一定要小心！

问： 这么说来，如果我要修改一个已经存储了数据的表，是不是无法达到目的？

答： 要知道，没有人是十全十美的。每个人都会犯错误，而且SQL提供了ALTER语句来帮助我们修改现有的表。本书后面会更详细地讨论这个命令。

创建Add email脚本

Elmer需要一个HTML表单从客户那里收集客户名和邮件地址。一旦有了这些信息，可以利用一个PHP脚本来获取，并存储在email_list表中。Web表单（addemail.html）需要有3个输入域和一个按钮。表单动作是表单中最重要的代码，因为它的任务就是将表单数据传递到我们将要创建的addemail.php脚本。

你目前在处理这一步。

① 为邮件列表创建一个数据库和数据库表。

② 创建一个Add Email Web表单和PHP脚本向列表增加新客户。

③ 创建一个Send Email Web表单和PHP脚本向列表发送一个邮件。

要通过表单动作将HTML Web表单与处理其数据的PHP脚本(addemail.php)相连接。

Make Me Elvis - Add Email

MakeMeElvis.com

Enter your first name, last name, and email to be added to the **Make Me Elvis** mailing list.

First name:
Last name:
Email:
Submit

```
......
<form method="post" action="addemail.php">
  <label for="firstname">First name:</label>
  <input type="text" id="firstname" name="firstname" /><br />
  <label for="lastname">Last name:</label>
  <input type="text" id="lastname" name="lastname" /><br />
  <label for="email">Email:</label>
  <input type="text" id="email" name="email" /><br />
  <input type="submit" name="submit" value="Submit" />
</form>
</body>
</html>
```

提交表单时会运行addemail.php脚本，它的任务就是处理表单数据并把客户增加到邮件列表中（数据库表）。

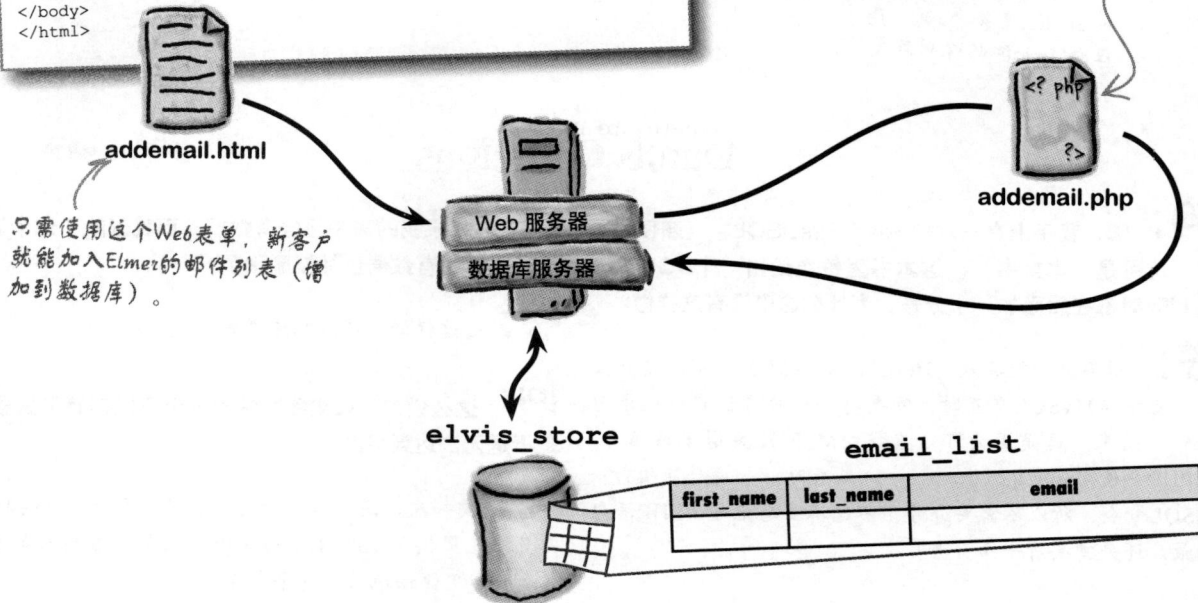

addemail.html

addemail.php

只需使用这个Web表单，新客户就能加入Elmer的邮件列表（增加到数据库）。

Web 服务器

数据库服务器

elvis_store

email_list

first_name	last_name	email

![Exercise 跑鞋图标]

addemail.php脚本处理来自Add email表单的数据。这个脚本应当从表单取得数据，连接到elvis_store数据库，并使用INSERT将数据插入到email_list表中。下面请你帮助Elmer，首先编写一个示例SQL查询插入一个新客户，然后使用这个查询完成PHP脚本代码。

在这里编写一个示例查询在Elmer的数据库表中插入数据。

....

....

```php
<?php
  $dbc = ...................................................................

  ....................................................................

  $first_name = $_POST['firstname'];

  ....................................................................

  ....................................................................

  $query = ..............................................................

  ....................................................................

  mysqli_query( ....................... )

  ....................................................................

  echo 'Customer added.';

  ....................................................................

?>
```

addemail.php

addemail.php脚本处理来自Add　email表单的数据。这个脚本应当从表单取得数据，连接到elvis_store数据库，并使用INSERT将数据插入到email_list表中。下面请你帮助Elmer，首先编写一个示例SQL查询插入一个新客户，然后使用这个查询完成PHP脚本代码。

INSERT INTO email_list (first_name, last_name, email)

VALUES ('Julian', 'Oates', 'julian@breakneckpizza.com')

将示例INSERT查询重写为一个PHP字符串，从而根据表单数据完成插入。

这里是$_POST数组值，其中包含所提交的信息。

```php
<?php
    $dbc = mysqli_connect('data.makemeelvis.com', 'elmer', 'theking', 'elvis_store')
      or die('Error connecting to MySQL server.');

$first_name = $_POST['firstname'];
    $last_name = $_POST['lastname'];
    $email = $_POST['email'];

    $query = "INSERT INTO email_list (first_name, last_name, email) "
      "VALUES ('$first_name', '$last_name', '$email')";

mysqli_query( $dbc, $query    )
      or die('Error querying database.');

echo 'Customer added.';

    mysqli_close($dbc);

?>
```

如果希望在这里更有意思一些，可以用HTML <a>标记设置一个返回表单的链接。

addemail.php

运行测试

测试Add email表单。

从Head First Labs网站（**www.headfirstlabs.com/books/hfphp**）下
载Add email页面的代码。这个代码在chapter03文件夹下，包含Elmer的Web
表单（**addemail.html**）、一个样式表（**style.css**），以及两个图像
（**elvislogo.gif**和**blankface.jpg**）。

现在创建一个新文本文件，名为**addemail.php**，输入上一页的所有代码。这
就是将处理Elmer的Web表单并向email_list表增加新客户的脚本。

将所有这些文件上传到你的Web服务器，并在Web浏览器中打开**addemail.
html**页面。在表单中输入一个新客户，然后点击Submit。

> 不要忘记根据你的
> 具体情况修改数据
> 库连接变量。

> addemail.php脚本会
> 确认新客户确实插入
> 到邮件列表中。

可以在一个MySQL工具中执行SELECT查询来检查这个客户是否确实增加到
数据库中。

there are no
Dumb Questions

问： SQL SELECT命令中的"星"（*）与键盘上的"星号"（*）是同一个东西吗？

答： 没错，这就是键盘上的那个星号字符，与8在同一个键上。按下8的同时按下SHIFT就能键入这个星号（*）。不过，尽管这与星号是同一个字符，但是SQL术语中总是称之为"星"。这很好，因为相对于"从……选择星号"，"从……选择星"的说法更为自然。

问： SQL中有没有其他像"星"这样有特殊含义的字符？

答： 尽管SQL确实有另外一些特殊的或保留的字符，但目前你只需要知道这个"星"字符。更重要的是，对于我们当前的目标来说，这也是SQL语句SELECT部分中唯一用到的特殊字符。

Sharpen your pencil

既然Elmer的邮件列表已经开始填入数据，下面帮助他编写一些SQL查询以便查找指定的客户数据。

选择名为Martin的客户的所有数据：

....

只选择名为Bubba的客户的姓：

....

选择邮件地址为ls@objectville.net的客户的名和姓：

....

选择名为Amber而且姓为McCarthy的客户的所有列：

....

```
File Edit Window Help Elvisrules
+-------------+-------------+-------------------------------+
| first_name  | last_name   | email                         |
+-------------+-------------+-------------------------------+
| Julian      | Oates       | julian@breakneckpizza.com     |
| Kevin       | Jones       | jones@simuduck.com            |
| Amanda      | Sanchez     | sunshine@breakneckpizza.com   |
| Bo          | Wallace     | bo@b0tt0msup.com              |
| Amber       | McCarthy    | amber@breakneckpizza.com      |
| Cormac      | Hurst       | churst@boards-r-us.com        |
| Joyce       | Harper      | joyceharper@breakneckpizza.com|
| Stephen     | Meyer       | meyers@leapinlimos.com        |
| Martin      | Wilson      | martybaby@objectville.net     |
| Walt        | Perala      | walt@mightygumball.net        |
|             | Munyon      | craftsman@breakneckpizza.com  |
|             | ano         | joe_m@starbuzzcoffee.com      |
|             |             | bruce@chocoholic-inc.com      |
|             |             | pr@honey-doit.com             |
|             | on          | bertieh@objectville.net       |
|             | n           | gregeck@breakneckpizza.com    |
|             |             | wilmawu@starbuzzcoffee.com    |
|             |             | samjaffe@starbuzzcoffee.com   |
|             | affe        | ls@objectville.net            |
| Louis       | Shaffer     | bshakes@mightygumball.net     |
| Bubba       | Shakespeare | johndoe@tikibeanlounge.com    |
| John        | Doe         |                               |
```

真不错。现在用户可以通
过一个网页加入我的邮件列表。
这个列表完全自行构建。

这并不是最后的表数
据……Elmer的邮件列
表还在飞速增长！

不过这个邮件列表还不能做到自行发送。

Elmer还缺少这个Web应用的另一半，有了这一部分，他才能输入邮件正文并发送到邮件列表中的每一个人。为此，他需要一个新的HTML表单和一个PHP脚本来完成具体工作……

① 为邮件列表创建一个数据库和数据库表。

② 创建一个Add email Web表单和PHP脚本向列表增加新客户。

第2步已完成！

③ 创建一个Send email Web表单和PHP脚本向列表发送一个邮件。

Sharpen your pencil
Solution

既然Elmer的邮件列表已经开始填入数据，下面帮助他编写一些SQL查询以便查找指定的客户数据。

选择名为Martin的客户的所有数据：

SELECT * FROM *email_list* WHERE *first_name* = 'Martin'

*表示选择表中的所有列。

这个WHERE子句将查询结果缩减为只包含名为Martin的客户。

只选择名为Bubba的客户的姓：

SELECT *last_name* FROM *email_list* WHERE *first_name* = 'Bubba'

查询结果中只返回last_name列。

选择邮件地址为ls@objectville.net的客户的名和姓：

SELECT *first_name*, *last_name* FROM *email_list* WHERE *email* = 'ls@objectville.net'

通过用逗号分隔各个列名，可以为结果数据指定多个列。

选择名为Amber而且姓为McCarthy的客户的所有列：

SELECT * FROM *email_list* WHERE *first_name* = 'Amber' AND *last_name* = 'McCarthy'

WHERE子句可以依赖于多个信息，在这里要求同时满足名和姓的匹配。

Elmer应用的另一半

要向Elmer邮件列表中的人员发送邮件，在某些方面这与增加人员很类
似，因为这也需要一个HTML Web表单和一个PHP脚本。最大的差别在
于，向邮件列表发送一个邮件需要处理email_list表的全部内容，而
addemail.php只处理一个数据行。

Send email Web表单允许
Elmer输入一个邮件的主题
和正文，然后发送到整个邮
件列表。

① 为邮件列表创建一个数据库和数据库
表。

② 创建一个Add Email web表单和PHP脚
本向列表增加新客户。

③ 创建一个Send Email web表单和PHP脚
本向列表发送一个邮件。

哈，终于到了
最后一步。

MakeMeElvis.com

Private: For Elmer's use ONLY
Write and send an email to mailing list members.
Subject of email:

Body of email:

Submit

```
......
<form method="post" action="sendemail.php">
  <label for="subject">Subject of email:</label><br />
  <input type="text" id="subject" name="subject" size="60" /><br />
  <label for="elvismail">Body of email:</label><br />
  <textarea id="elvismail" name="elvismail" rows="8" cols="60"></textarea><br />
  <input type="submit" name="submit" value="Submit" />
</form>
</body>
</html>
```

动作触发
…email.php脚本。

sendemail.html

sendemail.php脚本从数
据库表读取客户，并把
Elmer的邮件发送给各个
客户。

<? php ?>

sendemail.php

Web 服务器

数据库服务器

elvis_store

email_list

first_name	last_name	email
Julian	Oates	julian@breackneckpizza.com
Kevin	Jones	jones@simuduck.com
Amanda	Sanchez	sunshine@breakneckpizza.com
......		

Send email脚本剖析

sendemail.php脚本必须结合两个不同来源的数据生成并发送邮件。一方面，脚本需要从elvis_store数据库的email_list表中抽取邮件接收者的名字和邮件地址。另外还必须获得Elmer在Send email Web表单（sendemail.html）中输入的主题和邮件正文。下面逐一分析有关的各个步骤。

① **使用$_POST 数组从表单获得邮件主题和正文。**

这里没有什么新内容。点击sendemail.html表单中的Submit会把表单数据发送给sendemail.php，可以借助$_POST数组获取这些数据并存放在变量中。

② **对email_list表运行一个SELECT查询。**

PHP mysqli_query()函数运行一个SELECT查询来得到邮件列表的数据。由于我们希望得到表中的所有数据，所以可以使用SELECT *。

③ **从查询结果获取邮件数据。**

只是运行一个查询并不能访问数据。还需要获取查询结果中的各个数据行，分别得到各个客户的名、姓和邮件地址。

④ **调用mail()函数向各个客户发送一个邮件。**

要发送邮件，需要循环处理邮件列表中的每一个客户，这对应于查询结果中的每一个数据行。这里创建的循环从第一个数据行开始，然后移至下一行，接下来循环处理SELECT查询得到的其余数据行。达到数据末尾时则结束。

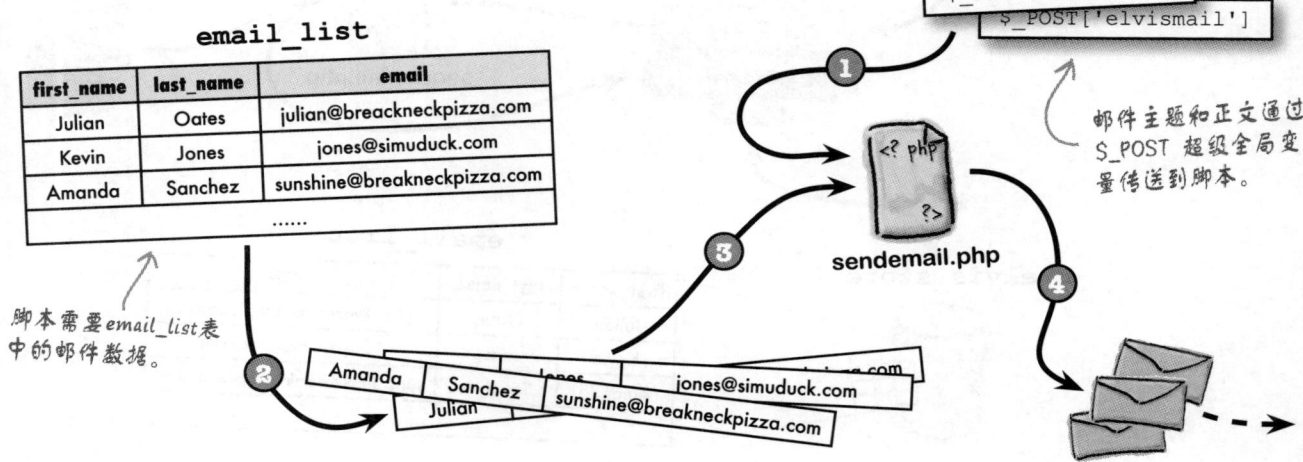

`$_POST['subject']`

`$_POST['elvismail']`

邮件主题和正文通过$_POST 超级全局变量传送到脚本。

email_list

first_name	last_name	email
Julian	Oates	julian@breackneckpizza.com
Kevin	Jones	jones@simuduck.com
Amanda	Sanchez	sunshine@breakneckpizza.com
		......

脚本需要email_list表中的邮件数据。

Amanda Sanchez Jones jones@simuduck.com

Julian sunshine@breakneckpizza.com

sendemail.php

首先要获取数据

我们已经很清楚PHP中如何从表单获取数据，所以第一步并没有新的内容，只是使用$_POST超级全局变量将邮件主题和正文另行存储在变量中。既然提到这一点，下面更进一步将Elmer的邮件地址也存储在一个变量中，因为后面发送邮件时还会需要它。

Elmer的邮件地址存储在一个变量中，这样万一需要改变，我们可以准确地知道它在哪里。

```
$from = 'elmer@makemeelvis.com';
$subject = $_POST['subject'];
$text = $_POST['elvismail'];
```

邮件表单数据也存储在变量中。

sendemail.php脚本需要的其他数据都来自Elmer的MySQL数据库。要从email_list表将客户数据抽取到脚本，这需要执行一个SELECT查询。我们前面曾使用MySQL终端来执行SELECT查看表数据，与此不同，这一次我们将在sendemail.php脚本中做这个工作，并使用mysqli_query()执行查询。

$query变量存放文本串形式的SQL查询。

这就是我们的查询，它从email_list表选择所有列。

```
$query = "SELECT * FROM email_list";
$result = mysqli_query($dbc, $query);
```

mysqli_query使用一个连接变量($dbc)和一个查询串($query)来执行查询。

数据库连接是提交查询的必要条件，连接的详细信息存储在$dbc变量中。

> 这么说来，我们要做的只是检查$result变量中的查询结果，对吗？

并非如此，$result变量实际上不包含任何查询数据。

如果试图直接输出显示$result变量，会看到下面的结果：

```
Resource id #3
```

$result变量存储了一个MySQL资源的ID号，而不是查询所返回的具体数据。实际做法是，MySQL服务器会临时保存查询的结果，并为之提供一个资源号来标识。然后你可以在使用PHP mysqli_fetch_array()函数时利用这个资源ID获取数据，即一次获取一个数据行。

mysqli_fetch_array()获取查询结果

一旦查询成功执行，就可以利用$result变量获取结果。要结合mysqli_fetch_array()函数使用这个变量来得到表中的数据，一次获取一行。每个数据行作为一个数组返回，可以把它存储在一个新变量$row中。

这个函数从查询结果获取一个数据行，并将其存储在一个数组中。

```
$row = mysqli_fetch_array($result);
```

变量$row是一个数组，最初存储结果中的第一行数据。

每个SQL查询有自己的资源ID号，用于访问与查询结果关联的数据。

每次web服务器执行这个代码时，就会将查询结果中的一个数据行存储到$row数组中。这里反复调用mysqli_fetch_array()函数，逐个处理查询结果中的各行。所以前3个mysqli_fetch_array()函数调用会从表中获取前3行数据，将行中的各列存储为$row数组中的一个元素。

mysqli_fetch_array()函数将一个数据行存储在一个数组中。

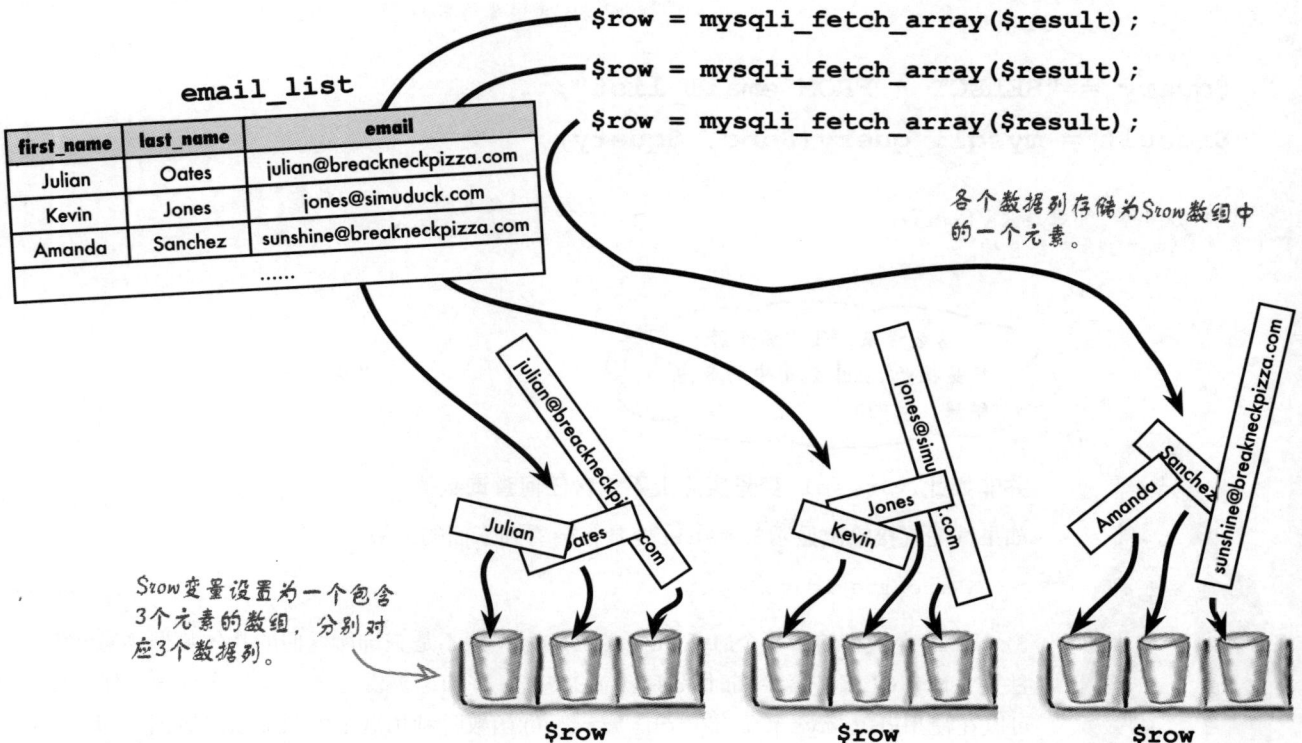

```
$row = mysqli_fetch_array($result);
$row = mysqli_fetch_array($result);
$row = mysqli_fetch_array($result);
```

email_list

first_name	last_name	email
Julian	Oates	julian@breackneckpizza.com
Kevin	Jones	jones@simuduck.com
Amanda	Sanchez	sunshine@breakneckpizza.com
……		

各个数据列存储为$row数组中的一个元素。

julian@breackneckpi....com
Julian oates

jones@simu....com
Kevin Jones

Amanda Sanchez sunshine@breakneckpizza.com

$row变量设置为一个包含3个元素的数组，分别对应3个数据列。

$row $row $row

Sharpen your pencil

作为一个测试来确保我们确实可以一次得到一行客户数据，完成下面的PHP代码，输出显示email_list表中各个客户的名、姓和邮件地址。

```
$query = "SELECT * FROM email_list";

$result = mysqli_query($dbc, $query);

$row = mysqli_fetch_array($result);
```

....

....

....

....

....

....

....

....

....

....

....

....

....

....

....

Sharpen your pencil
Solution

作为一个测试来确保我们确实可以一次得到一行客户数据，完成下面的PHP代码，输出显示email_list表中各个客户的名、姓和邮件地址。

```
$query = "SELECT * FROM email_list";

$result = mysqli_query($dbc, $query);

$row = mysqli_fetch_array($result);
```

echo $row['first_name'] . ' ' . $row['last_name'] . ' : ' . $row['email'] . '<br />';

$row = mysqli_fetch_array($result);

echo $row['first_name'] . ' ' . $row['last_name'] . ' : ' . $row['email'] . '<br />';

$row = mysqli_fetch_array($result);

echo $row['first_name'] . ' ' . $row['last_name'] . ' : ' . $row['email'] . '<br />';

$row = mysqli_fetch_array($result);

echo $row['first_name'] . ' ' . $row['last_name'] . ' : ' . $row['email'] . '<br />';

$row = mysqli_fetch_array($result);

echo $row['first_name'] . ' ' . $row['last_name'] . ' : ' . $row['email'] . '<br />';

$row = mysqli_fetch_array($result);

echo $row['first_name'] . ' ' . $row['last_name'] . ' : ' . $row['email'] . '<br />';

$row = mysqli_fetch_array($result);

echo $row['first_name'] . ' ' . $row['last_name'] . ' : ' . $row['email'] . '<br />';

$row = mysqli_fetch_array($result);

echo $row['first_name'] . ' ' . $row['last_name'] . ' : ' . $row['email'] . '<br />';

> 你在开玩笑吧。反复写同样的这两行代码？这是我所见过最傻的事情了。肯定还有更好的办法。

确实还有更好的办法，我们需要一个循环。

循环是PHP语言中的一种机制，即重复执行一个代码块直到满足某个条件，如数据已经处理完。所以利用循环（loop）可以循环检查一个查询结果中的各行数据，在这个过程中对各个数据行完成我们所希望的处理。

WHILE循环

while循环特别适合于当满足某个特定条件时重复执行代码。例如，一个客户服务应用中可能有一个名为$got_customers的变量，这个变量用于跟踪是否有客户在等待帮助。如果$got_customers设置为true，可以知道还有更多客户，所以可能要调用next_customer()函数来得到下一个客户，并提供帮助。以下是使用while循环处理这种情况的代码：

while循环当满足某个条件时重复执行代码。

只要还有客户就继续循环。

```
while ($got_customers) {

    next_customer();

    ......

}
```

这是循环每次迭代时执行的代码。

把循环代码放在大括号里，这样就能根据需要执行多行代码。

while循环允许我们循环处理客户，直到再没有更多的客户！

查看是否还有更多客户时，就是在测试一个条件。条件就是括号里的代码，它总是提出一个问题，会得到一个是/否（yes/no）的答案。如果为"是"或true，则完成动作。如果为"否"或false，就退出循环。

调用next_customer()并提供帮助时，就是在完成一个动作。动作是放在大括号里的代码，只要条件保持为true就会反复执行。如果条件变为false，循环退出，并不再重复执行动作。以下是while循环的一般形式：

测试条件总是得到true或false……表示继续循环(true)或停止循环(false)。

```
while (test_condition) {

    action

}
```

每次循环迭代时都会完成循环动作。

BRAIN POWER

你认为如何使用while循环来循环处理Elmer的email_list表中的客户？

用while循环处理数据

通过对Elmer的邮件数据应用while循环，就可以一次访问一个数据行而无需重复编写代码。我们知道mysqli_fetch_array()可以得到表中的一行，并把列值放在$row数组中，但是这个函数本身并不会检查全部数据，它存储完第一行后就会停止。while循环可以调用mysqli_fetch_array()检查结果数据的各行，一次处理一行，直到达到结果数据的末尾。

while循环的条件是mysqli_fetch_array()函数的返回值，如果可以得到数据则解释为true，否则（如果已经处理完全部数据）就是false。

```php
while($row = mysqli_fetch_array($result)) {
    echo $row['first_name'] . ' ' . $row['last_name'] .
    ' : ' . $row['email'] . '<br />';
}
```

每次循环迭代时都会运行循环动作。

循环动作包含一个echo语句，它在行数据的末尾追加一个换行符。

第一次循环迭代时，$row数组包含email_list表的第一行。

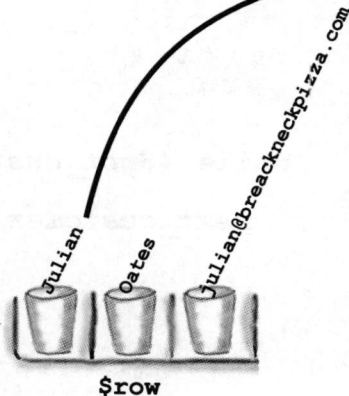

第1次循环！

email_list

first_name	last_name	email
Julian	Oates	julian@breackneckpizza.com
Kevin	Jones	jones@simuduck.com
Amanda	Sanchez	sunshine@breakneckpizza.com
......		

第2次循环！

更多循环……

第2次循环迭代时，$row数组包含email_list表的第2行……能不能发现这里的规律？

HTML换行符使得各行
数据在结果页面上分
别换行显示。

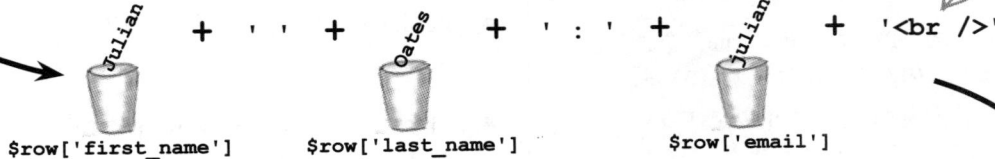

while循环中的echo语句获取$row
数组中的数据，并输出格式化
的HTML内容。

Julian + ' ' + Oates + ' : ' + Julian@breakneckpizza.com + '<br />'

$row['first_name']　　　　$row['last_name']　　　　$row['email']

用于访问数组元素的键
必须与列名一致。

**while循环逐
行检查表数
据。检查完
所有数据行
时终止。**

```
Julian Oates : julian@breakneckpizza.com
Kevin Jones : jones@simuduck.com
Amanda Sanchez : sunshine@breakneckpizza.com
Bo Wallace : bo@b0tt0msup.com
Amber McCarthy : amber@breakneckpizza.com
Cormac Hurst : churst@boards-r-us.com
Joyce Harper : joyceharper@breakneckpizza.com
Stephen Meyer : meyers@leapinlimos.com
Martin Wilson : martybaby@objectville.net
Walt Perala : walt@mightygumball.net
Shannon Munyon : craftsman@breakneckpizza.com
Joe Milano : joe_m@starbuzzcoffee.com
```

第二次循环迭代时，echo语句输出
另一串文本，不过，这一次会使
用表中第二行中的数据。

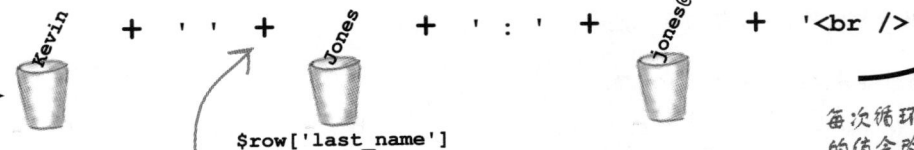

Kevin + ' ' + Jones + ' : ' + Jones@simuduck.com + '<br />'

$row['last_name']

每次循环迭代时，$row数组中存储
的值会改变以反映当前数据行。列
名用于访问数组中的值。

并非真的使用加号来完成字符串相加，我们使用的
是点号操作符。

there are no Dumb Questions

问： while循环到底怎么知道要继续循环？我的意思是，while循环由一个true/false条件控制，而mysqli_fetch_array()返回的是一种资源ID，存储在$row中……这看上去绝对不像一个true/false测试条件呀！

答： 观察得很仔细。可以看到，PHP在解释"true"条件时相当随意。简单地讲，作为测试条件，任何非零（0）或false的值都认为是true。所以当mysqli_fetch_array()函数返回一个数据行时，$row数组就被解释为true，因为它未设置为0或false。另外由于测试条件为true，循环会继续下去。有意思的是，再没有可用数据时，mysqli_fetch_array()会返回false，这就会终止循环。

问： 也就是说，我可以用任何类型的数据来控制while循环，而不只是true/false值，是吗？

答： 说得很对。不过要记住最终while循环还是会将数据解释为true或false。所以重要的是，要了解解释其他类型的数据时，哪些将解释为true而哪些为false。简单回答就是：所有非0或false的数据都会解释为true。

问： 如果mysqli_fetch_array()函数没有返回任何数据，while循环会怎么样呢？

答： 如果查询没有得到任何数据，mysqli_fetch_array()函数就会返回false。这将导致while循环无法再执行动作代码，再多一次都不会。

问： 这么说，有可能建立一个从来不循环的循环，是吗？

答： 确实如此。而且也有可能建立一个永不停止的循环。请考虑下面这个while循环：

```
while (true) {
```

很明显这是一个无限循环，因为测试条件不会导致循环退出。无限循环非常糟糕。

BULLET POINTS

- 数据库是以一种高度结构化的方式存储数据的容器。
- 数据库表在数据库中采用行列的表格形式存储数据。
- CREATE DATABASE SQL 命令用于创建一个新的数据库。
- CREATE TABLE SQL 命令在数据库中创建一个表，要求提供表中数据列的详细信息。
- 可以用DROP TABLE SQL命令从数据库删除一个表。
- mysqli_fetch_array()函数从数据库查询的结果中获取一个数据行。
- while循环会在满足一个测试条件时重复执行一个PHP代码块。

1 为邮件列表创建一个数据库和数据库表。

2 创建一个Add Email Web表单和PHP脚本向列表增加新客户。

3 创建一个Send Email Web表单和PHP脚本向列表发送一个邮件。

不要忘了，还有最后一步没有完成。

PHP & MySQL磁贴

使用以下磁贴完成Send email脚本的代码，使得Elmer可以开始向他的客户列表发送邮件。先复习一下mail()函数的用法：

$$mail(to, \ subject, \ msg, \ 'From:' \ . \ from);$$

```php
<?php
  $from = 'elmer@makemeelvis.com';

  $subject = ...........................................................;
              .......................................................
                                                           ;
  $text = ...........................................................

  $dbc = mysqli_connect('data.makemeelvis.com', 'elmer', 'theking', 'elvis_store')
    or die('Error connecting to MySQL server.');

  $query = "SELECT * FROM email_list";
  $result = mysqli_query($dbc, $query)
    or die('Error querying database.');

  while($row = mysqli_fetch_array($result)) {
    $first_name = $row['first_name'];
    $last_name = $row['last_name'];

    $msg = "Dear $first_name $last_name,\n ...................";

    $to = ...........................................................;

    mail( ................ , ..................... , ................... , 'From:' . ................ );

    echo 'Email sent to: ' . ................ . '<br />';

  }

  mysqli_close($dbc);
?>
```

sendemail.php

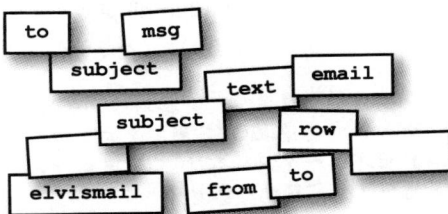

to		msg
subject		
	text	email
subject		row
elvismail	from	to

$ $
$ $ $
$ $
$ $
$

' '
' '

[[
] [
]]

PHP & MySQL磁贴

使用以下磁贴完成Send email脚本的代码，使得Elmer可以开始向他的客户列表发送邮件。先复习一下mail()函数的用法：

$$\text{mail}(to, \ subject, \ msg, \ 'From:' \ . \ from);$$

一定要把这个地址改为你自己的邮件地址。

Subject表单域命名为"subject"，访问$_POST数组中相应元素也使用这个名。

```php
<?php
  $from = 'elmer@makemeelvis.com';

  $subject = $ _POST [ ' subject ' ] ;

  $text = $ _POST [ ' elvismail ' ] ;


  $dbc = mysqli_connect('data.makemeelvis.com', 'elmer', 'theking', 'elvis_store')
    or die('Error connecting to MySQL server.');

  $query = "SELECT * FROM email_list";
  $result = mysqli_query($dbc, $query)
    or die('Error querying database.');

  while($row = mysqli_fetch_array($result)) {
    $first_name = $row['first_name'];
    $last_name = $row['last_name'];

    $msg = "Dear $first_name $last_name,\n $ text ";

    $to = $ row [ ' email ' ] ;

    mail( $ to , $ subject , $ msg , 'From:' . $ from );
    echo 'Email sent to: ' . $ to . '<br />';

  }

  mysqli_close($dbc);
?>
```

邮件正文输入到名为"elvismail"的表单域。

邮件主体由客户的名和表单域邮件正文构成。

邮件接收者、邮件主题和邮件主体连同Elmer的"from"地址一同传递到mail()函数。

sendemail.php

数据库中"email"列包含客户的邮件地址，即消息将发送到的地址。

在页面上回显输出一个确认消息，其中包含接收邮件的各个客户的邮件地址。

从安全的角度考虑，直接将用户输入的数据传送给mail()函数而不首先进行检查不是一个好的想法。第6章将介绍克服这个问题的一些技术。

运行测试

使用Send email表单向邮件列表发送邮件。

从Head First Labs网站（**www.headfirstlabs.com/books/hfphp**）下载 Send Email页面的代码。代码放在**chapter03**文件夹下。与前面见过的Add Email页面类似，这个代码包括一个Web表单（**sendemail.html**）、一个样式表（**style.css**）以及两个图像（**elvislogo.gif**和**blankface.jpg**）。

> 要记住你的邮件地址必须在邮件列表中才能保证你收到邮件。

创建一个新的文本文件**sendemail.php**，输入上一页的所有代码。将所有这些文件上传到你的Web服务器，并在一个Web浏览器中打开sendemail.html页面。在表单中输入邮件正文，然后点击Submit。

你确实收到了邮件……来自Elmer!

最后，通过使用这个新的Send email Web表单和PHP脚本，Elmer可以把他的MakeMeElvis.com促销邮件发送给邮件列表中的每一个人。他还可以使用脚本的输出来确认各个邮件确实已经成功发送。每次执行脚本while循环中的代码时，他都会看到一条形如"Email sent to someone@somewhere.com"的消息，其中的邮件地址是其数据库中某个人的邮件地址。最终的结果是，会有更多的人了解到他的商品，相应地，会有更多看上去像猫王的人（真不知道这一点是好还是坏）！

> Send email脚本确实会向数据库中存储的地址发送邮件，所以尝试时要当心！

> 我的蓝色小山羊皮皮鞋已经销售一空……我发财了！

Make Me Elvis - Send Email

Write and send an email to mailing list members.

Subject of email:
Big Sale!

Body of email:
Big sale this week at MakeMeElvis.com! Genuine horse hair sideburns 20% off!
And don't forget the "buy one, get one free" leisure suits — only three days left!

Submit

Make Me Elvis - Send Email

Email sent to: julian@breakneckpizza.com
Email sent to: jones@simuduck.com
Email sent to: sunshine@breakneckpizza.com
Email sent to: bo@b0tt0msup.com
Email sent to: amber@breakneckpizza.com
Email sent to: churst@boards-r-us.com
Email sent to: joyceharper@breakneckpizza.com
Email sent to: meyers@leapinlimos.com
Email sent to: martybaby@objectville.net
Email sent to: walt@mightygumball.net
Email sent to: craftsman@breakneckpizza.com
Email sent to: joe_m@starbuzzcoffee.com
Email sent to: bruce@chocoholic-inc.com
Email sent to: pr@honey-doit.com
Email sent to: bertieh@objectville.net
Email sent to: gregeck@breakneckpizza.com
Email sent to: wilmawu@starbuzzcoffee.com
Email sent to: samjaffe@starbuzzcoffee.com
Email sent to: ls@objectville.net
Email sent to: bshakes@mightygumball.net

有时人们想退出

与所有蓬勃发展的新企业一样，前进道路并不总是一帆风顺的。看起来有些猫王迷们已经改弦易辙，想要退出Elmer的邮件列表。Elmer希望满足他们的要求，但这意味着他要从数据库中删除这些客户。

亲爱的Elmer，

我不想再收到Elvis Store的更多促销邮件了。尽管我还是一个猫王迷，但已经不想再模仿了，请把我从你的列表中去掉。我的邮件地址是cbriggs@boards-r-us.com。

非常感谢，

一个从前酷爱模仿的人

亲爱的老板，

虽然我还是很喜欢猫王活力四射的动作，但现在已经不再那么为之着迷了。我现在更喜欢Liberace恰到好处的演技和出神入化的钢琴技艺。下面是我的邮件地址（请从列表中将我去除）lindy@tikibeanlounge.com。

衷心感谢，

Liberace Lindy

亲爱的先生，

因为你卖给我的马鬃络腮胡子（尽管是真货）已经让我有好几次过敏反应，所以我认为也许装扮成猫王并不适合我。我确实想要个好的斗篷，不过络腮胡子实在是让我受够了。请将我从你的邮件列表中去掉。

衷心感谢，

Brian Powers

bp@honey-doit.com

> 我想并不是所有人都那么坚决地想要模仿猫王。我得把这些人从我的列表中删除，重点关注那些真正的猫王迷。

对于客户的流失，Elmer并不太高兴，不过他还是尊重这些客户的请求，决定将他们从邮件列表去除。

这是MySQL世界中毫无悬念的事实，有时需要从数据库删除数据。Elmer需要扩展他的应用，从而能够从email_list表删除用户。

如果Elmer需要实现Remove Email功能，你认为需要哪些新的应用组件，请写出这些组件：

....

....

用 DELETE 删除数据

要从数据库删除数据，需要一个新的SQL命令：DELETE。我们将在一个新的Remove email脚本中使用DELETE，它从Elmer的邮件列表删除客户的数据。实际上，为此我们需要一个新的脚本和一个新的Web表单…… 不过首先需要了解DELETE。

DELETE SQL命令会从一个数据库表删除数据行。正因如此，使用时要特别当心，因为它完全能够在眨眼之间将填满数据的一个表完全清空。了解到这一点后，下面给出DELETE最危险的形式，这会从一个表删除所有行。

DELETE FROM *table_name*

这是要删除其中数据行的表名。

如果没有其他限定符，DELETE命令会完全清空一个表的所有数据。

① 为邮件列表创建一个数据库和数据库表。

② ~~创建一个Add email Web表单和PHP脚本向列表增加新客户。~~

③ ~~创建一个Send email Web表单和PHP脚本向列表发送一个邮件。~~

④ 创建一个Remove email Web表单和PHP脚本从列表中删除一个客户。

看上去还需要一个新步骤……有时设计方案会有变化！

> 这么说，如果不是全部删除，我们就无法从表中删除任何数据，是这样吗？

不对，根本不是这样。DELETE可以用来精确地指定一个或一些特定的行进行删除。

要用DELETE准确地指定想要删除的行，需要增加一个WHERE子句。如果还记得SELECT命令中使用的WHERE子句，应该知道利用WHERE可以抽取出一个查询中的特定行。

Sharpen your pencil

假设Elmer有23个名为Anne的客户，11个姓为Parker的客户，并且有1个名叫Anne Parker的客户。请写出以下各个查询分别删除多少数据行。

```
DELETE FROM email_list WHERE first_name = 'Anne';
```
....

```
DELETE FROM email_list WHERE first_name = 'Anne' OR last_name = 'Parker';
```
....

```
DELETE FROM email_list WHERE last_name = Parker;
```
....

Sharpen your pencil
Solution

假设Elmer有23个名为Anne的客户，11个姓为Parker的客户，并且有1个名叫Anne Parker的客户。请写出以下各个查询分别删除多少数据行。

```
DELETE FROM email_list WHERE first_name = 'Anne';
```
23

```
DELETE FROM email_list WHERE first_name = 'Anne' OR last_name = 'Parker';
```
33

```
DELETE FROM email_list WHERE last_name = Parker;
```
0

有陷阱的题！姓没有加引号，所以不会删除任何数据行，所有文本值都必须加引号。

利用WHERE删除特定数据

通过在DELETE命令中使用WHERE子句，我们可以准确地指定要删除的特定数据行，而不是清空整个表。WHERE子句允许我们只关注想要删除的行，在这里就是希望从邮件列表退出的客户。

```
DELETE FROM email_list
    WHERE email = 'pr@honey-doit.com'
```

要匹配的值

表列名

WHERE子句的这一部分对每一行完成一个测试，查看哪些行匹配。

> WHERE子句可以缩小查询的范围少而重点关注特定的数据行。

WHERE子句中的具体测试会完成一个比较，对于表中的每一行都会做这样一个比较。在这个例子中，等号（=）会检查email列中的各个值，来查看哪些行的地址等于"pr@honey-doit.com"。如果某一行email列中的值与之匹配，则删除该行。

你认为为什么WHERE子句中要使用email列，而不是first_name或last_name，请写出原因：

....

....

将意外删除的风险减至最小

要了解重要的一点，尽管可以在WHERE子句中使用任何列名来匹配行，但是我们选择了email列完成Elmer的DELETE查询，对此有一个很充分的原因。要知道，如果不只有一行与一个WHERE子句匹配，那么所有匹配的行都将被删除。所以Elmer的WHERE子句必须准确地指定想要删除的行，这一点至关重要。

现在讨论的实际上是唯一性问题。完全可以假定email_list表中的邮件地址是惟一的，而名和姓不唯一。如果只是想要删除一个客户，你肯定不希望建立一个将first_name列与"Pat"进行匹配的WHERE子句——这样一来，最后会把所有名为Pat的客户都统统删除！正是因为这个原因，我们将Elmer的WHERE子句精心设计为使用email列查找特定的匹配。

DELETE语句中的WHERE子句允许精确指定想要删除的行。

```
DELETE FROM email_list
    WHERE email = 'pr@honey-doit.com'
```

WHERE子句中使用email列有助于建立唯一性，并降低意外删除一行的风险。

DELETE查询从数据库删除这一行……再也不会看到这一行了！

email_list

first_name	last_name	email
......		
Joe	Milano	joe_m@starbuzzcoffee.com
Bruce	Spence	bruce@chocoholic-inc.com
~~Pat~~	~~Riesco~~	~~pr@honey-doit.com~~
Bertie	Henderson	bertieh@objectville.net
Greg	Eckstein	gregeck@breakneckpizza.com
Wilma	Wu	wilmawu@starbuzzcoffee.com
Sam	Jaffe	samjaffe@starbuzzcoffee.com
Louis	Shaffer	ls@objectville.net
Bubba	Shakespeare	bshakes@mightygumball.net
John	Doe	johndoe@tikibeanlounge.com
Pat	Grommet	grommetp@simuduck.com
......		

如果在WHERE子句中使用first_name而不是email，这个用户就会被意外删除。

```
File Edit Window Help ByeBye
mysql> DELETE FROM email_list WHERE email = 'pr@honey-doit.com';
1 row deleted (0.005 sec)
```

运行测试

尝试对Elmer的数据库执行DELETE命令。

打开一个MySQL工具，并尝试执行几个DELETE命令，根据客户的邮件地址从email_list表分别删除数据行。不过要确保每个DELETE语句都要包含一个WHERE子句，以免无意中清空整个表！

> DELETE命令很方便，但是我们的理想做法是使用一个Web表单和PHP脚本来删除数据行，对不对？

没错。利用单独的查询手动地删除用户根本无法管理邮件列表。

由于Elmer将来不可避免地要面对这样一些用户，他们希望将自己从邮件列表中删除，所以开发一个基于Web的用户界面来删除客户很有意义。利用一个HTML Web表单和PHP脚本应该能完成这个工作，当然还要有一个DELETE FROM查询并需要一个WHERE子句的一点帮助……

Exercise

Elmer已经创建了一个Web表单（removeemail.html），用来从他的邮件列表删除一个客户。这个表单接收的只是一个邮件地址，它输入到一个名为email的HTML表单域。请帮助Elmer完成removeemail.php脚本的代码，这个脚本将由表单调用来具体完成各个客户的删除。

这个表单域名为"email"。

点击Remove按钮将把表单作为一个POST请求提交给PHP脚本。

removeemail.html

```php
<?php
  $dbc = mysqli_connect('data.makemeelvis.com', 'elmer', 'theking', 'elvis_store')
    or die('Error connecting to MySQL server.')

  ..............................................................................
  ..............................................................................
  ..............................................................................
  ..............................................................................
  ..............................................................................
  ..............................................................................
  ..............................................................................

  mysqli_close($dbc);
?>
```

removeemail.php

Exercise Solution

Elmer已经创建了一个Web表单（removeemail.html），用来从他的邮件列表删除一个客户。这个表单接收的只是一个邮件地址，它输入到一个名为email的HTML表单域。请帮助Elmer完成removeemail.php脚本的代码，这个脚本将由表单调用来具体完成各个客户的删除。

这个表单域名为"email"。

点击Remove按钮将把表单作为一个POST请求提交给PHP脚本。

removeemail.html

S_POST中的email表单数据存储在一个变量中，然后在DELETE查询中使用。

```php
<?php

   $dbc = mysqli_connect('data.makemeelvis.com', 'elmer', 'theking', 'elvis_store')
     or die('Error connecting to MySQL server.')

   $email = $_POST['email'];

   $query = "DELETE FROM email_list WHERE email = '$email'";

   mysqli_query($dbc, $query)
     or die('Error querying database.');

   echo 'Customer removed: ' . $email;

   mysqli_close($dbc);

?>
```

当心这些单引号和双引号！双引号包围整个SQL查询，单引号则包围$email中存储的邮件地址。

对已经发生的情况做出确认总没有坏处，特别是完成数据库删除时。

removeemail.php

不要忘记关闭数据库连接来进行清理。

1. 为邮件列表创建一个数据库和数据库表。

2. 创建一个Add email Web表单和PHP脚本向列表增加新客户。

3. 创建一个Send email Web表单和PHP脚本向列表发送一个邮件。

哈，终于完成了！

4. 创建一个Remove email Web表单和PHP脚本从列表中删除一个客户。

运行测试

使用Remove email表单从邮件列表删除一个客户。

下面的文字你可能感觉有些熟悉，对不对？从Head First Labs网站（**www.headfirstlabs.com/books/hfphp**）下载Remove email Web页面的代码。这些代码放在**chapter03**文件夹下。代码包括一个表单（**removeemail.html**）、一个样式表（**style.css**）以及两个图像（**elvislogo.gif**和**blankface.jpg**）。

创建一个新的文本文件**removeemail.php**，并输入上一页的所有代码。将所有这些文件上传到你的Web服务器，并在一个Web浏览器中打开**removeemail.html**页面。在表单中输入一个客户的邮件地址，并点击Remove将其从数据库删除。

MAKEMEELViS.COM

Enter an email address to remove.

Email address:
cbriggs@boards-r-us.com

Remove

脚本完成具体的工作，包括执行DELETE查询，然后确认完成了删除。

Make Me Elvis – Remove Email

Customer removed: cbriggs@boards-r-us.com

MakeMeElvis.com是一个Web应用

确实如此。借助PHP和MySQL，Elmer的MakeMeElvis.com
网站现在确实堪称一个应用。现在Elmer可以将数据持久地存储在一个
MySQL数据库中，而且可以通过Web表单与这些数据交互。通过结合
HTML页面、PHP脚本和嵌入的SQL查询，Elmer可以向他的邮件列表
增加和删除客户（客户也可以自行增加到邮件列表），另外还可以向
整个列表发送邮件。

> PHP&MySQL万岁！现在有了一
> 个Web应用，我可以建立我的邮件列表，
> 向所有客户发送邮件，甚至还可以清理这
> 个列表……所有这一切都可以在我的Web浏
> 览器上完成。

addemail.php

Add email页面向Elmer
的邮件列表增加新客
户。

sendemail.php

只需点击一个按
钮，Send email页面就
会向邮件列表中的每一个
人发送一个邮件。

removeemail.php

> 返回发送者！请将我从
> Elvis邮件列表删除。

Remove email页面从邮件列表删除一个
客户。

PHP&MySQL填字游戏

欣赏完Elmer绝妙的舞姿之后，看看你能不能完成下面这个填字游戏。

横向

3.MySQL数据库会划分为_____。

5.一个持久的、高度组织性的数据结构，通常存储在硬盘上的一个文件中。

6.这个条件子句可以增加到SQL语句来控制针对哪些行。

8.这个SQL命令会从数据库删除整个表。

9.使用这个SQL命令可以从一个表中选择数据行。

10.使用这个MySQL数据类型来存储长度可变的文本。

12.在一个MySQL表中，这会包含一种特定类型的数据。

13.只要某个测试条件保持为true则持续做某件事情。

纵向

1.这是一种存储无小数位数值的MySQL数据类型。

2.使用这个SQL命令可以查看一个表的结构。

4.利用PHP和MySQL向一个网站增加动态功能时，它就会变成一个_____。

5.使用这个SQL命令可以撤销一个表中的数据行。

7.在一个MySQL终端中创建一个新数据库后，利用这个数据库做任何工作之前必须执行这个命令。

11.这是表中的一个数据集合，包含各个列的一个元素。

PHP&MySQL填字游戏答案

```
  1I                        2D            3T 4A B L E S
   N                         E             P
   T        5D A T A B A S E             P
   E         E               C             L
   G         L        6W H E R E           I
   E         E               I     7U      C
  8D R O P T A B L E         B     S      A
             E               B            T
             E        9S E L E C T        I
             F                             O
          10V A R C H A R 11R              N
             O               O
  12C O L U M N        13W H I L E
```

PHP & MySQL 工具箱

这一章中你不仅帮助Elmer建成了他的Web应用，还增进了你的PHP和MySQL技艺，让你掌握了一些很有价值的PHP和MySQL技能。例如……

mysqli_fetch_array()

这个内置PHP函数从一个数据库查询的结果中获取一个数据行。可以反复调用这个函数逐行地读取数据。

while

一个PHP循环构造，只要某个条件保持为true就会重复执行一段代码。while循环的一个特别方便的用法是循环处理一个SQL查询结果中的数据行。

DROP TABLE *tableName*

这个SQL语句会从数据库删除整个表，这说明表会被删除，另外表中存储的所有数据也会一同被删除。

DESCRIBE *tableName*

如果需要了解一个表的结构，这个SQL语句正是你所需要的。它不会暴露任何数据，但是确实能显示列名及各个列的数据类型。

DELETE FROM *tableName*

使用这个SQL语句可以从一个表删除数据行。取决于如何使用这个语句，可以删除单行，也可以删除多行。

WHERE

这个SQL子句与其他SQL命令结合使用，来建立针对表中特定数据行的SQL语句。例如，可以抽取某列与一个特定值匹配的行。

SELECT * FROM *tableName*

这个SQL语句从一个表选择数据行。使用星(*)时，会返回表中数据行的所有列。如果不希望返回查询得到的所有列数据，也可以更改为特定地列出各个列名而不是*。

4 现实的实际应用

你的Web应用

> 如果我在老师汽车的排气管里塞一个香蕉，她的车就没办法发动，也就不会有考试了。不过可能会有别人来给我们代考，那就给他的车也塞一个香蕉。不过要是再来另外一个人代考……

有时必须现实一点，需要重新考虑你的规划。 或者开始规划时就更谨慎一些。应用发布到Web上时，你可能会发现原先的规划还不够周全。你原本认为可以做到的事情在真实世界中并不那么顺利。这一章会分析将应用从测试网站转为真实网站时可能遇到的一些实际问题。在这个过程中，我们还会展示一些更重要的PHP和SQL代码。

Elmer的一些客户非常不满

Elmer的客户邮件列表飞速膨胀，不过他的邮件招开了一些抱怨。尽管每个人的抱怨各有不同，不过看起来都与客户收到空的邮件或收到多个邮件有关，这两种情况都不太好。Elmer需要明确哪里出了问题并进行修正。要知道他的事业完全依仗于此。

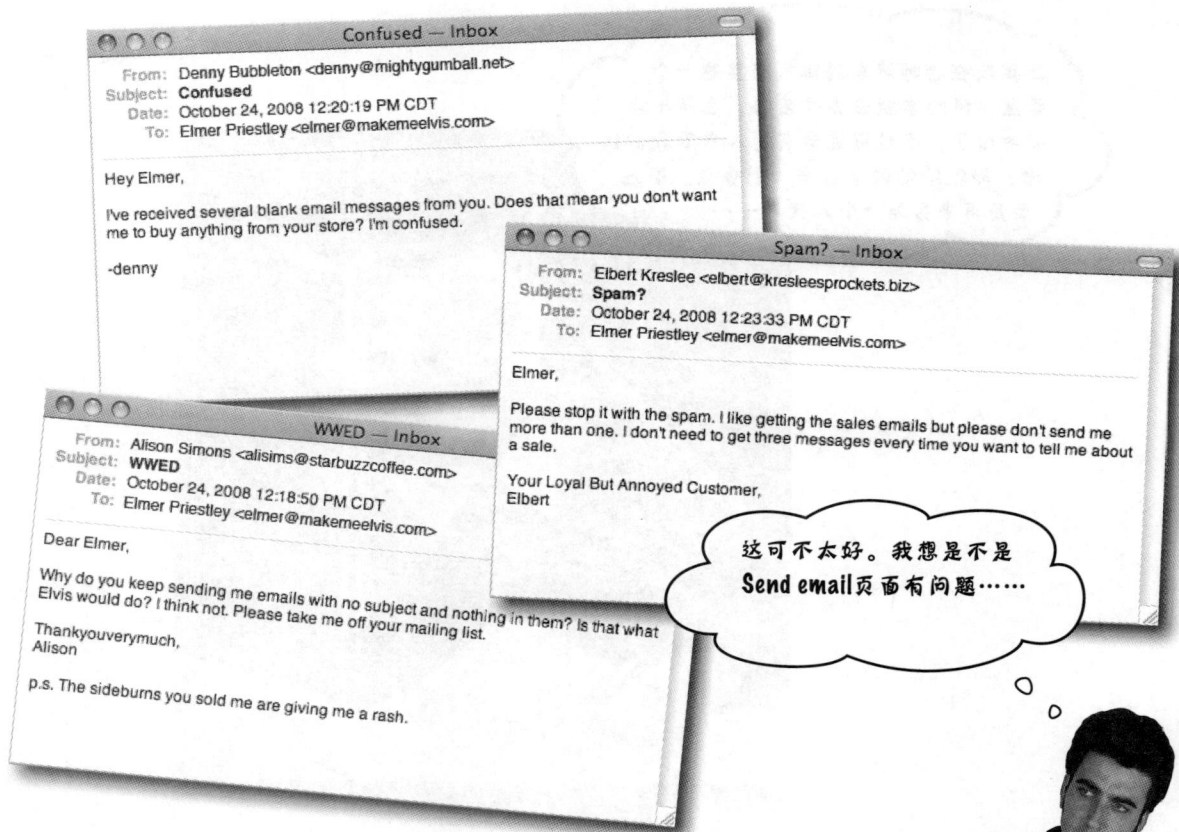

Confused — Inbox

From: Denny Bubbleton <denny@mightygumball.net>
Subject: **Confused**
Date: October 24, 2008 12:20:19 PM CDT
To: Elmer Priestley <elmer@makemeelvis.com>

Hey Elmer,

I've received several blank email messages from you. Does that mean you don't want me to buy anything from your store? I'm confused.

-denny

Spam? — Inbox

From: Elbert Kreslee <elbert@kresleesprockets.biz>
Subject: **Spam?**
Date: October 24, 2008 12:23:33 PM CDT
To: Elmer Priestley <elmer@makemeelvis.com>

Elmer,

Please stop it with the spam. I like getting the sales emails but please don't send me more than one. I don't need to get three messages every time you want to tell me about a sale.

Your Loyal But Annoyed Customer,
Elbert

WWED — Inbox

From: Alison Simons <alisims@starbuzzcoffee.com>
Subject: **WWED**
Date: October 24, 2008 12:18:50 PM CDT
To: Elmer Priestley <elmer@makemeelvis.com>

Dear Elmer,

Why do you keep sending me emails with no subject and nothing in them? Is that what Elvis would do? I think not. Please take me off your mailing list.

Thankyouverymuch,
Alison

p.s. The sideburns you sold me are giving me a rash.

> 这可不太好。我想是不是 Send email页面有问题……

Elmer知道存在问题，不过他还需要一些帮助来确定问题到底是什么。

扮演Elmer：邮件列表管理员

你的任务是扮演Elmer，明确为
什么会发出这些空邮件。他怀疑
*sendemail.html*表单有问题。

请写出Elmer认为问题出
在哪里。

MaKeMeElviS.COM

Private: For Elmer's use ONLY
Write and send an email to mailing list members.

Subject of email:

Body of email:

Submit

sendemail.html

扮演Elmer：邮件列表管理员答案

你的任务是扮演Elmer，明确为什么会发出这些空邮件。他怀疑sendemail.html表单有问题。

请写出Elmer认为问题出在哪里。

如果我点击Submit按钮时并没有填入邮件正文，就会发送一个空邮件。

MAKEMEELVIS.COM

Private: For Elmer's use ONLY
Write and send an email to mailing list members.

Subject of email:

Body of email:

Submit

Make Me Elvis - Send Email

sendemail.html

如果按下了Submit按钮时Body域中没有任何内容，就会发送一个空邮件。进一步可以想到，空的Subject域也会带来问题。

防范Elmer的自我破坏

所以这里真正的问题是"操作员失误"，Elmer还没有输入邮件信息却不小心点击了Submit按钮，这样就会把空邮件发送给整个列表。认为Web表单肯定能像预期的那样工作绝对不是安全的做法。正是因为这个原因，要由你（谨慎警觉的PHP脚本开发人员）来努力消除这些一些问题，为此要预计到某些用户可能会滥用你的表单。

下面来看当前sendemail.php脚本中的代码，了解Elmer的空邮件是怎样创建的。

> 我们的Send email脚本使用来自表单的文本建立邮件，即使用户并没有输入任何内容。

```php
<?php
  $from = 'elmer@makemeelvis.com';
  $subject = $_POST['subject'];
  $text = $_POST['elvismail'];

  $dbc = mysqli_connect('data.makemeelvis.com', 'elmer', 'theking', 'elvis_store')
    or die('Error connecting to MySQL server.');

  $query = "SELECT * FROM email_list";
  $result = mysqli_query($dbc, $query)
    or die('Error querying database.');

  while ($row = mysqli_fetch_array($result)){
    $to = $row['email'];
    $first_name = $row['first_name'];
    $last_name = $row['last_name'];
    $msg = "Dear $first_name $last_name,\n$text";
    mail($to, $subject, $msg, 'From:' . $from);
    echo 'Email sent to: ' . $to . '<br />';
  }

  mysqli_close($dbc);
?>
```

> 表单中的文本从$_POST['subject']和$_POST['elvismail']获取，并分别保存在$subject和$text中……

> 这里的问题是：我们在邮件中使用了$text，而不论这个变量是否确实包含文本……

> ……另外使用了$subject，而不论其中是否包含文本。

你认为应当对sendemail.php脚本代码做什么修改来修正这个空邮件问题，请写出你的想法：

....

....

需要好的表单数据

Elmer的Send email表单确实需要验证，所谓验证，是指处理数据之前先进行检查的过程，从而确保表单数据是合法有效的。Elmer已经使用了验证，尽管他并没有称之为验证。一旦收到一个需要猫王服装的订单，他并不是立即履行订单并发货……而会先验证这个订单！

对于订单，Elmer首先查看客户的信用卡是否有效。如果确实有效，就履行订单，并准备发货。不过此时他还必须检查客户的发货地址是否完整。如果通过审查，Elmer才会继续发货。对于Elmer的商店来说，订单成功的关键就在于对订单数据的验证。

验证是指确保你得到的数据正是你期望的数据。

Elmer在履行客户订单之前必须验证各个客户的信用卡。

发货地址必须完整。

只有信用卡和发货地址都有效时才会发货。

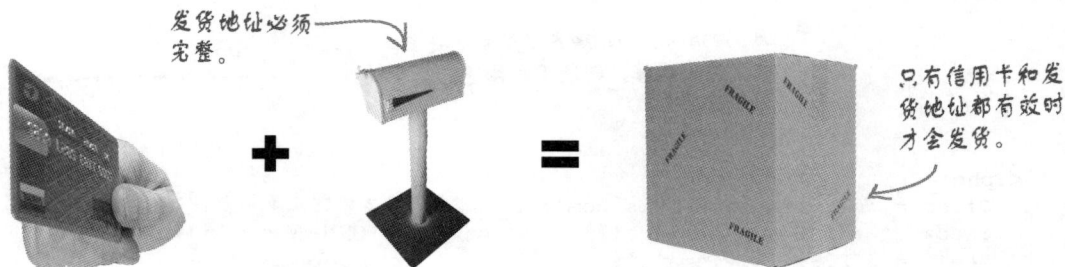

要解决Elmer的空邮件问题，需要验证发送到sendemail.php脚本的表单数据。这说明，表单数据从客户Web页面（sendemail.html）提交到服务器，而服务器（sendemail.php）要完成检查来确保所有数据都存在。可以向sendemail.php增加一些代码，检查文本框中的值并确保这些值不为空。如果所有检查都顺利通过，脚本才会发出邮件。

如果这个数据一切正常，我会发出这些邮件。

1 Elmer填写并提交Send email表单。

2 表单数据发送到服务器上的Send email脚本。

3 PHP脚本验证数据。如果一切正常，则发出邮件。如果有问题，就向客户发回一个错误。

请接收，服务器。我在提交Elmer的表单数据。

```
<form action =
"sendemail.php"
......
```

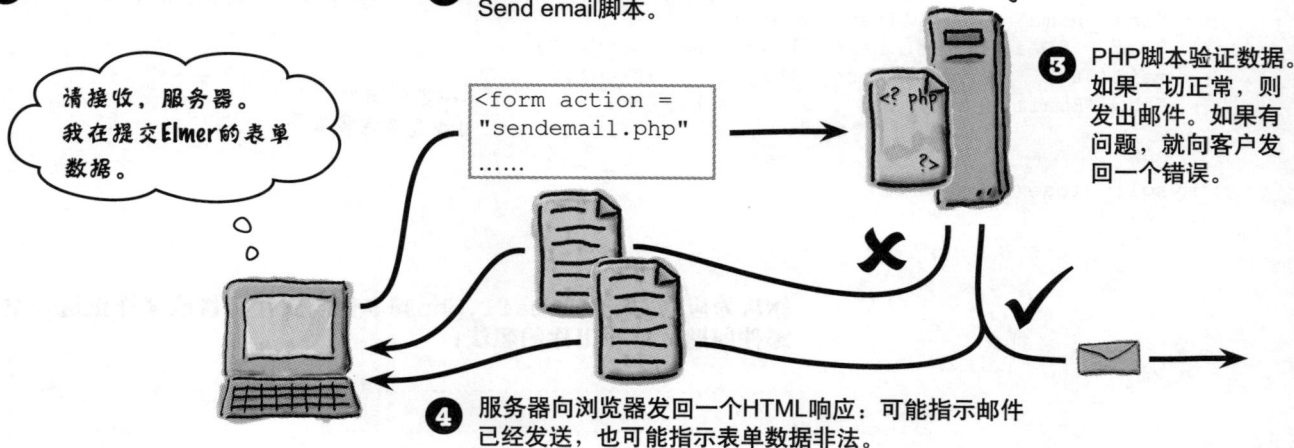

4 服务器向浏览器发回一个HTML响应：可能指示邮件已经发送，也可能指示表单数据非法。

Send email验证的底层逻辑

Elmer在发出任何邮件之前需要对从`sendemail.html`表单得到的数据进行
验证。实际上，发送邮件应当完全以数据验证为前提。PHP要做的就是根据
`sendemail.php`脚本所接收表单数据的合法性做出一个判断。我们需要这样
的代码，"如果数据有效，则继续发送邮件。"

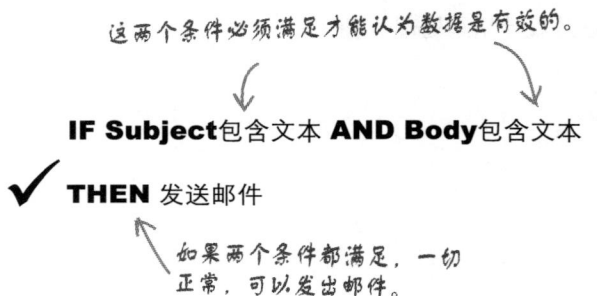

这两个条件必须满足才能认为数据是有效的。

IF Subject包含文本 **AND Body**包含文本

✓ **THEN** 发送邮件

如果两个条件都满足，一切
正常，可以发出邮件。

发送邮件时我们并没有考虑这些表单
域中填入了什么内容（如果有内容）。

借助于验证，可以确保只有当表单
域都包含数据时才会发出邮件。

MAKEMEELVIS.COM

Private: For Elmer's use ONLY
Write and send an email to mailing list members.

Subject of email:

Body of email:

Submit

sendemail.html

there are no Dumb Questions

问： 我还听说过在客户端验证数据而不是在服务器上进
行验证。那是怎么回事？

答： Web浏览器被认为是客户端，所以客户端验证
就是数据发送到PHP脚本之前进行的检查。JavaScript
之类的语言可以完成客户端验证。如果你感兴
趣，想了解更多，可以参考《Head First JavaScript》，
这本书里深入地讨论了客户端验证。

问： 那么为什么使用服务器端验证而不是客户端验证？

答： 如果在客户端验证，只能解决问题的一部分。Elmer
有可能直接浏览sendemail.php并发出一个空邮件。但是
如果在服务器上验证，这两个问题就都能解决。不仅能检
测表单中的空数据，由直接加载的PHP脚本而来的空数据
也能得到检测。这并不是说在客户端验证有什么不对。实
际上，客户端验证是一个很好的想法。不过服务器是捕获
不良表单数据的最后一道防线，所以服务器验证不容忽视。

代码可以利用If做出判断

PHP **if**语句允许代码根据某个结论是否为真来做出判断。再来考虑Elmer的订单。履行一个订单之前，Elmer必须收到付款，这意味着要从客户的信用卡收费。如果客户向Elmer提供了错误的信用卡号，他就不能履行订单。所以Elmer会对每个订单完成一种真实性验证，类似于：

如果客户的信用卡通过检查，则继续履行订单。

可以使用if语句把这种验证转换为PHP代码，if语句正是设计用来处理这种判断事务。

基本if语句包括3部分：

❶ **if关键字。**
if语句从这里开始。

❷ **测试条件。**
测试条件或条件表达式，放在if关键字后面的括号里。想要确保合法性或真实性的语句就要放在这里。

❸ **动作。**
if语句的动作跟在测试条件的后面，并包围在大括号里。在这里要放入条件确实为真时希望执行的PHP代码。

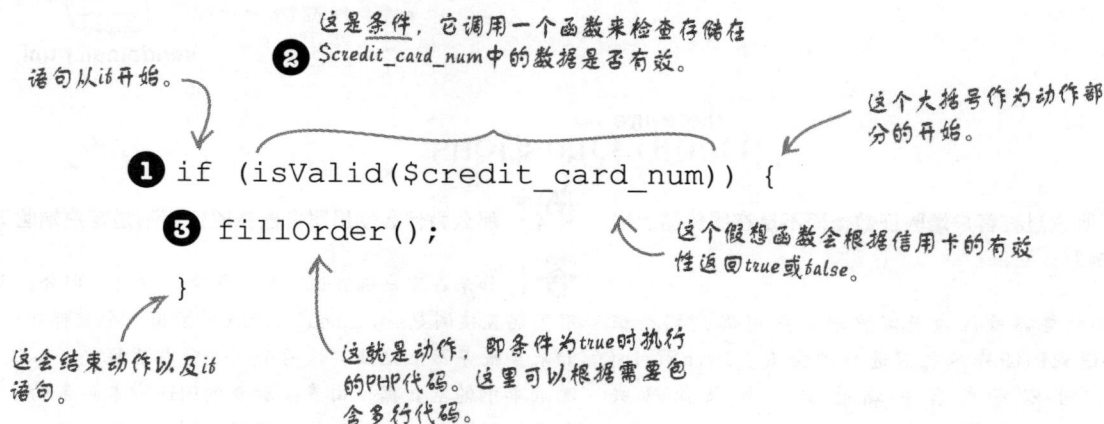

这是*条件*，它调用一个函数来检查存储在 $credit_card_num 中的数据是否有效。

语句从if开始。

这个大括号作为动作部分的开始。

```
❶ if (isValid($credit_card_num)) {
   ❸   fillOrder();
     }
```

这个假想函数会根据信用卡的有效性返回*true*或*false*。

这会结束动作以及if语句。

这就是动作，即条件为*true*时执行的PHP代码。这里可以根据需要包含多行代码。

测试真实性

if语句的核心就在于它的测试条件，这个测试条件往往解释为true
或false。测试条件可以是一个变量、一个函数调用，或是将一个事
物与另一个事物进行比较，当然情况还有很多，这只是其中的几个例
子。Elmer的信用卡测试依赖于一个函数调用作为测试条件，这说明，
这个函数返回的值是true或false。

测试条件为true或false。

IF 信用卡是有效的

THEN 履行订单

```
if (isValid($credit_card_num)) {
    fillOrder();
}
```

如果测试条件为true，则完成动作。

使用比较作为测试条件是相当常见的，这通常需要将一个变量与某个
值进行比较。例如，可能Elmer希望对居住在内华达州的客户提供一
个折扣。他可以建立一个if语句，对发货地址的某个部分完成一个比
较，如下：

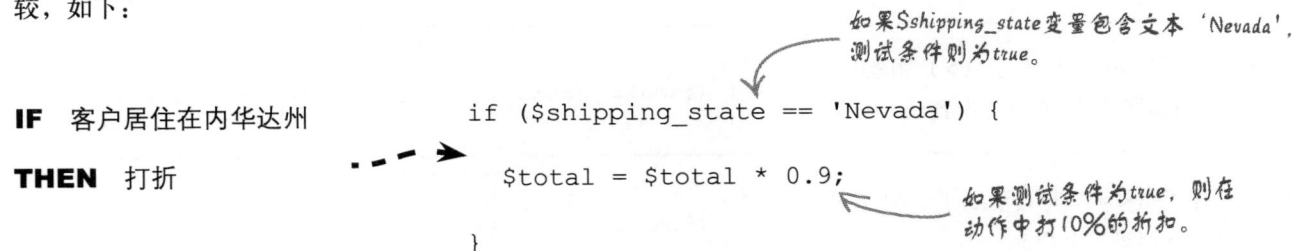

如果$shipping_state变量包含文本'Nevada'，测试条件则为true。

IF 客户居住在内华达州

THEN 打折

```
if ($shipping_state == 'Nevada') {
    $total = $total * 0.9;
}
```

如果测试条件为true，则在动作中打10%的折扣。

这个测试条件完成一个相等性比较，要用到两个等号(==)。相等性比
较并不仅限于完成变量和串的比较。还可以完成变量与数字的比较、
变量与变量的比较，甚至可以完成计算。

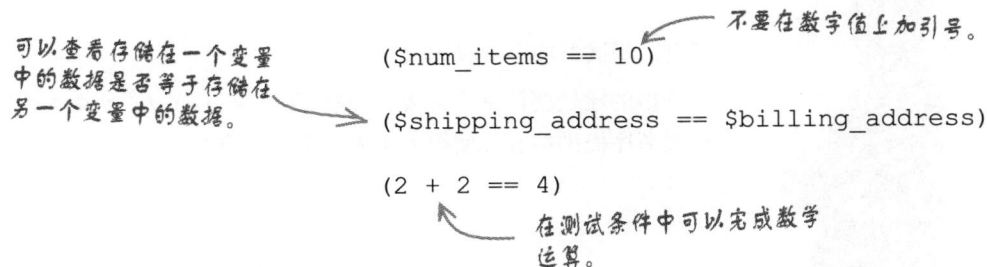

可以查看存储在一个变量中的数据是否等于存储在另一个变量中的数据。

不要在数字值上加引号。

```
($num_items == 10)

($shipping_address == $billing_address)

(2 + 2 == 4)
```

在测试条件中可以完成数学运算。

IF不仅仅检查相等性

if语句检查的不仅仅是相等性。if语句中的测试条件还可以查看一个值是否大于另一个值。如果是,条件的结果为true,则执行动作代码。以下给出了更多测试,都可以用来控制if语句的判断。

只要动作相对简单,将if语句写在一行上也是完全可以的。

```
$small_number = 2;
```
从这两个变量开始。
```
$big_number = 98065;
```
这两个条件都是true。

有两种方法检查是否不相等:**<>** 和 **!=**。它们会给出与**==**相等性测试相反的结果。

```
if ($small_number <> $big_number) { echo 'True'; }

if ($small_number != $big_number) { echo 'True'; }
```

大于号(**>**)查看左边的值是否大于右边的值。如果是,则条件为true,否则为false。

这个条件为false。
```
if ($small_number > $big_number) { echo 'True'; }
```

小于号(**<**)将左边的值与右边的值比较。如果左边的值小于右边的值,则条件为true。

这个条件为true。
```
if ($small_number < $big_number) { echo 'True'; }
```

大于或等于(**>=**)与大于(**>**)很类似,只不过如果两个值相等也会得到true。

这个条件为false。
```
if ($small_number >= $big_number) { echo 'True'; }
```

小于或等于(**<=**)类似于小于,只不过如果两个值相等也会得到true。

这个条件为true。
```
if ($small_number <= $big_number) { echo 'True'; }
```

字符串呢?能用("dog" > "cat")吗?

可以,测试条件中可以比较字符串。

字符串的比较要依据字母表,a被认为小于(**<**)z。如果需要按字母表顺序提供信息,使用大于或小于就会很有帮助。

扮演if中的测试条件

你的任务是扮演if测试条件，并确定对于以下给定的变量，你（测试条件）是true还是false。

```
$my_name = 'Buster';

$a_number = 3;

$a_decimal = 4.6;

$favorite_song = 'Trouble';

$another_number = 0;

$your_name = $my_name;
```

($a_number == 3)   true 或 false

($another_number == "")   true 或 false

($favorite_song == "Trouble")   true 或 false

($my_name == '$your_name')   true 或 false

($my_name == "$your_name")   true 或 false

($your_name == $my_name)   true 或 false

($favorite_song == 'Trouble')   true 或 false

($a_number > 9)   true 或 false

($favorite_food = 'hamburger')   true 或 false

扮演if语句中的测试条件答案

你的任务是扮演if测试条件，并确定对于以下给定的变量，你（测试条件）是true还是false。

```
$my_name = 'Buster';

$a_number = 3;

$a_decimal = 4.6;

$favorite_song = 'Trouble';

$another_number = 0;

$your_name = $my_name;
```

($a_number == 3)   **(true)** 或 false   0和空串会计算为相等。

($another_number == "")   **(true)** 或 false

($favorite_song == "Trouble") **(true)** 或 false   由于有单引号，条件实际上是在问字符串Buster是否等于字符串"$your_name"，而不是变量$your_name中包含的值。

($my_name == '$your_name')   true 或 **(false)**

($my_name == "$your_name")   **(true)** 或 false

($your_name == $my_name)   **(true)** 或 false

($favorite_song == 'Trouble') **(true)** 或 false $a_number是3，这并不大于9。

($a_number > 9)   true 或 **(false)**

($favorite_food (=) 'hamburger') **(true)** 或 false

如果希望这里是一个比较应当用==。

嗯，这里有点陷阱。因为这里只用了一个等号，这实际上是一个赋值(=)，而不是比较(==)。而且最后它会等于true，因为非0、NULL或false的任何值都被PHP解释为true。

there are no Dumb Questions

问： 那么，这里的测试条件与第3章中控制while循环的测试是同一个东西吗？

答： 完全相同。尽管第3章中只是用测试来告诉我们是否还有更多其他查询数据行，实际上我们还可以为while循环设计更有意思的测试条件，可以使用不同类型的比较。有关内容将在本书后面介绍。

Send email 验证的基本逻辑

Elmer在发出任何邮件之前需要对从 `sendemail.html` 表单得到的数据进行验证。实际上，发送邮件应当完全以数据验证为前提。PHP要做的就是根据 `sendemail.php` 脚本所接收表单数据的合法性做出一个判断。我们需要这样的代码，"如果数据有效，则继续发送邮件。"

但是首先需要获取表单数据，并把它存储在两个变量中：

```
$subject = $_POST['subject'];

$text = $_POST['elvismail'];
```

以上表单数据就是我们要检查的全部内容，从而确定各个表单域中是否包含数据。其逻辑如下所示：

> **IF** $subject 包含文本 **AND** $body包含文本
>
> **THEN** 发送邮件

或者可以换一个相反的角度，查看表单域是否都为空，在这种情况下就向用户显示一个警告：

> **IF** $subject为空 **AND** $body为空
>
> **THEN** 显示错误消息

这些例子都存在一个问题，其逻辑要求我们在一个if语句中完成两个比较。一种可能的解决方案是使用两个if语句……

Sharpen your pencil

写出两个if语句来查看Elmer的Send email表单中主题和正文是否都为空。如果都为空则回显输出一个警告消息。

....
....
....
....
....

Sharpen your pencil
Solution

写出两个if语句来查看Elmer的Send email表单中主题和正文是否都为空。如果都为空则回显输出一个警告消息。

这是两个单引号，这表示一个空串。

```
if ($subject == '') {

    if ($text == '') {

        echo 'You forgot the email subject and body text.<br />';

    }

}
```

通过将第二个if语句嵌套在第一个if语句内部，这个代码表明这两个测试条件都必须为true才会运行echo语句。

缩进有助于显示出内部if语句在哪里结束，以及外部if语句在哪里结束。

验证变量的PHP函数

使用==来检查空串是可行的，不过还有一种更好的方法需要用到内置的PHP函数。**isset()**函数测试一个变量是否存在，这是指它是否已经赋值。**empty()**函数则更进一步，可以确定一个变量是否包含一个空值，PHP将空值定义为0、空串（' '或""）或false及NULL值。所以仅当一个变量已赋值时isset()才会返回true，而仅当一个变量设置为0、空串、false或NULL时empty()才会返回true。

下面来看这些函数是如何工作的：

$v1包含一个值。

$v2是一个空串。

```
$v1 = 'aloha';
$v2 = '';
```

$v1和$v2都认为已经赋值，尽管只有$v1真正包含值。

只会执行加阴影的echo代码！

```
if (isset($v1)) { echo '$v1 is set<br />'; }
```

$v1不为空，其中包含文本，所以这个if条件为false。

$v2已赋值，尽管它包含一个空串。

```
if (empty($v1)) { echo '$v1 is empty<br />'; }

if (isset($v2)) { echo '$v2 is set<br />'; }

if (empty($v2)) { echo '$v2 is empty<br />'; }
```

$v2为空，因为其中包含的串为空。

```
if (isset($v3)) { echo '$v3 is set<br />'; }

if (empty($v3)) { echo '$v3 is empty<br />'; }
```

$v3不存在。

$v3也认为为空，尽管它并不存在。

> 我知道了。可以使用isset()和empty()来验证$subject和$text表单数据。

你说对了一半。我们要确保表单数据不为空，所以empty()才是我们需要的。

$subject和$text变量分别由$_POST['subject']和$_POST['elvismail']超级全局变量赋值。如果用isset()测试这些变量，它总会返回true，而不论其中是否真正包含文本。换句话说，isset()无法显示出空表单域与已填充表单域之间有何区别。empty()函数会查看一个变量是否确实为空，这才是我们完成表单验证所需要的。

isset()检查一个变量是否存在并已设置。

empty()查看一个变量是否包含内容。

there are no Dumb Questions

问： 那么使用isset()有什么意义呢？

答： 如果你需要知道一些数据是否存在，isset()函数就非常有用。例如，要检查一个表单是否通过一个POST请求提交，为此可以将$_POST传入isset()函数。这是一个相当方便的技术，本章稍后你就会发现这一点。

Sharpen your pencil

重写查看Elmer的Send email表单中主题和邮件正文是否为空的两个if语句，不过这一次测试条件中要使用empty()函数而不是==。

....

....

....

....

....

！操作符

重写查看Elmer的Send email表单中主题和邮件正文是否为空的两个if
语句，不过这一次测试条件中要使用empty()函数而不是==。

用一个empty()函数调用
替换各if测试条件中的相
等性操作符（==）。

```
if (empty($subject)) {
..................................................
if (empty($text)) {
..................................................
    echo 'You forgot the email subject and body text.<br />';
..................................................
}
                    其余代码与前面完全相
}                   同。
```

如果只是在一个表单域不为空时
才完成某个动作，该怎么做呢？
有没有一个notempty()函数？

**没有这样一个函数，不过确实有一种很容易的方法对测试条件的逻辑取反……
即非操作符（!）。**

我们知道，控制if语句的测试条件总是会得到一个值true或false。不过，
如果我们的逻辑指出需要检查一个条件的逆该怎么做呢？例如，倘若能够在发
出大批包含表单数据的邮件之前知道Elmer的表单域是否非空，这会很有帮助。
问题在于，并没有这样一个notempty()函数。解决办法就是使用非操作符
（!），这会把true变为false，或把false变为true。所以!empty()实际
上就是调用empty()函数再将其结果取反，如下：

NOT操作符(!)将true变为false，
或者将false变为true。

```
if (!empty($subject)) {
    ......
}
```

这个条件在询问，"Subject域非空吗？"，
也就是其中包含数据吗？

完成Elmer的sendemail.php代码中的填空，使得只有当$subject和$text都不为空时才会发出邮件。请使用if语句和empty()函数。

我的所有表单域都必须有值。

MakeMeElvis.com

Make Me Elvis - Send Email

Private: For Elmer's use ONLY
Write and send an email to mailing list members.

Subject of email:

Body of email:

Submit

sendemail.html

```php
<?php
  $from = 'elmer@makemeelvis.com';
  $subject = $_POST['subject'];
  $text = $_POST['elvismail'];

  if .........................................................

    if .......................................................

      $dbc = mysqli_connect('data.makemeelvis.com', 'elmer', 'theking', 'elvis_store')
        or die('Error connecting to MySQL server.');

      $query = "SELECT * FROM email_list";
      $result = mysqli_query($dbc, $query)
        or die('Error querying database.');

      while ($row = mysqli_fetch_array($result)) {
        $to = $row['email'];
        $first_name = $row['first_name'];
        $last_name = $row['last_name'];
        $msg = "Dear $first_name $last_name,\n$text";
        mail($to, $subject, $msg, 'From:' . $from);
        echo 'Email sent to ' . $to . '<br />';
      }
      mysqli_close($dbc);

    .........................

  .........................
?>
```

Exercise Solution

完成Elmer的sendemail.php代码中的填空，使得只有当$subject和$text都不为空时才会发出邮件。请使用if语句和empty()函数。

> 我的所有表单域都必须有值。

MakeMeElvis.com

Private: For Elmer's use ONLY
Write and send an email to mailing list members.

Subject of email:

Body of email:

Submit

sendemail.html

感叹号（!）将empty()函数的逻辑取反。

第一个条件查看$subject是否非空……

……如果不为空，太好了！现在查看$text是否不为空。

必须把一个if语句放在另一个if语句中才能正常工作。这称为嵌套。

```php
<?php
  $from = 'elmer@makemeelvis.com';
  $subject = $_POST['subject'];
  $text = $_POST['elvismail'];

  if (!empty($subject)) {
    if (!empty($text)) {

      $dbc = mysqli_connect('data.makemeelvis.com', 'elmer', 'theking', 'elvis_store')
        or die('Error connecting to MySQL server.');

      $query = "SELECT * FROM email_list";
      $result = mysqli_query($dbc, $query)
        or die('Error querying database.');

      while ($row = mysqli_fetch_array($result)) {
        $to = $row['email'];
        $first_name = $row['first_name'];
        $last_name = $row['last_name'];
        $msg = "Dear $first_name $last_name,\n$text";
        mail($to, $subject, $msg, 'From:' . $from);
        echo 'Email sent to ' . $to . '<br />';
      }
      mysqli_close($dbc);

    }
  }
?>
```

如果两个表单数据变量中任意一个为空，其中一个if语句就会为false，这里的任何代码都不会运行，这说明只可能发出非空的邮件，这正是我们想要的！

必须结束两个if语句的动作部分。第一个大括号结束内部if语句，第二个大括号结束外部if语句。

运行测试

查看空表单域验证是否能正常工作。

修改sendemail.php中的代码，在发出邮件之前使用if语句检查表单域数据。将脚本的新版本上传至你的Web服务器，并在一个Web浏览器中打开sendemail.html页面。至少让一个表单域为空，并点击Submit。

邮件正文为空，这会导致表单数据无法通过验证。

没有邮件确认，说明未发出任何邮件，这正是我们想要的。不过，如果能提供某种警告消息，可能比一个空的页面更有帮助。

如果表单有一大堆域呢？是不是必须嵌套一大堆的if语句来验证所有这些表单域？

本书前面Owen的表单就是这样一个典型的例子，可以看到，更多表单域会导致大量杂乱的嵌套if语句。

Aliens Abducted Me - Report an Abduction

Aliens Abducted Me - Report an Abduction

Share your story of alien abduction:

First name:
Last name:
What is your email address:
When did it happen?
How long were you gone?
How many did you see?
Describe them:
What did they do to you?
Have you seen my dog Fang?　　Yes ◯　No ◯

Anything else you want to add?

Report Abduction

```
if (!empty($first_name)) {
    if (!empty($last_name)) {
        if (!empty($when_it_happened)) {
            if (!empty($how_long)) {
                if (!empty($how_many)) {
                    ……
```

这么多嵌套会导致很难跟踪大括号。

Joe: 我认为你是对的。如果我们想确保所有表单域都不为空，就必须为每一个域嵌套一个if语句。

Frank: 只要分别缩进对应各个if语句的各行代码，不就行了吗？

Jill: 理论上是这样。我的意思是说，不论我们嵌套了多少个if，代码当然能工作，但是我担心有这么多嵌套理解起来会很困难。单从正确地匹配大括号这个方面来看就很成问题。

Frank: 没错。我想将动作代码缩进这么深也很费劲…… 想想看，如果有10个表单域，这样就会有10个嵌套的if并且有10层缩进。即使每次只缩进2个空格，每行动作代码前面也会有20个空格。真糟糕。

Joe: 如果用制表符（tab）缩进呢？可以减少一半，10个tab比起20个空格来说就没有那么糟糕了。

Jill: 伙计们，问题的关键并不是用什么代码来缩进嵌套if。将if语句嵌套这么深本身就不是一个好的编码实践。可以这样来考虑，我们只是在讨论一个逻辑测试条件："所有表单域都非空吗？"问题在于，这个测试条件涉及10个不同的数据，这就导致我们必须把它分成10个不同的if语句。

Frank: 哈，我懂了。这么说我们需要的就是找到一种方法，从而能够在一个测试条件里测试所有10个表单数据，是吗？

Jill: 完全正确。

Joe: 那么我们可以编写一个庞大的测试条件，一次检查所有的表单域。太棒了！

Jill: 对，不过还有一个问题没有解决，怎么才能把多个比较结合在一个测试条件中呢……

Frank
Jill
Joe

用AND和OR测试多个条件

通过利用一个逻辑操作符加以结合，可以为if语句建立一个包含多个检查的测试条件。下面来看对于我们熟悉的两个条件是怎样做的：!empty($subject)和!empty($text)。第一个例子涉及两个表达式，它们用逻辑与（AND）操作符（&&）连接。

利用PHP逻辑操作符可以建立更精巧的if语句。

逻辑与（AND）
操作符。

另加的这个括号有助于更清楚地看出非操作符只应用于empty()函数。

```php
if ((!empty($subject)) && (!empty($text))) {
```

这个测试条件仅在$subject以及$text都非空时才为true。

AND操作符取两个true/false值，仅当二者都为true时才返回true；否则结果为false。所以在这种情况下两个表单域都必须非空，这样测试条件才为true，相应地才会运行if语句的动作代码。

逻辑或（OR）操作符（||）与AND类似，不过如果任意一个true/false值为true，结果就为true。下面给出一个例子：

逻辑AND写作&&，逻辑OR写作||。

```php
if ((!empty($subject)) || (!empty($text))) {
```

如果$subject或$text非空这个测试条件就为true。

这不是数字11，这是两个竖线||，就是键盘上反斜线(\)上面的那个符号。

所以如果任意一个表单域非空时就会执行这个if语句的动作代码。如果你想区分一个表单域为空而另一个包含数据，情况就更有意思了，如下：

```php
if (empty($subject) && (!empty($text))) {
```

要让这个测试条件为true，$subject必须为空，而$text必须非空。

由于这个测试条件使用了AND，测试条件中的两个表达式都必须为true才会运行动作代码。这说明Subject表单域必须为空，而Body域必须包含数据。

可以将这个检查反过来，将非操作符(!)移到另一个empty()函数前面：

```php
if ((!empty($subject)) && empty($text)) {
```

只有当$subject不为空但$text为空时才为true。

利用AND (&&) 和 OR (||) 逻辑操作符可以建立功能更强大的测试条件，否则，如果没有这些逻辑操作符就需要另外增加（可能很繁杂的）if语句。

消除嵌套if语句

重写sendemail.php脚本中突出显示的部分，使它在一个if测试条件中使用逻辑操作符而不是使用嵌套if语句。

```php
<?php
  $from = 'elmer@makemeelvis.com';
  $subject = $_POST['subject'];
  $text = $_POST['elvismail'];

  if (!empty($subject)) {
    if (!empty($text)) {

    ...................................................

    ...................................................

      $dbc = mysqli_connect('data.makemeelvis.com', 'elmer', 'theking', 'elvis_store')
        or die('Error connecting to MySQL server.');

      $query = "SELECT * FROM email_list";
      $result = mysqli_query($dbc, $query)
        or die('Error querying database.');

      while ($row = mysqli_fetch_array($result)) {
        $to = $row['email'];
        $first_name = $row['first_name'];
        $last_name = $row['last_name'];
        $msg = "Dear $first_name $last_name,\n$text";
        mail($to, $subject, $msg, 'From:' . $from);
        echo 'Email sent to ' . $to . '<br />';
      }

      mysqli_close($dbc);
    }
  }

    ...................................................

    ...................................................
?>
```

这里是我们的嵌套if语句。使用一个带逻辑操作符的if语句重写这部分代码。

这两个大括号结束了两个if语句。

180   第4章

运行测试

确保Send email脚本中的逻辑操作符与嵌套if语句完成的工作完全相同。

修改sendemail.php中的代码,只使用一个if语句,在发送邮件之前充分利用逻辑操作符检查表单域数据。如果对你做的修改没有把握,请仔细查看下一页上的练习答案。

将脚本的新版本上传至你的Web服务器,并在一个Web浏览器中打开sendemail.html页面。至少让一个表单域为空,并点击Submit。有一个表单域为空时这个脚本还会阻止发送邮件吗?

there are no Dumb Questions

问: if语句中用&&或||连接的两个条件的前后顺序有影响吗?

答: 对,确实有影响。这是因为这两个操作符都会尽可能地"短路"。这是指如果第一个操作数足以确定表达式的结果,就会忽略第二个操作数。举例来说,如果一个AND表达式中的第一个操作数为false,这就足以导致表达式计算为false,而不论第二个操作数是什么,所以第二个操作数会被忽略。这个原则也同样适用于OR表达式中第一个操作数为true时的情况。

问: 我见过使用and和or的PHP代码而不是&&和||。这些能行吗?

答: 它们实际上与&&和||相同,不过相对于其他操作符的计算顺序稍有差别。但是如果精心使用括号清楚地指定测试条件,就不会有任何区别。

重写sendemail.php脚本中突出显示的部分,使它在一个if测试条件中
使用逻辑操作符而不是使用嵌套if语句。

```php
<?php
  $from = 'elmer@makemeelvis.com';
  $subject = $_POST['subject'];
  $text = $_POST['elvismail'];
```

非 (NOT) 操作符(!)用于检查非空表单域。

```php
  if (!empty($subject)) {
    if (!empty($text)) {

  if ((!empty($subject)) && (!empty($text))) {
```

可以在一个if语句中使用AND检查两
个条件。

要记住,实际中会使用&&指定AND逻
辑操作符。

```php
    $dbc = mysqli_connect('data.makemeelvis.com', 'elmer', 'theking', 'elvis_store')
      or die('Error connecting to MySQL server.');

    $query = "SELECT * FROM email_list";
    $result = mysqli_query($dbc, $query)
      or die('Error querying database.');

    while ($row = mysqli_fetch_array($result)) {
      $to = $row['email'];
      $first_name = $row['first_name'];
      $last_name = $row['last_name'];
      $msg = "Dear $first_name $last_name,\n$text";
      mail($to, $subject, $msg, 'From:' . $from);
      echo 'Email sent to ' . $to . '<br />';
    }

    mysqli_close($dbc);
```

if语句中的所有这些代码要去掉一
层缩进,因为这些代码现在只包含
在一个if语句中。

```php
  }
```

只有一个if语句,这意味着只需要一个结束
大括号。

```php
?>
```

表单用户需要反馈

我们的`sendemail.php`代码在验证表单数据方面表现很出色，现在如果
Subject或Body域为空将不会发出邮件。不过验证失败而且未发出邮件时，脚本
并没有告诉Elmer发生了什么。他只是会得到一个空的Web页面。

Elmer提交表单时看到这个
页面…… 对于为什么会
这样他毫无线索！

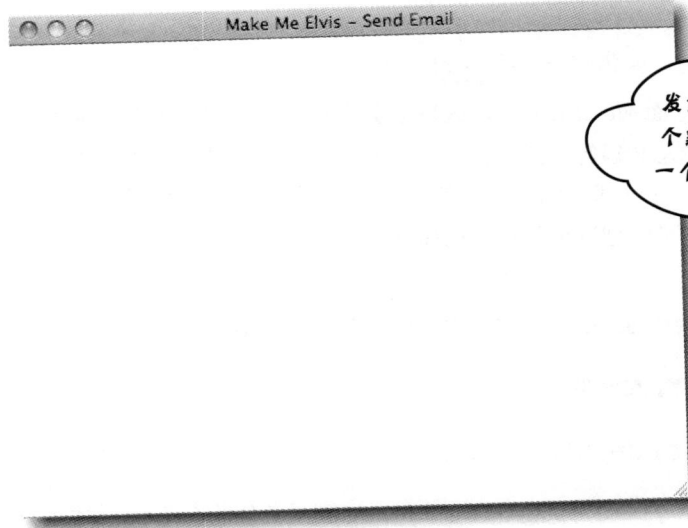

Make Me Elvis – Send Email

发生什么了？我想使用这
个新表单，可是只得到了
一个空白页面。

问题在于我们的代码只对成功的验证做出了反应（此时会发出邮件）。
但是如果if语句计算为`false`（有非法的表单数据），代码将什么也
不做，这样一来，Elmer完全不知道邮件是否发送或者哪里出了问题。
以下节选了部分脚本代码，从中可以暴露空白页面问题：

```php
<?php
  $from = 'elmer@makemeelvis.com';
  $subject = $_POST['subject'];
  $text = $_POST['elvismail'];

  if ((!empty($subject)) && (!empty($text))) {
    $dbc = mysqli_connect('data.makemeelvis.com', 'elmer', 'theking', 'elvis_store')
    ……
    mysqli_close($dbc);
  }
?>
```

如果if语句未能运行动作代码，那么什么也不会发生。
正因如此，缺少表单数据时会生成一个空白页面。

我们要让Elmer知道存在问题，最好是告诉他哪些表单域为空，以便他
再次尝试输入邮件。

没问题。只需要在if语句的结束大括号后面加一个echo语句就行了。

这不起作用，因为if语句后面的代码总会执行。

在if语句后面加echo语句，这只是意味着它会在if语句之后运行，不过这个语句总会运行，而不论if的结果如何。这可不是我们想要的。我们希望只有当if语句的测试条件为false时才通过echo语句显示一条错误消息。可以把这个逻辑表述如下：

IF subject包含文本 **AND** body包含文本

✔ **THEN** 发送邮件

✘ **ELSE** 回显错误消息

if语句提供了一个可选的else子句，当测试条件为false时才运行相应代码。所以错误消息echo代码可以放在一个else子句中，在这种情况下，只有当某个表单域为空时才会运行。只需将else放在if语句后面，然后是相应的动作代码（放在大括号里）：

```
if ((!empty($subject)) && (!empty($text))) {
    ......                      ← 这是一个占位符，代表发送邮件的
}                                 有关代码。
else {
echo 'You forgot the email subject and/or body text.<br />';
}                               ← 这里的代码只在if语句返回false时
                                  才运行。
```

else子句从if语句的结束大括号后面开始。

类似于if中的动作代码，else中的代码也用大括号括起。

else子句仅在if测试条件为 _false_ 时才执行代码。

以下是**Elmer**的`sendemail.php`脚本的新代码，使用了`if`语句和`else`子句来提供反馈，不过其中一些代码放错了位置。使用以下磁贴补上缺少的代码。

```
// We know both $subject AND $text are blank
// $subject is empty
// Everything is fine, send email
// $text is empty
```

```php
<?php
  $from = 'elmer@makemeelvis.com';
  $subject = $_POST['subject'];
  $text = $_POST['elvismail'];

  ...........................................................

  ...........................................................

  }
  else {

  ...........................................................

    // We know we are missing $subject OR $text - let's find out which one

  ...........................................................

  ...........................................................

      echo 'You forgot the email subject.<br />';
    }
    else {

  ...........................................................

      echo 'You forgot the email body text.<br />';
    }
  }
  else {

  ...........................................................

    ......
    while ($row = mysqli_fetch_array($result)) {
      $to = $row['email'];
      $first_name = $row['first_name'];
      $last_name = $row['last_name'];
      $msg = "Dear $first_name $last_name,\n$text";
      mail($to, $subject, $msg, 'From:' . $from);
      echo 'Email sent to ' . $to . '<br />';
    }

    mysqli_close($dbc);
  }
}
?>
```

磁贴：

```
{     {
      ||
      &&
      {
empty($text)
empty($subject)
empty($text)
empty($subject)
empty($subject)

if
if      if
)  (  )
(   (
)
```

Exercise
Solution

以下是Elmer的sendemail.php脚本的新代码，使用了if语句和else子句来提供反馈，不过其中一些代码放错了位置。使用以下磁贴补上缺少的代码。

外部if语句查看主题和正文是否为空。如果不为空，只有另外3种可能的情况：二者都填入数据，或者主题为空，也可能正文为空。

```php
<?php
  $from = 'elmer@makemeelvis.com';
  $subject = $_POST['subject'];
  $text = $_POST['elvismail'];

  if ( empty($subject) && empty($text) ) {
    // We know both $subject AND $text are blank

  }
  else {
    if ( empty($subject) || empty($text) ) {

      // We know we are missing $subject OR $text - let's find out which one
      if ( empty($subject) ) {
        // $subject is empty

        echo 'You forgot the email subject.<br />';
      }
      else {
        // $text is empty

        echo 'You forgot the email body text.<br />';
      }
    }
    else {
      // Everything is fine, send email

      ……
      while ($row = mysqli_fetch_array($result)) {
        $to = $row['email'];
        $first_name = $row['first_name'];
        $last_name = $row['last_name'];
        $msg = "Dear $first_name $last_name,\n$text";
        mail($to, $subject, $msg, 'From:' . $from);
        echo 'Email sent to ' . $to . '<br />';
      }

      mysqli_close($dbc);
    }
  }
?>
```

到这里我们已经处理了所有其他可能的情况，所以可以确定两个表单域都包含值。

那些嵌套if和else会使脚本很难阅读。我实在很不喜欢处理这种脚本！在让人受不了之前需要对这些代码进行简化。

CAUTION!
UGLY CODE
AHEAD

尽可能简化代码总是一个不错的想法，特别是嵌套太深的嵌套代码。

太多的else子句再加上嵌套if语句会使你的代码很难阅读。也许你永远不会再看这个代码，如果是这样，即使代码嵌套很深也无关紧要。但是这往往不太可能。如果我们确实需要修改表单并增加另一个域，验证就会不必要地变得更为困难，因为阅读代码会很难，而且很难找出需要在哪里进行修改。

更简洁的
扮演 IF 代码

你的任务是扮演IF代码，并清理杂乱的嵌套IF和ELSE。重写以下代码消除嵌套，不过要确保它仍能正确工作。

提示：可能甚至不需要任何else！

```php
if (empty($subject) && empty($text)) {
  echo 'You forgot the email subject and body text.<br />';
} else {
  if (empty($subject) || empty($text)) {
    if (empty($subject) {
      echo 'You forgot the email subject.<br />';
    } else {
      echo 'You forgot the email body text.<br />';
    }
  } else {
    // Everything is fine. send the email
  }
}
```

重写这个代码，使之不存在嵌套。

....
....
....
....
....
....
....
....
....
....
....

运行测试

测试这个更简洁的if代码，确保它能如期工作。

修改sendemail.php中的代码，使用你编写的if语句来简化if嵌套。如果你不确定应当如何修改可以翻看下一页上的答案。

将脚本的新版本上传至你的Web服务器，并在一个Web浏览器中打开sendemail.html页面。在表单域都为空和表单域都填充的情况下分别提交表单，测试这个脚本。脚本会像期望的那样显示错误消息吗？

there are no Dumb Questions

问： 很多层嵌套真的很成问题吗？

答： 这要看情况。如果你编写的代码只有你自己才会看，而且你认为6个月以后等你再来修改代码时还记得住每一行代码的作用，那么这种嵌套完全是允许的。

另一方面，如果你希望保证代码尽可能简洁和合理，就应当使用目前为止见过的逻辑操作符。

问： else是怎么工作的？

答： 在一个if……else语句中，无法与if部分匹配的内容都与else语句匹配。

问： 嗯，那么是不是说我可以在现有的if……else语句里嵌套if和else？

答： 对，这是可以的，不过如果有这种嵌套，复杂性会飞速增长，我们要力求避免嵌套！

更简洁的
扮演IF代码

你的任务是扮演IF代码，并清理杂乱的嵌套IF和ELSE。重写以下代码消除嵌套，不过要确保它仍能正确工作。

```php
if (empty($subject) && empty($text)) {
  echo 'You forgot the email subject and body text.<br />';
} else {
  if (empty($subject) || empty($text)) {
    if (empty($subject)) {
      echo 'You forgot the email subject.<br />';
    } else {
      echo 'You forgot the email body text.<br />';
    }
  } else {
    // Everything is fine. send the email
  }
}
```

这里要查看$subject和$text变量是否都为空。

```php
if (empty($subject) && empty($text)) {

  echo 'You forgot the email subject and body text.<br />';

}
```

这个代码查看是否$subject为空而$text非空。

```php
if (empty($subject) && (!empty($text))) {
```

这里要查看是否$text为空而$subject非空。

```php
  echo 'You forgot the email subject.<br />';

}
```

如果没有使用AND操作符(&&)来区分非空主题/空正文的情况，可能会得到一个多余的反馈消息。对于非空$subject和空$text的情况也是如此。

```php
if ((!empty($subject)) && empty($text)) {

  echo 'You forgot the email body text.<br />';

}
```

这里要查看是否$subject和$text都非空。

```php
if ((!empty($subject)) && (!empty($text))) {

  // Everything is fine. send the email

}
```

NOT操作符(!)检查$subject和$text是否都非空。

太震撼了。我忘记在表单中输入主题时
居然能得到这个页面。不过，当我点击后退
按钮时，还必须重新键入整个邮件正文。

这个页面告诉Elmer他缺少了什
么……但帮助不大。

Make Me Elvis – Send Email

You forgot the email subject.

Elmer的Send email脚本中验证已经奏效，但是还可以有更大帮助。

`sendemail.php`脚本检测到缺少表单数据时，它会显示一个消息，
指出缺少信息，但仅此而已。例如，这里没有指回原表单的链接。而
且更糟糕的是，Elmer导航回到原表单时，他之前已经输入的信息会
消失无踪。他必须重新键入邮件的主题和正文。

BRAIN POWER

你会怎样做来改善Send email脚本的错误处理，从
而提供更大帮助？

> *倘若能够在显示表单的同时提供错误消息就太好了。如果邮件主题和正文为空，难道不能直接回显表单吗？*

显示表单肯定有帮助，因为这样可以避免Elmer通过浏览器导航返回。

所以除了在某个表单域为空时回显一条错误消息外，还需要从PHP重新生成
HTML表单代码，把它回送到浏览器。从以下代码可以看到，PHP完全能够
生成一些相当复杂的HTML代码：

*这个PHP代码生成了整个HTML表单，从
`<form>`标记开始。*

```php
echo '<form method="post" action="sendemail.php">';
echo '  <label for="subject">Subject of email:</label><br />';
echo '  <input id="subject" name="subject" type="text" ' .
  'size="30" /><br />';
echo '  <label for="elvismail">Body of email:</label><br />';
echo '  <textarea id="elvismail" name="elvismail" rows="8" ' .
  'cols="40"></textarea><br />';
echo '  <input type="submit" name="submit" value="Submit" />';
echo '</form>';
```

*这里的缩进并不是绝对必
要的，不过这有助于了解
原HTML代码的结构。*

*由于HTML代码中遍布着很多双引
号，所以PHP中使用单引号包围
HTML代码串会更为容易。*

你可能认为这个代码看起来有点乱，确实如此。能够用PHP做某个工作并不意
味着你应当那样做。在这里，回显所有HTML代码会增加复杂性，这就带来了
问题。这里有一大堆的代码，通过PHP用echo生成这个代码确实不是一个好的
选择……

根据需要轻松进出PHP

PHP脚本实际上只是一个能包含PHP代码的HTML页面，有时很容易忘记这一点。PHP脚本中未包围在<?php和?>标记之间的所有代码都认为是HTML。这说明，你可以根据需要结束一个PHP代码段，转入HTML，然后再开始一个新的PHP代码段。这是一种极其方便的技术，可以用来输出HTML代码段（相比之下，通过PHP echo语句生成则过于复杂）…… 如我们的Send email表单代码。

可以根据需要结束和开始PHP代码块，在PHP脚本中输出HTML代码。

```php
<?php
    $from = 'elmer@makemeelvis.com';
    $subject = $_POST['subject'];
    $text = $_POST['elvismail'];

    if (empty($subject) && empty($text)) {
        // We know both $subject AND $text are blank
        echo 'You forgot the email subject and body text.<br />';
?>
```

这个?> 标记结束PHP块，返回到HTML。

这个表单编码为正常的HTML，因为这些代码在PHP标记以外。

```html
<form method="post" action="sendemail.php">
    <label for="subject">Subject of email:</label><br />
    <input id="subject" name="subject" type="text" size="30" /><br />
    <label for="elvismail">Body of email:</label><br />
    <textarea id="elvismail" name="elvismail" rows="8" cols="40"></textarea><br />
    <input type="submit" name="submit" value="Submit" />
</form>
```

由于在if动作内部，只有两个表单域为空时才会输出这些HTML代码。

```php
<?php
    }
```

<?php标记开始一个新的PHP块。因为现在仍在if动作中，在继续下面的工作之前必须先结束if语句。

```php
    if (empty($subject) && (!empty($text))) {
        echo 'You forgot the email subject.<br />';
    }

    if ((!empty($subject)) && empty($text)) {
        echo 'You forgot the email body text.<br />';
    }

    if ((!empty($subject)) && (!empty($text))) {
        // Code to send the email
        ……
    }
?>
```

你认为这个代码有哪些缺陷，请写出，并说明如何修正？

....
....
....

使用一个标志避免 ~~重复的~~ 重复代码

之前代码的问题在于，它必须退出PHP，并在3个不同地方重复表单代码（分别对应各个验证错误）。可以使用一个true/false变量（称为标志）来跟踪是否需要输出表单。下面称这个变量为$output_form。之后再在代码中检查这个变量，如果此变量为true则显示表单。

所以脚本开始时需要将$output_form设置为false，然后仅当表单域为空而且需要显示表单时将它改为true：

将$output_form 初始化为false

初始化设置$output_form为false，这意味着除非存在验证问题导致其值改变，否则不会显示表单。

IF Subject 为空 **AND** Body为空

✔ **THEN** echo输出错误消息，设置$output_form为true

这些错误消息稍有不同，分别指示哪个表单域为空。

IF Subject 为空 **AND** Body 非空

✔ **THEN** echo输出错误消息，设置$output_form为true

如果某个表单域为空，$output_form变量设置为true，不过……目前尚未显示表单！

IF Subject 非空 **AND** Body 为空

✔ **THEN** echo输出错误消息，设置$output_form为true

IF Subject 非空 **AND** Body 非空

如果两个表单域都包含数据，则继续发出邮件。

✔ **THEN** 发出邮件

IF $output_form为true

✔ **THEN** 显示表单

最后一个工作，检查$output_form变量，查看是否需要显示表单。不论怎样，只需要HTML代码出现一次。

只编写一次HTML表单代码

要把以上验证逻辑转换为PHP代码，需要创建和初始化新的$output_form变量，然后通过验证代码设置这个变量。最重要的是代码最后的if语句，它仅在$output_form设置为true时才显示表单。

让HTML代码依赖于一个IF语句，可以避免在脚本中重复代码。

```php
<?php
  $from = 'elmer@makemeelvis.com';
  $subject = $_POST['subject'];
  $text = $_POST['elvismail'];
  $output_form = false;

  if (empty($subject) && empty($text)) {
    // We know both $subject AND $text are blank
    echo 'You forgot the email subject and body text.<br />';
    $output_form = true;
  }

  if (empty($subject) && (!empty($text))) {
    echo 'You forgot the email subject.<br />';
    $output_form = true;
  }

  if ((!empty($subject)) && empty($text)) {
    echo 'You forgot the email body text.<br />';
    $output_form = true;
  }

  if ((!empty($subject)) && (!empty($text))) {
    // Code to send the email
    ......
  }

  if ($output_form) {
?>
```

这里创建新的变量，并初始化设置为false。

如果$subject和$text都为空，将变量设置为true，相应地会显示表单。

如果$subject为空也将变量设置为true。

如果$text为空，同样将变量设置为true。

这个if语句检查$output_form变量，并且当该变量为true时显示表单。

已经退出PHP代码，但是在结束}之前的所有代码仍认为是if动作的一部分，在这里就是对应表单的HTML代码。

```html
<form method="post" action="sendemail.php">
  <label for="subject">Subject of email:</label><br />
  <input id="subject" name="subject" type="text" size="30" /><br />
  <label for="elvismail">Body of email:</label><br />
  <textarea id="elvismail" name="elvismail" rows="8" cols="40"></textarea><br />
  <input type="submit" name="submit" value="Submit" />
</form>
```

```php
<?php
  }
?>
```

不要忘记跳回到PHP代码并结束if语句。

这个HTML代码只显示一次，因为我们将显示表单的所有逻辑都交给一个变量$output_form来控制。

> 新表单表现更好，不过我还是必须重新键入之前已经正确键入的内容，这实在太烦人了。

HTML本身并不会保留表单数据。

Elmer提交Send email表单时，如果有一个表单域为空，sendemail.php脚本会捕获这个错误，并生成一个新的表单。不过新表单是纯HTML代码，它不可能知道Elmer之前可能输入的任何数据的任何信息。所以作为验证的一部分，我们只是生成了一个干净的新表单，其中完全没有Elmer已经输入的所有数据。

Elmer输入的表单数据。

提交！

这个错误消息使Elmer了解到他的一个表单域仍为空。

sendemail.html

Elmer无意中没有填写这个表单域而使之仍为空。

现在所有表单域都为空，因为这是一个全新的表单。

sendemail.php

Elmer点击Submit按钮时，表单提交到sendemail.php脚本。

确实，有一点是无法逃避的：新表单必须在PHP脚本中生成。不过我们需要一种方法来记住Elmer之前已经输入的所有数据，并把这些数据放回到新表单中，这样Elmer就可以专心填写他不小心遗漏的表单域……

Sharpen your pencil

如果Elmer只填写了第一个表单域就提交表单，请画出此时应当显示怎样的表单。然后写出你认为应该如何修改这两个文件（HTML和PHP）来完成这个新功能。

sendemail.php

sendemail.html

Sharpen your pencil

如果Elmer只填写了第一个表单域就提交表单，请画出此时应当显示怎样的表单。然后写出你认为应该如何修改这两个文件（HTML和PHP）来完成这个新功能。

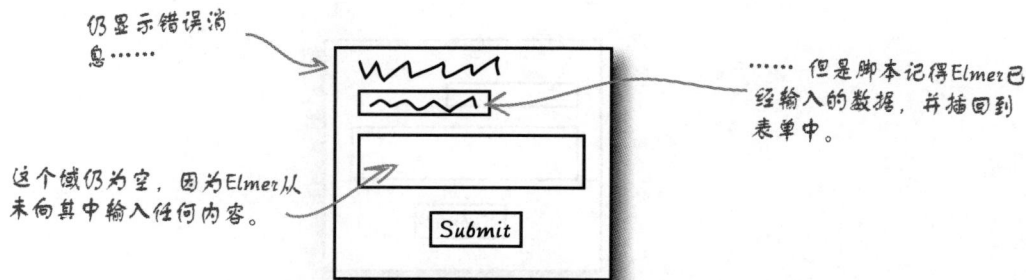

仍显示错误消息……

…… 但是脚本记得Elmer已经输入的数据，并插回到表单中。

这个域仍为空，因为Elmer从来向其中输入任何内容。

Submit

sendemail.php

sendemail.html

PHP脚本接手显示表单的任务，包括提交前和提交后。由于脚本能够访问已经输入的所有表单数据，生成表单时脚本可以将这些数据插回到表单中。这样Elmer之前的问题（即必须重新输入他已经填入的表单数据）就得到了解决。

如果完全在PHP脚本中显示表单，那么可以不要HTML页面，让PHP脚本不仅显示表单并且处理表单。这样一来，PHP脚本可以访问和使用输入到表单的所有数据，而这在纯HTML代码中是不可能的。

引用自身的表单

怎么可能从Send email表单删除sendemail.html呢？答案是我们并非真的删除所有HTML代码，而只是将它移到PHP脚本中。这是可能的，因为PHP脚本就像一个正常的Web页面，可以包含HTML代码。所以我们可以建立脚本，使之不仅在表单提交时处理表单，还会在开始时显示表单（sendemail.html所做的也只是显示表单）。

sendemail.php脚本之所以能够承担sendemail.html的角色，关键就在于表单动作。由于现在脚本本身包含HTML表单，而表单动作会指回到脚本……因此这是一个自引用表单。

> HTML表单作为PHP脚本的一部分，而该PHP脚本将处理这个表单，那么这个表单就称为自引用表单。

不再需要sendemail.html，用户直接导航到PHP脚本来使用表单。

表单数据提交到同一个脚本，它会处理数据并再次显示表单，但是这一次会记住之前已经输入的数据。

提交！

脚本最初显示表单，然后在表单提交时处理表单。处理表单可能会发送邮件或者再次显示表单并提供一个错误消息。

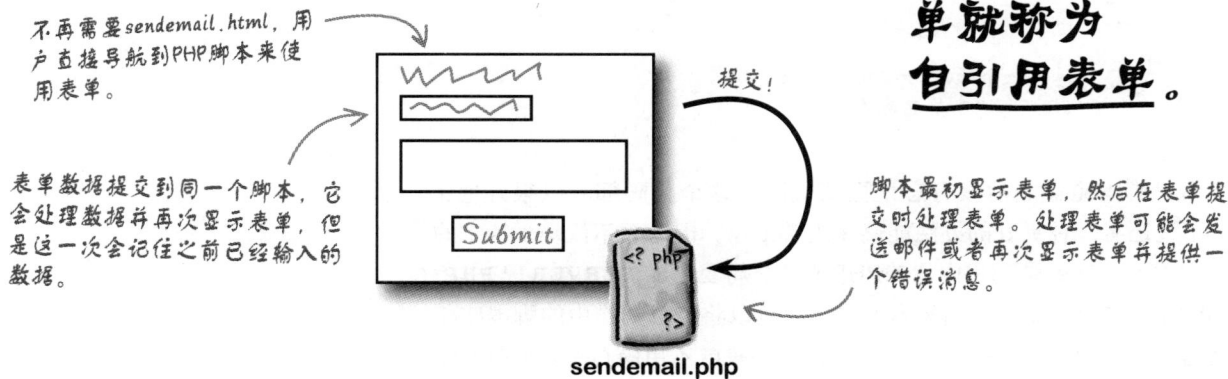

sendemail.php

要了解这里所做的工作，可以先考虑Elmer第一次访问页面（脚本）。此时会生成并显示一个空的表单（作为HTML代码）。Elmer填写了表单的一个域并点击Submit。脚本处理自己的表单，如果缺少某些数据则显示一个错误消息。更重要的是，脚本会再次显示表单，但是这一次它会包含Elmer已经输入的所有数据。如果表单足够聪明，能够记住上一次提交时输入的数据，则称为一个粘性表单……数据可以粘在表单上！

> 粘性表单能记住用户已经正确输入的数据。

BRAIN POWER

你认为可以如何调整Elmer的应用，使表单域有粘性？

将表单动作指向脚本

我们已经多次看到，<form>标记的action属性将一个表单与处理该表单的一个PHP脚本相连接。将Elmer表单的动作设置为指向sendemail.php，这样就能允许它自我处理，这是实现表单粘性的第一步。实际上，表单已经将其action属性设置为这个脚本：

> <form>标记的action属性将一个表单与处理该表单的一个脚本相连接，在这里正是包含该表单的同一个sendemail.php脚本。

```
<form action="sendemail.php" method="post">
```

> 这是一个标准的<form>标记，使用POST向脚本提交表单数据。

只要你对脚本重命名后没有忘记更新代码，这个代码都可以很好地工作。不过还有一种更好的办法能确保正常工作，因为它不依赖于特定的脚本文件名。这就是利用内置的PHP超级全局变量**$_SERVER['PHP_SELF']**，其中存储了当前脚本的名字。可以将表单动作中的脚本URL替换为$_SERVER['PHP_SELF']，这样一来就不用操心需要重命名脚本时考虑对代码做哪些更新。

唯一要注意的是，$_SERVER['PHP_SELF']是PHP代码，这说明必须用echo回显输出它的值作为HTML代码的一部分，如下所示：

> 并非硬编码写入脚本名，可以使用$_SERVER['PHP_SELF']超级全局变量告诉它引用自身。

```
<form action="<?php echo $_SERVER['PHP_SELF']; ?>" method="post">
```

必须承认，使用$_SERVER['PHP_SELF']取代脚本名并不是一个惊天动地的改进，不过利用这样一些小技巧确实可以让你的脚本更易于维护。

> $_SERVER['PHP_SELF']
> 存储当前脚本的名。

运行测试

这个新的自引用脚本提供了改进的表单验证逻辑，请尝试运行这个脚本。

修改sendemail.php中的代码，使用$output_form变量选择性地显示表单（如几页前所示）。并修改<form>标记的action属性，使表单是自引用的。

Web服务器上不再需要sendemail.html页面，所以完全可以将它删除。然后将sendemail.php脚本的新版本上传到你的Web服务器，并在一个Web浏览器中打开这个脚本。看上去怎么样？

不知什么原因，脚本显示了一个错误消息，尽管此时表单尚未提交…… 这可不太好。

不仅如此，这仍然不是粘性的。工作尚未完成！

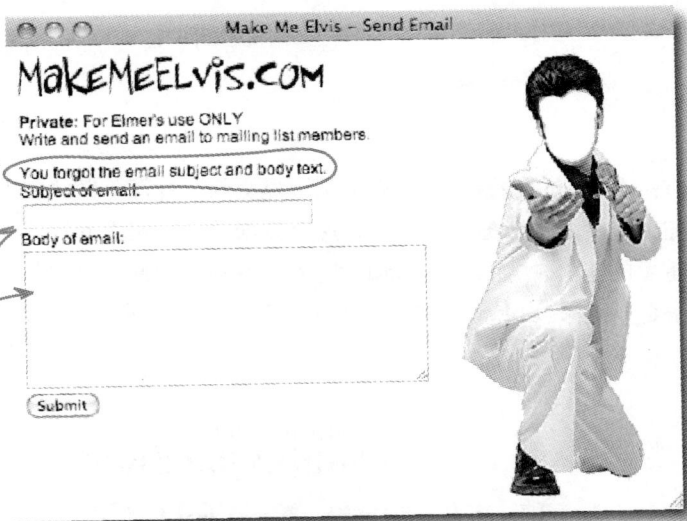

```
000                Make Me Elvis – Send Email

MaKeMeELvis.coM
Private: For Elmer's use ONLY
Write and send an email to mailing list members.
You forgot the email subject and body text.
Subject of email:
[                              ]
Body of email:
[                              ]
[                              ]
[                              ]
[ Submit ]
```

首先要解决的问题，稍后再考虑粘性问题。

你认为脚本为什么第一次显示表单时就会显示一个错误消息，请写出原因：

....

....

....

查看表单是否已经提交

问题在于脚本未能区分表单是首次显示，还是表单提交时未能提供完备的数据。所以脚本第一次显示表单时也会报告缺少数据，这会让人莫名其妙。现在的问题是，如何查看表单是否提交？如果了解这一点，就可以确保只在表单提交时才验证数据。

还记得吗？使用POST方法提交表单时，其数据存储在$_POST数组中。如果表单尚未提交，那么$_POST数组未填入任何数据。或者换种说法来讲，$_POST数组尚未设置。能猜出可以调用哪个函数来查看$_POST数据是否设置吗？

isset()函数查看一个变量是否已经设置。

这必须与Submit按钮的<input>标记名匹配。

```
if (isset($_POST['submit'])) {
    ......
}
```

这里的所有代码仅在表单提交时才会执行。

$_POST超级全局变量允许查看一个表单是否提交。

由于每个表单都有一个Submit按钮，查看表单是否提交的一种简单做法就是检查对应Submit按钮的$_POST数据是否存在。这个数据就是按钮上的标签，当然这并不重要。重要的是$_POST['submit']是否存在，由此可以得知表单是否已经提交。一定要确保'submit'与表单代码中Submit按钮的id属性匹配。

there are no Dumb Questions

问： 为什么知道表单是否提交就能避免意外地显示验证错误消息？

答： 之所以会不正确地显示错误消息，原因在于脚本没有区分已经提交的脚本和首次显示的脚本。所以我们需要一种方法来区别表单是否是第一次显示，如果是第一次显示，那么表单域为空就是完全合理的，这不是错误。应当只是在表单提交时才验证表单域，所以能够检测表单是否提交非常重要。

问： 那么为什么不查看是否设置了真正的表单数据而不是查看Submit按钮？

答： 检查$_POST['subject']或$_POST['elvismail']也完全可以，但这种做法只适用于这个特定的表单。由于每个表单都有一个Submit按钮，而且很可能都一致地命名为submit，所以检查$_POST['submit']可以提供一种在所有脚本中检查表单提交的可靠方法。

Send Email脚本剖析

```php
<?php
  if (isset($_POST['submit'])) {
    $from = 'elmer@makemeelvis.com';
    $subject = $_POST['subject'];
    $text = $_POST['elvismail'];
    $output_form = false;

    if (empty($subject) && empty($text)) {
      // We know both $subject AND $text are blank
      echo 'You forgot the email subject and body text.<br />';
      $output_form = true;
    }

    if (empty($subject) && (!empty($text))) {
      echo 'You forgot the email subject.<br />';
      $output_form = true;
    }

    if ((!empty($subject)) && empty($text)) {
      echo 'You forgot the email body text.<br />';
      $output_form = true;
    }

    if ((!empty($subject)) && (!empty($text))) {
      // Code to send the email
      ......
    }
  }
  else {
    $output_form = true;
  }

  if ($output_form) {
?>

  <form method="post" action="<?php echo $_SERVER['PHP_SELF']; ?>">
    <label for="subject">Subject of email:</label><br />
    <input id="subject" name="subject" type="text" size="30" /><br />
    <label for="elvismail">Body of email:</label><br />
    <textarea id="elvismail" name="elvismail" rows="8" cols="40"></textarea><br />
    <input type="submit" name="submit" value="Submit" />
  </form>

<?php
  }
?>
```

检查$_POST['submit']的值。如果表单从未提交过，则该变量未设置。

这个大括号结束第一个if，对应表单已经提交的情况。

如果表单从未提交，那么肯定需要显示表单！

太好了。这样我们现在就可以检测表单提交并正确地显示错误消息。但是还没有保证表单域有粘性，对不对？

没错。检测表单提交很重要，不过我们还需要把粘性的表单数据插回到表单。

了解表单是否已提交是使之有粘性的一个重要部分，但是这并不是全部。还需要取得已经提交的所有表单数据并在表单输出时将其插回到表单中。可以使用HTML ＜input＞标记的value属性设置输入表单域。例如，以下代码使用value属性预置了一个输入域的值：

这个值是硬编码的，每次显示表单时它都是一样的。

```
<input name="subject" type="text" value="Fall Clearance!">
```

不过我们并不希望硬编码一个特定的值。我们希望从一个PHP变量插入数据。可以做到吗？应该记得，之前一直使用echo从PHP动态生成HTML代码。在这里，也可以使用echo从一个PHP变量为value属性生成一个值，如下：

由于要切换到PHP回显输出变量，所以必须使用一个＜?php标记。

变量使用我们熟悉的echo语句回显输出。

```
<input name="subject" type="text" value="<?php echo $subject; ?>">
```

要返回到HTML，需要使用?>标记结束PHP代码。

Elmer的表单可以做类似的修改来利用粘性数据。

对于一个文本区输入域，要把这个粘性数据回显输出在＜textarea＞ 和 ＜/textarea＞ 标记之间，而不是使用value属性。

```
<form method="post" action="<?php echo $_SERVER['PHP_SELF']; ?>">
  <label for="subject">Subject of email:</label><br />
  <input id="subject" name="subject" type="text" size="30"
    value="<?php echo $subject; ?>"/><br />
  <label for="elvismail">Body of email:</label><br />
  <textarea id="elvismail" name="elvismail" rows="8" cols="40">
    <?php echo $text; ?></textarea><br />
  <input type="submit" name="submit" value="Submit" />
</form>
```

运行测试

查看Elmer的数据粘性究竟如何。

修改sendemail.php中的代码，检查对应表单提交的$_POST变量，并向表单增加echo代码使其表单域是粘性的。将脚本的新版本上传到你的Web服务器，并在一个Web浏览器中打开这个脚本。用不同的表单域值进行实验，包括让一个域为空，或都两个域都为空，并提交多次表单。

嘿，邮件正文留空实在太傻了。谢天谢地，因为表单很完善，现在我不会再干这样的蠢事了。而且改正错误时我也不必再反复输入同样的数据。

MAKEMEELVIS.COM

Private: For Elmer's use ONLY
Write and send an email to mailing list members.

You forgot the email body text.
Subject of email:

Fall Clearance!

Body of email:

Submit

Elmer将一个表单域留空时，Send email脚本现在会显示一个错误消息，而且会记住他之前输入的所有数据。

有些用户还在抱怨

为了解决那些满腹怨言的客户的问题，特别是那些不断收到空邮件的人，表单验证已经有了很大改进。但是并不是所有人都满意。看起来有些人还在收到重复的邮件…… 还记得本章前面的这个人吗？

```
○○○                    Spam? — Inbox
    From:  Elbert Kreslee <elbert@kresleesprockets.biz>
    Subject: Spam?
    Date:  October 24, 2008 12:23:33 PM CDT
    To:    Elmer Priestley <elmer@makemeelvis.com>

    Elmer,

    Please stop it with the spam. I like getting the sales emails but please don't send me
    more than one. I don't need to get three messages every time you want to tell me about
    a sale.

    Your Loyal But Annoyed Customer,
    Elbert
```

这个客户很恼火，因为他总是收到Elmer同一个邮件的多个副本。

Elmer知道他并没有多次发送同一个邮件，这让他开始怀疑可能有些用户无意中多次订购了他的邮件列表。没问题，只需使用上一章的Remove email页面/脚本删除这个用户，这样可以吗？

遗憾的是，并没有那么简单。如果使用Elbert的邮件地址将他删除，会完全将他从email_list表删除，这样一来，他就不会再收到来自Elmer的任何邮件。我们需要一种更合适的方法，只检测表中额外的Elbert数据行，并确保会留下本该有的一个数据行。

使用上一章的Remove email页面会把客户从Elmer的数据库完全删除，这可不是我们想要的。

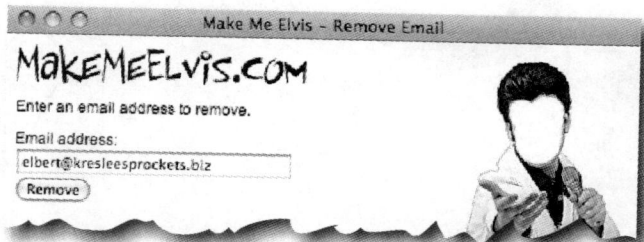

```
○○○            Make Me Elvis – Remove Email
MAKEMEELVIS.COM
Enter an email address to remove.
Email address:
elbert@kresleesprockets.biz
( Remove )
```

BRAIN POWER

Elmer如何删除表中有相同邮件地址的多个数据行而只留下一行呢？

嗯。这个问题就是，表中有多个重复的数据行，但是没有办法将它们彼此区分开。如果没有办法区分，用**DELETE**删除时就会把它们全部删除。

Joe: 也许我们的Add email表单在增加新用户之前需要检查邮件地址是否重复。这样就能修正这个问题，对不对？

Frank: 好主意。

Jill: 没错，这样可以解决以后的问题，但是对于处理现在已经在数据库中的重复邮件地址却没有什么帮助。

Frank: 确实是这样。那么可不可以使用表中另外一个列来删除额外的行呢？比如说last_name？

Jill: 我不太肯定，不过使用"last_name"列可能比使用邮件地址更糟糕。如果我们希望从邮件列表删除一个名叫John Smith的人，并运行以下SQL代码：

```
DELETE FROM email_list WHERE last_name = 'Smith'
```

Joe: 这样一来，我们不只是从表中删除了John Smith；还会删除Will Smith, Maggie Smith, Emmitt Smith……

Frank: 哇,那可不太好。数据行中姓比邮件地址更有可能重复，而名则更为糟糕。一个简单的查询就可能让我们删去数十行数据。

Jill: 确实如此。我们绝对不能冒险使用一个可能把本来要保留的数据行也一并删除的WHERE子句。应当能够指定所要删除的数据行。

Joe: 既然WHERE子句里不能使用email和last_name，也不能使用first_name，那我们到底该怎样做呢？

Frank: 表中的所有列都不能用。看起来我们真不走运。

Jill: 不一定。我们真正需要的只是让表中的每一个数据行都是唯一的，这样一来，就可以毫无问题地准确指示数据行。目前没有一个列可以保证对应每一行该列都包含一个唯一的值，但这并不代表我们不能增加这样一个列。

Joe: 一个新的列？不过我们已经确定表结构了。

Frank: 没错，但是原来的表结构不满足我们的需要。你说得很对，如果我们先前就意识到这个问题就更好了，那样的话就可以适当地设计表，不过现在来修正这个问题也为时不晚。

Joe: 好吧，但是新列是什么呢？其中放什么数据呢？

Jill: 嗯，因为它的作用就是唯一地标识表中的各行，所以可以称之为identifier（标识），或者可以只是简单地写作id。

Frank: 很好，我们可以对每个数据行的id列填写一个不同的ID号，这样执行DELETE时，就能根据一个唯一的ID号删除行，而不是根据邮件地址或姓来删除。

Joe: 完全正确。这是一个很棒的想法，不是吗？很高兴能想出这个办法。

表行应当能够唯一标识

之所以将数据存放在数据库中，一个想法就是以后你可能想查找这些数据并对它们做一些处理。了解到这一点后，让表中每一行都能唯一标识就显得极其重要，这说明你可以访问某一个特定的行（而且只访问该行！）。Elmer的email_list表做了一个危险的假设，认为邮件地址是唯一的。只要没有人意外地两次重复订购邮件列表，这个假设就是可行的，不过确实有人这样做时（而且这很有可能！），他们的邮件地址就会在表中存储两次……唯一性就完全消失了！

Elmer表中现在包含的内容：

这个表的结构无法保证数据行的惟一性。

first_name	last_name	email
Denny	Bubbleton	denny@mightygumball.net
Irma	Werlitz	iwer@aliensabductedme.com
Elbert	Kreslee	elbert@kresleesprockets.biz
Irma	Kreslee	elbert@kresleesprockets.biz

尽管大多数情况下邮件地址都是惟一的，但我们不能期望总是如此。

多个人可能有相同的名，所以这不是一个好的选择，不能把这一列作为唯一列。

这里是相同的，不能期望姓是惟一的。

如果表中没有一个列包含真正唯一的值，就应当创建这样一个列。MySQL提供了一种方法可以为表中的每个数据行增加一个唯一的整数列，也称为一个主键。

Elmer的表应当包含的内容：

我们需要一个新列，其中包含对于表中各行唯一的值。

id	first_name	last_name	email
1	Denny	Bubbleton	denny@mightygumball.net
2	Irma	Werlitz	iwer@aliensabductedme.com
3	Elbert	Kreslee	elbert@kresleesprockets.biz
4	Irma	Kreslee	elbert@kresleesprockets.biz

既然这个列包含唯一的值，可以确信表中的每一行确实是唯一的。

其他列中重复的数据不会影响行的唯一性，因为新的id列会负责保证唯一性。

嘿，天才们，你们知道如果希望对表结构做修改，就必须完成一个**DROP TABLE**，再从头重建。这样一来Elmer的邮件数据就会完全丢失！

确实，**DROP TABLE**会完全删除Elmer的数据。不过SQL还提供了另一个命令，可以对现有的表进行修改而不会丢失任何数据。

这个命令是**ALTER TABLE**，我们可以用这个命令创建一个新列而不必撤销整个表并删除它的数据。以下是ALTER TABLE语句为表增加一个新列的一般形式：

> 要修改的表的表名。

> 所增加新列的列名。

ALTER TABLE *table_name* ADD *column_name* *column_type*

> 新列的数据类型。

可以使用ALTER TABLE命令向email_list表增加一个名为id的新列。我们为这个id列指定数据类型为INT，因为整数最适合建立唯一性。还需要另外一些信息，如以下代码所示：

> 希望修改的表的表名。

> 希望增加（ADD）一个新列，名为id。

> 这会告诉MySQL服务器对于插入的每一个新行要将这个列中存储的值增1。

```
ALTER TABLE email_list ADD id INT NOT NULL AUTO_INCREMENT FIRST,
    ADD PRIMARY KEY (id)
```

> 指定列的数据类型，使之作为一个整数（INTeger）。

> FIRST告诉MySQL将这个新列作为表中的第一列。这是可选的，不过将id列放在最前面是一种很好的格式。

> 这一小段代码告诉MySQL：这个新的id列是表的主键。稍后将介绍有关的更多内容！

ALTER TABLE语句还有很多内容，因为必须根据非常特定的特性来创建主键。例如，**NOT NULL**告诉MySQL：id列中必须要有一个值，绝对不能让它为空。AUTO_INCREMENT进一步描述了id列的特点，插入一个新行时这会将id列自动设置为一个唯一的数字值。顾名思义，使用INSERT向表中插入一个新数据行时，AUTO_INCREMENT会自动将数据行中所使用的上一个id值增1，并把这个值放在新行的id列中。最后，**PRIMARY KEY**告诉MySQL：id列中的各个值是唯一的，不过其意义还不仅仅在于唯一……

主键保证唯一性

主键是表中的一个列，可以区分表中的各行都是唯一的数据行。尽管普通的列也可以设计为是唯一的，但与这些列不同，只有一个列可以作为主键。这就提供了一个显而易见的选择：在需要明确指定特定行的查询中，可以充分利用主键列。

为了确保主键的这种唯一性，MySQL对声明为PRIMARY KEY的列做出了一些限制。可以把这些限制认为是使用主键时必须遵循的原则：

主键是表中保证各行唯一的一个列。

主键的5大原则：

主键中的数据不能重复。

两个数据行的主键绝对不能有相同的数据。对此绝无例外，给定表中主键总有唯一的值。

主键必须有一个值。

如果一个主键为空（NULL），那么它可能并不唯一，因为其他行的主键也可能为NULL。一定要将主键设置为唯一的值！

插入新行时必须设置主键。

如果可以插入一行而没有主键，就会存在风险，最终有可能出现NULL主键，而且表中有可能出现重复的行，这就会破坏我们的目标。

主键必须尽可能高效。

主键应当只包含保证唯一性所需的信息而不含其他多余的内容。正是因为这个原因，整数很适合用作主键，它们支持唯一性而不需要太多的存储空间。

主键值不能改变。

如果可以改变主键的值，就有可能不小心将它设置为一个已经使用的值。要记住，要尽一切可能保证唯一。

Elmer表中的id列没有重复数据，对应每一行都有一个值，插入新行时会自动设置，很简洁，而且不会改变。太完美了！

id	first_name	last_name	email
1	Denny	Bubbleton	denny@mightygumball.net
2	Irma	Werlitz	iwer@aliensabductedme.com
		......	

运行测试

修改Elmer的表，尝试插入一个带主键的新数据行。

使用一个MySQL工具（如MySQL终端或phpMyAdmin的SQL页），输
入ALTER TABLE语句增加一个名为id的主键列：

```
ALTER TABLE email_list ADD id INT NOT NULL AUTO_INCREMENT FIRST,
    ADD PRIMARY KEY (id)
```

现在向数据库插入一个新的客户，查看是否为新数据行自动设置了
id列。作为例子，可以使用下面的INSERT语句（注意这里没有提到
主键）：

```
INSERT INTO email_list (first_name, last_name, email)
    VALUES ('Don', 'Draper', 'draper@sterling-cooper.com')
```

最后，执行SELECT语句查看表的内容，可以看到新主键醒目登场！
为了防止你忘记，下面给出这个SELECT语句：

```
SELECT * FROM email_list
```

新的*id*列是自增的，
因此对于新的数据行
它能保证唯一。

```
File Edit Window Help Email
mysql> SELECT * FROM email_list;

+------+------------+-----------+--------------------------------+
| id   | first_name | last_name | email                          |
+------+------------+-----------+--------------------------------+
| 1    | Denny      | Bubbleton | denny@mightygumball.net        |
| 2    | Irma       | Werlitz   | iwer@aliensabductedme.com      |
| 3    | Elbert     | Kreslee   | elbert@kresleesprockets.biz    |
| 4    | Irma       | Kreslee   | elbert@kresleesprockets.biz    |
| 5    | Don        | Draper    | draper@sterling-cooper.com     |
+------+------------+-----------+--------------------------------+
5 rows in set (0.0005 sec)
```

好的，这么说现在表中的每一行都有一个唯一的主键。不过这有什么帮助呢？Elmer还是在根据邮件地址删除数据。

Joe: 现在的问题是：用户需要使用主键而不是邮件地址来明确指定数据行。

Frank: 非常正确！所以只需要修改表单让用户输入一个客户的ID而不是他的邮件地址。没问题！

Jill: 但实际上这有很大问题。如果没有采用某种方法在数据库中找到客户的ID，用户是无法知道客户ID的。实际上，用户根本不了解数据库结构。也许我们需要重新考虑表单，在一个列表中列出所有客户名和邮件地址，而且每个客户的旁边都有一个复选框。这样吧，我来给你画个草图。

复选框的值会跟踪id值。

Frank: 草图不错，不过这对于Elmer使用客户ID区分出要删除的客户有什么帮助呢？

Joe: 嗯。如果把客户ID存储在复选框的值中，就很有帮助。这样一来，它并不可见，但是脚本可以得到它。

Jill: 这是个好办法。所以我们可以在一个循环中自动生成表单，先完成一个 SELECT来得到所有数据，再由每一行查询数据创建各个复选框输入域。

Joe: 很不错。不过按下Submit按钮时会发生什么？$_POST里有什么？

Frank: 稍等一会，Joe，很快我们就会谈到这个问题。下面先来建立这部分脚本，也就是要显示表中的所有数据以及那些复选框……

PHP & MySQL磁贴

使用以下磁贴完成Remove Email脚本缺少的代码，对应Elmer数据库中的客户显示一系列复选框。注意这个代码只是创建表单；先不用考虑完成DELETE的代码。

```
<img src="blankface.jpg" width="161" height="350" alt="" style="float:right" />
<img name="elvislogo" src="elvislogo.gif" width="229" height="32" border="0" alt="Make Me Elvis" />
<p>Please select the email addresses to delete from the email list and click Remove.</p>

<form method="post" action="              echo $_SERVER['PHP_SELF'];        ...........">
                      .................

<?php
  $dbc = mysqli_connect('data.makemeelvis.com', 'elmer', 'theking', 'elvis_store')
    or die('Error connecting to MySQL server.');

  // Display the customer rows with checkboxes for deleting
  $query = "SELECT * FROM email_list";
  $result = mysqli_query($dbc, $query);

  while (              = mysqli_fetch_array($result)) {
         .................                                        . '" name="todelete[]" />';
    echo '<input type="checkbox" value="' .
                                      .........................................
    echo
         .........................................     ;
    echo ' ' .
                .........................................  ;
    echo ' ' .
                .........................................  ;
    echo '<br />';
  }

  mysqli_close($dbc);
?>

  <input type="submit" name="              " value="Remove" />
                              .................

</form>
```

removeemail.php

磁贴: ?> ' ' ' ' ' ' row row row row row first_name id last_name email submit <?php]]] [ ] [[[$ $ $ $ $

PHP & MySQL磁贴答案

使用以下磁贴完成Remove Email脚本缺少的代码，对应Elmer数据库中的客户显示一系列复选框。注意这个代码只是创建表单；先不用考虑完成DELETE的代码。

```php
<img src="blankface.jpg" width="161" height="350" alt="" style="float:right" />
<img name="elvislogo" src="elvislogo.gif" width="229" height="32" border="0" alt="Make Me Elvis" />
<p>Please select the email addresses to delete from the email list and click Remove.</p>

<form method="post" action=" <?php   echo $_SERVER['PHP_SELF'];  ?> ">

<?php
  $dbc = mysqli_connect('data.makemeelvis.com', 'elmer', 'theking', 'elvis_store')
    or die('Error connecting to MySQL server.');

  // Display the customer rows with checkboxes for deleting
  $query = "SELECT * FROM email_list";
  $result = mysqli_query($dbc, $query);

  while ( $ row = mysqli_fetch_array($result)) {

    echo '<input type="checkbox" value="' . $ row [ ' id ' ] . '" name="todelete[]" />';

    echo  $ row [ first_name ' ] ;

    echo ' ' . $ row [ ' last_name ' ] ;

    echo ' ' . $ row [ ' email ' ] ;

    echo '<br />';
  }

  mysqli_close($dbc);
?>

    <input type="submit" name=" submit " value="Remove" />

</form>
```

这个表单是自引用的！

内联PHP代码仍然必须放在<?php和?>标记之间。

主键在这里使用，即用于复选框中，以后可以用它删除选中的客户。

每个复选框输入域利用一个客户数据行构造。

removeemail.php

脚本还没有自动完成任何删除。现在它只是显示了一个复选框列表。

可以将Submit按钮命名为你喜欢的任何其他名字，不过一定要记住这个名字，以备将来检查$_POST查看表单是否提交。

从复选框到客户ID

Remove Email脚本生成的复选框代码只是简单的HTML，它将主键（id）填入
<input>标记的value属性中。不过与常规的复选框HTML代码相比，这里有
一个很小但很重要的修改。你可能已经注意到复选框名后面的方括号（[]），
它们有一个极其重要的作用。

```
echo '<input type="checkbox" value="' . $row['id'] . '" name="todelete[]">';
```

方括号会导致$_POST中创建一个数组，其中存储表单中各个选中复选框的
value属性。由于各个复选框的value属性包含一个主键，所以todelete数
组中的各个值就是表中需要删除的行的ID。这样一来，我们就可以循环处理
todelete数组，并执行一个SQL查询来删除表单中选中的各个客户。

复选框名后面的方括号自动将复选框值放入一个名为"todelete[]"的数组。

每个复选框表单域都存储着客户的ID，可以通过$_POST超级全局变量来访问。

> 我懂了。我们只需要使用一个while循环来循环处理todelete数组，并使用客户的ID删除相应客户。

我们确实可以使用一个**while**循环，不过还有一种更精巧的解决方案，
可以使用另外一种不同的循环。

foreach循环是一种特殊的循环，专门设计用来循环处理一个数组中存
储的值。你所要做的就是指定想要循环处理的数组，以及保存值的一个
变量，PHP会负责逐一地迭代进行处理……这里根本不需要任何测试条
件！

请写出你认为foreach循环如何循环处理Elmer客户ID的数组：

....

....

利用foreach循环处理数组

foreach循环取一个数组，并循环处理数组中的各个元素而无需测试条件或循环计数器。在它迭代处理数组中的各个元素时，会临时将该元素的值存放在一个变量中。假设一个数组存放在一个名为$customers的变量中，以下代码将迭代处理每一个客户：

希望循环处理的数组放在前面。

随着循环逐个处理数组中的每一个元素，会将这些元素临时存储在一个变量中，该变量名在这里指定。

```
foreach ($customers as $customer) {

    echo $customer;

};
```

在循环内部，可以使用前面提供的变量名访问各个元素。

所以如果希望Remove Email脚本循环处理$_POST数组中存储的客户ID，可以使用以下foreach代码：

在这里，数组存储在$_POST超级全局变量中，并标识为"todelete"。

数组的各个元素可以通过变量$delete_id来访问。

```
foreach ($_POST['todelete'] as $delete_id) {
    // Delete a row from the table
};
```

可以使用$delete_id从数据库删除各个客户。

随着循环一次处理一个数组元素，$delete_id变量分别包含各个数组元素的值。

可以使用这个变量访问各个客户的ID，然后将相应客户从表中删除。

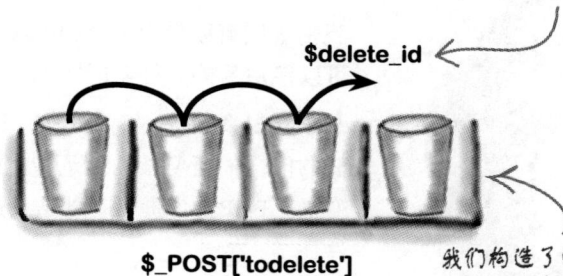

$delete_id

$_POST['todelete']

我们构造了这个数组，其中只包含Remove Email表单中选中的客户。

foreach循环现在会逐步处理Remove Email表单中选中的各个复选框，我们只需要在循环中增加代码来执行一个DELETE查询，将各行从email_list表中真正删除。

为Elmer完成改进后的这个新removeemail.php脚本的代码，从而在表单提交时删除表单中选中的客户。

```php
……
$dbc = mysqli_connect('data.makemeelvis.com', 'elmer', 'theking', 'elvis_store')
  or die('Error connecting to MySQL server.');

// Delete the customer rows (only if the form has been submitted)
if ( .......................................... ) {
  foreach ($_POST['todelete'] as $delete_id) {

    ................................................................................
    ................................................................................
    ................................................................................
  }

  echo 'Customer(s) removed.<br />';
}

// Display the customer rows with checkboxes for deleting
$query = "SELECT * FROM email_list";
$result = mysqli_query($dbc, $query);
while ($row = mysqli_fetch_array($result)) {
  echo '<input type="checkbox" value="' . $row['id'] . '" name="todelete[]" />';
  echo $row['first_name'];
  echo ' ' . $row['last_name'];
  echo ' ' . $row['email'];
  echo '<br />';
}

mysqli_close($dbc);
?>

  <input type="submit" name="submit" value="Remove" />
</form>
```

removeemail.php

EXERCISE
SOLUTION

为Elmer完成改进后的这个新removeemail.php脚本的代码，从而在表单提交时删除表单中选中的客户。

```
......
$dbc = mysqli_connect('data.makemeelvis.com', 'elmer', 'theking', 'elvis_store')
  or die('Error connecting to MySQL server.');

// Delete the customer rows (only if the form has been submitted)
if ( isset($_POST['submit']) ) {
    foreach ($_POST['todelete'] as $delete_id) {
      $query = "DELETE FROM email_list WHERE id = $delete_id";
      mysqli_query($dbc, $query)
        or die('Error querying database.');
    }

    echo 'Customer(s) removed.<br />';
}


// Display the customer rows with checkboxes for deleting
$query = "SELECT * FROM email_list";
$result = mysqli_query($dbc, $query);
while ($row = mysqli_fetch_array($result)) {
  echo '<input type="checkbox" value="' . $row['id'] . '" name="todelete[]" />';
  echo $row['first_name'];
  echo ' ' . $row['last_name'];
  echo ' ' . $row['email'];
  echo '<br />';
}

mysqli_close($dbc);
?>

  <input type="submit" name="submit" value="Remove" />
</form>
```

只在表单提交时才删除客户！

使用$delete_id来准确选择要删除的客户。

生成客户复选框的代码与之前创建的代码完全相同。

removeemail.php

运行测试

测试Elmer的改进后的新Remove email脚本。

修改removeemail.php脚本中的代码，生成客户复选框而不是使用原来的邮件文本域。然后增加代码，从而在表单提交时删除客户。另外还要修改<form>标记的action属性，使表单是自引用的。

既然removeemail.php使用了一个自引用表单，因此Web服务器上不再需要removeemail.html页面，所以完全可以将其删除。然后将removeemail.php的新版本上传到你的Web服务器，并在一个Web浏览器中打开这个脚本。选中一些客户，并点击Submit。表单会立即改变以反映已经删除了这些客户。

选中一个客户并点击Submit时，客户会从数据库删除。

这个脚本会确认客户已经删除，并更新列表，所删除的客户不再出现。

我的新 **Remove email** 表单实在太棒了！终于能度假了。可以去拉斯维加斯喽，万岁！

Elmer有了一个功能完备的应用。他可以增加客户，只向有意愿的客户发送促销邮件，还可以删除已经没有价值的客户，那些希望从列表中删除的客户也能被删除。一切都很棒。

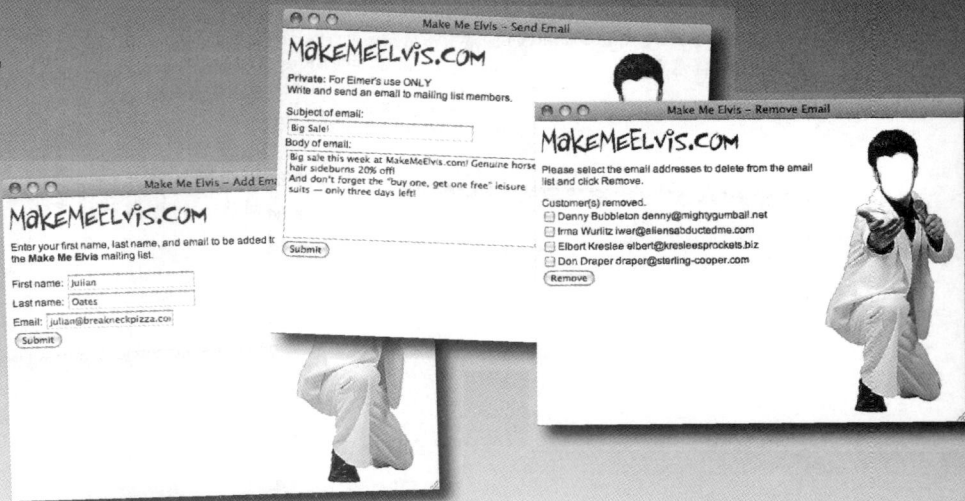

你的PHP & MySQL工具箱

将Elmer的Web应用提升到一个全新高度的同时，
你也收获了一些新的PHP和MySQL技能……

if, else

PHP *if*语句根据某个值是否为*true*做出判断。给定一个*true/false*测试条件和一些动作代码，利用*if*语句可以做出各种精巧的判断。可以为*if*语句增加一个*else*子句提供一个候选动作。

ALTER TABLE

这个SQL语句会改变表的结构，如增加一个新的数据列。这就允许你修改一个表的结构而不必将其删除后从头重建。

!

非操作符（或NOT操作符），将一个*true/false*值取反。所以*true*会变成*false*，*false*会变成*true*。

==, <>, !=, <, >, ……

这些是比较操作符，可以用来构造完成值比较的测试条件。这些通常用于控制*if*语句和循环。

foreach

这是一个PHP循环构造，允许循环处理一个数组，一次处理一个元素，而无需使用测试条件。在循环内部，可以访问这个数组的各个元素。

&&, OR

这些是逻辑操作符，用于构造涉及*true/false*的表达式。将两个值用&&（AND）连接时，如果两个值都为*true*则得到*true*。两个值用||（OR）连接时，如果其中任意一个值为*true*则得到*true*。

isset(), empty()

内置PHP *isset*()函数查看一个变量是否存在，这是指它是否已赋值。*empty*()更进一步，会确定一个变量是否包含空值（0、空串、*false*或NULL）。

5 使用存储在文件中的数据

如果数据库还不够

不要完全相信关于数据库的……夸张宣传，有些宣传确实过于夸大了。 不错，数据库对于存储各种文本数据可谓能力非凡，不过二进制数据呢？你知道的，就像JPEG图像和PDF文档之类的数据。把你的珍藏吉他的所有图片都存储在一个数据库表中有意义吗？往往并没有多大意义。这种数据通常存储在文件中，而且我们也仍用文件来存储。不过你完全可以另辟蹊径，这一章将展示可以结合使用文件和数据库来构建包含大量 二进制数据的PHP应用。

虚拟吉他手喜欢竞争

显然纯粹为了艺术而创作往往还不够，因为热门游戏Guitar Wars的玩家就非常着迷于竞争性的虚拟吉他演奏。他们相当迷恋于此，会定期在Guitar Wars网站上发布他们的高分，而现在要由你来负责进行维护。问题是，目前还没有一种好的办法来验证这些得分。

Guitar Wars - High Scores

Guitar Wars - High Scores

Welcome, Guitar Warrior, do you have what it takes to crack the high score list? If so, just add your own score.

127650
Name: Paco Jastorius
Date: 2008-04-22 14:37:34

98430
Name: Nevil Johansson
Date: 2008-04-22 21:27:54

345900
Name: Eddie Vanilli
Date: 2008-04-23 09:06:35

282470
Name: Belita Chevy
Date: 2008-04-23 09:12:53

368420
Name: Ashton Simpson
Date: 2008-04-23 09:13:34

这太假了。根本没有办法证明所有这些得分是真实的。我要看到证据！

由于不能验证，我们无法知道哪些人的分数是真实有效的，而哪些是仿造的。

Belita，表示怀疑的Guitar Wars摇滚乐手。

ROCK
★

文本无法让人相信

现在玩家只是把他们的高分发布为纯文本，对于哪些分数是真实的而哪些是仿造的颇有争议。只有一种方法可以结束这些争论，并找出名副其实的Guitar Wars冠军……

证据就在~~石头里~~ 图片里

我们需要的就是对高分的可视化验证，从而确定谁的分数是真的，
谁的分数是假的。所以Guitar Wars应用需要允许用户在发布分数
时提交其高分的一个切屏图。这说明高分表不仅是分数、名字和
日期的一个列表，还必须是一个图像（切屏图）列表。

通过照片验证，我们发现Eddie在Guitar Wars
中采用了欺诈手段。

345900
Name: Eddie Vanilli
Date: 2008-04-23 09:06:35

Unverified!

282470
Name: Belita Chevy
Date: 2008-04-23 09:12:53

Guitar Wars

Name:
BELITAC
Score:
282470

368420
Name: Ashton Simpson
Date: 2008-04-23 09:13:34

Guitar Wars - High Scores
Score:
98430

这么说我真地必须学
学怎么弹这个玩艺了？
真郁闷。

根据Belita提交的切屏图，可以
确定她的分数是真实的。

Eddie，想成为摇滚乐手，冒
充Guitar Wars高分得主。

应用需要存储图像

目前，Guitar Wars高分应用记录了3部分信息：新得分的日期和时间、提交分数的人的姓名，以及分数本身。这个信息通过一个表单（应用用户界面的一部分）输入，之后存储在一个名为guitarwars的MySQL数据库表中。

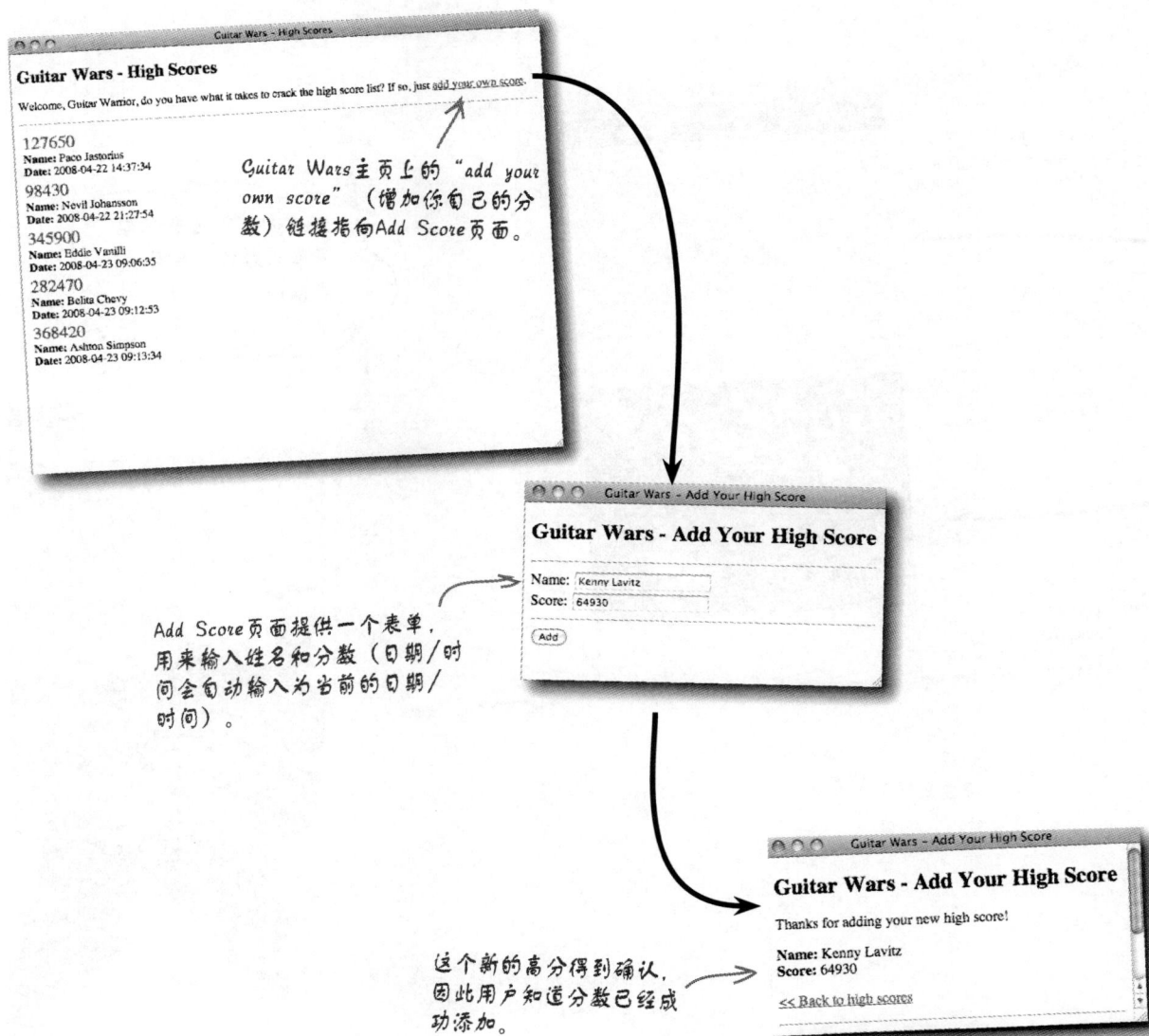

Guitar Wars主页上的"add your own score"（增加你自己的分数）链接指向Add Score页面。

Add Score页面提供一个表单，用来输入姓名和分数（日期/时间会自动输入为当前的日期/时间）。

这个新的高分得到确认，因此用户知道分数已经成功添加。

这个ID是数据库的主键，会为每一行自动生成。

这是向Guitar Wars应用提交分数的具体日期（和时间）。

guitarwars

id	date	name	score
1	2008-04-22 14:37:34	Paco Jastorius	127650
2	2008-04-22 21:27:54	Nevil Johansson	98430
3	2008-04-23 09:06:35	Eddie Vanilli	345900
4	2008-04-23 09:12:53	Belita Chevy	282470
5	2008-04-23 09:13:34	Ashton Simpson	368420
6	2008-04-23 14:09:50	Kenny Lavitz	64930

输入姓名和分数并点击Add之后，新分数会得到确认，并增加到数据库中的guitarwars表。

guitarwars表还存储了数据库中每一个高分记录的相应姓名和分数。

Guitar Wars - High Scores

Welcome, Guitar Warrior, do you have what it takes to crack the high score list? If so, just add your own score.

127650
Name: Paco Jastorius
Date: 2008-04-22 14:37:34

98430
Name: Nevil Johansson
Date: 2008-04-22 21:27:54

345900
Name: Eddie Vanilli
Date: 2008-04-23 09:06:35

282470
Name: Belita Chevy
Date: 2008-04-23 09:12:53

368420
Name: Ashton Simpson
Date: 2008-04-23 09:13:34

64930
Name: Kenny Lavitz
Date: 2008-04-23 14:09:50

新添加的分数会立即出现在Guitar Wars主页上。

Exercise

Guitar Wars高分应用必须适当修改，从而包含可上传的高分切屏图图像文件。圈出应用中哪些部分必须修改来支持用户提交的图像，并给出注解。

```
<html xmlns="http://www.w3.org/1999/xhtml" xml:lang="en" lang="en">
<head>
  <title>Guitar Wars - High Scores</title>
  <link rel="stylesheet" type="text/css" href="style.css" />
</head>
<body>
  <h2>Guitar Wars - High Scores</h2>
  <p>Welcome, Guitar Warrior, do you have what it takes to crack the
  high score list? If so, just <a href="addscore.php">add your own
  score</a>.</p>
  <hr />

<?php
  // Connect to the database
  $dbc = mysqli_connect('www.guitarwars.net', 'admin', 'rockit', 'gwdb');

  // Retrieve the score data from MySQL
  $query = "SELECT * FROM guitarwars";
  $data = mysqli_query($dbc, $query);

  // Loop through the array of score data, formatting it as HTML
  echo '<table>';
  while ($row = mysqli_fetch_array($data)) {
    // Display the score data
    echo '<tr><td class="scoreinfo">';
    echo '<span class="score">' . $row['score'] . '</span><br />';
    echo '<strong>Name:</strong> ' . $row['name'] . '<br />';
    echo '<strong>Date:</strong> ' . $row['date'] . '</td></tr>';

  }
  echo '</table>';

  mysqli_close($dbc);
?>

</body>
</html>
```

style.css

这个文件不需要修改，所以不用担心这个文件。

index.php

下载!

Guitar Wars应用完整的源代码可以从Head First Labs网站下载：

www.headfirstlabs.com/books/hfphp

guitarwars

id	date	name	score
1	2008-04-22 14:37:34	Paco Jastorius	127650
2	2008-04-22 21:27:54	Nevil Johansson	98430
3	2008-04-23 09:06:35	Eddie Vanilli	345900
4	2008-04-23 09:12:53	Belita Chevy	282470
5	2008-04-23 09:13:34	Ashton Simpson	368420
6	2008-04-23 14:09:50	Kenny Lavitz	64930

```html
<html xmlns="http://www.w3.org/1999/xhtml" xml:lang="en" lang="en">
<head>
  <title>Guitar Wars - Add Your High Score</title>
  <link rel="stylesheet" type="text/css" href="style.css" />
</head>
<body>
  <h2>Guitar Wars - Add Your High Score</h2>

<?php
  if (isset($_POST['submit'])) {
    // Grab the score data from the POST
    $name = $_POST['name'];
    $score = $_POST['score'];

    if (!empty($name) && !empty($score)) {
      // Connect to the database
      $dbc = mysqli_connect('www.guitarwars.net', 'admin', 'rockit', 'gwdb');

      // Write the data to the database
      $query = "INSERT INTO guitarwars VALUES (0, NOW(), '$name', '$score')";
      mysqli_query($dbc, $query);

      // Confirm success with the user
      echo '<p>Thanks for adding your new high score!</p>';
      echo '<p><strong>Name:</strong> ' . $name . '<br />';
      echo '<strong>Score:</strong> ' . $score . '</p>';
      echo '<p><a href="index.php">&lt;&lt; Back to high scores</a></p>';

      // Clear the score data to clear the form
      $name = "";
      $score = "";

      mysqli_close($dbc);
    }
    else {
      echo '<p class="error">Please enter all of the information to add ' .
        'your high score.</p>';
    }

  }
?>

  <hr />
  <form method="post" action="<?php echo $_SERVER['PHP_SELF']; ?>">
    <label for="name">Name:</label><input type="text" id="name" name="name"
      value="<?php if (!empty($name)) echo $name; ?>" /><br />
    <label for="score">Score:</label><input type="text" id="score" name="score"
      value="<?php if (!empty($score)) echo $score; ?>" />
    <hr />
    <input type="submit" value="Add" name="submit" />
  </form>
</body>
</html>
```

addscore.php

加注解的guitar wars代码

Exercise Solution

Guitar Wars高分应用必须适当修改，从而包含可上传的高分切屏图图像文件。圈出应用中哪些部分必须修改来支持用户提交的图像，并给出注解。

```html
<html xmlns="http://www.w3.org/1999/xhtml" xml:lang="en" lang="en">
<head>
  <title>Guitar Wars - High Scores</title>
  <link rel="stylesheet" type="text/css" href="style.css" />
</head>
<body>
  <h2>Guitar Wars - High Scores</h2>
  <p>Welcome, Guitar Warrior, do you have what it takes to crack the
  high score list? If so, just <a href="addscore.php">add your own
  score</a>.</p>
  <hr />

<?php
  // Connect to the database
  $dbc = mysqli_connect('www.guitarwars.net', 'admin', 'rockit',

  // Retrieve the score data from MySQL
  $query = "SELECT * FROM guitarwars";
  $data = mysqli_query($dbc, $query);

  // Loop through the array of score data, formatting it as HT
  echo '<table>';
  while ($row = mysqli_fetch_array($data)) {
    // Display the score data
    echo '<tr><td class="scoreinfo">';
    echo '<span class="score">' . $row['score'] . '</span>
    echo '<strong>Name:</strong> ' . $row['name'] . '<br />
    echo '<strong>Date:</strong> ' . $row['date'] . '</td>
  }
  echo '</table>';

  mysqli_close($dbc);
?>

</body>
</html>
```

index.php

切屏图像需要显示在主页上。

应当为用户显示图像以确认提交成功。

guitarwars

id	date	name	score
1	2008-04-22 14:37:34	Paco Jastorius	127650
2	2008-04-22 21:27:54	Nevil Johansson	98430
3	2008-04-23 09:06:35	Eddie Vanilli	345900
4	2008-04-23 09:12:53	Belita Chevy	282470
5	2008-04-23 09:13:34	Ashton Simpson	368420
6	2008-04-23 14:09:50	Kenny Lavitz	64930

这个表需要一个新的列来存储对应每个分数的切屏图像文件名。

切屏图像文件必须从表单POST数据得到。

要验证以确保图像文件名不为空。

```html
<html xmlns="http://www.w3.org/1999/xhtml" xml:lang="en" lang="en">
<head>
  <title>Guitar Wars - Add Your High Score</title>
  <link rel="stylesheet" type="text/css" href="style.css" />
</head>
<body>
  <h2>Guitar Wars - Add Your High Score</h2>

<?php
  if (isset($_POST['submit'])) {
    // Grab the score data from the POST
    $name = $_POST['name'];
    $score = $_POST['score'];

    if (!empty($name) && !empty($score)) {
      // Connect to the database
      $dbc = mysqli_connect('www.guitarwars.net', 'admin', 'rockit', 'gwdb');

      // Write the data to the database
      $query = "INSERT INTO guitarwars VALUES (0, NOW(), '$name', '$score')";
      mysqli_query($dbc, $query);

      // Confirm success with the user
      echo '<p>Thanks for adding your new high score!</p>';
      echo '<p><strong>Name:</strong> ' . $name . '<br />';
      echo '<strong>Score:</strong> ' . $score . '</p>';
      echo '<p><a href="index.php">&lt;&lt; Back to high scores</a></p>';

      // Clear the score data to clear the form
      $name = "";
      $score = "";

      mysqli_close($dbc);
    }
    else {
      echo '<p class="error">Please enter all of the information to add ' .
        'your high score.</p>';
    }
  }
?>

  <hr />
  <form method="post" action="<?php echo $_SERVER['PHP_SELF']; ?>">
    <label for="name">Name:</label><input type="text" id="name" name="name"
      value="<?php if (!empty($name)) echo $name; ?>" /><br />
    <label for="score">Score:</label><input type="text" id="score" name="score"
      value="<?php if (!empty($score)) echo $score; ?>" />
    <hr />
    <input type="submit" value="Add" name="submit" />
  </form>
</body>
</html>
```

addscore.php

现在SQL查询必须把图像文件名插入到guitarwars表中。

如果成功，确保将已输入的图像表单域清空。

这个查询有些取巧，没有指定列名。

表单需要一个<input>标记对应图像文件选择。

规划Guitar Wars中的图像文件上传

要为Guitar Wars增加可上传切屏图像的支持，尽管这看起来不算太困难，但确实需要对应用做多处修改。出于这个原因，最好在具体深入代码之前先做一个规划。下面先明确改造Guitar Wars高分应用来支持切屏图需要完成哪些步骤。

1 **使用ALTER为数据库表增加一个screenshot列。**

首先要修改数据库，它需要一个新的列存储每个切屏图像文件的文件名。由于我们计划把所有图像文件都放在同一个文件夹中，所以只需在数据库中存储文件名本身（而不包含路径）。

screenshot

2 **修改Add Score表单，使用一个文件输入域以允许图像文件上传。**

Add Score页面已经有一个表单来增加分数，所以我们需要修改这个表单，在其中增加一个文件输入域。结合Web浏览器，这个输入域可以为用户提供一个用户界面来选择要上传的文件。

Screen shot: (Choose File) 📄 phizsscore.gif

3 **编写一个查询用INSERT将切屏图像名插入到表的screenshot列中。**

处理表单来增加分数的Add Score脚本必须考虑到这个新的输入表单域，并适当处理，从而当向guitarwars表插入一个新的高分行时，将切屏图像文件名插入到screenshot列中。

screenshot
phizsscore.gif

4 **修改Guitar Wars主页来显示高分对应的切屏图像。**

最后一项修改是修改index.php Guitar Wars主页面，必须把它修改为对于所显示的每一个高分，要具体显示出相应的切屏图像。

高分数据库必须用ALTER修改

除了大量的PHP脚本调整，Guitar　　Wars应用要支持图像，还需要在
`guitarwars`表中增加一个新列存储切屏图像文件名。这就要用到
SQL，它提供了一个ALTER语句，这条语句能够以各种有趣的方式修
改数据库表。上一章曾使用ALTER语句调整了Elmer的`email_list`
表，先来复习一下这个命令是如何工作的。

ALTER TABLE guitarwars DROP COLUMN score

DROP COLUMN语句会从一
个数据库表完全删除一列。

没错，也许这是一个危险的例子，因为它展示了如何从一个数据库表
删除一整列，包括其中的全部数据。也许确实会有这种情况，需要从
一个数据库表删除一列数据。不过更有可能需要增加一列数据，Guitar
Wars中就是如此。可以利用ADD COLUMN做到，这是用ALTER能够完
成的诸多数据库修改操作之一。

ALTER语句用于
修改一个数据库
的<u>结构</u>。

ALTER语句后面通常跟着TABLE，指
示你打算修改一个数据库表。也可
以用 ALTER DATABASE修改整个数
据库的结构，不过这又当别论。

ADD COLUMN

为数据库表增加一个新列，只需在ADD
COLUMN后面指定列名及其类型。

    ALTER TABLE guitarwars
    ADD COLUMN age TINYINT

DROP COLUMN

从一个数据库表删除一列（以及其中存储的所有数据），
只需在DROP COLUMN后面指定列名。

    ALTER TABLE guitarwars
    DROP COLUMN age

CHANGE COLUMN

修改一列的列名和数据类型，只需在
CHANGE　 COLUMN后面指定原列名、新列
名以及新列的数据类型。

    ALTER TABLE guitarwars
    CHANGE COLUMN score high_score INT

MODIFY COLUMN

修改一个数据库表中某一列的数据类型或位置，
只需在MODIFY　 COLUMN后面指定列名和新的
数据类型。要修改一列的位置，需要指定列名
及其具体位置（只有一个选项FIRST），或者
可以指定一个相对位置（指定AFTER和另一个
原有的列，该列按名指定）。

    ALTER TABLE guitarwars
    MODIFY COLUMN date DATETIME AFTER age

Sharpen your pencil

编写一个SQL语句向guitarwars表增加一个名为screenshot的新列。要为这个新列指定适当的MySQL数据类型。然后编写另一个SQL查询来检查表的结构，确保该列已经成功添加。

guitarwars

id	date	name	score	screenshot
1	2008-04-22 14:37:34	Paco Jastorius	127650	
2	2008-04-22 21:27:54	Nevil Johansson	98430	
3	2008-04-23 09:06:35	Eddie Vanilli	345900	
4	2008-04-23 09:12:53	Belita Chevy	282470	
5	2008-04-23 09:13:34	Ashton Simpson	368420	
6	2008-04-23 14:09:50	Kenny Lavitz	64930	

在这里写出增加一列的语句。

⟶ ....

....

⟶ ....

在这里写出另一个SQL语句。

Sharpen your pencil
Solution

编写一个SQL语句向guitarwars表增加一个名为screenshot的新列。要为这个新列指定适当的MySQL数据类型。然后编写另一个SQL查询来检查表的结构，确保该列已经成功添加。

ALTER语句向guitarwars表增加一个新的screenshot列。

guitarwars

id	date	name	score	screenshot
1	2008-04-22 14:37:34	Paco Jastorius	127650	
2	2008-04-22 21:27:54	Nevil Johansson	98430	
3	2008-04-23 09:06:35	Eddie Vanilli	345900	
4	2008-04-23 09:12:53	Belita Chevy	282470	
5	2008-04-23 09:13:34	Ashton Simpson	368420	
6	2008-04-23 14:09:50	Kenny Lavitz	64930	

由于这是一个新列，对于表中现有的行这一列初始为空（NULL）。

ALTER语句并不影响其他表数据。

要修改的表的表名跟在ALTER TABLE之后。

ALTER TABLE *guitarwars*

ADD COLUMN *screenshot varchar(64)*

ADD COLUMN 指示我们希望修改数据库表来增加一个新的数据列。

新列的列名和数据类型在SQL查询的最后指定，64字符足以支持大多数图像文件名，不过如果你希望更为安全，也可以为这一列指定更大长度。

DESCRIBE *guitarwars*

这个语句显示数据库表的结构，包括列名及其数据类型。

第一步完成了！

① 使用ALTER向数据库表增加一个 screenshot列。

运行测试

向guitarwars表增加screenshot列。

使用一个MySQL工具，执行ALTER语句向guitarwars表增加screenshot
列。然后执行DESCRIBE语句查看表结构，确保该列已经添加。

> 可以先下载Guitar Wars
> 的示例代码构建最初
> 的guitarwars表，然后执
> 行文件guitarwars.sql中
> 的SQL查询。

> 执行DESCRIBE语句
> 可以看到新增加的
> screenshot列。

```
File Edit Window Help OU812
mysql> DESCRIBE email_list;

| Field      | Type        | Null | Key | Default           | Extra          |
| id         | int(11)     | NO   | PRI | NULL              | auto_increment |
| date       | timestamp   | NO   |     | CURRENT_TIMESTAMP |                |
| name       | varchar(32) | NO   |     | NULL              |                |
| score      | int(11)     | NO   |     |                   |                |
| screenshot | varchar(64) | NO   |     |                   |                |

5 rows in set (0.03 sec)
```

there are no Dumb Questions

问： 用ALTER增加的新列必须追加
到数据库表的最后吗？

答： 并非如此，新列可以增加到任
何位置。不过要记住，数据库表中列
的顺序并不太重要。也就是说，你可
以适当指定查询结果的结构，使数据
按你希望的任何顺序组织。不过，也
许你喜欢列有一种指定的顺序从而得
到一种结构上有序的感觉，在这种情
况下，则有可能希望把一列增加到
某个确定的位置。为此可以在ALTER
查询中增加FIRST关键字。或者使用
AFTER后面指定某一列，使新列相对
于另一列放置：

```
ALTER TABLE guitarwars
ADD COLUMN age TINYINT AFTER name
```

如果你没有指定要将新列增加到哪个
位置，则默认为增加到表的最后。

问： 增加了新的screenshot列之
后，现有的高分数据库数据行会有什
么变化？

答： 由于ALTER语句只影响数据库
的结构，所以对于所有原有的高分数
据行，新的screenshot列都为空。
尽管可以为将来增加的数据行填充
screenshot列，但原有的数据行的
screenshot列都为空。

问： 能把切屏图像文件名增加到原
有的数据行吗？

答： 当然可以，使用UPDATE SQL
语句就可以达到这个目的。你完全可
以手动地向Web服务器上传图像文件，
然后使用UPDATE为现有的分数记录填
入切屏图像文件名。不过要记住，这
里的重点是用户提交的图像文件，所
以应该让用户上传自己的切屏图像。
而且他们只需使用你打算构建的脚本
就可以做到，也就是支持图像的改进
Add Score脚本……

如何从用户得到图像？

前面已经向高分数据库增加了一个新列，下面可以重点考虑如何允许用户上传图像文件。不过这到底如何做到呢？利用FTP?还是心灵感应？实际上我们还要回到Add Score表单，可以在其中使用一个表单域来允许用户选择要上传的图像文件。

利用Add Score表单允许用户向 Guitar Wars 高分表增加一个新的高分记录。

Guitar Wars - Add Your High Score

Name: Phiz Lairston
Score: 186580
Screen shot: (Choose File) 🖼 phizsscore.gif

(Add)

这个按钮的具体细节由Web浏览器和本地操作系统控制。通常它会能发打开一个文件浏览器对话框，可以在其中导航找到硬盘上的一个文件。

提交表单时，二进制图像文件上传到服务器。

phizsscore.gif

Web服务器

服务器上的一个文件夹接收并存储这个图像文件。

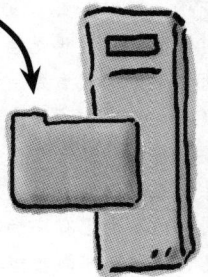

这么说一个输入域就可以帮助用户找到要上传的文件，然后怎么做呢？文件上传表单域还要负责将所选择的图像上传到服务器上的一个文件夹中，然后会作为Guitar Wars高分表的一部分进行显示。

这个文件上传表单域是不是对HTML的一种奇怪的扩展？不是，绝对不是。HTML `<input>`标记支持文件表单域，并结合了PHP来支持文件上传。不过在深入讨论PHP的有关内容之前，下面将更详细地了解这个表单域本身……

Add Score表单详细剖析

这个表单属性告诉表单要使用文件上传所需的一种特殊类型编码,这会影响提交表单时如何打包和发送POST数据。

为文件上传建立一个文件大小上限,在这里是32 KB (32 768字节)。

这是一个自引用表单。

```
<form enctype="multipart/form-data" method="post" action="<?php echo $_SERVER['PHP_SELF']; ?>">
  <input type="hidden" name="MAX_FILE_SIZE" value="32768" />
  <label for="name">Name:</label>
  <input type="text" id="name" name="name" value="<?php if (!empty($name)) echo $name; ?>" />
  <br />
  <label for="score">Score:</label>
  <input type="text" id="score" name="score" value="<?php if (!empty($score)) echo $score; ?>" />
  <br />
  <label for="screenshot">Screen shot:</label>
  <input type="file" id="screenshot" name="screenshot" />
  <hr />
  <input type="submit" value="Add" name="submit" />
</form>
```

具体的文件输入域,最终依赖于一个本地操作系统对话框完成文件浏览和选择。

2 修改Add Score表单,使用一个文件输入域以允许图像文件上传。

向数据库中插入图像 文件名↘

只是通过一个表单向Web服务器上传图像文件还不够。还必须在数据库的新screenshot列中存储文件名，从而能够访问和显示图像。实际上，Add Score脚本已经使用SQL INSERT语句向guitarwars表插入了新的高分，不过这个语句并没有考虑到新增的screenshot列：

图像文件名作为 INSERT语句的一部分存储在数据库中。

MySQL NOW()函数用于插入当前日期/时间。

```
INSERT INTO guitarwars VALUES (0, NOW(), '$name', '$score')
```

id列通过AUTO_INCREMENT自动设置，0会被忽略，不过查询并不需要这里的值。

由于这个SQL语句只是插入值，而没有明确各自的列名，因此对应每一列都必须包含一个值。不过我们刚增加了一个新列，这说明这个查询无法再正常工作，它缺少对应新screenshot列的值。所以要把一个切屏图像文件名作为新高分数据行的一部分增加到数据库中，要求我们还要向INSERT语句增加一个新值：

将切屏图像文件名传入 INSERT语句，这就会把文件名增加到数据库中。

```
INSERT INTO guitarwars VALUES (0, NOW(), '$name', '$score', '$screenshot')
```

增加screenshot列之前插入的数据行不包含切屏图文件名。

这些值的顺序很重要，因为 INSERT语句认为它们同样按表中列的顺序排列。

guitarwars

id	date	name	score	screenshot
1	2008-04-22 14:37:34	Paco Jastorius	127650	
2	2008-04-22 21:27:54	Nevil Johansson	98430	
3	2008-04-23 09:06:35	Eddie Vanilli	345900	
4	2008-04-23 09:12:53	Belita Chevy	282470	
5	2008-04-23 09:13:34	Ashton Simpson	368420	
6	2008-04-23 14:09:50	Kenny Lavitz	64930	
7	2008-04-24 08:13:52	Phiz Lairston	186580	phizsscore.gif

❸ 编写一个查询用INSERT 将切屏图像名插入到表的 screenshot列中。

新的INSERT语句将切屏图像文件名插入到screenshot列中。

得出上传文件的文件名

这个查询看上去不错，不过我们还是不知道图像的具体文件名是什么。可以认为表单中的文件输入域会以某种方式提供对文件名的访问，不过究竟是何种方式呢？答案就是名为$_FILES的内置PHP超级全局变量，它类似于之前用于访问表单数据的$_POST超级全局变量。与$_POST相似，$_FILES也是一个数组，其中不仅有上传文件的文件名，还包含有关该文件的其他一些可能很有用的信息。

表单通过$_FILES 超级全局变量将有关文件的一些有用信息传递到PHP脚本。

`<input type="file" name="screenshot" />`

$_FILES['screenshot']['name']

phizsscore.gif

上传文件的文件名。

$_FILES['screenshot']['type']

image/gif

上传文件的MIME类型，这里是GIF。

$_FILES['screenshot']['size']

12244

上传文件的大小（字节数）。

phizsscore.gif

这就是利用表单中文件输入域上传的图像文件。

$_FILES['screenshot']['tmp_name']

/tmp/phpE7qJky

文件在服务器上的临时存储位置。

$_FILES内置超级全局变量允许访问上传文件的有关信息。

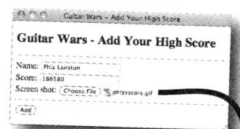

$_FILES['screenshot']['error']

0

文件上传的错误码：0表示成功，其他值表示失败。

$_FILES变量中提供的其他信息肯定是有用的，不过目前我们只需要图像的文件名，可以把它存储在一个局部变量（$screenshot）中并在SQL INSERT语句中使用。

`$screenshot = $_FILES['screenshot']['name'];`

等一下，我们只是在数据库中存储了图像文件的文件名……那么文件本身呢？

Guitar Wars - High Scores

Name: Kenny Lavitz
Date: 2008-04-23 14:09:50

Unverified!

186580
Name: Phiz Lairston
Date: 2008-04-24 08:13:52

Guitar Wars

Name:
PHIZL
Score:
186580

存储在外部文件中的数据一般就留在外部文件中，即使是数据库应用也往往如此。

在这里，数据是构成一个图像的像素集合，存储在一个外部文件中，即一个GIF、JPEG或PNG图像文件。数据库非常擅长存储文本数据，但是存储诸如图像的原始二进制数据则不是它的强项，所以最好只是在数据库中存储图像文件的一个引用。这个引用就是图像文件的文件名。

Web应用中不在数据库中存储图像还有一个原因，倘若存储在数据库中，使用HTML代码显示时将困难得多。要记住，HTML代码要使用文件名由外部文件引用图像。所以在HTML中生成一个图像标记时，需要使用图像名而不是原始图像数据。

`<img src="phizsscore.jpg" alt="Score image" />`

在Web页面上放置一个图像只需要该图像文件的一个引用。

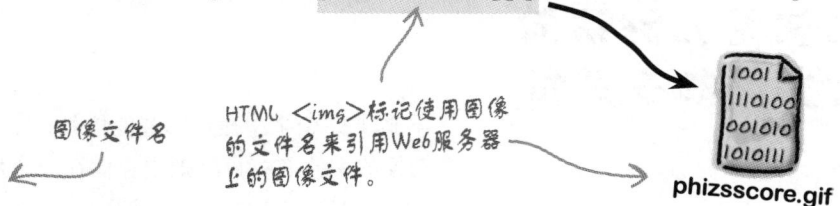

图像文件名

HTML `<img>`标记使用图像的文件名来引用Web服务器上的图像文件。

1001
1110100
001010
1010111

phizsscore.gif

Guitar Wars主页（index.php）还不能为高分显示相应的切屏图。
完成以下代码来显示图像。

```php
<?php
 // Connect to the database
 $dbc = mysqli_connect('www.guitarwars.net', 'admin', 'rockit', 'gwdb');


 // Retrieve the score data from MySQL
 $query = ............................................ ;
 $data = mysqli_query($dbc, $query);


 // Loop through the array of score data, formatting it as HTML
 echo '<table>';
 while ($row = mysqli_fetch_array($data)) {
  // Display the score data
  echo '<tr><td class="scoreinfo">';
  echo '<span class="score">' . $row['score'] . '</span><br />';
  echo '<strong>Name:</strong> ' . $row['name'] . '<br />';
  echo '<strong>Date:</strong> ' . $row['date'] . '</td>';
  if (is_file( ............................ ) && filesize( ............................ ) > 0) {
   echo '<td><img src="' . ............................ . '" alt="Score image" /></td></tr>';
  }
  else {
   echo '<td><img src="unverified.gif" alt="Unverified score" /></td></tr>';
  }
 }
 echo '</table>';


 mysqli_close($dbc);
?>
```

Sharpen your pencil Solution

Guitar Wars主页（index.php）还不能为高分显示相应的切屏图。
完成以下代码来显示图像。

> 出于简化代码的考虑，mysqli函数失败时我们没有使用"or die()"来生成错误消息并退出脚本。在你自己的应用中你可能仍希望包含这个代码，不过为简洁起见，这里没有这样做。

```php
<?php
  // Connect to the database
  $dbc = mysqli_connect('www.guitarwars.net', 'admin', 'rockit', 'gwdb');

  // Retrieve the score data from MySQL
  $query = "SELECT * FROM guitarwars";
  $data = mysqli_query($dbc, $query);

  // Loop through the array of score data, formatting it as HTML
  echo '<table>';
  while ($row = mysqli_fetch_array($data)) {
    // Display the score data
    echo '<tr><td class="scoreinfo">';
    echo '<span class="score">' . $row['score'] . '</span><br />';
    echo '<strong>Name:</strong> ' . $row['name'] . '<br />';
    echo '<strong>Date:</strong> ' . $row['date'] . '</td>';
    if (is_file( $row['screenshot'] ) && filesize( $row["screenshot"] ) > 0) {
      echo '<td><img src="' . $row['screenshot'] . '" alt="Score image" /></td></tr>';
    }
    else {
      echo '<td><img src="unverified.gif" alt="Unverified score" /></td></tr>';
    }
  }
  echo '</table>';

  mysqli_close($dbc);
?>
```

请求分数的SQL语句没有做任何改变！

这个函数检查并确保切屏图像文件不是一个空文件。

这个函数查看一个切屏图像文件是否确实存在。

数据库的screenshot列存储了一个给定分数的相应切屏图像。

❹ 修改Guitar Wars主页来显示高分对应的切屏图像。

运行测试

为Guitar Wars增加一个新的高分，并提供一个切屏图像。

如果还没有下载有关代码，请先从Head First Labs网站（**www.headfirstlabs.com/books/hfphp**）下载Guitar Wars示例代码。代码放在**chapter05**文件夹中。代码包括主页（**index.php**）、Add Score脚本（**addscore.php**）和一个样式表（**style.css**）。

首先需要修改addscore.php脚本，使Add Score表单支持文件上传。这包括增加新的表单域、调整<form>标记，并检查$screenshot变量不为空。然后在脚本中加入新的高分INSERT查询。

现在来看index.php脚本，增加上一页中的新代码，从而为每个高分显示相应的切屏图像。

将所有这些文件上传到你的Web服务器，并在Web浏览器中打开addscore.php页面。在表单中输入一个新的高分，点击Submit。然后导航到index.php页面，查看这个新分数。

368420
Name: Ashton Simpson
Date: 2008-04-23 09:13:34

64930
Name: Kenny Lavitz
Date: 2008-04-23 14:09:50

186580
Name: Phiz Lairston
Date: 2008-04-24 08:13:52

好像有点问题！图像没有如期地随新分数显示。

☒BRAIN POWER

你认为切屏图像为什么没有随新分数显示出来？另外数据库中已有的分数呢？

上传的文件去哪里了？

上传图像之所以没有显示，问题出在我们之前做了一个假设，认为文件会上传到Web服务器上PHP脚本所在的同一个文件夹中。实际表明，这个假设完全是错误的。Add Score表单允许用户从其自己的计算机中选择一个文件，但是这个文件实际上会上传到服务器上的一个临时文件夹中。这个临时文件夹会在服务器上自动创建，通常有一个奇怪的名字，包含一堆随机的字母和数字。

这就导致index.php中的`<img>`代码出现了问题，因为它假设图像位于主Web文件夹中：

```
<img src="phizsscore.jpg" alt="Score image" />
```

这个代码假设图像存储在PHP文件所在的主Web文件夹中……但事实上并非如此！

Web服务器

root

www

tmp

这个临时文件夹名和位置通常随PHP安装不同有所变化。

phpE7qJky

addscore.php

style.css

index.php

客户Web
浏览器

mypics

切屏图像文件最早放在用户计算机中的某个文件夹中。

这个表单由 addscore.php 得来。

phizsscore.gif

1001
1110100
001010
1010111

phizsscore.gif

Guitar Wars - Add Your High Score

Guitar Wars - Add Your High Score

Name:
Score:
Screen shot: Choose File phizsscore.gif

Add

Add Score脚本负责将图像文件上传到服务器上的一个临时文件夹中。

把图像存储在一个神秘的临时文件夹中看起来很没有必要。我们不能控制存储上传文件的位置吗？

当然可以！PHP允许你控制将上传文件存储在哪里。

不过，你无法利用PHP控制上传文件最初的存储位置，正是因为这个原因，这个位置被认为是临时的。不过，文件上传后你可以把文件移动到另一个位置。PHP函数move_uploaded_file()接受一个文件的源位置和目标位置，然后负责完成文件移动。

```
move_uploaded_file($_FILES['screenshot']['tmp_name'], $target);
```

这是图像文件的源位置，包括临时路径和文件名。

这是图像文件的目标位置，包括永久路径和文件名。

Web 服务器

root

www

tmp

文件从一个临时文件夹移动到一个永久文件夹。

```
<? php
?>
```
index.php

score.php

style.css

phpE7qJky

这个文件夹可以是你在Web服务器上选择的任意文件夹，只是确保你拥有必要的权限可以向其中写文件。

```
1001
1110100
001010
1010111
```
phizsscore.gif

move_uploaded_file()

```
1001
1110100
001010
1010111
```
phizsscore.gif

there are no
Dumb Questions

问: 难道我不能通过修改**php.ini**文件来改变上传文件的初始存储位置吗?

答: 可以。PHP初始文件 (php.ini) 确实可以通过upload_tmp_dir选项改变上传文件的初始存储位置。不过如果你的应用在一个虚拟服务器上托管,可能无法访问这个文件,这说明必须通过PHP脚本代码把文件移动到你自己的文件夹中。

问: 为什么初始上传文件夹称为"临时"文件夹? 文件移动后这个文件夹是不是就消失了?

答: 不是这样的。这个文件夹之所以说是"临时的",这是指它不会作为上传文件的最终存储位置。可以把它认为是一个容留区,上传文件可以存储在这里,直到它们被移动到其最终的存储位置。

问: 为什么不能把文件就留在这个临时文件夹中呢?

答: 当然也可以,在这种情况下,需要向图像的路径增加$_FILES['screenshot']['tmp_name'],确保能够在临时文件夹中找到该文件。不过要记住,通常你并不会控制文件夹的名字或位置。更重要的是,在某些系统上,可能会自动将临时文件夹定期清空。另一个潜在的问题是,临时上传文件夹可能不允许公开访问,所以你无法从HTML代码引用上传的文件,这正是Guitar Wars和大多数其他PHP应用的主要问题。通过将上传文件移出临时上传文件夹,就可以精心控制这些文件存储在哪里以及如何访问。

> 太好了，现在我知道如何移动上传文件了。这确实很不一般。不过对于它们要去哪里我还是一点头绪都没有。

每个应用都需要一个图像文件夹。

确实，"需要"这个词的语气可能有点过强，不过尽可能地组织PHP应用的各个部分确实很重要，而要做到这一点，一种方法就是为不同的组成部分创建相应的文件夹。由于上传的文件由用户提交，它们往往不是你能直接控制的，至少从文件名和数量上不能控制。所以把它们与其他应用文件分开单独存储是一个很好的想法。

总之，我们需要一个图像文件夹，上传到Guitar Wars应用的图像文件都存储在这里。如果需要，这个文件夹也可以存储应用可能使用的所有其他图像。

images

这个图像文件夹并不比其他文件夹更大，不过有助于统一组织图像文件。

为上传的图像文件创建一个家

图像文件夹与Web服务器上的所有其他文件夹很类似，只是它必须放置在应用主Web文件夹之下。通常将这个文件夹直接放在Web文件夹下就可以，不过如果愿意你完全可以创建一个更复杂的文件夹层次结构。

如果图像文件夹就创建在Web服务器的主Web文件夹之下，则可以如下从PHP脚本引用图像文件：

> 这是应用的Web文件夹，PHP脚本就存储在这里，包括index.php。

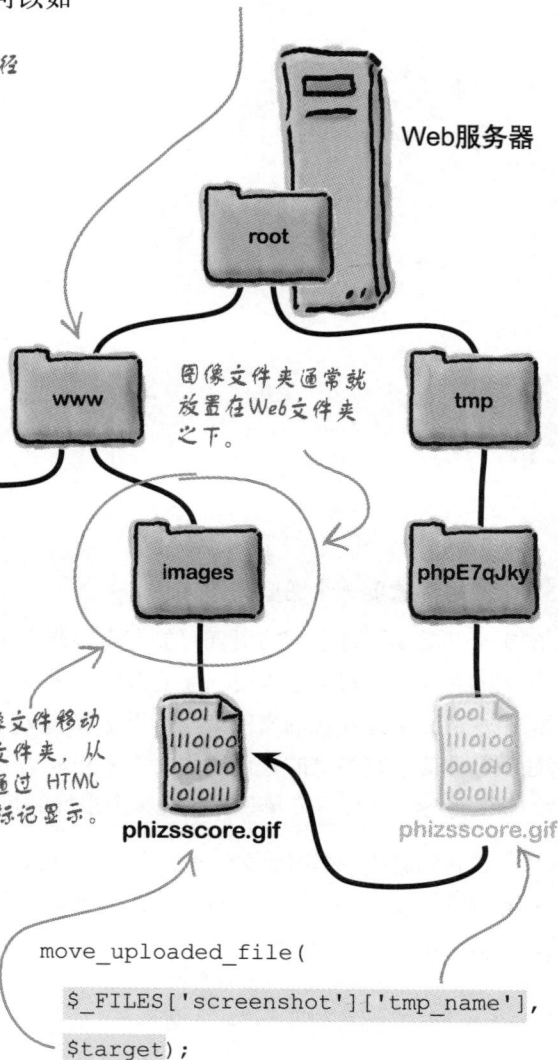

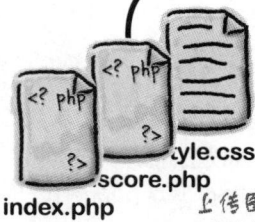

> 图像文件名与路径联接。

```
$target = GW_UPLOADPATH . $screenshot;
```

> **images/phizsscore.gif**

$target路径包含一个新常量GW_UPLOADPATH（稍后将向脚本增加这个新常量），其中存储了图像文件夹的路径。与变量类似，常量也存储一段数据。不过常量一旦设置它的值就不会再改变。输入到Add Score表单的图像文件名再与图像文件夹路径联接。

Web服务器

root

> 图像文件夹通常就放置在Web文件夹之下。

www

tmp

style.css
score.php
index.php

images

phpE7qJky

> 上传图像文件移动到图像文件夹，从而可以通过 HTML `<img>`标记显示。

```
1001
1110100
001010
1010111
```
phizsscore.gif

```
1001
1110100
001010
1010111
```
phizsscore.gif

```
move_uploaded_file(
    $_FILES['screenshot']['tmp_name'],
    $target);
```

Watch it!

如果你的PHP应用在别处托管，而不是在你的本地计算机上，则需要使用FTP创建图像文件夹。

使用一个FTP程序访问网站的文件系统，并在应用Web文件夹下创建图像文件夹。

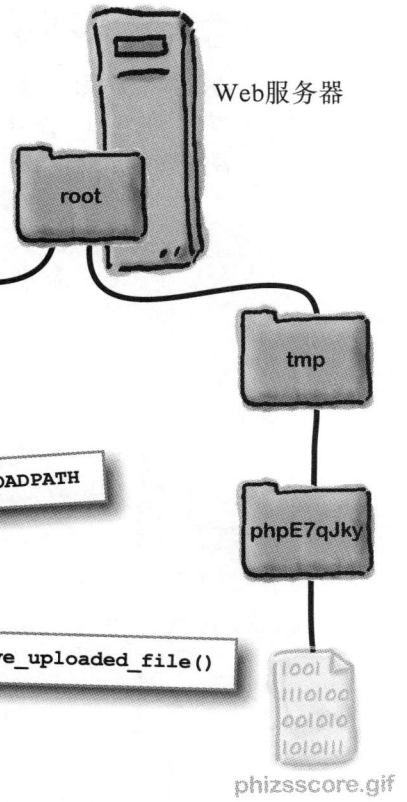

扮演上传图像文件

你的任务是扮演一个上传切屏图像文件的角色，并指出在Guitar Wars应用中的行走路线。画出经过应用各部分的路径，不要忘记数据库。要从一个上传文件的角度考虑！

Web服务器

root

www

tmp

客户Web
浏览器

images

GW_UPLOADPATH

phpE7qJky

mypics

move_uploaded_file()

从这里开始！

phizsscore.gif

phizsscore.gif

phizsscore.gif

Guitar Wars - Add Your High Score

Name: Phiz Lairston
Score: 186580
Screen shot: Choose File 号 phizsscore.gif

Add

```
$screenshot = $_FILES['screenshot']['name'];
```

```
INSERT INTO guitarwars VALUES (0, NOW(), '$name', '$score', '$screenshot')
```

guitarwars

id	date	name	score	screenshot
1	2008-04-22 14:37:34	Paco Jastorius	127650	
2	2008-04-22 21:27:54	Nevil Johansson	98430	
3	2008-04-23 09:06:35	Eddie Vanilli	345900	
4	2008-04-23 09:12:53	Belita Chevy	282470	
5	2008-04-23 09:13:34	Ashton Simpson	368420	
6	2008-04-23 14:09:50	Kenny Lavitz	64930	
7	2008-04-24 08:13:52	Phiz Lairston	186580	phizsscore.gif

扮演上传图像文件答案

你的任务是扮演一个上传切屏图像文件的角色，并指出在*Guitar Wars*应用中的行走路线。画出经过应用各部分的路径，不要忘记数据库。要从一个上传文件的角度考虑！

Web服务器

root

GW代表*Guitar Wars*，指示这是一个特定于具体应用的常量。

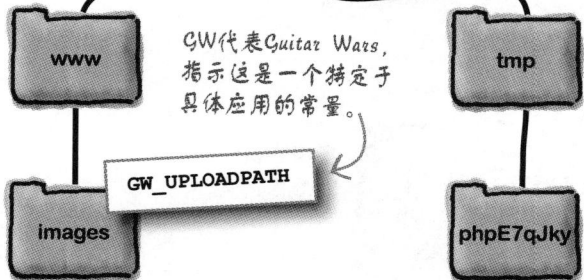

www

tmp

GW_UPLOADPATH

客户Web
浏览器

images

phpE7qJky

mypics

要注意这个文件夹的名字和位置，因为它将在整个*Guitar Wars*中用来存储和引用上传的图像文件。

move_uploaded_file()

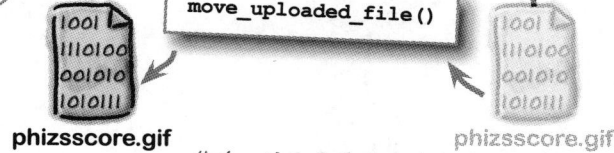

这个文件夹在用户计算机上，对于这个文件夹的名字或存储位置你将无从控制，另外你也并不关心。

1001
1110100
001010
1010111

1001
1110100
001010
1010111

phizsscore.gif

首先，使用一个文件输入表单域上传这个文件。

phizsscore.gif

其次，这个文件从临时上传文件夹移动到永久图像文件夹。

phizsscore.gif

Guitar Wars - Add Your High Score

Name: Phiz Lairston
Score: 186580
Screen shot: [Create File] phizsscore.gif

[Add]

```
$screenshot = $_FILES['screenshot']['name'];
```

文件上传到服务器并移动到其最终的存储位置之后，将它的文件名增加到数据库。

```
INSERT INTO guitarwars VALUES (0, NOW(), '$name', '$score', '$screenshot')
```

哈哈！

太棒了，这是之前没有规划到的一个新步骤，你的设计必须要灵活！

guitarwars

完成

⑤ 将上传图像文件从一个临时上传文件夹移动到永久图像文件夹。

```
<? php
?>
```

addscore.php

id	date	name	score	screenshot
1	2008-04-22 14:37:34	Paco Jastorius	127650	
2	2008-04-22 21:27:54	Nevil Johansson	98430	
3	2008-04-23 09:06:35	Eddie Vanilli	345900	
4	2008-04-23 09:12:53	Belita Chevy	282470	
5	2008-04-23 09:13:34	Ashton Simpson	368420	
6	2008-04-23 14:09:50	Kenny Lavitz	64930	
7	2008-04-24 08:13:52	Phiz Lairston	186580	phizsscore.gif

运行测试

为上传的切屏图像创建自己的图像文件夹，为它建立一个永久的家。

修改addscore.php脚本，使用GW_UPLOADPATH常量，并把上传的切屏图像存储在该常量指示的路径中。下面简单看看需要修改的代码：

```php
<?php
  // Define the upload path and maximum file size constants
  define('GW_UPLOADPATH', 'images/');

  if (isset($_POST['submit'])) {
    // Grab the score data from the POST
    $name = $_POST['name'];
    $score = $_POST['score'];
    $screenshot = $_FILES['screenshot']['name'];

    if (!empty($name) && !empty($score) && !empty($screenshot)) {
      // Move the file to the target upload folder
      $target = GW_UPLOADPATH . $screenshot;
      if (move_uploaded_file($_FILES['screenshot']['tmp_name'], $target)) {
        // Connect to the database
        $dbc = mysqli_connect('www.guitarwars.net', 'admin', 'rockit', 'gwdb');

        // Write the data to the database
        $query = "INSERT INTO guitarwars VALUES (0, NOW(), '$name', '$score', '$screenshot')";
        mysqli_query($dbc, $query);

        // Confirm success with the user
        echo '<p>Thanks for adding your new high score!</p>';
        echo '<p><strong>Name:</strong> ' . $name . '<br />';
        echo '<strong>Score:</strong> ' . $score . '<br />';
        echo '<img src="' . GW_UPLOADPATH . $screenshot . '" alt="Score image" /></p>';
        echo '<p><a href="index.php">&lt;&lt; Back to high scores</a></p>';
```

addscore.php

index.php脚本也受GW_UPLOADPATH常量影响。不要忘记还要修改这个脚本。完成这些修改后，将脚本上传到你的服务器，并尝试再次增加一个高分数。

对于之前没有切屏图像的分数会显示"unverified"图像。

现在在主页上可以看见上传的切屏图像了。

问： 如果php.ini文件可以用来控制上传文件的存储位置，为什么还有必要移动文件呢？

答： 因为并不总能修改php.ini。例如，如果你在一个虚拟Web服务器上构建PHP应用，很可能不能改变php.ini中的设置。即使你能修改php.ini，也存在风险，因为如果需要把它移动到另一个服务器上，很可能会破坏你的应用。换句话说，应用会依赖于由php.ini控制的一个路径，而不是由你自己的PHP代码控制的路径。

问： 为什么用户不能在Guitar Wars中输入日期之类的信息？

答：日期是高分数的一个重要部分，它指出了一个分数何时正式发布到网站。像所有记录一样，第一个得到某个分数的人会享有全部荣誉。与其相信一个用户告知他们何时得到高分，不如直接使用发布日期/时间作为分数的正式记录。这就消除了伪造的日期，并能进一步增加高分表的可信度。这样一个竞争性应用的用户往往会想方设法寻找捷径，所以要尽最大可能消除这些途径！

需要指出，NOW()函数使用的是Web服务器上的时间，这可能与用户的当地时间不同。不过，这不会成为问题，因为所有用户都要遵循相同的服务器时间。

问： 有没有可能有人上传的图像文件与先前上传的其他切屏图像同名，从而将后者覆盖？

答： 有这个可能。这个问题的原因在于，存储在Web服务器上的切屏图像使用了用户在文件上传表单域中提供的文件名。所以如果两个用户上传了文件名相同的图像文件，第一个用户的图像就会被第二个用户的图像所覆盖。这可不好。一种解决方案是为服务器上的图像文件名增加一定程度的惟一性。为此一种简单的方法是在文件名前面增加当前服务器时间（以秒为单位），如下：

```
$target = GW_UPLOADPATH . time() .
  $screenshot;
```

这个代码的结果使得文件名是1221634560phizsscore.gif，而不是phizsscore.gif，其中1221634560是服务器上的当前时间（表示为秒数）。

问： 可以把一个上传的高分切屏图的具体图像数据存储在Guitar Wars数据库中吗？

答： 可以。数据库非常灵活，允许你存储二进制数据。不过，这种情况下会有一个严重的问题，Guitar Wars在HTML代码中使用了上传的图像，从而可以在主页index.php上显示。HTML <img>标记设计为引用Web服务器上存储的一个图像文件，而不是一个存储在数据库中的二进制图像数据块。所以即使你修改了guitarwars表来保存二进制图像数据，也会面临一个巨大的挑战，需要将数据恢复为可以用HTML代码显示的格式。

time()函数返回的时间没有任何特殊之处，只是它得到的是唯一的数字……它返回的数字一直在增加！

数据库非常擅长存储文本数据，但是通常最好只是引用外部文件中的二进制数据。

BULLET POINTS

- ALTER语句用于修改一个MySQL数据库表的结构，如增加一个新的数据列。

- 基于PHP和MySQL的一点帮助，HTML <input>标记可以用于上传图像文件。

- PHP在超级全局变量$_FILES中存储上传文件的有关信息。

- 标准PHP函数move_uploaded_file()允许在Web服务器上移动文件，这对于处理上传文件至关重要。

- 用一个图像文件夹存储应用使用的图像（特别是用户上传的图像），这对大多数Web应用都有益。

我很喜欢将文件上传路径存储在一个常量中的做法，但是为什么要在两个地方分别创建（index.php 和 addscore.php）呢？如果路径改变会有什么影响？

GW_UPLOADPATH 常量存储切屏图像的文件上传路径。

```
define('GW_UPLOADPATH', 'images/');
```

define() 用于创建常量。

常量名

常量的值，这不会改变……毕竟，它是常量！

如果路径改变，就必须修改两处的代码……重复代码是很糟糕的事情！

所以在index.php和addscore.php脚本中，GW_UPLOADPATH常量各自都能很好地工作。但是这个常量在两个脚本中重复创建，这意味着如果路径发生任何改变就必须对每一个脚本都进行更新。这种代码重复是一种很不好的设计，应当尽量消除。

```
// Define the upload path constant
define('GW_UPLOADPATH', 'images/');
```

index.php

常量存储了两次，这意味着必须在两个不同位置维护。

BRAIN POWER

为了解决重复代码问题，需要把GW_UPLOADPATH常量存储在一个位置。你想把它存储在index.php还是addscore.php中？为什么？

```
// Define the upload path and maximum file size constants
define('GW_UPLOADPATH', 'images/');
define('GW_MAXFILESIZE', 32768);    // 32 KB
```

addscore.php

共享数据必须共享

如果数据要由一个应用中的多个脚本共享，需要有一种方法将这个数据存储在一个位置，然后能够在不同脚本中使用。不过这仍然没有回答前面的问题，即这个数据到底应当放在哪里……？

共享的脚本数据需要在整个应用中都能访问，而无需代码重复。

可以把数据只存储在**index.php**中……

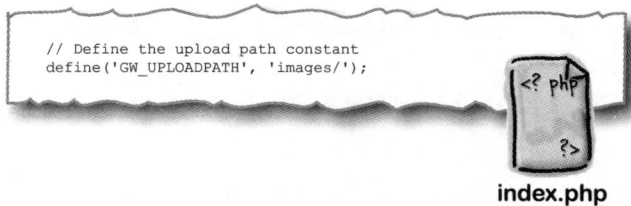

```
// Define the upload path constant
define('GW_UPLOADPATH', 'images/');
```

index.php

……但是这样一来，其他脚本将无法访问这个数据。

拜托，我的数据去哪里了？

addscore.php

所以把共享脚本数据存储在一个现有的脚本文件中并不能真正奏效，因为数据不再共享。答案应当是：采用某种方法使得多个脚本都可以访问数据，但是并不直接将数据存储在其中任何一个文件中。

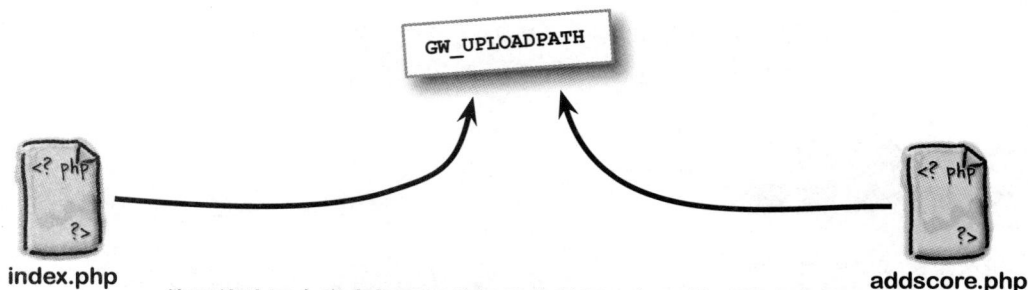

GW_UPLOADPATH

index.php　　　　　　　　　　　　　　　　　　　　　**addscore.php**

能不能让两个脚本都可以访问这个数据，但是并不把它存储在其中任何一个文件中？

共享脚本数据的解决方案就是包含文件，这是根据需要插入到其他PHP文件中的PHP源代码文件。

共享脚本数据是必要的

包含文件功能非常强大，因为只需创建一次，以后就可以根据需要在其他脚本文件中重用，从而有效地实现代码共享。GW_UPLOADPATH 常量可以放在一个包含文件中来建立一个"应用变量"集合。

包含文件允许在多个脚本之间共享代码。

```php
<?php
// Define application constants
define('GW_UPLOADPATH', 'images/');
?>
```

appvars.php

```
require_once('appvars.php');
```

addscore.php

```
require_once('appvars.php');
```

index.php

require_once语句负责将一个脚本包含在另一个脚本中。

在其他脚本中包含appvars.php可以使这些脚本共享appvars.php中的数据。

问：嘿，这些应用"变量"真的是常量吗？

答：有时是的。不过这并不重要。关键是不要过于严格地划分变量和常量。实际上，我们只是想建立一个公共的位置来存储一个给定应用的共享脚本数据。这个位置就是一个名为appvars.php的脚本文件。

问：共享脚本文件中的代码仅限于数据吗？

答：不，当然不是。任何PHP代码都可以放在单独的脚本文件中，并使用require_once语句共享。实际上，多个脚本文件共享大量功能性代码在很多应用中是很常见的。使用共享脚本文件不仅很常见，从代码组织的角度看这也是一个很好的想法。

问：为什么包含脚本代码的PHP语句名为 **require_once**？

答："包含文件"这个名字源于一个与require_once很类似的PHP语句include。二者的区别在于，如果未找到包含文件，require_once会产生一个错误，而include在未找到包含文件时不会显示任何错误。另外，require_once中的"once"一词表示它保证文件不会被意外包含多次。有时你会看到有人使用include而不是require_once来包含不太重要的代码，如不具有决定性作用的纯HTML代码。PHP还提供了include_once和require语句，这是require_once和include的变型。

把require_once认为是"插入"

并不限于只包含一个共享PHP文件，另外包含文件可以出现在一个脚本中你希望的任何位置。可以把require_once语句认为是一个"插入"语句，将替换为它引用的脚本文件的内容。对于Guitar Wars，还可以把数据库连接变量移动到一个包含文件中，这也很有好处。这样一来，两个共享脚本文件的内容会在其他脚本文件中直接插入到所需的位置上。

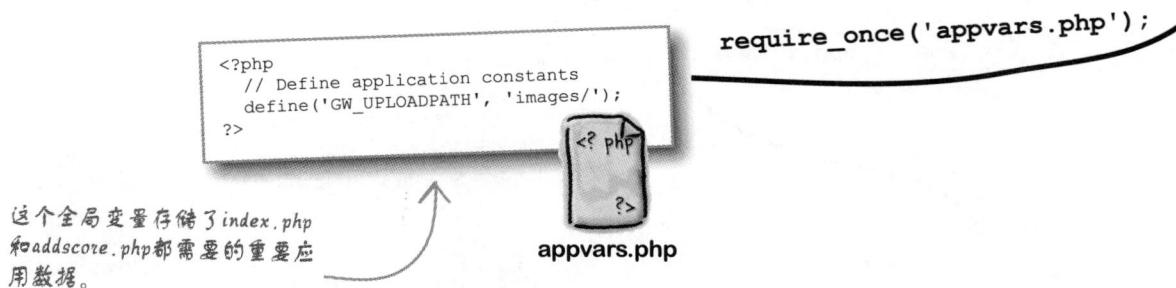

require_once('appvars.php');

```php
<?php
  // Define application constants
  define('GW_UPLOADPATH', 'images/');
?>
```

appvars.php

这个全局变量存储了*index.php*和*addscore.php*都需要的重要应用数据。

require_once('connectvars.php');

```php
<?php
  // Define database connection constants
  define('DB_HOST', 'www.guitarwars.net');
  define('DB_USER', 'admin');
  define('DB_PASSWORD', 'rockit');
  define('DB_NAME', 'gwdb');
?>
```

connectvars.php

不必在每一个脚本中重复创建数据库连接变量，可以把它们移动到一个包含文件中实现共享。

REQUIRE_ONCE语句在其他脚本中插入共享脚本代码。

```php
<?php
  // Define application constants
  define('GW_UPLOADPATH', 'images/');

  // Define database connection constants
  define('DB_HOST', 'www.guitarwars.net');
  define('DB_USER', 'admin');
  define('DB_PASSWORD', 'chiefrocker');
  define('DB_NAME', 'guitarwarsdb');

  // Connect to the database
  $dbc = mysqli_connect(DB_HOST, DB_USER, DB_PASSWORD, DB_NAME);

  // Retrieve the score data from MySQL
  $query = "SELECT * FROM guitarwars";
  $data = mysqli_query($dbc, $query);

  // Loop through the array of score data, formatting it as HTML
  echo '<table>';
  while ($row = mysqli_fetch_array($data)) {
    // Display the score data
    echo '<tr><td class="scoreinfo">';
    echo '<span class="score">' . $row['score'] . '</span><br />';
    echo '<strong>Name:</strong> ' . $row['name'] . '<br />';
    echo '<strong>Date:</strong> ' . $row['date'] . '</td>';
    if (is_file(GW_UPLOADPATH . $row['screenshot']) &&
      filesize(GW_UPLOADPATH . $row['screenshot']) > 0) {
      echo '<td><img src="' . GW_UPLOADPATH . $row['screenshot'] .
        '" alt="Score image" /></td></tr>';
    }
    else {
      echo '<td><img src="' . GW_UPLOADPATH . 'unverified.gif' .
        '" alt="Unverified score" /></td></tr>';
    }
  }
  echo '</table>';

  mysqli_close($dbc);
?>
```

index.php

真不错！现在我也可以访问共享数据了。

addscore.php

6 将文件上传路径移动到一个通过包含文件实现共享的常量。

唉呀！又是一个新步骤！有些问题很难提前规划，所以必须做好准备实时地调整你的设计。

运行测试

为Guitar Wars创建两个包含文件，然后在其他脚本中共享。

创建两个新的文本文件appvars.php和connectvars.php，分别输入上一页显示的代码。然后向index.php和addscore.php增加require_once语句，包含前面两个共享脚本文件。将所有这些脚本上传到你的Web服务器，尝试Add　Score表单和主页，确保做出这个新的改进后包含文件组织结构仍能正常工作。

~~时间~~ 顺序 是高分的关键

Guitar Wars终于可以支持图像，允许用户上传切屏图像来帮助验证他们的高分。尽管这是对应用的一个重要改进，但还有一个用户抱怨已久的问题没有得到解决，即主页上分数的顺序。

现在增加一个高分就会增加一个切屏图像……

……看上去很不错，不过分数顺序还是乱的！

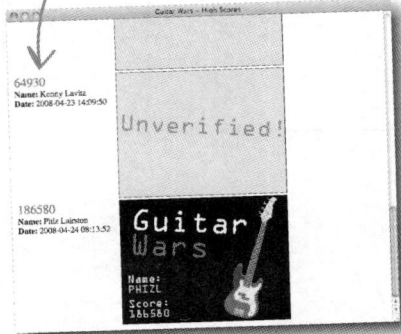

我是唯一有切屏图像的分数，不过为什么我的分数在列表的最下面？

Phiz通过了她的切屏验证，不过尽管她的分数是名副其实的，却把她排在高分表的最下面，这让她很有些愤愤不平。

确实，分数是无序的。它们按数据库中存储的顺序显示，而这完全是任意的。绝不要依赖于数据在数据库中的存储顺序，除非顺序对你而言并不重要。在这里顺序很重要，所以我们需要对查询结果强制某种顺序。ORDER BY SQL语句使这种排序成为可能。

PHP & MySQL磁贴

使用下面的磁贴来创建有序的**SELECT**语句，从而得到以下输出中的结果，看看你能不能搞清楚**ORDER BY**是如何工作的。另外圈出你认为哪个查询最适于修正Guitar Wars的问题。提示：**ASC**代表升序（ASCending），**DESC**代表降序（DESCending）。

```
File Edit Window Help YYZ
mysql>
........................................................................

+-----+---------------------+-----------------+-------+--------------+
| id  | date                | name            | score | screenshot   |
+-----+---------------------+-----------------+-------+--------------+
| 5   | 2008-04-23 09:13:34 | Ashton Simpson  | 368420 |             |
| 4   | 2008-04-23 09:12:53 | Belita Chevy    | 282470 |             |
| 3   | 2008-04-23 09:06:35 | Eddie Vanilli   | 345900 |             |
| 6   | 2008-04-23 14:09:50 | Kenny Lavitz    |  64930 |             |
| 2   | 2008-04-22 21:27:54 | Nevil Johansson |  98430 |             |
| 1   | 2008-04-22 14:37:34 | Paco Jastorius  | 127650 |             |
| 7   | 2008-04-24 08:13:52 | Phiz Lairston   | 186580 | phizsscore.gif |
+-----+---------------------+-----------------+-------+--------------+

7 rows in set (0.0005 sec)
```

查询结果先按分数的数字顺序降序再按日期的升序返回。

查询结果按名字的字母顺序升序返回。

```
File Edit Window Help YYZ
mysql>
........................................................................

+-----+---------------------+-----------------+-------+--------------+
| id  | date                | name            | score | screenshot   |
+-----+---------------------+-----------------+-------+--------------+
| 5   | 2008-04-23 09:13:34 | Ashton Simpson  | 368420 |             |
| 3   | 2008-04-23 09:06:35 | Eddie Vanilli   | 345900 |             |
| 4   | 2008-04-23 09:12:53 | Belita Chevy    | 282470 |             |
| 7   | 2008-04-24 08:13:52 | Phiz Lairston   | 186580 | phizsscore.gif |
| 1   | 2008-04-22 14:37:34 | Paco Jastorius  | 127650 |             |
| 2   | 2008-04-22 21:27:54 | Nevil Johansson |  98430 |             |
| 6   | 2008-04-23 14:09:50 | Kenny Lavitz    |  64930 |             |
+-----+---------------------+-----------------+-------+--------------+

7 rows in set (0.0005 sec)
```

SELECT	;	DESC		score	*	ASC	date	,
SELECT	ORDER BY	guitarwars	*	FROM	ORDER BY	;		FROM
		guitarwars		ASC				

PHP & MySQL磁贴答案

使用下面的磁贴来创建有序的SELECT语句，从而得到以下输出中的结果，看看你能不能搞清楚ORDER BY是如何工作的。另外圈出你认为哪个查询最适于修正Guitar Wars的问题。提示：ASC代表升序（ASCending），DESC代表降序（DESCending）。

```
File Edit Window Help YYZ
mysql>  SELECT | * | FROM | guitarwars | ORDER BY | name | ASC | ;

+-----+---------------------+------------------+--------+----------------+
| id  | date                | name             | score  | screenshot     |
+-----+---------------------+------------------+--------+----------------+
| 5   | 2008-04-23 09:13:34 | Ashton Simpson   | 368420 |                |
| 4   | 2008-04-23 09:12:53 | Belita Chevy     | 282470 |                |
| 3   | 2008-04-23 09:06:35 | Eddie Vanilli    | 345900 |                |
| 6   | 2008-04-23 14:09:50 | Kenny Lavitz     |  64930 |                |
| 2   | 2008-04-22 21:27:54 | Nevil Johansson  |  98430 |                |
| 1   | 2008-04-22 14:37:34 | Paco Jastorius   | 127650 |                |
| 7   | 2008-04-24 08:13:52 | Phiz Lairston    | 186580 | phizsscore.gif |
+-----+---------------------+------------------+--------+----------------+

7 rows in set (0.0005 sec)
```

查询结果先按分数数字顺序的降序再按日期的升序返回。

查询结果按名字的字母顺序升序返回。

这是修正Guitar Wars所需要的查询！

```
File Edit Window Help TTZ
mysql>  SELECT | * | FROM | guitarwars | ORDER BY | score | DESC | , | date | ASC | ;

+-----+---------------------+------------------+--------+----------------+
| id  | date                | name             | score  | screenshot     |
+-----+---------------------+------------------+--------+----------------+
| 5   | 2008-04-23 09:13:34 | Ashton Simpson   | 368420 |                |
| 3   | 2008-04-23 09:06:35 | Eddie Vanilli    | 345900 |                |
| 4   | 2008-04-23 09:12:53 | Belita Chevy     | 282470 |                |
| 7   | 2008-04-24 08:13:52 | Phiz Lairston    | 186580 | phizsscore.gif |
| 1   | 2008-04-22 14:37:34 | Paco Jastorius   | 127650 |                |
| 2   | 2008-04-22 21:27:54 | Nevil Johansson  |  98430 |                |
| 6   | 2008-04-23 14:09:50 | Kenny Lavitz     |  64930 |                |
+-----+---------------------+------------------+--------+----------------+

7 rows in set (0.0005 sec)
```

按日期排序是第二级，只有当存在两个相同分数时起作用，在这里不会出现这种情况，但是在一个足够大的数据集中这是有可能的。

需要用逗号分隔两级排序。

最佳吉他手的荣耀

修正了分数的顺序后，现在可以对高分表做一个原先未规划的改进，在列表最上面列出得分最高的人。很有必要在高分表中为得分最高的吉他手专设一个表头，清楚地显示出最高分数，这样一来不仅可以一目了然地看出最佳吉他手是谁……还可以明确大家下一步努力的目标分数。

高分表的表头突出显示了最高得分，为激烈竞争的众位吉他手提供了一个目标。

Guitar Wars - High Scores

Guitar Wars - High Scores

Welcome, Guitar Warrior, do you have what it takes to crack the high score list? If so, just add your own score.

Top Score: 368420

368420
Name: Ashton Simpson
Date: 2008-04-23 09:13:34

Unverified!

345900
Name: Eddie Vanilli
Date: 2008-04-23 09:06:35

Unverified!

there are no Dumb Questions

问： 很多分数还是没有得到验证？是不是有问题？

答： 确实有问题。不过这并不会阻止我们继续关注最高分。这只是表明还需要删除这些未验证的分数来清理高分表。实际上，一旦突出显示了最高分，接下来就会要去除这些未验证的高分。

用HTML和CSS格式化最高分

关于这个新的高分表表头最重要的一点是，它会突出显示在高分表中所有其他分数的上面。这需要借助于HTML和CSS来增加一些视觉效果。表头单独生成为HTML表中的一行，并对它应用一个特殊的CSS样式。必须把这个样式（topscoreheader）增加到Guitar Wars的CSS样式表中。

这个样式类用于突出显示Add Score脚本中的数据输入错误。

在表头中将最高分居中。

```css
.error {
    font-weight: bold;
    color: #FF0000;
}

.topscoreheader {
    text-align: center;
    font-size: 200%;
    background-color: #36407F;
    color: #FFFFFF;
}

.score {
    font-size:150%;
    color: #36407F;
}

.scoreinfo {
    vertical-align: top;
    padding-right:15px;
}
```

确保字体大小大于其余的分数。

使用一个暗背景色和白色文本使最高分真正醒目。

style.css

这两个样式类用于格式化主页上的各个高分。

index.php脚本已经生成了一个包含高分表的HTML表格。要为最高分单独生成一个表头，需要抽取出第一个分数，这肯定是最高分，因为列表现在是有序的。这里有一个while循环负责循环处理各个分数，所以我们要以某种方式统计分数，从而只为第一个分数生成表头……

完成Guitar Wars index.php脚本的代码，使用topscoreheader CSS样式为最高分生成一个格式化的表头。提示：不要忘记最高分表头是高分HTML表的一部分，而这个表有两列。

```php
……
// Loop through the array of score data, formatting it as HTML
echo '<table>';
$i = 0;
while ($row = mysqli_fetch_array($data)) {
  // Display the score data ...................
  if (...............) {

    ....................................................................................................

    ....................................................................................................
  }
  echo '<tr><td class="scoreinfo">';
  echo '<span class="score">' . $row['score'] . '</span><br />';
  echo '<strong>Name:</strong> ' . $row['name'] . '<br />';
  echo '<strong>Date:</strong> ' . $row['date'] . '</td>';
  if (is_file(GW_UPLOADPATH . $row['screenshot']) &&
    filesize(GW_UPLOADPATH . $row['screenshot']) > 0) {
    echo '<td><img src="' . GW_UPLOADPATH . $row['screenshot'] .
      '" alt="Score image" /></td></tr>';
  }
  else {
    echo '<td><img src="' . GW_UPLOADPATH . 'unverified.gif' .
      '" alt="Unverified score" /></td></tr>';
  }
  ......................
}
echo '</table>';
……
```

index.php

Exercise Solution

完成Guitar Wars index.php脚本的代码，使用topscoreheader CSS样式为最高分生成一个格式化的表头。提示：不要忘记最高分表头是高分HTML表的一部分，而这个表有两列。

> $i是对高分计数的变量，我们可以用它来抽取第一个分数。

```
......
// Loop through the array of score data, formatting it as HTML
echo '<table>';
$i = 0;
while ($row = mysqli_fetch_array($data)) {
  // Display the score data
  if ( $i == 0 ) {
    echo '<tr><td colspan="2" class="topscoreheader">Top Score: ' .
      $row['score'] . '</td></tr>' ;
  }
  echo '<tr><td class="scoreinfo">';
  echo '<span class="score">' . $row['score'] . '</span><br />';
  echo '<strong>Name:</strong> ' . $row['name'] . '<br />';
  echo '<strong>Date:</strong> ' . $row['date'] . '</td>';
  if (is_file(GW_UPLOADPATH . $row['screenshot']) &&
    filesize(GW_UPLOADPATH . $row['screenshot']) > 0) {
    echo '<td><img src="' . GW_UPLOADPATH . $row['screenshot'] .
      '" alt="Score image" /></td></tr>';
  }
  else {
    echo '<td><img src="' . GW_UPLOADPATH . 'unverified.gif' .
      '" alt="Unverified score" /></td></tr>';
  }
  $i++;
}
echo '</table>';
......
```

> 如果$i等于0，可以知道这是第一个分数（最高分！），所以显示表头的HTML代码。

> topscoreheader样式类存储在style.css中。

> 在分数循环的最后递增计数器，这个代码等同于$i = $i + 1;。

index.php

运行测试

对高分排序，并突出显示所有分数中的最高分。

修改index.php脚本，使用新的排序SELECT查询，然后增加生成最高分表头的代码。把新脚本上传到你的Web服务器，并在浏览器中打开页面，可以看到最高分会突出显示。

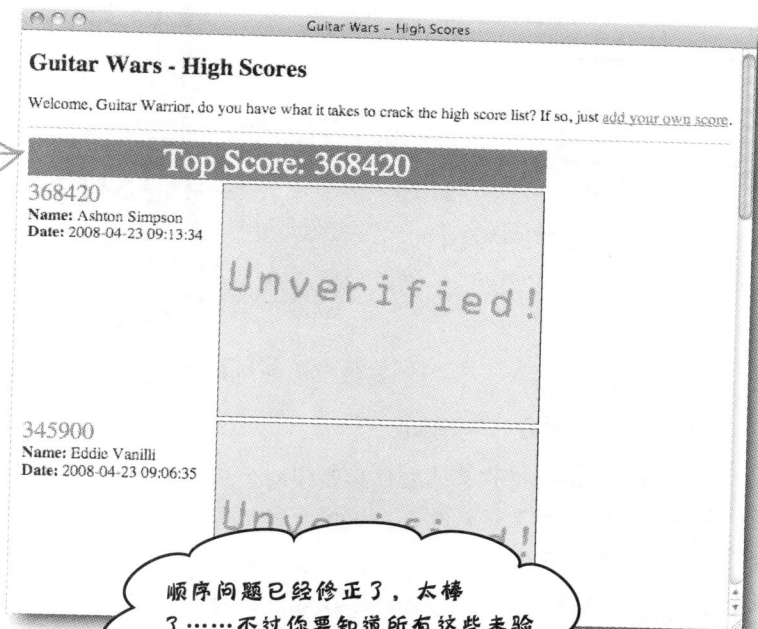

最高分现在醒目地显示在高分表最上面。

顺序问题已经修正了，太棒了……不过你要知道所有这些未验证的分数都可能是谎报的。

没错，未验证的分数需要加以处理。

不过先别着急，事情要一件一件地做。看起来还存在另一个问题可能会阻碍人们上传他们的高分切屏图……

> 我输入了我的高分和切屏图像，不过点击**Add**按钮时只得到了一个一般性的错误消息。我实在看不出哪里出了问题。

这个文件不仅太大（远远大于32KB），而且这甚至不是一个图像！

Guitar Wars - Add Your High Score

Name: Ethel Heckle
Score: 500000
Screen shot: (Choose File) ethelshugescore.pdf

(Add)

ethelshugescore.pdf

这个文件不仅太大，而且这甚至不是一个图像！

这个表单还存在一个问题，它拒绝接收某些文件但是没有告诉用户为什么。表单能拒绝文件实际上是对的，在这里主要是因为这些文件太大了，要记住我们在表单代码中把文件大小限制为32KB以下。不过需要清楚地告诉用户为什么。不仅如此，我们还不希望用户上传非图像的文件。为Add Score表单增加验证就能让我们更好地控制文件的上传。

所以图像文件上传表单（addscore.php）的验证有两个重要目的。首先，它可以进一步避免大文件的上传，通知用户文件不能大于32KB。其次，可以防止人们上传非图像的文件。文件上传表单需要对文件大小以及类型都提供验证。

Guitar Wars - Add Your High Score

Sorry, there was a problem uploading your screen shot image.

Name: Ethel Heckel
Score: 500000
Screen shot: (Choose File) no file selected

(Add)

这个错误消息并没有向用户传达太多有关高分提交中哪里出了问题的信息。

只允许图像
（小）

那么到底该如何检查Add Score表单并确保上传的图像符合某个大小和类型呢？答案就是内置的$_FILES超级全局变量，如果还记得，之前我们正是从这个$_FILES超级全局变量得到了上传文件的临时存储位置，从而可以将它移动到图像文件夹。现在我们要用它得到文件的大小和MIME类型。

```
$_FILES['screenshot']['size']
```
1280472

文件的大小超过了1MB，这远远大于我们的32 KB上限（1,280,472字节是1.22 MB，或1,250 KB）。

```
$_FILES['screenshot']['type']
```
application/pdf

文件类型为PDF，这不是一个可以接受的Web图像类型，如GIF、JPG或PNG。

我们不只是希望图像文件小于32 KB大小上限，还要求文件类型必须能够作为一个Web图像显示。下面的MIME类型常用于表示Web图像：

```
$_FILES['screenshot']['type']
```

GIF
image/gif

JPEG
image/jpeg
或
image/pjpeg

PNG
image/png

phizsscore.gif

jeanpaulsscore.jpg

jacobsscore.png

高分切屏图像文件

Sharpen your pencil

写出一个if语句，检查以确保一个切屏图文件是一个图像，另外查看它的大小是否大于0字节而且小于常数GW_MAXFILESIZE。假设文件大小和类型已经存储在名为$screenshot_size和$screenshot_type的变量中。

```
if (
..............................................................................
..............................................................................
                                                    ) {
..............................................................................
```

Sharpen your pencil
Solution

写出一个if语句，检查以确保一个切屏图文件是一个图像，另外查看它的大小是否大于0字节而且小于常数GW_MAXFILESIZE。假设文件大小和类型已经存储在名为$screenshot_size和$screenshot_type的变量中。

有些浏览器使用这个MIME类型来标识JPEG图像。

```
if (  ((Sscreenshot_type == 'image/gif' ) || (Sscreenshot_type == 'image/jpeg' ) ||

      (Sscreenshot_type == 'image/pjpeg' ) || (Sscreenshot_type == 'image/png' )) &&

      (Sscreenshot_size > 0) && (Sscreenshot_size <= GW_MAXFILESIZE))          ) {
```

```php
<?php
// Define application constants
define('GW_UPLOADPATH', 'images/');
define('GW_MAXFILESIZE', 32768);        // 32 KB
?>
```

appvars.php

由于文件大小上限现在出现在Add Score脚本中的多个位置，有必要把它存储为一个常量。

文件验证使应用更为健壮

一个小小的验证能够大大改善PHP应用的直观性和易用性，更不用说可以更安全并避免滥用。现在通过提供一个有帮助的错误消息，能够让用户知道对上传的图像文件有哪些具体的约束。

一个错误消息有助于解释具体允许上传哪种类型的文件。

这太荒谬了！

Guitar Wars - Add Your High Score

ar Wars - Add Your High Score

The screen shot must be a GIF, JPEG, or PNG image file no greater than 32 KB in size.

Name: Ethel Heckel
Score: 500000
Screen shot: (Choose File) no file selected

(Add)

我们没发现任何问题。

ethelshugescore.pdf

phizsscore.gif

jeanpaulsscore.jpg

jacobsscore.png

由于我们希望脚本更为健壮，检查S_
FILES超级全局变量，以确保不存在上传
错误也是一个很好的想法。

如果文件类型有误或者文件过
大，显示一个描述性错误。

```php
if (!empty($name) && !empty($score) && !empty($screenshot)) {
  if ((($screenshot_type == 'image/gif') || ($screenshot_type == 'image/jpeg') ||
   ($screenshot_type == 'image/pjpeg') || ($screenshot_type == 'image/png')) &&
   ($screenshot_size > 0) && ($screenshot_size <= GW_MAXFILESIZE)) {
   if ($_FILES['file']['error'] == 0) {
     // Move the file to the target upload folder
     $target = GW_UPLOADPATH . $screenshot;
     if (move_uploaded_file($_FILES['screenshot']['tmp_name'], $target)) {
       // Connect to the database
       $dbc = mysqli_connect(DB_HOST, DB_USER, DB_PASSWORD, DB_NAME);

       // Write the data to the database
       $query = "INSERT INTO guitarwars VALUES (0, NOW(), '$name', '$score', '$screenshot')";
       mysqli_query($dbc, $query);

       // Confirm success with the user
       echo '<p>Thanks for adding your new high score!</p>';
       echo '<p><strong>Name:</strong> ' . $name . '<br />';
       echo '<strong>Score:</strong> ' . $score . '<br />';
       echo '<img src="' . GW_UPLOADPATH . $screenshot . '" alt="Score image" /></p>';
       echo '<p><a href="index.php">&lt;&lt; Back to high scores</a></p>';

       // Clear the score data to clear the form
       $name = "";
       $score = "";
       $screenshot = "";

       mysqli_close($dbc);
     }
     else {
       echo '<p class="error">Sorry, there was a problem uploading your screen shot image.</p>';
     }
   }
  }
  else {
   echo '<p class="error">The screen shot must be a GIF, JPEG, or PNG image file no ' .
     'greater than ' . (GW_MAXFILESIZE / 1024) . ' KB in size.</p>';
  }

  // Try to delete the temporary screen shot image file
  @unlink($_FILES['screenshot']['tmp_name']);
}
else {
  echo '<p class="error">Please enter all of the information to add your high score.</p>';
}
```

addscore.php

unlink()函数从Web服务器删除一个文
件。我们用 @以防在文件上传未成功
时显示错误报告。

这个改进的新Add Score脚本现
在有了图像文件验证。

运行测试

为Add Score脚本增加切屏图像文件验证。

修改addscore.php脚本使用新的图像文件验证代码。将脚本上传到你的Web服务器，尝试向Add Score表单提交合法图像和一些不合法文件（过大的图像以及非图像文件）。

there are no Dumb Questions

问： 为什么JPEG图像有两种不同的MIME类型？

答： 这个问题最好去问浏览器开发商，他们出于某种原因决定对JPEG图像使用不同的MIME类型。为了确保JPEG文件验证能够在尽可能多的浏览器上工作，有必要对这两个MIME类型都进行检查。

问： 为什么还需要检查图像文件大于0字节？难道不是所有图像都大于0字节吗？

答： 理论上是这样。不过技术上讲，如果用户指定一个文件，而该文件在用户的计算机上并不实际存在，就有可能在服务器上创建一个0字节的文件。假如发生这种情况，addscore.php也能安全地加以处理，检查是否是空文件。

问： GW_MAXFILESIZE只是在addscore.php中使用，为什么要把它放在appvars.php中？

答： 确实，appvars.php可用来存储多个脚本文件间共享的脚本数据，另外它也很适合存储所有常量脚本数据。在这种情况下，将GW_MAXFILESIZE放在appvars.php中，这样一来，如果你希望文件上传上限更大，就可以更容易地找到（并修改）这个常量。

问： 包含@unlink()的这行代码是如何工作的？

答： 内置PHP unlink()函数会从Web服务器删除一个文件，在我们这种情况下，就是会删除所上传的临时图像文件。由于上传有可能失败，也就没有临时图像文件，所以我们在它前面加一个@符号来抑制unlink()可能生成的所有错误。可以在任何PHP函数前加上@来抑制其错误报告。

> 所有那些未验证的分数呢？要知道，它们还没有去掉。

高分表必须进行清理。

通过增加验证，图像文件上传已经得到增强，我们再不能忽略未验证分数的问题了。有上传切屏图的新分数不应屈居于没有切屏图的老分数下面（这些老分数可能合法，也可能不合法）。Guitar Wars 需要一种方法来删除老分数！

当前的最高分尚未得到验证，这会让其他用户很没有信心。

Guitar Wars - High Scores

Guitar Wars - High Scores

Welcome, Guitar Warrior, do you have what it takes to crack the high score list? If so, just add your own score.

Top Score: 368420

368420
Name: Ashton Simpson
Date: 2008-04-23 09:13:34

Unverified!

345900
Name: Eddie Vanilli
Date: 2008-04-23 09:06:35

ed!

guitarwars

需要把没有图像的未验证分数从数据库中删除，刻不容缓！

id	date	name	score	screenshot
1	2008-04-22 14:37:34	Paco Jastorius	127650	
2	2008-04-22 21:27:54	Nevil Johansson	98430	
3	2008-04-23 09:06:35	Eddie Vanilli	345900	
4	2008-04-23 09:12:53	Belita Chevy	282470	
5	2008-04-23 09:13:34	Ashton Simpson	368420	
6	2008-04-23 14:09:50	Kenny Lavitz	64930	
7	2008-04-24 08:13:52	Phiz Lairston	186580	phizsscore.gif

写出你将如何清理高分表中未验证的分数：

....

....

规划管理页面

由于我们只是需要从数据库删除一些未验证的分数，因此完全可以只启动一个SQL工具，然后手工地使用一些DELETE查询从数据库删除记录行。不过这可能并不是你最后一次需要删除分数，而且求助于手工SQL查询来维护一个Web应用也没有什么意思。我们的主导思想是构建一个用尽可能少的工作就可以加以维护的应用。

我们需要的是一个只有网站管理员才能访问并用来删除分数的页面…… 也就是一个管理（Admin）页面！不过在明确划分Guitar Wars中的哪些部分面向管理员而哪些部分面向用户时必须非常谨慎。

Web应用通常包括一些可以公共访问的页面，另外也包括一些只用于网站维护的页面。

这些页面面向用户。

Guitar Wars的Add Score页面和主页设计为由最终用户提交分数以及查看所有高分。

这个页面只面向管理员。

Admin页面设计为仅网站管理员能够使用，你肯定不希望最终用户能够删除高分。

点击"Remove"链接会删除这个特定的分数。

写出为了让Guitar Wars提供分数删除特性，Admin和Remove Score脚本需要做哪些工作。然后画出删除一个分数对于guitarwars表中的一行以及与之关联的切屏图像文件有什么影响。

admin.php

....
....
....
....
....

Web服务器

root

www

images

....
....
....
....
....
....

removescore.php

guitarwars

id	date	name	score	screenshot
1	2008-04-22 14:37:34	Paco Jastorius	127650	
2	2008-04-22 21:27:54	Nevil Johansson	98430	
3	2008-04-23 09:06:35	Eddie Vanilli	345900	
4	2008-04-23 09:12:53	Belita Chevy	282470	
5	2008-04-23 09:13:34	Ashton Simpson	368420	
6	2008-04-23 14:09:50	Kenny Lavitz	64930	
7	2008-04-24 08:13:52	Phiz Lairston	186580	phizsscore.gif

写出为了让Guitar Wars提供分数删除特性，Admin和Remove Score脚本需要做哪些工作。然后画出删除一个分数对于guitarwars表中的一行以及与之关联的切屏图像文件有什么影响。

Guitar Wars - High Scores Administration

Below is a list of all Guitar Wars high scores. Use this page to remove scores as needed.

Ashton Simpson	2008-04-23 09:13:34	368420	Remove
Eddie Vanilli	2008-04-23 09:06:35	345900	Remove
Belita Chevy	2008-04-24 08:02:11	282470	Remove
Phiz Lairston	2008-04-23 08:13:52	186580	Remove
Paco Jastorius	2008-04-24 08:02:11	127650	Remove
Nevil Johansson	2008-04-24 08:02:11	98430	Remove
Kenny Lavitz	2008-04-23 14:09:50	64930	Remove

admin.php脚本列出所有高分数据行，每个高分旁边都有一个Remove链接可以向Remove Score脚本传递信息。

admin.php

Web服务器

root

www

images

removescore.php脚本负责从数据库具体删除分数，从服务器删除图像文件，并显示一个确认消息。

Guitar Wars - Remove a High Score

Are you sure you want to delete the following high score?

Guitar Wars - Remove a High Score

The high score of 368420 for Ashton Simpson was successfully removed.

<< Back to admin page

removescore.php

guitarwars

id	date	name	score	screenshot
1	2008-04-22 14:37:34	Paco Jastorius	127650	
2	2008-04-22 21:27:54	Nevil Johansson	98430	
3	2008-04-23 09:06:35	Eddie Vanilli	345900	
4	2008-04-23 09:12:53	Belita Chevy	282470	
5	2008-04-23 09:13:34	Ashton Simpson	368420	
6	2008-04-23 14:09:50	Kenny Lavitz	64930	
7	2008-04-24 08:13:52	Phiz Lairston	186580	phizsscore.gif

这个示例数据行并没有切屏图像文件，不过，对于确实有相应图像的分数，Remove Score还需要从服务器删除相应的图像文件。

在Admin页面上生成删除分数链接

尽管具体的分数删除由Remove Score脚本负责，我们还需要一个Admin脚本来选择要删除的分数。admin.php脚本生成一个高分表，其中各个高分分别有一个Remove链接。这些链接将有关一个给定分数的数据传递到removescore.php脚本。

```php
<?php
  require_once('appvars.php');
  require_once('connectvars.php');

  // Connect to the database
  $dbc = mysqli_connect(DB_HOST, DB_USER, DB_PASSWORD, DB_NAME);

  // Retrieve the score data from MySQL
  $query = "SELECT * FROM guitarwars ORDER BY score DESC, date ASC";
  $data = mysqli_query($dbc, $query);

  // Loop through the array of score data, formatting it as HTML
  echo '<table>';
  while ($row = mysqli_fetch_array($data)) {
    // Display the score data
    echo '<tr class="scorerow"><td><strong>' . $row['name'] . '</strong></td>';
    echo '<td>' . $row['date'] . '</td>';
    echo '<td>' . $row['score'] . '</td>';
    echo '<td><a href="removescore.php?id=' . $row['id'] . '&amp;date=' . $row['date'] .
      '&amp;name=' . $row['name'] . '&amp;score=' . $row['score'] . '&amp;screenshot=' .
      $row['screenshot'] . '">Remove</a></td></tr>';
  }
  echo '</table>';

  mysqli_close($dbc);
?>
```

admin.php

Remove Score脚本的URL不仅会链接到该脚本……它还会为之传递数据！

这个代码生成removescore.php脚本的一个HTML链接，并传递有关待删除分数的信息。

```
<a href="removescore.php?id=5&date=2008-04-23%2009:1
3:34&name=Ashton%20Simpson&score=368420&screenshot="
```

脚本可以相互通信

要让Remove　　Score脚本删除一个高分，它必须知道要删除哪一个分数。不过这是在Admin脚本中决定的。这就带来一个问题，Admin脚本如何告诉Remove　　Score脚本要删除哪一个分数？脚本之间的这种通信是通过以下做法完成的，即在Admin页面上显示的各个高分的相应"Remove" URL中打包有关数据。如果仔细分析一个特定分数的相应URL，会注意到所有高分数据都在其中。

脚本的URL可以用于将数据作为一个GET请求传递。

```
<a href="removescore.php?
   id=5&
   date=2008-04-23%2009:13:34&
   name=Ashton%20Simpson&
   score=368420&screenshot="">Remove</a>
```

每一个数据都包含一个名和一个值，并用一个&符号与其他名/值对分分隔。

"Remove" URL链接到 removescore.php脚本，同时还包括所删除记录行的数据。

Guitar Wars - High Scores Administration

Below is a list of all Guitar Wars high scores. Use this page to remove scores as needed.

Ashton Simpson	2008-04-23 09:13:34	368420	Remove
Eddie Vanilli	2008-04-23 09:06:35	345900	Remove
Belita Chevy	2008-04-24 08:02:11	282470	Remove
Phiz Lairston	2008-04-24 08:13:52	186580	Remove
Paco Jastorius	2008-04-24 08:02:11	127650	Remove
Nevil Johansson	2008-04-24 08:02:11	98430	Remove
Kenny Lavitz	2008-04-23 14:09:50	64930	Remove

点击这个链接不仅会打开Remove Score，还会将数据作为一个GET请求传递到脚本。

非常好，这么说数据会通过一个URL传递，不过Remove　Score脚本究竟是如何拿到这个数据的呢？通过一个URL传递到脚本的数据可以通过$_GET超级全局变量得到，这是一个与$_POST非常类似的数组。将数据打包到一个链接URL与在web表单中使用GET请求完全相同。在传统的HTML　GET请求中，表单数据会自动作为脚本URL的一部分发送到表单处理脚本。我们也在做同样的事情，只是要手工地将我们自己的GET请求构建为定制URL。

与$_POST类似，使用$_GET数组来访问高分数据需要各部分数据的名。

各部分数据的名用于在$_GET数组中访问该数据。

脚本的URL可以作为一个方便的途径来传递重要的数据，如一个数据库行的ID。

5　　$_GET['id']

368420　　$_GET['score']

Ashton Simpson　　$_GET['name']

2008-04-23%2009:13:34　　$_GET['date']

我看不出GET有什么大不了的。为什么
不能使用POST直接向脚本传递数据呢?
到目前为止不都是这么做的嘛。

POST请求只能从表单发出,而GET请求可以打包为URL。

到目前为止,我们总是通过一个Web表单向脚本传递数据,在Web表单中可以指定脚本作为表单提交按钮的动作。当用户填写完表单并按下提交按钮时,表单数据就会打包,并作为一个POST请求发送到脚本。

问题在于,Admin页面没有使用表单来启动Remove Score脚本。它只是通过一个URL链接到脚本。所以我们需要一种只使用URL向脚本发送数据的方法。在这里GET就非常方便,因为它允许访问作为参数打包在一个URL中的数据。与POST类似,通过一个GET请求传递到脚本的数据可以利用一个超级全局变量访问,不过这个超级全局变量名为$_GET而不是$_POST。

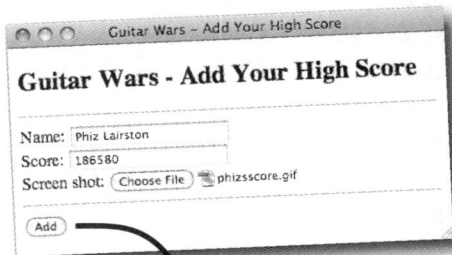

Guitar Wars - High Scores Administration

Below is a list of all Guitar Wars high scores. Use this page to remove scores as needed.

Ashton Simpson	2008-04-23 09:13:34	368420	Remove
Eddie Vanilli	2008-04-23 09:06:35	345900	Remove
Belita Chevy	2008-04-24 08:02:11	282470	Remove
Phiz Lairston	2008-04-24 08:13:52	186580	Remove
Paco Jastorius	2008-04-24 08:02:11	127650	Remove
Nevil Johansson	2008-04-24 08:02:11	98430	Remove
Kenny Lavitz	2008-04-23 14:09:50	64930	Remove

Guitar Wars - Add Your High Score

Name: Phiz Lairston
Score: 186580
Screen shot: (Choose File) phizsscore.gif

(Add)

Phiz Lairston
186580
phizsscore.gif

Web表单通常使用POST
请求来提交数据,这
些数据存储在$_POST
数组中。

$_POST

5
2008-04-23 09:13:34
Ashton Simpson
368420

$_GET

通过一个URL传递
数据是使用GET完
成的,数据存储在
$_GET数组中。

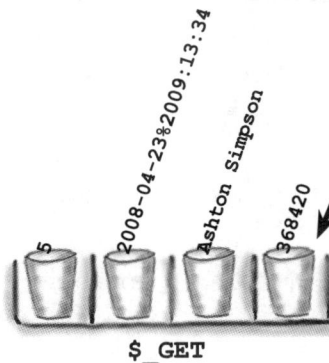

关于GET和POST

GET和POST之间的区别并不只是表单与URL，因为GET请求也可以（而且通常）用于提交表单数据。GET和POST真正的差别在于请求的目的不同。GET主要用于从服务器获取数据而不影响服务器上的任何其他方面。另一方面，POST通常会向服务器发送数据，而且在此之后服务器的状态往往会有某种程度的改变来响应所发送的数据。

这两种Web请求（GET和POST）控制着脚本之间如何传递数据。

POST
用于向服务器发送数据，从而以某种方式导致服务器上状态的改变，如在数据库中插入数据。数据还可以在响应中返回。不同于GET，POST请求只能通过Web表单的动作完成。另外与GET不同，POST请求中发送的数据是隐藏不可见的。

GET
一般用于数据获取，而不会使服务器有任何改变。对于少量的数据，GET非常有用，可以直接在URL中向服务器发送数据。与POST不同，GET主要适用于发送少量的数据。

there are no
Dumb Questions

问：我见过使用**GET**的Web表单，那是怎么回事？

答：对于Web表单，GET和POST都有其一席之地。创建一个Web表单时，<form>标记的method属性控制着数据如何发送，而action属性标识了接收并处理数据的脚本：

```
<form method="post" action="addscore.php">
```

点击提交按钮提交这个表单时，会执行addscore.php脚本，并通过 $_POST数组为之传递表单数据。不过也可以简单地将<form>写作下面的形式，在这里数据会通过$_GET数组传递：

```
<form method="get" action="addscore.php">
```

问：哈，这么说我使用哪一个请求方法（**GET或POST**）并不重要，是吗？

答：并非如此。请求方法确实很重要。GET通常用于从服务器得到数据，而对服务器不造成任何改变。所以GET非常适合于对服务器发出信息请求而不修改服务器状态的表单，如从数据库选择记录行。另一方面，POST最适用于那些影响服务器状态的请求，如发送一个改变数据库的INSERT或DELETE查询。GET和POST之间的另一个区别在于，通过GET传递的数据在URL中是可见的，而POST数据是隐藏的，因此，后者更为安全一些。

问：GET和POST的这种差别对于通过URL向脚本传递数据有什么影响？

答：嗯，首先，只能使用GET请求通过URL向脚本传递数据，所以在这方面根本不必考虑POST。另外，由于GET完全只用于不改变服务器状态的请求，这意味着在通过URL接收数据的脚本中不能完成任何INSERT、DELETE FROM或其他改变数据库的操作。

Fireside Chats

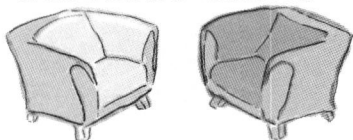

今晚话题：GET和POST

GET：

大家都在说，你一直在大谈我只适合问问题，而不能对答案具体做任何工作，是这样吗？

没错，我确实不打算对服务器造成任何改变，比如删除文件或增加数据库行，不过这并不意味着我不重要。

确实，不过你一直都离不开你的好伙伴——表单，而表单和我只是普通朋友。我还为其他朋友留有空间，比如URL。

嗯，那我有个问题要问你。如果你的老朋友表单不在场，你该如何采取行动呢？要知道，有时页面不认为需要那么麻烦地用到表单。

别冲动。我只是要指出，我适合从服务器获取数据，另外使用我的方式也相当灵活。

很高兴听到你这么说。很高兴与你交谈……

POST：

确实如此。面对现实吧，你并没有任何实际能力，只是能向服务器要东西而已。

你可以这么说。不过，我所知道的是，如果没有像我这样的人在服务器上做处理，很多工作根本无法完成。如果服务器总是处于相同的状态，这就太没意思了。

所以你认为你的"朋友圈"可以在某种程度上弥补你没有能力采取行动的缺陷吗？我表示怀疑。

听着，表单是我的朋友，而且很早以前我就承诺过：如果没有他我不会做任何请求。所以如果你愿意，你可以评价我的忠诚，不过我绝不会背叛我的朋友！

这一点我接受。我认为你还不错。

GET、POST和高分的删除

我们已经确定，Guitar Wars中要删除分数，首先从Admin页面上的"Remove"链接开始，它链接到Remove Score脚本。我们还知道，分数数据可以通过链接URL传递到Remove Score脚本。不过，这里还有一个问题，实际上GET请求不应改变服务器上的任何内容，如删除一个分数。一种可能的解决方案是不对服务器做任何改变……暂且如此。Remove Score脚本从数据库删除一个分数之前首先显示一个确认页面怎么样？

利用一个确认页面，使用户有机会确认高分的删除而不是立即直接将其删除。

确认页面用一个简单的Yes/No表单显示了准备删除的分数。选择Yes并点击提交按钮会导致分数确实被删除，而选择No则会取消分数删除。

从GET和POST的角度来考虑，Remove Score脚本可以显示确认页面，作为对Admin脚本GET请求的一个响应。由于确认本身是一个表单，它可以在提交时发出自己的POST请求。如果表单是一个自引用表单，那么同一个脚本（`removescore.php`）既可以处理POST请求，又能完成分数删除。以下是这个过程的步骤：

由同一个脚本对GET和POST请求做出响应是完全可能的，甚至在某些情况下还会很有帮助。

1 用户点击Admin页面上的"Remove"链接时通过一个**GET**请求启动Remove Score脚本。

2 Remove Score脚本使用存储在**$_GET**数组中的高分数据生成一个删除确认表单。

3 Remove Score脚本再次启动，不过这一次是用户提交确认表单时通过一个**POST**请求来启动。

4 Remove Score脚本从数据库删除分数，同时从Web服务器删除切屏图像文件。

下面来看分数删除过程如何通过这一系列步骤展
开⋯⋯

Guitar Wars - High Scores Administration

Below is a list of all Guitar Wars high scores. Use this page to remove scores as needed.

Ashton Simpson	2008-04-23 09:13:34	368420	Remove
Eddie Vanilli	2008-04-23 09:06:35	345900	Remove
Belita Chevy	2008-04-24 08:02:11	282470	Remove
Phiz Lairston	2008-04-24 08:13:52	186580	Remove
Paco Jastorius	2008-04-24 08:02:11	127650	Remove
Nevil Johansson	2008-04-24 08:02:11	98430	Remove
Kenny Lavitz	2008-04-23 14:09:50	64930	Remove

1

admin.php

用一个GET请求启动
Remove Score脚本，并通
过URL传递高分数据。

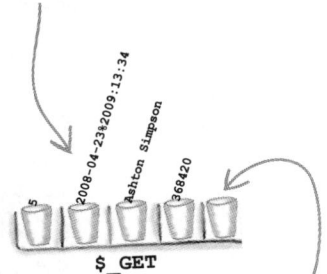

$_GET

对于这个高分，切屏图
（screenshot）数据为空。

$_POST

用一个POST请求（再
一次！）启动 Remove
Score脚本，并传递要
删除的高分。

Guitar Wars - Remove a High Score

Are you sure you want to delete the following high score?

2

Name: Ashton Simpson
Date: 2008-04-23 09:13:34
Score: 368420

◉ Yes ○ No
(Submit)

<u><< Back to admin page</u>

removescore.php

这完全是同一个脚本，只
是根据接收到GET还是
POST请求有不同的反应。

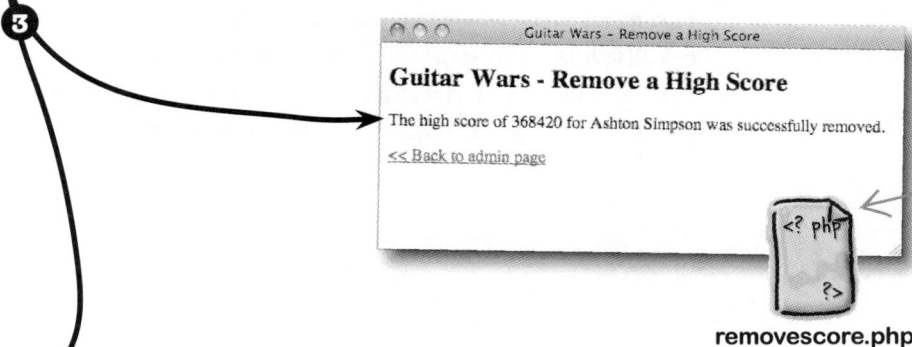

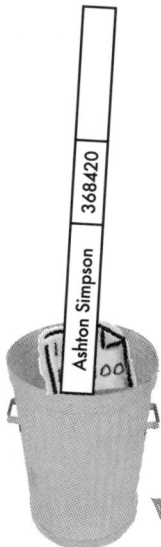

3

Guitar Wars - Remove a High Score

The high score of 368420 for Ashton Simpson was successfully removed.

<u><< Back to admin page</u>

removescore.php

Ashton Simpson 368420

4

Remove Score脚本从数据库删
除分数并从Web服务器删除其
切屏图像文件。

there are no
Dumb Questions

问： 同一个脚本如何既处理GET请求又处理POST请求呢？

答： 这完全取决于脚本如何调用。对于Remove Score脚本，它会以两种不同的方式调用。第一种方式是用户点击Admin页面上的一个"Remove"链接时，在这种情况下，会有一个URL指向脚本。由于数据打包到URL中，所以这认为是一个GET请求。这个GET请求会导致脚本生成一个Web表单，其动作指回到同一个Remove Score脚本。所以用户提交表单时，会再一次调用这个脚本。不过不同于第一次调用，现在再没有已经打包数据的URL，因此不是GET请求。相反，高分数据会通过一个POST请求传递，相应地，可以从$_POST数组得到这些数据。

问： 这么说，调用脚本的方式实际上决定了它的工作，是这样吗？

答： 完全正确！脚本看到数据通过一个URL作为GET请求发送时，它知道要显示一个确认表单，而不是从数据库删除任何数据。所以$_GET数组中发送的数据只在确认页面中使用，对于服务器不会有任何持久影响。

脚本看到数据通过一个POST请求传递时，脚本知道它可以从数据库删除数据。所以使用$_POST数组访问数据，并组装一个DELETE FROM查询来删除分数。另外由于大多数高分还在Web服务器上存储有一个切屏图像文件，所以这个脚本还要删除相应的图像文件。

抽出高分来完成删除

了解了分数删除过程，现在我们可以把注意力放在数据库方面。Remove Score脚本负责删除一个高分，这意味着从分数数据库删除一个记录行。如果还记得，应该知道可以利用SQL DELETE FROM语句删除数据行。不过要删除一行，我们必须首先找到这一行。这是通过向DELETE FROM查询追加一个WHERE子句完成的。例如，以下SQL查询会删除name列设置为'Ashton Simpson'的记录行：

这个查询删除name列与'Ashton Simpson'匹配的记录行。

```
DELETE FROM guitarwars WHERE name = 'Ashton Simpson'
```

必须为DELETE FROM指定表名，这样它才能知道要从哪个表删除数据。

guitarwars

id	date	name	score	screenshot
1	2008-04-22 14:37:34	Paco Jastorius	127650	
2	2008-04-22 21:27:54	Nevil Johansson	98430	
3	2008-04-23 09:06:35	Eddie Vanilli	345900	
4	2008-04-23 09:12:53	Belita Chevy	282470	
5	2008-04-23 09:13:34	Ashton Simpson	368420	
6	2008-04-23 14:09:50	Kenny Lavitz	64930	
7	2008-04-24 08:13:52	Phiz Lairston	186580	phizsscore.gif

用户名是删除高分的匹配依据。

不过这个查询有一个问题。在有数百万虚拟吉他手（Guitar Warriors）的世界里，很有可能存在不只一个Ashton Simpson。这个查询并不只是删除一个记录行，它会删除所有与名'Ashton Simpson'匹配的记录行。查询需要更多信息来准确地删除真正需要删除的记录行：

除了名字以外，通过与分数匹配，能更准确地删除。

```
DELETE FROM guitarwars WHERE name = 'Ashton Simpson' AND score = '368420'
```

AND操作改变了查询，要求名字和分数都必须匹配。

guitarwars

id	date	name	score	screenshot
1	2008-04-22 14:37:34	Paco Jastorius	127650	
2	2008-04-22 21:27:54	Nevil Johansson	98430	
3	2008-04-23 09:06:35	Eddie Vanilli	345900	
4	2008-04-23 09:12:53	Belita Chevy	282470	
5	2008-04-23 09:13:34	Ashton Simpson	368420	
6	2008-04-23 14:09:50	Kenny Lavitz	64930	
7	2008-04-24 08:13:52	Phiz Lairston	186580	phizsscore.gif

既然名字和分数都必须匹配，无意中删除多个分数的可能性就会大为降低。

用LIMIT控制删除数量

同时使用name和score列作为删除记录行的依据很不错……不过还不够好。应用开发就是要尽最大可能减少风险，现在仍存在一些风险，可能会删除name和score均匹配的多个记录行。解决方案是：强制查询只删除一行。LIMIT子句可以做到这一点：

要保证最大程度的安全性，需要对可能删除的行数加以限制。

```
DELETE FROM guitarwars WHERE name = 'Ashton Simpson' AND score = '368420' LIMIT 1
```

LIMIT后面的数字让MySQL知道要删除的最大行数——在这种情况下，就是1。所以我们可以保证利用这个查询不会删除多于1行。不过，如果有相同分数的两个Ashton Simpsons会怎么样呢？当然，这是一种不太可能的情况，不过在开发应用的最佳设计时，有时还是有必要考虑一些极端情况。

guitarwars

id	date	name	score	screenshot
1	2008-04-22 14:37:34	Paco Jastorius	127650	
2	2008-04-22 21:27:54	Nevil Johansson	98430	
3	2008-04-23 09:06:35	Eddie Vanilli	345900	
4	2008-04-23 09:12:53	Belita Chevy	282470	
5	2008-04-23 09:13:34	Ashton Simpson	368420	
6	2008-04-23 14:09:50	Kenny Lavitz	64930	
7	2008-04-24 08:13:52	Phiz Lairston	186580	phizsscore.gif
	......			
523	2008-11-04 10:03:21	Ashton Simpson	368420	ashtonsscore.jpg

两个高分行有完全相同的name和score，这就为我们的DELETE查询提出一个问题。

写出执行以上DELETE语句时这个表会发生什么变化。如何确保删除正确的Ashton Simpson分数？

....
....
....

> 在**DELETE FROM** 查询的**WHERE**子句中使用
> 分数的**ID**是不是更好一些？这可以帮助确
> 保我们删除正确的分数，不是吗？

没错，确实可以！要抽出所要删除的分数，利用高分的ID是一个非常棒的方法。

唯一性是为数据库表创建主键的好处之一。guitarwars表中的id列是主键，因此对于每一个高分，ID都是唯一的。通过在DELETE FROM查询的WHERE子句中使用id列，可以消除有关删除哪一个分数的所有疑问。以下是一个新查询，其中使用了id列来帮助确保唯一性：

```
DELETE FROM guitarwars WHERE id = 5
```

如果相信id列确实是一个主键，这样一来这个代码会安全地只删除一行。不过，如果没有创建数据库主键，也许不能适当地保证唯一性该怎么办呢？此时LIMIT子句仍有意义。基本原则是：如果你希望一个查询只影响一行，就要在查询中明确指出。

根据主键删除数据有助于确保准确地抽出要删除的那个数据行。

```
DELETE FROM guitarwars WHERE id = 5 LIMIT 1
```

在查询中非常明确地指出你打算做什么绝对没有坏处，在这里LIMIT为DELETE查询额外增加了一层安全性。

LIMIT子句明确指出这个查询不会删除多于1行。

PHP & MySQL磁贴

removescore.php脚本基本上完成了，不过它还缺少一些重要的代码。使用磁贴插入这些缺少的代码，使Guitar Wars能够去除那些多余的分数。

```
<html xmlns="http://www.w3.org/1999/xhtml" xml:lang="en" lang="en">
<head>
  <meta http-equiv="Content-Type" content="text/html; charset=utf-8"/>
  <title>Guitar Wars - Remove a High Score</title>
  <link rel="stylesheet" type="text/css" href="style.css" />
</head>
<body>
  <h2>Guitar Wars - Remove a High Score</h2>

<?php
                     ('appvars.php');
  .....................
                     ('connectvars.php');
  .....................
  if (isset($_GET['id']) && isset($_GET['date']) && isset($_GET['name']) &&

    isset($_GET['score']) && isset($_GET[..................])) {

    // Grab the score data from the GET
    $id = $_GET['id'];
    $date = $_GET['date'];
    $name = $_GET['name'];
    $score = $_GET['score'];

    ..................... = $_GET[.....................];
  }
  else if (isset($_POST['id']) && isset($_POST['name']) && isset($_POST['score'])) {
    // Grab the score data from the POST

    ............. = $_POST[.............];
    $name = $_POST['name'];
    $score = $_POST['score'];
  }
  else {
    echo '<p class="error">Sorry, no high score was specified for removal.</p>';
  }

  if (isset($_POST['submit'])) {

    if ($_POST['confirm'] == .............) {

      // Delete the screen shot image file from the server
      @unlink(GW_UPLOADPATH . $screenshot);

      // Connect to the database
      $dbc = mysqli_connect(DB_HOST, DB_USER, DB_PASSWORD, DB_NAME);
```

```php
    // Delete the score data from the database
    $query = "                          guitarwars WHERE                        LIMIT        ";
                 ................. ............             .........................     .........
    mysqli_query($dbc, $query);
    mysqli_close($dbc);

    // Confirm success with the user
    echo '<p>The high score of ' . $score . ' for ' . $name . ' was successfully removed.';
  }
  else {
    echo '<p class="error">The high score was not removed.</p>';
  }
}
else if (isset(        ) && isset(              ) && isset(              ) &&
               .............         ................        .................
  isset($score) && isset($screenshot)) {
  echo '<p>Are you sure you want to delete the following high score?</p>';
  echo '<p><strong>Name: </strong>' . $name . '<br /><strong>Date: </strong>' . $date .
    '<br /><strong>Score: </strong>' . $score . '</p>';
  echo '<form method="post" action="removescore.php">';
  echo '<input type="radio" name="confirm" value="Yes" /> Yes ';
  echo '<input type="radio" name="confirm" value="No" checked="checked" /> No <br />';
  echo '<input type="submit" value="Submit" name="submit" />';

  echo '<input type="hidden" name=              value="' .          . '" />';
                                 .............            .............
  echo '<input type="hidden" name="name" value="' . $name . '" />';
  echo '<input type="hidden" name="score" value="' . $score . '" />';
  echo '</form>';
}

  echo '<p><a href=                     >&lt;&lt; Back to admin page</a></p>';
                     ....................
?>

</body>
</html>
```

removescore.php

require_once   'Yes' $id   "admin.php" $name   FROM

1   'id'   "id"   DELETE $date $id $screenshot

$id   id   "id"   'screenshot'   'screenshot'   =   require_once

'id' $id $id

完成的removescore.php脚本

PHP & MySQL磁贴答案

removescore.php脚本基本上完成了，不过它还缺少一些重要的代码。使用磁贴插入这些缺少的代码，使Guitar Wars能够去除那些多余的分数。

```
<html xmlns="http://www.w3.org/1999/xhtml" xml:lang="en" lang="en">
<head>
  <meta http-equiv="Content-Type" content="text/html; charset=utf-8"/>
  <title>Guitar Wars - Remove a High Score</title>
  <link rel="stylesheet" type="text/css" href="style.css" />
</head>
<body>
  <h2>Guitar Wars - Remove a High Score</h2>

<?php
  require_once ('appvars.php');
  require_once ('connectvars.php');
  if (isset($_GET['id']) && isset($_GET['date']) && isset($_GET['name']) &&
    isset($_GET['score']) && isset($_GET['screenshot'])) {

    // Grab the score data from the GET
    $id = $_GET['id'];
    $date = $_GET['date'];
    $name = $_GET['name'];
    $score = $_GET['score'];

    $screenshot = $_GET['screenshot'];
  }
  else if (isset($_POST['id']) && isset($_POST['name']) && isset($_POST['score'])) {
    // Grab the score data from the POST
    $id = $_POST['id'];
    $name = $_POST['name'];
    $score = $_POST['score'];
  }
  else {
    echo '<p class="error">Sorry, no high score was specified for removal.</p>';
  }

  if (isset($_POST['submit'])) {
    if ($_POST['confirm'] == 'Yes') {
      // Delete the screen shot image file from the server
      @unlink(GW_UPLOADPATH . $screenshot);

      // Connect to the database
      $dbc = mysqli_connect(DB_HOST, DB_USER, DB_PASSWORD, DB_NAME);
```

包含共享的脚本文件，不过使用required_once，因为它们对于分数删除至关重要。

取决于到来的请求是GET还是POST，脚本会做出不同的反应。

@ PHP错误抑制指令可以避免显示错误。这对于unlink()很有意义，因为可能会删除一个不存在的文件。在这种情况下，我们不希望用户看到错误。

这个脚本可能用于删除任何分数，所以作为删除过程的一部分，还必须删除上传的图像文件。

DELETE查询按id列匹配，同时使
用LIMIT限制仅删除一行。

```php
    // Delete the score data from the database
    $query = " DELETE   FROM   guitarwars WHERE  id  =  $id  LIMIT  1  ";
    mysqli_query($dbc, $query);
    mysqli_close($dbc);

    // Confirm success with the user
    echo '<p>The high score of ' . $score . ' for ' . $name . ' was successfully removed.';
  }
  else {
    echo '<p class="error">The high score was not removed.</p>';
  }
}
else if (isset( $id ) && isset( $name ) && isset( $date ) &&
  isset($score) && isset($screenshot)) {
  echo '<p>Are you sure you want to delete the following high score?</p>';
  echo '<p><strong>Name: </strong>' . $name . '<br /><strong>Date: </strong>' . $date .
    '<br /><strong>Score: </strong>' . $score . '</p>';
  echo '<form method="post" action="removescore.php">';
  echo '<input type="radio" name="confirm" value="Yes" /> Yes ';
  echo '<input type="radio" name="confirm" value="No" checked="checked" /> No <br />';
  echo '<input type="submit" value="Submit" name="submit" />';

  echo '<input type="hidden" name= "id"  value="' . $id . '" />';

  echo '<input type="hidden" name="name" value="' . $name . '" />';
  echo '<input type="hidden" name="score" value="' . $score . '" />';
  echo '</form>';
}

  echo '<p><a href= "admin.php" >&lt;&lt; Back to admin page</a></p>';

?>

</body>
</html>
```

removescore.php

提供一个指回Admin页
面的链接来改善导航。

使用一些隐藏的表单域存储分
数数据，使之能够作为POST请
求的一部分发送。

在这里没有使用$_SERVER['PHP_
SELF']，因为它会包含作为GET通
过URL查询串传递的所有数据。我
们希望确保没有GET数据随这个表
单传递，而只有POST数据。

只有当所有这些高分变
量都设置时才会显示确
认表单。

$id
"id"
'id'

这几个磁贴没有用到。

运行测试

为Guitar Wars增加Remove Score和Admin脚本，使之能够删除分数。

创建两个新的文本文件，`removescore.php`和`admin.php`，并在其中增加前面完成的代码。将这些新脚本上传到你的Web服务器，然后在Web浏览器中打开Admin脚本。点击你想删除的一个分数的相应"Remove"链接，然后在Remove Score页面上确认该分数的删除。返回Admin页面确保该分数确实已经消失，然后再到Guitar Wars主页（index.php）查看相应的变化。

新的Admin页面提供了链接来删除未验证的高分。

这个城市的顶尖摇滚乐手只有一个，那就是我！

新的Remove Score页面负责确认已经删除不想要的分数。

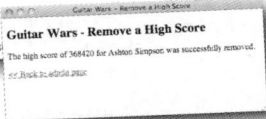

Guitar Wars主页现在只显示经过验证的高分。

.).Jacob，虚拟吉他手，摇滚天才。

真正的虚拟吉他手现在很高兴地看到只显示得到验证的高分。

未验证的高分，也就是那些没有切屏图像的分数，现在已经从系统删除。

PHP&MySQL填字游戏

上传图像文件是不是已经让你有些厌烦了？来试试把你的知识上传到这个填字游戏的方格中怎么样？

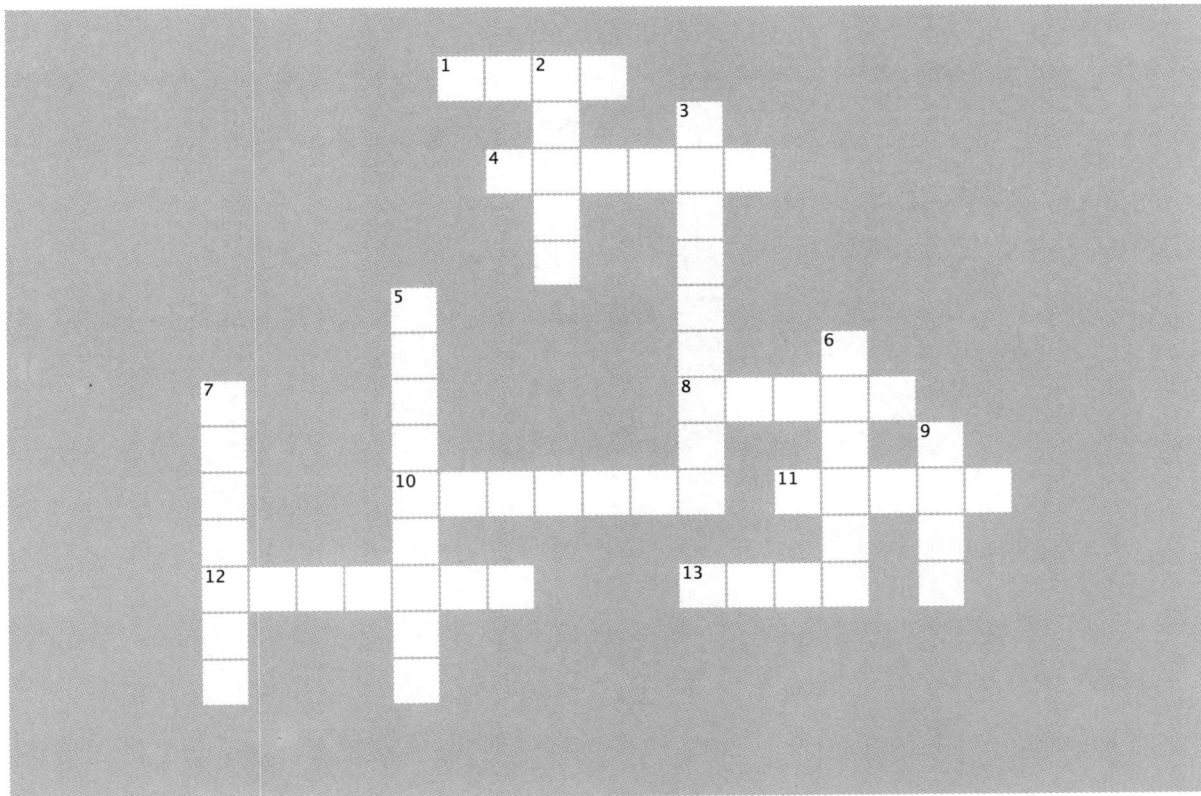

横向

1.对于一个文件上传表单域，<input>标记中的type属性必须设置为_____。

4.将上传的应用图像存储在一个_____文件夹中往往是一个很好的想法。

8.这个SQL语句用于修改一个表的结构。

10.这个SQL语句用于将一个查询的结果置为一种特定的顺序。

11.上传文件的有关信息存储在$_____超级全局变量中。

12.这个PHP语句用于从另一个脚本插入代码。

13.对新上传的文件做此处理是一个很好的想法。

纵向

2.为防止DELETE FROM语句删除多行，可以使用这个SQL语句。

3.通过一个表单上传一个文件时，它会置于Web服务器的一个_____文件夹中。

5.修改一个表时，这个SQL命令负责增加一个新列。

7.包含文件对于在多个脚本文件之间_____数据很方便。

9.这个SQL语句用作为另一个语句的一部分，以降序对查询结果排序。

PHP&MySQL填字游戏答案

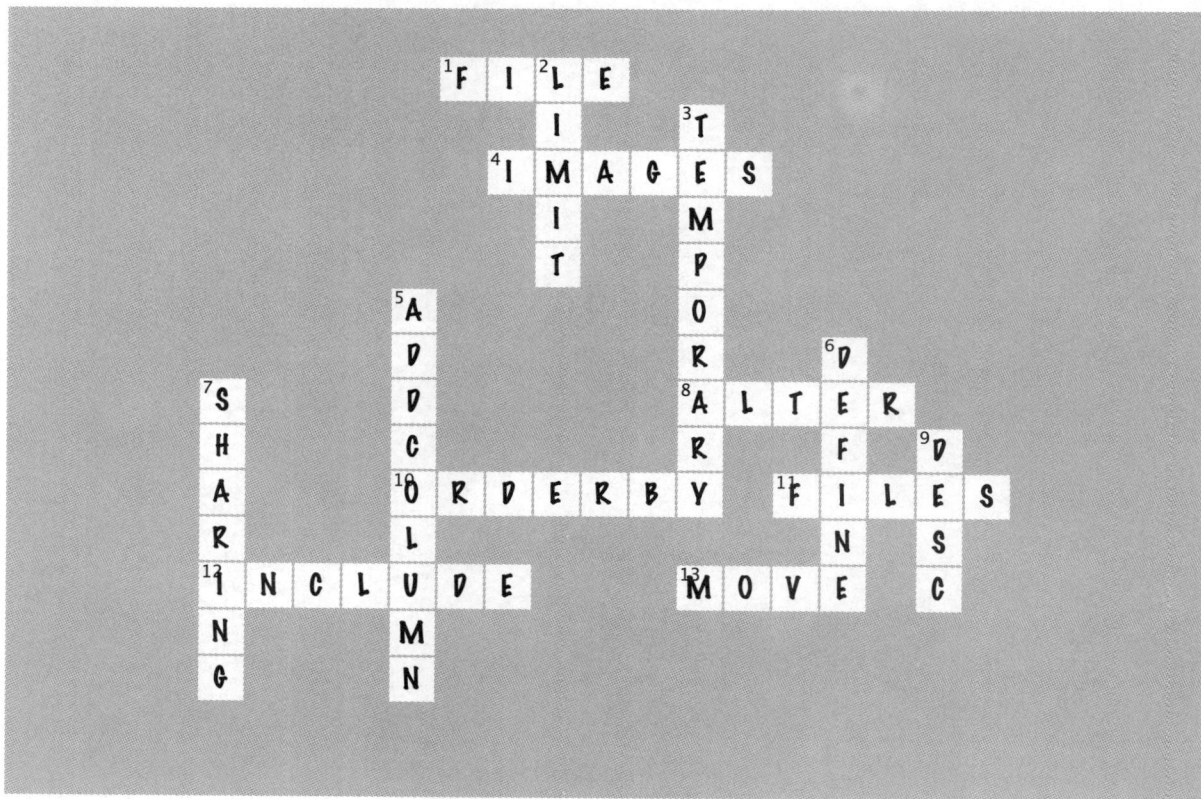

第5章

你的PHP & MySQL工具箱

可以告一段落了。你现在不仅受到全世界虚拟吉他手的爱戴，而且你的PHP和MySQL技能集中又增添了很多新的技能：修改表结构、处理文件上传、控制数据顺序，以及删除数据。

---

images

这个文件夹提供了一个方便的位置来存储一个应用的图像，包括用户上传的图像。

ALTER TABLE 表
ADD COLUMN 列类型

使用这个SQL语句可以向一个已有的数据库表增加一个新的数据列。这一列将增加到表的最后，数据库中原有行的这一列初始为空。

$_FILES

这个内置PHP超级全局变量存储通过文件输入表单上传的文件的有关信息。可以用它来确定文件名、文件的临时存储位置，文件大小、文件类型以及文件的其他方面。

---

include, include_once,
require, require_once

这些PHP语句允许在应用中的多个脚本文件之间共享脚本代码，消除重复代码，使代码更易于维护。

ORDER BY *column*

这个SQL语句基于某个数据列对一个查询的结果排序。在该语句后使用ASC或DESC可以对数据按升序或降序排序。ASC是ORDER BY的默认排序选项，因此这一项是可选的。

DELETE FROM *table*
WHERE *column = match*
LIMIT *num*

使用这个SQL语句从一个数据库表删除一行。可以（而且通常应当）使用多个匹配来提高删除的准确性，另外可以限制只删除一行。

---

6 保证应用安全

假想他们都在搜寻你

> 稍稍爬高一点，这个巴掌大的小镇就不会知道是谁干的了。

听爸爸妈妈的话没有错；不要跟陌生人说话。或者至少不要信任他们。最起码的，不要把应用数据的钥匙给他们，以为他们不会做坏事。这是一个残酷的世界，你不能过分相信任何一个人。实际上，作为一个Web应用开发人员，你必须持半怀疑半合作的态度。不过，人往往都有坏心眼，他们肯定都在想方设法算计你！不错，也许这有点偏激，不过重视安全性确实非常重要，要适当地设计应用，使它得到充分保护免受可能有危害的人进行破坏。

音乐完结之日

唉呀，摇滚天才的辉煌如此短暂，因为Jacob的Guitar   Wars最高分不知什么原因不见了，所有其他分数也都无影无踪。看起来就像有一种恶魔般的力量破坏了这个高分应用，不让最佳吉他手们（Guitar Warrior）在线竞争。虚拟吉他手们很不高兴，也就是说你的用户很不高兴，这只会导致一个后果，作为应用开发人员，也就是你…… 同样不高兴！

Guitar Wars - High Scores

Guitar Wars - High Scores

Welcome, Guitar Warrior, do you have what it takes to crack the high score list? If so, just add your own score.

主页上的高分都消失了，
因为它们已经从数据库
删除！

这不公平！我千辛万苦才
成为最佳吉他手，可是现
在我的分数不见了。

Guitar Wars最高分得主Jacob，看到
他的最高分居然从高分表中消失了，
简直气疯了。

Jacob选择的音乐武器，最
棒的2005 Eradicaster。

那些高分都去哪里了？

我们知道GuitarWars主页空了，不过这是不是意味着数据库也为空呢？
一个SELECT查询就能回答这个问题：

SELECT查询显示出guitarwars表完全为空，所有分数都没有了！

```
File Edit Window Help If6Was9
mysql> SELECT * FROM guitarwars;

+------+-------------------------+-----------------+---------+-------------+
| id   | date                    | name            | score   | screenshot  |
+------+-------------------------+-----------------+---------+-------------+
+------+-------------------------+-----------------+---------+-------------+
0 rows in set (0.0005 sec)
```

所有高分记录行都莫名其妙地从Guitar Wars数据库删除了。是不是有
人在利用我们的Remove Score脚本干坏事？我们要保护这些分数！

Sharpen your pencil

圈出可以使用以下哪些技术来保护Guitar Wars高分，以免那些憎恨吉他的人加以破坏，然后写出原因。

🔒 利用口令保护Admin页面，只有知道口令的人（你！）才能删除分数。

....
....
....
....

🔒 创建一个用户注册系统，只有某些用户（你！）才有管理权限。

....
....
....
....

🔒 检查想要访问Admin页面的计算机的IP地址，只允许某些计算机（你的计算机！）访问。

....
....
....
....

🔒 完全去除分数删除特性。

....
....
....
....

Sharpen your pencil
Solution

圈出可以使用以下哪些技术来保护Guitar Wars高分，以免那些憎恨吉他的人加以破坏，然后写出原因。

利用口令保护Admin页面，只有知道口令的人（你！）才能删除分数。

所有这些技术都被圈出，因为它们都能解决这个问题，不过其中某些技术相对来讲更为可行。

用口令保护Admin页面是一个很好的解决方案，快捷而简单，因为这种方案不太复杂，而且可以很快地保护网站的安全。

创建一个用户注册系统，只有某些用户（你！）才有管理权限。

有管理员权限的用户注册系统是一个很棒的解决方案，不过需要做大量的规划和编码工作……Guitar Wars迫切需要现在就提供安全性！

检查想要访问Admin页面的计算机的IP地址，只允许某些计算机（你的计算机！）访问。

检查IP地址的做法是可行的，不过这会使网站依赖于你的计算机的IP地址，而这很可能会改变。

完全去除分数删除特性。

去除这个特性肯定能解决这个特定问题，不过如果还记得，上一章之所以增加删除特性就是为了让网站更易于维护。

保护广大用户

要尽快地保护GuitarWars高分，一种简单而直接的方法就是使用HTTP认证通过口令保护Admin页面。这种技术具体要用到一个用户名和一个口令，其思想是，管理员访问受限制的应用特性之前（如这里的分数删除链接），需要提供一些安全信息。

使用HTTP认证保证页面安全时，在允许访问受保护的页面之前，会弹出一个窗口请求输入用户名和口令。对于Guitar Wars，可以限制只是你希望的某些人可以访问Admin页面，有可能只是你自己！

HTTP认证提供了一种使用PHP保护页面的简单方法。

HTTP认证窗口现在位于用户和Admin页面之间。

不要被这个微笑所迷惑！

数据库中的高分现在得到了保护，因为Admin页面受到保护。

Admin页面上的"Remove"链接现在只允许Guitar Wars管理员访问。

guitarwars

id	date	name	score	screenshot
14	2008-05-01 20:36:07	Belita Chevy	282470	belitasscore.gif
15	2008-05-01 20:36:45	Jacob Scorcherson	389740	jacobsscore.gif
16	2008-05-01 20:37:02	Nevil Johansson	98430	nevilsscore.gif
17	2008-05-01 20:37:23	Paco Jastorius	127650	pacosscore.gif
18	2008-05-01 20:37:40	Phiz Lairston	186580	phizsscore.gif
19	2008-05-01 20:38:00	Kenny Lavitz	64930	kennysscore.gif
20	2008-05-01 20:38:23	Jean Paul Jones	243360	jeanpaulsscore.gif

Guitar Wars - High Scores Administration

Below is a list of all Guitar Wars high scores. Use this page to remove scores as needed.

Jacob Scorcherson 2008-05-01 20:36:45 389740 Remove
Belita Chevy 2008-05-01 20:36:07 282470 Remove
Jean Paul Jones 2008-05-01 20:38:23 243360 Remove
Phiz Lairston 2008-05-01 20:37:40 186580 Remove
Paco Jastorius 2008-05-01 20:37:23 127650 Remove
Nevil Johansson 2008-05-01 20:37:02 98430 Remove
Kenny Lavitz 2008-05-01 20:38:00 64930 Remove

保护Guitar Wars Admin页面

HTTP认证的工作原理如下：用户尝试访问一个通过认证保护的页面时，如我们的Admin页面，会为用户提供一个窗口，要求输入一个用户名和口令。

允许访问一个受保护的页面之前，Web浏览器使用一个与此类似的窗口请求输入一个用户名和口令。

这个PHP超级全局变量存储了输入到认证窗口的用户名。

To view this page, you need to log in to area "Guitar Wars" on www.guitarwars.net

Your password will be sent in the clear.

Name:

Password:

☐ Remember this password in my keychain

Cancel　Log In

为简单起见，口令未加密。

$_SERVER['PHP_AUTH_USER']

$_SERVER['PHP_AUTH_PW']

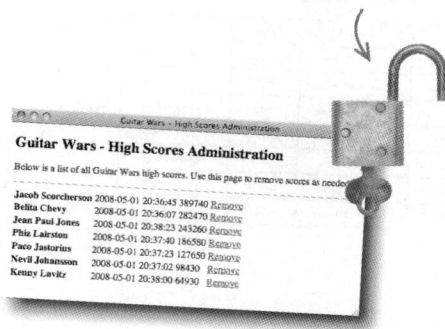

这个变量存储了输入到认证窗口的口令。

在这里PHP隆重登场，要利用PHP来访问用户输入的用户名和口令。它们存储在$_SERVER超级全局变量中，这与之前使用的其他超级全局变量类似（$_POST、$_FILES等）。PHP脚本可以分析用户输入的用户名和口令，并确定是否允许访问受保护的页面。假设只有当用户名为"rock"而且口令是"roll"时才允许访问Admin页面。下面展示了如何"解开"Admin页面：

只有输入了正确的用户名和口令时才允许访问Admin页面。

$_SERVER['PHP_AUTH_PW']

$_SERVER['PHP_AUTH_USER']

Guitar Wars - High Scores Administration

Below is a list of all Guitar Wars high scores. Use this page to remove scores as needed.

Jacob Scorcherson 2008-05-01 20:36:45 389740 Remove
Belita Chevy 2008-05-01 20:36:07 282470 Remove
Jean Paul Jones 2008-05-01 20:38:23 243260 Remove
Phiz Lairston 2008-05-01 20:37:40 186580 Remove
Paco Jastorius 2008-05-01 20:37:23 127650 Remove
Nevil Johansson 2008-05-01 20:37:02 98430 Remove
Kenny Lavitz 2008-05-01 20:38:00 64930 Remove

there are no
Dumb Questions

问: HTTP认证真的安全吗？

答: 是，也可能不是。这完全取决于你想利用安全性达到什么目的。没有什么是百分之百的安全，所以我们一直在谈论安全度。为了保护Guitar Wars中的高分，HTTP认证提供了一个合理的安全度。还可以对口令加密来进一步提高安全性。不过，如果应用涉及更机密的数据（如金融数据），对于这样的应用，HTTP认证可能还不够。

问: 如果输入了不正确的用户名和口令会怎么样呢？

答: 浏览器会通过鼠标让用户遭受一次小小的电击。不，这是开玩笑的，不会这么可怕。通常会显示一个消息，让用户知道他们想访问一个安全页面，而显然他们无权访问这个页面。最终要由你来决定这个消息的严厉程度。

问: HTTP认证需要同时使用用户名和口令吗？如果我只想使用一个口令呢？

答: 不要求同时使用用户名和口令。如果你只想使用一个口令，可以只重点检查$_SERVER['PHP_AUTH_PW']全局变量。有关这个变量的更多内容稍后就会介绍……

问: 你到底是怎样利用HTTP认证来保护一个页面的？需要调用一个PHP函数吗？

答: 没错，确实是这样。HTTP认证需要在浏览器和服务器之间通过HTTP首部建立一个通信线路。可以把首部认为是浏览器和服务器之间的一个简短的小对话。浏览器和服务器经常在PHP之外使用首部通信，不过PHP确实允许发送首部，这正是HTTP认证的工作原理。我们将更深入地讨论首部，还会讨论使用PHP实现HTTP认证时首部所承担的角色。

BRAIN POWER

Admin页面的认证具体应该什么时候发生？

HTTP认证需要首部

HTTP认证的基本思想是，服务器会"扣留"一个受保护的Web页面，然后要求浏览器向用户询问一个用户名和口令。如果用户正确地输入了用户名和口令，浏览器会继续发送页面。浏览器和服务器之间的这个对话是通过首部完成的，首部是一个短小的文本消息，包含所请求或传送的特定指令。

实际上每次你访问一个Web页面时都用到了首部，而不只是需要认证时才使用首部。以下是一个未加保护的正常Web页面，它在首部的帮助下从服务器传送到浏览器：

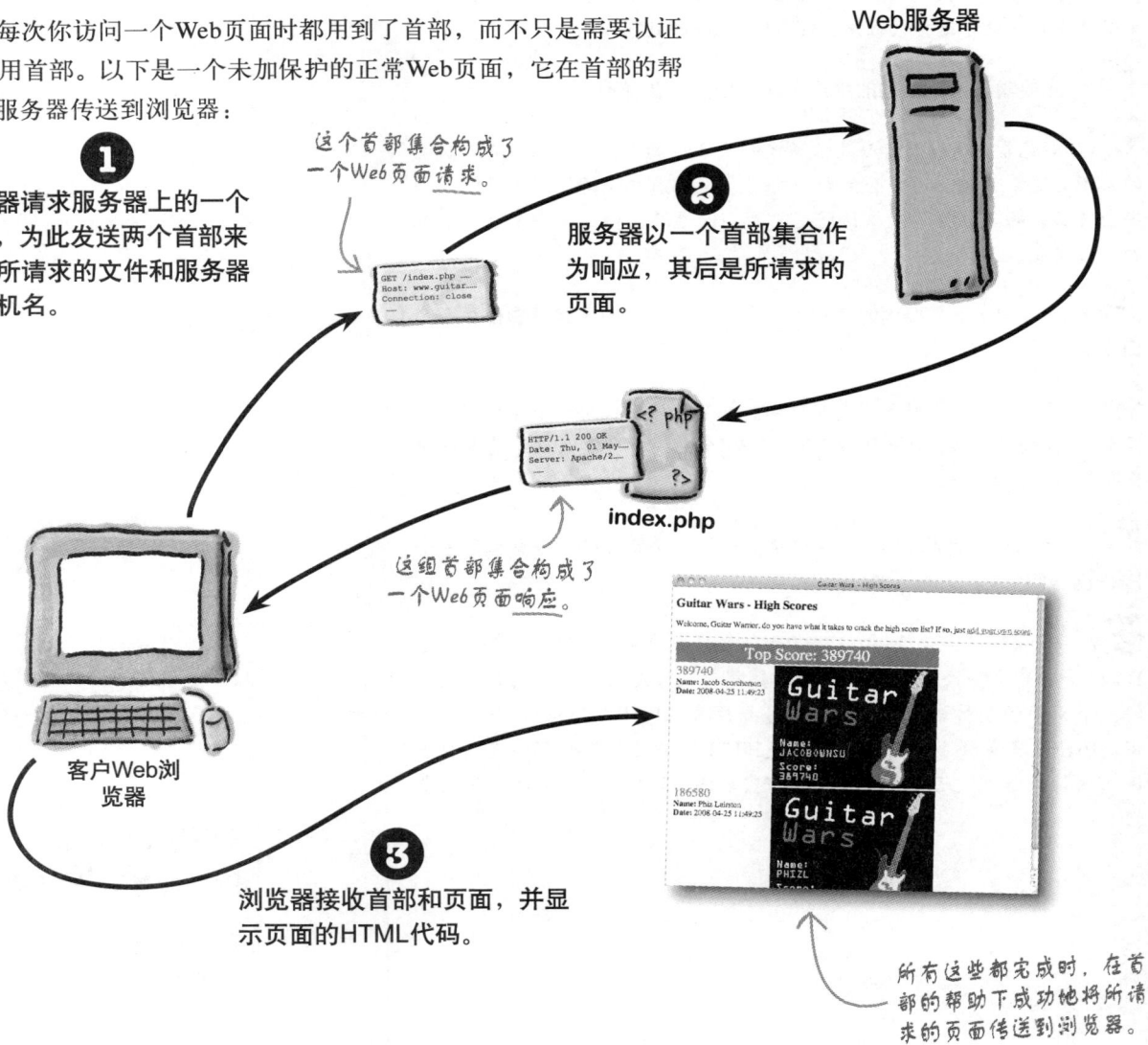

所有Web页面都需要借助于首部来传送。

Web服务器

❶

浏览器请求服务器上的一个页面，为此发送两个首部来标识所请求的文件和服务器的主机名。

这个首部集合构成了一个Web页面请求。

```
GET /index.php ....
Host: www.guitar....
Connection: close
```

❷

服务器以一个首部集合作为响应，其后是所请求的页面。

```
HTTP/1.1 200 OK....
Date: Thu, 01 May....
Server: Apache/2....
```

index.php

这组首部集合构成了一个Web页面响应。

客户Web浏览器

❸

浏览器接收首部和页面，并显示页面的HTML代码。

Guitar Wars - High Scores

所有这些都完成时，在首部的帮助下成功地将所请求的页面传送到浏览器。

首部剖析

首部准确地控制着如何在Web浏览器和Web服务器之间来回传递信息，以及传递何种信息。每个首部通常包含标识着一段信息的一个名/值对，如一个Web页面（HTML）的内容类型。首先一组首部会作为Web页面请求的一部分发送到服务器，然后返回另一组首部作为响应的一部分发回给浏览器。下面将更仔细地查看各组首部，从而明确客户与服务器相互通信时究竟发送了哪些信息。

第一个首部不是一个名/值对，这是页面的GET请求。

大多数首部都由一个名/值对组成，名与值之间用冒号分隔。

这个首部指定了发出请求的浏览器。

```
GET /index.php HTTP/1.1
Host: www.guitarwars.net
Connection: close
User-Agent: Mozilla/5.0......
Accept-Charset: ISO-8859-1......
Cache-Control: no
Accept-Language: de,en;q=0.7......
......
```

①

②

第一个首部是服务器的HTTP响应。

```
HTTP/1.1 200 OK
Date: Thu, 01 May 2008 11:22:09 GMT
Server: Apache/2.0.54......
X-Powered-By: PHP/5.2.5
Transfer-Encoding: chunked
Content-Type: text/html
```

③

这个首部告诉浏览器：页面内容是HTML代码，而不是纯文本。

首部发送之后就会发送页面的HTML内容。

index.php

对于Guitar Wars应用，首部非常重要，因为它们提供了一种机制，可以中断服务器的页面传送，并在真正传送页面之前请求用户输入一个用户名和口令。换句话说，必须调整服务器返回的首部，利用HTTP认证来保护页面。

出场嘉宾：首部

本周访谈主题：
这么麻烦到底要做什么？

Head First: 谈到认证Web页面时看起来你很受关注。有必要吗？或者只是你在故意造势，想要红极一时，享有15分钟短暂的辉煌？

首部：喔，绝对必要。你必须承认我在传送每一个Web页面时所起的作用。所以我想你可能会说，如果没有我，Web甚至无法运转。我的存在远不止15分钟，尽管在很大程度上我一直没有得到足够的重视。

Head First: 那么你的作用到底是什么？

首部：你要知道Web浏览器和Web服务器并不是人类，所以他们不能直接通过电话或发文本消息来相互联系。

Head First: 哦，天哪！

首部：没错，我知道，这确实有点让人震惊，不过机器可不会用人类的方式通信。但是浏览器和服务器仍然必须通信，而且他们之间的通信就要用到我。

Head First: 那么这到底是怎么回事？

首部：有人键入一个URL或者点击Web页面上的一个链接时，浏览器会组装一个GET请求，并发送到服务器。这个请求会打包为一系列的首部，每个首部包含有关请求的一些信息。具体来讲，首部会包含所请求页面的名和主机、发出请求的浏览器的类型等信息。

Head First: 我还是看不出这里的重要性。

首部：嗯，也许你要告诉咖啡馆的服务生你想要一大杯加脱脂奶的香草espressiato，你认为这重要吗？

Head First: 那当然，他们需要知道我想要什么。

首部：这里也是同样的道理。浏览器将请求打包为首部并发送给服务器，以此告诉服务器它想要什么。

Head First: 有意思。不过我听说服务器也可以发送首部。我还以为服务器只是发回Web页面。

首部：哈，问得好。在通信的另一端我也同样重要，因为服务器不只是要向浏览器输送一大堆内容。倘若浏览器对得到的内容不多做一些了解，对于如何处理这些内容将毫无头绪。

Head First: 比如说哪些？

首部：比如说，内容的类型。这可能是最重要的一点，不过服务器还会发送其他一些信息，如内容的大小、传送的日期和时间等。

Head First: 那么Web页面本身什么时候发送？

首部：就在服务器把我发送到浏览器之后，接下来就会发送具体的内容，可能是HTML、PDF数据或者是GIF或JPEG等图像数据。

Head First: OK，我已经有点了解你对于正常Web页面的作用了。不过与这里的认证有什么关系呢？

首部：对于一个认证Web页面，我所起的作用与对于一个正常的Web页面是一样的，只不过我还要负责让浏览器知道这个页面必须认证。这样一来，浏览器就会提示用户输入认证信息。

Head First: 你是说一个用户名和口令？

首部：完全正确。然后要由服务器上的PHP代码来确定用户名和口令是否匹配，如果确实匹配，服务器可以继续发送余下的页面。

Head First: 太棒了，谢谢指点。

首部：没问题。这是我应该做的。

利用PHP控制首部

利用PHP，可以精心控制由服务器发送给浏览器的首部，从而有可能完成一些首部驱动的任务，如HTTP认证。在PHP脚本中要利用内置 `header()` 函数将首部从服务器发送到浏览器。

```
header('Content-Type: text/html');
```

`header()` 函数会立即从服务器向浏览器发送一个首部，而且这个函数必须在向浏览器发送任何具体内容之前调用。这是一个非常严格的要求，如果在首部之前即使只是发送了一个字符或空格，浏览器也会拒绝并报错。出于这个原因，`header()` 函数调用应当放在PHP脚本中的所有HTML代码之前：

即使<?php标记前面一个随意的空格也会导致这个示例脚本出错。

```
<?php

    header('Content-Type: text/html');

    ......
?>

<html xmlns="http://www.w3.org/1999/xhtml" xml:lang="en" lang="en" >

    ......

</html>
```

<?php ?>标记内部的空格不会导致出现问题，因为它们不会传递到浏览器。

服务器发送页面中的任何HTML内容之前，会向浏览器发送这个首部进行处理。

header()函数允许从PHP脚本创建和发送首部。

> 首部的这些内容挺有意思，不过到底如何使用它利用认证保护页面呢？

利用首部认证

Web服务器

使用首部认证Guitar Wars Admin页面需要创建一组特定的首部，实际上是两个首部，让浏览器知道在传送页面之前要提示用户输入一个用户名和口令。这两个首部由Admin脚本中的PHP代码生成，并控制如何向浏览器传送页面。

HTTP认证首部从服务器发送到浏览器。

```
HTTP/1.1 401 Unauthorized
WWW-Authenticate:
    Basic realm="Guitar Wars"
```

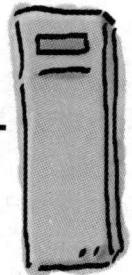

将admin.php页面的内容传送到浏览器之前，服务器处理这个页面的所有首部。

然后浏览器提示用户输入一个用户名和口令。

To view this page, you need to log in to area "Guitar Wars" on www.guitarwars.net

Your password will be sent in the clear.

Name: rock

Password: ••••

☐ Remember this password in my keychain

(Cancel) (Log In)

客户Web
浏览器

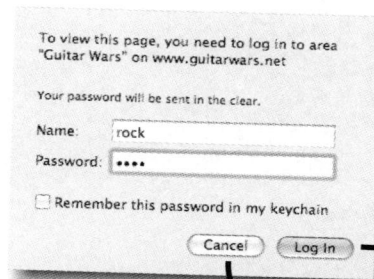

需要两个特定的首部来请求一个Web页面的认证。

发起认证必须有这两个首部，它们完成两件非常特定的工作：

这个首部让浏览器知道用户没有得到查看页面的授权。

```
HTTP/1.1 401 Unauthorized
```

这个首部要求浏览器尝试提示用户输入一个用户名和口令来进行认证。

```
WWW-Authenticate: Basic realm="Guitar Wars"
```

"Basic realm"（基本域）是用于唯一标识这个特定认证的一个短语，它会出现在认证窗口。

处理认证首部之后，浏览器等待用户通过认证窗口采取行动。对于用户的不同行为，浏览器会响应截然不同的动作……

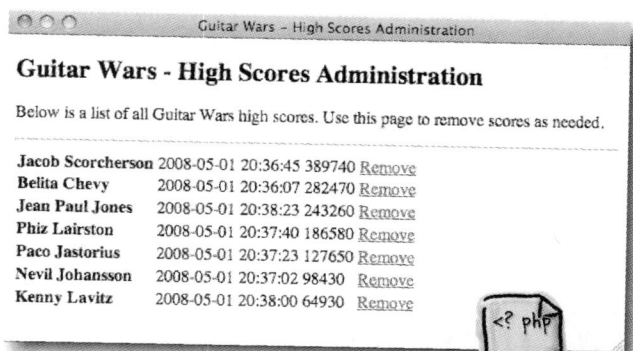

Guitar Wars - High Scores Administration

Below is a list of all Guitar Wars high scores. Use this page to remove scores as needed.

Jacob Scorcherson	2008-05-01 20:36:45	389740	Remove
Belita Chevy	2008-05-01 20:36:07	282470	Remove
Jean Paul Jones	2008-05-01 20:38:23	243260	Remove
Phiz Lairston	2008-05-01 20:37:40	186580	Remove
Paco Jastorius	2008-05-01 20:37:23	127650	Remove
Nevil Johansson	2008-05-01 20:37:02	98430	Remove
Kenny Lavitz	2008-05-01 20:38:00	64930	Remove

Admin页面的HTML内容在正确输入用户名和口令之后传送。

admin.php

如果用户输入了正确的用户名和口令，并点击Log In（登录），服务器会向浏览器发送admin.php页面的HTML内容。浏览器显示Admin页面，然后用户可以像前面使用未加保护的页面一样删除分数。

这就是基本域！

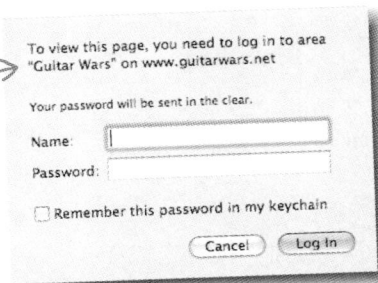

To view this page, you need to log in to area "Guitar Wars" on www.guitarwars.net

Your password will be sent in the clear.

Name:

Password:

☐ Remember this password in my keychain

Cancel   Log In

如果提交了不正确的用户名和口令，只会再次显示认证窗口提示用户输入。

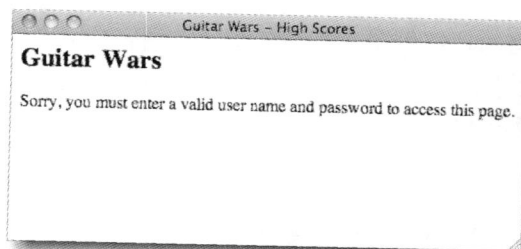

如果用户输入了不正确的用户名和口令，并点击Log In（登录），服务器告诉浏览器再次提示用户输入。倘若用户仍输入不正确的用户名和口令组合，浏览器就继续这一过程。换句话说，如果用户不知道用户名和口令，退出的唯一途径就是点击Cancel（撤销）。

Guitar Wars - High Scores

Guitar Wars

Sorry, you must enter a valid user name and password to access this page.

应用有一个机会退出脚本，当用户取消认证时会显示一个定制的拒绝消息。

如果用户点击Cancel按钮退出认证，服务器向浏览器发回一个包含拒绝消息的页面，然后不再有其他内容，不会发送admin.php页面。这个拒绝消息由admin.php脚本中与首部紧密相关的PHP代码控制。这个代码调用PHP exit()函数来显示一个消息，并立即退出脚本：

```
exit('<h2>Guitar Wars</h2>Sorry, you must enter a valid ' .
    'user name and password to access this page.');
```

PHP磁贴

Guitar Wars Admin脚本缺少了一些提供HTTP认证的重要PHP
代码。使用以下磁贴填入缺少的代码，并使用首部保证Admin
页面安全。提示：有些磁贴可能要使用多次。

```php
<?php
// User name and password for authentication

.......................... = 'rock';

.......................... = 'roll';

if (!isset( .......................................................... ) ||

  !isset( ...................................................... ) ||

  ($_SERVER['PHP_AUTH_USER'] != ............................. ) || ($_SERVER['PHP_AUTH_PW'] != ..................... )) {

  // The user name/password are incorrect so send the authentication headers

  .................. ('HTTP/1.1 401 Unauthorized');

  .................. ('WWW-Authenticate: Basic realm= ........................... ');

  .............. ('<h2>Guitar Wars</h2>Sorry, you must enter a valid user name and password to ' .

  'access this page.');
  }
?>

<html xmlns="http://www.w3.org/1999/xhtml" xml:lang="en" lang="en">
  ......
</html>
```

admin.php

磁贴：

$username

username
PHP_AUTH_USER

' '
'

_SERVER

exit

"Guitar Wars"

[ ]
[ ]

header

$
$
$
$

$password

_SERVER

PHP_AUTH_PW

password

我想知道是否可以使用PHP发送其他类型的首部?

确实可以…… 首部并不只能保证安全性。

认证显然需要使用首部,不过首部相当灵活,除此以外还可以做很多其他有意思的事情。只需利用适当的名/值对调用header()函数,如下所示:

接收到这个首部时浏览器会重定向到About页面。

```php
<?php
    header('Location: http://www.guitarwars.net/about.php');
?>
```

这个首部称为一个位置首部,将当前页面重定向到该Guitar Wars网站上一个名为about.php的页面。下面使用了一个类似的首部,在5秒之后重定向到about.php页面:

浏览器在5秒之后重定向到About页面。

```php
<?php
    header('Refresh: 5; url=http://www.guitarwars.net/about.php');
    echo 'In 5 seconds you\'ll be taken to the About page.';
?>
```

这个首部称为一个刷新首部,因为它会在经过一个时间段之后刷新页面。通常会看到,这种首部中的URL会引用当前页面,从而实现自我刷新。

最后一个首部称为内容类型首部,因为它控制了由服务器传送的内容的类型。作为一个例子,你可以要求页面是纯文本而不是HTML,为此在调用header()函数时使用以下首部:

内容作为纯文本传送到浏览器。

```php
<?php
    header('Content-Type: text/plain');
    echo 'This <strong>text</strong> won\'t actually be bold.';
?>
```

在这个例子中,输出到浏览器的文本完全原样显示而无任何特殊的格式化。换句话说,服务器告诉浏览器不要将输出的内容显示为HTML,所以HTML标记会原样显示为文本。

Watch it!

首部必须是PHP文件发送给浏览器的第一项内容。

由于首部必须在所有内容之前发送,因此PHP脚本中调用header()函数之前,绝对不允许有任何内容出现在PHP代码之外,即使只是一个空格,这一点极其重要。

PHP磁贴答案

Guitar Wars Admin脚本缺少了一些提供HTTP认证的重要PHP
代码。使用以下磁贴填入缺少的代码，并使用首部保证Admin
页面安全。提示：有些磁贴可能要使用多次。

```php
<?php
 // User name and password for authentication
    $ username        = 'rock';
    $ password        = 'roll';

 if (!isset( $ _SERVER [ ' PHP_AUTH_USER ' ] ) ||
    !isset( $ _SERVER [ ' PHP_AUTH_PW ' ] ) ||
    ($_SERVER['PHP_AUTH_USER'] != $username ) || ($_SERVER['PHP_AUTH_PW'] != $password )) {
    // The user name/password are incorrect so send the authentication headers
    header ('HTTP/1.1 401 Unauthorized');
    header ('WWW-Authenticate: Basic realm= "Guitar Wars" ');
    exit ('<h2>Guitar Wars</h2>Sorry, you must enter a valid user name and password to ' .
    'access this page.');
 }
?>
<html xmlns="http://www.w3.org/1999/xhtml" xml:lang="en" lang="en">
 ......
 </html>
```

在脚本最前面将用户名和口令存储在变量中。

利用$_SERVER超级全局变量可以访问用户在认证窗口中输入的用户名和口令。

对照所需的用户名和口令，检查用户输入的用户名和口令。

exit()函数显示了一个拒绝消息，并确保如果认证失败不会向浏览器发送任何内容。

这两个header()函数调用会将这些首部发送到浏览器。

admin.php

只有在首部已经发送并得到处理之后，才可能向浏览器传送HTML代码。

```
HTTP/1.1 401 Unauthorized
WWW-Authenticate:
 Basic realm="Guitar Wars"
```

运行测试

为Admin脚本增加HTTP认证。

修改admin.php脚本以使用HTTP认证，保证只有你能访问这个脚本。将脚本上传到你的Web服务器，然后在Web浏览器中打开。尝试首先输入错误的用户名和口令，查看访问会受到怎样的限制。

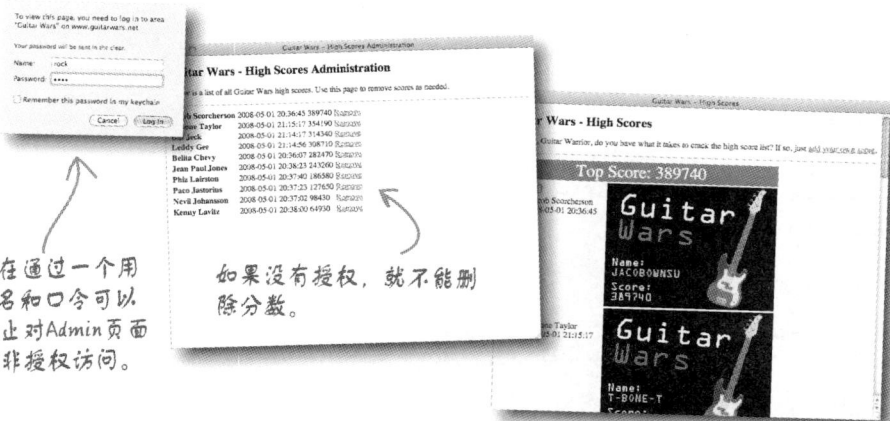

现在通过一个用户名和口令可以防止对Admin页面的非授权访问。

如果没有授权，就不能删除分数。

虚拟吉他手们很高兴现在高分应用既安全又可靠!

there are no Dumb Questions

问: Guitar Wars Admin脚本中究竟是如何调用`exit()`函数的?

答: 尽管`exit()`函数在PHP代码中紧挨着就在两个`header()`函数调用下面，但是只有当用户点击了Cancel按钮取消认证窗口时才会调用这个函数。如果认证失败，服务器在两个`header()`调用之后不会继续执行。相反，它会重新发送首部，并再次尝试。只有当用户点击了Cancel按钮，服务器才会调用`exit()`函数，在这种情况下，它会发送函数调用中的内容，但除此以外不再发送其他内容。如果认证成功，则不会调用`exit()`，因为脚本永远不会进入if语句，if语句内部的代码只有当用户名和口令未设置或者输入不正确时才会执行。

问: HTTP认证的"基本域"有什么实际作用吗?

答: 有。它定义了一个特定用户名和口令所保护的安全"区"。一旦成功地输入了对应一个给定域的用户名和口令，浏览器会记住这个用户名和口令，而对同一个域中后续的认证首部不会再显示认证窗口。换句话说，基本域使得浏览器可以记住你已满足一组给定页面的安全需求,只需为这些页面的认证首部指定相同的基本域。

还不错！幸运的是，我对分数删除页面的链接建立了书签，然后稍稍修改了日期。我还把它写在了这个大白板上。

Guitar Wars - High Scores

Wars - High Scores

elcome, Guitar Warrior, do you have what it takes to crack the high score list? If so, just add your own score.

哎呀！高分再次从Guitar Wars应用消失了。

http://www.guitarwars.net/removescore.php?id=10&name=Jacob%20Scorcherson&date=2008-05-01%2020:36:45&score=389740&screenshot=jacobsscore.gif

当然，removescore.php页面的这个URL不好懂，不过它确实可以绕过受到安全保护的admin.php页面。

看起来打算入侵Guitar Wars的人找到了一种方法绕过了Guitar Wars的安全措施。

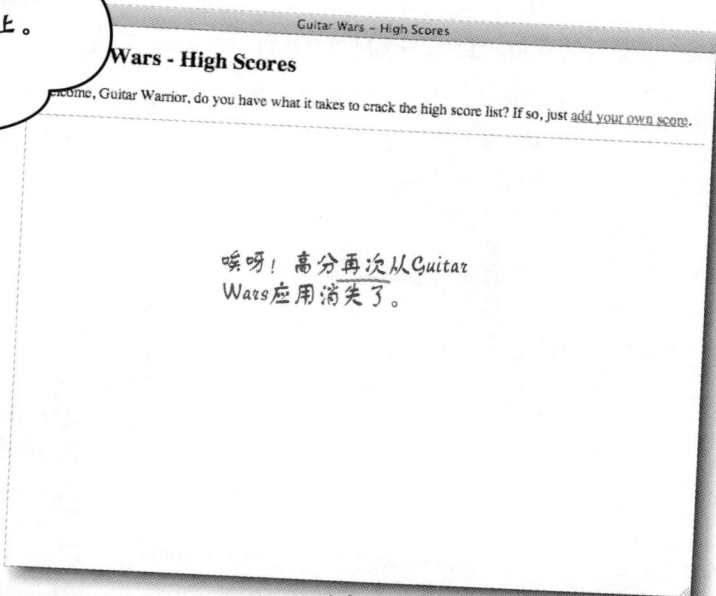

噢，这么说也许Guitar Wars并不安全。

这里只获得了短暂的成功。根本过不了多久那些坏人就会再次来袭，闪电般从Guitar Wars将分数一扫而光，再一次让参与竞争的游戏者困惑不已。看起来只保护Admin页面的安全还不够，因为Remove Score脚本仍然能直接访问…… 如果你很清楚该怎么做。

你认为可以如何解决这个新出现的攻击，防止高分被删除，请写出你的想法：

> 我们需要保护Remove Score脚本的安全，而且我相信只需再次使用HTTP认证。

Joe: 有道理。我的意思是，HTTP认证在Admin页面上表现很好。

Frank: 没错。所以我们要做的就是在Remove Score脚本中放上同样的首部授权代码，这样就可以了，对不对？

Jill: 是的，这当然可以。不过要把授权代码重复放在两个位置上，我对这种做法表示担心。如果以后再增加一个需要保护的页面会怎么样呢？难道还得再次重复这个代码吗？

Joe: 代码重复确实是个问题。特别所有脚本都需要共享这个用户名和口令。如果希望改变用户名和口令，就必须在每一个受保护的脚本中都进行修改。

Frank: 我懂了！把$username和$password变量放在单独的包含文件中，然后在受保护的脚本中共享这些变量怎么样？我们甚至可以把它们放在存储应用变量的appvars.php包含文件中。

Joe: 我赞同你的想法，不过这个解决方案只解决了一小部分代码重复。要记住，我们在讨论一个小代码块。

```php
<?php
  // User name and password for authentication
  $username = 'rock';
  $password = 'roll';

  if (!isset($_SERVER['PHP_AUTH_USER']) || !isset($_SERVER['PHP_AUTH_PW']) ||
   ($_SERVER['PHP_AUTH_USER'] != $username) || ($_SERVER['PHP_AUTH_PW'] != $password)) {
   // The user name/password are incorrect so send the authentication headers
   header('HTTP/1.1 401 Unauthorized');
   header('WWW-Authenticate: Basic realm="Guitar Wars"');
   exit('<h2>Guitar Wars</h2>Sorry, you must enter a valid user name and password to access this page.');
  }
?>

<html>
```

admin.php

Jill: 你们都说的没错，正因如此，我认为需要一个新的包含文件来存储所有授权代码（而不只是$username和$password变量）。

Frank: 哈，这样一来，就可以在需要用HTTP授权保护的所有页面中直接包含该脚本。

Joe: 完全正确！只是要确保首先包含这个脚本，因为它依赖于首部完成所有HTTP授权工作。

创建一个Authorize脚本

我们已经有了建立新Authorize脚本所需的全部代码，只需要把这些
代码从admin.php移到一个新的脚本文件（authorize.php）中，
并把原来的代码替换为一条require_once语句。

我们把这些代码从admin.php中
抽出，放在它自己的脚本文件
authorize.php中。

```php
<?php
  // User name and password for authentication
  $username = 'rock';
  $password = 'roll';

  if (!isset($_SERVER['PHP_AUTH_USER']) || !isset($_SERVER['PHP_AUTH_PW']) ||
    ($_SERVER['PHP_AUTH_USER'] != $username) || ($_SERVER['PHP_AUTH_PW'] != $password)) {
    // The user name/password are incorrect so send the authentication headers
    header('HTTP/1.1 401 Unauthorized');
    header('WWW-Authenticate: Basic realm="Guitar Wars"');
    exit('<h2>Guitar Wars</h2>Sorry, you must enter a valid user name and password to access this page.');
  }
?>

<html>
<head>
  <meta http-equiv="Content-Type" content="text/html; charset=utf-8" />
  <title>Guitar Wars-High Scores Administration</title>
  <link rel="stylesheet" type="text/css" href="style.css" />
</head>
<body>
  <h2>Guitar Wars-High Scores Administration</h2>
  <p>Below is a list of all Guitar Wars high scores. Use this page to remove scores as needed.</p>
  <hr />

<?php
  require_once('appvars.php');
  require_once('connectvars.php');

  // Connect to the database
  $dbc = mysqli_connect(DB_HOST, DB_USER, DB_PASSWORD, DB_NAME);

  // Retrieve the score data from MySQL
  $query = "SELECT * FROM guitarwars ORDER BY score DESC, date ASC";
  $data = mysqli_query($dbc, $query);

  // Loop through the array of score data, formatting it as HTML
  echo '<table>';
  while ($row = mysqli_fetch_array($data)) {
    // Display the score data
    echo '<tr class="scorerow"><td><strong>' . $row['name'] . '</strong></td>';
    echo '<td>' . $row['date'] . '</td>';
    echo '<td>' . $row['score'] . '</td>';
    echo '<td><a href="removescore.php?id=' . $row['id'] . '&amp;date=' . $row['date'] .
      '&amp;name=' . $row['name'] . '&amp;score=' . $row['score'] .
      '&amp;screenshot=' . $row['screenshot'] . '">Remove</a></td></tr>';
  }
  echo '</table>';

  mysqli_close($dbc);
?>

</body>
</html>
```

admin.php

```php
<?php
  // User name and password for authentication
  $username = 'rock';
  $password = 'roll';

  if (!isset($_SERVER['PHP_AUTH_USER']) || !isset($_SERVER['PHP_AUTH_PW']) ||
   ($_SERVER['PHP_AUTH_USER'] != $username) || ($_SERVER['PHP_AUTH_PW'] != $password)) {
   // The user name/password are incorrect so send the authentication headers
   header('HTTP/1.1 401 Unauthorized');
   header('WWW-Authenticate: Basic realm="Guitar Wars"');
   exit('<h2>Guitar Wars</h2>Sorry, you must enter a valid user name and password to access this page.');
  }
?>
```

由于Authorize脚本是共享的，所以可以保证这两个页面有相同的认证域，这说明它们共享相同的用户名和口令。

authorize.php

```php
<?php
  require_once('authorize.php');
?>

<html>
```

admin.php

Admin脚本中的认证代码替换为一行PHP代码。

共享的Authorize脚本包含在这个脚本的最开始的位置，因为它调用了header()函数。

```php
<?php
  require_once('authorize.php');
?>

<html>
```

removescore.php

BULLET POINTS

- PHP脚本可以使用首部来控制服务器如何向浏览器传送Web内容。

- 内置PHP header()函数用于向浏览器发送首部，这可以用来重定向一个页面、控制页面的内容类型，或者请求对一个页面认证。

- 使用header()函数向浏览器发送首部时，header()函数调用必须出现在所有其他内容的发送之前。

- 使用HTTP认证保护一个页面时，用户输入的用户名和口令存储在$_SERVER超级全局变量中。

- HTTP认证的"基本域"是一个安全区，与一个特定的用户名和口令关联，允许多个页面共同得到保护。

- 内置PHP exit()函数会退出一个PHP脚本，避免该函数调用之后执行任何代码，也不允许向浏览器发送内容。

there are no
Dumb Questions

问： 我还是不完全理解Ethel如何绕过Guitar Wars的安全设施。她是怎么做的？

答： 她充分利用了只保护一个页面（Admin）所固有的弱点，而实际上删除分数特性要依赖于两个页面（Admin和Remove Score）。Admin页面提供了一系列Remove链接，它们链接到Remove Score页面。要删的分数的有关信息在URL中传递，从而允许Remove Score脚本通过$_GET超级全局变量来访问这些信息。如果能够为Remove Score页面组合出一个合法的URL，就可以删除分数而无需通过Admin页面。Ethel正是这样做的。

问： 但是她怎么知道如何构造Remove Score页面的URL呢？

答： 她相当狡诈，不过这个任务并不太难。要记住，她提到过曾经在整个网站未做保护时对Remove Score页面建立了书签。没错，书签就是一个URL，她能利用这个书签来构造一个URL直接访问Remove Score页面而不必通过Admin页面。

问： OK，但是由于之前遭遇的攻击，高分已经重新输入了。难道这不意味着由于日期不同，之前的URL不再起作用了吗？

答： 对，说得好。不过要记住，Ethel相当聪明。她可以轻松地查看Guitar Wars主页，看到新的日期，然后把这个新日期插入到之前的URL中，这样就能毫不费力地删除新的分数。有一点很重要，有些人可能下定决心通过逆向工程分析你的PHP脚本，并利用其中的漏洞。绝对不要低估这些人的能力。

问： 既然如此，同时保护Admin和Remove Score页面就可以阻止Ethel，但是这样一来，现在要合法地删除分数会不会太过麻烦？

答： 不，完全不是。如果没有基本域的帮助，要想合法地删除分数确实会相当麻烦，因为你必须分别为Admin和Remove Score页面输入用户名和口令。不过要记住，现在建立了一个基本域，而且两个页面的基本域都是一样的，这说明这两个页面在同一个安全区中。一旦通过一个页面的认证窗口，就会在该页面所在的整个基本域中记住该用户名和口令。其最终结果是，只需成功地输入一次用户名和口令，就足以解开两个页面。

有些人可能下定决心通过逆向工程分析你的PHP脚本，并利用其中的漏洞。绝对不要低估这些人的能力。

运行测试

创建Authorize脚本，并包含在Admin和Remove Score脚本中来提供保护。

创建一个新的文本文件，名为`authorize.php`，在其中输入Authorize脚本的代码。然后修改admin.php脚本，使它包含这个Authorize脚本而不是具体的HTTP认证代码。在`removescore.php`脚本的开始处增加同样的`require_once`语句，使这个脚本也通过HTTP认证得到保护。

将所有脚本上传到你的Web服务器，然后尝试在Web浏览器中直接打开Remove Score脚本。你可能必须清除浏览器中原有的所有HTTP认证会话才能让它再次提示输入用户名和口令，大多数浏览器会记住认证域，使你不必不断重新输入用户名和口令。

现在Admin和 Remove Score页面都需要一个用户名和口令。

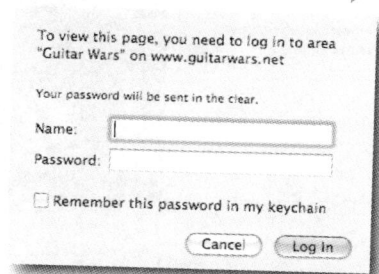

Guitar Wars - High Scores

```
http://www.guitarwars.net/removescore.php?
id=10&
name=Jacob%20Scorcherson&
date=2008-05-01%2020:36:45&
score=389740&
screenshot=jacobsscore.gif
```

这个URL绕过了Admin页面并直接访问Remove Score页面。

To view this page, you need to log in to area "Guitar Wars" on www.guitarwars.net

Your password will be sent in the clear.

Name:

Password:

☐ Remember this password in my keychain

(Cancel) (Log In)

不论用户如何访问，Remove Score页面都能得到保护。

Guitar Wars - Remove a High Score

The high score of 314340 for Biff Jeck was successfully removed.

<< Back to admin page

BRAIN POWER

你能想到Guitar Wars高分应用还在哪些方面存在风险？

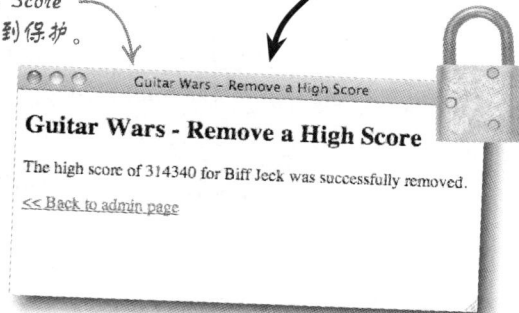

Guitar Wars 第2幕：克隆攻击

（高分）

不幸的是，Guitar Wars世界的快乐并没有持续太长时间，因为应用中开始显示一些仿造的分数，抢占了合法分数的位置……这个问题再一次在Guitar Wars世界掀起轩然大波。显然，即使不删除分数也完全有可能破坏Guitar Wars高分表。但是这是怎么做的呢？

Ethel的最高分显然是伪造的，因为她提供的截屏图像很粗糙，而且她的得分居然不多不少恰好是500000。

			score	screenshot
		Belita Chevy	282470	belitasscore.gif
22	2008-05-01 20:36:45	Jacob Scorcherson	389740	jacobsscore.gif
23	2008-05-01 20:37:02	Nevil Johansson	98430	nevilsscore.gif
24	2008-05-01 20:37:23	Paco Jastorius	127650	pacosscore.gif
25	2008-05-01 20:37:40	Phiz Lairston	186580	phizsscore.gif
26	2008-05-01 20:38:00	Kenny Lavitz	64930	kennysscore.gif
27	2008-05-01 20:38:23	Jean Paul Jones	243260	jeanpaulsscore.gif
28	2008-05-01 21:14:56	Leddy Gee	308710	leddysscore.gif
29	2008-05-01 21:15:17	T-Bone Taylor	354190	tbonesscore.gif
30	2008-05-02 14:02:54	Ethel Heckel	500000	ethelsscore.gif

假增实减

直到现在我们一直有一个假设，认为提交了截屏图像的高分就能通过验证。
但现在完全可以断定并非如此！显而易见作假者是谁……

噢，没错，就是我……指控罪名成立！我只是提交了完全伪造的分数，另外提供了做过手脚的截屏图像。哈哈，成为最佳吉他手的感觉很不错。

Ethel发现只需要在提交伪造分数时提供加工过的截屏图像就可以对Guitar Wars带来严重破坏。

现在人们能够向Guitar Wars应用提交伪造的高分，你将如何解决这个问题，请写出你的想法：

....

....

....

安全性需要<u>人类</u>的干预

即使在我们生活的这个现代社会中，有时人类的思考仍是不能取代的，这是指能呼吸的真正的人类。在这种情况下，要分析一个信息并评价它是否合法，很难脱离人的参与。这里讨论的就是仲裁（moderation），在公众看到某个内容之前，要由一个人负责批准将这个内容发布到Web应用。

人类仲裁是一种非常好的方法，可以改善用户所提交内容的完整性。

利用仲裁，尽管新的高分可以增加到数据库中，但是在仲裁人批准之前不会对公众显示。

Score	Action
500000	Remove / Approve
389740	Remove

Admin为各个新的高分增加了一个"Approve"链接，以便这些分数得到批准。

Guitar Wars - High Scores Administration

Below is a list of all Guitar Wars high scores. Use this page to remove scores to be removed.

Name	Date	Score	Action
Ethel Heckel	2008-05-03 14:02:54	500000	Remove / Approve
Jacob Scurcherson	2008-05-01 20:36:45	389740	Remove
T-Bone Taylor	2008-05-01 21:15:17	354190	Remove
Pez Law	2008-05-02 20:36:28	322710	Remove / Approve
Biff Jeck	2008-05-02 20:32:54	314340	Remove
Leddy Gee	2008-05-01 21:14:56	308710	Remove
Belita Chevy	2008-05-01 20:36:07	282470	Remove
Jean Paul Jones	2008-05-01 20:38:23	243260	Remove
Phio Lairston	2008-05-01 20:37:40	186580	Remove
Paco Jastorius	2008-05-01 20:37:23	127650	Remove
Nevil Johansson	2008-05-01 20:37:02	98430	Remove
Kenny Lavitz	2008-05-01 20:38:00	64030	Remove

Guitar Wars - Add Your High Score

Name: Pez Law
Score: 322710
Screen shot: [Choose File] no file selected

[Add]

只是增加一个新的高分，不会再把它自动增加到公开的高分表中。

要想让这些伪造的文档（嗯，我是指高分）从我的眼皮底下溜过去，实在是很困难，只能靠你的运气了。我很严格，而且极少犯错。

Guitar Wars确实可以使用某种人类仲裁。当然，还是有可能有人精心加工一个截屏图，并逃过人类仲裁的法眼。但是这很不容易，而且有一点是肯定的：仲裁是一种很好的威慑。要记住，保护一个PHP应用的安全很大程度上都在于防范。

无畏的 Guitar Wars仲裁人……从来不完全信任所看到的高分。

规划Guitar Wars中的仲裁

为Guitar Wars增加人类仲裁特性的工作量很大，因为这会影响到应用的很多方面。数据库必须修改，而且必须创建一个新的脚本来完成批准工作，Admin页面必须为每个分数增加一个"Approve"链接，最后，必须修改主页使之只显示经过批准的分数。由于涉及这么多的修改，因此先做出规划非常重要，然后再逐步分别完成各个修改。

1 使用ALTER向数据库表增加一个approved列。

先从数据库开始，它需要一个新列来维护一个分数是否得到批准。

id	date	name	score	screenshot	approved
		......			
28	2008-05-01 21:14:56	Leddy Gee	308710	leddysscore.gif	0
29	2008-05-01 21:15:17	T-Bone Taylor	354190	tbonesscore.gif	0
30	2008-05-02 14:02:54	Ethel Heckel	500000	ethelsscore.gif	0
31	2008-05-02 20:32:54	Biff Jeck	314340	biffsscore.gif	0
32	2008-05-02 20:36:38	Pez Law	322710	pezsscore.gif	0

2 创建一个Approve Score脚本，处理是否批准一个新的高分（设置approved列为1）。

一旦数据库准备就绪，可以完成批准高分的工作，还需要一个脚本具体处理是否批准一个分数。这个Approve Score脚本负责在数据库中查找一个特定的分数，并修改相应的approved列。

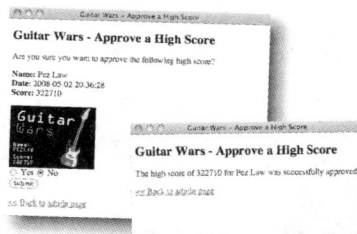

3 修改Admin页面，为尚未批准的分数显示一个"Approve"链接。

Approve Score脚本是一个后台脚本，它不能以正常方式直接访问。相反，要通过Admin页面上生成和显示的"Approve"链接来访问，只有未批准的分数旁边有"Approve"链接。

4 修改主页上的查询，只显示经批准的分数。

最后一步是确保这些批准工作反映到高分主视图中。所以要修改应用的主页，只显示已经得到批准的高分。如果没有做这个修改，与批准工作相关的所有其他修改都将毫无意义。

用ALTER为批准项留出空间

要向guitarwars表增加新的approved列，需要使用一次ALTER
TABLE语句，这是我们之前已经用过的一个SQL语句。

```
ALTER TABLE guitarwars
ADD COLUMN approved TINYINT
```

MySQL数据类型BOOL是TINYINT的一个
别名，所以这两个类型都可以使用。

新的approved列是一个TINYINT，0指示一个未经批准的分
数，或者1指示一个分数已经得到批准。所以所有新分数初始时
approved值都为0，指示它们最初都是未经批准的。

1 使用ALTER向数据库表
增加一个approved列。

> 等一下。我不认为可以直接向数据库增加一
> 列而不用修改Add Score脚本，难道INSERT不
> 该向新列中插入数据吗？

说得对，增加一个新列意味着Add Score脚本中的INSERT查询要增加一个新值。

重要的是，不要忘记一点，PHP应用是由多个部分精心合成的"交响乐"：包括
由表组成的数据库（表本身包含行和列）、PHP代码、HTML代码，通常还有CSS
代码。并不总能明显地看出修改某一部分会导致需要修改另一部分。为了完成这
个新的Approve Score脚本，需要在guitarwars表中增加approved列，为此还
需要修改Add Score脚本中的INSERT查询：

所有新插入的高分行中approved都设置
为0……表示未得到批准！

```
INSERT INTO guitarwars
VALUES (0, NOW(), '$name', '$score','$screenshot', 0)
```

id	date	name	score	screenshot	approved
	......				
30	2008-05-02 14:02:54	Ethel Heckel	500000	ethelsscore.gif	0
31	2008-05-02 20:32:54	Biff Jeck	314340	biffsscore.gif	0
32	2008-05-02 20:36:38	Pez Law	322710	pezsscore.gif	0

增加一个新行时，
其approved列设置为
0，表示初始时未
经过批准。

Sharpen your pencil

Approve Score脚本的结构与Remove Score脚本很类似，只是它的任务是批准一个分数。补充Approve Score脚本缺少的代码，确保页面的安全，另外根据通过URL传递的分数数据来批准相应的分数。

```php
<?php
  ..................................................... ;
?>
......
<?php
  require_once('appvars.php');
  require_once('connectvars.php');
  ......
  if (isset($_POST['submit'])) {
    if ( ..................................................... ) {
      // Connect to the database
      $dbc = mysqli_connect(DB_HOST, DB_USER, DB_PASSWORD, DB_NAME);

      // Approve the score by setting the approved column in the database
      $query = "UPDATE guitarwars SET ..................................................... ";
      mysqli_query($dbc, $query);
      mysqli_close($dbc);

      // Confirm success with the user
      echo ...........................................................................................

    }
    else {
      echo ...........................................................................................

    }
  }
  ......
  echo '<p><a href=" ..................... ">&lt;&lt; Back to admin page</a></p>';
?>
......
```

Sharpen your pencil
Solution

Approve Score脚本的结构与Remove Score脚本很类似，只是它的任务是批准一个分数。补充Approve Score脚本缺少的代码，确保页面的安全，另外根据通过URL传递的分数数据来批准相应的分数。

```php
<?php
require_once('authorize.php');
?>
......
<?php
  require_once('appvars.php');
  require_once('connectvars.php');
  ......
  if (isset($_POST['submit'])) {
    if (   $_POST['confirm'] == 'Yes'   ) {
      // Connect to the database
      $dbc = mysqli_connect(DB_HOST, DB_USER, DB_PASSWORD, DB_NAME);

      // Approve the score by setting the approved column in the database
      $query = "UPDATE guitarwars SET   approved = 1 WHERE id = '$id'   ";
      mysqli_query($dbc, $query);
      mysqli_close($dbc);

      // Confirm success with the user
      echo '<p>The high score of ' . $score . ' for ' . $name . ' was successfully approved.';
    }
    else {
      echo '<p class="error">Sorry, there was a problem approving the high score.</p>';
    }
  }
  ......
  echo '<p><a href="   admin.php   ">&lt;&lt; Back to admin page</a></p>';
?>
......
```

要用一个用户名和口令保护 Approve Score 页面的安全，只需包含 Authorize 脚本，不过这在脚本中必须最先完成，因为它依赖于首部。

❷ 创建一个Approve Score脚本，处理是否批准一个新的高分（设置approved列为1）。

完成

ID必须匹配才能批准。

设置approved列为1，批准这个分数。

通过显示得到批准的分数和用户名，向用户确认分数已经批准。

指出一个分数未得到批准非常重要，这类似于其他 Guitar Wars 脚本报告错误。

提供指回 Admin 页面的一个链接以便于导航。

there are no
Dumb Questions

问: 批准一个分数时为什么没有必要同时传递截屏图文件名?

答: 因为要批准一个高分，只需要足以查找一个分数行的信息，然后批准该分数。这说明，实际上只需要足以定位到一个特定行的数据就可以了。日期、用户名和分数就足以找到一个特定行并将其approved列设置为1。

问: 在**approved**列中使用0和1看起来有些难懂。有没有其他方法来表示这个信息?

答: 有。MySQL ENUM数据类型表示"枚举"，允许利用一个有限的可取值列表创建一个列。所以approved列可以不作为TINYINT类型加入（取值为0或1），而是作为一个ENUM类型加入，这样可取值就是'yes'和'no'，如下:

```
ALTER TABLE guitarwars
ADD COLUMN approved ENUM('yes', 'no')
```

Sharpen your pencil

Approve Score脚本中用来批准一个分数的有关数据通过"Approve"链接传递，这个链接在Admin脚本中生成。补充以下Admin脚本中缺少的代码，生成这些链接。

```
......
// Loop through the array of score data, formatting it as HTML
echo '<table>';
echo '<tr><th>Name</th><th>Date</th><th>Score</th><th>Action</th></tr>';
while ($row = mysqli_fetch_array($data)) {
  // Display the score data
  echo '<tr class="scorerow"><td><strong>' . $row['name'] . '</strong></td>';
  echo '<td>' . $row['date'] . '</td>';
  echo '<td>' . $row['score'] . '</td>';
  echo '<td><a href="removescore.php?id=' . $row['id'] . '&amp;date=' . $row['date']
    '&amp;name=' . $row['name'] . '&amp;score=' . $row['score'] .
    '&amp;screenshot=' . $row['screenshot'] . '">Remove</a>';
  if (.................................................) {
    echo .............................................................................
    ...............................................................................
    ...............................................................................
  }
  echo '</td></tr>';
}
echo '</table>';
......
```

> 提示：只有未得到批准的分数才会有一个"Approve"链接。

Sharpen your pencil
Solution

Approve Score脚本中用来批准一个分数的有关数据通过"Approve"链接传递，这个链接在Admin脚本中生成。补充以下Admin脚本中缺少的代码，生成这些链接。

......

```
// Loop through the array of score data, formatting it as HTML
echo '<table>';
echo '<tr><th>Name</th><th>Date</th><th>Score</th><th>Action</th></tr>';
while ($row = mysqli_fetch_array($data)) {
  // Display the score data
  echo '<tr class="scorerow"><td><strong>' . $row['name'] . '</strong></td>';
  echo '<td>' . $row['date'] . '</td>';
  echo '<td>' . $row['score'] . '</td>';
  echo '<td><a href="removescore.php?id=' . $row['id'] . '&amp;date=' . $row['date']
    '&amp;name=' . $row['name'] . '&amp;score=' . $row['score']
    '&amp;screenshot=' . $row['screenshot'] . '">Remove</a>';
  if (    $row['approved'] == '0'         ) {
    echo  ' / <a href="approvescore.php?id=' . $row['id'] . '&amp;date=' . $row['date'] .
        '&amp;name=' . $row['name'] . '&amp;score=' . $row['score'] . '&amp;screenshot=' .
        $row['screenshot'] . '>Approve</a>';
  }
  echo '</td></tr>';
}
echo '</table>';
```

......

生成"Approve"链接之前查看分数是否未得到批准。

生成"Approve"链接，使ID、日期、用户名、分数和截屏图像名通过URL传递。

"Approve"链接将Admin页面连接到Approve Score页面。

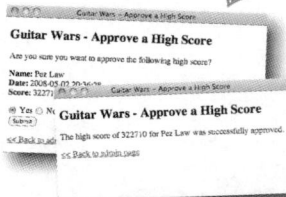

❸ 修改Admin页面，为尚未批准的分数显示一个"Approve"链接。

未批准的分数没有价值

Guitar Wars高分应用仲裁特性所需的所有环节都已经准备就绪。现在只差最后一步，修改主页，只显示得到批准的分数。这需要调整SQL SELECT查询，只挑出approved列设置为1的分数（已经得到批准）。这要利用一个WHERE语句完成。

使用WHERE根据某个列的值选择数据行。

```
SELECT * FROM guitarwars
WHERE approved = 1
ORDER BY score DESC, date ASC
```

向这个查询增加WHERE语句，就可以消除所有未得到批准的分数，这包括所有新分数。这样就为仲裁人提供了一个机会来检查这些分数，确定应当将它们删除，还是对公众公布（即批准）。

如果approved列设置为非1的其他值，相应分数将不会显示。

id	date	name	score	screenshot	approved
		......			
28	2008-05-01 21:14:56	Leddy Gee	308710	leddysscore.gif	1
29	2008-05-01 21:15:17	T-Bone Taylor	354190	tbonesscore.gif	1
30	2008-05-02 14:02:54	Ethel Heckel	500000	ethelsscore.gif	0
31	2008-05-02 20:32:54	Biff Jeck	314340	biffsscore.gif	1
32	2008-05-02 20:36:38	Pez Law	322710	pezsscore.gif	1

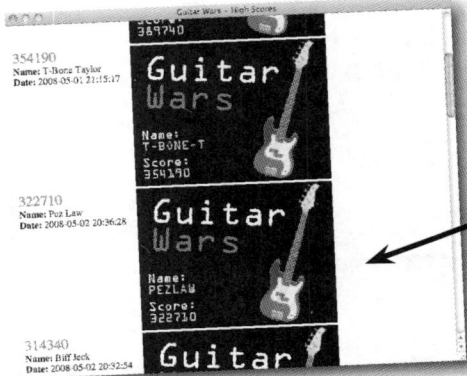

现在主页上(index. php)只会显示经过批准的分数。

④ 修改主页上的查询，只显示经过批准的分数。

完成

运行测试

创建Approve脚本，修改Guitar Wars应用中其余相关的部分来使用这个脚本。

使用一个MySQL工具，执行ALTER查询向guitarwars表增加一个新的approved列。然后修改addscore.php脚本中的INSERT查询，在新数据行的approved列中插入一个0。

现在创建一个新的文本文件，名为approvescore.php，在其中输入Approve Score脚本的代码。然后修改admin.php脚本，为尚未得到批准的分数增加一个"Approve"链接。最后，修改index.php中的SELECT查询，从而只显示得到批准的分数。

将所有脚本上传到你的Web服务器，在Web浏览器中打开Guitar Wars主页。记录可以看到的分数，然后打开Admin页面。点击某个"Approve"链接批准相应分数，然后回到主页查看这个分数现在是否出现。

Guitar Wars - High Scores Administration

Below is a list of all Guitar Wars high scores. Use this page to remove scores as needed.

Name	Date	Score	Action
Ethel Heckel	2008-05-02 14:02:54	500000	Remove / Approve
Jacob Scorcherson	2008-05-01 20:36:45	389740	Remove
T-Bone Taylor	2008-05-01 21:15:17	354190	Remove
Pez Law	2008-05-01 20:36:28	322710	Remove / Approve
Biff Jeck	2008-05-02 20:32:54	314340	Remove
Leddy Gee	2008-05-01 21:14:56	308710	Remove
Belita Chevy	2008-05-01 20:36:07	282470	Remove
Jean Paul Jones	2008-05-01 20:38:23	243260	Remove
Phiz Lairston	2008-05-01 20:37:40	186580	Remove
Paco Jastorius	2008-05-01 20:37:23	127650	Remove
Nevil Johansson	2008-05-01 20:37:02	98430	Remove
Kenny Lavitz	2008-05-01 20:38:00	64930	Remove

Admin页面上增加了新的"Approve"链接，可以通过这个链接访问Approve Score页面，在其中批准各个分数。

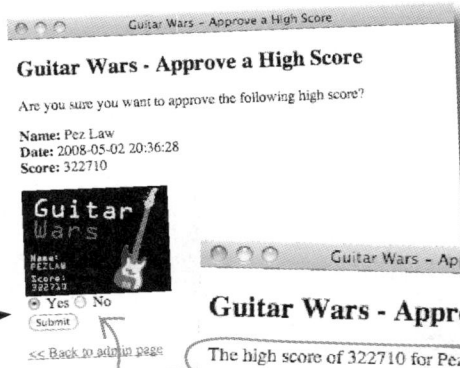

批准一个分数之后，会显示一个确认消息。

这个简单的表单在真正批准分数之前需要做出确认。

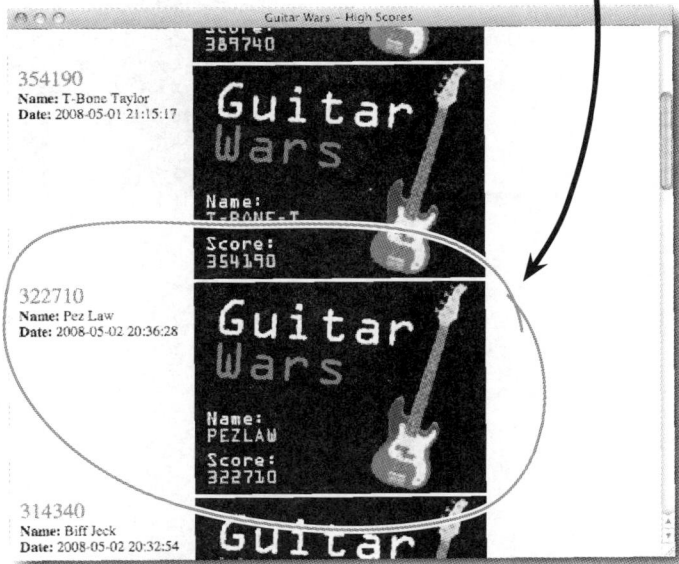

新批准的分数现在确实出现在Guitar Wars主页上。

百万分攻击

加入仲裁的Guitar Wars在安全性上有了显著的改善，但它还远不是万无一失的。看起来老谋深算的攻击者还在想方设法寻找这个高分系统中的另一个弱点，并以某种方式越过仲裁人偷偷加入她的高分。一定要阻止Ethel，而且这一次必须永远杜绝她的攻击，才能恢复 Guitar Wars世界对我们的信任。

这绝对是仲裁人本该
阻止的那种高分……
不过它确实出现了！

老实讲，我真不知道哪一个更
有意思，是拉我的手风琴还是对
Guitar Wars网站动手脚！

Ethel为她又一次攻击了系统不
由得沾沾自喜。

一切都经过仲裁……？

尽管仲裁人非常明确地肯定他绝对没有批准过Ethel提交的高分，不过确实可以清楚地看到她的分数approved列设置为1。我们知道Add Score会把新分数的approved列设置为0，因为前面只修改了这个脚本中的INSERT查询。肯定还缺少些什么！

Guitar Wars仲裁人不明白发生了什么。

这怎么可能呢？我确信从来没有批准过这个分数，一百万分？

id	date	name	score	screenshot	approved
21	2008-05-01 20:36:07	Belita Chevy	282470	belitassscore.gif	1
22	2008-05-01 20:36:45	Jacob Scorcherson	389740	jacobsscore.gif	1
23	2008-05-01 20:37:02	Nevil Johansson	98430	nevilsscore.gif	1
24	2008-05-01 20:37:23	Paco Jastorius	127650	pacosscore.gif	1
25	2008-05-01 20:37:40	Phiz Lairston	186580	phizsscore.gif	1
26	2008-05-01 20:38:00	Kenny Lavitz	64930	kennysscore.gif	1
27	2008-05-01 20:38:23	Jean Paul Jones	243260	jeanpaulsscore.gif	1
28	2008-05-01 21:14:56	Leddy Gee	308710	leddysscore.gif	1
29	2008-05-01 21:15:17	T-Bone Taylor	354190	tbonesscore.gif	1
31	2008-05-02 20:32:54	Biff Jeck	314340	biffsscore.gif	1
32	2008-05-02 20:36:38	Pez Law	322710	pezsscore.gif	1
33	2008-05-05 14:58:59	Ethel Heckel	1000000	ethelsscore2.gif	1

仲裁人从来没有批准过这个分数，不过它的approved列确实设置为1，导致这个分数最后会显示在主页上。

BRAIN POWER

你认为Ethel提交的伪造分数是如何绕过仲裁人的？

BRAIN BARBELL

可以看出，Ethel的百万分攻击并未对Approve Score表单做任何手脚。完全可以把她的破坏隔离到Add Score表单，也就是说，问题出在Add Score表单。以下是Ethel输入到Add Score表单的具体表单数据，她就是利用这个数据完成攻击的。在你自己的表单中输入同样的表单数据来增加分数。你认为会发生什么？

不要忘记这里"--"后面的空格。

Ethel Heckel

1000000', 'ethelsscore2.gif', 1) --

Guitar Wars - Add Your High Score

Name:

Score:

Screen shot: (Choose File)

(Add)

这可以是任何小于32KB的GIF或JPEG图像文件。

ethelsscore2.gif

她到底做了什么？

为了了解这个狡猾的表单攻击究竟做了什么，下面来跟踪表单数据流经过Add Score脚本的全过程。

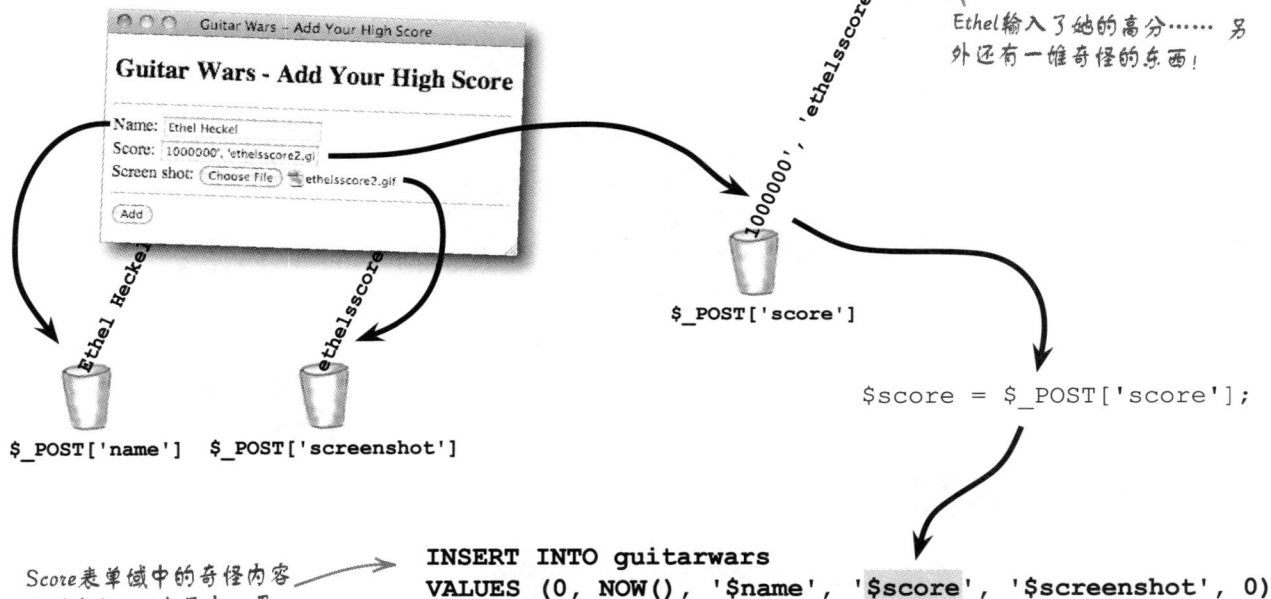

Guitar Wars – Add Your High Score

Guitar Wars - Add Your High Score

Name: Ethel Heckel
Score: 1000000', 'ethelsscore2.gi
Screen shot: (Choose File) 📄 ethelsscore2.gif

(Add)

1000000', 'ethelsscore2.gif', 1) --

Ethel输入了她的高分……另外还有一堆奇怪的东西！

`$_POST['score']`

`$_POST['name']`   `$_POST['screenshot']`

`$score = $_POST['score'];`

Score表单域中的奇怪内容存储在$score变量中，最后这会直接放在INSERT查询中。

```
INSERT INTO guitarwars
VALUES (0, NOW(), '$name', '$score', '$screenshot', 0)
```

Score表单域希望收到一个数字值，如1000000，但实际上它收到了用单引号包围的多个值，各个值之间用逗号分隔，然后在最后有一个奇怪的双横线。确实非常奇怪。

这个奇怪的数据首先存储在score变量中，之后加入INSERT查询。这只是一个没有意义的分数，是吗？或者这里是不是发生了更险恶的事情？

Sharpen your pencil

使用上一页显示的表单数据，写出百万分攻击的完整Add Score SQL查询。要将查询中的变量替换为具体的表单数据。增加标注说明你认为发生了什么。

....

....

Sharpen your pencil
Solution

使用上一页显示的表单数据，写出百万分攻击的完整Add Score SQL查询。要将查询中的变量替换为具体的表单数据。增加标注说明你认为发生了什么。

```
INSERT INTO guitarwars

VALUES (0, NOW(), 'Ethel Heckel', '1000000', 'ethelsscore2.gif', 1) -- ', 'ethelsscore2.gif', 0)
```

Ethel以某种方式创建了她自己的查询，完全取代了原来的查询。

这是一个看起来很奇怪的查询。截屏图文件名出现了两次，另外我不知道这个双连字号做什么用…… 这个查询能顺利执行吗？

由于approved列是数据库结构中的最后一列，而且强制值为1…… 得到批准！

用注释欺骗MySQL

让人非常奇怪的是，Ethel的百万分攻击中真正的罪魁祸首居然是SQL注释。双连字号（--）在SQL中用于注释一行SQL代码的余下部分。双连字号后面跟有一个空格（-- ）它才能起作用，不过空格之后的所有内容都将被忽略。现在来看利用了这个小技巧的完整的Ethel查询。

—— 注释导致SQL代码行的余下部分被忽略。

```
INSERT INTO guitarwars

VALUES (0, NOW(), 'Ethel Heckel', '1000000', 'ethelsscore2.gif', 1) -- , 'ethelsscore2.gif', 0)
```

是不是更清楚了？注释有效地擦除了余下的SQL代码，这样一来就不会生成错误，而允许Ethel的查询毫无阻碍地通过。最终结果就是立即批准了这个新的高分，而仲裁人根本没有机会捕获。

Ethel骗过了查询，使她的分数得到批准。

id	date	name	score	screenshot	approved
		......			
33	2008-05-05 14:58:59	Ethel Heckel	1000000	ethelsscore2.gif	1

Add Score表单遭到了SQL注入攻击

Ethel的攻击被称为一种SQL注入攻击，这里用到一种极其狡猾的手段，使用表单数据作为一种途径来修改查询的基本操作。所以表单域并不只是提供一段信息，如用户名或分数，它还会扰乱SQL查询本身。对于Guitar Wars，Ethel的SQL注入使用了Score域作为手段，不仅提供分数，还提供了截屏图文件名和批准值，以及最后的一个注释来防止原SQL代码生成一个错误。

> 表单域是Web应用的一个安全漏洞，因为它们允许用户输入数据。

```
INSERT INTO guitarwars
VALUES (0, NOW(), '$name', '$score', '$screenshot', 0)
```

Ethel Heckel

1000000', 'ethelsscore2.gif', 1) --

ethelsscore2.gif

there are no Dumb Questions

问： 除了--，SQL中还有没有其他类型的注释？

答： 有。单行注释的另一种变型需要用到#而不是--，不过它同样会将注释之后直到行末的SQL代码注释掉。SQL还支持多行注释，与PHP的多行注释相似，也是将注释代码包围在/*和*/之间。

问： 如果approved列不在数据库表的最后一列，Ethel的SQL注入攻击还能起作用吗？

答： 那就不行了，这一点非常重要。这个特定的INSERT查询依赖于表中列的默认顺序。在查询的最后增加1之所以恰好能生效，其原因就在于approved是最后一列，就在screenshot列后面。

保护数据避免SQL注入

SQL注入所利用的漏洞是没有验证表单域中可能出现的危险字符。"危险字符"就是任何有可能改变一个SQL查询实质的字符，如逗号、引号或--注释字符，甚至一段数据最后的空格也可能是有害的。利用内置PHP函数trim()可以很容易地去除前导或末尾空格，只需在SQL查询中加入表单数据之前先对所有表单数据运行trim()函数。

```
$name = trim($_POST['name']);

$score = trim($_POST['score']);

$screenshot = trim($_FILES['screenshot']['name']);
```

trim()函数去除这个表单数据的前导或末尾空格。

SQL注入可以通过适当地处理表单数据来避免。

不过前导和末尾空格并不是问题的全部。还可能有逗号、引号、注释字符等很多其他字符。所以除了去除表单域中的额外空格，还需要一种方法能够找出其他有问题的字符，并以安全的方式显示。PHP为此提供了另一个内置函数mysqli_real_escape_string()，它会将可能有危险的字符进行转义，使它不能有意地影响查询的执行。这些字符仍可以作为数据出现在表单域中，但是它们再无法干扰查询。

结合trim()和mysqli_real_escape_string()函数，就对SQL注入建立了一道强有力的防线。

mysqli_real_escape_string()函数将有危险的字符转换为一种转义格式，从而无法有意地影响SQL查询。

```
$name = mysqli_real_escape_string($dbc, trim($_POST['name']));

$score = mysqli_real_escape_string($dbc, trim($_POST['score']));

$screenshot = mysqli_real_escape_string($dbc, trim($_FILES['screenshot']['name']));
```

mysqli_real_escape_string()被认为是一个数据库函数，正因如此，需要为它传入一个数据库连接变量，即提交查询时使用的数据库连接。

用trim()和mysqli_real_escape_string()函数处理3个Guitar Wars表单域，这样可以大大降低再一次SQL注入攻击的可能性。不过这两个函数还不够，可能还有一种方法能够让查询本身不那么脆弱……

一个更安全的INSERT（利用参数）

除了利用了表单域的保护较弱这一漏洞，Ethel的SQL注入攻击还依赖于approved列恰好位于数据库结构中screenshot列的后面。正是由于这一点，她只需要在INSERT的最后增加"1"，就能将这个"1"设置到approved列。这里的问题在于构建INSERT查询所采用的做法是必须向所有列插入数据，而这增加了不必要的风险。

可以将INSERT查询编写为准确地指定哪些值要放在哪些列中。

> 理想情况下，我们不会设置id和approved列，因为它们可以有默认值。

```
INSERT INTO guitarwars
VALUES (0, NOW(), '$name', '$score', '$screenshot', 0)
```

像这样在表中插入数据时，数据的顺序必须与表结构中列的顺序完全一致。所以第5个数据会进入screenshot列，因为这是表的第5列。不过实际上没有必要显式地插入id或approved列，因为id是自增的，而approved初始时总是0。更好的办法是只插入新分数明确需要的数据。id和approved列则可以分别默认为AUTO_INCREMENT和0。

我们需要重新构造INSERT查询，在指定数据的一个列表之前先指定列的一个列表，各个列分别对应一个数据。这样就消除了意外设置approved列的风险，它不再作为查询的一部分。这个查询看起来可能很熟悉，因为我们已经在其他例子中使用过多次。

```
INSERT INTO guitarwars (date, name, score, screenshot)
VALUES (NOW(), '$name', '$score', '$screenshot')
```

> 不会向approved列插入任何数据，因为它不作为查询的一部分。

> id可以省略，因为不管怎样它都是自增的。

id	date	name	score	screenshot	approved
			......		

NOW()

'$name'

'$score'

'$screenshot'

这个新版本的INSERT查询准确地指出了各个数据要存储在哪个列中，从而允许你插入数据而不必担心底层表结构。实际上，一般认为使用这种INSERT查询是一种更好的编码风格，这样一来数据可以准确地插入到你希望的位置，而不再依赖于表的结构布局。

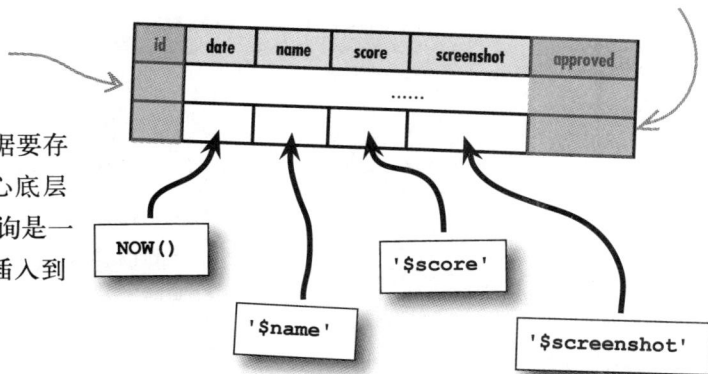

先等等。这是我第一次听说MySQL表中的默认值。可能有默认值吗?

不仅可能,而且尽可能指定DEFAULT值是一种很好的想法。

利用SQL DEFAULT命令就可以为一个列指定默认值。如果一个列有默认值,就不必再在INSERT查询中设置,而且完全可以相信它会自动取其默认值。这对于guitarwars表中的approved列就极为合适。现在我们只需再一次修改表,将approved的默认值设置为0(表示未批准)。

由于approved列已经存在,在这个ALTER TABLE语句中必须使用MODIFY COLUMN而不是ADD COLUMN。

```
ALTER TABLE guitarwars
MODIFY COLUMN approved TINYINT
DEFAULT 0
```

还必须指定列的类型,要确保与第一次增加列时的类型相同。

DEFAULT使得approved列自动赋为一个值0,除非INSERT查询显式地将这一列设置为其他值。

approved列现在修改为取一个默认值,所以在Add Score脚本中,改进的新INSERT查询可以插入高分而不必提到approved列。这是一个很好的设计,因为没有必要显式插入一个可以默认的值,而且由于没有暴露approved列而招致可能的攻击,因此还额外增加了一点安全性。

表单验证再聪明也不为过

要最小化SQL注入攻击的风险，最后一步需要在Add Score脚本中加入表单验证。查看截屏图文件类型或截屏图文件大小是否在应用定义的限制范围内之前，需要检查3个Add Score表单域来确保它们非空。

```
if (!empty($name) && !empty($score) && !empty($screenshot)) {
    ……
}
```

这条if语句检查所有表单域来确定它们都非空。

这个代码本身并没有任何问题，不过要保证一个应用的安全，这样一个调用通常远远不够。由于Score域需要一个数字，所以合理的做法是不只是检查值非空，还要检查这是一个数字值。PHP is_numeric()函数就可以完成这个工作，如果传入的值是一个数字则返回true，否则返回false。坚持一贯地做这种小工作，比如需要一个数字时就检查它是否是一个数字，最后会让你的应用尽可能安全而免受数据攻击。

is_numeric(465730)

True!

is_numeric(0)

is_numeric('one million!')

False!

True或false取决于用户在Score域中是否输入一个数字。

is_numeric($score)

尽可能保证表单数据采用你要求的格式。

Exercise

重写Add Score表单验证的if语句，使用isnumeric()函数从而只允许为分数输入数字值。

....

....

....

重写Add Score表单验证的if语句，使用isnumeric()函数从而只允许为分数输入数字值。

```
if (!empty($name) && is_numeric($score) && !empty($screenshot)) {
    ......
}
```

运行测试

增强Add Score脚本中对表单数据的处理。

addscore.php脚本中将表单数据赋值到变量，需要对这些赋值进行调整，使用trim()和mysqli_real_escape_string()函数清理表单数据。然后修改INSERT查询，同时指定列名和值，而不再需要为id和approved列提供值。另外修改验证表单域的if语句，检查分数确保它们确实是数字值。

最后，使用一个MySQL工具运行ALTER查询将approved列默认设置为0。

将这个新的Add Score脚本上传到你的Web服务器，在Web浏览器中导航到这个脚本，然后再次尝试这个SQL注入攻击。

当然，这个错误消息可以更有针对性，不过它也能达到目的，而且无需在脚本中增加额外的逻辑。

现在Score表单域只接受数字值，而不再接受任何其他内容。

Guitar Wars - Add Your High Score

Please enter all of the information to add your high score.

Name: Ethel Heckel
Score: 1000000', 'ethelsscore2.g
Screen shot: Choose File   no file selected

Add

表单验证超出了数据库安全性的范畴。第10章还会更详细地讨论表单验证......

停战！

看起来Ethel原本想要破坏Guitar　Wars高分，但她的企图最终落空了，这要归功于对应用的改进，使它能够免受SQL注入攻击。已经发布一个新的最高分宣布了本届Guitar Wars冠军。

终于等到了！我以一个超强的新分数重回到高分表的首位。

Jacob相信现在高分是安全的，不会受到外部干扰，因此发布了一个无人能敌的新的最高分。

哎呀！又失败了。可能我真该学学怎么玩虚拟吉他了。

Ethel意识到她最好是加入而不是继续在下一次较量中失利，认为可能该学习成为一个真正的虚拟吉他手了。

第6章

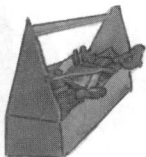

PHP & MySQL 工具箱

除了将Guitar Wars高分应用提升到一个新的层次，你还得到了一些新的工具和技术。下面来复习其中最重要的一些工具。

exit()

这个内置PHP函数会导致PHP脚本立即停止。一旦脚本遇到exit()函数，将不再执行任何其他PHP代码，也不会向浏览器传送其他HTML代码。

header()

这个内置PHP函数用于从服务器向浏览器发送一个首部，从而完成诸如重定向一个页面、指定某种内容类型或完成HTTP认证等任务。

$_SERVER

这个内置PHP超级全局变量提供了很多功能，包括存储用户名和口令，即用户试图访问一个要求HTTP认证的页面时所输入的用户名和口令。可以根据期望值检查输入的值，以保护页面的安全。

DEFAULT值

这个SQL语句会建立表中一列的默认值。如果增加了一个新行，而且未设置该列，则取这个默认值。

is_numeric()

这个内置PHP函数查看一个值是否是一个数字。查看一个数值表单域确实包含数字值会非常有用。

trim(), mysqli_real_escape_string()

这两个内置PHP函数可以很方便地处理表单数据，防止有问题的字符干扰SQL查询。第一个函数会去除前导和末尾空格，后者会对特殊字符转义。

人类仲裁

一切都需要仲裁！在这里，这表示人类往往是找出和消除其他人发布不良内容的最佳防线。自动安全技术也很重要，不过还是难于匹敌有大脑的活生生的人！

HTTP认证

这是一种简单的Web安全技术，通过使用一个用户名和口令限制对Web页面的访问。尽管不适用于高度安全性的应用，但HTTP认证确实可以方便快速地为Web应用增加一定程度的安全性。

列／值查询

这种INSERT查询中，列和相应的值要完全匹配，而不是依赖于数据顺序与表结构中的列顺序相匹配。

SQL注入

这是一种破坏安全性的方法，是指做坏事的人以某种方式破坏一个SQL查询从而非法访问数据库。大多数SQL注入都是骗过Web表单在一个动态构造的查询中直接传入危险的数据。所以这个问题的解决方案往往是表单验证。

表单验证

这个过程会检查用户在表单中输入的所有数据，确保数据遵循所期望的格式。除了让表单更易于使用，由于不允许用户输入不良数据，因此验证可以使Web应用更为安全。

7 构建个性化Web应用

还记得我吗？

再问一次你的名字？Johnson，好的。嗯，我这里没有看到你的记录，Jackson先生。你确信已经注册了低温存储电话的授权书吗？哦，我知道了，这么说你现在就在用你的电话与我通话。不好意思，再问一次你的名字？

任何人都不喜欢被遗忘，特别是Web应用的用户。 如果应用提供某种"会员资格"，这表示用户可以采用一种个性化方式与应用交互，相应地应用需要记住这个用户。你肯定不愿意每次走进家门时都必须重新向家人介绍你自己，而且也根本不需要这么做，因为你的家人有一个很好的本领，这就是记忆。不过Web应用并不会自动地记住用户，要由高水平的Web开发人员使用他们喜欢的工具（可能是PHP和MySQL）来构建能真正记住用户的个性化Web应用。

他们说的是"对立产生吸引"

这是一个老掉牙的故事:男孩遇到女孩,女孩认为男孩完全是疯子,而男孩觉得女孩毛病太多,不过他们之间的差异反倒产生了吸引,最后他们从此幸福地生活在一起。受这个故事的启发,我们要构建一个前所未有的约会网站Mismatch.net。Mismatch将充分利用"对立产生吸引"理论,根据人们的差异来寻找互补配对。

问题在于,Mismatch还没有问世,非常需要一个Web开发人员完成系统的构建。所以要请你来。数百万单身人士都在迫切期待你完成这个应用…… 不要让他们失望!

看看这强健的肌肉!

Johan Nettles
Male
1981-11-03
Athens, GA

Sidney喜欢真人秀、瑜珈和寿司,希望成功找到一个互补配对。

我实在等不及了,真希望找到完美的互补配对。

个性化Web应用需要个人信息,这要求用户能够在个人层次上访问应用。

Sidney Kelsow
Female
1984-07-19
Tempe, AZ

Johan喜欢专业摔跤、举重和Spam午餐肉,非常想知道谁会成为依赖他的另一半。

Mismatch用户需要能够在个人层次上与网站交互。一方面,这说明他们需要个人情况简表,可以在其中输入他们的个人信息,与其他Mismatch用户共享,如性别、出生年月和所在位置。

Mismatch的关键就是个人数据

所以Mismatch就是要通过个人数据建立联系。这些联系必须在一个用户
社区中建立，其中每个用户能够与网站交互，并管理他们自己的个人数
据。这里使用一个名为mismatch_user的表来维护Mismatch用户，并
存储他们的个人信息。

这就是Mismatch数据库。

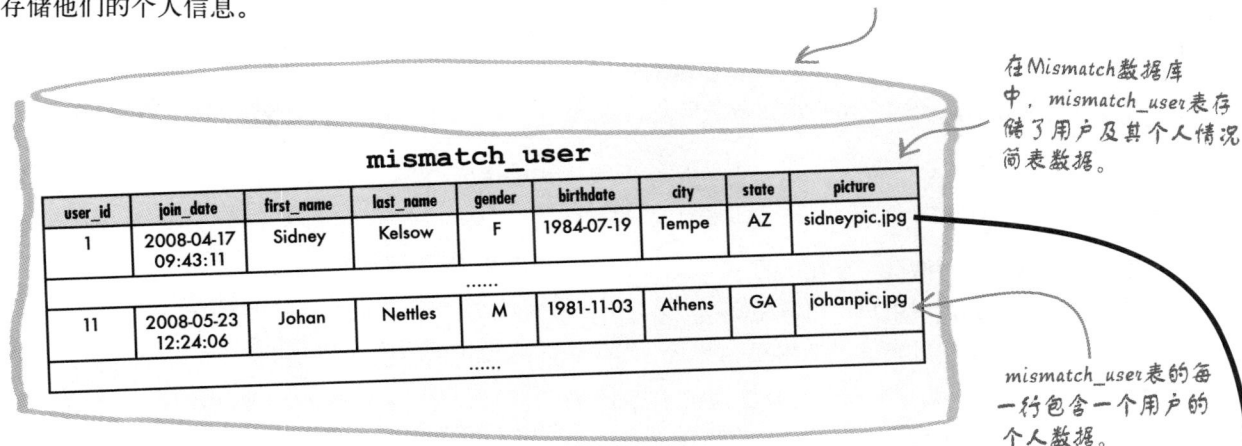

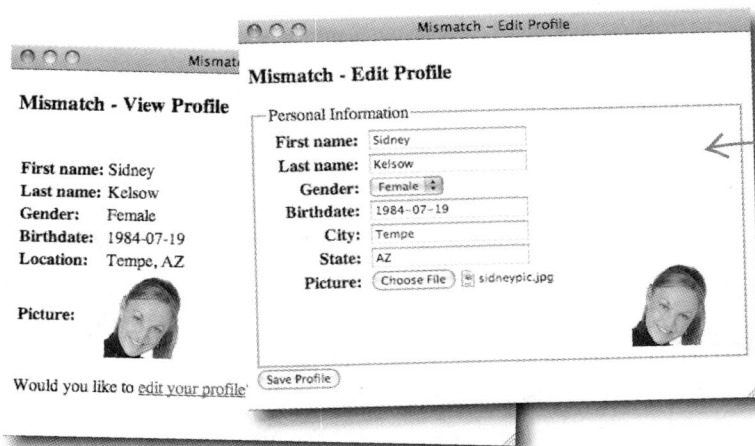

*在Mismatch数据库
中，mismatch_user表存
储了用户及其个人情况
简表数据。*

mismatch_user

user_id	join_date	first_name	last_name	gender	birthdate	city	state	picture
1	2008-04-17 09:43:11	Sidney	Kelsow	F	1984-07-19	Tempe	AZ	sidneypic.jpg
......								
11	2008-05-23 12:24:06	Johan	Nettles	M	1981-11-03	Athens	GA	johanpic.jpg
......								

*mismatch_user表的每
一行包含一个用户的
个人数据。*

*Edit Profile和View Profile页
面需要知道访问哪个用户的
情况简表。*

Mismatch - View Profile

First name: Sidney
Last name: Kelsow
Gender: Female
Birthdate: 1984-07-19
Location: Tempe, AZ

Picture:

Would you like to edit your profile'

Mismatch - Edit Profile

Personal Information
First name: Sidney
Last name: Kelsow
Gender: Female
Birthdate: 1984-07-19
City: Tempe
State: AZ
Picture: Choose File sidneypic.jpg

Save Profile

Sidney Kelsow
Female
1984-07-19
Tempe, AZ

除了查看用户的情况简表，Mismatch用户还可以使用
Edit　Profile页面编辑他们自己的个人情况简表。不过这
里存在一个问题，应用需要知道要编辑哪个用户的情况
简表。Edit　Profile页面需要以某种方式跟踪正在访问这
个页面的用户。

BRAIN POWER

Mismatch如何为各个不同的用
户定制Edit Profile页面？

Mismatch需要用户登录

要解决Mismatch个人数据访问的问题，需要用户完成登录，这说明用户必须登录应用。这样一来，Mismatch就能够允许访问特别针对各个不同用户的信息。例如，一个登录用户只能编辑他自己的情况简表数据，不过还可以查看其他用户的情况简表。用户登录是Mismatch应用实现个性化的关键。

用户登录通常涉及两部分信息：一个用户名和一个口令。

通过用户登录，Web应用可以实现针对用户的个性化。

用户名

用户名的任务是为每个用户提供一个唯一的名，可以用于在系统内标识该用户。用户还可以通过其用户名进行访问以及适当地相互通信。

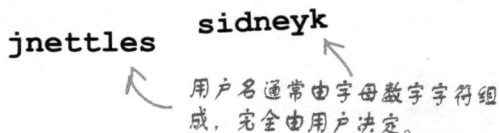

jnettles　　**sidneyk**

用户名通常由字母数字字符组成，完全由用户决定。

口令

口令负责在用户登录时提供一定程度的安全性，这有助于保护其个人数据。要实现登录，用户必须同时输入用户名和口令。

****** 　 ************

口令是极其机密的数据，绝对不要在应用中（甚至数据库中）置为可见。

用户名和口令允许用户登录Mismatch应用并访问个人数据，如编辑其情况简表。

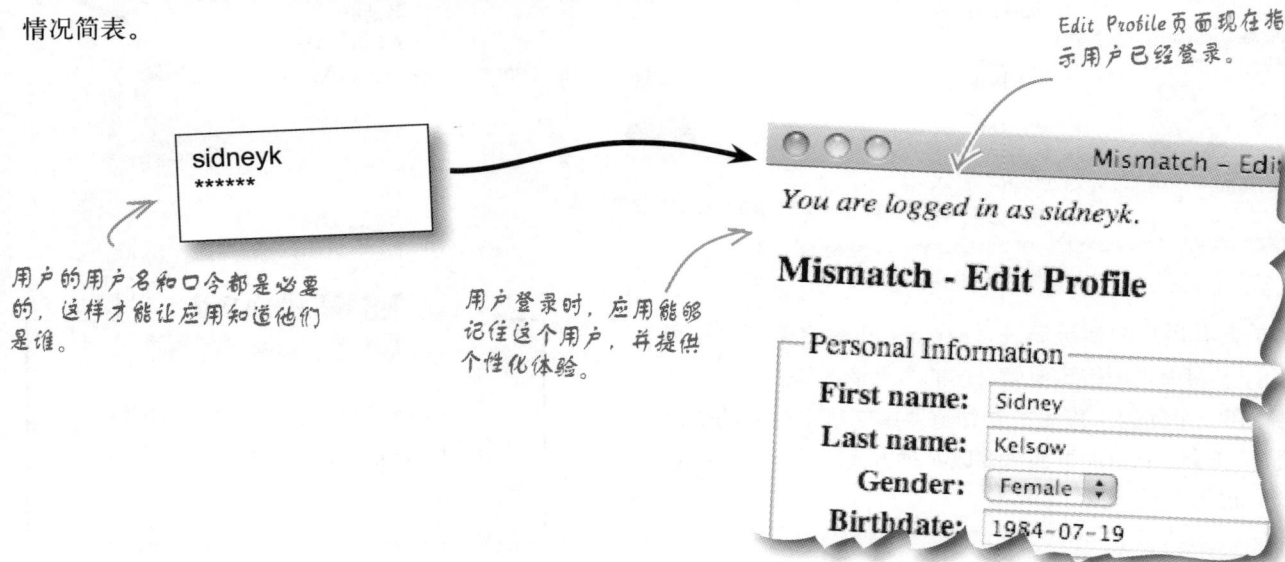

Edit Profile页面现在指示用户已经登录。

sidneyk
******

用户的用户名和口令都是必要的，这样才能让应用知道他们是谁。

用户登录时，应用能够记住这个用户，并提供个性化体验。

You are logged in as sidneyk.

Mismatch - Edit Profile

Personal Information
First name: Sidney
Last name: Kelsow
Gender: Female
Birthdate: 1984-07-19

提出用户登录规划

为Mismatch增加用户登录支持绝非易事，编写代码和运行数据库查询之前一定要明确可能涉及到哪些方面，这很重要。我们知道已经有一个存储用户的表，所以首先要修改这个表，使之存储登录数据。我们还需要为用户提供一个输入登录数据的途径，这要以某种方式与Mismatch应用的其余部分集成，使得用户只能在成功登录后才能访问Edit Profile等页面。以下是目前我们确定的登录开发步骤：

1 使用ALTER向表中增加username和password列。

数据库需要新的列来存储每个用户的登录数据。这包括一个用户名和一个口令。

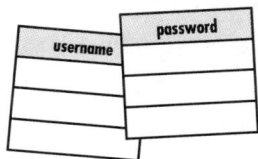

2 构建一个新的Log-In脚本，提示用户输入其用户名和口令。

最终会由Log In表单保护个性化页面，因为它会提示用户输入一个合法的用户名和口令。这个信息必须正确输入，Mismatch才能够显示用户特定的数据。所以这个脚本必须限制对个性化页面的访问，未合法登录的情况下将不能查看这些页面。

3 将Log-In脚本连接到Mismatch应用的其余部分。

Mismatch应用的Edit Profile和View Profile页面只能由登录用户访问。所以需要确保用户只有通过Log In脚本登录才允许访问这些页面。

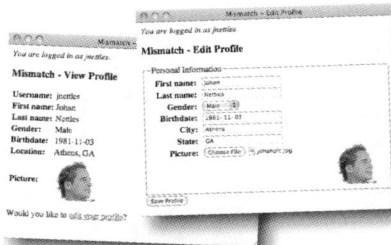

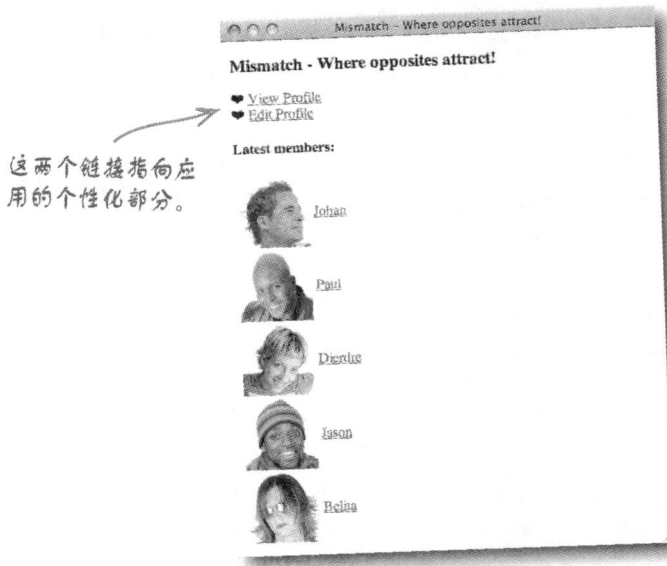

进一步深入之前，先花点时间运行尝试Mismatch应用，对它是如何工作的有所认识。

从Head First Labs网站（`www.headfirstlabs.com/books/hfphp`）下载Mismatch应用的所有代码。除`.sql`文件以外，将所有其他代码发布到你的Web服务器，`.sql`文件中包含了构建必要的Mismatch数据库表的SQL语句。在一个MySQL工具中运行各个`.sql`文件中的语句，得到可以作为起点的初始Mismatch数据库表。

所有这些工作完成后，在你的Web浏览器中导航到`index.php`页面来测试应用。要记住开始时View Profile和Edit Profile页面是断开的，因为它们完全依赖于用户登录，而这个功能我们还正在建设。

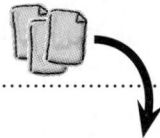

这两个链接指向应用的个性化部分。

Mismatch主页允许你看到最新用户的名字和图片，但是如果没有登录将无法看到更多其他内容。

下载！

Mismatch应用的完整源代码可以从Head   First Labs网站下载：

www.headfirstlabs.com/books/hfphp

准备数据库完成登录

OK，下面继续完成构建。`mismatch_user`表已经很好地维护了各个用户的情况简表信息，不过在用户登录信息方面还有欠缺。更具体地讲，这个表缺少相应的列来存储各个用户的用户名和口令。

`mismatch_user`表需要用户名和口令列来存储用户登录数据。

mismatch_user

user_id	join_date	first_name	last_name	gender	birthdate	city	state	picture

用户名和口令数据都由纯文本组成，所以新的`username`和`password`列可以使用我们熟悉的VARCHAR MySQL数据类型。不过，不同于其他一些用户情况简表数据，`username`和`password`不允许为空（NULL）。

`username`和`password`列包含纯文本数据，但是不允许为空。

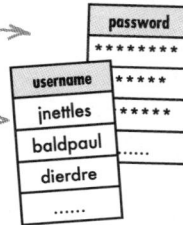

there are no Dumb Questions

问： 为什么不能直接使用`user_id`而不是用户名来唯一标识用户呢？

答： 如果你愿意，这当然是可以的。实际上，`user_id`的目的就是要提供一种高效的方式唯一标识用户行。不过，数字ID似乎很难记住，而且用户非常希望能够用他们自己的用户名来访问个性化Web应用。所以让Johan作为"jnettles"而不是"11"登录更多的是从可用性角度来考虑。没有人希望被当成一个数字！

Sharpen your pencil

很少有人想记住一个超过16个字符的口令！

完成一个SQL语句，按以下所示的位置在表中增加`username`和`password`列，其中`username`能够包含32个字符，`password`能够包含16个字符，这两列都不允许为NULL。

....

....

mismatch_user

user_id	username	password	join_date	first_name	last_name	gender	birthdate	city	state	picture

Sharpen your pencil
Solution

完成一个SQL语句，按以下所示的位置在表中增加username和password列，其中username能够包含32个字符，password能够包含16个字符，这两列都不允许为NULL。

ALTER TABLE用于向一个现有的表增加新列。

ALTER TABLE *mismatch_user* ADD *username* VARCHAR(32) NOT NULL AFTER *user_id* ,

ADD *password* VARCHAR(16) NOT NULL AFTER *username*

先增加了*username*列，所以可以在这里引用。

AFTER语句控制新列增加到表中的哪个位置。

mismatch_user

user_id	username	password	join_date	first_name	last_name	gender	birthdate	city	state	picture

表中列的位置并不重要，不过将最重要的列放在最前面会更有组织性。

1 使用**ALTER**向表中增加username和password列。

你肯定不能在数据库中原样存储口令……难道在存储口令前不需要对它加密吗？

好主意…… 口令需要加密。

Mismatch中的加密是指，将口令存储在数据库中时，要将口令转换为一种不可识别的格式。所有提供用户登录支持的应用都必须对口令加密，这样用户才会相信他们的口令是安全的。即使只是在数据库中暴露用户的口令也让人无法接受。所以将口令插入到mismatch_user表之前需要一种方法来加密口令。问题是，如果没有为用户提供途径具体输入用户名和口令来完成登录，加密对我们并没有太大帮助……

构建登录用户界面

除了修改数据库来包含用户登录数据，我们还需要为用户提供一个途径输入数据，并具体登录应用。登录用户界面要包括对应用户名和口令的文本编辑域，另外还要有一个按钮完成登录。

登录应用需要一个用户界面来输入用户名和口令。

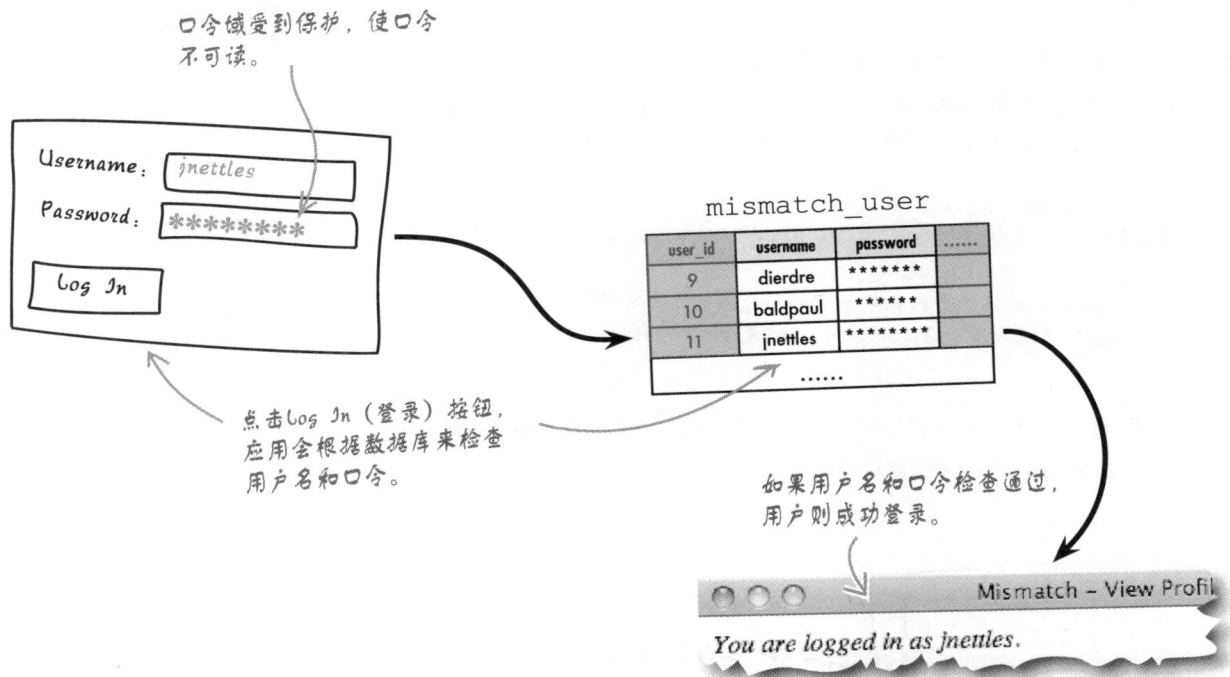

口令域受到保护，使口令不可读。

| Username: | jnettles |
| Password: | ******** |

| Log In |

点击Log In（登录）按钮，应用会根据数据库来检查用户名和口令。

mismatch_user

user_id	username	password	......
9	dierdre	*******	
10	baldpaul	******	
11	jnettles	********	
......			

如果用户名和口令检查通过，用户则成功登录。

○ ○ ○ Mismatch – View Profil

You are logged in as jnettles.

there are no Dumb Questions

问： 这么说，并不会真正在数据库中存储星号，对不对?

答： 没错。口令表单域中显示的星号只是提供视觉安全性，防止别人在你输入口令时从你背后偷看。提交表单时会提交口令本身，而不是星号。正是因为这个原因，将口令插入到数据库之前对口令加密很重要。

Relax

既然还没有指定用户名和口令，用户怎么能登录呢? 如果你有此担心…… 请不要着急。

稍后我们就会为用户创建用户名和口令。现在重要的是为登录打好基础，尽管在集成所有部分之前确实还需要完成一些任务。

用 SHA() 加密口令

登录用户界面相当简单，不过我们还没有满足加密登录口令的需求。MySQL提供了一个名为SHA()的函数，它会对文本串应用一个加密算法。其结果是一个加密串，长度固定为40个十六进制字符，而不论原始口令的长度是多少。所以这个函数实际上会生成一个唯一表示口令的40字符编码。

由于SHA()是一个MySQL函数而不是PHP函数，所以调用这个函数时，要作为在表中插入口令的查询的一部分。例如，以下代码向mismatch_user表插入一个新用户，在这里应当使用SHA()加密口令。

> **MySQL SHA() 函数会把一段文本加密为唯一的40字符编码。**

```
INSERT INTO mismatch_user
    (username, password, join_date) VALUES ('jnettles', SHA('tatlover'), NOW())
```

SHA()函数将口令加密为一个40字符的十六进制编码，
这个编码将存储在mismatch_user表的password列中。

这是输入到口令表单域中
的具体口令。

在登录过程的另一端，同样要用到SHA()函数，它会查看用户输入的口令是否与数据库中存储的加密口令匹配。

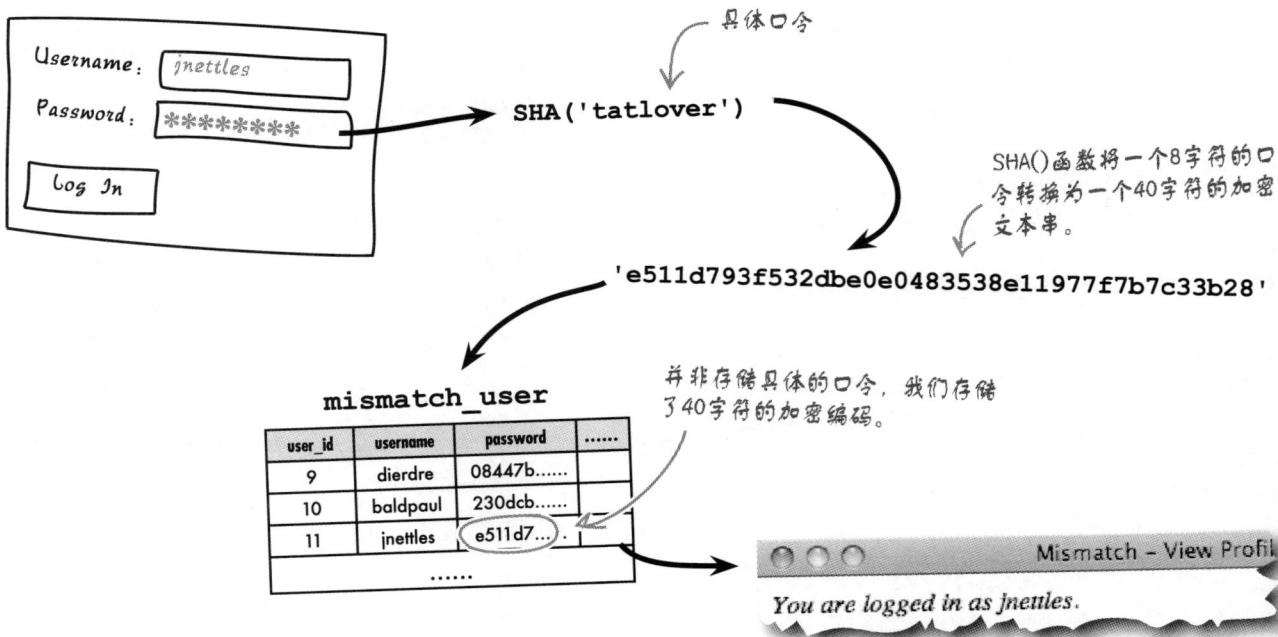

具体口令

Username: jnettles
Password: ********
Log In

SHA('tatlover')

SHA()函数将一个8字符的口令转换为一个40字符的加密文本串。

'e511d793f532dbe0e0483538e11977f7b7c33b28'

并非存储具体的口令，我们存储
了40字符的加密编码。

mismatch_user

user_id	username	password	......
9	dierdre	08447b......	
10	baldpaul	230dcb......	
11	jnettles	e511d7...	
	......		

Mismatch - View Profil

You are logged in as jnettles.

比较
解密口令

一旦对一个信息加密，很自然地会考虑在某个位置上对其解密。不过 SHA()函数是一种单向加密，无法还原。这是为了确保加密数据的安全性，即使有人攻击你的数据库，并偷走所有口令，他们也无法对其解密。那么既然你无法解密用户的口令，用户又怎么能够登录呢？

要了解用户登录时是否正确地输入了口令，你并不需要知道用户的原始口令。这是因为，只要提供同样的文本串，SHA()就会生成相同的40字符编码。所以只需对用户输入的登录口令加密，并与 mismatch_user表中password列中的值比较。这可以利用一个简单的SQL查询完成，根据一个口令来选择匹配的用户行。

SHA()函数提供单向加密，无法对已经加密的数据解密。

```
SELECT * FROM mismatch_user
    WHERE password = SHA('tatlover')
```

这是用户登录时输入的口令。

调用SHA()函数加密口令，从而可以出现在WHERE子句中。

这个SELECT查询选择mismatch_user表中password列与所输入口令匹配的所有数据行，这里输入的口令就是'tatlover'。由于我们比较的是口令的加密版本，所以没有必要知道原始口令。具体完成用户登录的查询会使用SHA()，不过还需要根据用户ID进行选择，稍后会介绍。

为加密口令留出空间

SHA()函数对Mismatch提出一个问题，因为加密口令最后为40字符长，但我们新创建的password列只有16字符长。所以需要执行一个 ALTER来扩展password列以便存储加密口令。

```
ALTER TABLE mismatch_user
    CHANGE password password VARCHAR(40) NOT NULL
```

password列的大小改为40，从而能够放下加密口令。

there are no Dumb Questions

问： SHA()代表什么意思？

答： SHA()代表安全散列算法（Secure Hash Algorithm）。"散列"（hash）是一个编程术语，表示唯一的固定长度串，可以唯一表示一个文本串。对于SHA()，散列就是40字符的十六进制加密文本串，它唯一表示原始口令。

问： 有没有其他方法来加密口令？

答： 有。MySQL提供了另一个与SHA()类似的函数，名为MD5()，它会完成类似的加密。不过一般认为SHA()算法比MD5()更安全一些，所以最好使用SHA()。PHP也提供了等价的函数（sha1()和md5()），如果需要在PHP代码中（而不是在SQL查询中）完成加密，可以使用这些PHP函数。

运行测试

向mismatch_user表增加username和password列，再进行测试。

使用一个MySQL工具，执行ALTER语句向mismatch_user表增加
username和password列。

```
ALTER TABLE mismatch_user ADD username VARCHAR(32) NOT NULL AFTER user_id,
  ADD password VARCHAR(16) NOT NULL AFTER username
```

不过我们的password列实际上需要能够存储一个40字符的加密串，
所以需要再一次利用ALTER命令修改表，留出空间来存储更大的口令
数据。

```
ALTER TABLE mismatch_user
  CHANGE password password VARCHAR(40) NOT NULL
```

现在，为了测试这两个新列，下面执行一个INSERT查询插入一个新用户。

不要忘记调用SHA()函数加密口令。

```
INSERT INTO mismatch_user
  (username, password, join_date) VALUES ('jimi', SHA('heyjoe'), NOW())
```

为了确认口令在数据库中已经加密，下面对这个新用户运行一个SELECT
查询进行检查。

```
SELECT password FROM mismatch_user WHERE username = 'jimi'
```

最后，对username完成一个SELECT查询并在WHERE子句中对口令使用
SHA()函数，以此模拟一次登录检查。

要成功登录，这必须是插入用户行时所使用的同一个口令。

```
SELECT username FROM mismatch_user WHERE password = SHA('heyjoe')
```

```
File Edit Window Help OppositesAttract
mysql> SELECT username FROM mismatch_user WHERE password = SHA('heyjoe');

+----------+
| username |
+----------+
| jimi     |
+----------+

1 row in set (0.0005 sec)
```

只有一个用户能与加密口令匹配。

> 口令现在是加密的，不过我们还需要
> 建立一个登录表单。可不可以直接使用
> HTTP认证，因为它就需要一个用户名和
> 口令来访问受保护的页面？

没错！HTTP认证当然可以作为一个简单的用户登录系统。

如果还记得上一章的Guitar　Wars高分应用，应该知道，HTTP认证用于限制对应用中某些部分的访问，它会提示用户输入一个用户名和口令。这与Mismatch需要的功能大致相同，只不过现在我们有一个完整的数据库，包含了所有可能的用户名/口令组合，而不再是唯一一个应用级用户名和口令。Mismatch用户可以使用同一个HTTP认证窗口；不过他们只是输入自己的用户名和口令。

To view this page, you need to log in to area
"Mismatch" on www.mis-match.net
Your password will be sent in the clear.

Name:

Password:

☐ Remember this password in my keychain

Cancel　　Log In

特定于浏览器的标准HTTP认证窗口，可以用作为一个简单的登录用户界面。

利用HTTP对用户授权

如Guitar　Wars应用所示，必须发送两个首部才能通过一个HTTP认证窗口限制对页面的访问。发送这些首部就会提示用户输入一个用户名和口令，从而可以访问Guitar Wars的Admin页面。

```
HTTP/1.1 401 Unauthorized
```

```
WWW-Authenticate: Basic realm="Guitar Wars"
```

必须发送这两个首部从而通过
HTTP认证限制对一个页面的访问。

要发送首部完成HTTP认证，需要两行PHP代码，所发送的各个首部分别需要一个`header()`函数调用。

```
header('HTTP/1.1 401 Unauthorized');
header('WWW-Authenticate: Basic realm="Mismatch"');
```

HTTP认证要求发送两
个首部。

这是认证的基本域，应用于
整个应用。

需要一个用户名和口令才能
访问Guitar Wars应用中的受限
页面。

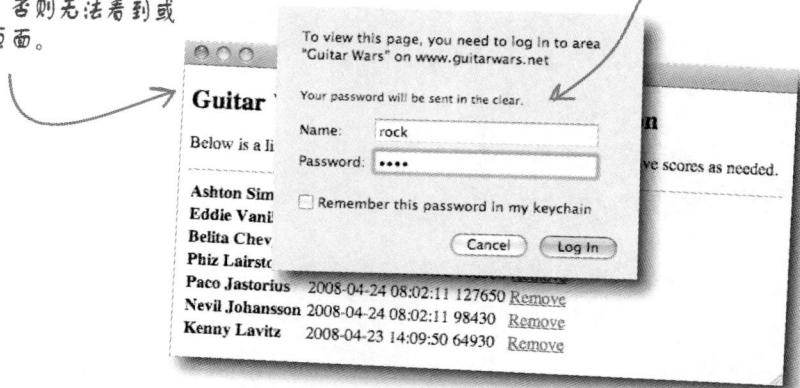

除非用户输入了正确的用户
名和口令，否则无法看到或
使用这个页面。

To view this page, you need to log in to area "Guitar Wars" on www.guitarwars.net

Your password will be sent in the clear.

Name: rock

Password: ••••

☐ Remember this password in my keychain

Cancel　　Log In

Guitar

Below is a li

Ashton Sim
Eddie Vani
Belita Chev
Phiz Lairsto
Paco Jastorius　2008-04-24 08:02:11 127650 Remove
Nevil Johansson 2008-04-24 08:02:11 98430　Remove
Kenny Lavitz　2008-04-23 14:09:50 64930　Remove

ve scores as needed.

Log-In脚本（login.php）中使用HTTP认证来控制对Mismatch应用中某些部分的访问，请圈出受Log-In脚本影响及HTTP认证控制的各个不同部分。然后标注应用中这些部分受到怎样的影响。

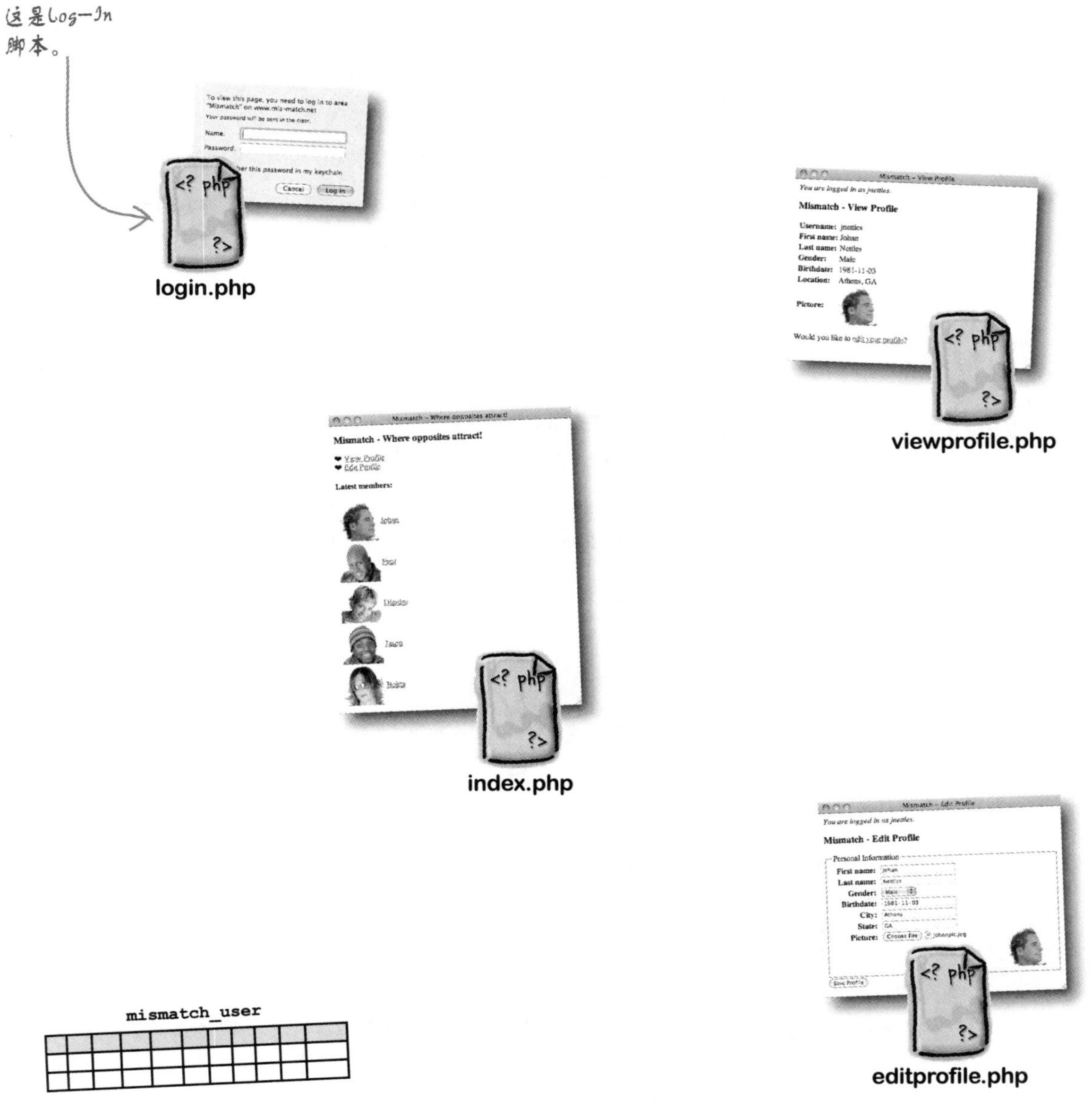

这是Log-In脚本。

login.php

viewprofile.php

index.php

editprofile.php

mismatch_user

Log-In脚本（login.php）中使用HTTP认证来控制对Mismatch应用中某些部分的访问，请圈出受Log-In脚本影响及HTTP认证控制的各个不同部分。然后标注应用中这些部分受到怎样的影响。

login.php

用户登录时，将根据数据库检查他们的用户名和口令，确保他们是注册用户。

mismatch_user

如果未找到与用户名和口令匹配的行，Log In脚本会显示一个错误消息，不允许继续访问。

主页不受用户登录影响，因为所有人都应能够访问主页。

index.php

查看和编辑情况简表是受限的，这说明只有已经登录的用户才可以访问这些页面。

viewprofile.php

editprofile.php

Edit Profile页面不仅依赖于Log In脚本限制访问，还需要用户名来确定编辑哪一个情况简表。

there are no Dumb Questions

问： 为什么主页不要求用户登录？

答： 因为主页是用户访问网站时看到的第一个页面，要求登录之前可以允许访问者简单浏览网站，这一点非常重要。所以主页就相当于开演前的插播节目，同时也作为现有用户的一个起点，他们必须登录才能继续深入访问应用。

问： 登录用户可以查看其他人的情况简表吗？

答： 可以。我们的想法是，情况简表对所有登录的用户都可见，不过对游客是保密的。换句话说，必须成为Mismatch的会员才能看到其他用户的情况简表。

问： 口令加密对HTTP认证有什么影响？

答： 这里有两个不同的问题：传输口令和存储口令。SHA() MySQL函数强调的是采用一种加密形式在数据库中安全地存储口令。数据库并不关心你最初如何传送口令，所以这种形式的加密对于HTTP认证没有影响。

不过，有人可能会有争议，认为在HTTP认证窗口中将口令提交到服务器时传输期间也应当对口令加密。这种加密超出了本章的讨论范围，而且只是在处理非常机密的数据时才需要。

利用HTTP认证完成用户登录

Log-In脚本（login.php）负责使用HTTP认证首部向用户请求一个用户
名和口令，从$_SERVER超级全局变量获取用户名和口令值，在允许访问
一个受限页面之前根据mismatch_user数据库检查用户名和口令值。

```php
<?php
  require_once('connectvars.php');

  if (!isset($_SERVER['PHP_AUTH_USER']) || !isset($_SERVER['PHP_AUTH_PW'])) {
    // The username/password weren't entered so send the authentication headers
    header('HTTP/1.1 401 Unauthorized');
    header('WWW-Authenticate: Basic realm="Mismatch"');
    exit('<h3>Mismatch</h3>Sorry, you must enter your username and password to log in and access ' .
      'this page.');
  }

  // Connect to the database
  $dbc = mysqli_connect(DB_HOST, DB_USER, DB_PASSWORD, DB_NAME);

  // Grab the user-entered log-in data
  $user_username = mysqli_real_escape_string($dbc, trim($_SERVER['PHP_AUTH_USER']));
  $user_password = mysqli_real_escape_string($dbc, trim($_SERVER['PHP_AUTH_PW']));

  // Look up the username and password in the database
  $query = "SELECT user_id, username FROM mismatch_user WHERE username = '$user_username' AND " .
    "password = SHA('$user_password')";
  $data = mysqli_query($dbc, $query);

  if (mysqli_num_rows($data) == 1) {
    // The log-in is OK so set the user ID and username variables
    $row = mysqli_fetch_array($data);
    $user_id = $row['user_id'];
    $username = $row['username'];
  }
  else {
    // The username/password are incorrect so send the authentication headers
    header('HTTP/1.1 401 Unauthorized');
    header('WWW-Authenticate: Basic realm="Mismatch"');
    exit('<h2>Mismatch</h2>Sorry, you must enter a valid username and password to log in and ' .
      'access this page.');
  }

  // Confirm the successful log-in
  echo('<p class="login">You are logged in as ' . $username . '.</p>');
?>
```

如果未输入用户名和口令，则
发送认证首部提示用户。

获取用户输入的用户
名和口令。

完成一个查询来查看是
否有与用户名和加密口
令匹配的用户行。

如果有匹配的用户行，这说明登录成功，
可以设置$user_id和$username变量。

如果数据库中没有数据行与
这里的用户名和口令匹配，
再次发送首部提示用户重新
输入。

到这里一切正常，可确认已经
成功登录。

完成

② 构建一个新的Log-In脚本，提示用户输
入其用户名和口令。

运行测试

创建新的Log-In脚本，把它包含在View Profile和Edit Profile脚本中。

创建一个名为login.php的新的文本文件，在其中输入Log-In脚本的代码（或者从Head First Labs网站（www.headfirstlabs.com/books/hfphp）下载这个脚本）。然后在viewprofile.php和editprofile.php脚本最上面增加PHP代码来包含这个新的Log-In脚本。

将所有这些脚本上传到你的Web服务器，然后在Web浏览器中打开Mismatch主页。点击View Profile或Edit Profile链接登录并访问个人页面。当然，只有当已经在数据库中增加了一个用户（包含用户名和口令）时才能达到目的。

这两个链接指向受保护的页面，如果用户来登录则调用Log-In脚本。

这个口令利用SHA()加密，并与数据库中存储的口令比较，确定是否允许登录。

Mismatch - Where opposites attract!

♥ View Profile
♥ Edit Profile

Latest members:

Johan

Paul

Dierdre

Jason

Belita

To view this page, you need to log in to area "Mismatch" on www.mis-match.net
Your password will be sent in the clear.

Name: jnettles
Password: ••••••••

☐ Remember this password in my keychain

(Cancel) (Log In)

Log-In脚本使用HTTP认证来防止非授权访问View Profile和Edit Profile页面。

主页不受Log-In脚本的保护，不过它相当于一个起点，可以由此更深入在应用中导航。

所有需要登录支持的
Mismatch页面只需在代码最
开始处包含login.php脚本。

```php
<?php
  require_once('login.php');
?>

<html>
<head>
  <title>Mismatch - View Profile</title>
  <link rel="stylesheet" type="text/css" href="style.css" />
</head>
```

Mismatch – View Profile

You are logged in as jnettles.

Mismatch - View Profile

Username: jnettles
First name: Johan
Last name: Nettles
Gender: Male
Birthdate: 1981-11-03
Location: Athens, GA

Picture:

Would you like to edit your profile?

在View Profile和Edit Profile脚本
中首先包含Log-In脚本，强制
用户登录。

```
ER, DB_PASSWORD, DB_NAME);

abase
```

viewprofile.php

这两个页面都用Log-In脚本提供
的确认信息指示已经成功登录。

```php
<?php
  require_once('login.php');
?>

<html>
<head>
  <title>Mismatch - Edit Profile</title>
  <link rel="stylesheet" type="text/css" href="style.css" />
</head>
```

Mismatch – Edit Profile

You are logged in as jnettles.

Mismatch - Edit Profile

┌─ Personal Information ──────────────
First name: Johan
Last name: Nettles
Gender: Male
Birthdate: 1981-11-03
City: Athens
State: GA
Picture: Choose File johanpic.jpg

Save Profile

```
DB_PASSWORD, DB_NAME);

ST
```

editprofile.php

如果用户名和口令检查通过，
则用户成功登录，允许下载页
面的其余部分。

现在每个用户在Mismatch中都会
有自己的个人体验。

完成

❸ 将Log-In脚本连接到Mismatch应用的其余
部分。

Ruby喜欢恐怖片、数字谜和辣味食品，目前因为Mismatch不允许她注册使用这个系统而很不开心。

我想登录，想修改我的情况简表，不过我不知道该怎么注册。

Mismatch新用户需要一个注册途径。

新的Mismatch Log-In脚本能很好地使用HTTP认证支持用户登录。不过问题在于，用户没办法注册，如果还没有创建用户名或口令，就根本无法登录。Mismatch需要一个Sign-Up表单，允许新用户创建新的用户名和口令来加入网站。

用户名？

口令？

注册新用户的表单

这个新的 Sign-Up表单看起来是什么样子？我们知道它需要允许用户输入期望的用户名和口令…… 还有其他的吗？由于用户要使用这个新的Sign-Up表单建立口令，而Web表单中的口令出于安全目的通常会用星号屏蔽，所以提供两个口令表单域会是一个不错的主意。这样用户要输入两次口令，以确保没有键入错误。

所以Sign-Up页面的任务就是从用户获取用户名和口令，确信用户名未被别人使用，然后将新用户增加到mismatch_user数据库。

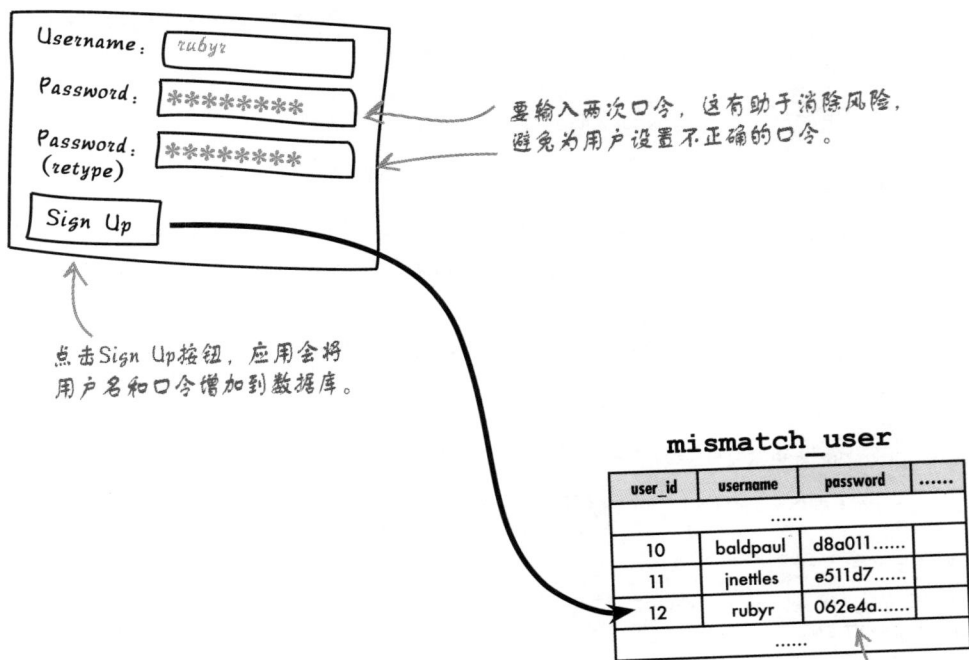

要输入两次口令，这有助于消除风险，避免为用户设置不正确的口令。

点击Sign Up按钮，应用会将用户名和口令增加到数据库。

mismatch_user

user_id	username	password	......
......			
10	baldpaul	d8a011......	
11	jnettles	e511d7......	
12	rubyr	062e4a......	
......			

由于口令现在是加密的，即使查看数据库它们也是安全的。

Sign-Up脚本存在一个潜在问题，用户可能试图注册一个已经存在的用户名。脚本必须足够聪明，能够发现这个问题，并要求用户尝试另一个不同的用户名。所以Sign-Up页面的任务就是从用户获取用户名和口令，确保用户名未被别人使用，然后将新用户增加到mismatch_user数据库。

完成signup.php

PHP & MySQL磁贴

Mismatch Sign-Up脚本使用一个定制表单提示用户输入他们期望的用户名和口令。问题在于，这个脚本代码还不完整。使用下面的磁贴完成脚本，使新用户可以注册并加入Mismatch社区。

这是Sign-Up
表单。

Mismatch – Sign Up

Mismatch - Sign Up

Please enter your username and desired password to sign up to Mismatch.

Registration Info
Username: rubyr
Password: ••••••••
Password •••••••
(retype):

Sign Up

```php
<?php
require_once('appvars.php');
require_once('connectvars.php');

// Connect to the database
$dbc = mysqli_connect(DB_HOST, DB_USER, DB_PASSWORD, DB_NAME);

if (isset($_POST['submit'])) {
  // Grab the profile data from the POST
  .................... = mysqli_real_escape_string($dbc, trim($_POST['....................']));

  .................... = mysqli_real_escape_string($dbc, trim($_POST['....................']));

  .................... = mysqli_real_escape_string($dbc, trim($_POST['....................']));


  if (!empty($username) && !empty($password1) && !empty($password2) &&

  (.................... == ....................)) {

  // Make sure someone isn't already registered using this username

  $query = "SELECT * FROM mismatch_user WHERE username = '....................'";

  $data = mysqli_query($dbc, $query);
  if (mysqli_num_rows($data) == 0) {
    // The username is unique, so insert the data into the database
    $query = "INSERT INTO mismatch_user (username, password, join_date) VALUES " .

    "('....................', SHA('....................'), NOW())";

    mysqli_query($dbc, $query);

    // Confirm success with the user
    echo '<p>Your new account has been successfully created. You\'re now ready to log in and ' .
      '<a href="editprofile.php">edit your profile</a>.</p>';

    mysqli_close($dbc);
    exit();
  }
```

不要忘记，如果撇号出现在
一对单引号内部，则需要对
它转义。

```
  else {
   // An account already exists for this username, so display an error message
   echo '<p class="error">An account already exists for this username. Please use a different ' .
    'address.</p>';

                  ..................... = "";

  }
 }
 else {
  echo '<p class="error">You must enter all of the sign-up data, including the desired password ' .
   'twice.</p>';
 }
}

 mysqli_close($dbc);
?>

<p>Please enter your username and desired password to sign up to Mismatch.</p>
<form method="post" action="<?php echo $_SERVER['PHP_SELF']; ?>">
 <fieldset>
  <legend>Registration Info</legend>
  <label for="username">Username:</label>

  <input type="text" id=".................." name=".................."

   value="<?php if (!empty(..................)) echo .................. ; ?>" /><br />

  <label for="..................">Password:</label>

  <input type=".................." id=".................." name=".................." /><br />

  <label for="..................">Password (retype):</label>

  <input type=".................." id=".................." name=".................." /><br />

 </fieldset>
 <input type="submit" value="Sign Up" name="submit" />
</form>
```

signup.php

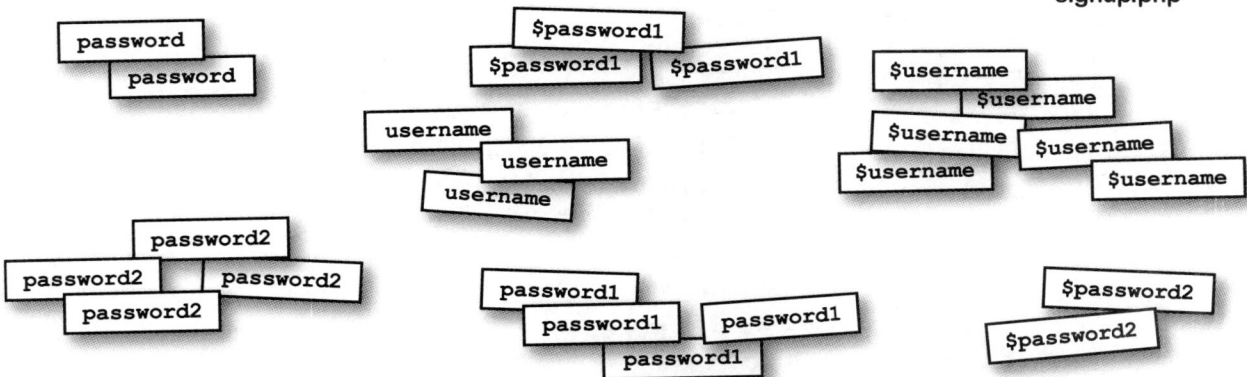

PHP & MySQL磁贴答案

Mismatch Sign-Up脚本使用了一个定制表单提示用户输入他们
期望的用户名和口令。问题在于，这个脚本代码还不完整。
使用下面的磁贴完成脚本，使新用户可以注册并加入
Mismatch社区。

*这是Sign-Up
表单。*

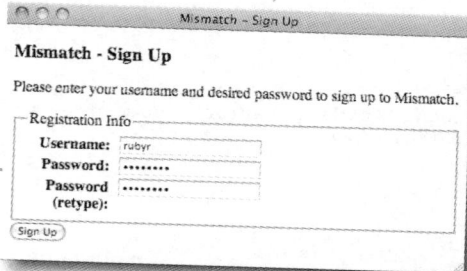

Mismatch - Sign Up

Please enter your username and desired password to sign up to Mismatch.

Registration Info
Username: rubyr
Password: ••••••••
Password
(retype): ••••••••

Sign Up

```php
<?php
require_once('appvars.php');
require_once('connectvars.php');

// Connect to the database
$dbc = mysqli_connect(DB_HOST, DB_USER, DB_PASSWORD, DB_NAME);

if (isset($_POST['submit'])) {
  // Grab the profile data from the POST
```

*获取用户输入的所有数据，确保先完
成清理。*

`$username` = mysqli_real_escape_string($dbc, trim($_POST['`username`']));

`$password1` = mysqli_real_escape_string($dbc, trim($_POST['`password1`']));

`$password2` = mysqli_real_escape_string($dbc, trim($_POST['`password2`']));

```php
  if (!empty($username) && !empty($password1) && !empty($password2) &&
```

(`$password1` `==` `$password2`)) {

*检查表单域，确保表单
域都不为空，而且两个口
令一致。*

```php
    // Make sure someone isn't already registered using this username
    $query = "SELECT * FROM mismatch_user WHERE username = '
```
`$username` ";

*完成查询，查看是否有与所输
入用户名匹配的数据行。*

```php
    $data = mysqli_query($dbc, $query);
    if (mysqli_num_rows($data) == 0) {
      // The username is unique, so insert the data into the database
      $query = "INSERT INTO mismatch_user (username, password, join_date) VALUES " .
```

*如果没有找到匹配，说明
该用户名是唯一的，所以
可以执行INSERT查询。*

```php
        "('
```
`$username` `', SHA('` `$password1` `'), NOW())";

```php
      mysqli_query($dbc, $query);
```

*可以使用这里任意一个口令，因为
如果能执行到这里，说明这两个口令必然相等。*

```php
      // Confirm success with the user
      echo '<p>Your new account has been successfully created. You\'re now ready to log in and ' .
        '<a href="editprofile.php">edit your profile</a>.</p>';

      mysqli_close($dbc);
      exit();
    }
```

*向用户确认已经成功注
册，并退出脚本。*

```
  else {
    // An account already exists for this username, so display an error message
    echo '<p class="error">An account already exists for this username. Please use a different ' .
      'address.</p>';
```
> 用户名不唯一，所以
> 显示一个错误消息。

```
     $username = "";
```
> 清空$username变量，从而
> 清空相应的表单域。

```
  }
}
else {
  echo '<p class="error">You must enter all of the sign-up data, including the desired password ' .
    'twice.</p>';
}
}
```
> 某个表单域或多个表单域为空，所以
> 显示一个错误消息。

```
mysqli_close($dbc);
?>

<p>Please enter your username and desired password to sign up to Mismatch.</p>
<form method="post" action="<?php echo $_SERVER['PHP_SELF']; ?>">
  <fieldset>
    <legend>Registration Info</legend>
    <label for="username">Username:</label>
    <input type="text" id=" username " name=" username "
      value="<?php if (!empty( $username )) echo $username ; ?>" /><br />
    <label for=" password1 ">Password:</label>
    <input type=" password " id=" password1 " name=" password1 " /><br />
    <label for=" password2 ">Password (retype):</label>
    <input type=" password " id=" password2 " name=" password2 " /><br />
  </fieldset>
  <input type="submit" value="Sign Up" name="submit" />
</form>
```

signup.php

there are no Dumb Questions

问： 为什么不能直接使用HTTP认证来注册新用户呢？

答： 因为Sign-Up脚本的目的并不是限制对页面的访问。Sign-Up脚本的任务是允许用户输入一个唯一的用户名和口令，然后将其增加到用户数据库。当然，也可以使用HTTP认证窗口作为用户名和口令的输入表单，不过，对于注册新用户这样一个任务来说，认证功能显得有些大材小用。最好创建一个定制的表单完成注册，这样一来，你还能得到一个好处，可以通过检查两次口令来避免数据输入错误。

问： 那么Sign-Up脚本会在用户注册后完成登录吗？

答： 不会。原因主要在于，登录用户的任务由Log-In脚本处理，没有必要在Sign-Up脚本中重复这个代码。实际上，Sign-Up脚本会提供一个指向Edit Profile页面的链接，一般都认为用户注册后会来到这个页面。另外，由于用户尚未登录，所以试图访问Edit Profile页面时会为他们显示Log-In窗口。所以Sign-Up脚本会通过Edit Profile页面引导用户进入Log-In窗口，而不是自动完成登录。

为用户提供注册的机会

我们有了一个Sign-Up脚本，但是用户怎么访问到这个脚本呢？需要让用户知道如何注册。一种选择是在Mismatch页面上放置一个"Sign Up"（注册）链接。这个主意不坏，不过理想情况下我们需要根据用户是否已经登录能够来显示或取消这个链接。另一种可能的做法是直接在Log-In脚本中显示一个"Sign Up"（注册）链接。

例如，新用户点击主页上的"View Profile"或"Edit Profile"链接时，会由Log-In脚本提示他们输入用户名和口令。由于他们还没有用户名或口令，很可能会点击Cancel（取消）直接退出登录。这就提供了一个机会，我们可以修改log-In脚本显示的登录失败消息来提供signup.php的链接，从而显示一个指向Sign-Up脚本的链接。

这个代码只是显示一个登录错误消息，根本没有提到如何注册Mismatch。

以下是原先的登录失败代码：

```
exit('<h3>Mismatch</h3>Sorry, you must enter your username and password to log in and access ' .
    'this page.');
```

这个代码实际上出现在Log-In脚本中的两个不同位置：没有输入用户名或口令时，以及用户名和口令输入不正确时。一种不错的想法是可以更进一步，在这两个位置上都提供一个"注册"链接。以下是新代码：

这个代码更有帮助，因为它生成了一个指向Sign-Up脚本的链接，以便用户注册。

```
exit('<h2>Mismatch</h2>Sorry, you must enter a valid username and password to log in and ' .
    'access this page. If you aren\'t a registered member, please <a href="signup.php">sign up</a>.');
```

这里并没有新内容，只是一个指向signup.php脚本的正常HTML链接。

运行测试

为Mismatch增加注册功能。

创建一个新的文本文件，名为`signup.php`，在其中输入Sign-Up脚本的代码（或者从Head First Labs网站（www.headfirstlabs.com/books/hfphp）下载这个脚本）。然后修改`login.php`脚本为不能登录的用户增加Sign-Up脚本的链接。

将脚本上传到你的Web服务器，然后在一个Web浏览器中打开Sign-Up页面。作为一个新用户进行注册，然后登录应用。接下来编辑你的情况简表，并查看情况简表确认注册和登录都能正常工作。现在应用就有了原先所没有的个性化功能。

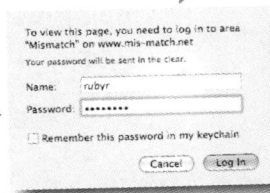

HTTP认证用于根据注册信息完成Ruby的登录。

Sign-up和log-in将非个性化应用转变成有关用户的社区。

太酷了！我可以登录Mismatch，然后编辑和查看我的个人情况简表了。

只有登录后才可以访问Ruby的情况简表。

我和两个室友共用一台计算机，我希望他们无法访问我的**Mismatch**情况简表，我需要能够注销！

社交网站必须允许用户注销，这样才能避免从一台共用的计算机访问别人的个人数据。

允许用户注销听起来可能相当简单，不过这对HTTP认证提出了一个相当严峻的问题：对于一个给定页面或一组页面只会完成一次HTTP认证，只是在浏览器关闭时才会重置。换句话说，在浏览器关闭或用户手工清除HTTP认证的会话之前，用户永远不会"注销"一个经过HTTP认证的Web页面。较之于一些浏览器（如Safari），某些浏览器中（例如Firefox）手工清除会话相对更容易一些。

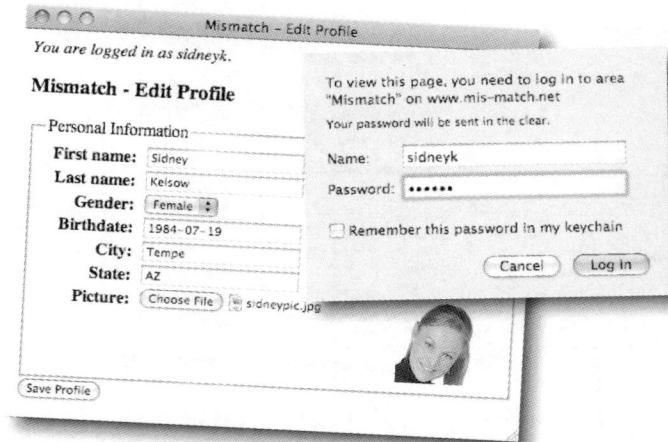

一旦登录，则一直保持登录，直到关闭浏览器。

注销特性允许Sidney（心她控制对其个人情况简表的访问。

尽管HTTP认证提供了一个简单方便的途径来支持Mismatch应用中的用户登录，但是完全无法控制用户的注销。需要既能够记住用户，还要在他们希望的时候允许其注销。

有时只需要一个cookie

原先用HTTP认证解决的问题有两方面：一是要限制对某些页面的访问，还有一个问题是要记住用户已经输入了自己的信息。第二个问题比较困难，因为这要求应用能够跨多个页面（脚本）记住用户是谁。Mismatch通过检查存储在$_SERVER超级全局变量中的用户名和口令来完成这个任务。PHP将HTTP认证用户名和口令存储在可以跨多个页面持久保存的超级全局变量中，我们就充分利用了这一点。

HTTP认证将数据持久存储在客户端，但是工作结束时不允许你将其删除。

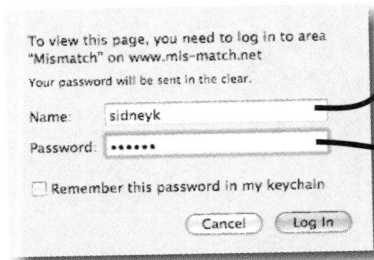

> To view this page, you need to log in to area "Mismatch" on www.mis-match.net
> Your password will be sent in the clear.
>
> Name: sidneyk
> Password: •••••
>
> ☐ Remember this password in my keychain
>
> [Cancel]   [Log In]

→ `$_SERVER['PHP_AUTH_USER']`

→ `$_SERVER['PHP_AUTH_PW']`

$_SERVER超级全局变量会持久存储用户名和口令。

不过我们不能再使用HTTP认证，因为它不支持注销。所以我们需要看看有没有其他途径支持跨多个页面的用户持久存储。一种可能的解决方法就是利用cookie，cookie是浏览器存储在用户计算机上的小段数据。cookie与PHP变量非常类似，只不过关闭浏览器或者关闭计算机之后cookie还存在。更重要的是，cookie可以删除，这说明完成数据的存储后，如果用户表示想要注销，完全可以清除cookie。

Cookie允许将小段数据持久地存储在客户端，这些数据可以跨脚本存在……而且可以根据需要删除！

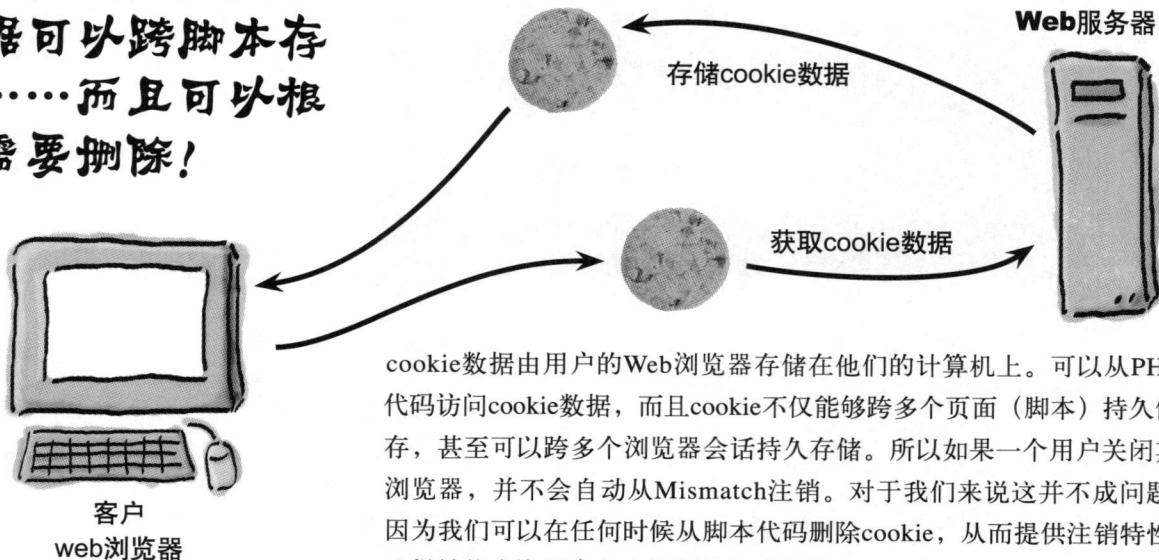

存储cookie数据 →

Web服务器

获取cookie数据 →

客户
web浏览器

cookie数据由用户的Web浏览器存储在他们的计算机上。可以从PHP代码访问cookie数据，而且cookie不仅能够跨多个页面（脚本）持久保存，甚至可以跨多个浏览器会话持久存储。所以如果一个用户关闭其浏览器，并不会自动从Mismatch注销。对于我们来说这并不成问题，因为我们可以在任何时候从脚本代码删除cookie，从而提供注销特性。这样就能允许用户充分控制其何时注销。

cookie里有什么?

cookie在一个唯一的名之下存储了一小段数据,这非常类似于PHP中的变量。但与变量不同,cookie可以有一个到期日期。达到这个到期日期时,这个cookie就会被销毁。所以cookie并不是永恒的,它们只是比PHP变量寿命更长。可以创建一个没有到期日期的cookie,在这种情况下,它就类似于一个PHP变量,会在浏览器关闭时被销毁。

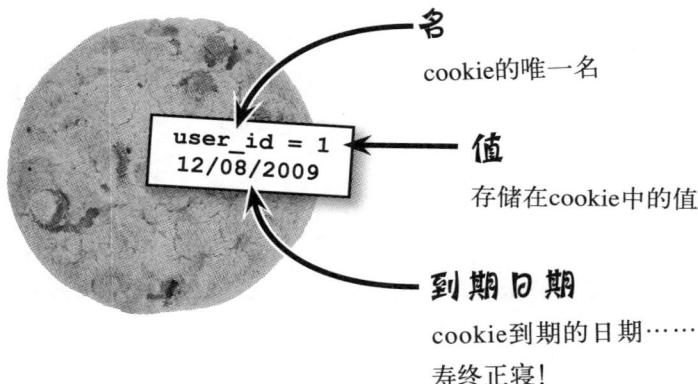

名
cookie的唯一名

```
user_id = 1
12/08/2009
```

值
存储在cookie中的值

到期日期
cookie到期的日期······
寿终正寝!

cookie允许在某个名之下存储一个文本串,类似于一个PHP文本变量。由于cookie的寿命比普通的脚本数据更长,这使得它们的能力更强,特别是某些情况下一个包含多个页面的应用可能需要记住一些数据(如登录信息),此时cookie就可以发挥威力。

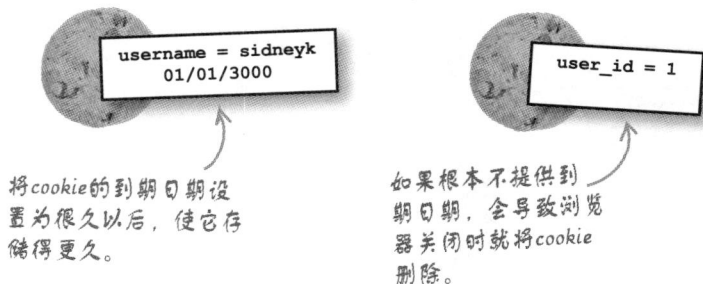

```
username = sidneyk
01/01/3000
```

将cookie的到期日期设置为很久以后,使它存储得更久。

```
user_id = 1
```

如果根本不提供到期日期,会导致浏览器关闭时就将cookie删除。

所以Mismatch可以通过设置两个cookie来模拟$_SERVER超级全局变量提供的持久存储,一个对应用户名,另一个对应口令。不过我们并不需要保留口令,存储用户ID可能更有帮助。

there are no Dumb Questions

问: cookie具有持久性又有什么大不了的?存储在MySQL数据库中的数据不也是持久的吗?

答: 对,数据库数据当然是最持久的。实际上,理论上讲数据库数据比cookie要持久得多,因为这些数据不存在到期日期,如果将数据存放在数据库中,它会一直留在那里,直到你显式地将其删除。关于cookie和持久性真正重要的是它提供的方便性。尽管需要允许用户访问其情况简表,但我们不必为此永久存储当前用户的ID或用户名;而只需要一个快捷的方法来了解他们是谁。我们真正需要的是一种临时持久性,这看起来好像有点矛盾,不过这样来考虑你就会明白:我们需要数据比页面的存活时间长(持久),但不是永远。

用PHP <s>烘烤</s> 使用 cookie

PHP通过一个名为setcookie()的函数和一个名为$_COOKIE的超级全局变量提供对cookie的访问。setcookie()函数用于设置一个cookie的值以及一个可选的到期日期，$_COOKIE超级全局变量用于获取一个cookie的值。

```
setcookie('username', 'sidneyk');
```

setcookie()的第一个参数是cookie的名。

存储在cookie中的值作为第二个参数传入。

`username = sidneyk`

```
echo('<p class="login">You are logged in as ' . $_COOKIE['username'] . '.</p>');
```

cookie的名用于在$_COOKIE超级全局变量中引用cookie值。

设置cookie的作用在于，cookie数据可以跨多个脚本持久存储，所以我们可以记住用户名，而无需每次用户从应用中的一个页面转到另一个页面时都提示他们登录。但是不要忘记，我们还需要在一个cookie中存储用户的ID，因为它要作为数据库查询的主键。

> 利用PHP setcookie()函数可以在cookie中存储数据。

```
setcookie('user_id', '1');
```

cookie总是作为文本存储，所以即使用户ID是一个数字，也会把它作为字符串'1'存储在cookie中。

`user_id = 1`

setcookie()函数还接受可选的第三个参数，即设置cookie的到期日期，达到这个日期时cookie会自动删除。如果没有指定到期日期，如上例所示，cookie会在浏览器关闭时自动到期。

Sharpen your pencil

要调整Mismatch来使用cookie，不只是需要编写一个新的注销（Log-Out）脚本。首先必须再来查看Log-In脚本，将其修改为使用cookie而不是HTTP认证。你认为需要修改Log-In代码中的哪些部分来支持cookie，请圈出并做出注解。

```php
<?php
  require_once('connectvars.php');

  if (!isset($_SERVER['PHP_AUTH_USER']) || !isset($_SERVER['PHP_AUTH_PW'])) {
    // The username/password weren't entered so send the authentication headers
    header('HTTP/1.1 401 Unauthorized');
    header('WWW-Authenticate: Basic realm="Mismatch"');
    exit('<h3>Mismatch</h3>Sorry, you must enter your username and password to ' .
      'log in and access this page. If you aren\'t a registered member, please ' .
      '<a href="signup.php">sign up</a>.');
  }

  // Connect to the database
  $dbc = mysqli_connect(DB_HOST, DB_USER, DB_PASSWORD, DB_NAME);

  // Grab the user-entered log-in data
  $user_username = mysqli_real_escape_string($dbc, trim($_SERVER['PHP_AUTH_USER']));
  $user_password = mysqli_real_escape_string($dbc, trim($_SERVER['PHP_AUTH_PW']));

  // Look up the username and password in the database
  $query = "SELECT user_id, username FROM mismatch_user WHERE username = " .
    "'$user_username' AND password = SHA('$user_password')";
  $data = mysqli_query($dbc, $query);

  if (mysqli_num_rows($data) == 1) {
    // The log-in is OK so set the user ID and username variables
    $row = mysqli_fetch_array($data);
    $user_id = $row['user_id'];
    $username = $row['username'];
  }
  else {
    // The username/password are incorrect so send the authentication headers
    header('HTTP/1.1 401 Unauthorized');
    header('WWW-Authenticate: Basic realm="Mismatch"');
    exit('<h2>Mismatch</h2>Sorry, you must enter a valid username and password ' .
      'to log in and access this page. If you aren\'t a registered member, ' .
      'please <a href="signup.php">sign up</a>.');
  }

  // Confirm the successful log-in
  echo('<p class="login">You are logged in as ' . $username . '.</p>');
?>
```

login.php

Sharpen your pencil
Solution

要调整Mismatch来使用cookie，不只是需要编写一个新的注销（Log-Out）脚本。首先必须再来查看Log-In脚本，将其修改为使用cookie而不是HTTP认证。你认为需要修改Log-In代码中的哪些部分来支持cookie，请圈出并做出注解。

需要检查cookie是否存在来
查看用户是否登录。

并非从认证窗口获得用户名和口令，需要
使用一个提供POST数据的表单。

不再需要发送
HTTP认证首部。

```php
<?php
  require_once('connectvars.php');

  if (!isset($_SERVER['PHP_AUTH_USER']) || !isset($_SERVER['PHP_AUTH_PW'])) {
    // The username/password weren't entered so send the authentication headers
    header('HTTP/1.1 401 Unauthorized');
    header('WWW-Authenticate: Basic realm="Mismatch"');
    exit('<h3>Mismatch</h3>Sorry, you must enter your username and password to ' .
      'log in and access this page. If you aren\'t a registered member, please ' .
      '<a href="signup.php">sign up</a>.');
  }

  // Connect to the database
  $dbc = mysqli_connect(DB_HOST, DB_USER, DB_PASSWORD, DB_NAME);

  // Grab the user-entered log-in data
  $user_username = mysqli_real_escape_string($dbc, trim($_SERVER['PHP_AUTH_USER']));
  $user_password = mysqli_real_escape_string($dbc, trim($_SERVER['PHP_AUTH_PW']));

  // Look up the username and password in the database
  $query = "SELECT user_id, username FROM mismatch_user WHERE username = " .
    "'$user_username' AND password = SHA('$user_password')";
  $data = mysqli_query($dbc, $query);

  if (mysqli_num_rows($data) == 1) {
    // The log-in is OK so set the user ID and username variables
    $row = mysqli_fetch_array($data);
    $user_id = $row['user_id'];
    $username = $row['username'];
  }
  else {
    // The username/password are incorrect so send the authentication headers
    header('HTTP/1.1 401 Unauthorized');
    header('WWW-Authenticate: Basic realm="Mismatch"');
    exit('<h2>Mismatch</h2>Sorry, you must enter a valid username and password ' .
      'to log in and access this page. If you aren\'t a registered member, ' .
      'please <a href="signup.php">sign up</a>.');
  }

  // Confirm the successful log-in
  echo('<p class="login">You are logged in as ' . $username . '.</p>');
?>
```

查询完全不用修改！

这里需要设置两个cookie
而不是设置脚本变量。

由于不能依赖于HTTP认证窗口输入用户名和口令，我们
需要创建一个HTML log-In表单来输入用户名和口令。

login.php

重新考虑登录流程

使用cookie而不是HTTP认证来完成Mismatch登录时，不只是需要重新考虑用户数据的存储。登录用户界面需要重新考虑吗？支持cookie的登录必须提供自己的表单，因为它不能依赖于认证窗口来输入用户名和口令。我们不仅需要构建这个表单，还需要考虑用户登录并访问其他页面时会如何改变应用的流程。

一个新表单取代HTTP认证窗口，用于输入用户名和口令来完成登录。

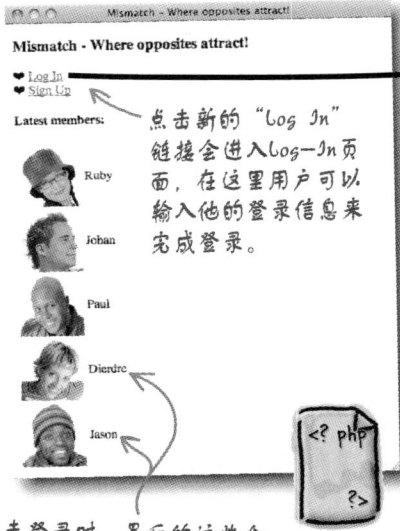

点击新的 "Log In" 链接会进入Log-In页面，在这里用户可以输入他的登录信息来完成登录。

未登录时，最后的这些会员会显示为静态名（即静态文本）。

index.php

Log-Out脚本可以通过一个链接来访问，这是登录状态的一部分。

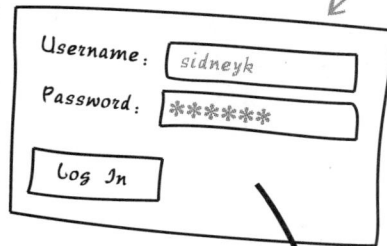

成功登录后，用户会重定向回到主页，在这里现在菜单会表明他们已经登录。

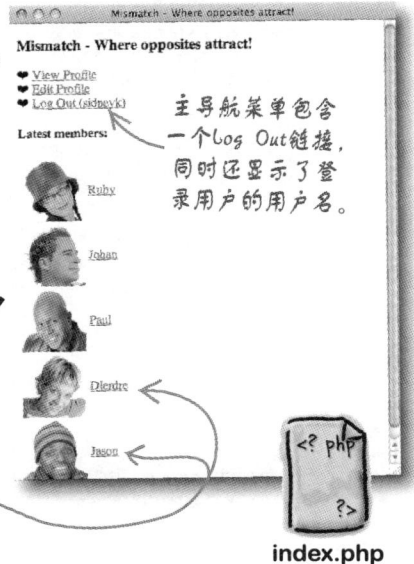

主导航菜单包含一个Log Out链接，同时还显示了登录用户的用户名。

受限页面现在可以访问，因为用户已经登录。

登录之后，最后几个会员名改为链接，指向相应用户的情况简表视图。

index.php

viewprofile.php

支持cookie的登录

新版本的Log-In脚本依赖于cookie实现登录的持久性，这个脚本比上一个版本稍复杂一些，因为它必须提供自己的表单来输入用户名和口令。不过它也更为强大，因为提供了注销功能。

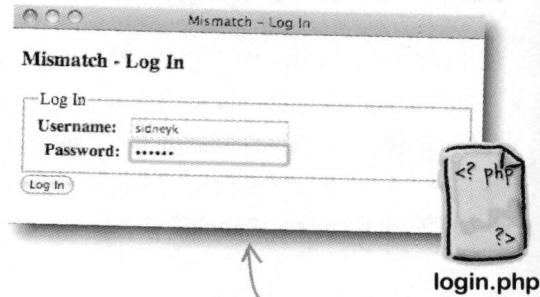

```php
<?php
  require_once('connectvars.php');

  // Clear the error message
  $error_msg = "";

  // If the user isn't logged in, try to log them in
  if (!isset($_COOKIE['user_id'])) {
    if (isset($_POST['submit'])) {
      // Connect to the database
      $dbc = mysqli_connect(DB_HOST, DB_USER, DB_PASSWORD, DB_NAME);

      // Grab the user-entered log-in data
      $user_username = mysqli_real_escape_string($dbc, trim($_POST['username']));
      $user_password = mysqli_real_escape_string($dbc, trim($_POST['password']));

      if (!empty($user_username) && !empty($user_password)) {
        // Look up the username and password in the database
        $query = "SELECT user_id, username FROM mismatch_user WHERE username = '$user_username' AND " .
          "password = SHA('$user_password')";
        $data = mysqli_query($dbc, $query);

        if (mysqli_num_rows($data) == 1) {
          // The log-in is OK so set the user ID and username cookies, and redirect to the home page
          $row = mysqli_fetch_array($data);
          setcookie('user_id', $row['user_id']);
          setcookie('username', $row['username']);
          $home_url = 'http://' . $_SERVER['HTTP_HOST'] . dirname($_SERVER['PHP_SELF']) . '/index.php';
          header('Location: ' . $home_url);
        }
        else {
          // The username/password are incorrect so set an error message
          $error_msg = 'Sorry, you must enter a valid username and password to log in.';
        }
      }
      else {
        // The username/password weren't entered so set an error message
        $error_msg = 'Sorry, you must enter your username and password to log in.';
      }
    }
  }
?>

<html>
<head>
  <title>Mismatch - Log In</title>
  <link rel="stylesheet" type="text/css" href="style.css" />
</head>
<body>
  <h3>Mismatch - Log In</h3>
```

错误消息现在存储在一个变量中，必要时会在脚本后面显示。

检查user_id cookie，查看用户是否登录。

如果用户没有登录，查看他们是否已经提交登录数据。

用户输入的数据现在来自表单POST数据，而不是一个认证窗口。

通过设置user_id和username cookie完成用户登录。

成功登录时将用户重定向到Mismatch主页。

如果登录数据有问题，设置错误消息变量。

Log-In脚本现在是一个完整的Web页面，所以需要所有标准HTML要素。

这里是新的Log-In表单。

login.php

下一页待续……

```php
<?php
  // If the cookie is empty, show any error message and the log-in form; otherwise confirm the log-in
  if (empty($_COOKIE['user_id'])) {
    echo '<p class="error">' . $error_msg . '</p>';
?>
```

如果用户此时仍未登录，继续显示错误消息。

```html
<form method="post" action="<?php echo $_SERVER['PHP_SELF']; ?>">
  <fieldset>
    <legend>Log In</legend>
    <label for="username">Username:</label>
    <input type="text" id="username" name="username"
      value="<?php if (!empty($user_username)) echo $user_username; ?>" /><br />
    <label for="password">Password:</label>
    <input type="password" id="password" name="password" />
  </fieldset>
  <input type="submit" value="Log In" name="submit" />
</form>
```

这两个表单域用于输入用户名和口令来完成登录。

这个大括号前面的所有内容仍是第一个if子句的一部分。

```php
<?php
  }
  else {
    // Confirm the successful log in
    echo('<p class="login">You are logged in as ' . $_COOKIE['username'] . '.</p>');
  }
?>
```

如果此时用户登录，则告知他们。

```html
</body>
</html>
```

结束HTML代码，完成Log-In Web页面。

there are no Dumb Questions

问：为什么必须将用户ID和用户名都存储在cookie中？

答：因为这两个信息都可以唯一地标识Mismatch用户数据库中的一个用户，可以使用其中任意一个信息来跟踪当前用户。不过，对于数据库来说，user_id是一个更好（也更高效）的用户引用，因为这是一个数值主键。不过另一方面，user_id相当晦涩难懂，对于用户来说没有任何意义，所以要让用户知道他们已经登录，用户名会比较方便，比如可以在页面上显示登录用户的用户名。由于有时可能多个人共用同一个计算机，所以不仅要让用户知道他们已经登录，还要让

他们知道是作为哪个用户登录的，这很重要。

问：那么为什么不把口令也作为登录数据的一部分存储在一个cookie中呢？

答：口令只是对最开始的验证很重要（即验证一个用户确实是其声称的那个人）。一旦在登录过程中已经验证了口令，它就没有存在的理由了。另外，口令是非常机密性的数据，所以最好尽一切可能避免存储这些数据。

问：看起来Log-In脚本中的表单实际上在if语句内部？这可能吗？

答：对。实际上，"分解"PHP代码置于HTML代码中的情况很常见，Log-In脚本中就是如此。用?>结束一段PHP代码并不意味着代码的逻辑就此结束。用<?php开始另一段PHP代码时，逻辑会从前面中断的地方继续。在Log-In脚本中，HTML表单包含在第一个if分支中，而else分支在表单代码之后。像这样将PHP代码分解到HTML代码中，可以避免通过使用一大堆麻烦的echo语句来生成表单。

Mismatch应用导航

这个新的Log-In脚本改变了Mismatch应用的流程，需要在主页上
（index.php）显示一个简单的菜单。这个菜单很重要，因为要通过
它访问应用的各个主要部分，目前就是View Profile和Edit Profile页面，
另外还要允许用户登录、注册以及根据当前登录状态完成注销。菜单
会根据用户的登录状态而变化，这一点非常重要，最终也正是因此为
菜单提供了强大的功能和实用性。

取决于是否已经设置用
户名cookie，会显示不同
的菜单。

用户未登录时会出现这个菜
单，为他们提供一个登录或
注册的机会。

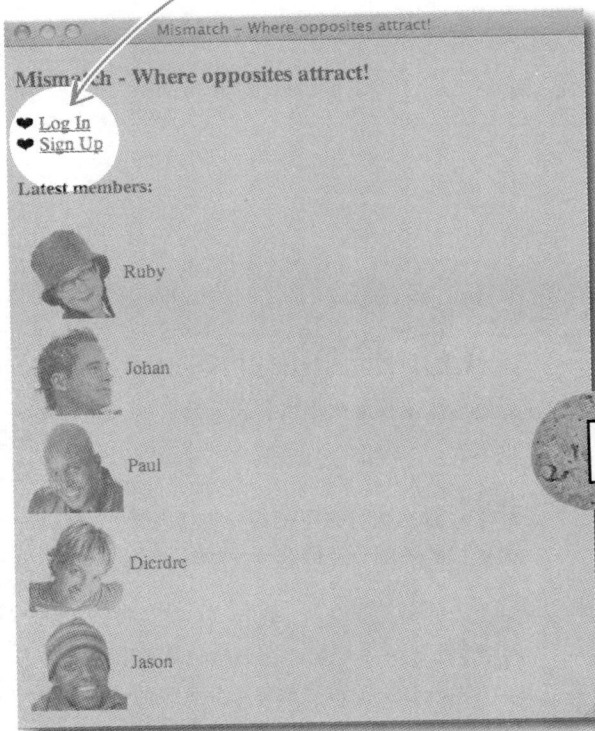

Mismatch - Where opposites attract!

Mismatch - Where opposites attract!

♥ Log In
♥ Sign Up

Latest members:

Ruby

Johan

Paul

Dierdre

Jason

username = **?**

index.php脚本知道无法找
到用户名cookie时要显示受
限菜单。

菜单由index.php脚本中的PHP代码生成，这个代码使用$_COOKIE
超级全局变量来查找用户名cookie，查看用户是否已经登录。也可以
使用用户ID cookie，不过用户名会具体显示在菜单中，所以检查用户
名更有意义。

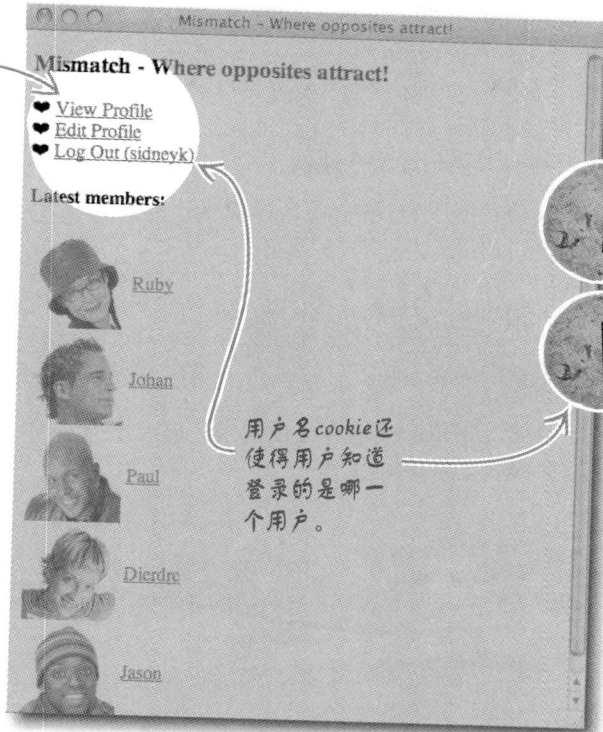

user_id cookie没有用在
不同菜单中，不过对于
Mismatch用户的持久性仍
很重要。

Mismatch - Where opposites attract!

❤ View Profile
❤ Edit Profile
❤ Log Out (sidneyk)

Latest members:

Ruby

Johan

Paul

Dierdre

Jason

`user_id = 1`

用户名cookie 确定显
示哪一个菜单。

`username = sidneyk`

用户名cookie还
使得用户知道
登录的是哪一
个用户。

为登录用户显示
的菜单

❤ View Profile
❤ Edit Profile
❤ Log Out (sidneyk)

```php
// Generate the navigation menu
if (isset($_COOKIE['username'])) {
  echo '&#10084; <a href="viewprofile.php">View Profile</a><br />';
  echo '&#10084; <a href="editprofile.php">Edit Profile</a><br />';
  echo '&#10084; <a href="logout.php">Log Out (' . $_COOKIE['username'] . ')</a>';
}
else {
  echo '&#10084; <a href="login.php">Log In</a><br />';
  echo '&#10084; <a href="signup.php">Sign Up</a>';
}
```

❤ Log In
❤ Sign Up

每个菜单项旁边的心型符号可以由
这个HTML编码得到，这在大多数
浏览器上都支持。

为游客（未登录
的用户）显示的
菜单

喂，还记得我吗？
我真的、真地想要
注销。

我们确实需要允许用户注销。

cookie使得登录Mismatch和在网站中导航更为简洁，不过之所以从
HTTP认证转向cookie，最关键的是为了允许用户注销。我们需要一个
新的Log-Out脚本，它要删除这两个cookie（用户ID和用户名），使用
户无法再访问应用。这样就能避免以后有人在这台计算机上访问用户
的私人情况简表数据。

由于具体注销用户并不涉及任何用户界面组件，所以注销后只需将其
重定向回到主页就可以了。

Sidney还在等
待注销……

Mismatch – Where opposites attract!

Mismatch - Where opposites attract!

♥ View Profile
♥ Edit Profile
♥ Log Out (sidneyk)

logout.php

Log-Out脚本删除
用户的登录cookie，
并将其重定向回到
主页。

Mismatch – Where opposites attract!

Mismatch - Where opposites attract!

♥ Log In
♥ Sign Up

注销意味着删除cookie

注销用户需要删除跟踪用户的两个cookie。这要通过调用setcookie()
函数并传入一个导致cookie此时删除的到期日期来做到。

当前时间　　　　　　　　　秒　　　　　分　　　　小时

```php
setcookie('username', 'sidneyk', time() + (60 * 60 * 8));
```

合在一起,这个表达式设置了到期日期为当前时间8小时以后的那个时刻。

这个代码设置到期日期为将来的8小时以后,这说明cookie会在8小时
后自动删除。不过我们希望立即删除一个cookie,这需要将到期日期
设置为过去的一个时间。具体过去多长时间并不重要,只需选择一个任
意的时间量,如1小时,并用当前时间减去这个时间量。

```php
setcookie('username', 'sidneyk', time() - 3600);
```

60 秒 * 60 分 = 3600 秒, 这就是
过去1小时的时间。

要删除一个
cookie, 只需将
到期日期设置
为<u>过去</u>的一个
时间。

Exercise

Mismatch的Log-Out脚本还缺少一些代码。请写出缺少的代码,确保在Log-Out页面重定
向到主页之前会删除登录cookie。

```php
<?php
  // If the user is logged in, delete the cookie to log them out
  if (  ............................................  ) {
    // Delete the user ID and username cookies by setting their expirations to an hour ago (3600)

    ............................................

    ............................................
  }

  // Redirect to the home page
  $home_url = 'http://' . $_SERVER['HTTP_HOST'] . dirname($_SERVER['PHP_SELF']) . '............';
  header('Location: ' . $home_url);
?>
```

Exercise Solution

Mismatch的Log-Out脚本还缺少一些代码。请写出缺少的代码，确保在Log-Out页面重定向到主页之前会删除登录cookie。

```php
<?php
  // If the user is logged in, delete the cookie to log them out
  if (    isset($_COOKIE['user_id'])       ) {
    // Delete the user ID and username cookies by setting their expirations to an hour ago (3600)
      setcookie('user_id', '', time() - 3600);
      setcookie('username', '', time() - 3600);
  }

  // Redirect to the home page
  $home_url = 'http://' . $_SERVER['HTTP_HOST'] . dirname($_SERVER['PHP_SELF']) . '/index.php';
  header('Location: ' . $home_url);
?>
```

只有在用户已经登录时才注销用户。

将各个cookie的到期时间设置为过去的一个小时，使它们由系统删除。

重定向到Mismatch主页，这构造为一个绝对URL。

location首部使浏览器重定向到另一个页面。

运行测试

使用cookie为Mismatch增加注销功能。

修改Mismatch脚本，使它们使用cookie允许用户登录和注销（或者可以从Head First Labs网站（www.headfirstlabs.com/books/hfphp）下载脚本）。为支持cookie而做的修改涉及对index.php、login.php、logout.php、editprofile.php和viewprofile.php脚本的修改。对后两个脚本的修改很少，主要是将$user_id和$username全局变量引用改为使用$_COOKIE超级全局变量。

将这些脚本上传到你的Web服务器，然后在一个Web浏览器中打开Mismatch主页（index.php）。请注意导航菜单，然后点击"Log In"链接登录。注意Log-In脚本如何将你带回到主页，另外还要注意菜单如何改变来反映你的登录状态。现在点击"Log Out"删除cookie并注销。

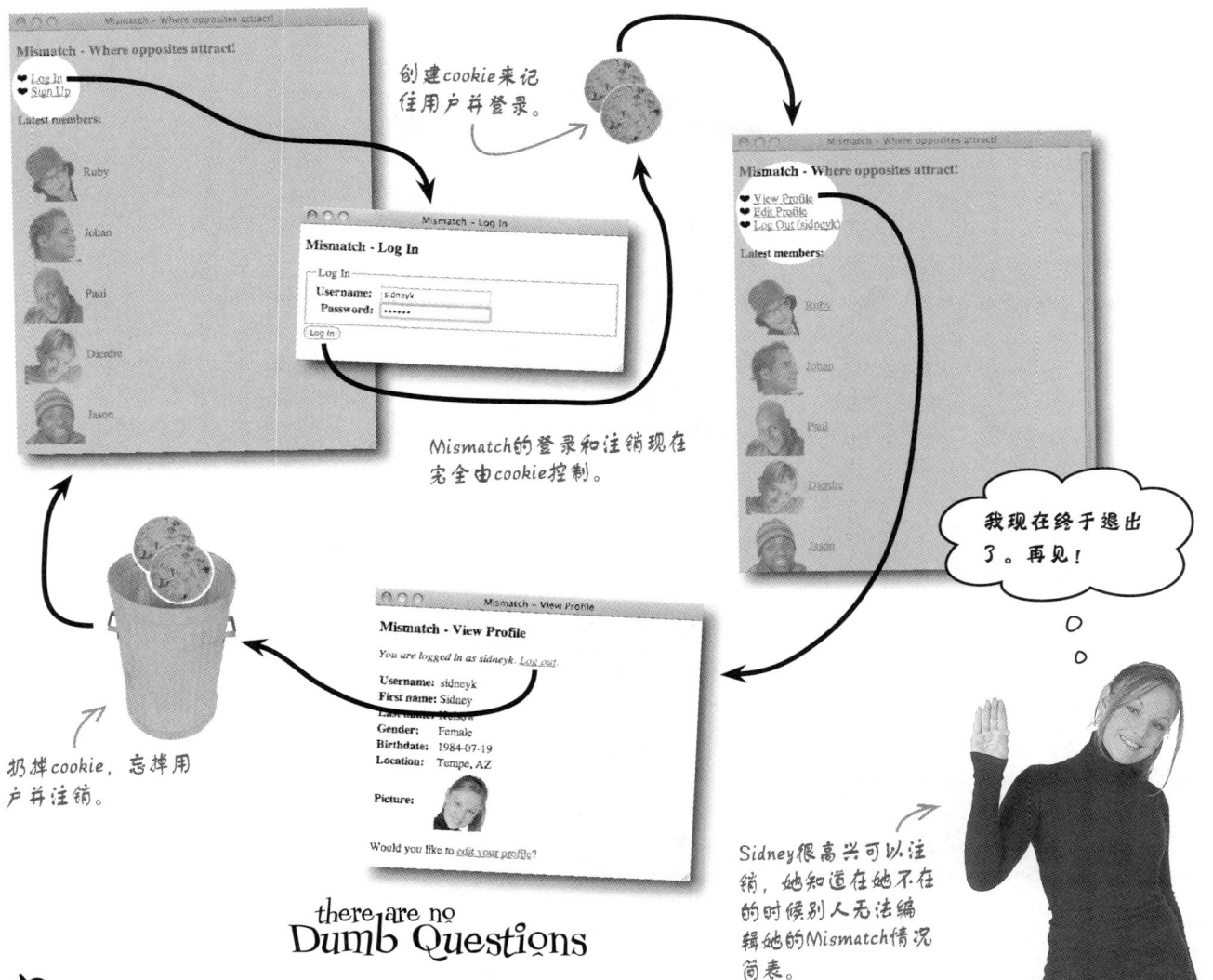

创建cookie来记
住用户并登录。

Mismatch的登录和注销现在
完全由cookie控制。

我现在终于退出
了。再见！

扔掉cookie，忘掉用
户并注销。

Sidney很高兴可以注
销，她知道在她不在
的时候别人无法编
辑她的Mismatch情况
简表。

there are no Dumb Questions

问： 这么说只需删除cookie就可以注销了？

答： 对。cookie负责为Mismatch存储所有登录信息（用户ID和用户名），所以删除cookie就能完全注销。

问： 为什么需要将cookie设置为过去1小时来将其删除？这里的1小时有什么特别的意义吗？

答： 没有。一旦cookie的到期日期/时间已经过去，它就会被Web浏览器自动删除。所以要删除一个cookie，就需要将其到期时间设置为过去的任意一个时间。1个小时（3600秒）只是任意选择的一个时间量，我们会一致地设置为这个时间来表示要删除一个cookie。

在服务器上存储用户数据，而不是客户端

Mismatch用户Jason，喜欢远足、纹身和Howard Stern，他的浏览器禁用了cookie，这就为登录带来了一个问题。

> 唉呀，我的浏览器禁用了cookie，无法登录。我该怎么办？

试图从这里开始登录。

由于禁用了cookie，Log-In脚本失败，只是将用户带回到主页而未能完成登录。

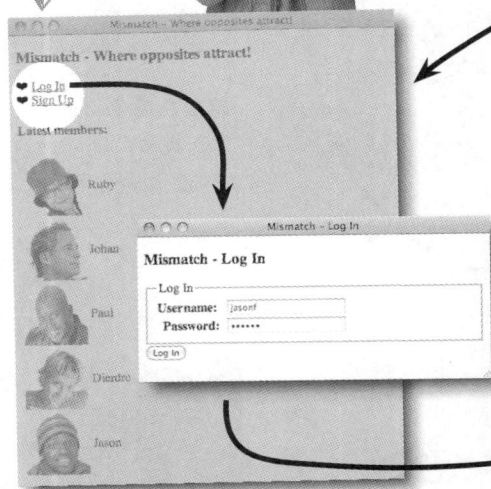

Mismatch - Where opposites attract!

♥ Log In
♥ Sign Up

Latest members:

Ruby

Johan

Paul

Dierdre

Jason

Mismatch - Log In

Log In
Username: jasonf
Password: ●●●●●●

[Log In]

$_COOKIE

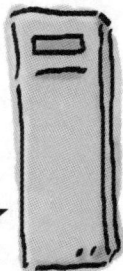

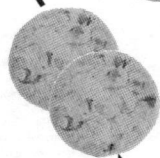

客户Web浏览器

浏览器拒绝cookie，阻止Log-In脚本设置cookie。

Web服务器

服务器试图在浏览器上设置用户ID和用户名cookie。

> 谁会考虑Jason？大多数人都启用了cookie，难道不是吗？

没错，不过Web应用应当允许尽可能多的人访问。

有些人不习惯使用cookie，所以他们更乐于禁用cookie来增加安全性。了解到这一点，所以有必要尽量满足这些不能依赖于cookie完成登录的用户。不过还不只如此。实际上还有另一种选择，我们可以使用服务器存储登录数据，而不是存储在客户端。而且由于我们的脚本就在服务器上运行，所以登录数据也存储在这里才更合适。

会话不依赖于客户

cookie是功能相当强大的"小家伙",不过它们也有局限性,如会受制于一些限制,而你对于这些限制无能为力。不过,如果我们不必依赖于浏览器呢?如果可以直接将数据存储在服务器上呢?会话就可以做到这一点,它们允许你存储各个信息,就像cookie一样,不过数据会存储在服务器上而不是客户端。这就使会话数据不存在cookie所受到浏览器限制。

会话允许将小段数据持久地存储在服务器上,而不依赖于客户端。

Web服务器

存储会话数据

不同于cookie,会话将数据存储在服务器上。

获取会话数据

浏览器不直接影响会话数据的存储,因为所有会话数据都存储在服务器上。

客户Web浏览器

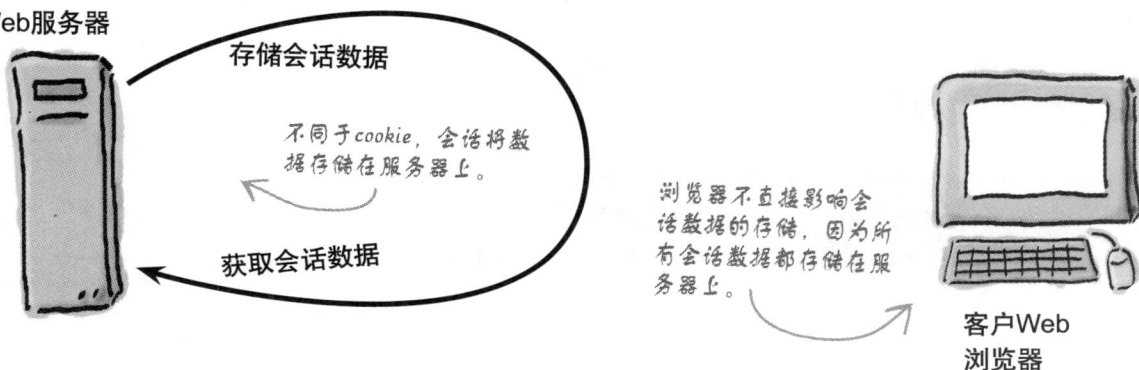

会话将数据存储在会话变量中,这在逻辑上等价于服务器上的cookie。使用PHP代码将数据放在一个会话变量中时,它会存储在服务器上。然后可以从PHP代码访问会话变量中的数据,这些数据会跨多个页面(脚本)持久存储。类似于cookie,可以在任何时刻删除一个会话变量,因此用基于会话的代码也可以提供注销特性。

由于会话数据都存储在服务器上,这比存储在cookie中更安全,也更可靠。

用户不能手动地使用浏览器删除会话数据,但是可以采用这种方式删除cookie,因此可能会带来问题。

user_id = 1

username = sidneyk

会话肯定有缺点,对不对?确实有点。不同于cookie,会话无法对一个会话变量将数据存储多久做太多控制。会话一结束就会自动地销毁会话变量,而会话往往在用户关闭浏览器时结束。所以尽管会话变量并非存储在浏览器上,它们也会受到浏览器的间接影响,因为浏览器会话结束时它们就会被删除。

会话变量没有相关的到期日期,因为会话结束时它们会被自动删除。

会话的生命和时间

会话之所以称为会话有一个原因，它们有非常明确的开始和结束。与一个会话关联的数据会随该会话的生命期生存和毁灭，对此可以通过PHP代码控制。只在一种情况下无法控制会话的生命期，就是用户关闭浏览器时，这会导致会话结束，而不论你是否乐意。

必须调用session_start() PHP函数告诉会话你准备开始了。

PHP session_start() 函数开始一个会话，并允许在会话变量中存储数据。

```
session_start();
```

这个PHP函数开始一个会话。

调用session_start()函数不会设置任何数据——它的工作只是建立会话并开始运行。会话在内部由一个唯一的会话标识符来标识，通常无需你关心这个标识符。web浏览器使用这个ID将一个会话与多个页面关联。

Web服务器

这是唯一的会话ID，它作为一个新会话的一部分自动生成。

客户web 浏览器

tksf820j9hq7f9t7vdt5o1ceb2

在后台使用会话ID来支持多个页面共享访问会话数据。

index.php

会话开始时，会设置一个会话ID唯一标识这个会话。

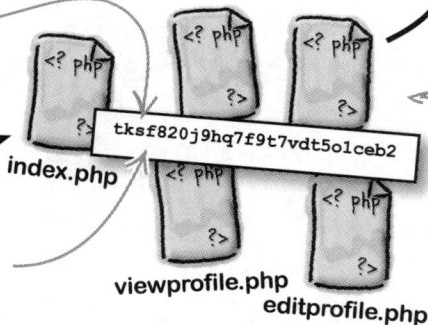

viewprofile.php

editprofile.php

只要会话不结束就不会销毁会话ID，浏览器关闭或者调用了session_destroy()函数时会话才会结束。

session_destroy() 函数结束一个会话。

```
session_destroy();
```

这个PHP函数结束一个会话。

如果利用这个函数自行关闭一个会话，它不会自动销毁你存储的任何会话变量。下面进一步分析会话如何存储数据，来了解为什么是这样。

跟踪会话数据

会话有一点非常好，它们的用法与cookie非常相似。一旦用一个
session_start()调用开始一个会话，就可以用**$_SESSION**超级
全局变量设置会话变量，如Mismatch登录数据。

*会话变量在服务器上
创建和存储。*

```
$_SESSION['username'] = 'sidneyk';
```

```
username = sidneyk
```

*会话变量的名用作 $_SESSION
超级全局变量中的索引。*

*要存储的值直接赋给$_
SESSION超级全局变量。*

```
echo('<p class="login">You are logged in as ' . $_SESSION['username'] . '.</p>');
```

不同于cookie，会话变量不需要任何特殊的函数来完成设置，只需为
$_SESSION超级全局变量赋一个值，要确保使用会话变量名作为数组
索引。

*要访问会话变量，只需使用
$_SESSION超级全局变量和
会话变量名。*

那么删除会话变量呢？通过session_destroy()销毁一个会话时，
实际上并不会销毁会话变量，所以如果希望用户关闭浏览器（注销！）
之前清空会话变量，必须手动地删除你的会话变量。销毁一个会话的
所有会话变量有一种快速有效的方法，即把$_SESSION超级全局变量
设置为一个空数组。

**会话变量在会话
销毁时<u>不会</u>自动
删除。**

```
$_SESSION = array();
```

*这个代码会清除当前会话中的所
有会话变量。*

但是还没有完全结束。会话在后台实际上会使用cookie。如果浏览器
支持cookie，会话可能会设置一个cookie临时存储会话ID。所以要通
过PHP代码完全关闭一个会话，还必须删除可能在浏览器上自动创建
来存储会话ID的所有cookie。与任何其他cookie类似，可以将其到期
时间设置为过去的一个时间来销毁这个cookie。只需知道cookie的名，
这可以使用session_name()函数得到。

*如果会话使用cookie来帮助记住
会话ID，这个ID会存储在以会
话命名的一个cookie中。*

```
PHPSESSID = tks£8203……
```

```
if (isset($_COOKIE[session_name()])) {
  setcookie(session_name(), '', time() - 3600);
}
```

*首先查看会话cookie
是否确实存在。*

*通过将其到期时间设置为过去的
一个时间来销毁会话cookie。*

从这里开始！

利用会话改造Mismatch

重新构造Mismatch应用，使用会话来存储登录数据，这听上去很难但实际上并没有那么难。实际上，应用的流程基本上是一样的，只是必须注意开始会话、撤销会话以及会话之后完成清理时需要额外做一些维护工作。

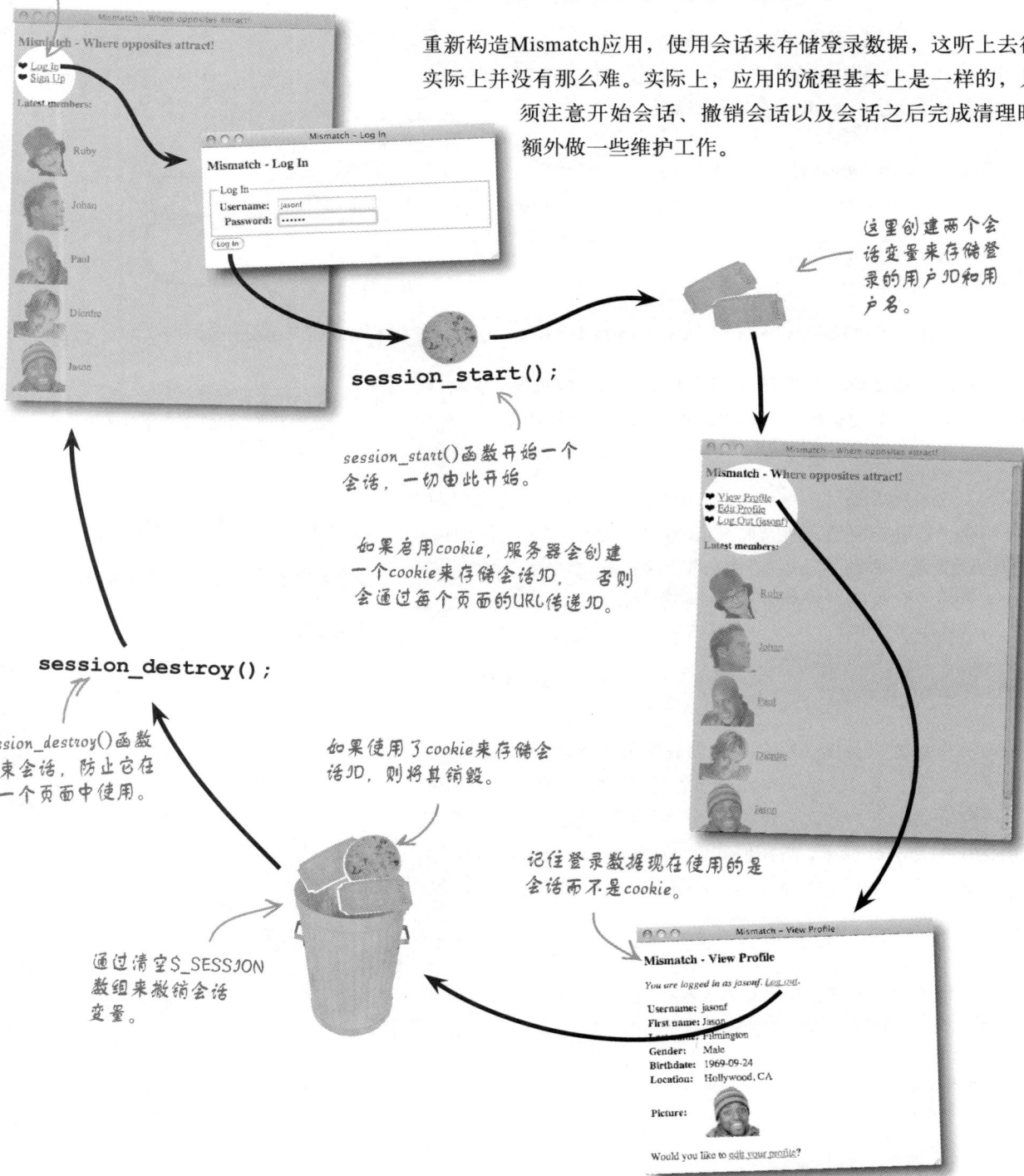

Mismatch - Where opposites attract!

♥ Log In
♥ Sign Up

Latest members:

Ruby

Johan

Paul

Dierdre

Jason

Mismatch - Log In

Mismatch - Log In
Log In
Username: jasonf
Password: ●●●●●
Log In

这里创建两个会话变量来存储登录的用户ID和用户名。

session_start();

session_start()函数开始一个会话，一切由此开始。

如果启用cookie，服务器会创建一个cookie来存储会话ID，否则会通过每个页面的URL传递ID。

session_destroy();

session_destroy()函数结束会话，防止它在另一个页面中使用。

如果使用了cookie来存储会话ID，则将其销毁。

通过清空$_SESSION数组来撤销会话变量。

Mismatch - Where opposites attract!

Mismatch - Where opposites attract!

♥ View Profile
♥ Edit Profile
♥ Log Out (jasonf)

Latest members:

Ruby

Johan

Paul

Dierdre

Jason

记住登录数据现在使用的是会话而不是cookie。

Mismatch - View Profile

Mismatch - View Profile

You are logged in as jasonf. Log out.

Username: jasonf
First name: Jason
Last name: Filmington
Gender: Male
Birthdate: 1969-09-24
Location: Hollywood, CA

Picture:

Would you like to *edit your profile*?

使用会话完成注销

与前一个纯粹使用cookie的版本相比，使用会话从Mismatch注销用户
需要多做一些工作。必须完成以下步骤才能使用会话让用户成功地从
Mismatch注销。

1 删除会话变量。

2 查看会话cookie是否存在，如果存在，则
将其删除。

*如果不检查，你就不能确定是
否使用了一个会话cookie。*

3 撤销会话。

4 将用户重定向到主页。

*没错，所以这是额外的一步，
这对于注销用户并不严格必要，
不过确实很有帮助。*

Sharpen your pencil

Mismatch的Log-Out脚本正在经历全面改造来使用会话，而不是纯
cookie实现登录持久性。请写出这里缺少的代码使Log-Out脚本使用
会话，然后做出注解，指出这些代码分别对应于注销过程的哪一步。

```php
<?php
  // If the user is logged in, delete the session vars to log them out
  session_start();
  if (.........................................) {
    // Delete the session vars by clearing the $_SESSION array

    ....................................

    // Delete the session cookie by setting its expiration to an hour ago (3600)
    if (isset($_COOKIE[session_name()])) {

      ..................................................................

    }

    // Destroy the session
    ..............................

  }

  // Redirect to the home page
  $home_url = 'http://' . $_SERVER['HTTP_HOST'] . dirname($_SERVER['PHP_SELF']) . '/index.php';
  header('Location: ' . $home_url);
?>
```

Sharpen your pencil
Solution

Mismatch的Log-Out脚本正在经历全面改造来使用会话，而不是纯cookie实现登录持久性。请写出这里缺少的代码使Log-Out脚本使用会话，然后做出注解，指出这些代码分别对应于注销过程的哪一步。

① 删除会话变量。

② 查看会话cookie是否存在，如果存在，则将其删除。

③ 撤销会话。

④ 将用户重定向到主页。

即使是在注销时，也必须首先开始
会话才能访问会话变量。

```php
<?php
  // If the user is logged in, delete the session vars to log them out
  session_start();
  if (  isset($_SESSION['user_id'])  ) {
```

现在使用一个会话变量（而不是cookie）
检查登录状态。

```php
  // Delete the session vars by clearing the $_SESSION array
    $_SESSION = array();
```
①

要清除会话变量，将$_SESSION超级全局变量设置为一
个空数组。

```php
  // Delete the session cookie by setting its expiration to an hour ago (3600)
  if (isset($_COOKIE[session_name()])) {
    setcookie(session_name(), '', time() - 3600);
```
②

如果存在一个会话cookie，通过将到期
时间设置为过去的(小)时从而将其删除。

```php
  }

  // Destroy the session
    session_destroy();
```
③

使用内置session_destroy()函
数调用撤销会话。

```php
  }

  // Redirect to the home page
  $home_url = 'http://' . $_SERVER['HTTP_HOST'] . dirname($_SERVER['PHP_SELF']) . '/index.php';
  header('Location: ' . $home_url);
```
④
```php
?>
```

HOW DO I CHANGE?

从cookie转向会话不仅会影响Log-Out脚本。对Mismatch应用的其他部分也需要针对会话做相应修改，请将这些部分与相应修改配对。

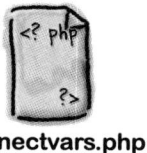

appvars.php

connectvars.php

login.php

signup.php

index.php

viewprofile.php

editprofile.php

不做修改，因为这个脚本并不直接依赖于登录持久性。

需要会话来记住用户是谁。调用session_start()函数开始会话，然后将$_COOKIE引用修改为$_SESSION引用。

需要会话控制导航菜单。调用session_start()函数开始会话，然后将$_COOKIE引用修改为$_SESSION引用。

HOW DO I CHANGE?

答案

从cookie转向会话不仅会影响Log-Out脚本。对Mismatch应用的其他部分也需要针对会话做相应修改，请将这些部分与相应修改配对。

appvars.php

connectvars.php

login.php

signup.php

index.php

viewprofile.php

editprofile.php

不做修改，因为这个脚本并不直接依赖于登录持久性。

需要会话来记住用户是谁。调用session_start()函数开始会话，然后将$_COOKIE引用修改为$_SESSION引用。

需要会话控制导航菜单。调用session_start()函数开始会话，然后将$_COOKIE引用修改为$_SESSION引用。

BULLET POINTS

- HTTP认证对于限制访问单个页面很方便，但是没有提供一种好方法允许用户结束页面访问时完成"注销"。

- cookie允许在客户端（Web浏览器）上存储小段数据，如用户的登录数据。

- 所有cookie都有一个到期日期，这可以是未来很久以后，也可能就在近前，如浏览器会话结束时。

- 要删除一个cookie，只需将其到期日期设置为过去的一个时间。

- 会话提供了与cookie类似的存储，不过它存储在服务器上，相应地不会受制于cookie存在的浏览器限制，如cookie被禁用。

- 会话变量有一个有限的生命期，一旦会话结束就被撤销（例如，浏览器关闭时）。

there are no Dumb Questions

问： 有多个不同地方都调用了**session_start()**函数，甚至在会话已经开始之后也有调用。多个**session_start()**调用会创建多个会话吗？

答： 不会。session_start()函数不只是开始一个新会话，它还可能进入一个现有的会话。所以脚本调用session_start()时，这个函数首先查找是否存在一个会话ID，从而查看是否已经存在一个会话。如果不存在会话，则生成一个新的会话ID并创建这个新会话。这个应用中后续的所有session_start()调用会识别出已存在的这个会话，并使用该会话而不是再创建另一个会话。

问： 那么会话ID如何存储呢？在这里会话有时要使用cookie，是吗？

答： 对。尽管会话数据存储在服务器上，相应地可以得到一个好处，就是可以更为安全，而且不受浏览器的控制，但还需要一种机制使得脚本能够知道会话数据。

这正是会话ID的作用，它能唯一地标识一个会话以及与之关联的数据。这个ID必须以某种方式在客户端上持久存储，使多个页面作为同一个会话的一部分。要实现这个会话ID的持久存储，一种方法就是通过cookie，这是指将ID存储在一个cookie中，再用于将一个脚本与一个给定会话相关联。

问： 如果会话要依赖于cookie，那么使用会话而不是cookie又有什么意义呢？

答： 会话并不完全依赖于cookie。重要的是，需要理解cookie相当于一种跨多个脚本保留会话ID的优化方法，但不是必要的。如果cookie被禁用，会话ID会通过一个URL从脚本传递到下一个脚本，类似于前面见到的GET请求中传递的数据。所以即使没有cookie，会话也能很好地工作。cookie被禁用时，会话将如何响应的有关具体细节由Web服务器上的php.ini配置文件通过session.use_cookies、session.use_only_cookies和session.use_trans_sid设置来控制。

问： 既然重点是会话比cookie更好，会话可以使用cookie看起来还是很让人奇怪。到底是怎么回事？

答： 尽管会话确实在某些场合下会明显优于cookie，但与cookie并不一定是一种水火不相容的对立关系。会话确实有存储在服务器上而不是客户端的好处，这使它们更安全，也更可靠。所以，如果需要持久地存储机密数据，那么会话变量能比cookie提供更大的安全性。会话还能比cookie存储更多的数据。所以不论cookie是否可用，使用会话都有一些明显的优点。

对于Mismatch来说，会话提供了一种方便的服务器端解决方案来存储登录数据。对于支持cookie的用户，可以提供更好的安全性和可靠性，同时还可以使用cookie作为一种优化手段。如果用户不支持cookie，在这种情况下，会话仍能通过一个URL传递会话ID正常工作，而完全避开cookie。

完成会话转换

尽管Mismatch中受会话影响的不同部分将使用会话来完成不同的工作，不过要完成从cookie到会话的移植，最终需要对脚本做类似的修改。一方面，它们都必须调用session_start()函数开始使用会话。除此以外，所有修改都需要从$_COOKIE超级全局变量转换为$_SESSION超级全局变量，它将负责存储会话变量。

```php
<?php
  session_start();
?>
```

所有支持会话的脚本都从一
个*session_start()*函数调用开始
建立并运行会话。

```php
// If the user isn't logged in, try to log them in
if (!isset($_SESSION['user_id'])) {
  if (isset($_POST['submit'])) {
    // Connect to the database
    $dbc = mysqli_connect(DB_HOST, DB_USER, DB_PASSWORD, DB_NAME);

    // Grab the user-entered log-in data
    $user_username = mysqli_real_escape_string($dbc, trim($_POST['username']));
    $user_password = mysqli_real_escape_string($dbc, trim($_POST['password']));

    if (!empty($user_username) && !empty($user_password)) {
      // Look up the username and password in the database
      $query = "SELECT user_id, username FROM mismatch_user WHERE username = '$user_username' AND " .
        "password = SHA('$user_password')";
      $data = mysqli_query($dbc, $query);

      if (mysqli_num_rows($data) == 1) {
        // The log-in is OK so set the user ID and username session vars, and redirect to the home page
        $row = mysqli_fetch_array($data);
        $_SESSION['user_id'] = $row['user_id'];
        $_SESSION['username'] = $row['username'];
        $home_url = 'http://' . $_SERVER['HTTP_HOST'] . dirname($_SERVER['PHP_SELF']) . '/index.php';
        header('Location: ' . $home_url);
      }
      else {
        // The username/password are incorrect so set an error message
        $error_msg = 'Sorry, you must enter a valid username and password to log in.';
      }
    }
  }
```

login.php

Log-In脚本使用会话记住用户ID和用户
名来完成登录信息的持久存储，为此它
依赖于$_SESSION超级全局变量而不是
$_COOKIE。

```php
// Generate the navigation menu
if (isset($_SESSION['username'])) {
  echo '&#10084; <a href="viewprofile.php">View Profile</a><br />';
  echo '&#10084; <a href="editprofile.php">Edit Profile</a><br />';
  echo '&#10084; <a href="logout.php">Log Out (' . $_SESSION['username'] . ')</a>';
}
else {
  echo '&#10084; <a href="login.php">Log In</a><br />';
  echo '&#10084; <a href="signup.php">Sign Up</a>';
}

......

// Loop through the array of user data, formatting it as HTML
echo '<h4>Latest members:</h4>';
echo '<table>';
while ($row = mysqli_fetch_array($data)) {
  ......
  if (isset($_SESSION['user_id'])) {
    echo '<td><a href="viewprofile.php?user_id=' . $row['user_id'] . '">' .
      $row['first_name'] . '</a></td></tr>';
  }
  else {
    echo '<td>' . $row['first_name'] . '</td></tr>';
  }
}
echo '</table>';
```

生成菜单和选择是否提
供"最新会员"情况简表的
链接时，Mismatch主页使用
S_SESSION超级全局变量而不是
S_COOKIE来访问登录数据。

index.php

与Log-In页面和
主页类似，Edit
Profile脚本现在使
用S_SESSION访问
登录数据而不是使
用S_COOKIE。

```php
// Make sure the user is logged in before going any further.
if (!isset($_SESSION['user_id'])) {
  echo '<p class="login">Please <a href="login.php">log in</a> to access this page.</p>';
  exit();
}
else {
  echo('<p class="login">You are logged in as ' . $_SESSION['username']
    . '. <a href="logout.php">Log out</a>.</p>');
}

......

  if (!empty($first_name) && !empty($last_name) && !empty($gender) && !empty($birthdate) &&
    !empty($city) && !empty($state)) {
    // Only set the picture column if there is a new picture
    if (!empty($new_picture)) {
      $query = "UPDATE mismatch_user SET first_name = '$first_name', last_name = '$last_name', " .
        "gender = '$gender', birthdate = '$birthdate', city = '$city', state = '$state', " .
        "picture = '$new_picture' WHERE user_id = '" . $_SESSION['user_id'] . "'";
    }
    else {
      $query = "UPDATE mismatch_user SET first_name = '$first_name', last_name = '$last_name', " .
        "gender = '$gender', birthdate = '$birthdate', city = '$city', state = '$state' " .
        "WHERE user_id = '" . $_SESSION['user_id'] . "'";
    }
    mysqli_query($dbc, $query);
```

尽管这里没有显示，
不过View Profile脚本
也采用与Edit Profile
完全相同的方式使
用会话。

editprofile.php

viewprofile.php

Fireside Chats

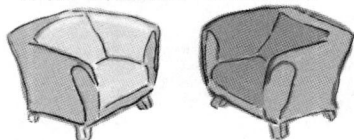

今晚话题：cookie和会话变量在一起热烈地讨论谁的记忆力最好。

cookie:

在我们cookie中间有很多人在谈论服务器上到底发生了什么。有谣传说你打算侵入我们的领地，窃取我们的数据存储工作。到底怎么回事？

会话变量

先等等，"窃取"这个词可不太好听。事实是，有时在服务器上存储数据更合理。

这对我来说可一点都不合理。浏览器非常适合存储数据，而这正是我的工作。

如果用户禁用了你呢？

嗯，那完全是另一码事。如果用户决定禁用我，那肯定说明他们根本没有存储数据的需要。

并不是这样的。用户通常并不知道Web应用在存储数据，因为在很多情况下，它们都是后台数据，比如用户名。所以如果你是不可用的，他们就无计可施了。

这么说，我想你的答案就是在服务器上存储数据了？是很合适。

完全正确。最棒的是，用户无法禁用服务器上的任何东西，所以不用担心数据是否确实能够存储。

好吧，聪明的"爱因斯坦"。既然看起来你已经把问题都解决了，为什么有时候还要用我在浏览器上存储你宝贵的ID呢？

嗯，大多数人都不知道这一点，所以没有必要谈论这个问题。我们可以私下里再讨论。重要的是，我总是做好准备在服务器上存储数据。

cookie:

拜托，说说看你有多需要我！

我知道你可以，不过事实是：你宁可不自己做。而且在你内心里确实很喜欢我。

哈，你开始吹毛求疵了。当然，我可能不能像你那样存储那么多内容，而且我得承认呆在客户端使我安全性较差。但是这可能更有意思！而且我有一些东西是你梦寐以求的。

好吧，让你引以为豪的存储空间和安全性都是有代价的…… 只能有一个很短的生命期！尽管我不想亲口告诉你，不过你要知道，你的整个存在都维系在一个浏览器会话上。我想这也正是你之所以得名的原因。

很简单。我没有与会话绑定。我只是有到期时间。所以我可以设置为有一个很长很充实的人生，远远超出一些喜欢点击的Web游客的想象，要知道，他们可能会随意打开和关闭浏览器，并认为这样很有意思。

问题在于，这些脚本编写人员通常会把我的到期日期设置得太短，以至于我并不真正体验本应有的长寿。我的意思是，我……

会话变量:

好吧好吧，我得承认有些时候我确实要稍稍依靠你来帮我跨多个页面跟踪一些信息。不过如果需要，即使没有你，我也能办到。

是这样，我和你并没有什么过节。我只是希望你能更安全一点。另外你存在规模限制。要知道，并不是所有持久数据都只有几个字节。

有吗？告诉我是什么。

你的意思是说你可以跨会话生存？这怎么可能呢？！

哇呜，经历永恒是一种什么感觉！我真希望一些粗心的脚本编写人员关闭会话时能偶尔忘记将我撤销…… 不过浏览器关闭时还是会把我删除的。

喂？你还在吗？唉，到期也太匆忙了。

运行测试

修改Mismatch，使用会话而不是cookie。

修改Mismatch脚本，使用会话而不是cookie来支持登录的持久性（或者从Head First Labs网站（www.headfirstlabs.com/books/hfphp）下载脚本）。为支持会话而需要的修改包括修改index.php、login.php、logout.php、editprofile.php和viewprofile.php脚本，主要是需要用一个session_start()函数调用开始会话，并把$_COOKIE超级全局变量引用改为使用$_SESSION。

将脚本上传到你的Web服务器，然后在一个Web浏览器中打开Mismatch主页（index.php）。尝试登录和注销，确保一切都像从前一样正常。除非你之前禁用了cookie，否则不会注意到任何差别，这一点很棒！

太好了。即使没有启用cookie也能够登录，真不错。

归功于会话，禁用了cookie的用户也可以登录并访问其个人情况简表。

如果服务器上php.ini中的PHP设置配置不当，没有cookie的情况下会话有可能无法正常工作。

Watch it!

　　禁用cookie的情况下要让会话正常工作，还需要利用另外一个机制在不同页面之间传递会话ID。这个机制需要将会话ID追加到每个页面的URL后面，如果服务器上php.ini文件中的session.use_trans_id被设置为1（true），这就会自动发生。如果你无法修改Web服务器上的这个文件，禁用cookie时就必须利用类似下面的代码手动地向会话页面的URL追加会话ID：

```
<a href="viewprofile.php?<?php echo SID; ?>">view your profile</a>
```

SID超级全局变量包含了会话ID，它通过URL传递，使View Profile页面能够知道会话。

用户感觉不受欢迎

尽管相对于cookie来说这是一个不错的小改进，但这个支持会话的新Mismatch应用并不完美。很多用户报告称尽管他们从未点击"Log Out"链接却被注销了。应用不再给人一种个性化的感觉……这可是个严重的问题。

嘿，上次检查时我们已经登录，可是突然之间我们都被注销了！到底怎么么回事？

这可不是我们希望Mismatch发送给用户的消息。

惹恼用户绝对不是好事。

用户从未点击"Log Out"链接却从Mismatch注销。

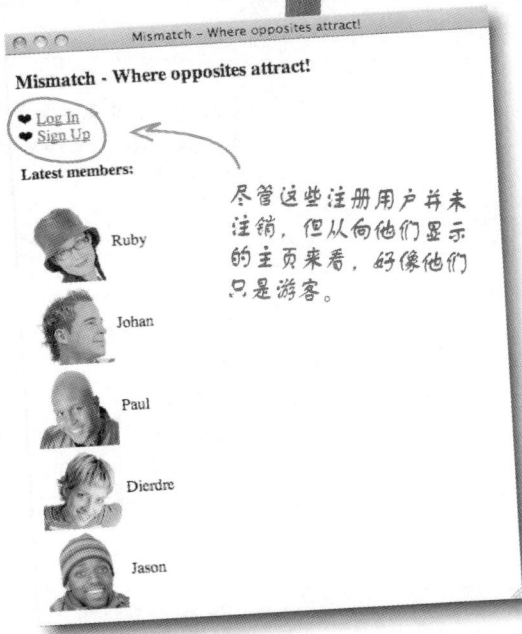

Mismatch - Where opposites attract!

♥ Log In
♥ Sign Up

Latest members:

Ruby

Johan

Paul

Dierdre

Jason

尽管这些注册用户并未注销，但从向他们显示的主页来看，好像他们只是游客。

BRAIN POWER

你认为是什么原因导致用户自动从Mismatch
注销？是不是他们无意中做了什么？

会话寿命很短……

Mismatch中的自动注销问题与会话有限的生命期有关。如果还记得，会话只能在当前浏览器实例期间保持，也就是说，用户关闭浏览器应用时就会将所有会话变量删除。换句话说，关闭浏览器会导致用户注销而不论他们是否愿意。这不仅很不方便，而且有点让人困惑，因为我们已经提供了一个注销特性。用户认为除非他们点击注销链接，否则不应注销。

不论使用会话还是*cookie*，实现持久性都要以登录作为开始。

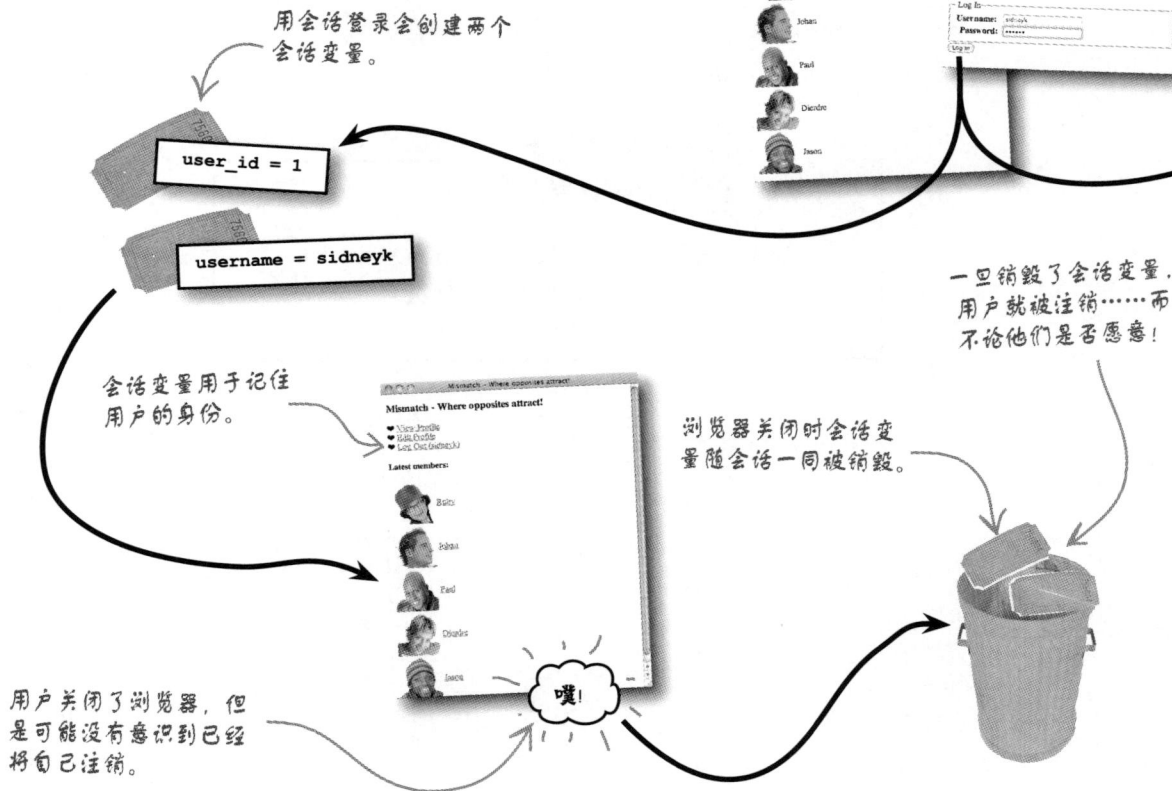

用会话登录会创建两个会话变量。

user_id = 1

username = sidneyk

会话变量用于记住用户的身份。

一旦销毁了会话变量，用户就被注销……而不论他们是否愿意！

浏览器关闭时会话变量随会话一同被销毁。

用户关闭了浏览器，但是可能没有意识到已经将自己注销。

噗！

尽管可以在使用完会话时将它撤销，但是不能把它的寿命延长到超出一个浏览器实例。所以与cookie相比，会话更应算是一个短期存储方案，因为cookie有一个到期日期，可以设置为将来的几小时、几天、几个月甚至几年。这是不是说会话要比cookie差呢？不，完全不是。不过这确实说明，如果想要跨浏览器实例记住某些信息，会话确实存在问题…… 如登录数据！

用户关闭浏览器结束一个会话时会销毁会话变量。

…… 而cookie可以永存!

也许不是永远,不过足以超越会话。

不同于会话变量,cookie的生命期并不与浏览器实例绑定,所以cookie可以永存,至少在它的到期日期到来之前。问题在于,用户能够利用一个简单的浏览器设置撤销存储在其机器上的所有cookie,所以不要对cookie的永久性太痴迷,它们最终也只是用来存储临时数据。

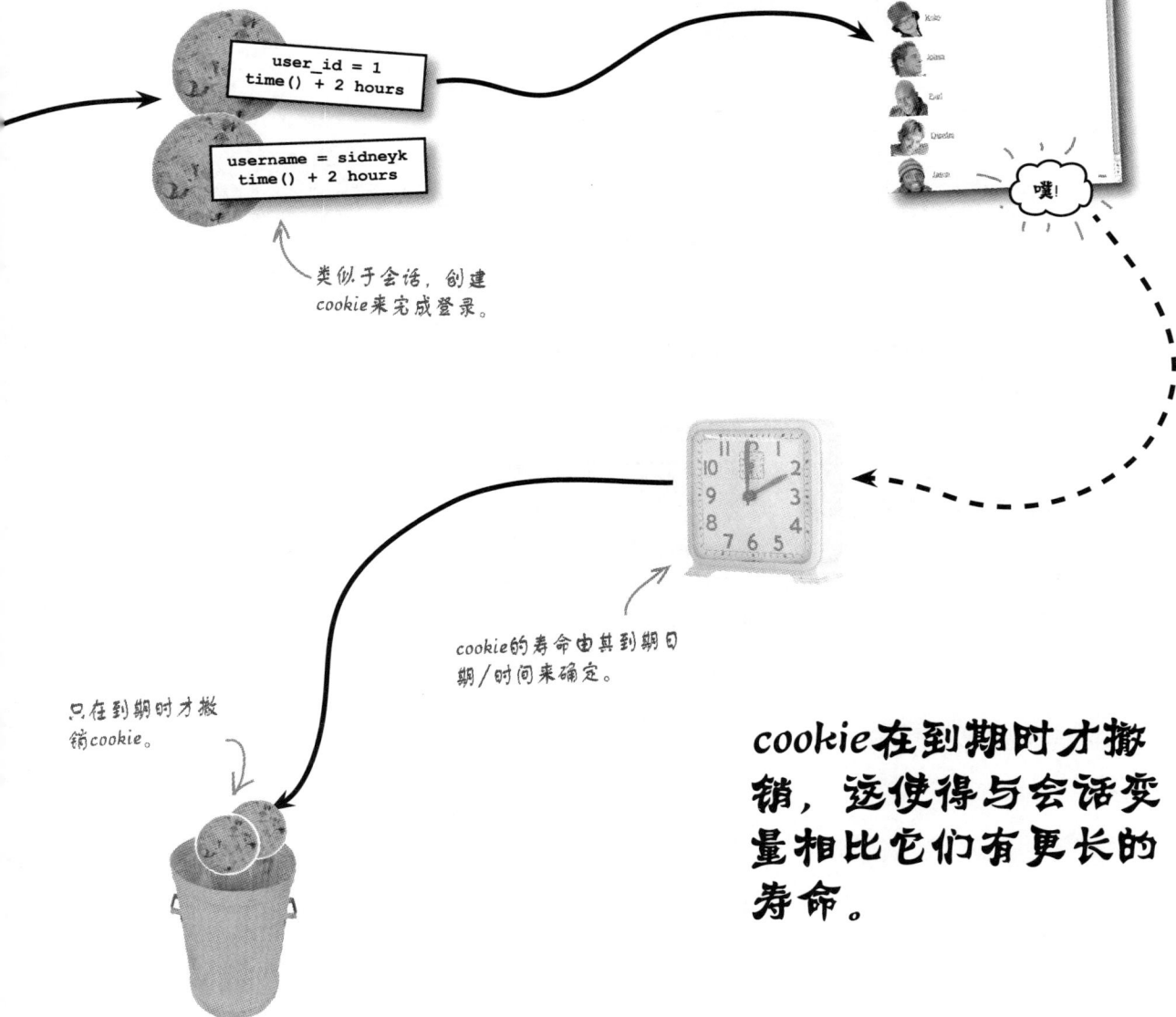

```
user_id = 1
time() + 2 hours
```

```
username = sidneyk
time() + 2 hours
```

类似于会话,创建cookie来完成登录。

嘆!

cookie的寿命由其到期日期/时间来确定。

只在到期时才撤销cookie。

cookie在到期时才撤销,这使得与会话变量相比它们有更长的寿命。

那么可不可以同时使用会话和cookie，
让cookie帮助用户保持更长时间的登录？
这对于启用了cookie的用户是可行的。

只要不是在处理高度机密的数据，这是可以的。
在确实需要高度安全的情况下，cookie安全性较弱
这一限制会要求使用会话。

**对，完全可以充分利用会话和cookie的优势让Mismatch
登录更为灵活。**

事实上，这样做会相当方便。会话更适合短期持久性，因
为它们得到更广泛的支持，而且不受浏览器的限制，而
cookie允许将登录数据记住更长时间。当然，并不是所有
人都能受益于这种利用cookie的改进，不过确实相当多的
人都认为这是有意义的。只要能让用户群体中很大一部分
用户的体验改善，而不影响其他用户，这就是成功。

会话 + cookie = 更优秀的登录持久性

为了实现最终的登录持久性，必须更有创造性，将本章学到的所有内容结合起来，充分利用会话和cookie二者的优点。为此，可以重构Mismatch应用，同时提供短期和长期的用户登录持久性。

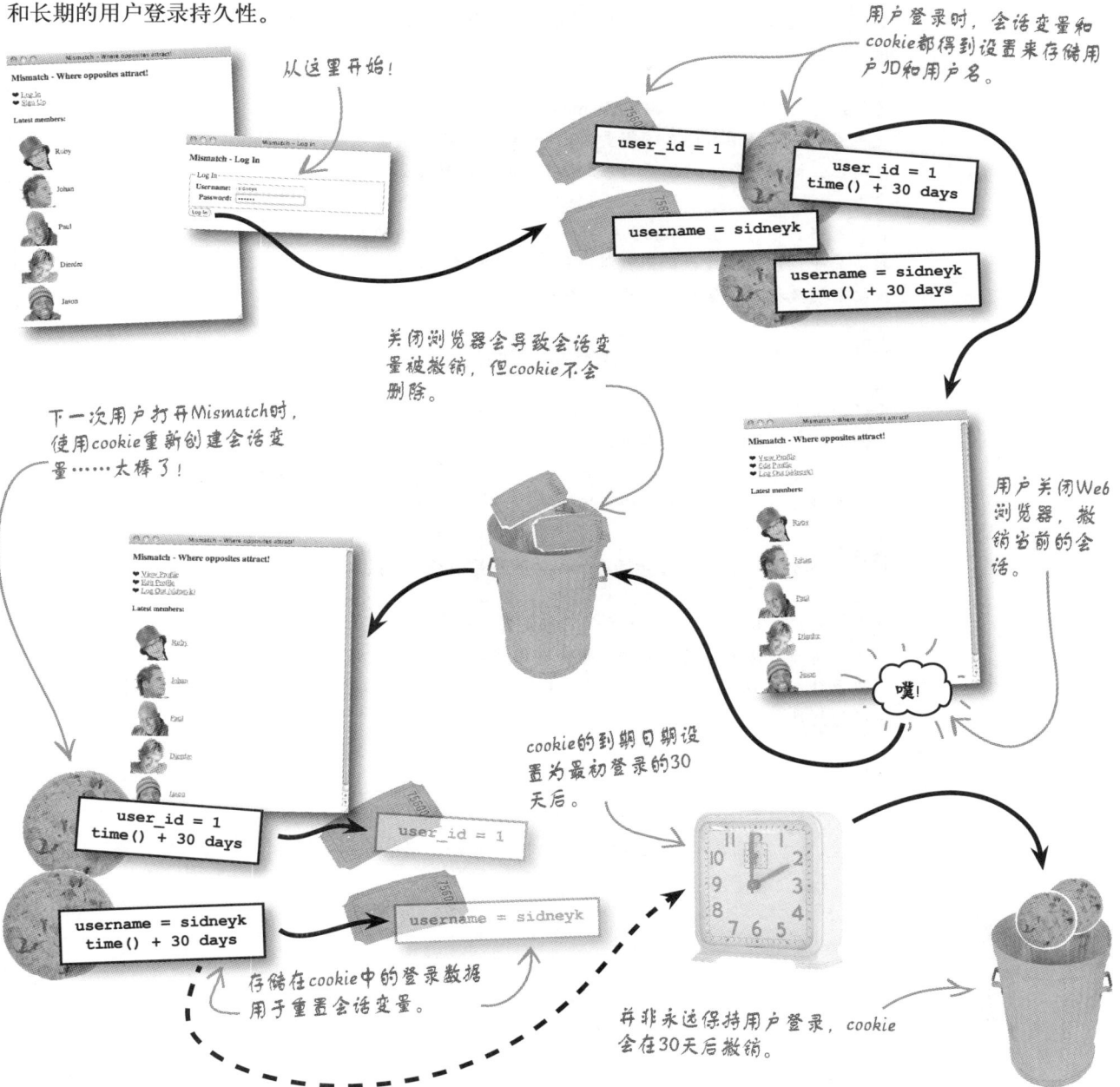

用户登录时，会话变量和cookie都得到设置来存储用户ID和用户名。

从这里开始！

user_id = 1

user_id = 1
time() + 30 days

username = sidneyk

username = sidneyk
time() + 30 days

关闭浏览器会导致会话变量被撤销，但cookie不会删除。

下一次用户打开Mismatch时，使用cookie重新创建会话变量……太棒了！

用户关闭Web浏览器，撤销当前的会话。

嗲！

user_id = 1
time() + 30 days

user_id = 1

username = sidneyk
time() + 30 days

username = sidneyk

cookie的到期日期设置为最初登录的30天后。

存储在cookie中的登录数据用于重置会话变量。

并非永远保持用户登录，cookie会在30天后撤销。

there are no
Dumb Questions

问: 那么这种短期和长期持久性是在会话和cookie之间做出选择的原因吗?

答: 不。这只是有助于指导Mismatch应用设计的策略,每个应用都是不同的,而且通常还必须衡量会话和cookie的很多其他方面。例如,存储在会话中的数据就比存储在cookie中的数据更为安全。所以即使启用了cookie而且使用了一个cookie来跟踪会话ID,会话中存储的具体数据也比直接存储在cookie中更加安全。原因在于,会话数据存储在服务器上,所以未授权的用户很难访问这些数据。因此要处理必须保证安全的数据,会话则比cookie更胜一筹。

问: 那么数据的大小呢? 这有什么影响吗?

答: 是的。数据的大小也很重要。与cookie相比,会话能够存储更大的数据,所以如果所需存储的数据不只是一些简单的文本串,则倾向于使用会话,这也是选择会话的另一个原因。当然,MySQL数据库对于存储大数据更为擅长,所以不要无节制地使用会话。

问: 那么为什么要选择会话或cookie而不是MySQL数据库呢?

答: 为了方便。在数据库中存储数据更费功夫,而且不要忘记,数据库最适合存储永久性的数据。登录数据其实并不是永久性的。正因如此才引入了cookie和会话,它们更适合存储需要记住一段时间然后丢掉的数据。

PHP磁贴 Mismatch应用已经得到重新设计，同时使用会话和cookie来实现最终的用户登录持久性。问题在于，这里缺少一些代码。请使用会话和cookie磁贴填入所缺少的代码。

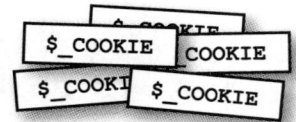

```php
......
if (mysqli_num_rows($data) == 1) {
  // The log-in is OK so set the user ID and username session vars (and cookies),
  // and redirect to the home page
  $row = mysqli_fetch_array($data);

  .................... ['user_id'] = $row['user_id'];
  .................... ['username'] = $row['username'];

  setcookie('user_id', $row['user_id'], time() + (60 * 60 * 24 * 30));   // expires in 30 days
  setcookie('username', $row['username'], time() + (60 * 60 * 24 * 30)); // expires in 30 days
  $home_url = 'http://' . $_SERVER['HTTP_HOST'] . dirname($_SERVER['PHP_SELF']) . '/index.php';
  header('Location: ' . $home_url);
}
......
```

login.php

```php
<?php
  // If the user is logged in, delete the session vars to log them out
  session_start();

  if (isset(.................... ['user_id'])) {

    // Delete the session vars by clearing the $_SESSION array

    .................... = array();

    // Delete the session cookie by setting its expiration to an hour ago (3600)

    if (isset(.................... [session_name()])) {

      setcookie(session_name(), '', time() - 3600);
    }

    // Destroy the session
    session_destroy();
  }

  // Delete the user ID and username cookies by setting their expirations to an hour ago (3600)
  setcookie('user_id', '', time() - 3600);
  setcookie('username', '', time() - 3600);
  ......
```

logout.php

```php
  <?php
    session_start();

    // If the session vars aren't set, try to set them with a cookie

    if (!isset(.................... ['user_id'])) {
      if (isset(.................... ['user_id']) && isset(.................... ['username'])) {
        .................... ['user_id'] = .................... ['user_id'];
        .................... ['username'] = .................... ['username'];
      }
    }
  ?>
  ......
```

index.php

位置 ▸ **411**

PHP磁贴答案

Mismatch应用已经得到重新设计，同时使用会话和cookie来实现最终的用户登录持久性。问题在于，这里缺少一些代码。请使用会话和cookie磁贴填入所缺少的代码。

```php
......
if (mysqli_num_rows($data) == 1) {
  // The log-in is OK so set the user ID and username session vars (and cookies),
  // and redirect to the home page
  $row = mysqli_fetch_array($data);

  $_SESSION ['user_id'] = $row['user_id'];

  $_SESSION ['username'] = $row['username'];

  setcookie('user_id', $row['user_id'], time() + (60 * 60 * 24 * 30));   // expires in 30 days
  setcookie('username', $row['username'], time() + (60 * 60 * 24 * 30)); // expires in 30 days
  $home_url = 'http://' . $_SERVER['HTTP_HOST'] . dirname($_SERVER['PHP_SELF']) . '/index.php';
  header('Location: ' . $home_url);
}
......
```

除了会话变量还设置了新的cookie。

login.php

```php
<?php
  // If the user is logged in, delete the session vars to log them out
  session_start();

  if (isset( $_SESSION ['user_id'])) {

    // Delete the session vars by clearing the $_SESSION array

    $_SESSION = array();

    // Delete the session cookie by setting its expiration to an hour ago (3600)

    if (isset( $_COOKIE [session_name()])) {

      setcookie(session_name(), '', time() - 3600);
    }

    // Destroy the session
    session_destroy();
  }

  // Delete the user ID and username cookies by setting their expirations to an hour ago (3600)
  setcookie('user_id', '', time() - 3600);
  setcookie('username', '', time() - 3600);
  ......
```

注销时现在需要同时删除会话cookie和新的登录cookie。

logout.php

```php
<?php
  session_start();

  // If the session vars aren't set, try to set them with a cookie

  if (!isset( $_SESSION ['user_id'])) {

    if (isset( $_COOKIE ['user_id']) && isset( $_COOKIE ['username'])) {

      $_SESSION ['user_id'] = $_COOKIE ['user_id'];

      $_SESSION ['username'] = $_COOKIE ['username'];
    }
  }
?>
......
```

如果用户没有通过会话来登录，查看是否设置了cookie。

editprofile.php和viewprofile.php也必须有同样的cookie/会话代码。

使用cookie设置会话变量。

index.ph

运行测试

修改Mismatch，同时使用会话和cookie。

修改Mismatch脚本，同时使用会话和cookie来支持登录的持久性（或者从Head First Labs网站（www.headfirstlabs.com/books/hfphp）下载脚本）。这要求修改index.php、login.php、logout.php、editprofile.php和viewprofile.php脚本。

将脚本上传到你的Web服务器，然后在一个Web浏览器中打开Mismatch主页（index.php）。尝试登录然后关闭Web浏览器，这会导致会话变量被撤销。重新打开主页，查看是否仍处于登录状态，cookie会保证这一点，因为它们可以超越一个浏览器会话持久存储。

> 太棒了！不论我们是否关闭了浏览器，Mismatch现在都能记得我们。

> 将cookie与会话结合，这样除了会话本身提供的卓越的短期持久性外，还可以增加长期持久性。

大多数用户都很兴奋，因为可以结合会话和cookie更好地记住他们。

> 噢，我猜你肯定不能面面俱到。

在cookie的帮助下让会话有更佳的表现，这当然很好，但这并不能帮助那些禁用了cookie的用户……你能做的仅此而已。

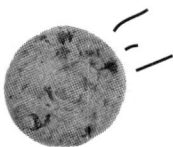

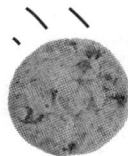

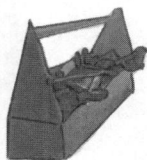

第7章

你的PHP & MySQL工具箱

你已经对构建Mismatch应用中的用户管理系统
部分这一新领域有了相当的了解。下面来回顾其
中一些重点。

SHA (值)

这个MySQL函数对一段文本加密,
得到一个包含40个十六进制字符
的串。这个函数提供了一个很好
的方法,可以对数据库中需要保
证不可识别的数据进行加密。不
过,这是一种单向加密,也就是
说,没有相应的"解密"函数。

setcookie()

这个内置PHP函数用来在浏览器
中设置一个cookie,包含一个可
选的到期日期,达到这个到期
日期后该cookie会被撤销。如果
没有提供到期时间,cookie会在
浏览器关闭时删除。

$_COOKIE

这个内置PHP超级全局变量用
来访问cookie数据。这是一个
数组,每个cookie存储为数组
中的一个元素。所以访问一个
cookie值需要指定cookie名作为
数组索引。

session_destroy()

这个内置PHP函数关闭一个会
话,处理完一个特定会话时必
须调用这个函数。不过,这个
函数不会撤销会话变量,所以
需要通过清空$_SESSION超级
全局变量手工地完成清理,这
很重要。

session_start()

这个内置PHP函数开始一个新会
话,或者重新开始一个已有的
会话。必须在访问会话变量之
前调用这个函数。

$_SESSION

这个内置PHP超级全局变量用于
访问会话数据。这是一个数组,
每个会话变量存储为数组中的
一个元素。所以访问一个会话
变量的值需要指定变量名作为
数组索引。

WHO DOES WHAT?

这里取出了Mismatch应用中的一些代码，我们记不清它们是做什么用的。请画线将各段代码与其作用相连接。

PHP/MySQL代码	描述

`empty($_COOKIE['user_id'])`

使用一个会话变量来确定用户是否已经登录。

`setcookie(session_name(), '', time() - 3600);`

使用一个cookie来确定用户是否已经登录。

`SHA('$user_password')`

通过设置到期日期为过去的1个小时，将会话cookie删除。

`session_destroy()`

将用户的口令加密为一种不可识别的格式。

`setcookie('user_id', $row['user_id'])`

将用户的唯一ID存储在一个cookie中。

`$_SESSION = array()`

开始一个新会话。

`session_start()`

关闭当前会话。

`isset($_SESSION['user_id'])`

撤销所有会话变量。

WHO DOES WHAT?

这里取出了Mismatch应用中的一些代码，我们记不清它们是做什么用的。请画线将各段代码与其作用相连接。

PHP/MySQL代码   **描述**

`empty($_COOKIE['user_id'])` ———————————————— 使用一个会话变量来确定用户是否已经登录。

使用一个cookie来确定用户是否已经登录。

`setcookie(session_name(), '', time() - 3600);`

通过设置到期日期为过去的1个小时，将会话cookie删除。

`SHA('$user_password')` ————————————————

`session_destroy()` ———————————————— 将用户的口令加密为一种不可识别的格式。

`setcookie('user_id', $row['user_id'])` ———————————————— 将用户的唯一ID存储在一个cookie中。

`$_SESSION = array()` ———————————————— 开始一个新会话。

`session_start()` ———————————————— 关闭当前会话。

`isset($_SESSION['user_id'])` ———————————————— 撤销所有会话变量。

7 ½ 消除重复代码

分享就是关爱

很简单，亲爱的。分享一把伞，我们就没有必要拿两把伞，而且都不会淋着雨……另外你还有机会找着个帅小伙。

确实又帅又聪明！你的分享伞的理论简直太高明了。

并不只是伞能分享。 在任何Web应用中，你都会遇到这样的情况，即相同的代码重复出现在多个地方。这样不仅很浪费，而且会导致维护困难，因为你肯定会修改代码，这就必须在多个位置上都做此修改。解决方案就是通过共享来消除重复代码。换句话说，把重复代码放在一个位置上，然后在需要它的地方直接引用这个唯一的副本就可以了。消除重复代码会使应用更高效，更易于维护，并且最终更为健壮。

Exercise

Mismatch应用在你最后一次见过之后又有所发展，有了改进的导航和更为一致的外观。不过这些改进是有代价的……现在出现了重复代码。查看以下这些页面，看看你能找出Mismatch的哪些部分可能存在重复代码问题。圈出这些部分，并做出注解，另外写出还有哪些不可见的部分也可能存在代码重复问题。

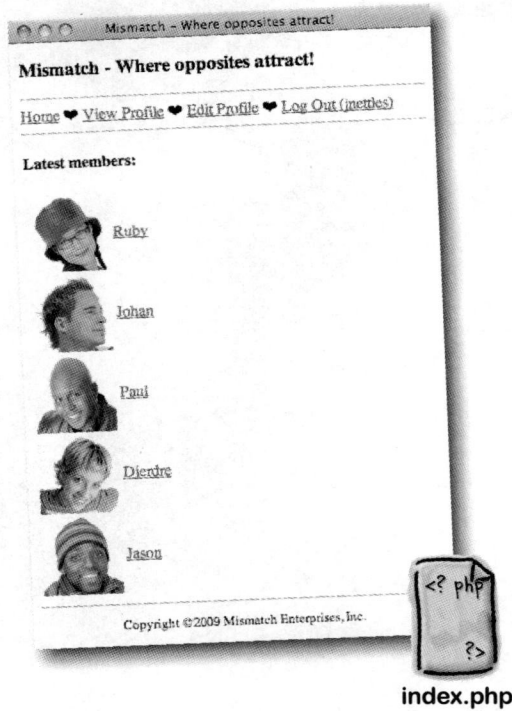

Mismatch - Where opposites attract!

Home ❤ View Profile ❤ Edit Profile ❤ Log Out (jnettles)

Latest members:

Ruby

Johan

Paul

Djerdre

Jason

Copyright ©2009 Mismatch Enterprises, Inc.

index.php

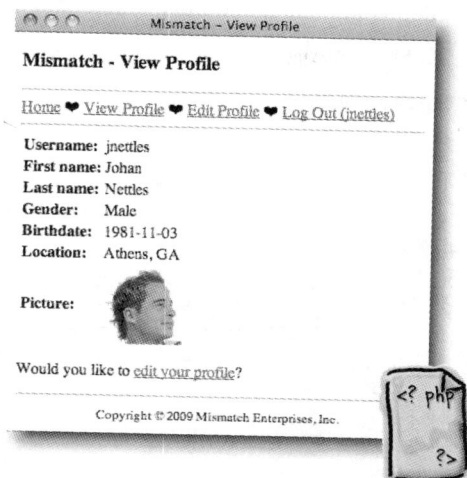

viewprofile.php

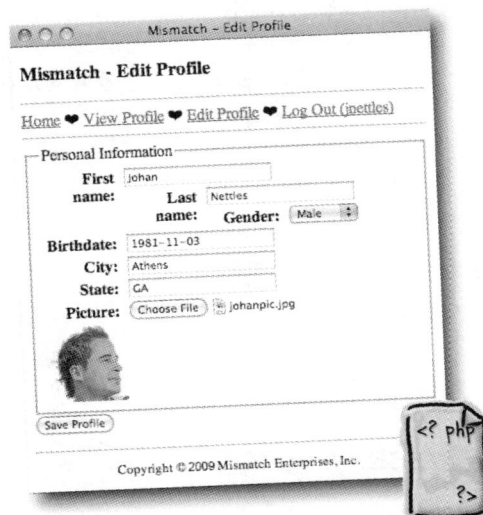

editprofile.php

Exercise Solution

Mismatch应用在你最后一次见过之后又有所发展，有了改进的导航和更为一致的外观。不过这些改进是有代价的……现在出现了重复代码。查看以下这些页面，看看你能找出Mismatch的哪些部分可能存在重复代码问题。圈出这些部分，并做出注解，另外写出还有哪些不可见的部分也可能存在代码重复问题。

Mismatch - Where opposites attract!

Home ♥ View Profile ♥ Edit Profile ♥ Log Out (jnettles)

Latest members:

Ruby

Johan

Paul

Diedre

Jason

Copyright ©2009 Mismatch Enterprises, Inc.

index.php

"Mismatch"标题在每个页面上都出现，只是详细标题随页面各有不同。

Mismatch - View Profile

Home ♥ View Profile ♥ Edit Profile ♥ Log Out (jnettles)

Username: jnettles
First name: Johan
Last name: Nettles
Gender: Male
Birthdate: 1981-11-03
Location: Athens, GA

Picture:

Would you like to *edit your profile*?

Copyright ©2009 Mismatch Enterprises, Inc.

viewprofile.php

导航菜单在所有这3个页面上都完全一样。

所有页面中包含应用版权信息的页脚都是一样的。

```php
<?php
  session_start();

  // If the session vars aren't set, try to set them with a cookie
  if (!isset($_SESSION['user_id'])) {
    if (isset($_COOKIE['user_id']) && isset($_COOKIE['username'])) {
      $_SESSION['user_id'] = $_COOKIE['user_id'];
      $_SESSION['username'] = $_COOKIE['username'];
    }
  }
?>
```

所有依赖于用户登录的页面都需要完全相同的会话启动和登录检查代码。

Mismatch - Edit Profile

Home ♥ View Profile ♥ Edit Profile ♥ Log Out (jnettles)

Personal Information
First name: Johan   Last name: Nettles   Gender: Male
Birthdate: 1981-11-03
City: Athens
State: GA
Picture: Choose File johanpic.jpg

Save Profile

Copyright © 2009 Mismatch Enterprises, Inc.

editprofile.php

Mismatch分解

所以Mismatch应用有一些共同的元素，目前重复出现在主脚本文件中。为什么这很成问题？因为这会使应用很难维护。如果你决定增加一个新页面，它需要一个新的菜单项，会怎么样呢？你必须对每一个脚本文件的菜单代码做出修改，显示这个新的菜单项。版本声明也同样存在这个问题。

这个问题的解决方案是将所有信息只存储一次。如果这个代码需要修改，那么只需在一处修改。认识到这一点，就可以按照可重用脚本组件的思路来重新考虑Mismatch的组织。

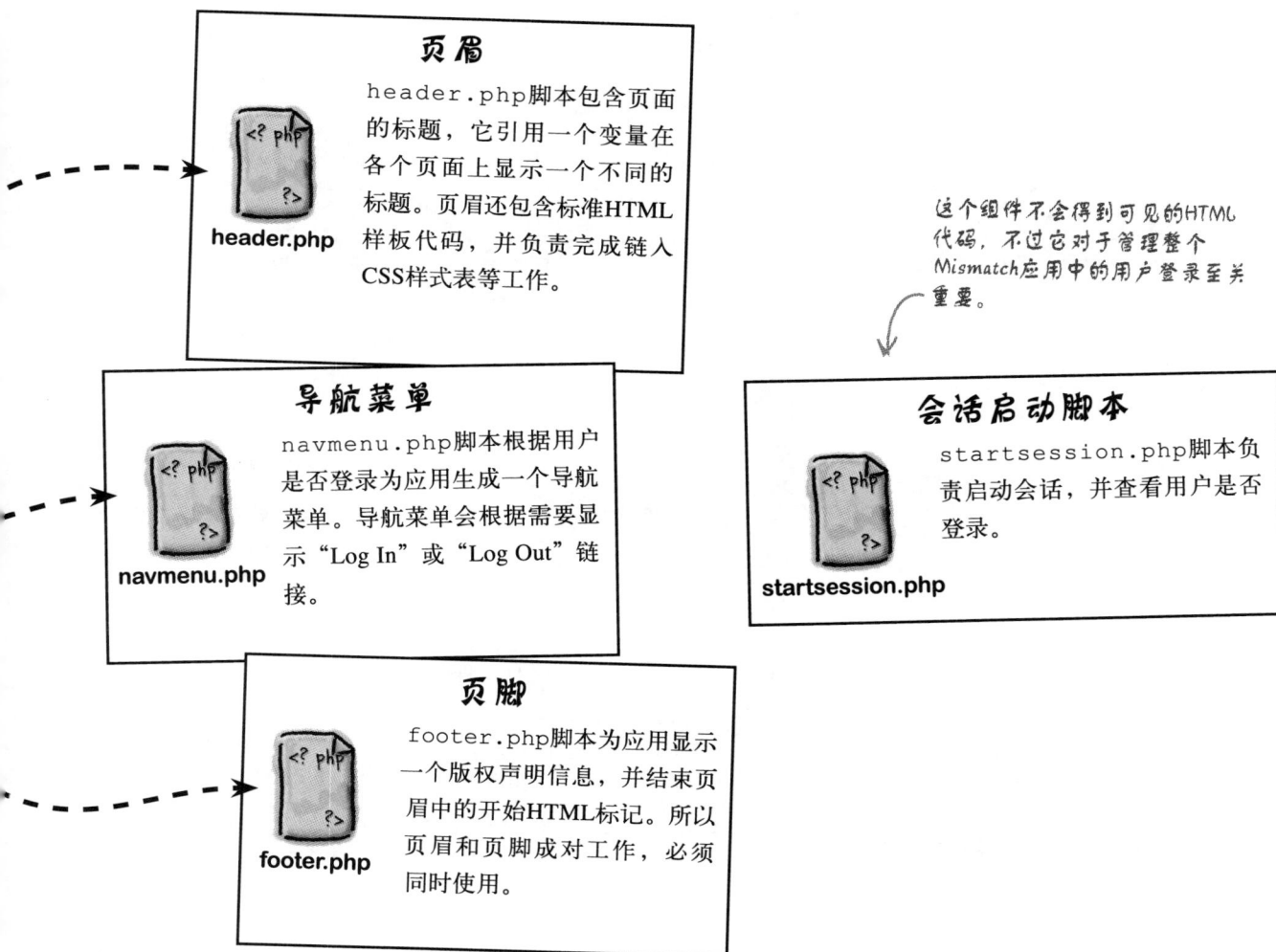

页眉

header.php脚本包含页面的标题，它引用一个变量在各个页面上显示一个不同的标题。页眉还包含标准HTML样板代码，并负责完成链入CSS样式表等工作。

header.php

这个组件不会得到可见的HTML代码，不过它对于管理整个Mismatch应用中的用户登录至关重要。

导航菜单

navmenu.php脚本根据用户是否登录为应用生成一个导航菜单。导航菜单会根据需要显示"Log In"或"Log Out"链接。

navmenu.php

会话启动脚本

startsession.php脚本负责启动会话，并查看用户是否登录。

startsession.php

页脚

footer.php脚本为应用显示一个版权声明信息，并结束页眉中的开始HTML标记。所以页眉和页脚成对工作，必须同时使用。

footer.php

由模板重构Mismatch

好了，我们已经把Mismatch分解为多个脚本，不过如何把它们集成在一起呢？你已经很熟悉包含文件是如何工作的，这正是解决方案的一部分。不过你要考虑的不仅仅是包含文件……还必须从模板的角度来考虑，基于模板，可以将一个页面构建为多个包含文件的组合。模板就像是应用中一个页面的蓝图，除了该页面独有的部分外，所有其他内容都来自包含文件。

模板版本的Mismatch需要将公共代码划分到各自的脚本中，它们分别有一个非常特定的作用，有些会负责生成可视化HTML代码，有些则不可见。其思想是尽可能地将公共功能提取到模板包含文件中，然后在各个应用页面中只保留该页面独有的代码。

基于模板，可以利用可重用的脚本组件构建PHP应用。

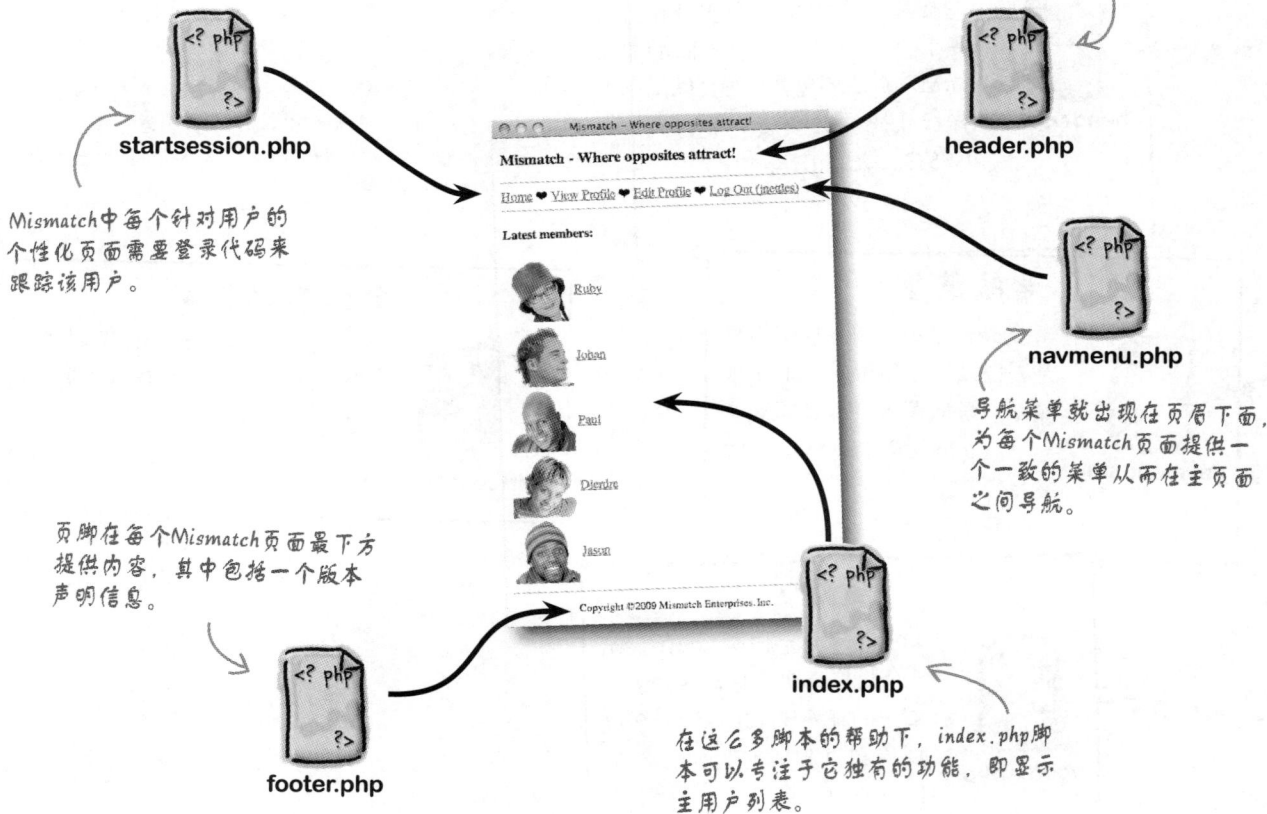

startsession.php

Mismatch中每个针对用户的个性化页面需要登录代码来跟踪该用户。

页眉出现在每个Mismatch页面的最上方，显示应用标题以及页面特定的标题。

header.php

navmenu.php

导航菜单就出现在页眉下面，为每个Mismatch页面提供一个一致的菜单从而在主页面之间导航。

页脚在每个Mismatch页面最下方提供内容，其中包括一个版本声明信息。

footer.php

index.php

在这么多脚本的帮助下，index.php脚本可以专注于它独有的功能，即显示主用户列表。

Mismatch - Where opposites attract!

Mismatch - Where opposites attract!

Home ♥ View Profile ♥ Edit Profile ♥ Log Out (neetles)

Latest members:

Ruby

Johan

Paul

Dierdre

Jason

Copyright ©2009 Mismatch Enterprises, Inc.

there are no
Dumb Questions

问： 模板到底是什么？难道不就是一堆包含文件吗？

答： 是的。模板确实是一个包含文件集合，不过这是一个精心设计的集合，可以将一个应用分解为多个功能组件。其目标是将一个页面缩减为该页面（而且仅该页面）真正独有的内容。所以页眉、页脚、导航菜单以及多个页面上相同或相似的其他应用部分都最好包含在一个应用模板中。最终结果是，可以将模板代码放在PHP包含文件中，再由需要它们的其他脚本引用。

可以把模板认为是一组包含文件，它们不只是减少重复代码，实际上它们确实非常有助于组织一个应用的功能。Mismatch是一个展示如何利用模板的相当简单的例子，较大、较为复杂的PHP应用通常会使用非常复杂的模板系统。

问： 模板代码必须完全相同才能在多个脚本间共享，不是吗？

答： 并非如此。模板代码只是相似而并非完全相同也是可以接受的。原因在于，模板应用到不同页面时，可以使用变量来支持某种程度的定制。Mismatch中的页面标题就是一个很好的例子。页眉模板在每个页面中是相似的，其标题总是以"Mismatch - "开头。不过具体的标题不同，正因如此需要一个变量来提供一个途径对不同页面的标题稍做改变。

利用模板重构Mismatch

将应用分解为模板脚本的设计工作尽管很费劲，但通常都很值得。最后你会得到一组目标明确的小脚本，另外主应用脚本文件将依赖于这些模板脚本，其中的代码会得到显著简化。

尝试用cookie重置会话变量（如果尚未设置）。

启动会话。

```php
<?php
  session_start();

  // If the session vars aren't set, try to set them with a cookie
  if (!isset($_SESSION['user_id'])) {
    if (isset($_COOKIE['user_id']) && isset($_COOKIE['username'])) {
      $_SESSION['user_id'] = $_COOKIE['user_id'];
      $_SESSION['username'] = $_COOKIE['username'];
    }
  }
?>
```

startsession.php

链入应用CSS样式表。

用一个DOCTYPE和一个 <html>标记开始正式的HTML代码。

使用$page_title变量建立一个定制页面标题，这是由包含此文件的脚本提供的。

```php
<!DOCTYPE html PUBLIC "-//W3C//DTD XHTML 1.0 Transitional//EN"
  "http://www.w3.org/TR/xhtml1/DTD/xhtml1-transitional.dtd">
<html xmlns="http://www.w3.org/1999/xhtml" xml:lang="en" lang="en">
<head>
  <meta http-equiv="Content-Type" content="text/html; charset=utf-8" />
<?php
  echo '<title>Mismatch - ' . $page_title . '</title>';
?>

  <link rel="stylesheet" type="text/css" href="style.css" />
</head>
<body>

<?php
  echo '<h3>Mismatch - ' . $page_title . '</h3>';
?>
```

header.php

```php
<?php
  // Generate the navigation menu
  echo '<hr />';
  if (isset($_SESSION['username'])) {
    echo '<a href="index.php">Home</a> &#10084; ';
    echo '<a href="viewprofile.php">View Profile</a> &#10084; ';
    echo '<a href="editprofile.php">Edit Profile</a> &#10084; ';
    echo '<a href="logout.php">Log Out (' . $_SESSION['username'] . ')</a>';
  }
  else {
    echo '<a href="login.php">Log In</a> &#10084; ';
    echo '<a href="signup.php">Sign Up</a>';
  }
  echo '<hr />';
?>
```

navmenu.php

查看用户是否登录，然后生成适当的导航菜单。

显示一个版权声明信息，并结束HTML代码。

```php
  <hr />
  <p class="footer">Copyright &copy;2008 Mismatch Enterprises, Inc.</p>
</body>
</html>
```

footer.php

startsession.php脚本必须最先包含,
这样才能启动会话,使脚本的其余部
分可以访问会话数据。

$page_title变量确定了页眉
中所显示页面的标题。

```php
<?php
  // Start the session
  require_once('startsession.php');

  // Insert the page header
  $page_title = 'Where opposites attract!';
  require_once('header.php');

  require_once('appvars.php');
  require_once('connectvars.php');

  // Show the navigation menu
  require_once('navmenu.php');

  // Connect to the database
  $dbc = mysqli_connect(DB_HOST, DB_USER, DB_PASSWORD, DB_NAME);

  // Retrieve the user data from MySQL
  $query = "SELECT user_id, first_name, picture FROM mismatch_user WHERE first_name IS NOT NULL " .
    "ORDER BY join_date DESC LIMIT 5";
  $data = mysqli_query($dbc, $query);

  // Loop through the array of user data, formatting it as HTML
  echo '<h4>Latest members:</h4>';
  echo '<table>';
  while ($row = mysqli_fetch_array($data)) {
   if (is_file(MM_UPLOADPATH . $row['picture']) && filesize(MM_UPLOADPATH . $row['picture']) > 0) {
    echo '<tr><td><img src="' . MM_UPLOADPATH . $row['picture'] . '" alt="' . $row['first_name'] .
     '" /></td>';
   }
   else {
    echo '<tr><td><img src="' . MM_UPLOADPATH . 'nopic.jpg' . '" alt="' . $row['first_name'] .
     '" /></td>';
   }
   if (isset($_SESSION['user_id'])) {
    echo '<td><a href="viewprofile.php?user_id=' . $row['user_id'] . '">' . $row['first_name'] .
     '</a></td></tr>';
   }
   else {
    echo '<td>' . $row['first_name'] . '</td></tr>';
   }
  }
  echo '</table>';

  mysqli_close($dbc);
?>

<?php
  // Insert the page footer
  require_once('footer.php');
?>
```

连接变量和应用变量仍像
从前一样从各自的脚本文件
包含。

导航菜单在页眉后面生成,不过出
现在页面主体前面。

现在非模板代码确实是该页面
独有的内容,所以大为精简。

页脚结束页面,必须最后出现,
因为它要结束HTML标记。

index.php

Mismatch再次集成……而且组织更有条理得多

把Mismatch应用分解为多个小部分的想法可能很费功夫，不过从最终结果来看，这种努力绝对是值得的。应用现在分布在多个新的模板文件（包含文件）中，这就提供了更好的组织性，而且可以尽可能地实现脚本代码的共享。如果需要修改其中某一部分，只需修改一个文件，其效应会传播到整个应用…… 这正是模板的威力！

会话启动代码用于所有需要用户登录的页面。

startsession.php 脚本处理后台的登录任务，它在页面上并不可见。

startsession.php

导航菜单提供了指向应用主要部分的方便的链接。

navmenu.php

页眉包含样板HTML代码和页面标题。

header.php

页脚包含整个应用的版权信息…… 如果需要改变版权声明，只需在一处修改。

footer.php

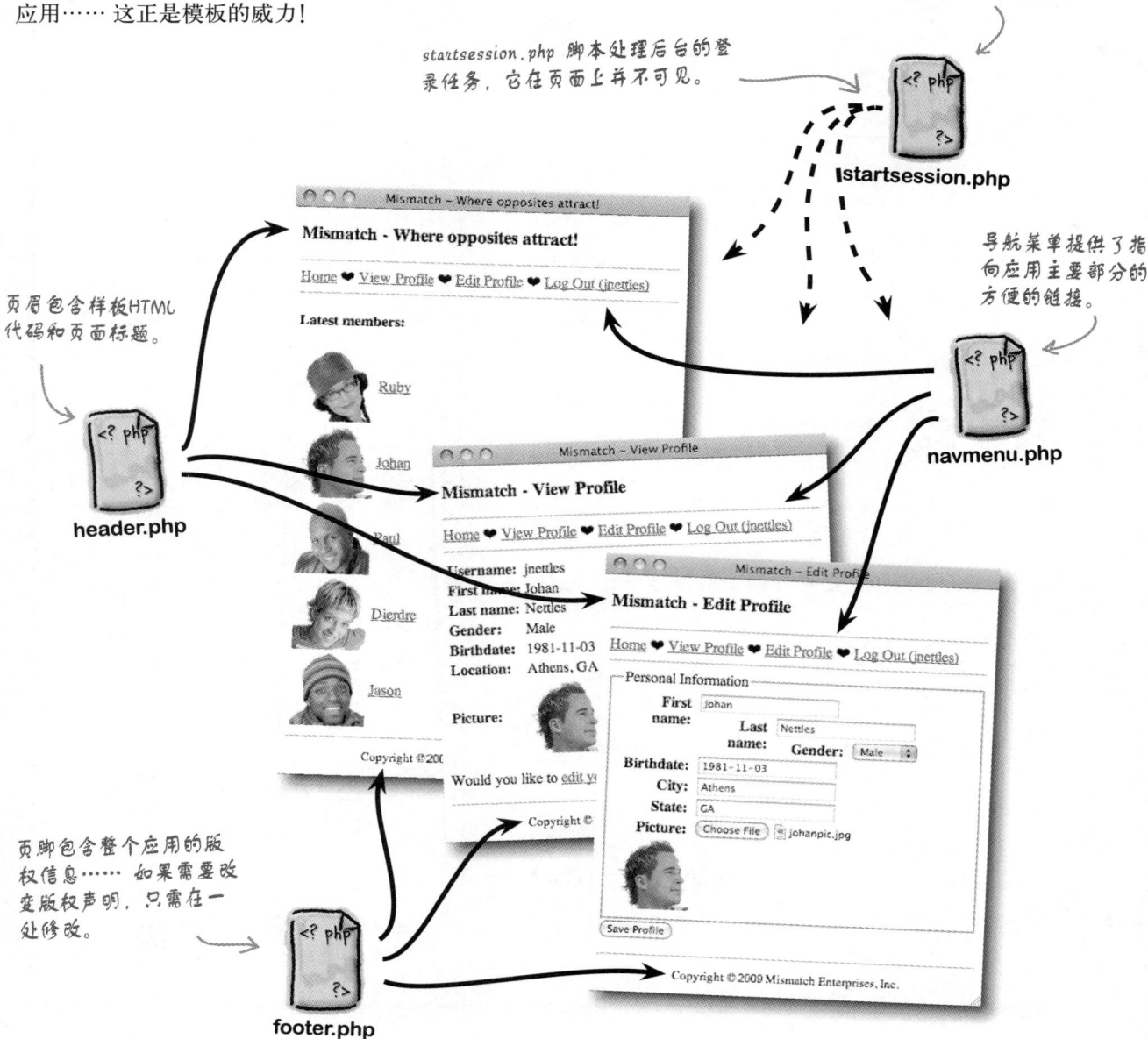

Mismatch – Where opposites attract!

Mismatch - Where opposites attract!

Home ❤ View Profile ❤ Edit Profile ❤ Log Out (jnettles)

Latest members:

Ruby

Johan

Paul

Dierdre

Jason

Copyright ©200

Mismatch – View Profile

Mismatch - View Profile

Home ❤ View Profile ❤ Edit Profile ❤ Log Out (jnettles)

Username: jnettles
First name: Johan
Last name: Nettles
Gender: Male
Birthdate: 1981-11-03
Location: Athens, GA

Picture:

Would you like to edit yo

Copyright ©

Mismatch – Edit Profile

Mismatch - Edit Profile

Home ❤ View Profile ❤ Edit Profile ❤ Log Out (jnettles)

┌─Personal Information─────
First name: Johan
Last name: Nettles
Gender: Male
Birthdate: 1981-11-03
City: Athens
State: GA
Picture: Choose File johanpic.jpg

Save Profile

Copyright © 2009 Mismatch Enterprises, Inc.

8 控制你的数据，世界在你手中

收获数据

> 在我看来，这些都只是数据管理。首先我要把豆子分类，然后选一些土豆，再加上一点西芹和一些玉米粒……还没等你回过神来，一道香喷喷的炖菜就已经呈上面前！

没有什么能够比得上一次完美的数据秋收。已经准备好丰富的信息，可以供你检查、分类、比较和合并，一般来讲可以做你的一流Web应用需要完成的任何工作。是不是很满足？不错。不过就像真正的秋收一样，控制一个MySQL数据库中的数据也需要一些艰苦的工作，还要有相当的经验。Web用户想要的绝不只是让人毫无兴趣、枯燥乏味的陈旧数据。用户们希望得到有丰富内涵……能完成任务……真正重要的数据。那么你还等什么呢？开动你的MySQL收割机，开始工作吧！

建立完美的互补配对

Mismatch应用的注册用户数据库在不断增长，不过用户们想要看到一些结果。我们需要允许用户将自己的好恶事项与其他用户的情况相比较，寻找互补配对来找到他们理想的另一半。两个人每增加一组互补的好恶事项，他们就更有希望是完美的互补配对。

Sidney还没有找到她的白马王子，不过她有一个直觉，认为那个人讨厌真人秀的程度与她喜欢真人秀的程度相当。

我真的很讨厌恐怖片。还有Spam午餐肉，真恶心！不过我确实很喜欢Barbara Streisand，另外什么也比不上一次美妙的远足……

没有什么能比得上一个完美的Spam三明治那么让人舒坦。只要Barbara Streisand不要出现在电视远足节目里！

记住Johan，这是一个孤独的单身汉，非常喜欢举重，在寻觅有谁会同样程度地讨厌举重。

讨厌 纹身
喜欢 牛仔靴
喜欢 真人秀
讨厌 恐怖片
讨厌 Spam午餐肉
喜欢 辣味食品
讨厌 Howard Stern
喜欢 Barbara Streisand
讨厌 举重
喜欢 远足

喜欢 纹身
喜欢 牛仔靴
讨厌 真人秀
喜欢 恐怖片
喜欢 Spam午餐肉
喜欢 辣味食品
喜欢 Howard Stern
讨厌 Barbara Streisand
喜欢 举重
讨厌 远足

Sidney的好恶表与Johan形成鲜明对比，使得这两个人很可能互补配对。

互补配对的关键是数据

为了在用户之间建立互补配对，首先必须明确如何组织数据来维护用户的好恶事项。知道这些数据将存储在一个MySQL数据库中还不够。我们需要适当地组织这些好/恶主题，从而更可管理，使用户能够对相关的主题做出响应，指出他们喜欢还是讨厌各个主题。

将类似的主题归组在一起，如与外貌有关的主题。

外貌
- 纹身 ♥
- 牛仔靴 ♥

娱乐
- 真人秀 🚫
- 恐怖片 ♥

每个主题都有一个好/恶响应，可以根据其他用户的响应完成匹配。

食物
- Spam午餐肉 ♥
- 辣味食品 ♥

人物
- Howard Stern ♥
- Barbara Streisand 🚫

活动
- 举重 ♥
- 远足 🚫

写出如何将Mismatch数据组织为独立的数据分组，从而可以存储在一个数据库中。

....
....
....

分解Mismatch数据

对于类似Mismatch的应用，提出一个数据模型是一个极其重要的步骤，因为这会从很大程度上控制应用如何构建。对于Mismatch，可以将其数据需求分解为3类彼此相关的数据。

类别用于将相关的Mismatch主题分组在一起。

类别

类别用于帮助组织主题。尽管它们对于确定互补配对没有直接作用，但是确实有助于用户更容易地输入响应。

娱乐

活动

主题构成了Mismatch数据的核心，确定用户可以根据哪些参数建立互补配对。

主题

真人秀

举重

恐怖片

远足

要根据主题建立互补配对，如纹身或辣味食品，每个主题会得到一个用户响应——喜欢或讨厌。

响应

用户通过对主题做出响应来描述自己的互补配对意图。每个响应就是对一个主题的好/恶回答。

响应是对各个主题的好/恶回答，特定于各个Mismatch用户。

如何利用这个数据得到两个用户的互补配对呢？我们会比较用户对各个主题做出的响应。例如，由于Sidney和Johan对主题"恐怖片"的响应截然相反，所以关于这个特定主题就有了一个成功的互补配对。要从整体上得到一个给定用户的最佳互补配对，需要找到与他有最多互补配对主题的用户。

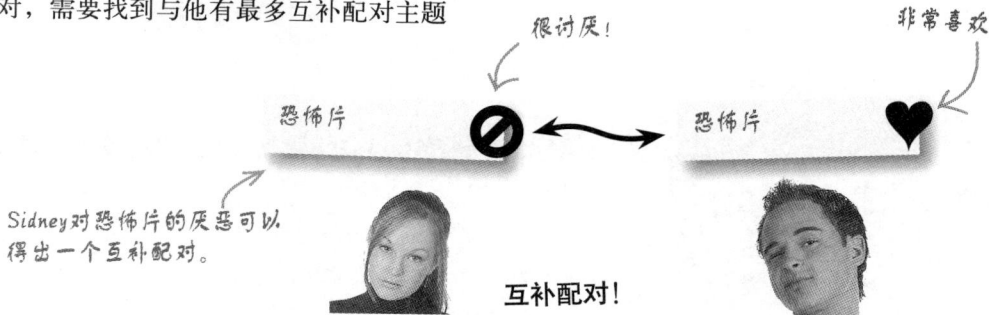

很讨厌！

非常喜欢

恐怖片

恐怖片

Sidney对恐怖片的厌恶可以得出一个互补配对。

互补配对！

使用模式为数据库建模

为了将Mismatch应用的数据需求转换为一个具体的数据库设计，我们需要一个模式。模式（schema）就是数据库中所有结构（如表和列）以及它们之间如何连接的一个表示。通过创建数据库的一个可视化表示，在编写查询时这可以帮助你了解各个结构之间如何连接，以及哪些特定的列负责建立这些连接。举例来说，来看上一章中原Mismatch数据库的模式，其中只包含一个`mismatch_user`表。

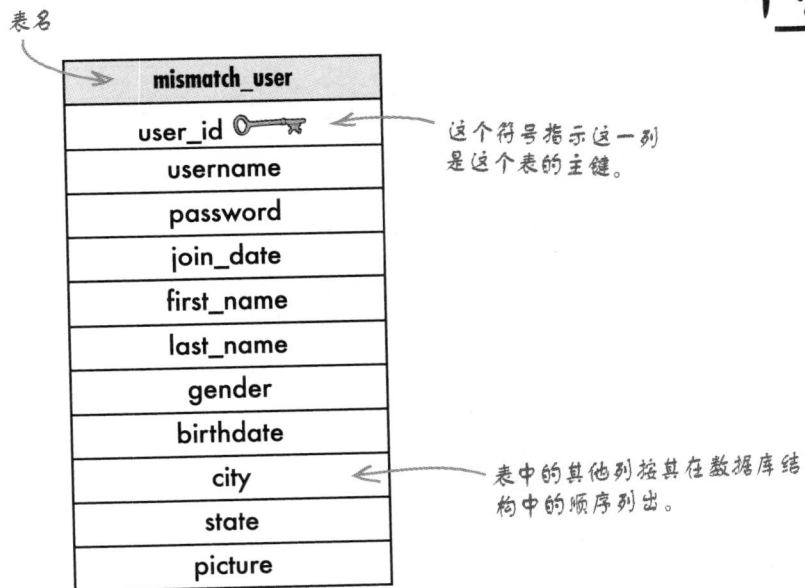

对数据库中的数据（表和列）以及所有其他相关对象和它们如何连接的描述称为一个<u>模式</u>。

表名 →

mismatch_user
user_id 🔑
username
password
join_date
first_name
last_name
gender
birthdate
city
state
picture

这个符号指示这一列是这个表的主键。

表中的其他列按其在数据库结构中的顺序列出。

这种查看表结构的方式与此前的做法稍有不同。通常情况下，表都表示为最上面显示列名，下面给出数据。那种方法可以很好地查看单个表以及填充有数据的表，但是如果希望创建一个包含多个表并展示它们相互之间如何关联的结构化图表时，那种方法就不太实用了。而且Mismatch确实需要用到多个表……

创建表的一个结构化图表可以保证表的设计与表中的数据分离。

Mismatch数据库需要存储用户对好恶主题的响应，另外还要存储主题名及相应的类别。以下是将类别、主题和响应加入Mismatch数据库的3种不同数据库设计。你认为哪一个最合适，请圈出并说明为什么。

类别
主题
响应

这是根据维护Mismatch用户好恶情况的需求而引入的新数据。

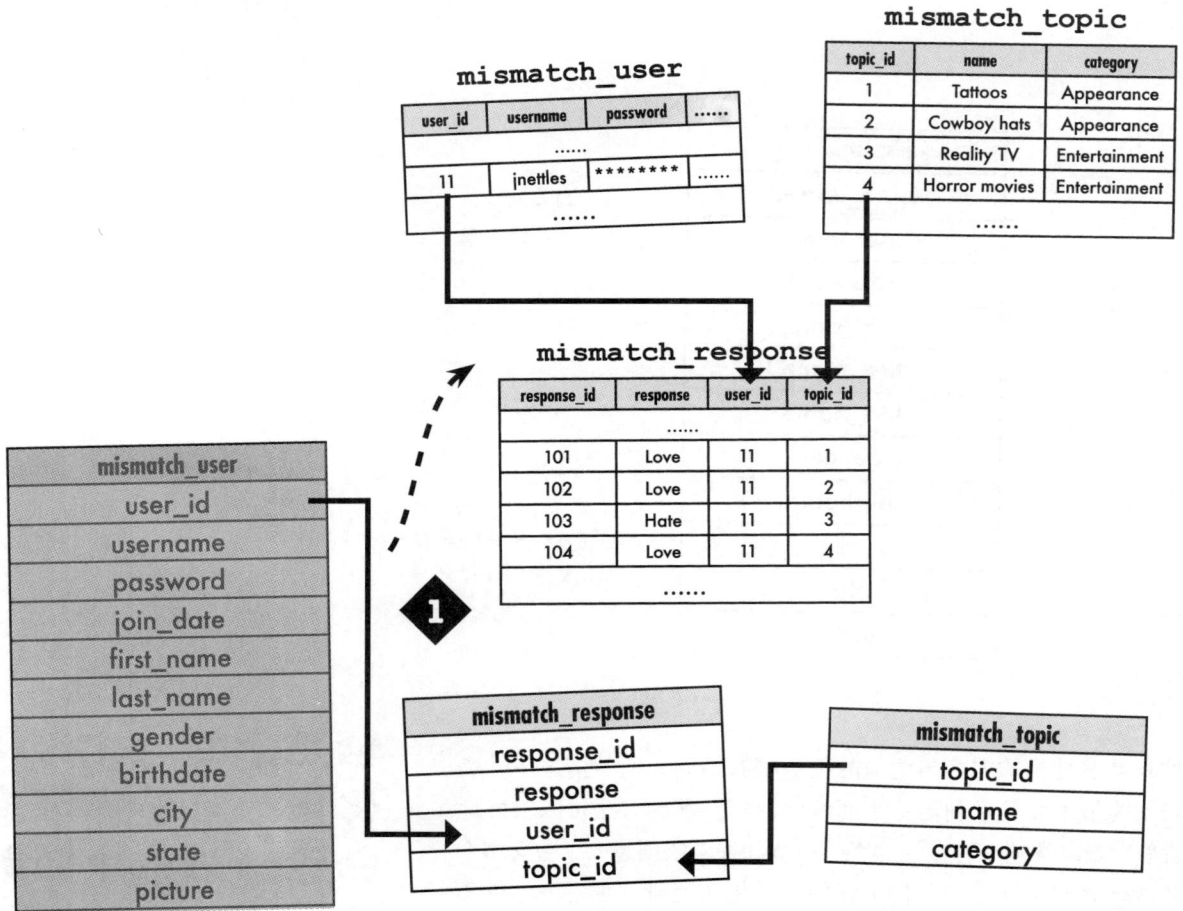

mismatch_topic

topic_id	name	category
1	Tattoos	Appearance
2	Cowboy hats	Appearance
3	Reality TV	Entertainment
4	Horror movies	Entertainment
......		

mismatch_user

user_id	username	password	......
......			
11	jnettles	********	......
......			

mismatch_response

response_id	response	user_id	topic_id
......			
101	Love	11	1
102	Love	11	2
103	Hate	11	3
104	Love	11	4
......			

1

mismatch_user

user_id
username
password
join_date
first_name
last_name
gender
birthdate
city
state
picture

mismatch_response

response_id
response
user_id
topic_id

mismatch_topic

topic_id
name
category

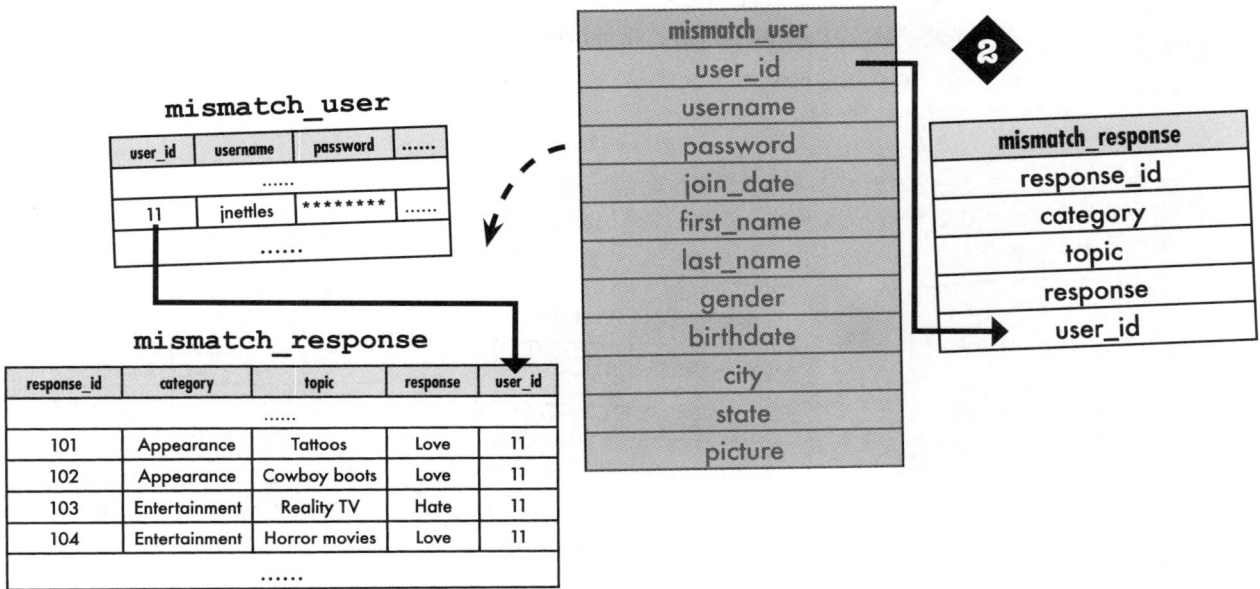

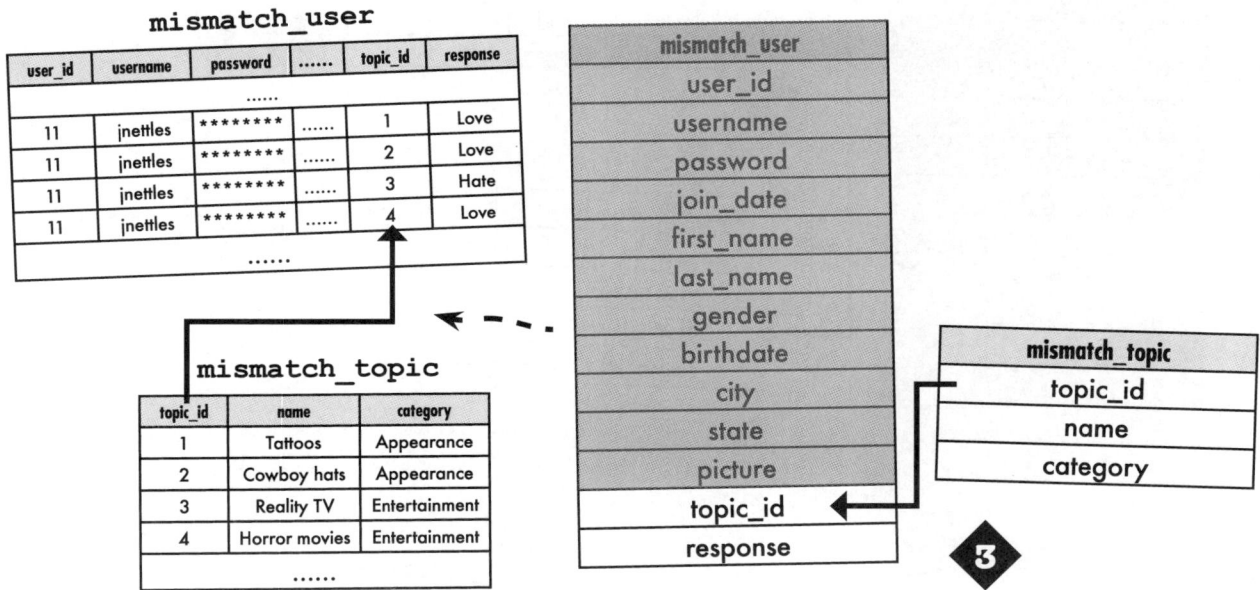

Exercise
Solution

Mismatch数据库需要存储用户对好恶主题的响应，另外还要存储主题名及相应的类别。以下是将类别、主题和响应加入Mismatch数据库的3种不同数据库设计。你认为哪一个最合适，请圈出并说明为什么。

首先，可以确定用户给出好恶响应所涉及的新数据只是响应本身，这一点很重要——数据库中所有其他内容都是固定的，至少从用户的角度来看是这样。

谁说过越简单越好？这个数据库模式将响应存储在自己单独的表中，与不受响应直接影响的其他数据分离。这里不会因为响应而导致重复，因为用户、类别和主题都在*mismatch_response*表之外。

mismatch_topic

topic_id	name	category
1	Tattoos	Appearance
2	Cowboy hats	Appearance
3	Reality TV	Entertainment
4	Horror movies	Entertainment
......		

新的*mismatch_topic*表存储了主题名及其相应类别。

mismatch_user

user_id	username	password	......
11	jnettles	********	......
......			

mismatch_response

response_id	response	user_id	topic_id
......			
101	Love	11	1
102	Love	11	2
103	Hate	11	3
104	Love	11	4
......			

1

对于各个响应没有重复的数据，这一点非常棒！

mismatch_user

- user_id
- username
- password
- join_date
- first_name
- last_name
- gender
- birthdate
- city
- state
- picture

mismatch_response

- response_id
- response
- user_id
- topic_id

mismatch_topic

- topic_id
- name
- category

原*mismatch_user*表仍保持不变。

*mismatch_response*表将用户和主题通过*user_id*和*topic_id*列连接在一起。

响应没有存储在用户表中，这一点很好。
但是这里有太多的重复数据，因为类别和
主题会对每一个响应重复。

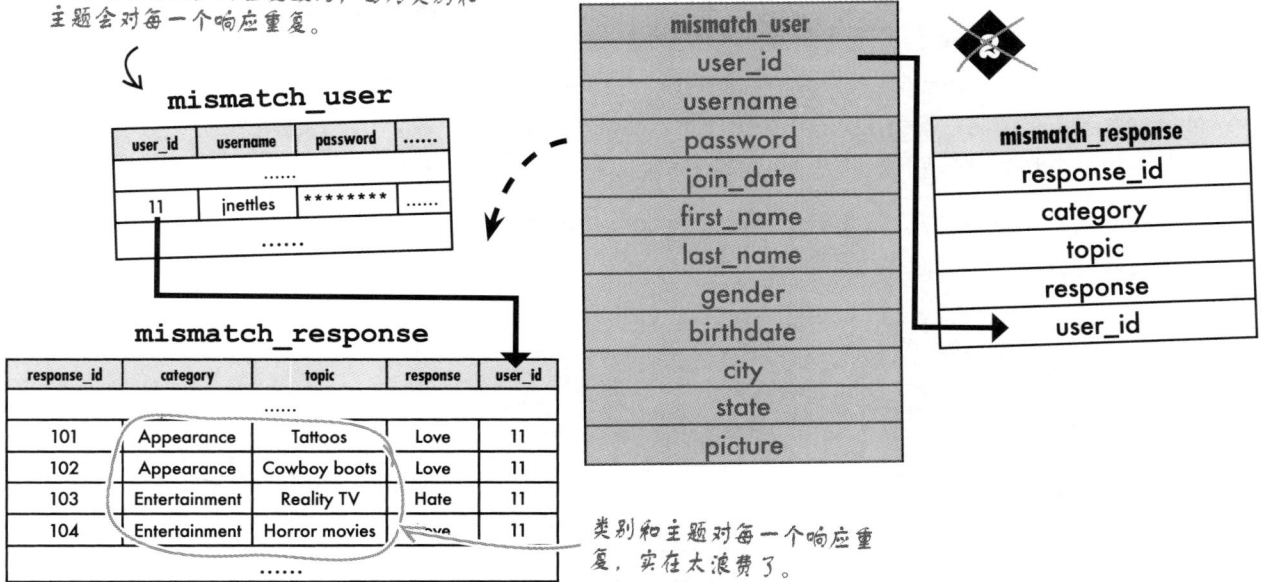

mismatch_user

user_id	username	password	......
		......	
11	jnettles	********	......
		......	

mismatch_response

response_id	category	topic	response	user_id
		......		
101	Appearance	Tattoos	Love	11
102	Appearance	Cowboy boots	Love	11
103	Entertainment	Reality TV	Hate	11
104	Entertainment	Horror movies	...ve	11
		......		

类别和主题对每一个响应重
复，实在太浪费了。

mismatch_user
- user_id
- username
- password
- join_date
- first_name
- last_name
- gender
- birthdate
- city
- state
- picture

mismatch_response
- response_id
- category
- topic
- response
- user_id

用户数据对每一个响应都重复，
这太可怕了。

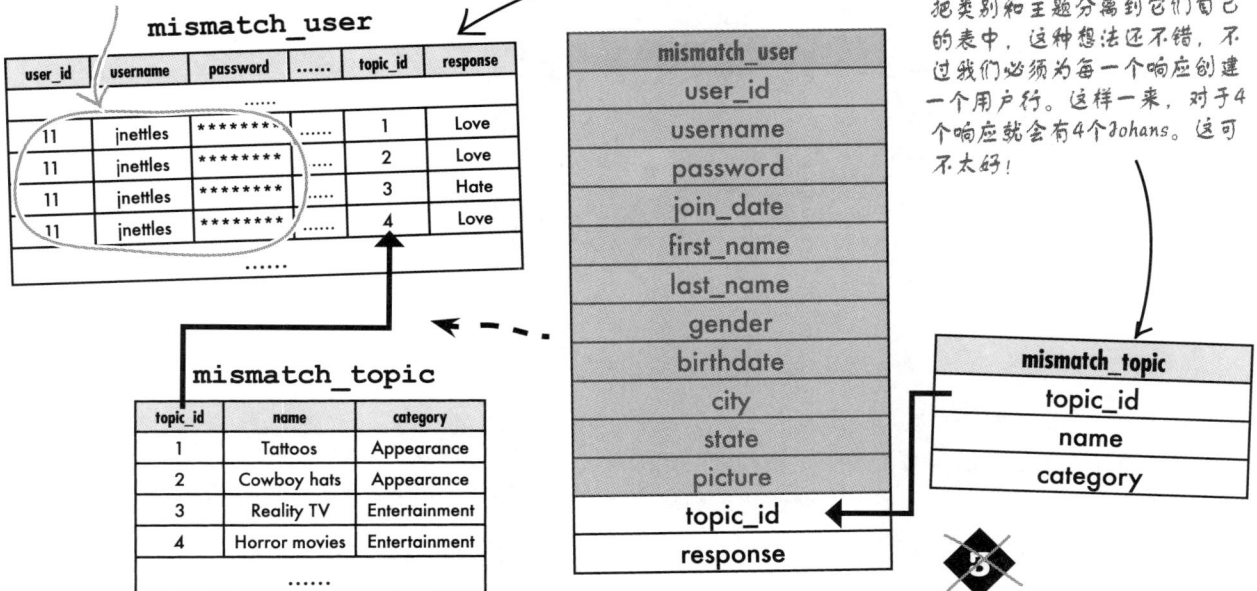

mismatch_user

user_id	username	password	......	topic_id	response
		......			
11	jnettles	********	......	1	Love
11	jnettles	********		2	Love
11	jnettles	********		3	Hate
11	jnettles	********		4	Love
		......			

mismatch_topic

topic_id	name	category
1	Tattoos	Appearance
2	Cowboy hats	Appearance
3	Reality TV	Entertainment
4	Horror movies	Entertainment
	......	

把类别和主题分离到它们自己
的表中，这种想法还不错，不
过我们必须为每一个响应创建
一个用户行。这样一来，对于4
个响应就会有4个Johans。这可
不太好！

mismatch_user
- user_id
- username
- password
- join_date
- first_name
- last_name
- gender
- birthdate
- city
- state
- picture
- topic_id
- response

mismatch_topic
- topic_id
- name
- category

关联多个表

将表连接在一起构成一个一体化数据系统，这需要使用键（key）。我们已经使用了主键（primary key）为表中的数据提供唯一的标识符，不过我们现在还需要外键（foreign key）将一个表中的一行链接到另一个表中的一行。一个表中的外键引用另一个表的主键，从而可以建立这两个表之间的一个联系用于查询。

前面的练习中得到的Mismatch模式依赖于`mismatch_response`表中的一组外键将响应行连接到其他表中的用户和主题行。

外键是一个表中的一列，它引用了另一个表的主键。

记住，这个符号标识一个主键。

这个主键不仅唯一标识`mismatch_topic`表中的主题，还将主题连接到`mismatch_response`表中的响应。

这个箭头表明，`mismatch_user`表通过键连接到`mismatch_response`表。

这个符号表示这个列是一个外键，引用另一个表中的主键。

`mismatch_response`和`mismatch_topic`表合作来存储对主题的好恶响应，如"外貌->牛仔靴"和"活动->远足"。

如果没有外键，将很难将一个表中的数据与另一个表中的数据相关联，通过将数据分散到多个表中，我们就能消除重复数据，得到一个高效的数据库。所以，即使是最简单的数据库模式中，外键也有着很重要的地位。

大箭头显示主键连接到外键，从而将表关联在一起。

使用外键

采用可视化方式将数据流程描述为表，并通过主键和外键将表相互连接，这通常很有帮助。再来更仔细地查看包含一些具体数据的Mismatch表，这有助于揭示主键和外键相互之间如何关联。

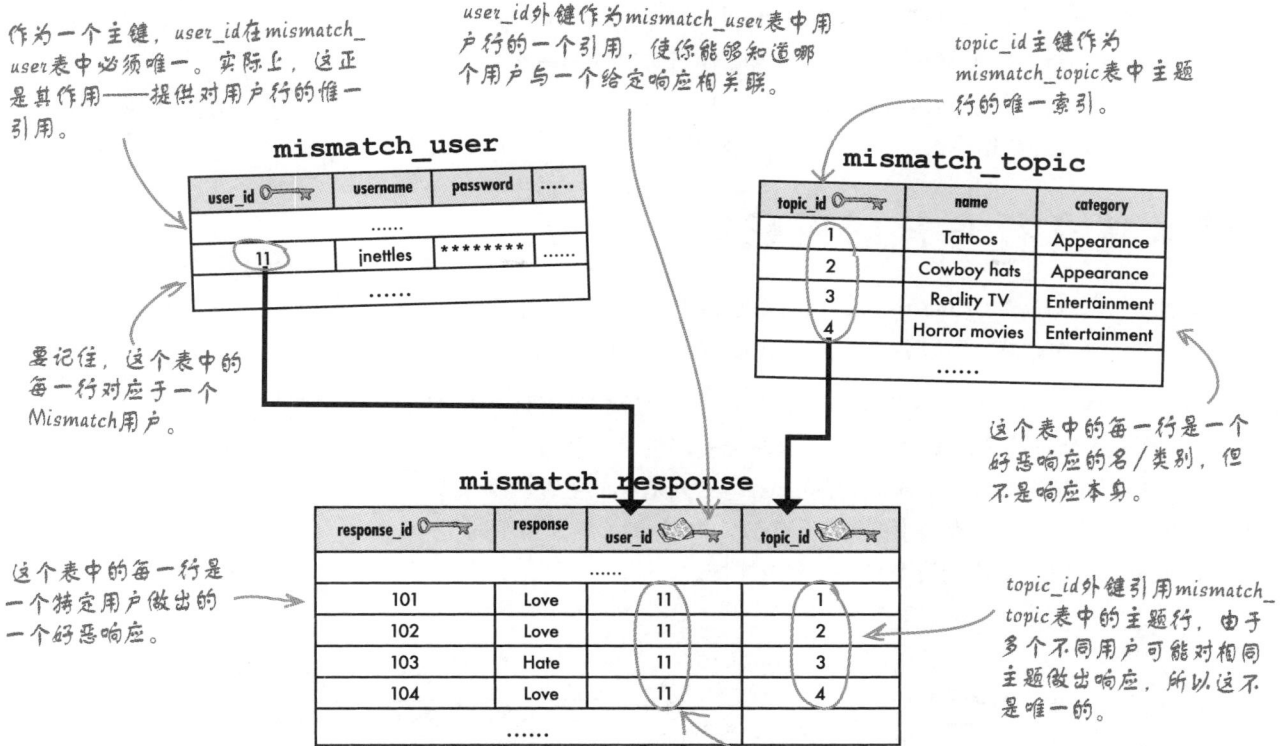

作为一个主键，*user_id*在*mismatch_user*表中必须唯一。实际上，这正是其作用——提供对用户行的惟一引用。

*user_id*外键作为*mismatch_user*表中用户行的一个引用，使你能够知道哪个用户与一个给定响应相关联。

*topic_id*主键作为*mismatch_topic*表中主题行的唯一索引。

mismatch_user

user_id 🔑	username	password	......
	......		
11	jnettles	********	......
	......		

mismatch_topic

topic_id 🔑	name	category
1	Tattoos	Appearance
2	Cowboy hats	Appearance
3	Reality TV	Entertainment
4	Horror movies	Entertainment
	......	

要记住，这个表中的每一行对应于一个Mismatch用户。

这个表中的每一行是一个好恶响应的名/类别，但不是响应本身。

mismatch_response

response_id 🔑	response	user_id 🔑	topic_id 🔑
	......		
101	Love	11	1
102	Love	11	2
103	Hate	11	3
104	Love	11	4
	......		

这个表中的每一行是一个特定用户做出的一个好恶响应。

*topic_id*外键引用*mismatch_topic*表中的主题行，由于多个不同用户可能对相同主题做出响应，所以这不是唯一的。

在mismatch_response表中，通过在mismatch_user表中查找user_id，可以找到输入响应的用户的更多有关信息。类似地，通过在mismatch_topic表中查找topic_id，可以找到一个响应的主题名及其类别。

*user_id*外键将一个响应行与*mismatch_user*表中的用户行关联在一起。由于一个用户可以有多个好恶响应，所以这不是唯一的。

通过用主键和外键建立表的关联，使我们可以采用一种一致的方式连接这些表中的数据。甚至可以将数据库建构为要求主键和其相应外键必须匹配。这称为引用完整性（referential integrity），这是表示所有键引用都必须合法的另一种说法。

> 我理解主键和外键将多个表连接在一起，但是这些图表中键之间箭头的方向有什么含义吗？

没错，箭头的方向告诉我们各个表中的行如何相互关联。

更确切地讲，它们指出了一个表中有多少行可以在另一个表中有匹配行，反之亦然。这是数据库模式设计中的一个很重要的方面，包括3种可能的数据模式：一对一、一对多和多对多。

表可以建立行与行的匹配

第一种模式是"一对一"（one-to-one），即表A中的一行在表B中至多有一个匹配行，反之亦然。所以各个表中对于每一行只可能有一个匹配。

举例来说，假设Mismatch用户表分解为两个表，一个对应登录信息（表A），另一个包含情况简表数据（表B）。这两个表都包含一个用户ID以保证用户连接到其情况简表。登录表中的user_id列是一个主键，确保用户登录的唯一性。情况简表表中的user_id是一个外键，其作用不同，因为它的任务只是将一个情况简表与一个登录连接。

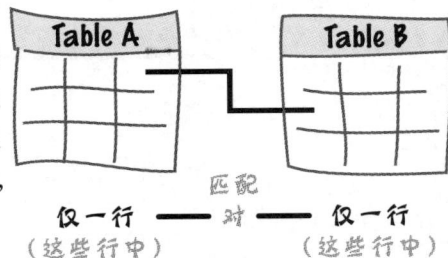

Table A ———— **Table B**

匹配

仅一行 —— 对 —— 仅一行
（这些行中） （这些行中）

mismatch_user_login

user_id	username	password	join_date
......			
9	dierdre	08447b......	2008-05......
10	baldpaul	230dcb......	2008-05......
11	jnettles	e511d7......	2008-05......
12	rubyr	062e4a......	2008-06......
13	theking	b4f283......	2008-06......

一对一，所以没有箭头。

这些表通过user_id建立了一对一的关系。

mismatch_user_profile

user_profile_id	first_name	last_name	gender	......	user_id
......					
7	Johan	Nettles	M	......	11
8	Jason	Filmington	M	......	8
9	Paul	Hillsman......	M	......	10
......					

根据这两个user_id列，可以认为登录表是一个父表，而情况简表表是一个子表，包含主键的表与有相应外键的表之间存在一种父子关系。

一行指向多行

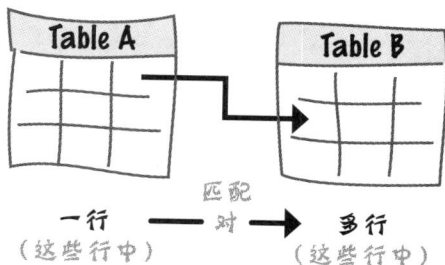

一行
（这些行中）

匹配
对

多行
（这些行中）

一对多是指，表A中的一行在表B中可以有多个匹配行。但是表B中的一行只能与表A中的一行匹配。示意图中的箭头方向总是从可以有一行的表指向可以有多行的表。

仍以Mismatch数据库为例，当前模式就使用了一对多的数据模式。由于用户可以有多个主题响应（喜欢纹身，讨厌远足等），所以在用户行和响应行之间存在一种一对多的关系。user_id列将这两个表相连接，它在mismatch_user表中作为主键，而在mismatch_response中作为外键。

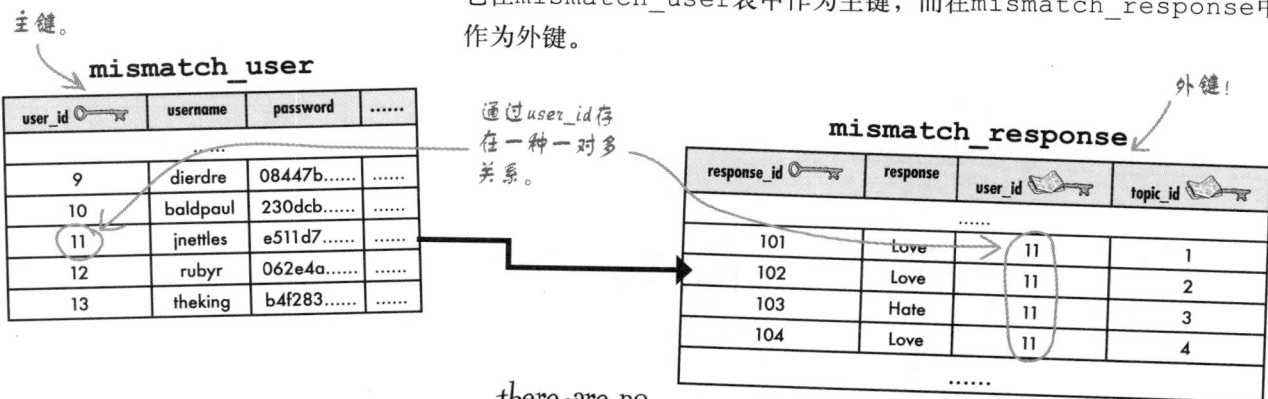

主键。

mismatch_user

user_id 🔑	username	password	......
9	dierdre	08447b......	......
10	baldpaul	230dcb......	......
11	jnettles	e511d7......	......
12	rubyr	062e4a......	......
13	theking	b4f283......	......

通过user_id存在一种一对多关系。

外键！

mismatch_response

response_id 🔑	response	user_id 🗝	topic_id 🗝
......			
101	Love	11	1
102	Love	11	2
103	Hate	11	3
104	Love	11	4
......			

there are no
Dumb Questions

一对一：
父表中的
一行与子
表中的一
行关联。

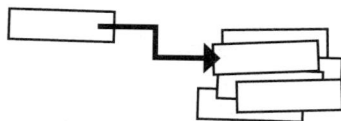

一对多：
父表中的一
行与子表中
的多行关联。

问： 我怎么知道两个表中的行是一对一还是一对多关系呢?

答： 有一种趋势，总是更多地使用一对多关系而不是一对一关系，而且这是合理的。通常会有一个主（父）表，其中包含主要数据，如Mismatch中的用户，这个表采用一种一对多的组织方式连接到一个次（子）表。这在Mismatch模式中发生了两次，用户和主题都与响应存在一对多关系。

在很多情况下，两个表中有一对一关系的行可以结合到同一个表中。不过，当然也有一些情况适合采用一对一模式，例如上一页上假想的用户情况简表例子，这里出于一种安全考虑可能希望把一部分数据移至单独的表中。

多对多的行匹配

第3个也是最后一个表行关系数据模式是多对多关系，即表A中的多个数据行与表B中的多行匹配…… 这类似于数据重载！但不确切。很多情况下多对多模式是保证的。Mismatch呢？也许吧。下面来看看。

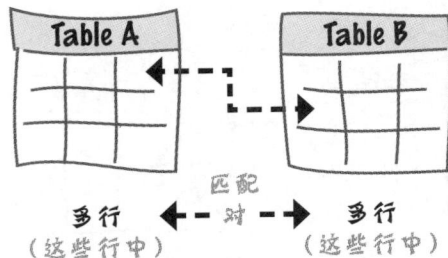

Table A ⟵ 匹配 ⟶ **Table B**

多行 ⟵ 对 ⟶ 多行
（这些行中） （这些行中）

用户和主题通过响应存在一种多对多关系。

mismatch_user

user_id 🔑	username	password	......
......			
9	dierdre	08447b......	......
10	baldpaul	230dcb......	......
11	jnettles	e511d7......	......
12	rubyr	062e4a......	......
13	theking	b4f283......	......

多对多！

一对多。

mismatch_topic

topic_id 🔑	name	category
1	Tattoos	Appearance
2	Cowboy hats	Appearance
3	Reality TV	Entertainment
4	Horror movies	Entertainment
......		

一对多。

一对多。

mismatch_response 是一个联接表，它在用户及其对主题的响应之间建立了一个关系。

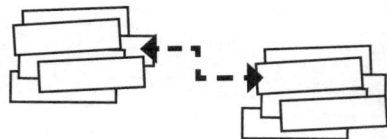

mismatch_response

response_id 🔑	response	user_id 🗝	topic_id 🗝
......			
81	Hate	9	1
82	Love	9	2
83	Love	9	3
84	Hate	9	4
......			
101	Love	11	1
102	Love	11	2
103	Hate	11	3
104	Love	11	4
......			

Mismatch中的多对多模式是间接的，这说明这是通过`mismatch_response`表完成的。不过这种模式确实存在。可以看看`mismatch_response`中出现了多少个相同的`user_id`和`topic_id`。

除了包含响应数据外，`mismatch_response`表相当于所谓的联接表，它为用户和主题提供了一个方便的中转站。如果没有这个联接表，就会出现大量重复数据，这可不是好事。如果你还不以为然，可以翻回到本章前面关于模式的练习，再仔细查看第2种设计。在这个设计中，`mismatch_topic`表合并到`mismatch_response`表中，导致了大量重复数据。

多对多：父表中的多行与子表中的多行关联。

命名关系

在以下各个表中，有一些列被圈出，它们可以移出到其自己的表中。请写出这些列与原表最好表示为一种一对一、一对多还是多对多关系，然后画出这个关系，用一条线连接这两个表，并加上适当的箭头。

关系

mismatch_user
user_id 🔑
……
(address)
(employer)
(friends)

mismatch_topic
topic_id 🔑
name
(category)

关系命名答案

在以下各个表中，有一些列被圈出，它们可以移出到其自己的表中。请写出这些列与原表最好表示为一种一对一、一对多还是多对多关系，然后画出这个关系，用一条线连接这两个表，并加上适当的箭头。

关系

对于任何给定用户只有一个家庭地址，这说明地址行与用户行存在一种一对一的关系。

mismatch_user
user_id 🔑
……
(address)
(employer)
(friends)

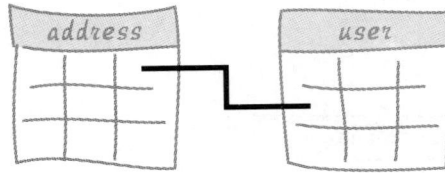

一对一

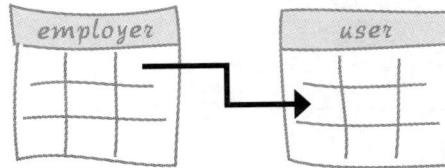

一对多

多个用户可以为同一个老板工作，这就得到了老板行和用户行之间一种一对多的关系。

多个用户可以有多个朋友，这说明朋友行与用户行之间存在一种多对多关系。

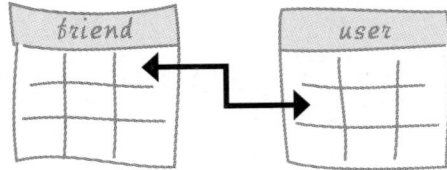

多对多

有多对多关系的表通常通过一个联接表相连接，不过这里没有显示。

多个主题可以属于同一个类别，从而得到类别行和主题行之间的一种一对多关系。不过，一个主题不能属于多个类别。

mismatch_topic
topic_id 🔑
name
(category)

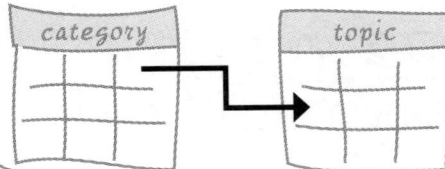

一对多

先暂停一下！花点时间调整Mismatch数据库，以便建立互补配对。

从Head First Labs网站（www.headfirstlabs.com/books/hfphp）下载
Mismatch应用的.sql文件。这些文件包含了构建必要的Mismatch表（mismatch_
user、mismatch_topic和mismatch_response）的SQL语句。在一个MySQL
工具中运行各个.sql文件中的语句，得到初始Mismatch表，并以此作为起点。

一切就绪后，对各个新表（mismatch_topic和mismatch_response）运行一个
DESCRIBE语句，仔细检查这些表的结构。这些表对后面要建立的Mismatch　PHP脚
本有非常重要的影响。

```
File Edit Window Help LoveIt
mysql> DESCRIBE mismatch_topic;

| Field    | Type        | Null | Key | Default | Extra          |

| topic_id | int(11)     | NO   | PRI |         | auto_increment |
| name     | varchar(48) | NO   |     |         |                |
| category | varchar(48) | NO   |     |         |                |

3 rows in set (0.04 sec)
```

*topic_id外键反向连接
mismatch_topic 表的
主键。*

```
File Edit Window Help HateIt
mysql> DESCRIBE mismatch_response;

| Field       | Type       | Null | Key | Default | Extra          |

| response_id | int(11)    | NO   | PRI |         | auto_increment |
| user_id     | int(11)    | NO   |     |         |                |
| topic_id    | int(11)    | NO   |     |         |                |
| response    | tinyint(4) | NO   |     |         |                |

4 rows in set (0.05 sec)
```

> OK，这么说我们有了一个包含用户、类别、主题和响应的设计相当好的数据库。这对我们建立互补配对到底有什么帮助呢？

mismatch_topic

topic_id	name	category
1	Tattoos	Appearance
2	Gold chains	Appearance
3	Body piercings	Appearance
4	Cowboy boots	Appearance
5	Long hair	Appearance
6	Reality TV	Entertainment
7	Professional wrestling	Entertainment
8	Horror movies	Entertainment
9	Easy listening music	Entertiment
10	The opera	Entertainment
11	Sushi	Food
12	Spam	Food
13	Spicy food	Food
14	Peanut butter & banana sandwiches	Food
15	Martinis	Food
16	Howard Stern	People
17	Bill Gates	Peopel
18	Barbara Streisand	People
19	Hugh Hefner	People
20	Martha Stewart	People
21	Yoga	Activities
22	Weightlifting	Activities
23	Cube puzzles	Activities
24	Karaoke	Activities
25	Hiking	Activities

从一个设计良好的数据库起步，就能更容易地构建和组装应用的各个其他部分。

开始设计应用时如果能够正确地设计数据库，这是保证开发过程顺利进行的最好的准备。对于如何最佳地存储数据可能需要做大量规划和建模工作，不过从长远来看，这绝对是值得的。想想看，如果Mismatch数据库已经填满数据，再重新调整Mismatch数据库模式将会多么困难。

这正体现了从整体上好的数据库设计所带来的好处。具体来看Mismatch数据库，我们有一个用户表，其中已经填入了用户通过注册和编辑情况简表所输入的用户信息，另外有一个新的主题表，其中包含足以深入了解一个人所需的类别和主题。要建立互补配对，现在还缺少一个途径让用户输入响应，然后把这些响应存储在响应表中。

完整的*mismatch_topic*表包含25个主题，分为5个类别……这就是我们的"5维对立性！"

❖ **BRAIN POWER**

如何把这样一组类别和主题转换为一组问题，以便用户提供喜欢或讨厌的响应？

建立一个Mismatch问卷

那么到底如何从用户那里得到对应各个Mismatch主题的好恶响应呢？答案是建立一个问卷表单，允许用户对mismatch_topic表中的每个主题选择"Love"（喜欢）或"Hate"（讨厌）。这个表单可以由数据库中的响应直接生成，其结果再存回到数据库中。实际上，问卷表单设计的关键就是从mismatch_response表读写响应。下面先简单看看这个问卷，这里还给出了建立这个问卷需要的步骤。

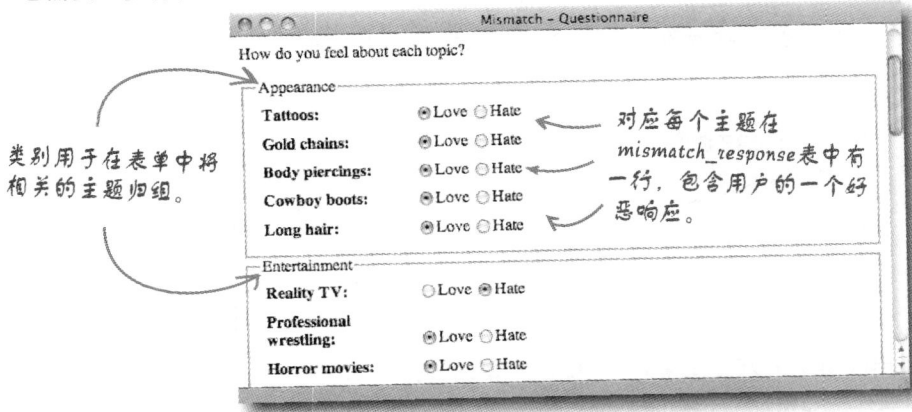

类别用于在表单中将相关的主题归组。

对应每个主题在 *mismatch_response* 表中有一行，包含用户的一个好恶响应。

① 用户第一次访问表单时使用INSERT在数据库中增加空的响应行。

我们要根据mismatch_response表中的数据生成问卷表单，即使用户尚未输入任何响应。这说明，需要在用户第一次访问问卷时在mismatch_response表中"种入"空响应。由于这些行的响应列为空，所以第一次向用户显示这个表单时"Love"或"Hate"单选钮均未选中。

② 根据用户在表单上做出的响应使用UPDATE修改响应行。

用户提交问卷表单时，必须将其个人响应提交到数据库。此时，只有已选中单选钮相应的响应需要更新。换句话说，数据库只需知道已经回答的响应。

③ 使用SELECT获取生成问卷表单所需的响应数据。

为了生成问卷表单，我们需要登录用户的所有响应。不仅如此，还需要查找各个响应的相应主题和类别，从而能够在表单中显示，这些主题名和类别名存储在mismatch_topic表中，而不是mismatch_response表。

④ 根据响应数据生成HTML问卷表单。

有了响应数据，现在可以生成HTML问卷表单，为此要生成一组输入域，要根据用户响应来选中相应的"Love"或"Hate"单选钮。

将响应放入数据库

尽管看起来可能应该先生成问卷表单，但表单依赖于mismatch_response表中现有的响应数据。所以首先需要在mismatch_response表中"种入"用户第一次访问问卷时未回答的响应行。这样一来，我们就能由mismatch_response表生成问卷表单，而不必担心用户是否确实已经做出响应。

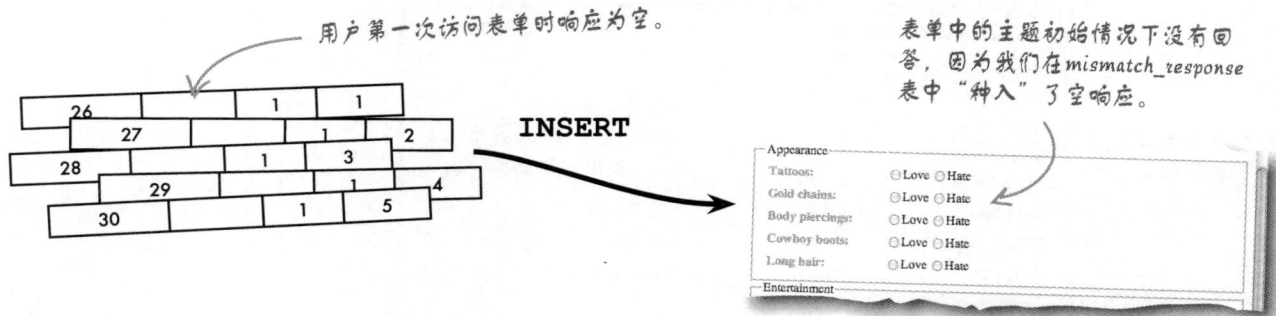

用户第一次访问表单时响应为空。

INSERT

表单中的主题初始情况下没有回答，因为我们在*mismatch_response*表中"种入"了空响应。

所以，从问卷表单来看，对应表单中的每个问题，mismatch_response表中总有一个相应的数据行。这说明，用户提交问卷表单时，我们只需更新表单中各个响应的数据行。

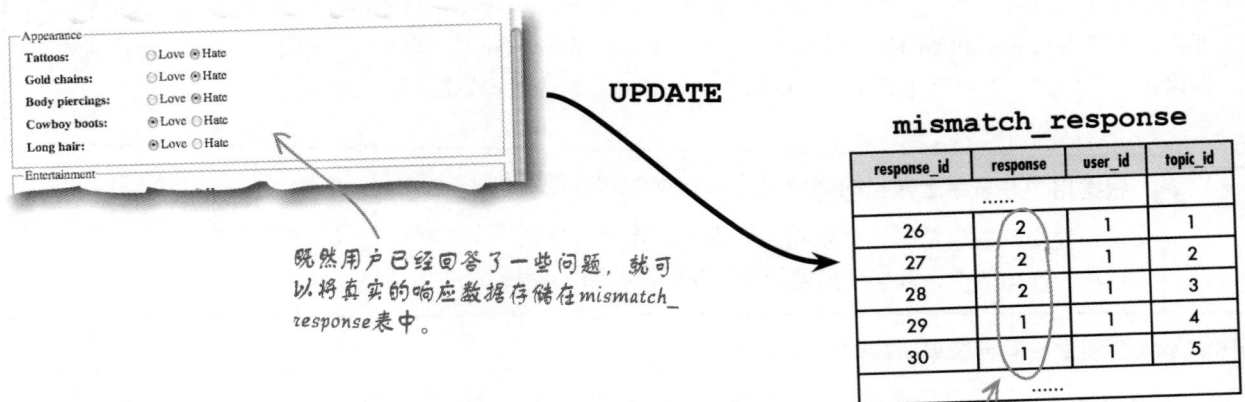

UPDATE

既然用户已经回答了一些问题，就可以将真实的响应数据存储在*mismatch_response*表中。

mismatch_response

response_id	response	user_id	topic_id
......			
26	2	1	1
27	2	1	2
28	2	1	3
29	1	1	4
30	1	1	5
......			

数据库中的响应得到更新，从而与问卷表单中的用户响应一致。

尽管在Mismatch数据库中存储响应的过程实际上有两个步骤，但第一步（INSERT）对于每个用户来说只发生一次。一旦初始时增加了空响应，将来对问卷的所有修改都由第2步通过SQL UPDATE处理。

PHP & MySQL磁贴

以下代码负责在用户第一次访问问卷表单时向mismatch_response
表中插入空响应。它还会在用户做出修改并提交表单时更新响应。遗
憾的是，有些代码掉到了地上，需要把它们放回原处。请使用磁贴修
复这里缺少的代码。

```
......
// If this user has never answered the questionnaire, insert empty responses into the database
$query = "SELECT * FROM mismatch_response WHERE user_id = '" . $_SESSION['user_id'] . "'";
$data = mysqli_query($dbc, $query);

if (.........................($data) == 0) {

  // First grab the list of topic IDs from the topic table

  $query = "SELECT .....................FROM mismatch_topic ORDER BY category_id, topic_id";

  $data = mysqli_query($dbc, $query);
  $topicIDs = array();
  while ($row = mysqli_fetch_array($data)) {
    array_push($topicIDs, $row['topic_id']);
  }

  // Insert empty response rows into the response table, one per topic
  foreach ($topicIDs as $topic_id) {

    $query = "...........................mismatch_response " .

      "(.................,.....................) VALUES ('" . $_SESSION['user_id']. "', '$topic_id')";

    mysqli_query($dbc, $query);
  }
}

// If the questionnaire form has been submitted, write the form responses to the database
if (isset($_POST['submit'])) {
  // Write the questionnaire response rows to the response table
  foreach ($_POST as $response_id => $response) {

    $query = "..................... mismatch_response ................response = '$response' " .

      "WHERE ......................... = '$response_id'";

    mysqli_query($dbc, $query);
  }
  echo '<p>Your responses have been saved.</p>';
}
......
```

| user_id | INSERT INTO | mysqli_num_rows | SET | response_id | UPDATE |
| topic_id | | | topic_id | | |

PHP & MySQL磁贴

以下代码负责在用户第一次访问问卷表单时向 `mismatch_response` 表中插入空响应。它还会在用户做出修改并提交表单时更新响应。遗憾的是，有些代码掉到了地上，需要把它们放回原处。请使用磁贴修复这里缺少的代码。

```php
......
// If this user has never answered the questionnaire, insert empty responses into the database
$query = "SELECT * FROM mismatch_response WHERE user_id = '" . $_SESSION['user_id'] . "'";
$data = mysqli_query($dbc, $query);

if (.. mysqli_num_rows ..($data) == 0) {          ← 查看查询是否返回0个数据行……
                                                     没有数据！
  // First grab the list of topic IDs from the topic table

  $query = "SELECT .. topic_id .. FROM mismatch_topic ORDER BY category_id, topic_id";
  $data = mysqli_query($dbc, $query);               要生成一个空的响应数组，首先需要获
  $topicIDs = array();                              取主题表中的所有主题。
  while ($row = mysqli_fetch_array($data)) {
    array_push($topicIDs, $row['topic_id']);
  }

  // Insert empty response rows into the response table, one per topic     目前响应行"未回答"，
  foreach ($topicIDs as $topic_id) {                                       因为用户还没有真正在表
                                                                           单上选择"喜欢"或"讨
    $query = ".. INSERT INTO .. mismatch_response " .                      厌"。
      "( .. user_id .. , .. topic_id .. ) VALUES ('" . $_SESSION['user_id']. "', '$topic_id')";
    mysqli_query($dbc, $query);
  }
}

// If the questionnaire form has been submitted, write the form responses to the database
if (isset($_POST['submit'])) {
  // Write the questionnaire response rows to the response table
  foreach ($_POST as $response_id => $response) {

    $query = ".. UPDATE .. mismatch_response .. SET .. response = '$response' " .
      "WHERE .. response_id .. = '$response_id'";           用户提交表单时只修改了
    mysqli_query($dbc, $query);                             响应表的响应列，所以我
  }                                                         们只需要更新这一部分。
  echo '<p>Your responses have been saved.</p>';
}
......
```

there are no
Dumb Questions

问： array_push()函数是做什么的？前面好像没有用过这个函数。

答： 确实还没有用过。这是因为之前不需要动态地建立一个数组，即一次创建一个元素。array_push()函数将一个新元素追加到数组最后，使数组大小增1。在上一页中的Mismatch代码中，我们使用了array_push()由mismatch_topic表建立一个主题ID数组。再使用这个数组向mismatch_response表中插入空响应……每个主题分别有一个空响应。

① 用户第一次访问表单时使用**INSERT**向数据库中增加空响应行。

完成

太棒了！我们刚刚简直是一石二鸟，现在问卷脚本已经完成了一半。

完成

② 使用**UPDATE**根据用户在表单上做出的响应修改响应行。

③ 使用**SELECT**获取生成问卷表单所需的响应数据。

不过在利用Mismatch问卷建立为爱牵线之前还有两个步骤需要完成……

④ 由响应数据生成HTML问卷表单。

可以利用数据驱动一个表单

用Web表单通过文本域、选择列表、单选钮等等从用户获取数据没有任何新内容，不过使用PHP由数据库数据生成HTML表单可能就没有那么直接了。对于Mismatch，我们的想法是由响应数据动态地生成一个HTML问卷表单。Mismatch问卷脚本有一个假设，认为响应数据已经存在，这样一来就可以由mismatch_response表中的数据生成表单。我们知道这个假设是安全的，因为我们刚刚编写了代码，会在用户第一次访问表单时增加空响应。

数据驱动表单依赖于MySQL数据库中的数据来生成HTML表单域。

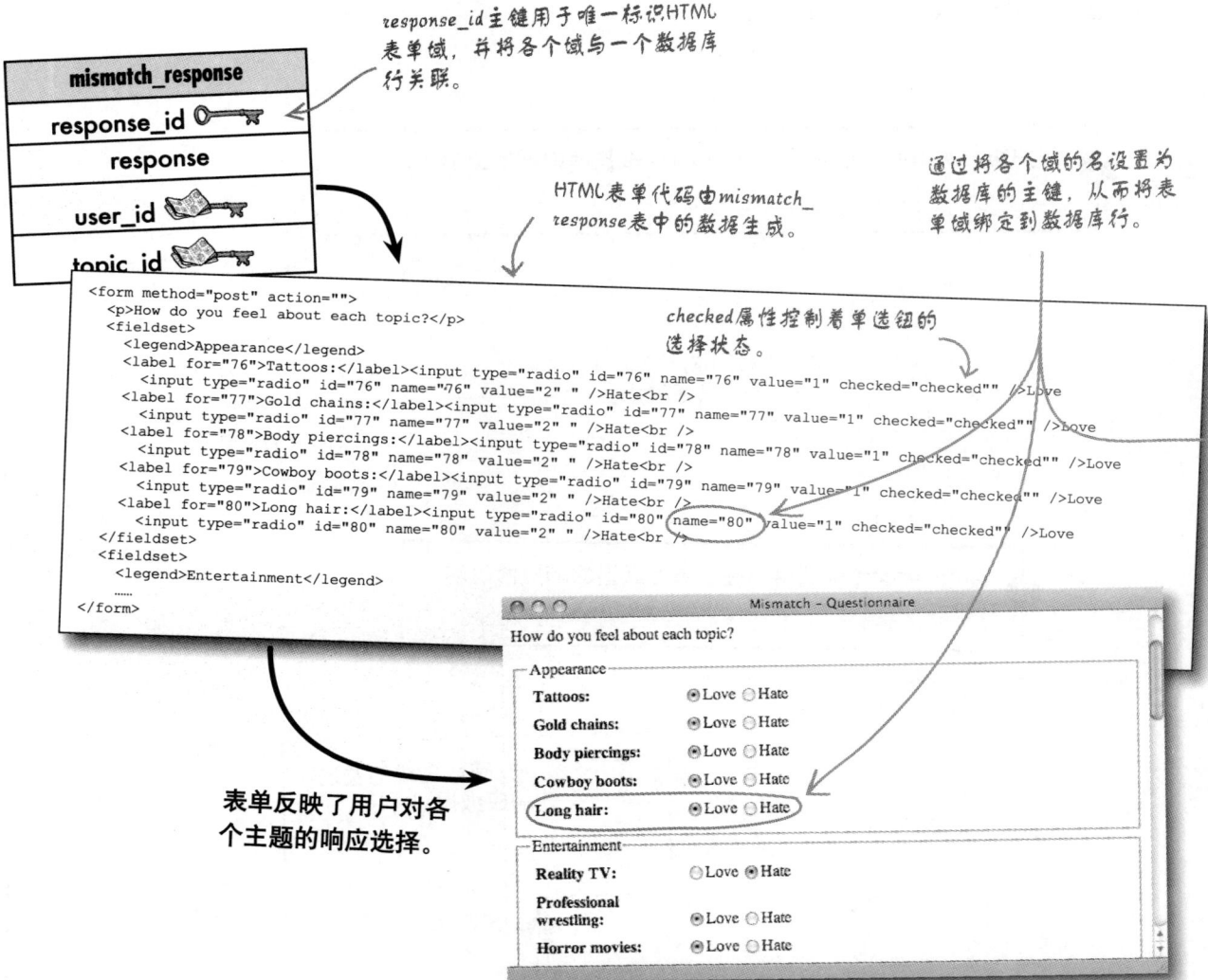

response_id主键用于唯一标识HTML表单域，并将各个域与一个数据库行关联。

mismatch_response
response_id 🔑
response
user_id 🔑
topic_id 🔑

HTML表单代码由mismatch_response表中的数据生成。

通过将各个域的名设置为数据库的主键，从而将表单域绑定到数据库行。

checked属性控制着单选钮的选择状态

```html
<form method="post" action="">
  <p>How do you feel about each topic?</p>
  <fieldset>
    <legend>Appearance</legend>
    <label for="76">Tattoos:</label><input type="radio" id="76" name="76" value="1" checked="checked" />Love
      <input type="radio" id="76" name="76" value="2" " />Hate<br />
    <label for="77">Gold chains:</label><input type="radio" id="77" name="77" value="1" checked="checked" " />Love
      <input type="radio" id="77" name="77" value="2" " />Hate<br />
    <label for="78">Body piercings:</label><input type="radio" id="78" name="78" value="1" checked="checked" " />Love
      <input type="radio" id="78" name="78" value="2" " />Hate<br />
    <label for="79">Cowboy boots:</label><input type="radio" id="79" name="79" value="1" checked="checked" " />Love
      <input type="radio" id="79" name="79" value="2" " />Hate<br />
    <label for="80">Long hair:</label><input type="radio" id="80" name="80" value="1" checked="checked" " />Love
      <input type="radio" id="80" name="80" value="2" " />Hate<br />
  </fieldset>
  <fieldset>
    <legend>Entertainment</legend>
    ......
</form>
```

表单反映了用户对各个主题的响应选择。

Mismatch – Questionnaire

How do you feel about each topic?

Appearance
- **Tattoos:** ◉Love ○Hate
- **Gold chains:** ◉Love ○Hate
- **Body piercings:** ◉Love ○Hate
- **Cowboy boots:** ◉Love ○Hate
- **Long hair:** ◉Love ○Hate

Entertainment
- **Reality TV:** ○Love ◉Hate
- **Professional wrestling:** ◉Love ○Hate
- **Horror movies:** ◉Love ○Hate

Exercise

Mismatch响应问卷是由存储在`mismatch_response`表中的用户响应生成的。为了生成HTML表单的代码，必须读取这些响应，并从`mismatch_topic`表中查找各个响应的主题和类别名。以下代码建立了一个包含主题和类别的响应数组，为此要完成两个查询：第一个查询获取一个用户的响应，第二个查询查找对应每个响应的主题和类别名。问题在于，有些代码不见了……请完成填空，使代码正常工作！

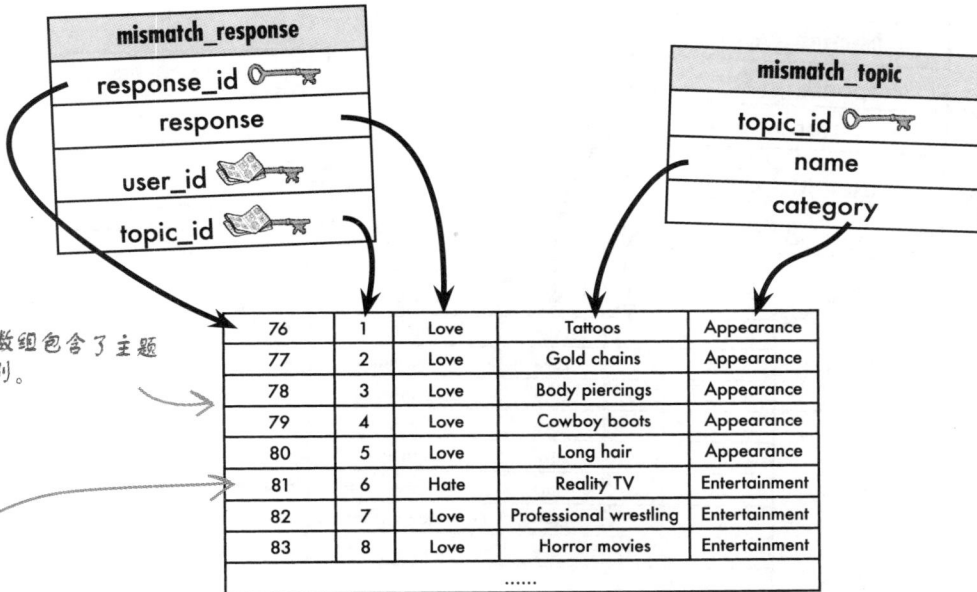

mismatch_response
- response_id 🔑
- response
- user_id 🗝
- topic_id 🗝

mismatch_topic
- topic_id 🔑
- name
- category

响应数组包含了主题和类别。

76	1	Love	Tattoos	Appearance
77	2	Love	Gold chains	Appearance
78	3	Love	Body piercings	Appearance
79	4	Love	Cowboy boots	Appearance
80	5	Love	Long hair	Appearance
81	6	Hate	Reality TV	Entertainment
82	7	Love	Professional wrestling	Entertainment
83	8	Love	Horror movies	Entertainment
......				

```
// Grab the response data from the database to generate the form
$query = "SELECT response_id, topic_id, response FROM mismatch_response " .
  "WHERE user_id = '" . $_SESSION['user_id'] . "'";
$data = mysqli_query($dbc, $query);
$responses = array();
while ($row = mysqli_fetch_array($data)) {
  // Look up the topic name for the response from the topic table
  $query2 = "................................................" .
    "WHERE topic_id = '" . $row['topic_id'] . "'";
$data2 = mysqli_query($dbc, .............);
if (mysqli_num_rows(.............) == 1) {
  $row2 = mysqli_fetch_array($data2);
  $row['topic_name'] = ...........................
  $row['category_name'] = ...........................
  array_push($responses, $row);
  }
}
```

这个PHP函数指出作为查询结果返回多少个数据行。

Mismatch响应问卷是由存储在`mismatch_response`表中的用户响应生成的。为了生成HTML表单的代码，必须读取这些响应，并从`mismatch_topic`表中查找各个响应的主题和类别名。以下代码建立了一个包含主题和类别的响应数组，为此要完成两个查询：第一个查询获取一个用户的响应，第二个查询查找对应每个响应的主题和类别名。问题在于，有些代码不见了……请完成填空，使代码正常工作！

mismatch_response	
response_id 🔑	
response	
user_id 🔑	
topic_id 🔑	

mismatch_topic	
topic_id 🔑	
name	
category	

响应数组包含主题和类别。

主题ID用于从mismatch_topic表查找主题和类别名。

76	1	Love	Tattoos	Appearance
77	2	Love	Gold chains	Appearance
78	3	Love	Body piercings	Appearance
79	4	Love	Cowboy boots	Appearance
80	5	Love	Long hair	Appearance
81	6	Hate	Reality TV	Entertainment
82	7	Love	Professional wrestling	Entertainment
83	8	Love	Horror movies	Entertainment
	......			

$responses 数组作为响应数据的一个临时"表"，用于生成问卷表单。

```
// Grab the response data from the database to generate the form
$query = "SELECT response_id, topic_id, response FROM mismatch_response " .
  "WHERE user_id = '" . $_SESSION['user_id'] . "'";
$data = mysqli_query($dbc, $query);
$responses = array();
while ($row = mysqli_fetch_array($data)) {
  // Look up the topic name for the response from the topic table
  $query2 = " SELECT name, category FROM mismatch_topic          " .
    "WHERE topic_id = '" . $row['topic_id'] . "'";
  $data2 = mysqli_query($dbc, $query2 );
  if (mysqli_num_rows( $data2 ) == 1) {
    $row2 = mysqli_fetch_array($data2);
    $row['topic_name'] = $row2[ 'name' ];
    $row['category_name'] = $row2[ 'category' ];
    array_push($responses, $row);
  }
}
```

使用新变量来完成第二个（内部）查询很重要，这样就不会影响原查询。

确保确实有响应数据。

通过指定由第二个查询得到的数据，将主题名和类别名增加到响应数组。

array_push()函数在数组的最后增加（压入）一个元素。

❸ 使用SELECT获取生成问卷表单所需的响应数据。

完成

> 用户响应确实作为文本（"Love"和"Hate"）存储在数据库中吗？如果是这样，是不是效率太低了？

可以说是，也可以说不是，正是因为这个原因，所以尽可能使用最高效的数据类型在MySQL数据库中存储数据非常重要。

可以这样来考虑，Mismatch响应更像是一个true/false答案，因为它总是某一个值（love）或另一个值（hate）。实际上，还可以有第3个值（unknown），这可以让应用知道用户还没有对某个主题做出响应。所以我们实际上需要对每个给定响应记录3个可能的值。这种问题最适合存储为一个数字，如TINYINT。这样一来，只需使用不同数字值来表示各个可能的响应。

?
Unknown = 0　　**♥ Love = 1**　　**⊘ Hate = 2**

尽量降低数据的存储需求是数据库设计中很重要的一部分，在这里是Mismatch应用中一个很小的部分但非常重要。这些数值响应直接影响Mismatch问卷表单域的生成。

Sharpen your pencil

现在先不用担心"Hate"单选钮，它们的生成方式完全相同。

以下代码会循环处理刚创建的Mismatch响应数组，为各个"Love"单选钮生成一个HTML表单域。请填入缺少的代码，使得如果响应设置为"love"(1)，表单域初始时是选中的。另外，确保相应地设置<input>标记的值。

```
foreach ($responses as $response) {
  ......
  if (.........................................) {
    echo '<input type="radio" name="' . $response['response_id'] .
      '" value=...... checked=............... />Love ';
  }
  else {
    echo '<input type="radio" name="' . $response['response_id'] .
      '" value=......  />Love ';
  }
}
```

Sharpen your pencil
Solution

以下代码会循环处理刚创建的Mismatch响应数组，为各个"Love"单选钮生成一个HTML表单域。请填入缺少的代码，使得如果响应设置为"love"(1),表单域初始时是选中的。另外，确保相应地设置<input>标记的值。

根据响应值选中"Love"单选钮
（1在数据库中表示喜欢）。

如果这个响应设置为love(1)，则选中单选钮，将其checked属性设置为"checked"。

```
foreach ($responses as $response) {
  ......
  if ( $response['response'] == ( 1 ) ) {
    echo '<input type="radio" name="' . $response['response_id'] .
      '" value="1" checked="checked" />Love ';
  }
  else {
    echo '<input type="radio" name="' . $response['response_id'] .
      '" value="1"  />Love ';
  }
}
```

<input>标记的值设置为"1"，这样表单提交时可以更容易地在数据库中存储响应。

如果响应未设置为love(1)，则去掉checked="checked"，不选中这个单选钮。

```
foreach ($responses as $response) {
  ......
  if ($response['response'] == 2) {
    echo '<input type="radio" name="' . $response['response_id'] .
      '" value="2" checked="checked" />Hate ';
  }
  else {
    echo '<input type="radio" name="' . $response['response_id'] .
      '" value="2" />Hate ';
  }
}
```

如果你好奇"Hate"单选钮如何生成，其代码也是一样的，只是要查找一个不同的响应…… 不过确实有一种更简洁的方法，可以用更少的代码同时生成"Love"和"Hate"单选钮……

谈到效率……

在效率方面，并不仅仅需要考虑数据库效率，还存在代码效率，这有多种方式。其中一种方式是充分利用PHP语言简化if-else语句。以下三元操作符就是一种便捷方法，可以编写简单if-else语句，使之更为紧凑。

?：
三元操作符用于以一种更紧凑的形式编写 if-else语句。

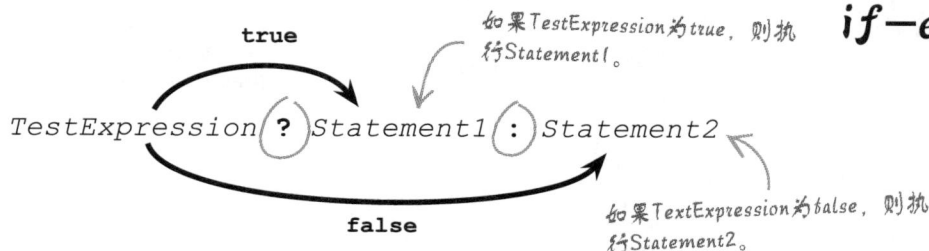

如果*TestExpression*为*true*，则执行*Statement1*。

TestExpression **?** *Statement1* **:** *Statement2*

true

false

如果*TextExpression*为*false*，则执行*Statement2*。

这个三元操作符实际上只是编写if-else语句的一种简写方式。它对于简化if-else语句很有帮助，特别是在完成一个变量赋值或者生成HTML代码作为if条件的响应时。以下使用这个三元操作符重写同样的"Love"单选钮代码：

```
echo '<input type="radio" name="' . $response['response_id'] . '" value="1" ' .
  ($response['response'] == 1 ? 'checked="checked"' : '') . ' />Love ';
```

这个*true/false*测试控制三元操作符的结果。

现在使用三元操作符而不是一条*if-else*语句来生成<*input*>标记的*checked*属性。

如果存储在$response['response']中的响应值等于1，则会生成checked属性作为<input>标记的一部分，从而得到以下选中的"Love"单选钮：

```
<input type="radio" name="279" value="1" checked="checked" />Love
```

<*input*>标记代码中的这一部分由三元操作符控制。

Long hair: ⦿ Love ○ Hate

另一方面，除1以外的其他响应值会阻止生成checked属性，导致对应"Love"单选钮的<input>标记未选中。

生成Mismatch问卷表单

现在已经配备了足够的Mismatch问卷表单代码，可以使用之前创建的响应数组（$responses）生成整个HTML表单。如果还记得，这个数组是从mismatch_response表取得当前用户的响应来构建的。下面在完整的questionnaire.php脚本中进一步查看问卷生成代码。

questionnaire.php

包含模板文本，开始会话并显示页面首部。

限制页面只允许登录用户访问。

```php
<?php
  // Start the session
  require_once('startsession.php');

  // Insert the page header
  $page_title = 'Questionnaire';
  require_once('header.php');

  require_once('appvars.php');
  require_once('connectvars.php');

  // Make sure the user is logged in before going any further.
  if (!isset($_SESSION['user_id'])) {
    echo '<p class="login">Please <a href="login.php">log in</a> to access this page.</p>';
    exit();
  }

  // Show the navigation menu
  require_once('navmenu.php');

  // Connect to the database
  $dbc = mysqli_connect(DB_HOST, DB_USER, DB_PASSWORD, DB_NAME);

  // If this user has never answered the questionnaire, insert empty responses into the database
  $query = "SELECT * FROM mismatch_response WHERE user_id = '" . $_SESSION['user_id'] . "'";
  $data = mysqli_query($dbc, $query);
  if (mysqli_num_rows($data) == 0) {
    // First grab the list of topic IDs from the topic table
    $query = "SELECT topic_id FROM mismatch_topic ORDER BY category_id, topic_id";
    $data = mysqli_query($dbc, $query);
    $topicIDs = array();
    while ($row = mysqli_fetch_array($data)) {
      array_push($topicIDs, $row['topic_id']);
    }

    // Insert empty response rows into the response table, one per topic
    foreach ($topicIDs as $topic_id) {
      $query = "INSERT INTO mismatch_response (user_id, topic_id) VALUES ('" . $_SESSION['user_id'] .
        "', '$topic_id')";
      mysqli_query($dbc, $query);
    }
  }

  // If the questionnaire form has been submitted, write the form responses to the database
  if (isset($_POST['submit'])) {
    // Write the questionnaire response rows to the response table
    foreach ($_POST as $response_id => $response) {
      $query = "UPDATE mismatch_response SET response = '$response' " .
```

❶

❷

```
        "WHERE response_id = '$response_id'";
      mysqli_query($dbc, $query);
    }
    echo '<p>Your responses have been saved.</p>';
  }
```

```
  // Grab the response data from the database to generate the form
  $query = "SELECT response_id, topic_id, response FROM mismatch_response WHERE user_id = '" .
    $_SESSION['user_id'] . "'";
  $data = mysqli_query($dbc, $query);
  $responses = array();
  while ($row = mysqli_fetch_array($data)) {
    // Look up the topic name for the response from the topic table
    $query2 = "SELECT name, category FROM mismatch_topic WHERE topic_id = '" . $row['topic_id'] .
      "'";
    $data2 = mysqli_query($dbc, $query2);
    if (mysqli_num_rows($data2) == 1) {
      $row2 = mysqli_fetch_array($data2);
      $row['topic_name'] = $row2['name'];
      $row['category_name'] = $row2['category'];
      array_push($responses, $row);
    }
  }
```

3

进入循环之前首先获取第一个
响应的类别。

```
  mysqli_close($dbc);
```

```
  // Generate the questionnaire form by looping through the response array
  echo '<form method="post" action="' . $_SERVER['PHP_SELF'] . '">';
  echo '<p>How do you feel about each topic?</p>';
  $category = $responses[0]['category_name'];
  echo '<fieldset><legend>' . $responses[0]['category_name'] . '</legend>';
  foreach ($responses as $response) {
    // Only start a new fieldset if the category has changed
    if ($category != $response['category_name']) {
      $category = $response['category_name'];
      echo '</fieldset><fieldset><legend>' . $response['category_name'] . '</legend>';
    }

    // Display the topic form field
    echo '<label ' . ($response['response'] == NULL ? 'class="error"' : '') . ' for="' .
      $response['response_id'] . '">' . $response['topic_name'] . ':</label>';
    echo '<input type="radio" id="' . $response['response_id'] . '" name="' .
      $response['response_id'] . '" value="1" ' .
      ($response['response'] == 1 ? 'checked="checked"' : '') . ' />Love ';
    echo '<input type="radio" id="' . $response['response_id'] . '" name="' .
      $response['response_id'] . '" value="2" ' .
      ($response['response'] == 2 ? 'checked="checked"' : '') . ' />Hate<br />';
  }
  echo '</fieldset>';
  echo '<input type="submit" value="Save Questionnaire" name="submit" />';
  echo '</form>';
```

4

每个类别创建为
一个fieldset来帮
助组织主题。

这里使用三元操
作符改变未回答
的主题相应标签
的样式。

每个主题创建为
一个标签，后面跟
有"Love"和"Hate"
单选钮。

```
  // Insert the page footer
  require_once('footer.php');
?>
```

要记住，1 = love,
2 = hate。

完成

4 由响应数据生成HTML问卷表单。

这些echo语句分别生成一个单选钮，一个
对应"Love"，另一个对应"Hate"。

运行测试

测试这个新的Mismatch问卷。

修改Mismatch，使用这个新的Questionnaire脚本（或者从Head First Labs网站（www.headfirstlabs.com/books/hfphp）下载这个应用）。这需要创建一个新的questionnaire.php脚本，还要在navmenu.php脚本中增加一个新的"Questionnaire"菜单项，以便用户访问这个问卷。

将脚本上传到你的Web服务器，然后在Web浏览器中打开Mismatch主页（index.php）。确保正常登录，然后点击"Questionnaire"菜单项来访问问卷。注意此时未回答任何主题，因为这是你第一次访问问卷。回答问题，并提交表单。返回到主页，然后再一次回到问卷，确认已经从数据库正确地加载了你的响应。

Questionnaire脚本允许用户回答好恶问题，然后将结果存储在数据库中。

How do you feel about each topic?

Appearance

Tattoos:	● Love ○ Hate
Gold chains:	● Love ○ Hate
Body piercings:	● Love ○ Hate
Cowboy boots:	● Love ○ Hate
Long hair:	● Love ○ Hate

Entertainment

Reality TV:	○ Love ● Hate
Professional wrestling:	● Love ○ Hate
Horror movies:	● Love ○ Hate

表单中的主题问题是由数据库动态生成的，如果你增加了新的主题，表单也会随之改变。

下载

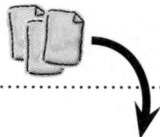

Mismatch应用的完整源代码可以从Head First Labs网站下载：

www.headfirstlabs.com/books/hfphp

there are no
Dumb Questions

问： "Love"单选钮代码怎么知道三元操作符的结果是一个串？

答： 三元操作符总是根据测试表达式的值（true或false）来计算冒号两边的两个语句之一。如果这些语句是串，那么三元操作符的结果也将是一个串。正是这一点使得三元操作符使用相当方便，可以把它直接插入到赋值或连接语句中间。

问： 三元操作符可以让我的脚本运行更快吗？

答： 不能，也许不行。三元操作符更多的是为代码增加格式方面的效率，而不是性能效率，也就是说它需要更少的脚本代码。有时使用三元操作符比使用一个完整的`if-then`语句更简洁，尽管这二者在逻辑上是完全等价的。即使如此，也不要过分滥用三元操作符，因为如果你打算用三元操作符改写一个复杂的`if-then`语句，会使一些代码更难理解。正确的想法是，使用三元操作符来消除一个if-else应当确实有助于简化代码，而不是让代码更复杂。这往往包括使用三元操作符有选择地控制赋至一个变量或者插入到一个表达式的值。对于Mismatch单选钮，后一种方法用于有选择地控制是否插入一个HTML属性（checked）。

问： 用户还没有做出任何响应时怎么可能从`mismatch_response`表生成Mismatch问卷表单呢？

答： 这个问题问得好。问卷表单必须处理两种可能的情况：用户第一次回答问卷；或者用户已经回答过问卷，现在正在修改答案。对于第一种情况，还没有做出任何响应，所以`mismatch_response`表中对应这个用户还没有数据。不过我们仍需要动态地生成表单。为此，可以使用`mismatch_topic`表来生成这样一个表单，这个工作只完成一次。不过，这不适用于第二种情况，因为此时表单必须根据用户特定的好恶响应来生成；要记住，"Love"和"Hate"单选钮要作为表单的一部分来生成。所以我们就遇到一个问题，生成表单的代码完全取决于用户是否已经回答了问卷。不仅如此，如果他们只回答了部分问题呢？这就有些混乱了。

Mismatch采取的做法是，用户第一次访问问卷时在`mismatch_response`表中预填入未做回答的响应。这样一来，我们就总能由`mismatch_response`表生成表单，而不必操心相应的复杂性，比如根据用户之前是否做出响应或者他们对哪些特定的主题做了响应等条件而采用不同方式生成表单。当然，现在的表单生成代码也不简单，不过如果不采用这种方法，代码会更加复杂。

试一试！

为简化代码，Mismatch没有自动调整来反映新主题，至少对于已经回答过问卷的用户来说未做调整。所以，在增加新主题之后必须清空mismatch_response表。

① 用以下SQL语句向你自己的**mismatch_topic**表增加一条新主题：

```
INSERT INTO mismatch_topic
  (name, category) VALUES
  ('Virtual guitars', 'Activities')
```

② 用以下SQL语句从**mismatch_response**表清空所有数据：

```
DELETE FROM mismatch_response
```

③ 查看**Mismatch**应用中的问卷，找到这个新主题。

④ 对这个新主题做出响应，提交表单，并查看所保存的响应。

现在由数据驱动表单

确实很费功夫，不过现在Mismatch应用能够由数据库中存储的响应动态地生成问卷了。这说明，对数据库做出的任何修改都会自动地反映到表单中,这正是由数据库驱动Web应用用户界面的主旨所在。不过，如果有不好的数据会发生什么情况呢？

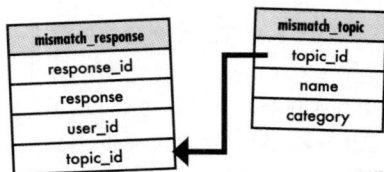

这个表单，怎么说呢，看起来相当混乱！

mismatch_response
- response_id
- response
- user_id
- topic_id

mismatch_topic
- topic_id
- name
- category

这3个fieldset本应是一个，这样所有关于娱乐（Entertainment）的主题都能归组在一起。

这个类别拼错了，导致表单中额外出现了这个fieldset，这很让人困惑。

Mismatch - Questionnaire

How do you feel about each topic?

Appearance
- **Tattoos:** ○ Love ● Hate
- **Gold chains:** ○ Love ● Hate
- **Body piercings:** ○ Love ● Hate
- **Cowboy boots:** ● Love ○ Hate
- **Long hair:** ● Love ○ Hate

Entertainment
- **Reality TV:** ● Love ○ Hate
- **Professional wrestling:** ○ Love ● Hate
- **Horror movies:** ○ Love ● Hate

Entertinment
- **Easy listening music:** ○ Love ○ Hate

Entertainment
- **The opera:** ● Love ○ Hate

Food
- **Sushi:** ● Love ○ Hate
- **Spam:** ○ Love ● Hate
- **Spicy food:** ● Love ○ Hate

根据生成这个表单的做法，类别变化会导致生成一个新的fieldset，正因如此，这里创建了一个额外的fieldset。

确实由数据驱动了表单，但是有些不对劲。看起来数据库中某个类别拼错了，这导致PHP代码为它生成了一个单独的fieldset。这是一个严重的问题，因为本来使用fieldset是为了帮助组织表单以便于响应主题，而这会破坏本该达到的效果。

OK, 这么说数据库中某个类别拼错了，这破坏了我们的表单。你们认为该如何修正这个问题呢？

mismatch_topic

topic_id 🔑	name	category
......		
8	Horror movies	Entertainment
9	Easy listening music	Entertinment
10	The opera	Entertainment
11	Sushi	Food
12	Spam	Food
13	Spicy food	Food
14	Peanut butter & banana sandwiches	Food
15	Martinis	Food
16	Howard Stern	People
17	Bill Gates	Peopel
18	Barbara Streisand	People
......		

我们已经知道是这个拼错的类别带来了问题……

People
Howard Stern: ⦿ Love ○ Hate
Peopel
Bill Gates: ○ Love ⦿ Hate
People
Barbara Streisand: ○ Love ⦿ Hate

……这里还有一处会导致问卷表单中出现同样的*fieldset*问题。

Frank, Jill, Joe

Frank: 这很容易。只需要在`mismatch_topic`表中把类别名改正确就可以了。

Joe: 但是不只是有一个类别拼错了。而且我考虑再三，实在不明白为什么要把类别名存储多次。

Jill: 我同意。我们那么费劲地在设计数据库模式时消除重复数据，不过这里还是有一大堆重复的类别名。不仅如此，还有两个不正确的类别名。

Frank: 那好，去掉类别名，按数字来引用类别怎么样呢？这样一来就不存在键入错误的风险了。

Joe: 没错，不过我们仍然需要类别名作为问卷表单中的标题。

Jill: 也许我们可以按数字引用类别而不要类别名。`mismatch_topic`表中对主题就是这样做的，对吧？

Joe: 完全正确！我们不希望在`mismatch_response`表中存储大量重复的主题名，所以把主题名放在`mismatch_topic`表中，然后用数字键将主题与响应关联。

Frank: 你是不是说可以通过创建一个新的类别表来解决重复的类别名问题？

Jill: 他正是这个意思。我们可以创建一个新的`mismatch_category`表，其中各个类别名只存储一次。然后使用主键和外键在`mismatch_topic`和`mismatch_category`之间建立主题和类别的关联。太棒了！

努力达到规范化

重新设计Mismatch数据库来消除重复数据，并采用一种合理一致的方式分解和连接表，这个过程就称为规范化。规范化（Normalization）是一个相当深奥的数据库设计主题，可能让人心生恐惧。不过并不一定那么复杂。我们可以根据规范化基础知识了解一些足够简单的数据库设计技术，与凭空猜测应当如何建立数据布局相比，利用这些数据库设计技术可以建立更好的MySQL数据库。

以下是一些非常宽泛的步骤，可以采用这些步骤开始我们的数据库设计过程，这会很自然地得到一个更"规范"的数据库：

规范化是指设计数据库来减少重复数据，并改进数据之间的关系。

1. 选择对象，即希望用表来描述的对象。

你希望表描述的主要对象是什么？

2. 建立使用表时关于对象所需了解的一个信息列表。

你如何使用这个表？

3. 使用这个列表，将对象的有关信息分解为组织表时可用的多个部分。

如何最容易地查询表？

规范化的一个基本概念是原子数据的思想，就是在给定数据库用途的前提下，分解为最小形式的有意义的数据。例如，Mismatch数据库中的first_name和last_name列从某种意义上讲就是原子的，因为与一个name列相比，它们能够更进一步分解用户的名字。这在Mismatch中很有必要，因为我们希望能够单独按用户的名来引用一个用户。

原子数据就是分解为给定数据库所需最小形式的数据。

可能并不一定总是需要应用将全名分解为单独的名和姓列，不过，在这种情况下，name本身可能已经是原子的。所以将一个表描述的"对象"分解为多个部分时，应当考虑将如何使用数据，而不只是它表示什么。

规范化时，要按原子来考虑

为了帮助把你的数据库设计想法付诸实际，可以对你的数据问一些针对性问题，这很有帮助。这些问题有助于确定如何将数据放在一个表中，以及是否已经分解为适当的原子表示。没有人认为分解原子数据很容易，不过以下列出的问题可能对你会有帮助。

让数据具有原子性是创建一个规范表的第一步。

1. 表要描述的**对象**是什么？

你的表要描述看到外星人的记录，email列表订购，视频游戏高分，还是毫无希望的浪漫故事？

2. 如何**使用**表来**得到**你的**对象**？

适当设计表以易于查询！

3. **列**是否包含**原子数据**，以保证查询简短而且切中要点？

确保数据尽可能短小。

there are no Dumb Questions

问：我是不是应该把数据分解得尽可能小？

答：不一定。保证数据原子性是指，把它分解为创建一个高效表所需的最小部分，而不是尽可能小的部分。不要矫枉过正而将数据过分分解。如果不需要额外的列，就不要只是为了分解数据而增加列。

问：原子数据对我有什么帮助？

答：这有助于确保表中的数据正确。例如，如果一个看到外星人的记录有一个街道地址列，你可能希望把这个街道地址分解为两列：号码和街道。这样一来，就可以确保号码列中只存储数字。

原子数据还允许更高效地完成查询，因为查询更容易编写，而且运行时间更短，如果存储的数据量很大，这种时间的节省累积起来也相当可观。

到底为什么要规范？

也许你的数据库只是中等规模，所以你可能认为这些关于原子数据和规范性的讨论有些大材小用，没有必要。如果是这样，那么请你想想看，如果你的Web应用飞速发展，成为下一个"热门应用"会发生什么情况。如果你的数据库规模在非常短的时间内呈跳跃式发展，以至于暴露设计中可能存在的弱点，又会怎么样？所以最好为你的Web应用配备全新"装备"，而不要试图只是对数据做一些修修补补。如果只是进行修补，很快你就发现无法控制局面。你肯定会迫切需要规范性。

如果你还是不以为然，或者仍然坚持固步自封，下面再给出两个完成数据库规范化的强有力的原因：

规范化很有好处，具体来说就是数据库的**规模**和**速度**会得到改进。

1. 规范表不会有重复数据，这会缩小数据库的规模。

庞大、臃肿的数据库很不好……

规范化数据库往往比设计不当的数据库规模小得多。

这就是说："规模就是金钱！"

……高效的小数据库则很好！

2. 要搜索的数据更小，查询也会更快。

陷入重复数据中的慢查询很不好……

对于数据库来说，速度快总是好事。

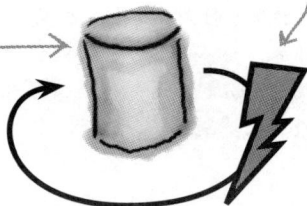

嗯，请等等，可能这就是说"时间就是金钱！"

……高速的查询则很好！

规范化数据库的3大步骤

你已经对数据有所考虑，现在已经很清楚为什么需要规范化，但是仅仅有这些基本思想还不够。你真正需要的是一组简洁的规则，可以对任何数据库应用这些规则来确保规范性……这类似于一个逐条检查的清单，可以用来确保一个数据库有足够的规范性。下面我们就开始吧。

规范化一个数据库需要严格地遵循一系列设计步骤。 ❶ ❷ ❸

❶ 确保列具有原子性。

要让一个列真正做到原子性，该列中就不能有数据类型相同的多个值。类似地，也不能有多个有相同数据类型的列。

love	hate
cowboy boots, long hair, reality TV, easy listening music, the opera	tattoos, gold chains, body piercings, professional wrestling, horror movies
......	
tattoos, gold chains, body piercings, cowboy boots, long hair, professional wrestling, horror movies	reality TV, easy listening music, the opera
......	

多个有相同数据类型的值在同一个列中，而且这里还有多个列包含相同的数据……问题很严重！

❷ 每个表有自己的主键。

主键对于确保唯一地访问表中的数据非常重要。主键是一个列，理想情况下是数值数据类型，这样可以尽可能高效地完成查询。

username	password	......
dierdre	08447b......	......
baldpaul	230dcb......	......
jnettles	e511d7......	......
rubyr	062e4a......	......
theking	b4f283......	......

如果没有主键，就没有办法确保这个表中行的唯一性。

❸ 确保非键的列不相互依赖。

这是规范化数据库时最有难度的一个需求，这一条并不总是要求严格遵循。你需要更仔细地查看一个给定表中的数据列相互之间的关系。基本思想是修改一个列的值不应要求同时对另一个列做出修改。

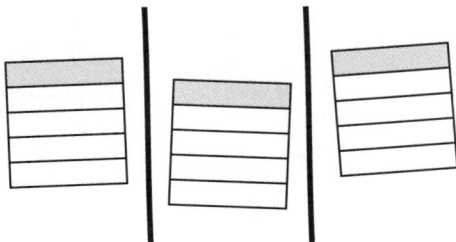

username	password	......	city	state	zip	picture
dierdre	08447b......	......	Cambridge	MA	02138	dierdrepic.jpg
baldpaul	230dcb......	......	Charleston	SC	29401	paulpic.jpg
jnettles	e511d7......	......	Athens	GA	30601	johanpic.jpg
rubyr	062e4a......	......	Conundrum	AZ	85399	rubypic.jpg
theking	b4f283......	......	Tupelo	MS	38801	elmerpic.jpg

假想的ZIP列依赖于city和state列，这说明修改一个列同时还需要修改其他的列。为了解决这个问题，需要将用户的位置分解到单独的表，以ZIP编码作为主键。

Mismatch数据库需要规范化来解决重复类别名的问题。给定现有的数据库结构，简要画出一个能解决重复类别问题的改进设计，以消除数据输入错误的风险。对设计做出标注，解释它是如何工作的。

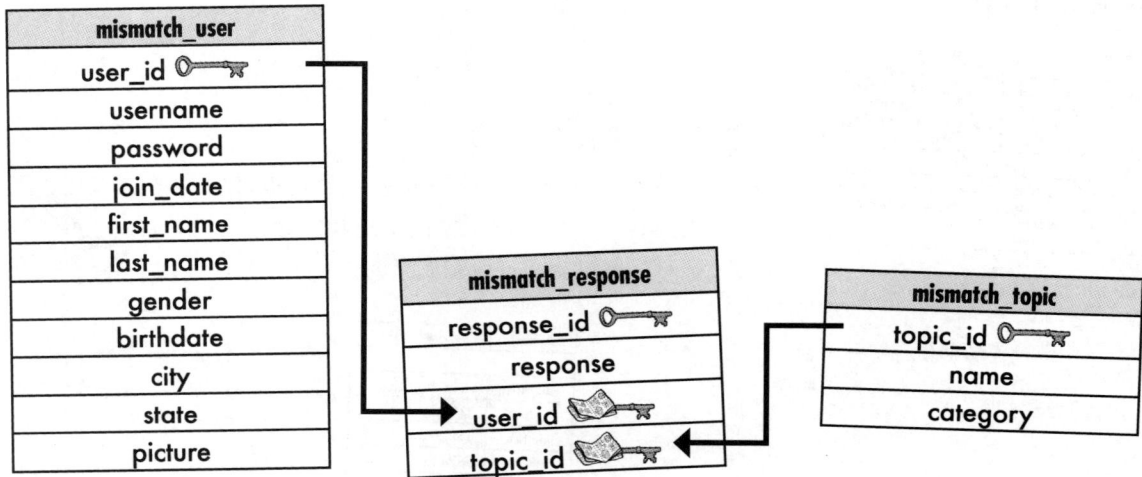

mismatch_user
user_id 🗝️
username
password
join_date
first_name
last_name
gender
birthdate
city
state
picture

mismatch_response
response_id 🗝️
response
user_id 🔑
topic_id 🔑

mismatch_topic
topic_id 🗝️
name
category

there are no
Dumb Questions

问： 如何对Mismatch应用规范化中的第3步来解决假想的city/state/ZIP问题？

答： 答案是将一个用户的位置分解到其单独的表中，然后通过一个外键将mismatch_user表与这个表关联。所以可以创建一个名为mismatch_location的表，其中有一个名为location_id的主键，另外还有一些列存储用户的地址信息，比如所在的城市（city）和州（state）。然后将city和state列从mismatch_user删除，并代之以一个location_id外键。这样问题就解决了！这个设计之所以能奏效，是因为location_id列实际上使用了ZIP编码作为主键，从而消除了非键列依赖问题。

问： 啊，看起来为了满足这样一个吹毛求疵的数据库设计需求就要做这么多工作。这确实有必要吗？

答： 可以说有，也可以说没有。规范化的前两个步骤确实毫无商量余地，因为原子数据和主键对于任何好的数据库设计来说都至关重要。第3步则需要折衷考虑，你要面对一个完美数据库设计的诱惑，同时还要正视一个应用实际所需的现实性，必须在这二者之间做出衡量。对于Mismatch的city/state/ZIP问题，出于简单性考虑，即使存在这个问题可能也可以接受。这绝对不是一个能够轻松做出的决定，另外很多对数据库坚持理想主义的人始终认为必须严格遵循所有这3个规范化步骤。好在ZIP编码列纯粹是假想的，它并不真正是mismatch_user表的一部分，所以不用对它太过担心。

问： 即使没有ZIP编码列，难道不需要把city和state列移到自己的表中来满足第3个规范化步骤吗？

答： 可能是。当然最后在mismatch_user表中有可能出现重复的城市/州数据。取出城市和州而没有ZIP编码存在一个问题，你必须以某种方式在这些表中填充每一个存在的城市和州。否则用户肯定会拼错某些城市而最终得到有问题的数据。这个例子很好地表明：有些情况下必须对严格规范化的好处和实际应用的现实性做认真的权衡。

要解决所有这些问题，一种有意义的解决方案是在mismatch_user表中使用ZIP编码，而不是城市和州，然后根据需要从一个静态表或另外某个web服务查找城市和州。对于我们目前的要求来说，这过于复杂，所以下面仍使用city和state列。

Exercise Solution

Mismatch数据库需要规范化来解决重复类别名的问题。给定现有的数据库结构，简要画出一个能解决重复类别问题的改进设计，以消除数据输入错误的风险。对设计做出标注，解释它是如何工作的。

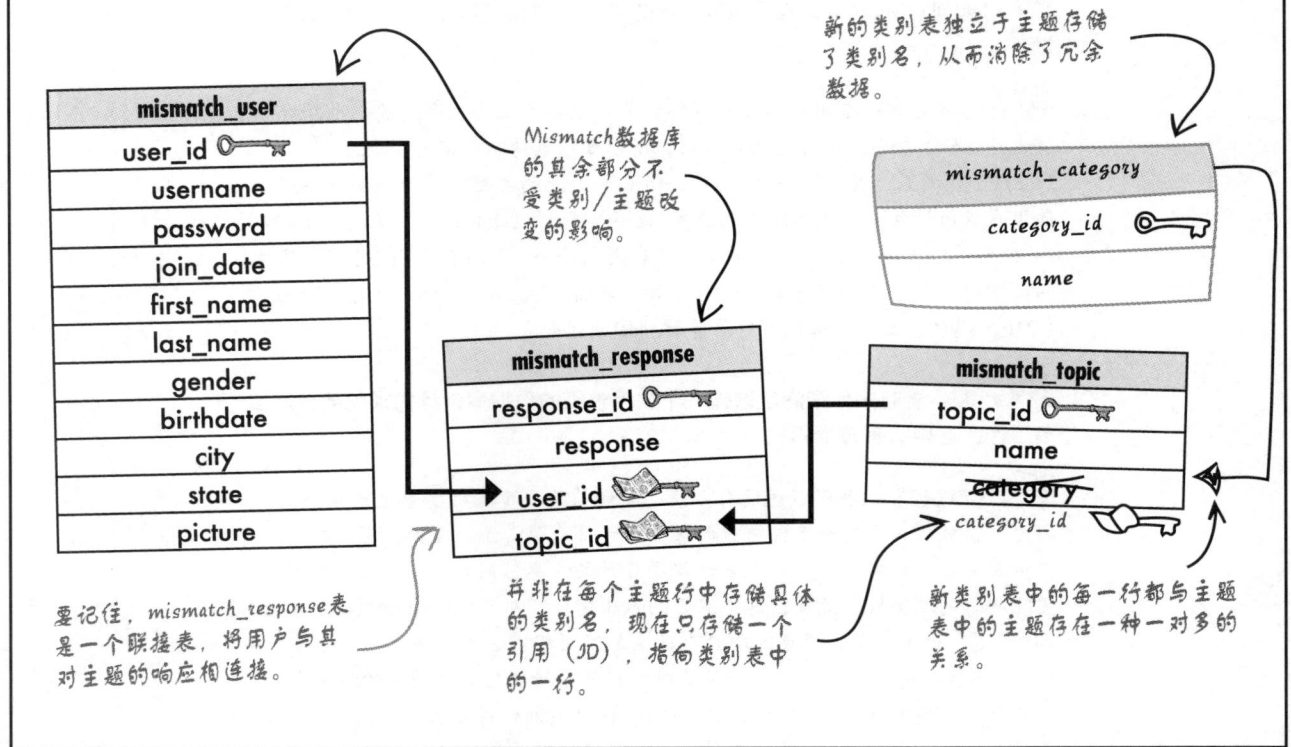

新的类别表独立于主题存储了类别名，从而消除了冗余数据。

mismatch_user

- user_id 🔑
- username
- password
- join_date
- first_name
- last_name
- gender
- birthdate
- city
- state
- picture

Mismatch数据库的其余部分不受类别/主题改变的影响。

mismatch_category

- category_id 🔑
- name

mismatch_response

- response_id 🔑
- response
- user_id
- topic_id

mismatch_topic

- topic_id 🔑
- name
- ~~category~~
- category_id

要记住，mismatch_response表是一个联接表，将用户与其对主题的响应相连接。

并非在每个主题行中存储具体的类别名，现在只存储一个引用（ID），指向类别表中的一行。

新类别表中的每一行都与主题表中的主题存在一种一对多的关系。

there are no Dumb Questions

问： 这个新的 mismatch_category 表到底如何解决重复数据问题？

答： 新表将类别名从 mismatch_topic 表中分离出来单独存储。由于类别存储在自己的表中，现在不再需要重复类别名，对于每个类别只有一行，再由 mismatch_topic 表中的行引用。这说明，mismatch_category 表中的类别行与 mismatch_topic 表中的主题行之间存在一种一对多的关系。

问： 那么这是不是意味着 mismatch_category 表只能有5行，每一行对应一个类别？

答： 确实是这样：

mismatch_category

category_id 🔑	name
1	Appearance
2	Entertainment
3	Food
4	People
5	Activities

每个类别名只存储一次！

修改Mismatch数据库

为了充分利用这个新的模式，Mismatch数据库需要做一些结构修改。具体来讲，我们需要创建一个新的mismatch_category表，然后把它连接到mismatch_topic表中的一个新外键。由于mismatch_topic表中原来包含重复类别数据的类别列已经不再需要，可以将它删除。

创建新的类别表，其中只包含类别名。

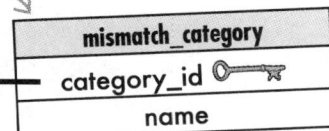

```sql
CREATE TABLE mismatch_category (

  category_id INT NOT NULL AUTO_INCREMENT,

  name VARCHAR(48) NOT NULL,

  PRIMARY KEY (category_id)

)
```

mismatch_category
category_id 🔑
name

删除原来的类别列，因为我们将从类别表引用类别。

```sql
ALTER TABLE mismatch_topic
DROP COLUMN category
```

mismatch_topic
topic_id 🔑
name
~~category~~
category_id 🔑

```sql
ALTER TABLE mismatch_topic
ADD COLUMN category_id INT NOT NULL
```

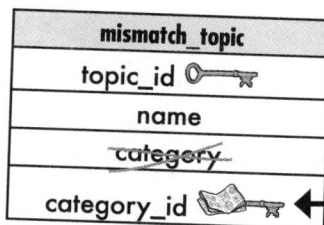

增加一个新的category_id外键，将各个主题与类别表中的类别相连接。

mismatch_topic

topic_id 🔑	name	category_id 🔑
......		
8	Horror movies	2
9	Easy listening music	2
10	The opera	2
11	Sushi	3
12	Spam	3
13	Spicy food	3
14	Peanut butter & banana sandwiches	3
15	Martinis	③
16	Howard Stern	4
17	Bill Gates	4
18	Barbara Streisand	4
......		

新的mismatch_category表必须填充类别数据，通过一组INSERT语句完成。

```sql
INSERT INTO mismatch_category (name) VALUES ('Appearance')
INSERT INTO mismatch_category (name) VALUES ('Entertainment')
INSERT INTO mismatch_category (name) VALUES ('Food')
INSERT INTO mismatch_category (name) VALUES ('People')
INSERT INTO mismatch_category (name) VALUES ('Activities')
```

新的category_id列必须填充数据，从而将各个主题的类别关联到mismatch_category表中相应的类别。

```sql
UPDATE mismatch_topic SET category_id = 3
  WHERE name = 'Martinis'
```

这个ID应当与mismatch_category表中的类别自增ID匹配。

运行测试

创建并填充新的`mismatch_category`数据库表。

使用一个MySQL工具，执行上一页的CREATE TABLE SQL命令，向Mismatch数据库增加一个名为mismatch_category的新表。然后执行INSERT语句在这个表中填充类别数据。现在运行两个ALTER语句修改mismatch_topic表，增加一个category_id列。最后，使用UPDATE更新mismatch_topic表中的各行，使其category_id列指向mismatch_category表中相应的类别。

现在对各个表运行SELECT，确认一切正确。

Mismatch真的规范吗？

没错，确实如此。如果对各个Mismatch表应用前面的3个规范性规则，你会发现它能顺利地通过检查。不过，即使未能通过检查，也没有什么损失。就像有形形色色的人一样，数据库也有不同程度的规范性。重要的是，应当着力设计完全规范的数据库，只是在有非常充分的理由违反规则时才允许不太规范的特例情况。

1 确保列具有原子性。

2 每个表有自己的主键。

3 确保非键的列不相互依赖。

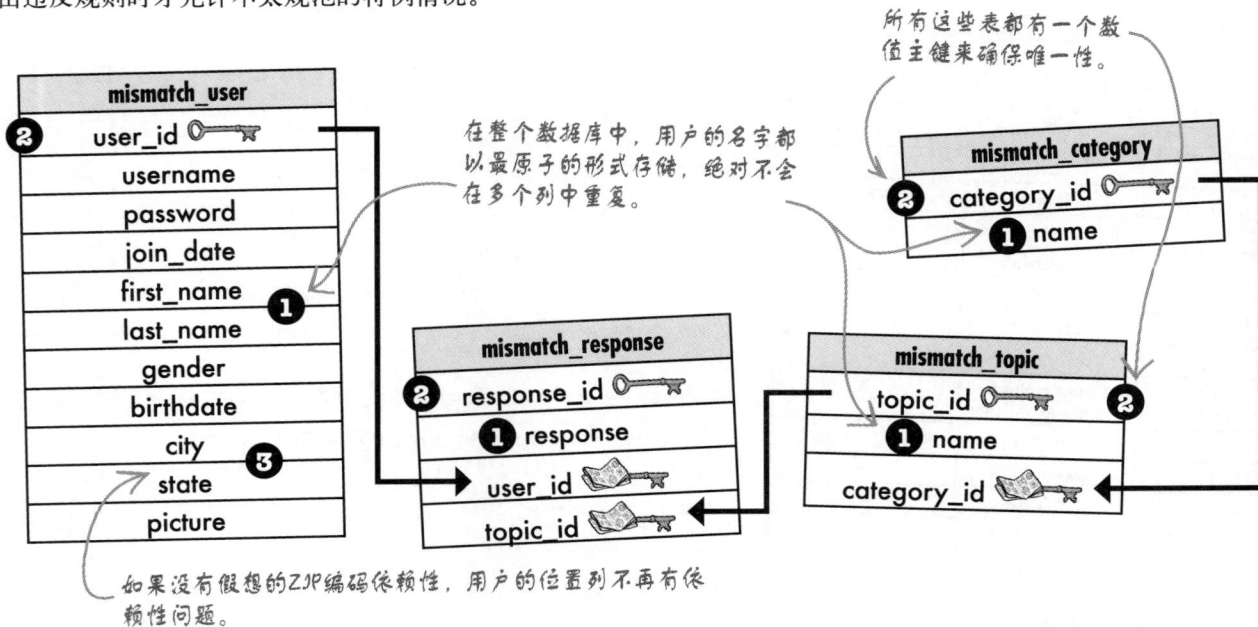

所有这些表都有一个数值主键来确保唯一性。

在整个数据库中，用户的名字都以最原子的形式存储，绝对不会在多个列中重复。

如果没有假想的ZIP编码依赖性，用户的位置列不再有依赖性问题。

难道新的**Mismatch**表设计不会影响问卷脚本代码中已有的查询吗？

mismatch_category
category_id 🔑
name

```php
......
// Grab the response data from the database to generate the form
$query = "SELECT response_id, topic_id, response FROM mismatch_response " .
  "WHERE user_id = '" . $_SESSION['user_id'] . "'";
$data = mysqli_query($dbc, $query);
$responses = array();
while ($row = mysqli_fetch_array($data)) {
  // Look up the topic name for the response from the topic table
  $query2 = "SELECT name, category FROM mismatch_topic " .
    "WHERE topic_id = '" . $row['topic_id'] . "'";
  $data2 = mysqli_query($dbc, $query2);
  if (mysqli_num_rows($data2) == 1) {
    $row2 = mysqli_fetch_array($data2);
    $row['topic_name'] = $row2['name'];
    $row['category_name'] = $row2['category'];
    array_push($responses, $row);
  }
}
......
```

questionnaire.php

确实。实际上，由于一些表会受到数据库结构调整的影响，大多数结构调整都要求修改涉及这些表的查询。

在这里，修改数据库设计来增加新的`mismatch_category`表会影响到所有涉及`mismatch_topic`表的查询。这是因为，原先的数据库设计将类别直接存储在`mismatch_topic`表中。由于现在类别分离到其自己的表中（我们知道这是出于规范化考虑的一个好想法），就有必要重新查看这些查询，改写为使用一个另加的`mismatch_category`表。

查询中的查询中的查询……

规范化数据库会导致一个问题，查询往往需要子查询，因为你必须得到多个表中的数据。这可能会变得很混乱。请考虑这个新版本的查询，它要构建响应数据来生成Mismatch问卷表单。

更多的表往往导致更混乱的查询。

```
// Grab the response data from the database to generate the form
$query = "SELECT response_id, topic_id, response FROM mismatch_response " .
  "WHERE user_id = '" . $_SESSION['user_id'] . "'";
$data = mysqli_query($dbc, $query);
$responses = array();
while ($row = mysqli_fetch_array($data)) {
  // Look up the topic name for the response from the topic table
  $query2 = "SELECT name, category_id FROM mismatch_topic " .
    "WHERE topic_id = '" . $row['topic_id'] . "'";
  $data2 = mysqli_query($dbc, $query2);
  if (mysqli_num_rows($data2) == 1) {
    $row2 = mysqli_fetch_array($data2);
    $row['topic_name'] = $row2['name'];

    // Look up the category name for the topic from the category table
    $query3 = "SELECT name FROM mismatch_category " .
      "WHERE category_id = '" . $row2['category_id'] . "'";
    $data3 = mysqli_query($dbc, $query3);
    if (mysqli_num_rows($data3) == 1) {
      $row3 = mysqli_fetch_array($data3);
      $row['category_name'] = $row3['name'];
      array_push($responses, $row);
    }
  }
}
```

我们在从3个不同的表中抽取数据，这需要3个查询。

要记住，这个函数告诉你查询返回多少个数据行。

这个新查询使用category_id键从类别表中获取类别名。

mismatch_response
response_id 🔑
response
user_id 🗝️
topic_id 🗝️

mismatch_topic
topic_id 🔑
name
category_id 🗝️

mismatch_category
category_id 🔑
name

26	1	Love	Tattoos	Appearance
27	2	Love	Gold chains	Appearance
28	3	Love	Body piercings	Appearance
29	4	Love	Cowboy boots	Appearance
30	5	Love	Long hair	Appearance
31	6	Hate	Reality TV	Entertainment
32	7	Love	Professional wrestling	Entertainment
33	8	Love	Horror movies	Entertainment

这是临时响应数组，用于生成Mismatch问卷表单。

这个重复数据不会带来问题，因为这是从其来源表抽取的，并不是重复存储。

下面完全联手表

哎呀！能不能对所有这些嵌套查询做点什么？解决方案就是利用一个称为联接（join）的SQL特性。使用这个特性，我们只用一个查询就可以从多个表获取结果。有多种不同类型的联接，不过最常用的是内联接，它根据一个条件从两个表中选择行。在一个内联接中，查询结果只包含满足这个条件的行。

联接可以利用一个查询从多个表获取结果。

查询选择了主题ID和类别名，这些列分别位于两个不同的表中。

```
SELECT mismatch_topic.topic_id, mismatch_category.name

  FROM mismatch_topic

  INNER JOIN mismatch_category

  ON (mismatch_topic.category_id = mismatch_category.category_id)
```

类别表通过一个内联接（INNER JOIN）联接到主题表。

联接的条件是，对于返回的各个数据行，类别ID必须匹配。

mismatch_topic

这一列控制着联接！

topic_id	name	category_id
1	Tattoos	1
2	Gold chains	1
3	Body piercings	1
4	Cowboy boots	1
5	Long hair	1
6	Reality TV	2
7	Professional wrestling	2
8	Horror movies	2
9	Easy listening music	2
10	The opera	2
11	Sushi	3
	……	

mismatch_category

category_id	name
1	Appearance
2	Entertainment
3	Food
4	People
5	Activities

结果的第二列包含类别表中对应各个主题ID的类别名。

1	Appearance
2	Appearance
3	Appearance
4	Appearance
5	Appearance
6	Entertainment
7	Entertainment
8	Entertainment
	……

结果的第一列包含主题表中的主题ID。

得到的数据包含了两个不同表中的列！

这个内联接成功地合并了两个表中的数据，而之前这需要两个不同的查询才能做到。查询结果包含了两个表中的数据列。

用连接点连接

由于联接涉及多个表，所以要非常清楚联接中所引用的各个列，这一点很重要。更具体地讲，必须明确每一列相应的表，避免出现混乱——表通常会有同名的列，特别是作为键的列。为此，只需在列名前加上表名和一个点号。例如，以下是原先构建主题ID和类别名结果集的 INNER JOIN查询：

点记法允许在联接中引用一个列所属的表。

这是表名。 点号！ 这是表中的列名，与表名之间用一个点号（.）分隔。

```
SELECT mismatch_topic.topic_id, mismatch_category.name
    FROM mismatch_topic
    INNER JOIN mismatch_category
    ON (mismatch_topic.category_id = mismatch_category.category_id)
```

这是另一个使用点记法的表/列引用。

这里点号真正发挥了作用，列名是相同的，如果没有表名会导致混乱。

如果在这个查询中未指定与列关联的表，就会很含糊。实际上，查询的ON部分根本无法理解，因为它会查看category_id列是否等于它自己，以为还是在mismatch_topic表中。出于这个原因，构建JOIN查询时通常最好明确地指定与列关联的表。

列名本身根本无法告诉我们它属于哪个表。

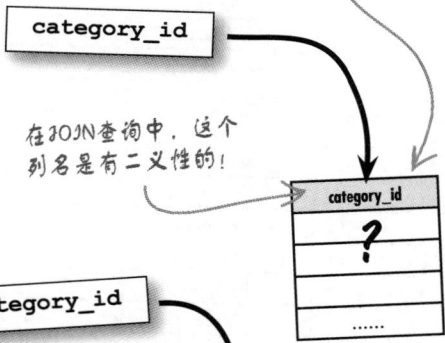

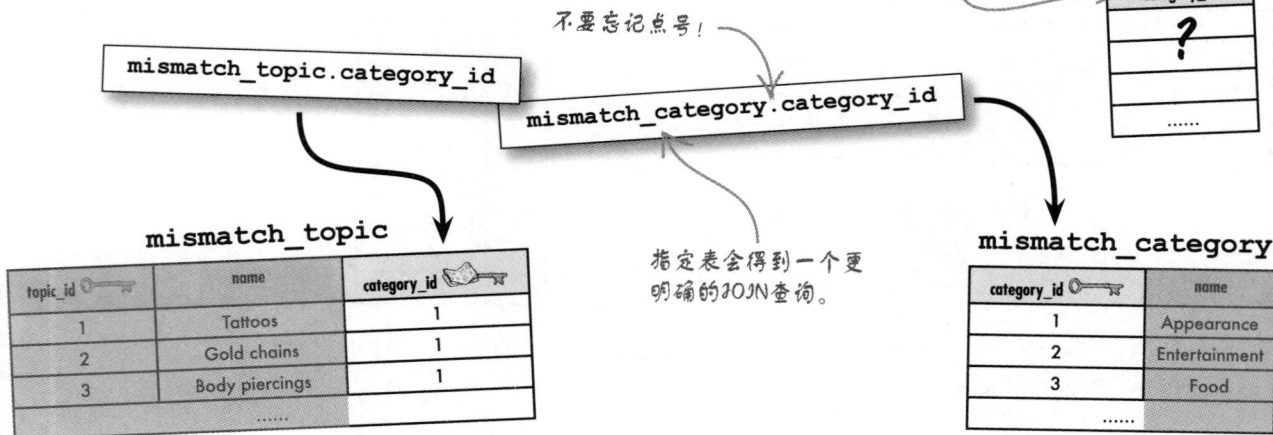

category_id

在JOIN查询中，这个列名是有二义性的！

category_id
?
......

不要忘记点号！

mismatch_topic.category_id

mismatch_category.category_id

指定表会得到一个更明确的JOIN查询。

mismatch_topic

topic_id 🔑	name	category_id 🔑
1	Tattoos	1
2	Gold chains	1
3	Body piercings	1
......		

mismatch_category

category_id 🔑	name
1	Appearance
2	Entertainment
3	Food
......	

当然还可以利用内联接做更多工作

内联接并不仅限于结合两个表的数据。由于内联接最终仍是一个查询，所以依然可以使用规范的查询构造进一步地控制结果。例如，如果希望从一个联接结果集中获取一个特定的行，可以在INNER JOIN查询后面加上一个WHERE语句抽出那一行。

```
SELECT mismatch_topic.topic_id, mismatch_category.name

  FROM mismatch_topic

  INNER JOIN mismatch_category

  ON (mismatch_topic.category_id = mismatch_category.category_id)

  WHERE mismatch_topic.name = 'Horror movies'
```

那么这个查询到底会返回什么？首先，要记住WHERE子句相当于缩小前面查询的范围。换句话说，它进一步限制了原INNER JOIN查询返回的行。可以回顾一下，以下是没有WHERE时内联接的结果：

INNER JOIN可以在条件中使用比较操作符来结合两个表的数据行。

1	Appearance
2	Appearance
3	Appearance
4	Appearance
5	Appearance
6	Entertainment
7	Entertainment
8	Entertainment
……	

主题ID从*mismatch_topic*表抽取。

类别名由*mismatch_category*表抽取。

作为WHERE语句的一部分，这一列会缩小结果范围。

这两列控制两个表之间的联接。

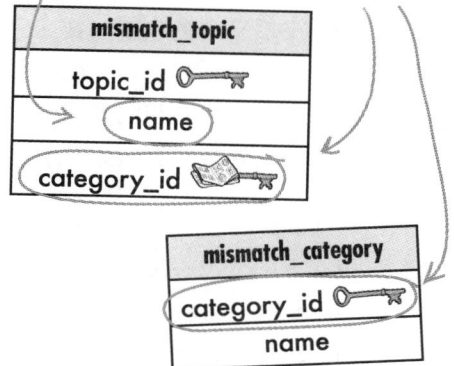

mismatch_topic
- topic_id 🔑
- (name)
- category_id

mismatch_category
- (category_id 🔑)
- name

WHERE子句的作用是将这个结果集缩减为一行，这一行的主题名等于'Horror movies'。再来查看mismatch_topic表，看看这是哪一行。

mismatch_topic

topic_id 🔑	name	category_id
……		
7	Professional wrestling	2
8	Horror movies	2
9	Easy listening music	2
……		

这一行满足WHERE子句。

由于WHERE子句，原INNER JOIN结果集缩减为只有这孤独的一个数据行。

| 8 | Entertainment |

WHERE子句将联接的结果限制为一行。

there are no
Dumb Questions

问： 这么说，利用**WHERE**子句，可以根据某个联接表中的行约束JOIN查询的结果？

答： 完全正确。要记住，WHERE子句中的具体比较会应用到原表，而不是应用到查询结果。所以，对于Mismatch这个例子，查询根据两个不同表中都出现的某一列（category_id）从这两个表中获取数据，然后只选择mismatch_topic表中name列等于某个特定值（'Horror movies'）的行。所以INNER JOIN的依据是两个表中都有category_id列，而WHERE子句只是使用mismatch_topic表中的name列来限制结果。

问： Mismatch **JOIN**查询中的**WHERE**子句可以基于**mismatch_category**表吗？

答： 当然可以。WHERE 子句可以根据联接中涉及的任何一个表来限制查询结果。举个例子，WHERE子句可以修改为只查找一个特定的类别，如下：

```
…… WHERE mismatch_category.name = 'Entertainment'
```

这个WHERE子句将结果限制为只包含属于娱乐（Entertainment）类别的主题。所以WHERE子句不会影响表联接的方式，不过确实会影响查询返回的具体数据行。

使用 USING 简化 ON

应该记得，我们的目标是使用INNER JOINT简化麻烦的Mismatch查询。内联接包含同名的匹配列时，可以在USING语句的帮助下进一步简化这个查询。USING语句在INNER JOIN查询中要取代ON的位置，需要为之提供匹配中使用的列名。不过要确保两个表中这个列的列名必须完全相同。举个例子，还是看这个Mismatch查询：

用USING重写ON，可以得到基于一个共同列匹配的更为简洁的内联接查询。

```
SELECT mismatch_topic.topic_id, mismatch_category.name
    FROM mismatch_topic
    INNER JOIN mismatch_category
    ON (mismatch_topic.category_id = mismatch_category.category_id)
    WHERE mismatch_topic.name = 'Horror movies'
```

各个列的列名是相同的，只是表不同。

由于查询的ON部分依赖于同名的列（category_id），因此可以利用一个USING语句简化：

```
SELECT mismatch_topic.topic_id, mismatch_category.name
    FROM mismatch_topic
    INNER JOIN mismatch_category
    USING (category_id)
    WHERE mismatch_topic.name = 'Horror movies'
```

所需要的只是列名…… 不再需要用=指定相等性。

列名必须相同才能在内联接中使用USING语句。

表和列的别名

我们的INNER JOIN查询越来越简洁！下面再更进一步。对于SQL查询，标准做法是按数据库中出现的名指示表和列。不过在较大的查询中，如果涉及到多个表，这种做法可能很笨拙，这些名会让查询很难读。有时有必要采用一个别名，也就是在查询中用来指示一个表或列的临时名。下面使用别名重写Mismatch查询。

利用别名允许在查询中<u>重命名</u>一个表或列，从而有助于从某种程度简化查询。

通过将表名压缩为更简短的别名，代码变得更易读。

```
SELECT mt.topic_id, mc.name
    FROM mismatch_topic AS mt
    INNER JOIN mismatch_category AS mc
    USING (category_id)
    WHERE mt.name = 'Horror movies'
```

SQL中的AS关键字创建一个别名，在这里就是为mismatch_topic表创建别名。

对mismatch_topic表的所有引用现在都简写为"mt"。

借助这个别名，mismatch_category现在可以简单地用"mc"来指示。

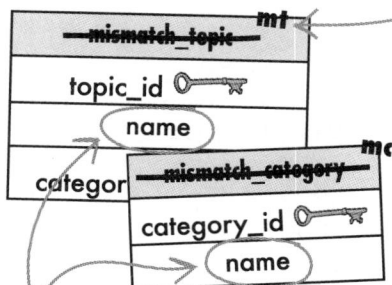

在一个联接中选择这两个列会得到同名的结果列……这可不好！

用别名对一个列重命名时，查询结果中会出现这个别名。

别名是不是只适合编写更简洁的查询？并非如此，在某些情况下别名会非常重要！Mismatch应用中可能有一个方便的联接，它要获取对应一个给定主题ID的主题名和类别名。不过mismatch_topic中的主题名和mismatch_category表中的类别名都使用了相同的列名（name）。这就带来了问题，因为结合这两列的结果会给出有二义性的列名。不过，可以用别名对结果列重命名，来增强其描述性。

```
SELECT mt.name AS topic_name, mc.name AS category_name
    FROM mismatch_topic AS mt
    INNER JOIN mismatch_category AS mc
    USING (category_id)
    WHERE mt.topic_id = '11'
```

现在用更具描述性的名对所选的列建立别名。

结果列现在有了唯一的更具描述性的名。

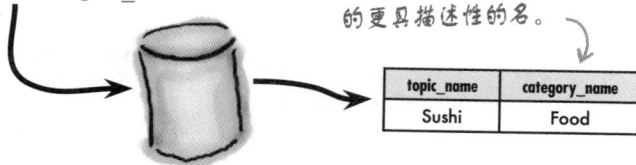

topic_name	category_name
Sushi	Food

救兵来了：联接

联接更高效，而且比嵌套查询需要的代码更少。

利用联接，一个查询中可以涉及多个表，并有效地从多个位置抽取数据放在一个结果表中。构建响应数组的Mismatch查询就非常适合采用联接，因为它包含3个以上嵌套查询来处理多个表。下面先来看原来的代码：

```
// Grab the response data from the database to generate the form
$query = "SELECT response_id, topic_id, response FROM mismatch_response " .
  "WHERE user_id = '" . $_SESSION['user_id'] . "'";
$data = mysqli_query($dbc, $query);
$responses = array();
while ($row = mysqli_fetch_array($data)) {
  // Look up the topic name for the response from the topic table
  $query2 = "SELECT name, category_id FROM mismatch_topic " .
    "WHERE topic_id = '" . $row['topic_id'] . "'";
  $data2 = mysqli_query($dbc, $query2);
  if (mysqli_num_rows($data2) == 1) {
    $row2 = mysqli_fetch_array($data2);
    $row['topic_name'] = $row2['name'];

    // Look up the category name for the topic from the category table
    $query3 = "SELECT name FROM mismatch_category " .
      "WHERE category_id = '" . $row2['category_id'] . "'";
    $data3 = mysqli_query($dbc, $query3);
    if (mysqli_num_rows($data3) == 1) {
      $row3 = mysqli_fetch_array($data3);
      $row['category_name'] = $row3['name'];
      array_push($responses, $row);
    }
  }
}
```

代码中最后两个查询负责从相应的表中得到主题名和类别名，每个表需要一个查询。

以下是使用联接的新版本的代码：

```
// Grab the response data from the database to generate the form
$query = "SELECT response_id, topic_id, response FROM mismatch_response " .
  "WHERE user_id = '" . $_SESSION['user_id'] . "'";
$data = mysqli_query($dbc, $query);
$responses = array();
while ($row = mysqli_fetch_array($data)) {
  // Look up the topic and category names for the response from the topic and category tables
  $query2 = "SELECT mt.name AS topic_name, mc.name AS category_name " .
    "FROM mismatch_topic AS mt " .
    "INNER JOIN mismatch_category AS mc USING (category_id) " .
    "WHERE mt.topic_id = '" . $row['topic_id'] . "'";
  $data2 = mysqli_query($dbc, $query2);
  if (mysqli_num_rows($data2) == 1) {
    $row2 = mysqli_fetch_array($data2);
    $row['topic_name'] = $row2['topic_name'];
    $row['category_name'] = $row2['category_name'];
    array_push($responses, $row);
  }
}
```

利用联接，可以在一个查询中同时获取主题名和类别名。

用别名帮助简化代码。

主题ID作为主查询的基础，不过由类别ID控制联接。

> 我不明白，你还是要有一个额外的查询查找类别名。既然联接这么好，为什么还需要两个查询呢？

我们并不需要两个查询，至少如果充分使用联接的话是不需要的。

可以联接多于两个表，这才是Mismatch响应数组代码真正需要的。我们需要一个查询来完成以下三件事：获取用户的所有响应，得到每个响应的主题名，然后得到各个响应的类别名。前一页上改进的新代码用一个查询完成了后两步，其中涉及mismatch_topic和mismatch_category表之间的一个联接。理想情况下，如果一个查询包含两个联接，就可以利用联接达到"一石三鸟"的目的。

Exercise

通过灵活地使用联接，以下代码利用一个查询就能够从数据库获取响应数据。希望聪明的你编写出这个SQL查询，完成mismatch_response、mismatch_topic和mismatch_category表之间的联接。

```
// Grab the response data from the database to generate the form
$query =
        ...........................................................................
....................................................................................
....................................................................................
....................................................................................
....................................................................................
....................................................................................

$data = mysqli_query($dbc, $query);
$responses = array();
while ($row = mysqli_fetch_array($data)) {
  array_push($responses, $row);
}
```

通过灵活地使用联接，以下代码利用一个查询就能够从数据库获取响应数据。希望聪明的你编写出这个SQL查询，完成mismatch_response、mismatch_topic和mismatch_category表之间的联接。

Exercise Solution

```
// Grab the response data from the database to generate the form
$query =        "SELECT mr.response_id, mr.topic_id, mr.response, " .
    "mt.name AS topic_name, mc.name AS category_name " .
    "FROM mismatch_response AS mr " .
    "INNER JOIN mismatch_topic AS mt USING (topic_id) " .
    "INNER JOIN mismatch_category AS mc USING (category_id) " .
    "WHERE mr.user_id = '" . $_SESSION['user_id'] . "'";
$data = mysqli_query($dbc, $query);
$responses = array();
while ($row = mysqli_fetch_array($data)) {
  array_push($responses, $row);
}
```

使用别名帮助简化查询，并使之更易读。

第一个联接将主题表引入查询，从而可以使用主题ID得到主题名。

第二个联接使用类别ID将类别表加入查询，从而可以访问类别名。

将所有查询结果数据存储在$responses数组中。

there are no Dumb Questions

问： 还有哪些类型的联接？

答： 还有一些其他类型的内联接，包括相等联接（equijoin）、非相等联接（non-equijoin）和自然联接（natural join）。相等联接和非相等联接分别根据一个相等性比较或不相等性比较来完成一个内联接。你在Mismatch查询中已经看到一些检查topic_id和category_id列是否匹配的相等联接例子。由于这些匹配需要查找"相等"的列（相同的ID），所以认为这些查询是相等联接。

另一种内联接是自然联接，这需要比较两个表中所有同名的列。所以自然联接实际上就是一个相等联接，只是其中用来确定联接的列是自动选择的。自然联接的这个自动特性使之相对于常规内联接来说描述性有所减弱，因为查看这种联接时无法明显地看出发生了什么，必须查看数据库结构才能知道联接中使用了哪些列。

问： 这么说所有SQL联接实际上都是内联接的变型吗？

答： 并非如此，还有很多其他联接可以使用。另一大类联接统称为外联接（outer join），有多种不同类型的联接都认为是外联接。有左外联接、右外联接、完全外联接，还有较少使用但很让人惊叹的"三螺旋双面连接"。必须承认，最后一个并不是真正的联接，但确实应该有这样一个联接！外联接的基本思想是，并不要求所联接的表中的行必须匹配才能进入联接结果。所以有可能构建这样一些外联接，它们总能得到所选表中的行而不论有什么匹配条件。

外联接可以像内联接一样方便，这取决于数据库应用的特定需求。要要更多地了解不同类型的联接及其如何使用，可以参考《Head First SQL》。

运行测试

改造Questionnaire脚本，利用一个查询来获取用户的响应。

使用内联接修改questionnaire.php脚本，从而利用一个查询就可以获取用户的响应数据。将新脚本上传到你的Web服务器，然后在Web浏览器中导航到问卷。如果一切顺利，你不会注意到任何差别…… 不过你很清楚现在的脚本代码更棒！

> 哈，我真是迫不及待想要完成这个问卷，那些奇怪的类别都不见了！

借助于这个新的类别表，规范化Mismatch数据库不那么容易出错了。

mismatch_category
- category_id
- name

mismatch_topic
- topic_id
- name
- category_id

mismatch_response
- response_id
- response
- user_id
- topic_id

Mismatch - Questionnaire

How do you feel about each topic?

Appearance

Tattoos:	○ Love ● Hate
Gold chains:	○ Love ● Hate
Body piercings:	○ Love ● Hate
Cowboy boots:	● Love ○ Hate
Long hair:	● Love ○ Hate

Entertainment

Reality TV:	● Love ○ Hate
Professional wrestling:	○ Love ● Hate
Horror movies:	○ Love ● Hate
Easy listening music:	● Love ○ Hate
The opera:	● Love ○ Hate

Food

Sushi:	● Love ○ Hate
Spam:	○ Love ● Hate
Spicy food:	● Love ○ Hate
Peanut butter & banana sandwiches:	○ Love ● Hate
Martinis:	● Love ○ Hate

现在数据库中不再有重复数据，表单更为一致，用户不再感到困惑。

Mismatch问卷在后台的两个联接的帮助下由响应、主题和类别表动态生成。

我已经填完了问卷，我的互补配对在哪里？我还在等待……

Mismatch – Questionnaire

Food
Sushi: ● Love ○ Hate
Spam: ○ Love ● Hate
Spicy food: ● Love ○ Hate
Peanut butter & banana sandwiches: ○ Love ● Hate
Martinis: ● Love ○ Hate

People
Howard Stern: ○ Love ● Hate
Bill Gates: ● Love ○ Hate
Barbara Streisand: ● Love ○ Hate
Hugh Hefner: ○ Love ● Hate
Martha Stewart: ● Love ○ Hate

Activities
Thrifting: ● Love ○ Hate
Clubbing: ○ Love ● Hate
Karaoke: ● Love ○ Hate
Hiking: ● Love ○ Hate

Save Questionnaire

Sidney的问卷已经填完并已存储，准备用来建立互补配对。

Mismatch现在可以记住用户的响应，但是它对这些响应还没有任何处理……比如说为用户找到一个互补配对！

尽管已经有了用户响应数据集合，但在得到成功互补配对的道路上这只完成了一半。Mismatch应用还缺少一种机制，能够将丘比特的爱情神箭射入数据库来找到爱的"红线"。这需要以某种方式检查数据库中所有用户的响应，查看谁是最理想的互补配对。

根据所有这些类别、主题和响应找出一个理想的互补配对，这听起来相当复杂。你确信这确实可行吗？

当然是可以的；我们只需要一种一致的方式计算两个用户之间共有多少互补配对的主题。

如果提出一种简单的方法来计算两个用户之间的互补配对主题数，就可以循环处理用户数据库完成用户的比较。对于给定用户，互补配对数最高的那个人就是这个用户的最佳配对！

♥ + 🚫 = 互补配对！

请写出你打算如何使用Mismatch数据库中存储的数据计算两个用户的"互补配对度"：

....

....

....

爱是一个数字游戏

应该记得，互补配对响应在`mismatch_response`表中存储为数字，其中0、1和2对于特定的响应有特殊的含义。

?
Unknown = 0

♥
Love = 1

⊘
Hate = 2

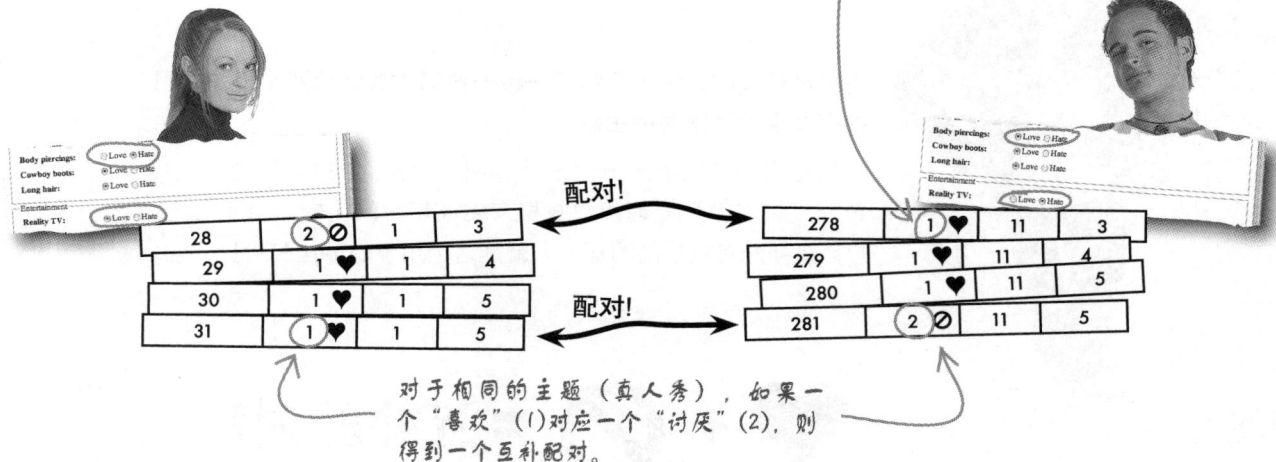

这就是计算两个用户之间的互补配对所使用的数据，具体来讲，我们要查找一个"喜欢"对应一个"讨厌"，或者一个"讨厌"对应一个"喜欢"。换句话说，要查找这样的响应行：`response`列分别是"1"和"2"，或者"2"和"1"。

这些行中的第二列是响应，可以是0（未回答）、1（喜欢）或2（讨厌）。

28	2 ⊘	1	3
29	1 ♥	1	4
30	1 ♥	1	5
31	1 ♥	1	5

配对!

配对!

278	1 ♥	11	3
279	1 ♥	11	4
280	1 ♥	11	5
281	2 ⊘	11	5

对于相同的主题（真人秀），如果一个"喜欢"（1）对应一个"讨厌"（2），则得到一个互补配对。

还缺少一个方便的方法利用PHP代码确定两个响应之间何时出现一个互补配对。当然可以利用一组`if-else`语句来检查是否有一个"1"和一个"2"，不过还有更好的解决方案。不论哪一种情形（一个"1"和一个"2"，或者一个"2"和一个"1"），将两个响应结果相加都会得到值为3。所以可以使用一个简单的公式来检测两个响应之间是否存在互补配对。

如果 ResponseA + ResponseB = 3，则得到一个互补配对！

所以要找到一个爱的"红线"，实际上只需要完成一个简单的数学计算。以上解决了比较单个匹配的具体问题，不过还有一个更大的问题没有解决，即如何具体构建My Mismatch脚本。

成功找到互补配对的5大步骤

要找到最佳的互补配对，并不只是需要比较响应行。My Mismatch脚本必须遵循一组精心设计的步骤才能成功地建立互补配对。这些步骤非常重要，在此基础上才能最终让用户满意，使用户的问卷响应真正体现价值。

1 从mismatch_response表获取用户的响应，确保主题名与结果联接。

2 初始化互补配对搜索结果，包括跟踪"最佳配对"的变量。

3 循环处理用户表，将其他人的响应与用户响应比较。这需要将数据库中每个人的响应与该用户相应的响应进行比较。利用一个"得分"来跟踪该用户与其他人分别有多少个相反的响应。

4 每次循环之后，查看当前互补配对是否优于目前为止的最佳配对。如果是这样，则把这个互补配对存储为新的"最佳配对"，并确保同时存储互补配对的主题。

5 确保已经找到"最佳配对"，然后查询得到有关该互补配对用户的更多信息，并显示结果。

准备互补配对搜索

第1步我们很熟悉，因为前面已经写了一些查询，可以完成与此类似的联接。不过我们还需要存储用户的响应，以便以后在脚本中（第3步）将这些响应与其他用户的响应进行比较。下面的代码建立了一个数组$user_responses，其中包含了登录用户的响应。

> 这个查询使用一个JOIN选择用户的所有响应。

```
$query = "SELECT mr.response_id, mr.topic_id, mr.response, mt.name
AS topic_name " .

  "FROM mismatch_response AS mr " .

  "INNER JOIN mismatch_topic AS mt " .

  "USING (topic_id) " .

  "WHERE mr.user_id = '" . $_SESSION['user_id'] . "'";

$data = mysqli_query($dbc, $query);

$user_responses = array();

while ($row = mysqli_fetch_array($data)) {

  array_push($user_responses, $row);

}
```

> 使用一个while循环处理查询结果中的各行，这个过程中会建立一个用户响应数组。

这个循环结束时，$user_responses数组将包含用户的所有响应。

❶ 从**mismatch_response**表获取用户的响应，确保主题名与结果联接。

My Mismatch脚本构建过程的第2步需要创建一些变量，这些变量将包含互补配对搜索的结果。在整个My Mismatch脚本中完成最佳配对搜索时会使用这些变量：

```
$mismatch_score = 0;

$mismatch_user_id = -1;

$mismatch_topics = array();
```

> 这个变量包含两个用户之间的互补配对得分，最终最高分将给出一个最佳互补配对。

这是所检查的互补配对候选人的用户ID……搜索结束时，这个变量将包含最佳配对的ID。

这个数组包含两个用户间互补配对的主题。

> 如果搜索之后这个变量仍设置为−1，说明不存在互补配对，对此只有一种情况，即所有其他用户都没有回答问卷，但这是不太可能的。

❷ 初始化互补配对搜索结果，包括跟踪"最佳配对"的变量。

比较用户得到"互补配对度"

建立互补配对的下一步需要循环处理每一个用户，将他们的响应与当前登录用户的响应进行比较。换句话说，我们将针对登录用户即配对者（例如，Sidney），遍历整个用户表，将该用户的响应与各个配对候选人的响应进行比较。我们要找出与配对者有最多相反响应的候选人。

从哪里开始呢？先完成一个循环逐一处理$user_responses数组（配对者响应）怎么样？在这个循环中，我们将各个元素的值与另一个数组（其中包含配对候选人的响应）中的相应元素进行比较。下面称第二个数组为$mismatch_responses。

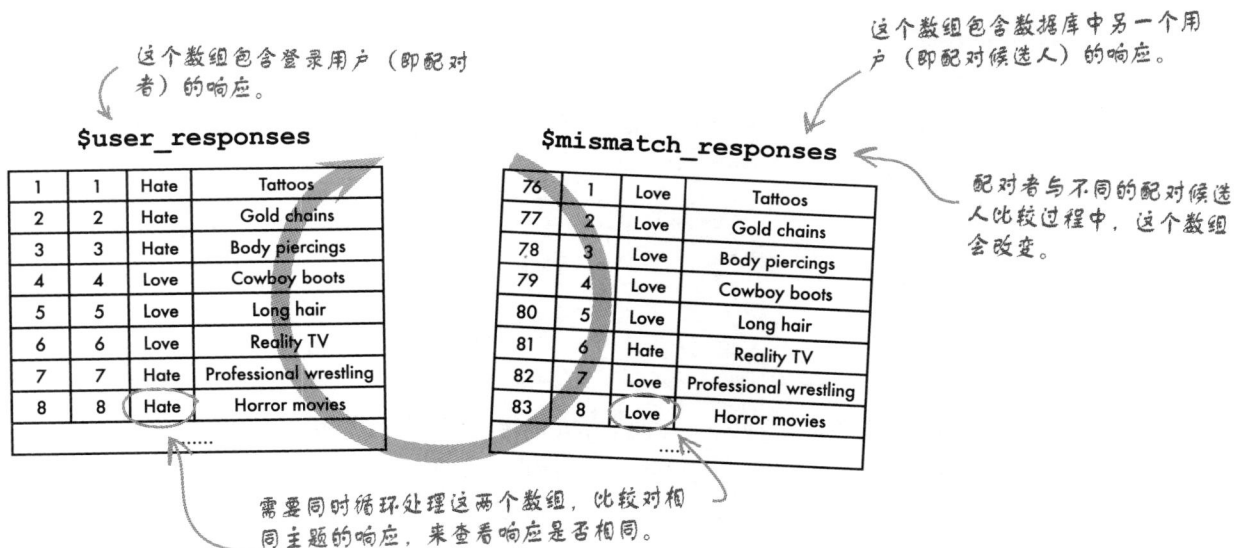

这个数组包含登录用户（即配对者）的响应。

这个数组包含数据库中另一个用户（即配对候选人）的响应。

$user_responses

1	1	Hate	Tattoos
2	2	Hate	Gold chains
3	3	Hate	Body piercings
4	4	Love	Cowboy boots
5	5	Love	Long hair
6	6	Love	Reality TV
7	7	Hate	Professional wrestling
8	8	Hate	Horror movies
		......	

$mismatch_responses

76	1	Love	Tattoos
77	2	Love	Gold chains
78	3	Love	Body piercings
79	4	Love	Cowboy boots
80	5	Love	Long hair
81	6	Hate	Reality TV
82	7	Love	Professional wrestling
83	8	Love	Horror movies
		......	

配对者与不同的配对候选人比较过程中，这个数组会改变。

需要同时循环处理这两个数组，比较对相同主题的响应，来查看响应是否相同。

这里的难题在于，我们需要这样一个循环：它实际上要同时循环处理两个数组，将各个元素逐一地进行比较。foreach循环无法达到这个目的，因为它只能循环处理一个数组，而我们需要同时循环处理两个数组。while循环是可行的，不过必须创建一个计数器变量，并在每次循环中手工地将其递增。理想情况下，我们需要一个能自动管理计数器变量的循环，从而能够用它来访问各个数组中的元素。

foreach (......) {

不可行！

while (......) {

可行，但是不太理想。

我们需要一个FOR循环

PHP还提供了另一类循环，它恰好能提供Mismatch响应比较所需的功能。这称为for循环，这种循环非常适合将某个工作循环指定次数。例如，for循环很适用于计数任务，如计数减至0，或者计数增加到某个值。以下是for循环的结构，由此可以看出如何构造循环利用一个循环计数器变量($i)迭代处理一个数组。

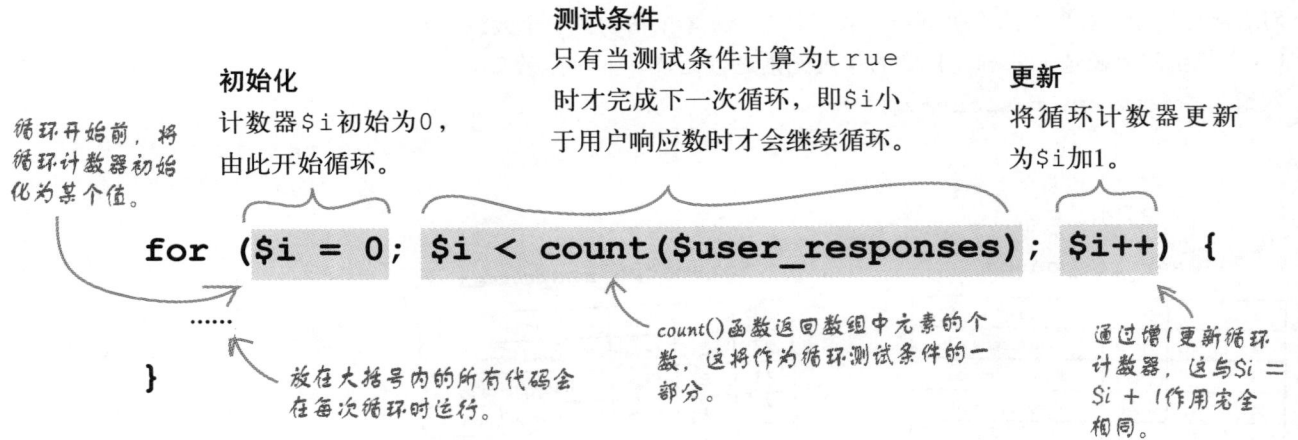

测试条件
只有当测试条件计算为true时才完成下一次循环，即$i小于用户响应数时才会继续循环。

初始化
计数器$i初始为0，由此开始循环。

循环开始前，将循环计数器初始化为某个值。

更新
将循环计数器更新为$i加1。

```
for ($i = 0; $i < count($user_responses); $i++) {

}
```

count()函数返回数组中元素的个数，这将作为循环测试条件的一部分。

放在大括号内的所有代码会在每次循环时运行。

通过增1更新循环计数器，这与$i = $i + 1作用完全相同。

Exercise

My Mismatch脚本的第3步需要对两个用户进行比较，为此要循环处理各个响应，根据互补配对的响应数计算一个"得分"。给定以下数据，请完成计算得分的for循环。

$user_responses
用户响应数组。

$mismatch_responses
配对候选用户的响应数组。

$score
循环要计算的配对得分。

```
for ($i = 0; $i < count($user_responses); $i++) {
  if ( .................................... + .................................... == ....... ) {

    .....................
    array_push($topics, $user_responses[$i]['topic_name']);
  }
}
```

there are no
Dumb Questions

问：为什么不直接使用一个**foreach**循环，而不是**for**循环来计算得分？

答：尽管 foreach 循环可以很好地循环处理所有不同响应，但是在循环过程的某次迭代中无法提供索引（$i）。这个索引很重要，因为代码要用它来访问用户响应数组以及配对响应数组。如果使用 foreach 循环，将无需对其中某一个数组使用索引，不过无法对两个数组都做到这一点。所以需要一个常规的 for 循环，其中使用一个索引来访问各个数组中的相应元素。

问：将互补配对响应另外存储在单独的数组中有什么作用？

答：互补配对响应数组非常重要，可以让用户准确地知道与其理想配对按主题比较的情况。只是提供理想配对的身份还不够，如果能提供用户与这个人在哪些主题上存在互补配对会更好。这有助于为互补配对结果提供一个上下文环境，让用户更好地了解为什么这个人确实是他们的最佳配对。

问：有Mismatch脚本的第5步中，对于给定用户为什么有可能无法找到最佳配对？

答：虽然不太可能，但必须考虑到存在这样一种情况，即整个系统中只有一个用户，在这种情况下，不可能有其他人与这个用户存在互补配对。

Exercise Solution

My Mismatch脚本的第3步需要对两个用户进行比较，为此要循环处理各个响应，根据互补配对的响应数计算一个"得分"。给定以下数据，请完成计算得分的for循环。

$user_responses

1	1	Hate	Tattoos
2	2	Hate	Gold chains
3	3	Hate	Body piercings
4	4	Love	Cowboy boots
5	5	Love	Long hair
6	6	Love	Reality TV
7	7	Hate	Professional wrestling
8	8	Hate	Horror movies

......

$mismatch_responses

76	1	Love	Tattoos
77	2	Love	Gold chains
78	3	Love	Body piercings
79	4	Love	Cowboy boots
80	5	Love	Long hair
81	6	Hate	Reality TV
82	7	Love	Professional wrestling
83	8	Love	Horror movies

......

$score

17

最后$score变量介于 0（没有互补配对）到总主题数（完全配对）之间。

每找到一个互补配对响应，就将得分增1。

要记住，用户响应数与总主题数相等，因为响应直接来自问卷。

```
for ($i = 0; $i < count($user_responses); $i++) {
    if ( $user_responses[$i][ 'response' ]  +  $mismatch_responses[$i][ 'response' ]  ==  3  ) {
      $score += 1;
        array_push($topics, $user_responses[$i]['topic_name']);
    }
}
```

循环计数器用于逐步处理各个用户响应。

各个互补配对的主题会增加到一个数组中，提供互补配对结果时可以向用户显示这些主题。

互补配对包括一个"喜欢"（1）对应一个"讨厌"（2），所以如果存在互补配对，将响应相加总能得到一个3。

完成

3 循环处理用户表，将其他人的响应与用户响应比较。

完成互补配对

这个计算互补配对得分的全新循环属于一个更大的脚本(mymismatch.
php)，这个脚本将负责在Mismatch数据库中找到一个用户的理想配对，
然后显示有关信息。

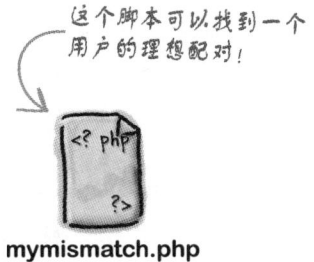

*这个脚本可以找到一个
用户的理想配对！*

mymismatch.php

......

```
// Only look for a mismatch if the user has questionnaire responses stored
$query = "SELECT * FROM mismatch_response WHERE user_id = '" . $_SESSION['user_id'] . "'";
$data = mysqli_query($dbc, $query);
if (mysqli_num_rows($data) != 0) {
```

*只可能为对问卷做出响应的
用户找到互补配对。*

```
  // First grab the user's responses from the response table (JOIN to get the topic name)
  $query = "SELECT mr.response_id, mr.topic_id, mr.response, mt.name AS topic_name " .
    "FROM mismatch_response AS mr " .
```
❶
```
    "INNER JOIN mismatch_topic AS mt " .
    "USING (topic_id) " .
    "WHERE mr.user_id = '" . $_SESSION['user_id'] . "'";
```

*这里用SELECT选择用户的问卷
响应时使用了我们熟悉的JOIN
来获取主题名。*

```
  $data = mysqli_query($dbc, $query);
  $user_responses = array();
  while ($row = mysqli_fetch_array($data)) {
    array_push($user_responses, $row);
  }
```

*$user_responses数组包含用户的所
有响应。*

```
  // Initialize the mismatch search results
  $mismatch_score = 0;
```
❷
```
  $mismatch_user_id = -1;
  $mismatch_topics = array();
```

*这些变量跟踪互补配对的搜
索过程。*

......

*稍等，这里还有很多内
容，请翻开下一页！*

```
// Loop through the user table comparing other people's responses to the user's responses
$query = "SELECT user_id FROM mismatch_user WHERE user_id != '" . $_SESSION['user_id'] . "'";
$data = mysqli_query($dbc, $query);
while ($row = mysqli_fetch_array($data)) {
  // Grab the response data for the user (a potential mismatch)
  $query2 = "SELECT response_id, topic_id, response FROM mismatch_response " .
    "WHERE user_id = '" . $row['user_id'] . "'";
  $data2 = mysqli_query($dbc, $query2);
  $mismatch_responses = array();
  while ($row2 = mysqli_fetch_array($data2)) {
    array_push($mismatch_responses, $row2);
  }

  // Compare each response and calculate a mismatch total
  $score = 0;
  $topics = array();
  for ($i = 0; $i < count($user_responses); $i++) {
    if (((int)$user_responses[$i]['response']) + ((int)$mismatch_responses[$i]['response']) == 3) {
      $score += 1;
      array_push($topics, $user_responses[$i]['topic_name']);
    }
  }

  // Check to see if this person is better than the best mismatch so far
  if ($score > $mismatch_score) {
    // We found a better mismatch, so update the mismatch search results
    $mismatch_score = $score;
    $mismatch_user_id = $row['user_id'];
    $mismatch_topics = array_slice($topics, 0);
  }
}

......
```

这个查询获取除配对者以外的所有其他用户。

对于每个用户，这个查询获取将作为候选互补配对进行比较的问卷响应。

3

这个大括号标志着主 while 循环的结束。

这个 for 循环计算候选互补配对的配对得分。

文本响应（如'2'）强制转换为一个整数(2)，以便完成相加和比较操作。

完成 **4**

如果这个用户比到目前为止的最佳配对更好，则将他设置为最佳配对。

这个函数抽取数组中的一"片"。在这里只是用它将 $topics 数组复制到 $mismatch_topics。

目前还处于上一页第一个 if 语句中，下面还有更多代码……

```
      // Make sure a mismatch was found
      if ($mismatch_user_id != -1) {
```

显示互补配对结果之前，
确保确实找到一个"最
佳配对"。

```
        $query = "SELECT username, first_name, last_name, city, state, picture FROM mismatch_user " .
          "WHERE user_id = '$mismatch_user_id'";
        $data = mysqli_query($dbc, $query);
```

查询互补配对用户的信息以便
显示。

```
        if (mysqli_num_rows($data) == 1) {
          // The user row for the mismatch was found, so display the user data
          $row = mysqli_fetch_array($data);
          echo '<table><tr><td class="label">';
          if (!empty($row['first_name']) && !empty($row['last_name'])) {
```

显示用户的名。

```
            echo $row['first_name'] . ' ' . $row['last_name'] . '<br />';
          }
          if (!empty($row['city']) && !empty($row['state'])) {
```

显示用户所在城
市和州。

```
            echo $row['city'] . ', ' . $row['state'] . '<br />';
          }
          echo '</td><td>';
          if (!empty($row['picture'])) {
            echo '<img src="' . MM_UPLOADPATH . $row['picture'] . '" alt="Profile Picture" /><br />';
          }
          echo '</td></tr></table>';
```

完成 **⑤**

不要忘记生成一个显
示用户照片的<img>
标记！

```
          // Display the mismatched topics
          echo '<h4>You are mismatched on the following ' . count($mismatch_topics) . ' topics:</h4>';
          foreach ($mismatch_topics as $topic) {
            echo $topic . '<br />';
          }
```

需要显示因为哪些主题（存在
相反响应）而得到这个互补配
对，这很重要。

```
          // Display a link to the mismatch user's profile
          echo '<h4>View <a href=viewprofile.php?user_id=' . $mismatch_user_id . '>' .
            $row['first_name'] . '\'s profile</a>.</h4>';
        }
      }
```

最后，提供这个最佳配对用户情况简
表的一个链接，以便登录用户找到有关
他的更多信息。

```
    }
    else {
      echo '<p>You must first <a href="questionnaire.php">answer the questionnaire</a> before you can ' .
        'be mismatched.</p>';
    }
......
```

建立互补配对!

运行测试

找到你的最佳配对!

修改Mismatch，使用这个新的My Mismatch脚本（或者从Head First Labs网站（www.headfirstlabs.com/books/hfphp）下载这个应用）。这要求创建一个新的mymismatch.php脚本，另外在navmenu.php脚本中增加一个"My Mismatch"菜单项，以便用户访问这个脚本。

将脚本上传到你的Web服务器，然后在一个Web浏览器中打开Mismatch主页（index.php）。确保登录并填写问卷，然后点击"My Mismatch"菜单项查看你的最佳配对。

Johan的My Mismatch 页面显示出Sidney是他的最佳配对。

我们在所有这些方面都如此不同……真不可思议。

我真不知道居然会这么着迷，不过我实在无法抗拒Johan的魅力!

Sidney访问My Mismatch 页面时看到了Johan，她的最佳配对。

数据库模式磁贴

还记得之前的Guitar Wars应用吗？你的任务是研究Guitar Wars数据库，可以使用某些规范化帮助，并提出一个更好的模式。使用以下所有磁贴填入表名和列名，并标识出主键和外键。

由这个数据库驱动 Guitar Wars主页上的分数显示。

这里是原来的Guitar Wars数据库，其中存储了用户提交的高分。

guitarwars
date
name
score
screenshot
approved

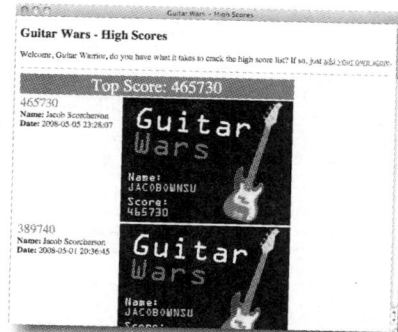

Guitar Wars - High Scores

Welcome, Guitar Warrior, do you have what it takes to crack the high score list? If so, just ADD YOUR OWN SCORE!

Top Score: 465730

465730
Name: Jacob Scorchenson
Date: 2008-05-05 23:28:07

Guitar Wars
Name: JACOBOWNSU
Score: 465730

389740
Name: Jacob Scorchenson
Date: 2008-05-01 20:36:45

Guitar Wars
Name: JACOBOWNSU
Score:

这里是需要你利用磁贴建立的改进新模式…… 祝你好运！

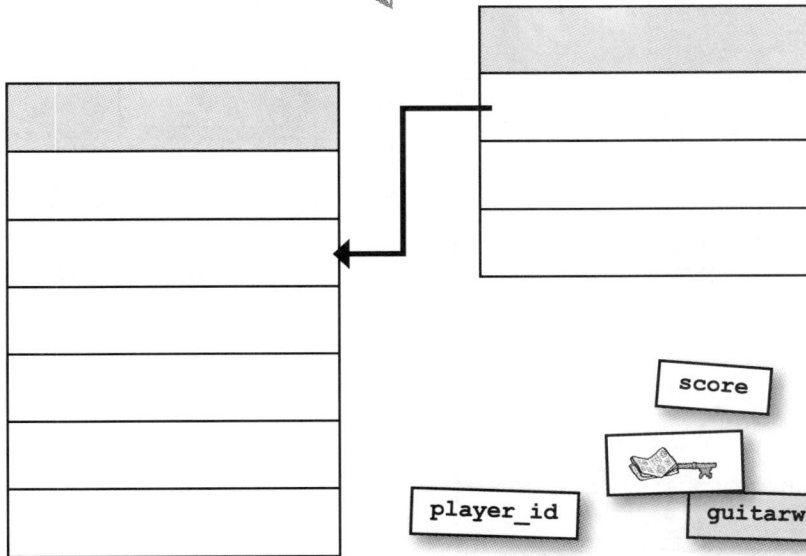

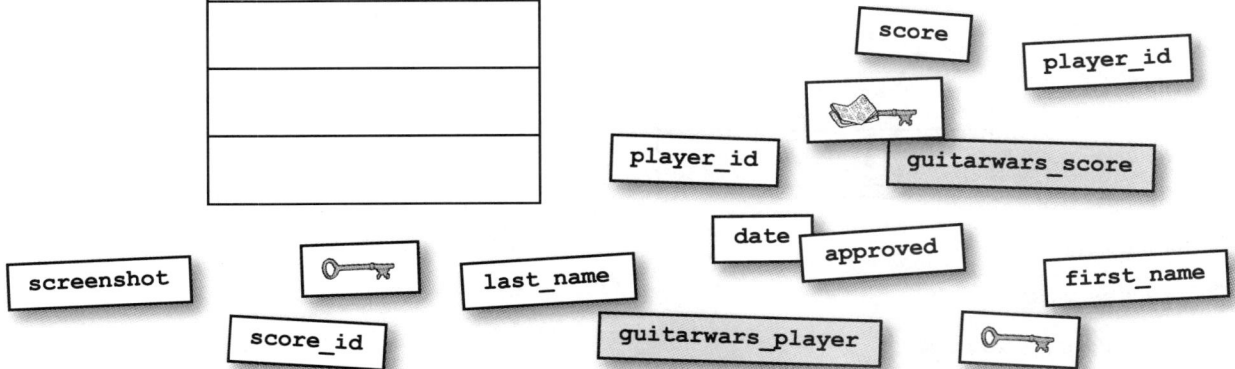

score

player_id

player_id

guitarwars_score

screenshot

last_name

date   approved

first_name

score_id

guitarwars_player

数据库模式磁贴答案

还记得之前的Guitar Wars应用吗？你的任务是研究Guitar Wars数据库，可以使用某些规范化帮助，并提出一个更好的模式。使用以下所有磁贴填入表名和列名，并标识出主键和外键。

由数据库驱动Guitar Wars主页上的分数显示。

这个表缺少一个主键，这是所有规范化数据库中很重要的一部分。

guitarwars
date
name
score
screenshot
approved

Guitar Wars - High Scores

Welcome, Guitar Warrior, do you have what it takes to crack the high score list? If so, just take a screenshot.

Top Score: 465730

465730
Name: Jacob Scortchersen
Date: 2008-05-05 23:28:00

Guitar Wars
Name: JACOBOWNSU
Score: 465730

380749
Name: Jacob Scortchersen
Date: 2008-05-01 20:36:45

Guitar Wars
Name: JACOBOWNSU
Score:

由于同一个用户可以提交多个高分，所以以name列会导致冗余数据…… 这可不太好！

表有了新的表名，因为它们更有针对性。

新的score_id列作为分数表中非常需要的主键。

guitarwars_score
❷ score_id 🗝
player_id 🗝
date
score
screenshot
approved

guitarwars_player
❷ player_id 🗝
first_name
❶ last_name

每个乐手的名字现在分解为名和姓来增强原子性，而且不论他们提交多少个高分，名和姓只存储一次。

分数表通过一个新的外键引用乐手。

乐手和高分之间存在一对多关系！

创建一个存储乐手姓名的新表，并通过一个键将它连接到分数表，这就解决了冗余用户名数据问题。

❶ 确保列具有原子性。

❷ 每个表有自己的主键。

❸ 确保非键列相互之间不存在依赖。

❸ Guitar Wars数据库不存在任何依赖列问题。

这里再次给出这些规则，以免你忘记！

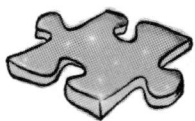

PHP&MySQL填字游戏

是不是还在等待找到你自己的最佳配对？暂且不要考虑这个问题，
先来完成这个填字游戏。

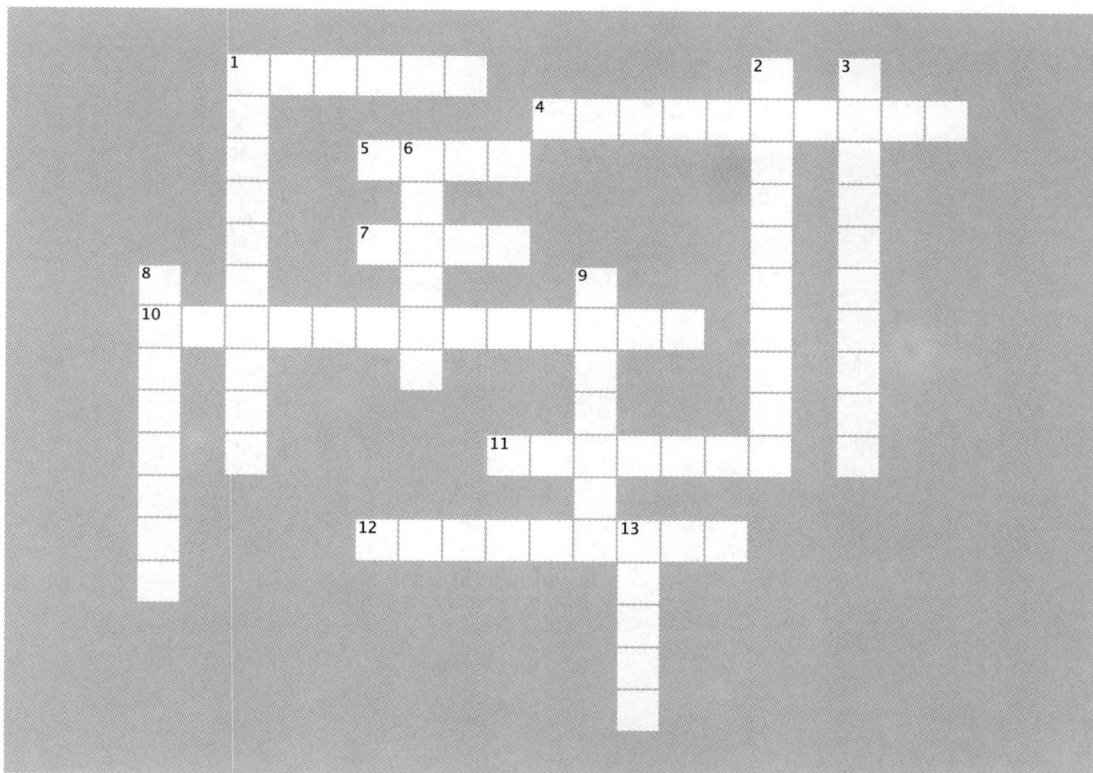

横向

1. 数据库中所有结构（如表和列）及其如何连接的一种
表示。

4. 一个表中的多行与另一个表中的多行关联时会发生
这种关系。

5. 这允许你在不同PHP数据类型之间转换。

7. 使用它可以在一个查询中将一个表的结果与另一个
表的结果相结合。

10. 消除一个数据库中的冗余和其他设计问题的过程。

11. 可以利用这个方便的小操作符简化一些if-else语句。

12. 一个表中的一行与另一个表中的多行关联时会发生
这种关系。

纵向

1. 利用联接可以将其消除。

2. 一个表中的一列，它引用另一个表的主键。

3. 从一个数据库生成一个表单时，则认为它是_____。

6. 它不是真正的原子核（nuclear），而是对于一个给定
数据库有意义的最小规模的数据。

8. 对于两个表，如果一个表中只有一行对应于另一个表
中的每一行，则存在这种关系。

9. 它对于明确一个表的设计非常有帮助。

13. 查询中用来引用一个信息的一个临时名。

PHP&MySQL填字游戏答案

第8章

PHP & MySQL工具箱

这一章介绍了很多新的MySQL数据库技术，还谈到了一些新的PHP技巧。来做一个简单的复习！

规范化

规范化是修改数据库设计从而减少重复数据并改善数据布局及相互关系的过程。其目标是得到一种健壮的设计以便更好地支持不断增长的数据。

模式与图表

模式是数据库中所有结构（表、列等）及其如何关联的一种表示。图表是数据库的一个可视化表示，包括负责连接表的特定列的详细情况。

外键

这是表中的一列，用来将这个表链接到另一个表。子表中的一个外键通常连接到父表中的主键，从而有效地链接这两个表中的行。

for（……）

这个循环非常适合根据特定的迭代次数完成循环。创建一个 *for* 循环需要初始化一个计数器，建立一个测试条件，并指定每次迭代后如何更新计数器。

？：

这个三元操作符是一个PHP构造，它就像一个压缩版的*if-else*语句，可以非常方便地根据一个*true/false*表达式完成简单的选择。

内联接

这种联接可以由两个有匹配行的表合并数据。与普通的查询不同，联接允许从多个表中获取数据，数据库包括多个表时这非常有帮助。

AS *name*

这个SQL语句会建立一个别名，这是查询中用来标识一个数据的临时名。别名通常用于简化查询，可以缩短长的表名和列名。原来的表列不太明确时，别名还可以用来对结果数据重命名。

9 串与定制函数

通过函数改善生活

我已经获得工学学位，想干什么都行。我要找个舒适的小窝，养几只鲨鱼当宠物，还可能炸毁月球。然后可能会结婚成家。

函数能把应用提升到一个全新高度。 之前你一直在使用PHP内置函数，现在有必要来了解一些更有用的内置函数。然后学习如何构建你自己的定制函数来达到超乎你想象的高度。必须承认，也许还达不到养鲨鱼当宠物的程度，但定制函数确实能改善你的代码，保证重用。

很难找到一个合适的高风险职位

新成立了一家Internet网站RiskyJobs.biz，它专门设计用来帮助公司找到合适的人来填补其高风险职位空缺。业务模型很简单：对于每个高风险职位，如果填入合适的人选，我们就能得到佣金。成功的匹配越多，我们的获利就越多。

Risky Jobs需要改善网站的职位搜索功能。目前已经有一个包含大量高风险职位的数据库，在等待合适的人来发现。下面来看看Risky Jobs搜索表单和维护现有职位的底层数据库。

> 这个简单的搜索表单调用一个脚本搜索riskyjobs表。

> Risky Jobs搜索表单能发对riskyjobs表的一个查询来搜索适合的职位。

> riskyjobs表包含职位和相应描述，还提供了各个职位的位置信息和发布日期。

riskyjobs

job_id	title	description	city	state	zip	company	date_posted
1	Matador	Bustling dairy farm......	Rutland	VT	05701	Mad About Milk Dairies	2008-03-11 10:51:24
2	Paparazzo	Top celebrity......	Beverly Hills	CA	90210	Diva Pursuit, LLC	2008-03-24 10:51:24
3	Shark Trainer	Training sharks to do......	Orlando	FL	32801	SharkBait, Inc.	2008-04-28 03:12:45
4	Firefighter	The City of Dataville......	Dataville	OH	45490	City of Dataville	2008-05-22 12:34:17
5	Voltage Checker	You'll be out in the......	Durham	NC	27701	Shock Systems, LLC	2008-06-28 11:16:30
6	Crocodile Dentist	Do you love animals......	Everglades City	FL	34139	Ravenous Reptiles	2008-07-14 10:51:24
7	Custard Walker	We need people......	Albuquerque	NM	87101	Pie Technologies	2008-07-24 10:54:05
8	Electric Bull Repairer	Hank's Honky Tonk......	Hoboken	NJ	07030	Hank's Honky Tonk	2008-07-27 11:22:28
......							

> 每个职位都由job_id主键唯一标识。

> 显示搜索结果！

> 我准备实现我的梦想，成为一个斗牛士……不过我的Risky Jobs搜索结果却是空！

Ernesto，无畏的斗牛士，看起来很不满，因为他的职位搜索没有得到任何结果。

Sharpen your pencil

Risky Jobs表单提交后，搜索串存储在变量$user_search中，这个变量会插入到以下SQL查询完成具体的搜索。请写出Ernesto的搜索结果中有上一页riskyjobs数据库中的多少行。

```
$search_query = "SELECT job_id, title, state, description FROM riskyjobs " .
  "WHERE title = '$user_search'";
$result = mysqli_query($dbc, $search_query);
```

请在这里写出你的答案！ ....

我们的查询要**更为灵活**

Sharpen your pencil
Solution

Risky Jobs表单提交后，搜索串存储在变量$user_search中，这个变量会插入到以下SQL查询完成具体的搜索。请写出Ernesto的搜索结果中有上一页riskyjobs数据库中的多少行。

*如果WHERE子句包含一个
二，表示所比较的两个串
必须完全匹配。*

*这个变量包含文本框中输入
的内容。*

```
$search_query = "SELECT job_id, title, state, description FROM riskyjobs " .
    "WHERE title = '$user_search'";
$result = mysqli_query($dbc, $search_query);
```

*找到了！问题在于我们的查询太
过严格，用户输入的文本必须完
全匹配。*

0

搜索没有给错误留有余地

Risky Jobs脚本中的SELECT查询非常严格，只有所比较的两个串完全相等时才会匹配。这就为我们的职位搜索带来了一个问题，因为人们输入搜索项后，即使与职位并非完全相等，也应当能够与职位清单匹配。

*搜索项的大小写不重要，因为默认
情况下MySQL WHERE子句是不区分
大小写的。*

下面再来看Ernesto的搜索，这会得到一个查询，在riskyjobs表的title列中搜索文本"Bull Fighter Matador"：

> **SELECT job_id, title, description FROM riskyjobs**
> **WHERE title = 'Bull Fighter Matador'**

*比较两个串的相等性时，二操作符要求这两个串
完全匹配。*

发现问题了吗？表中title列准确包含文本"Bull Fighter Matador"的行才会与这个查询匹配。如果职位的title是"Matador"则不会匹配，如果是"Firefighter"或"Electric Bull Repairer"也不能匹配。不错，也许后面这两项不能匹配是对的（它们确实不应匹配），不过搜索还是没有得到预期的结果。而且这个问题不是因为混合大小写导致的（默认情况下MySQL搜索不区分大小写），这只是因为整个搜索串必须是一个完全匹配，因为WHERE子句中使用了相等（=）操作符。

利用LIKE，SQL查询可以很灵活

实际上，我们需要一种灵活的方法来搜索数据库，能够找到与搜索串中某一部分匹配的结果。可以利用SQL LIKE关键字做到这一点，这会为WHERE子句返回的匹配类型增加灵活性。可以把LIKE认为是=操作符的一种更宽松的版本。来看下面的查询，这里使用LIKE来匹配title列中出现"fighter"的行：

```
SELECT job_id, title, description FROM riskyjobs
WHERE title LIKE '%fighter%'
```

利用关键字LIKE，可以查找与引号中的词不完全相等的匹配……而且仍然是不区分大小写的。

%符号是通配符，代表这个词之前或之后的所有其他字符。

利用LIKE可以更容易地查找匹配，特别是需要匹配以下情况时最适合使用LIKE，即搜索串要作为一个更大的词或短语的一部分。请查看以下字符串例子，它们都与上面的查询匹配：

Firefighter

Prize **Fighter**

FightErnestoPlease

LIKE子句通常与通配符结合使用，通配符代表所匹配数据中的字符。在SQL中，百分号（%）可以代表0个或多个字符。如果在查询中将这个通配符放在一个搜索项之前和之后（如以上SELECT语句中所示），就会告诉SQL：只要这个搜索项出现在数据中的某个位置就返回结果，而不论它前面或后面有多少个字符。

Geek Bits

SQL还有一个可以与LIKE一同使用的通配符，即下划线（_），它表示1个字符。请考虑以下LIKE子句：

```
LIKE '____fighter%'
```

这就是说："要查找串'fighter'，它前面有4个字符，后面有任意多个字符"。这会与"bullfighter"和"firefighter"匹配，但是与"streetfighter"不匹配。

休息一下！ 花些时间来熟悉Risky Jobs数据库……并尝试完成几个搜索。

从Head First Labs网站（www.headfirstlabs.com/books/hfphp）下载Risky Jobs
应用的`riskyjobs.sql`文件。这个文件包含构建`riskyjobs`表并用示例数据填充
`riskyjobs`表的SQL语句。

在一个MySQL工具中执行`riskyjobs.sql`中的语句，然后尝试完成几个查询来模拟职
位搜索。可以从以下查询开始。

```
SELECT * FROM riskyjobs
```
这个查询选择riskyjobs表中所有职位的
所有列。

```
SELECT job_id, title, description FROM riskyjobs
WHERE title = 'Bull Fighter Matador'
```
这个查询获取title为"Bull
Fighter Matador"的职位（相应
的职位ID、职位名和描述）。

```
SELECT job_id, title, description FROM riskyjobs
WHERE description LIKE '%animals%'
```
这个查询使用LIKE查找职位描述中任
何位置上包含"animals"一词的职位
（相应的职位ID、职位名和描述）。

下载！

Risky Jobs应用的完整源代码可以从Head First
Labs网站下载：

www.headfirstlabs.com/books/hfphp

LIKE子句磁贴

冰箱上零散贴着一堆LIKE子句。
你能将这些子句与适当的结果对应吗？
哪些磁贴不会与任何LIKE子句匹配？

有些可能有多个答案。

LIKE '%er'

LIKE '% T%'

LIKE 'c%'

LIKE '%test %'

LIKE '%Tipper Cow%'

LIKE '%do_'

LIKE '%ma%'

Human Cannonball

Cliff Diver

Team Mascot

Crash Test Dummy

Pet Food Tester

Rodeo Clown

Cat Herder

Matador

Snake Charmer

Cow Tipper

Politician

Shark Finder

LIKE子句磁贴答案

冰箱上零散贴着一堆LIKE子句。
你能将这些子句与适当的结果对应吗？
哪些磁贴不会与任何LIKE子句匹配？

所有以"er"结尾的串
与此匹配。

LIKE '%er'

Pet Food Tester

Shark Finder

Cow Tipper

Cliff Diver

Snake Charmer

Cat Herder

要与此匹配，"T"前面
必须有一个空格。

LIKE '% T%'

Pet Food Tester

Cow Tipper

Crash Test Dummy

LIKE '%test %'

大小写不重要。

Crash Test Dummy

SQL查询是不区分大小写的，所
以以小写或大写'c'开头的词
都与这个查询匹配。

LIKE 'c%'

Cow Tipper

Cliff Diver

Cat Herder

"do"后面只有一个
字符。

LIKE '%do_'

Matador

任何位置出现"ma"都能
与之匹配。

LIKE '%ma%'

Human Cannonball

Team Mascot

这些短语没有与之
匹配的LIKE子句。

Rodeo Clown

Politician

这个LIKE子句找不到任
何匹配。

LIKE '%Tipper Cow%'

最后一个LIKE子句（LIKE '%Tipper Cow%'）没有找到任何匹配，因为没有一个字符串中"Tipper"和"Cow"是作为一个短语共同出现的。可以很容易地把搜索短语分解为单个关键字，然后分别搜索这些关键字。

Risky Jobs — Search

Danger! Your dream job is out there.
Do you have the guts to go find it?

Risky Jobs - Search

Find your risky job:

Tipper Cow

(Submit)

如果单独查找"Tipper"和"Cow"，而不是作为一个完整的短语查找"Tipper Cow"，会有更好的搜索结果。

确实很容易！只需要确定如何匹配搜索短语中的各个关键字。

对于人们在Risky Jobs搜索域中键入的内容，如果要求完全匹配往往得不到结果。如果分别搜索输入的各个搜索项，而不是搜索整个短语，通常会更有效。不过如何搜索多个项呢？可以把各个搜索项存储在一个数组中，然后修改SELECT查询，分别搜索各个关键字。

将一个串分解为单个词

为了让Risky　　Jobs的搜索功能更有效，我们需要一种分解方法，当用户在表单域中输入多个单词时，可以分解用户的搜索串。搜索危险职位的人在搜索表单中输入的数据是文本，这说明我们可以使用PHP内置的任何串函数来处理这些数据。其中一个功能极其强大的函数是explode()，可以将一个串分解为单独的子串数组。以下是一个例子：

explode()函数将一个串分解为一个子串数组。

explode()函数根据一个公共分隔符（也称为定界符）将一个串分解为一个子串数组。

这个参数是我们希望"分解"的文本。

```
$search_words = explode(' ', 'Tipper Cow');
```

$search_words变量现在存储了搜索项数组，这些搜索项将输入到一个SQL查询中。

这个参数告诉explode()由什么符号分隔串中的子串，在这里就是一个空格。这个分隔符可以指定一个或多个字符，也称为定界符。

explode()函数需要两个参数。第一个参数是定界符，这可以是一个或多个字符，指示在哪里分解串。我们使用了一个空格符作为定界符，这说明搜索串会在出现空格处进行分解。定界符本身不会包含在最后得到的子串中。第二个参数是要分解的串。

空格定界符控制了如何对串进行分解。

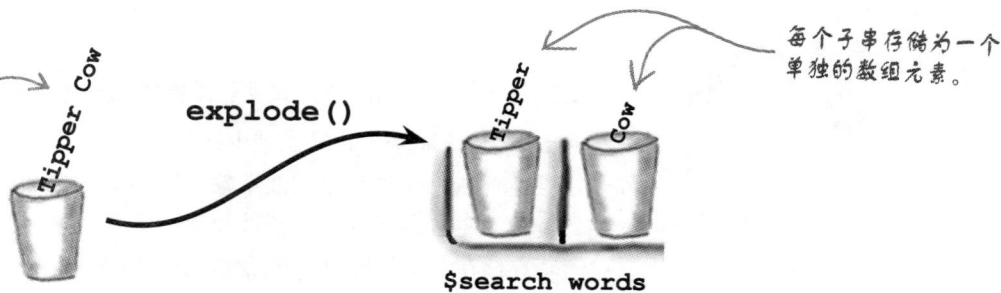

explode()

每个子串存储为一个单独的数组元素。

Tipper Cow

Tipper　Cow

$search_words

为了把搜索项数组结合到Risky Jobs中，对Risky Jobs数据库运行查询之前需要增加一行代码。现在如果有人在搜索域中输入"Tipper　Cow"，这个代码会把它分解为两个单词，并将各个单词存储在一个数组中（$search_words）。

explode()函数将$user_search中的各个单词存储在一个名为$search_words的数组中。

```
$user_search = $_GET['usersearch'];

$search_words = explode(' ', $user_search);
```

Exercise

为了将分解后的搜索项结合到Risky Jobs应用中，必须把各个搜索项插入到一个使用 LIKE和OR的SQL SELECT查询中。例如，对于Ernesto之前关于"Bull Fighter Matador" 的搜索，查询可能如下所示：

> 现在搜索职位描述而不是职位名，因为描述中有更多可以匹配的信息。

```
SELECT * FROM riskyjobs
  WHERE description LIKE '%Bull%' OR description LIKE '%Fighter%' OR
  description LIKE '%Matador%'
```

现在假设使用了以下PHP代码，希望由用户在Risky Jobs搜索表单中输入的搜索数据来组装这个查询：

```
$search_query = "SELECT * FROM riskyjobs";

$where_clause = '';

$user_search  = $_GET['usersearch'];

$search_words = explode(' ', $user_search);

foreach ($search_words as $word) {

  $where_clause .= " description LIKE '%$word%' OR ";

}


if (!empty($where_clause)) {

  $search_query .= " WHERE $where_clause";

}
```

请写出Ernesto输入"Bull Fighter Matador"作为搜索项时这个代码生成的SQL查询，你认为可能存在什么问题，请做出标注。

....

....

....

为了将分解后的搜索项结合到Risky Jobs应用中，必须把各个搜索项插入到一个使用LIKE和OR的SQL SELECT查询中。例如，对于Ernesto之前关于"Bull Fighter Matador"的搜索，查询可能如下所示：

现在搜索职位描述而不是职位名，因为描述中有更多可以匹配的信息。

```
SELECT * FROM riskyjobs
  WHERE description LIKE '%Bull%' OR description LIKE '%Fighter%' OR
  description LIKE '%Matador%'
```

现在假设使用了以下PHP代码，希望由用户在Risky Jobs搜索表单中输入的搜索数据来组装这个查询：

```php
$search_query = "SELECT * FROM riskyjobs";

$where_clause = '';

$user_search  = $_GET['usersearch'];

$search_words = explode(' ', $user_search);

foreach ($search_words as $word) {

  $where_clause .= " description LIKE '%$word%' OR ";

}
```

每个LIKE子句都以一个OR结尾来连接下一个LIKE，这适用于除最后一项以外的所有其他各项。

```php
if (!empty($where_clause)) {

  $search_query .= " WHERE $where_clause";

}
```

追加到搜索查询之前确保WHERE子句不为空。

这个操作符将一个串联接到另一个串的末尾。

请写出Ernesto输入"Bull Fighter Matador"作为搜索项时这个代码生成的SQL查询，你认为可能存在什么问题，请做出标注。

Risky Jobs - Search

Risky **Jobs**

Danger! Your dream job is out there.
Do you have the guts to go find it?

Risky Jobs - Search

Find your risky job:

Bull Fighter Matador

Submit

```
SELECT * FROM riskyjobs

   WHERE description LIKE '%Bull%' OR description LIKE '%Fighter%' OR

   description LIKE '%Matador%' (OR)
```

这里在查询的最后多了一个OR，这会导致查询失败！

implode() 由子串构造一个串

我们只需要在WHERE子句的LIKE之间加入OR，但不应在最后一个LIKE后加OR。到底该怎么做呢？能不能在循环中增加一个特殊情况，查看是否在处理最后一个搜索项，对于这一项则不加OR，这样可以吗？这是可行的，不过有些麻烦。一种更简捷的方法是使用一个与explode()函数作用正好相反的函数，即implode()函数。它取一个串数组，并由这些串构造单独的一个串。

```
$where_clause = implode(' OR ', $where_list);
```

implode()函数返回一个串。

将各个串合并为一个串时，各串之间会增加这个定界符。

这必须是希望合并的一个串数组。

但是这对于解决我们的问题（即查询中有多余的OR）有什么帮助呢？是这样的，implode()允许指定一个定界符，将各个串合并在一起时会把这个定界符放在各个串之间。如果使用`OR`作为定界符，就可以构造一个合适的WHERE子句，其中只是各个LIKE子句之间有OR。

Sharpen your pencil

重写生成Risky Jobs SELECT查询的PHP代码，使用implode()函数修正存在多余OR的问题。

....
....
....
....
....
....
....
....
....
....

Sharpen your pencil Solution

重写生成Risky Jobs SELECT查询的PHP代码，使用implode()函数修正多余OR的问题。

```
$search_query = "SELECT * FROM riskyjobs";

$where_list = array();

$user_search = $_GET['usersearch'];

$search_words = explode(' ', $user_search);

foreach ($search_words as $word) {

    $where_list[] = "description LIKE '%$word%'";

}

$where_clause = implode(' OR ', $where_list);

if (!empty($where_clause)) {

    $search_query .= " WHERE $where_clause";

}
```

由于implode()要接收一个待连接串的数组，所以创建一个LIKE子句数组。

采用这种方式时，[]操作符与array_push()函数作用相当，会把新元素增加到数组末尾。

传入implode()的定界符是 "OR"，左右两边分别有一个空格。

description LIKE '%Bull%' OR description LIKE '%Fighter%' OR description LIKE '%Matador%'

合并结果将多个LIKE子句用OR连接在一起。

要使用implode()函数，首先创建一个LIKE子句数组，并将它们存储在$where_list数组中。

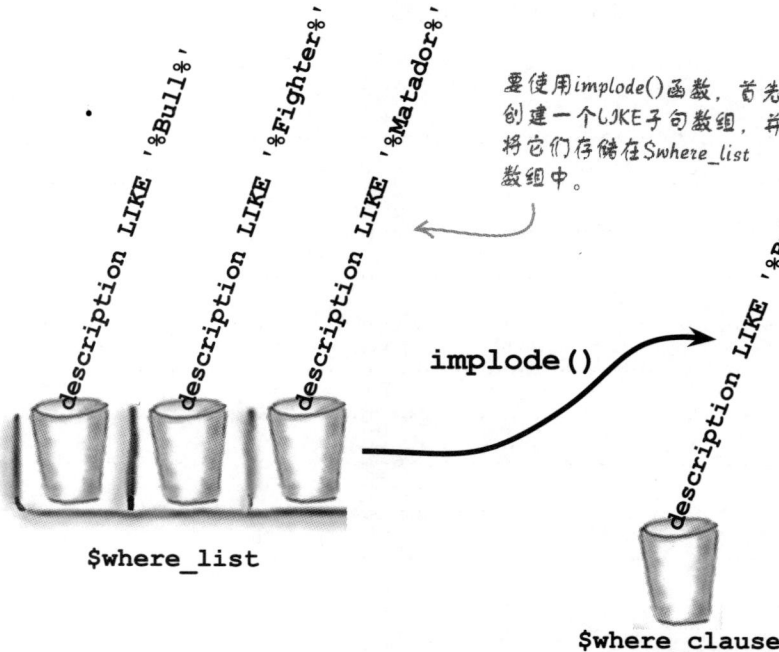

description LIKE '%Bull%',
description LIKE '%Fighter%',
description LIKE '%Matador%',

$where_list

implode()

description LIKE '%Bull%' OR description LIKE '%Fighter%' OR description LIKE '%Matador%'

$where_clause

运行测试

下面来测试Risky Jobs搜索表单。

从Head First Labs网站（www.headfirstlabs.com/books/hfphp）下载Risky Jobs应用。search.php脚本包含了刚才分析的查询生成代码，用于处理在search.html表单中输入的搜索数据。

将这个脚本和其他Risky Jobs文件上传到你的Web服务器，然后在一个Web浏览器中打开搜索表单（search.html）。尝试几个不同的搜索，看看你的查询生成代码表现如何。一定要试试Ernesto的"Bull Fighter Matador"搜索，这可以很好地测试前面使用implode()函数新写的代码。

Ernesto未能马上找到他理想的高风险职位，不过确实有很大进步，因为搜索脚本现在会分别查找各个搜索项。

515

我是走钢丝的演员。我访问了你的网站，不过尽管我准确输入了正确的搜索项，却没有找到好的职位。

Danger! Your dream job is out there.
Do you have the guts to go find it?

Risky Jobs - Search

Find your risky job:

tightrope, walker, circus

Submit

走钢丝演员Selma使用Risky Jobs搜索表单时运气不太好。

搜索项显然表明要搜索马戏团的走钢丝演员职位，但是结果并不完全匹配。

Risky Jobs – Search

Risky Jobs

Danger! Your dream job is out there.
Do you have the guts to go find it?

Risky Jobs - Search Results

Job Title	Description	State	Date Posted
Master Cat Juggler	Are you a practitioner of the lost art of cat juggling? Banned in forty countries, only the Jim Ruiz Circus has refined cat juggling for the sophisticated tastes of the modern audience. Ply your trade with premiere cat jugglers at our circus, the only place on earth to master synchronized cat juggling. It's true, juggling them is even harder than herding them. We are an equal opportunity employer, and look forward to adding you to our team. Please be prepared to undergo a thorough battery of tests to prove your deft handling of felines. Only the cream of the crop will be accepted into our Master Cat Juggler program.	AZ	2008-11-14 21:13:35
Tightrope Tester	If the thought of dangling for hours on end from great heights is your idea of a good time, then this job just may be for you. Every one of our tightropes goes through rigorous a 43 point test, culminating in a real live human hanging for a prolonged period of time. That could be you! We do provide safety nets but you'll need to bring your own helmet and gloves. Here at our manufacturing and testing facility in Big Top, Montana, we offer an incredible employment package with benefits ranging from Bring Your Pet to Work Week and Formal Fridays. We will need three references, including your verified maximum hang time and number of past falls. We're the circus behind the circus!	MT	2008-11-14 21:17:16

是搜索项不对，还是确实没有走钢丝演员的职位?

Sharpen your pencil

如果输入"tightrope, walker, circus"作为搜索项，请写出此时搜索生成的SQL查询，你认为可能存在什么问题，并做出标注。

....

....

....

Sharpen your pencil
Solution

如果输入"tightrope, walker, circus"作为搜索项,请写出此时搜索生成的SQL查询,你认为可能存在什么问题,并做出标注。

SELECT * FROM riskyjobs

   WHERE description LIKE '%tightrope,%' OR description LIKE '%walker,%' OR

   description LIKE '%circus%'

explode()函数使用空格作为定界符,不过漏掉了逗号。

逗号被认为是搜索项的一部分,而没有作为搜索项之间的分隔符。

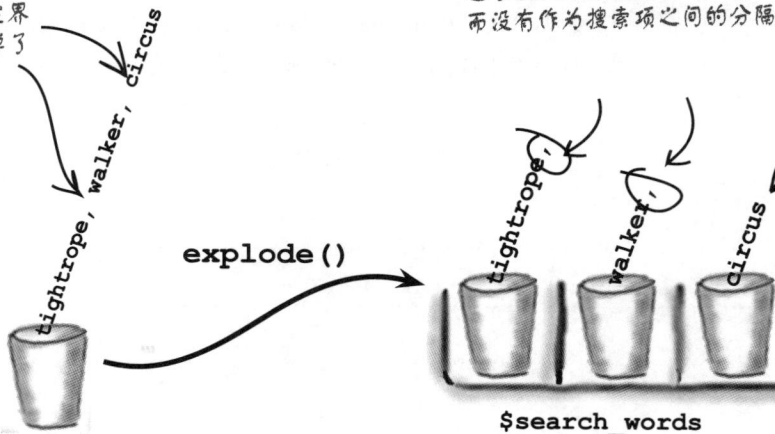

tightrope, walker, circus

explode()

tightrope walker circus

$search_words

唯一能真正匹配职位的搜索项是"circus",因为它后面恰好没有加逗号。

我不觉得这有什么大不了的。只需要调用两次explode()函数,第一次去除空格,然后再调用一次去除逗号。

explode()函数可以将一个串分解为子串,但是在这里,我们已经有子串。

第一个explode()函数调用会把多个串存储在一个数组中,所以再没有一个串可供分解。如果试图进一步分解这个数组中的各个串,可能只会带来更多的问题。我们不会使用多个explode()调用来解决定界符问题,而只需对搜索串进行预处理,调用explode()之前将搜索串调整为只有一个定界符。然后就可以做它最擅长的事情了,用一个定界符分解这个串。

预处理搜索串

我们希望向explode()函数传入一个可以一步分解到位的串。如何做到呢？只需确保explode()只考虑一个定界符，如一个空格符。这说明，我们需要对搜索串进行预处理，使得各个搜索项均由一个空格分隔（即使用户输入了逗号）。

通过预处理数据，可以删除我们不想要的字符，使数据更易于处理。

需要将它转换为······

tightrope, walker, circus

······它······

tightrope walker circus

没有逗号了！

······使explode()可以给出这个结果。

tightrope
walker
circus

$search_words

---

there are no Dumb Questions

问： 分解搜索串时可以使用多个字符作为定界符吗？

答： 可以，你可以指定任意多个字符作为定界符，不过这与指定不同的定界符不是一回事，而且无法解决这里的问题。

如果使用explode(', ', $user_search)来分解这个串，它会结合逗号和空格作为一个定界符，如果有人输入了"tightrope, walker, circus"，那么确实可以正常分解。不过，如果输入"tightrope walker circus"就无法分解了。在这种情况下，我们只会得到一个很长的串，这可不好。

问： 可不可以直接删除逗号而不是把它们变成空格？

答： 只有当用户在搜索项之间同时使用了一个逗号和一个空格时这样才可行，但我们不能确保这一点。如果删除了逗号，就会存在风险将"tightrope,walker"转换为"tightropewalker"，这可能无法与Risky Jobs数据库中的任何数据匹配。

替换不想要的搜索字符

可以这样来考虑，预处理Risky　　Jobs搜索串非常类似于在字处理器中使用"查找－替换"。对于这里的情况，我们希望找到逗号，将它们替换为空格。PHP的str_replace()就可以做到这一点，只需提供3个参数：要查找的文本，希望替换为哪个文本，以及要完成这种"查找－替换"处理的串。以下是使用的str_replace()的一个例子：

这是希望替换的子串……

……这是要取代它而插入的串。

```
$clean_search = str_replace('thousands', 'hundreds',
    'Make thousands of dollars your very first month. Apply now!');
```

第3个参数是将要修改的串。 我们将"thousands"替换为"hundreds"，为广告增加一点真实性。

那么搜索串中的那些逗号呢？str_replace()函数同样能很好地替换单个字符：

要记住，这是你要替换的子串……

……要替换为这个串。

```
$clean_search = str_replace(',', ' ', 'tightrope, walker, circus');
```

串中出现逗号的地方都会代之以一个空格。

运行这个代码之后，变量$clean_string将包含串"tightrope walker circus"。

BRAIN POWER

对于str_replace()函数的结果，你有没有发现有什么不对劲？你认为将逗号替换为空格就能达到我们的目的吗？

给定以下PHP代码，显示对于以下各个搜索串$search_words数组，这些代码会有怎样的输出。在适当的数组元素中写入数据，如果$search_words数组的长度缩短，请划掉多余的元素。

```php
$clean_search = str_replace(',', ' ', $user_search);
$search_words = explode(' ', $clean_search);
```

bull,matador cape

$search_words

3个空格!

bull matador   cape

$search_words

bull , matador cape

$search_words

2个空格!

bull,matador, cape

$search_words

给定以下PHP代码，显示对于以下各个搜索串$search_words数组，这些代码会有怎样的输出。在适当的数组元素中写入数据，如果$search_words数组的长度缩短，请划掉多余的元素。

```
$clean_search = str_replace(',', ' ', $user_search);
$search_words = explode(' ', $clean_search);
```

这个数组只有3个元素。

bull,matador cape

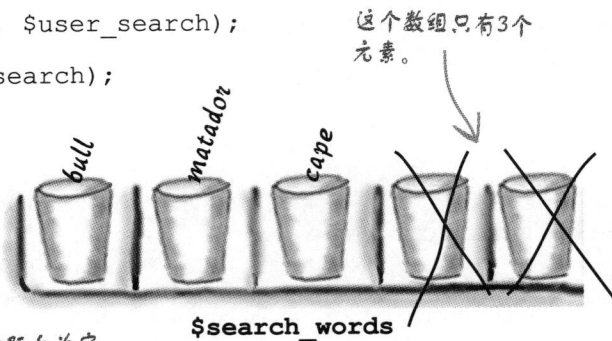

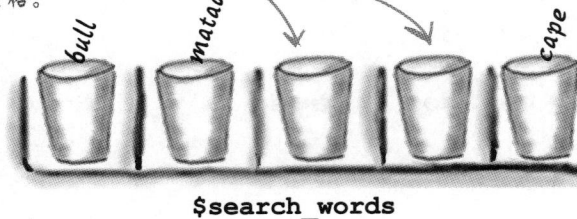

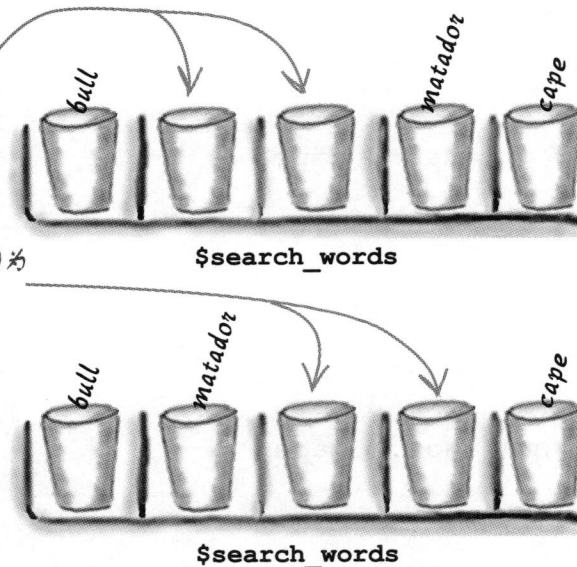

bull | matador | cape

$search_words

这两个数组元素实际上为空，因为搜索串中matador和cape之间有两个额外的空格。

3个空格!

bull matador   cape

bull | matador | | | cape

$search_words

bull , matador cape

bull | | | matador | cape

$search_words

再次出现两个空元素，因为逗号替换为一个空格。

2个空格!

bull,matador, cape

bull | matador | | | cape

$search_words

既然已经对搜索串做了预处理，现在都准备好了，是吗？

不，还没有。尽管预处理去掉了我们不想要的字符，但是遗憾的是，它并没有得到包含所有正确搜索项的数组。

要记住，我们的目标是最后得到这样一个串：其中各个搜索项由相同的定界符分隔，也就是一个空格。再来看上一页最后3个例子中发生了什么。$search_words数组中有些元素为空。如果尝试用空搜索项建立WHERE子句，最后可能会得到如下查询：

```
SELECT * FROM riskyjobs
   WHERE description LIKE '%bull%' OR
   description LIKE '%matador%' OR
   description LIKE '% %' OR
   description LIKE '% %' OR
   description LIKE '%cape%'
```

这些空格会与每一个职位描述中的空格匹配。这确实是个问题。

但是这些空格并不会匹配任何内容，不是吗？

错！它们会与所有一切都匹配。

如果一个职位描述中的某个位置上有一个空格（这很有可能），这个查询就会与之匹配，将其作为结果返回。所以Risky Jobs数据库中的每个职位都会与这个查询匹配。为了让搜索脚本真正有用，在构建SQL查询之前需要去掉这些空的数组元素。

查询需要合法的搜索项

对此有一个好消息，在查询中使用这些搜索项之前完成搜索项的清理并不太难。我们需要创建一个新的数组，其中只包含真正的搜索项。所以我们将把所有非空元素从第一个数组复制到这个新数组（第二个数组）中，然后使用这个数组来构建SELECT查询。

要构建这个新数组，可以使用一个foreach循环，循环处理原数组中的各个元素，使用一个if语句找出非空元素。找到一个非空元素时，只需把它加入到新数组中。以下给出这个过程：

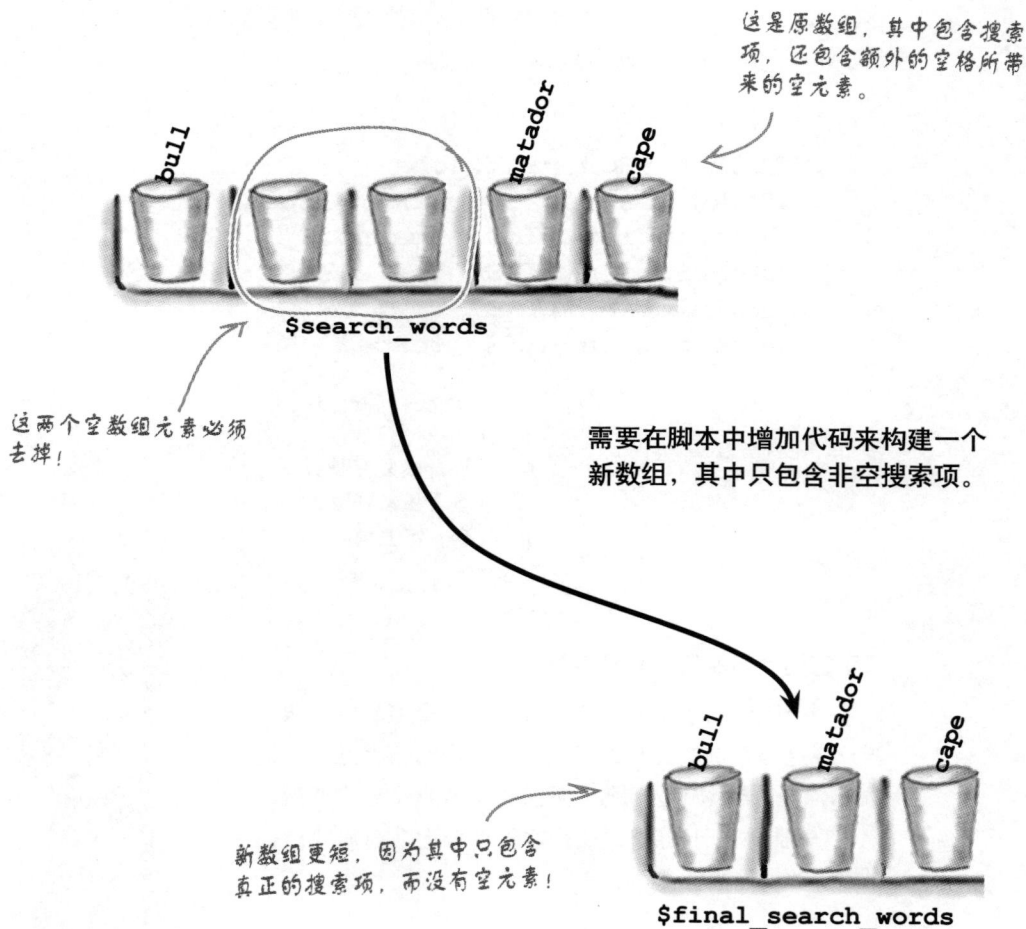

这是原数组，其中包含搜索项，还包含额外的空格所带来的空元素。

$search_words

这两个空数组元素必须去掉！

需要在脚本中增加代码来构建一个新数组，其中只包含非空搜索项。

新数组更短，因为其中只包含真正的搜索项，而没有空元素！

$final_search_words

将非空元素复制到新数组

下面来看将非空元素从$search_words数组复制到新的
$final_search_words数组的代码。

```
$search_query = "SELECT * FROM riskyjobs";

// Extract the search keywords into an array
$clean_search = str_replace(',', ' ', $user_search);
$search_words = explode(' ', $clean_search);
$final_search_words = array();
if (count($search_words) > 0) {
  foreach ($search_words as $word) {
    if (!empty($word)) {
      $final_search_words[] = $word;
    }
  }
}
```

这里没有新内容，仍然使用
str_replace()将逗号替换为
空格。

循环处理$search_word数组中的
各个元素。如果元素非空，则将
其放在名为$final_search_words的
数组中。

检查以确保$search_words数组中至少有一个搜索项后，foreach
循环迭代处理这个数组，寻找非空元素。找到一个非空元素时，使用
[]操作符将这个元素增加到$final_search_words数组末尾。新数
组就采用这种方式来组装。

然后做什么呢？接下来我们要像前面一样生成SELECT查询，只是现
在要使用$final_search_words数组而不是$search_words：

```
// Generate a WHERE clause using all of the search keywords
$where_list = array();
if (count($final_search_words) > 0) {
  foreach($final_search_words as $word) {
    $where_list[] = "description LIKE '%$word%'";
  }
}
$where_clause = implode(' OR ', $where_list);

// Add the keyword WHERE clause to the search query
if (!empty($where_clause)) {
  $search_query .= " WHERE $where_clause";
}
```

这与之前构建搜索查询WHERE子句的代码
是一样的，不过这一次使用了不包含空元
素的新的$final_search_words数组。

这个代码给出了一个不再包含空元素的搜索查询。以下是对应搜
索"bull, matador, cape"的新查询：

```
SELECT * FROM riskyjobs
  WHERE description LIKE '%bull%' OR
  description LIKE '%matador%' OR
  description LIKE '%cape%'
```

BRAIN POWER

这个搜索会为用户提供他
们寻找的结果吗？

运行测试

更新search脚本，预处理用户的搜索串。

更新`search.php`脚本，使用`explode()`和`implode()`函数预处理用户搜索串，生成一个更健壮的`SELECT`查询。然后将脚本上传到你的Web服务器，并尝试几个搜索。

Risky Jobs – Search

Risky Jobs

Danger! Your dream job is out there.
Do you have the guts to go find it?

Risky Jobs - Search Results

Job Title	Description	State	Date Posted
Tightrope Walker	Fledgling big top looking for three-ring professional with 1-3 years of experience to perform tightrope acrobatics with pudgy elephant. Willingness to sweep excrement a big plus. Excellent benefits including medical and dental plans, 401 (k), stock ownership and discount purchase plan, prescription coverage, merchandise discount, short and long term disability insurance, life and business travel insurance, vision discount plan, auto and home insurance discounts, medical care and dependent care reimbursement, educational assistance, paid vacation and holidays, and adoption assistance. Flexible starting salaries based on skills and abilities, experience and geographic market. Promotion opportunities based on performance. The only thing stopping you from the highest wire in the big tent is your desire and work ethic...and your balance! Other duties include planning & organizing wires, handling minor elephant administration, processing comment cards from children. Leading by example (don't fall!), showing initiative and a sense of urgency and being results-driven help acrobatic professionals become successful. If you want to be challenged and your talent needs mentoring and opportunity, Bingling Brothers can offer you a fast track to success!	TX	2008-11-14 21:16:19
Master Cat Juggler	Are you a practitioner of the lost art of cat juggling? Banned in forty countries, only the Jim Ruiz Circus has refined cat juggling for the sophisticated tastes of the modern audience. Ply your trade with premiere cat jugglers at our circus, the only place on earth to master synchronized cat juggling. It's true, juggling them is even harder than herding them. We are an equal opportunity employer, and look forward to adding you to our team. Please be prepared to undergo a thorough battery of tests to prove your deft handling of felines. Only the cream of the crop will be accepted into our Master Cat Juggler program.	AZ	2008-11-14 21:13:35
Tightrope Tester	If the thought of dangling for hours on end from great heights is your idea of a good time, then this job just may be for you. Every one of our tightropes goes through rigorous a 43 point test, culminating in a real live human hanging for a prolonged period of time. That could be you! We do provide safety nets but you'll need to bring your own helmet and gloves. Here at our manufacturing and testing facility in Big Top, Montana, we offer an incredible employment package	MT	2008-11-14 21:17:16

现在Selma的 "tightrope, walker, circus" 搜索看起来确实在查找更相关的职位。

我确实得到了职位清单，不过这里给出了每个职位冗长的描述。我不需要这么多信息。可能我得去试试**hazardpays.com**，那里他们只显示职位的一部分，这样每一页上就能看到更多职位。

尽管Risky Jobs在找工作方面做得更好，但是庞大的职位描述很成问题。

真正让Selma苦恼的是，如果不努力滚动页面，就无法在浏览器中看到职位清单的更多内容。没有必要在搜索结果中显示每个职位的全部描述。理想情况下，实际上我们只需要显示每个职位的部分描述，可能只是前几句话。

写出你认为可以如何缩减职位描述，使得搜索结果中不再有如此庞大的描述：

....

....

....

有时只需要串的一部分

由于Risky　Jobs数据库中职位描述的长度有所不同，有些篇幅可能相当长，因此可以清理搜索结果，修剪所有描述使之缩短。另外为了避免导致用户困惑，只需在每个描述最后增加一个省略号(……)，清楚地指示这只是各个描述的一部分。

PHP　substr()函数非常适合抽取串的一部分。要向这个"取子串"函数传入原始串和两个整数。第一个整数是开始索引，即希望从这里开始取子串，第二个整数是其长度（字符数）。这个函数的语法如下：

**PHP substr()
函数允许抽取一
个串的一部分。**

substr(*string*, *start*, *length*)

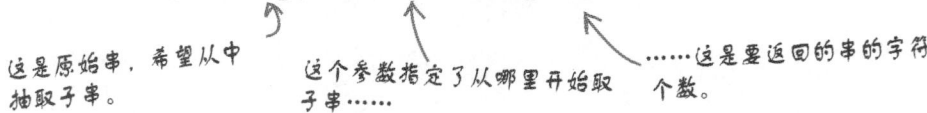

这是原始串，希望从中抽取子串。

这个参数指定了从哪里开始取子串……

……这是要返回的串的字符个数。

对于substr()函数，可以认为串就像一个数组，其中各个字符是一个不同的元素。考虑以下的串：

    $job_desc = 'Are you a practioner of the lost art of cat juggling? ';

与数组中的元素类似，这个串中的每个字符有一个索引，从0开始，累加计数直到串的末尾。

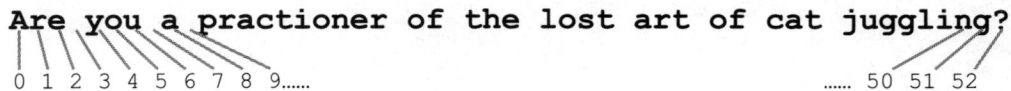

Are you a practioner of the lost art of cat juggling?

0 1 2 3 4 5 6 7 8 9……　　　　　　　……　50　51　52

可以在substr()函数中用这些字符索引获取这个串的各个部分：

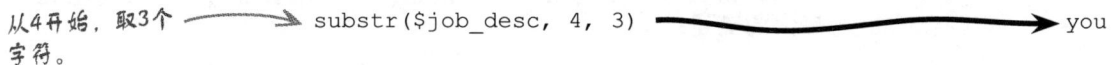

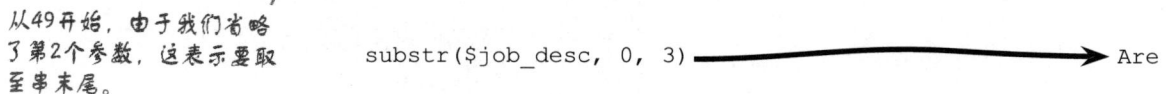

从4开始，取3个字符。　→　substr($job_desc, 4, 3)　⟶　you

substr($job_desc, 49)　⟶　ing?

从49开始，由于我们省略了第2个参数，这表示要取至串末尾。

substr($job_desc, 0, 3)　⟶　Are

substr($job_desc, 0, 9)　⟶　Are you a

从任意一端抽取子串

substr()函数并不仅限于从一个串的前端抽取子串。还可以从串末尾抽取字符。此时仍是从左到右进行抽取；另外需要使用一个负索引来指示子串的开始位置。

Are you a practitioner of the lost art of cat juggling?

-53 -52 -51 -50 ……   …… -3 -2 -1

以下是几个例子：

从-53开始，然后抽取 ——→ `substr($job_desc, -53, 7)` ————————→ Are you
7个字符。

从-9开始，取串的   `substr($job_desc, -9)` ————————————→ juggling?
其余部分。

✏ Sharpen your pencil

以下PHP代码要为Risky Jobs搜索结果生成一个HTML表格。请完成缺少的代码，其任务是将职位描述文本限制为不超过100个字符，另外将发布日期文本缩减为只显示月、日和年。

```php
echo '<table border="0" cellpadding="2">';
echo '<td>Job Title</td><td>Description</td><td>State</td><td>Date Posted</td>';
while ($row = mysqli_fetch_array($result)) {
  echo '<tr class="results">';
  echo '<td valign="top" width="20%">' . $row['title'] . '</td>';
  echo '<td valign="top" width="50%">' . .................................................. . '……</td>';
  echo '<td valign="top" width="10%">' . $row['state'] . '</td>';
  echo '<td valign="top" width="20%">' . .................................................. . '</td>';
  echo '</tr>';
}
echo '</table>';
```

Sharpen your pencil Solution

以下PHP代码要为Risky Jobs搜索结果生成一个HTML表格。请完成缺少的代码，其任务是将职位描述文本限制为不超过100个字符，另外将发布日期文本缩减为只显示月、日和年。

```
echo '<table border="0" cellpadding="2">';
echo '<td>Job Title</td><td>Description</td><td>State</td><td>Date Posted</td>';
while ($row = mysqli_fetch_array($result)) {
  echo '<tr class="results">';
  echo '<td valign="top" width="20%">' . $row['title'] . '</td>';
  echo '<td valign="top" width="50%">' . substr($row['description'], 0, 100) . '……</td>';
  echo '<td valign="top" width="10%">' . $row['state'] . '</td>';
  echo '<td valign="top" width="20%">' . substr($row['date_posted'], 0, 10) . '</td>';
  echo '</tr>';
}
echo '</table>';
```

在最后加一个省略号，指示这只是描述的一部分。

所有date_posted数据都以MM-DD-YYYY开头，正好占10个字符。

Geek Bits

也可以不使用PHP substr()函数，而直接在SQL查询本身限制职位描述数据。我们可以使用一个与之非常类似的MySQL函数，名为SUBSTRING()，它与substr()的参数相同。唯一的区别是起始索引从1开始而不是0。所以要获取职位描述的前100个字符，如下所示：

```
SELECT SUBSTRING(job_description, 1, 100)
  FROM riskyjobs;
```

一致地使用PHP函数有一个好处：我们可以同时得到部分职位描述和完整的职位描述。如果使用MySQL，只能得到部分职位描述，要得到完整的描述则需要另外建立一个查询。

there are no Dumb Questions

问： substr()可以用于数字值吗？

答： 不行。它只能处理串。不过，如果一个数字存储为CHAR、VARCHAR或TEXT，通过SQL获取时，PHP会把它处理为一个串而不是一个数字，所以此时可以使用substr()函数。

问： 如果指定的长度（length）值大于串的长度会怎么样？会不会返回一个串，最后填充空格来满足length值的要求？

答： 它会返回整个串。不过不会在串的最后填充空格来改变长度。例如，以下代码会返回串"dog"：

```
substr('dog', 0, 10)
```

运行测试

修改search脚本，限制所显示的职位描述和发布日期文本。

修改search.php脚本，使用PHP substr()函数修剪搜索结果的职位描述和发布日期文本。然后将脚本上传到你的Web服务器，并用几个搜索进行测试。

Selma现在很高兴可以看到
职位搜索结果而无需滚动
庞大的描述。

Risky Jobs - Search

Risky Jobs

Danger! Your dream job is out there.
Do you have the guts to go find it?

Risky Jobs - Search Results

Job Title	Description	State	Date Posted
Tightrope Walker	Fledgling big top looking for three-ring professional with 1-3 years of experience to perform tightr...	TX	2008-11-14
Master Cat Juggler	Are you a practitioner of the lost art of cat juggling? Banned in forty countries, only the Jim Ruiz...	AZ	2008-11-14
Tightrope Tester	If the thought of dangling for hours on end from great ...d time, then thi...	MT	2008-11-14

我更愿意看到按发布日期排序的
结果，或者按州排序。我真希望
在佛蒙特州找到一个斗牛士职位。

发布日期现在也更易读，因为
它只显示了日期，而不是日期
和时间。

BRAIN POWER

如何改变页面布局和查询，从而允许按发布日期、
州或职位名来排序？

多个查询可以对结果排序

为了允许访问者对其搜索结果排序，需要一种方法让他们指出希望结
果如何排序。可能需要一个表单……或者一个按钮？实际上比这更简
单。我们可以使用HTML将搜索结果表中的各个列标题转换为链接。
用户可以点击一个链接来指示他们希望根据哪一列对结果排序。

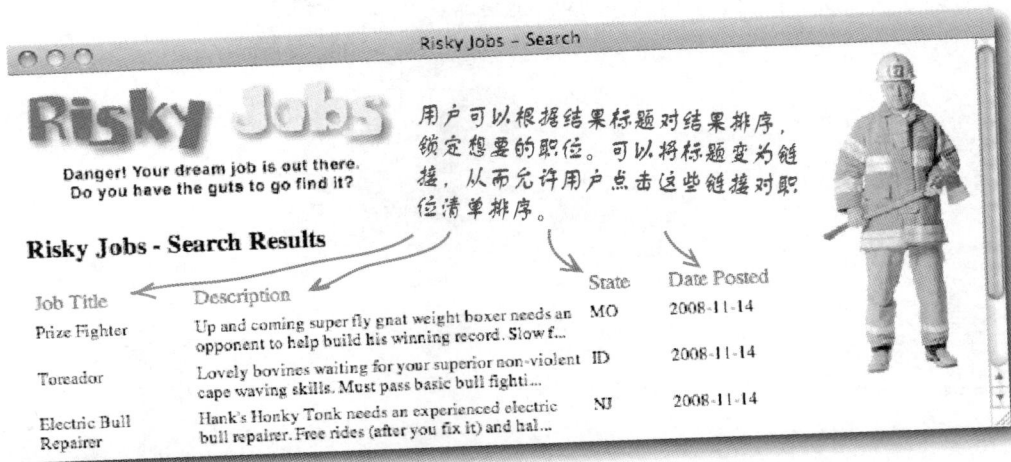

可以使用这些链接重新加载这个search脚本，不过这一次要做一个查询，根据所
点击的链接对结果排序。我们已经知道如何使用ORDER   BY来建立一个完成结
果排序的查询。如果创建不同的SQL查询，分别利用ORDER   BY对各个列排序，
就可以让用户根据职位名、描述或州按字母表顺序对搜索结果排序，或者以年
代顺序按发布日期排序。

以下是根据职位描述按字母顺序对结果排序的SQL查询：

```
SELECT * FROM riskyjobs
  WHERE description LIKE '%Bull%' OR description LIKE '%Fighter%' OR
  description LIKE '%Matador%'
  ORDER BY description
```

这会根据职位描述按字母升序对
查询结果排序。

Sharpen your pencil

写出3个不同的查询，分别根据职位名、州和发布日期对
Risky Jobs结果排序。假设用户已经键入以下搜索串"window,
washer, skyscraper"。

....
....
....
....
....
....
....
....
....
....
....

如果希望以相反的顺序看到职位名和州，应该如何重写这些查询？要让最新的职
位放在最前面该怎么做？

....
....
....
....
....
....
....
....
....
....
....
....

Sharpen your pencil
Solution

写出3个不同的查询，分别根据职位名、州和发布日期对 Risky Jobs结果排序。假设用户已经键入以下搜索串 "window, washer, skyscraper"。

```
SELECT * FROM riskyjobs
    WHERE description LIKE '%window%' OR description LIKE '%washer%' OR
    description LIKE '%skyscraper%'
    ORDER BY job_title
```

默认地，ORDER BY会按升序（ASCending）排序，这等同于ORDER BY job_title ASC。

```
SELECT * FROM riskyjobs
    WHERE description LIKE '%window%' OR description LIKE '%washer%' OR
    description LIKE '%skyscraper%'
    ORDER BY state
```

```
SELECT * FROM riskyjobs
    WHERE description LIKE '%window%' OR description LIKE '%washer%' OR
    description LIKE '%skyscraper%'
    ORDER BY date_posted
```

如果希望以相反的顺序看到职位名和州，应该如何重写这些查询？要让最新的职位放在最前面该怎么做？

```
SELECT * FROM riskyjobs
    WHERE description LIKE '%window%' OR description LIKE '%washer%' OR
    description LIKE '%skyscraper%'
    ORDER BY job_title DESC
```

如果已经对某个列排序，而用户再次点击这个链接，希望反向排序，则需要这些查询。

```
SELECT * FROM riskyjobs
    WHERE description LIKE '%window%' OR description LIKE '%washer%' OR
    description LIKE '%skyscraper%'
    ORDER BY state DESC
```

```
SELECT * FROM riskyjobs
    WHERE description LIKE '%window%' OR description LIKE '%washer%' OR
    description LIKE '%skyscraper%'
    ORDER BY date_posted DESC
```

看起来生成所有这些查询需要很多冗余代码。能不能避免将同样的查询生成代码重复3次，或者甚至6次？

对。用户点击一个不同的链接时，我们确实需要运行一个不同的查询，不过完全可以根据所点击的链接来构建唯一一个查询。

第一次显示结果时，没有点击任何链接，所以不必操心排序。只需根据提交到表单的关键字来构建一个没有ORDER BY的查询。显示结果时同时显示可点击的标题，每个标题链接仍指向这个脚本，不过分别指定不同的排序顺序。所以每个链接URL中除了原关键字外，还包括一个名为sort的参数，这个参数指示了结果应采用何种顺序。

为了实现这一点，可以创建我们自己的定制函数，根据对职位数据排序的有关信息，返回一个包含WHERE子句和ORDER BY的串，这会很有帮助。这个新的定制函数会查看sort参数，得出如何对搜索结果排序。以下是这个函数要完成的步骤：

1. 预处理搜索关键字，将其存储在一个数组中。

2. 取一个sort参数（可选），告诉函数要按哪一列排序。

3. 去除所有空搜索关键字。

4. 创建一个包含所有搜索关键字的WHERE子句。

5. 查看sort参数是否有值。如果确实有值，则增加一个ORDER BY子句。

6. 返回新建立的查询。

看起来要做很多工作要做，不过大部分代码都已经编写完成。只需把它们转换到一个函数中。不过，在此之前，先来看如何建立定制函数……

函数允许重用代码

函数是与其他代码分离的一个代码块，可以在脚本中的任何位置执行。到目前为止，你一直在使用PHP已经创建的内置函数，explode()、substr()和mysqli_query()都是PHP预定义的函数，可以在任何脚本中使用。

不过，你还可以编写自己的定制函数，提供PHP语言未提供的特性。通过创建一个定制函数，可以反复使用你的代码而无需在脚本中重复。实际上，希望运行这个代码时只需按函数名调用该函数。

以下是一个名为replace_commas()的定制函数例子，它会把串中的逗号替换为空格：

利用定制函数，可以按名组织一个PHP代码块，以便轻松地重用。

要创建一个定制函数，需要以 "function" 开头。

这是你确定的函数名，要尽可能让函数名具有描述性。

函数名后面是一对括号。可以向函数发送一个或多个值作为参数，每个值之间用一个逗号分隔，这里只有一个值。

大括号指示函数代码从哪里开始，这类似于循环或 if 语句。

```php
function replace_commas($str) {
    $new_str = str_replace(',', ' ', $str);
    return $new_str;
}
```

函数可以向调用该函数的代码返回一个值，在这里会返回修改后的串。

要使用一个定制函数，只需按名来调用，并在括号中输入它需要的所有值。如果函数设计为返回一个值，可以把它赋至一个新变量，如下所示：

传入一个串 "tightrope, walker, circus" 。

```php
$clean_search = replace_commas('tightrope, walker, circus');
```

这个函数返回一个新串，其中逗号被替换为空格。

利用一个定制函数构建查询

我们要创建一个定制函数用来生成一个Risky　Jobs搜索查询，而且所
需的大多数代码都已经完成。下面只需要将这些代码集中在一个PHP
函数框架中。以下是定制的build_query()函数：

> 为函数传入$user_search数组，这
> 是由搜索表单中输入的数据创
> 建的。

```php
function build_query($user_search) {
  $search_query = "SELECT * FROM riskyjobs";

  // Extract the search keywords into an array
  $clean_search = str_replace(',', ' ', $user_search);
  $search_words = explode(' ', $clean_search);
  $final_search_words = array();
  if (count($search_words) > 0) {
    foreach ($search_words as $word) {
      if (!empty($word)) {
        $final_search_words[] = $word;
      }
    }
  }

  // Generate a WHERE clause using all of the search keywords
  $where_list = array();
  if (count($final_search_words) > 0) {
    foreach($final_search_words as $word) {
      $where_list[] = "description LIKE '%$word%'";
    }
  }
  $where_clause = implode(' OR ', $where_list);

  // Add the keyword WHERE clause to the search query
  if (!empty($where_clause)) {
    $search_query .= " WHERE $where_clause";
  }

  return $search_query;
}
```

> 这个函数里没有
> 任何新内容！

> 确实，这属于新的内容。在这里我们返回了新查
> 询，调用该函数的代码可以使用这个查询。

build_query()函数根据通过$user_search参数传入的搜索串，返
回一个完整的SQL查询。使用这个函数时，只需将用户输入的搜索数据
传入函数，然后把结果存储在一个名为$search_query的新串中：

```php
$search_query = build_query($user_search);
```

> 由此可以获取函数返回的值，
> 在这里就是新的搜索查询。

> 这是从用户提交的搜索表单得
> 到的值。

定制函数闪亮登场

本周访谈：
定制函数：他们定制程度到底如何？

Head First: 嘿，我们一直在考虑一个问题：冗余代码到底有什么不好？我的意思是，实际上冗余代码很容易创建，只需要复制粘贴就可以，然后就大功告成了。

定制函数： 噢，不要提冗余代码。它太丑陋了，而且会让你的代码更难读。这已经很糟糕了。不过避免冗余代码还有一个更重要的原因。

Head First: 是吗？

定制函数： 嗯，如果你的代码里有修改怎么办？这经常会发生。

Head First: 那又怎样？事物总是在变化的。只需要跟着做相应修正就行了。

定制函数： 但是如果你的冗余代码中出现修改呢？也许你的应用中有5处，或者可能是10处需要修改呢？

Head First: 我看不出有什么大不了的。你可以找到这些地方，然后全部修改，不就可以了吗？

定制函数： 很好。不过，如果你漏掉了其中的一处会怎么样？你只是一个普通人，普通的程序员。如果漏了一处，再想把它找出来可就费劲了。

Head First: 当然，我想这有可能发生。不过你又能有什么帮助呢？

定制函数： 哈，不过，这正是我神奇的地方。如果代码放在一个函数里，就可以只修改一次，只有一次。然后就万事大吉了。

Head First: 必须承认，这确实很吸引人。不过我还是看不出为什么要舍弃我的做法来使用你。我的意思是说，你很受限，对不对？你只能使用串。

定制函数： 哇呜!请等等，朋友！我能接收你发送给我的任何数据类型。只要定制函数中的代码能够合理地加以处理，我可以使用你给我的任何数据。实际上，上一个例子中我就使用了一个数组。不得不说，这就相当复杂。

Head First: 不过你返回了一个串。

定制函数： 我可以返回你想要的任何东西。关键是要充分利用我提供的结果并且正确地使用我。

Head First: 这是另一回事。你要求太多了。必须为你传入数据。

定制函数： 你怎么会有这些疯狂的想法？如果你愿意，而且如果我是无参数的，完全可以调用我而不带任何变量。如果你不想向我发送数据，那么创建我时不要在我的名字旁边的括号里写任何变量。尽管我想不出为什么你不想向我传递数据，另外我也不明白你为什么不想利用一个return语句得到返回的数据。

Head First: 我们的谈话就到这里吧，感谢您的光临。

定制函数： 不客气。我活着就是为了服务。或者说我服务就是为了活着，或者是为活着的人服务？诸如此类吧。

运行测试

修改search脚本，使用build_query()函数。

在search.php脚本中创建新的build_query()函数，确保将原代码替换为这个新函数的一个调用。将脚本上传到你的Web服务器，并在Web浏览器中尝试一个搜索，确保它能正常工作。

> 这个新的定制build_query()函数很酷，不过它还不能对搜索结果排序。可以再增加一个参数来完成这个工作吗？

当然可以。可以向build_query()函数传入两个参数而不只是一个参数。

我们已经向这个函数传入了$user_search参数，其中包含用户的搜索项。现在需要另一个参数$sort指示如何对数据排序。新的$sort参数需要按第535页上提出的6种方式控制查询返回数据的顺序：分别以升序和降序按riskyjobs表中的job_title、state和date_posted列排序。

可以把具体的ORDER BY串存储在$sort中来指示排序顺序,或者可以使用数字1~6来表示各种排序方式，如下：

$sort == 1 ➡ ORDER BY job_title

$sort == 2 ➡ ORDER BY job_title DESC

$sort == 3 ➡ ORDER BY state

$sort == 4 ➡ ORDER BY state DESC

$sort == 5 ➡ ORDER BY date_posted

$sort == 6 ➡ ORDER BY date_posted DESC

> 按职位描述排序没有多大意义，因为字母顺序在这里不能表示什么。

> 我们只是随意地选择了这些数字和每个数字表示的含义。对于如何选择并没有任何特殊的规律，只是要求使用时必须一致。

不过，读代码时整数不是不便于理解吗？没错，如果没有提供注释，确实存在这个问题。不过这里使用整数还有一个更重要的原因。如果使用ORDER BY串，我们的数据会作为各个标题链接的一部分出现在脚本的URL中。这会无意中暴露表的列名，而出于安全的原因你并不想将它们公之于众。

好的，我已经知道这个新的`sort参数是怎么工作的，但是如何确定向函数传入哪一个`sort值呢？难道用户不该告诉我们吗？

是的，类似于指定搜索项，用户必须指定如何对搜索结果排序。

对此有一个好消息，我们已经知道如何实现这个功能：我们将把结果页面上的列标题转换为超链接。用户点击一个给定标题时，如"State"，就要将按州排序的相应数字传入build_query()函数。

不过还必须从脚本链接得到排序方式。为此，在对标题生成定制链接时可以向URL追加一个sort参数：

搜索结果生成为一个HTML表的一部分，所以这里有一个<td>标记。

用户点击列标题对结果排序时，我们希望重新加载页面，所以将它建立为一个自引用表单。

```
$sort_links .= '<td><a href = "' . $_SERVER['PHP_SELF'] .
    '?usersearch=' . $user_search . '&sort=3">State</a></td>';
```

build_query()函数需要用户的搜索关键字来显示结果，所以将它传入URL。

还要传递sort数据，指示希望如何对搜索结果排序。由于这是对应州（state）的链接，所以"sort"等于3。

生成结果页面时，每个标题链接（除"Job Description"外）都有自己的定制URL，并包括一个sort值指示应当如何对结果排序。

<a href="search.php?usersearch=bull fighter matador&sort=1">

Risky Jobs

Danger! Your dream job is out there.
Do you have the guts to go find it?

Risky Jobs - Search Results

Job Title　　Description　　　　　　　　State　　Date Posted

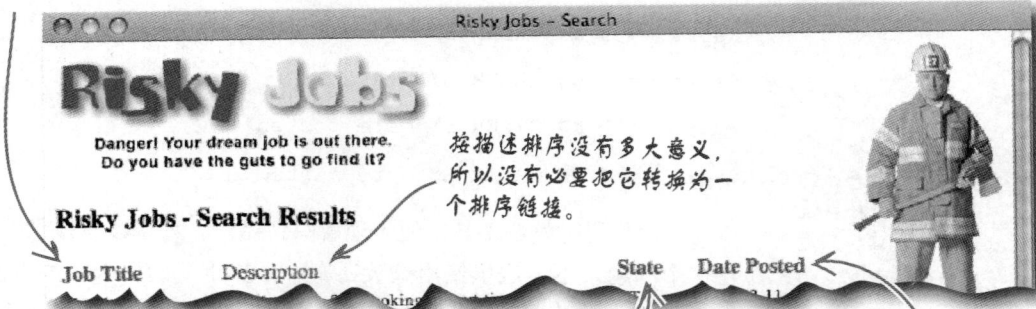

按描述排序没有多大意义，所以没有必要把它转换为一个排序链接。

<a href="search.php?usersearch=bull fighter matador&sort=3">

<a href="search.php?usersearch=bull fighter matador&sort=5">

嗯，我知道这些链接可以用于前3个查询，但是另外3个按降序排序的**ORDER BY**呢？它们在哪里？

Joe: 正常情况下，用户可以利用同一个标题按升序或降序排序。

Jill: 没错。每次用户点击一个标题时，就会换一次顺序。

Frank: 这是不是意味着每次用户点击标题时我们必须以某种方式跟踪标题的状态，因为现在必须根据它们目前包含的链接来建立不同的链接。

Joe: 我不懂你是什么意思。

Frank: 是这样，同一个标题并不总是完成同样的排序。例如，如果你点击了"Job Title"标题，它会按职位名的升序对结果排序，然后必须修改链接，这样下一次点击这个标题时就会按职位名的降序来排序。

Jill: 确实是这样。另外要记住，每种排序在链接URL中都对应一个数字，使脚本知道将如何排序。另外，由于这些链接由我们生成，所以可以精确地控制在其中放入哪个排序数字。

Joe: 我懂了。这么说，我们面对的挑战就是要适当地构建代码，从而能够根据当前排序状态生成正确的链接，对吗？

Frank: 哈，你终于明白了！这个工作难道不能用几个if语句来解决吗？我是说，这正是if语句所擅长的决策问题，对不对？

Joe: 是的，这是可以的，不过我们讨论的是关于同一数据（排序类型）的多个决策。如果能提出一种更好的方法建立这些决策，而不是使用一堆嵌套if-else语句，那该多好。

Jill: 这一点很重要，这里非常适合尝试一个我刚听说的新语句。利用switch语句，你完全可以根据一个值做出多个决策，远远超过两个。

Frank: 听起来很不错。那就试试吧。

Joe: 我同意。只要能避免复杂的if-else语句就行，这些语句实在让我头疼！

Jill: 我也是一样。我想switch语句可能是最佳选择……

switch可以比if做更多决策

switch语句提供了一种高效的方式来检查一个值，并根据这个值执行多个不同代码块之一。如果使用if-else语句，这些工作可能需要一组if-else语句才能完成，特别是在涉及很多选择的情况下。

我们并不需要编写嵌套的if-else语句来检查各个可能的值，可以编写一个switch语句，对应各个可能的值分别有一个case标签。在每个case标签的最后要加上语句break;，这会指示PHP退出整个switch语句，不再考虑所有其他case。这样可以确保PHP不会执行多个case中的代码。

switch语句包含一系列case标签，根据一个变量的值执行不同的代码块。

下面来看使用switch的一个例子：

```php
switch ($benefit_code) {

case 1:

  $benefits = 'Major medical, 10 sick days';

  break;

case 2:

  $benefits = 'Death and dismemberment only, one month paid leave';

  break;

case 3:

case 4:

  $benefits = 'Good luck!';

  break;

default:

  $benefits = 'None.';

}

echo 'We offer four comprehensive benefits packages';

echo 'The plan you have selected: ' . $benefits;
```

这是switch语句检查的值，它控制着整个switch。

break语句告诉PHP退出switch语句。

这个代码只在$benefit_code为1时才执行。

如果需要对两个或多个值做同样的处理，只需将最后一个值之前的所有break语句省略。

$benefit_code中存储的值如果不是1、2、3或4，所有其他值都会导致执行default代码。

不完全正确。这里只有3段，由于对应3没有break语句所以3和4是一样的。

Risky Jobs有一个名为generate_sort_links()的新函数，允许用户通过点击结果标题对搜索结果排序。遗憾的是，这里缺少一些重要的代码。请完成这个函数的代码。

不要忘记对应各个搜索类型的数字：

1 = 按职位名升序排序； 2 = 按职位名降序排序； 3 = 按州升序排序；

4 = 按州降序排序； 5 = 按发布日期升序排序； 6 = 按发布日期降序排序。

```php
.............. generate_sort_links($user_search, $sort) {
  $sort_links = '';

  .............($sort) {
  case 1:
    $sort_links .= '<td><a href = "' . $_SERVER['PHP_SELF'] . '?usersearch=' . $user_search .
      '&sort= ........">Job Title</a></td><td>Description</td>';
    $sort_links .= '<td><a href = "' . $_SERVER['PHP_SELF'] . '?usersearch=' . $user_search .
      '&sort= ........">State</a></td>';
    $sort_links .= '<td><a href = "' . $_SERVER['PHP_SELF'] . '?usersearch=' . $user_search .
      '&sort= ........">Date Posted</a></td>';

    ..............
  case 3:
    $sort_links .= '<td><a href = "' . $_SERVER['PHP_SELF'] . '?usersearch=' . $user_search .
      '&sort= ........">Job Title</a></td><td>Description</td>';
    $sort_links .= '<td><a href = "' . $_SERVER['PHP_SELF'] . '?usersearch=' . $user_search .
      '&sort= ........">State</a></td>';
    $sort_links .= '<td><a href = "' . $_SERVER['PHP_SELF'] . '?usersearch=' . $user_search .
      '&sort= ........">Date Posted</a></td>';

    ..............
  case 5:
    $sort_links .= '<td><a href = "' . $_SERVER['PHP_SELF'] . '?usersearch=' . $user_search .
      '&sort= ........">Job Title</a></td><td>Description</td>';
    $sort_links .= '<td><a href = "' . $_SERVER['PHP_SELF'] . '?usersearch=' . $user_search .
      '&sort= ........">State</a></td>';
    $sort_links .= '<td><a href = "' . $_SERVER['PHP_SELF'] . '?usersearch=' . $user_search .
      '&sort= ........">Date Posted</a></td>';

    ..............

  ..............
    $sort_links .= '<td><a href = "' . $_SERVER['PHP_SELF'] . '?usersearch=' . $user_search .
      '&sort= ........">Job Title</a></td><td>Description</td>';
    $sort_links .= '<td><a href = "' . $_SERVER['PHP_SELF'] . '?usersearch=' . $user_search .
      '&sort= ........">State</a></td>';
    $sort_links .= '<td><a href = "' . $_SERVER['PHP_SELF'] . '?usersearch=' . $user_search .
      '&sort= ........">Date Posted</a></td>';
  }

  return ..................;
}
```

这是用户未选择排序方法时要显示的一组默认标题。

Exercise Solution

Risky Jobs有一个名为generate_sort_links()的新函数,允许用户通过点击结果标题对搜索结果排序。遗憾的是,这里缺少一些重要的代码。请完成这个函数的代码。不要忘记对应各个搜索类型的数字:

1 = 按职位名升序排序, 2 = 按职位名降序排序, 3 = 按州升序排序,

4 = 按州降序排序, 5 = 按发布日期升序排序, 6 = 按发布日期降序排序。

```php
function generate_sort_links($user_search, $sort) {
  $sort_links = '';
```

> 如果$sort为1,说明我们已经按职位名排序,所以现在需要按降序重新排序。

```php
  switch ($sort) {
  case 1:
    $sort_links .= '<td><a href = "' . $_SERVER['PHP_SELF'] . '?usersearch=' . $user_search .
      '&sort= 2 ">Job Title</a></td><td>Description</td>';
    $sort_links .= '<td><a href = "' . $_SERVER['PHP_SELF'] . '?usersearch=' . $user_search .
      '&sort= 3 ">State</a></td>';
    $sort_links .= '<td><a href = "' . $_SERVER['PHP_SELF'] . '?usersearch=' . $user_search .
      '&sort= 5 ">Date Posted</a></td>';
    break;
  case 3:
    $sort_links .= '<td><a href = "' . $_SERVER['PHP_SELF'] . '?usersearch=' . $user_search .
      '&sort= 1 ">Job Title</a></td><td>Description</td>';
    $sort_links .= '<td><a href = "' . $_SERVER['PHP_SELF'] . '?usersearch=' . $user_search .
      '&sort= 4 ">State</a></td>';
    $sort_links .= '<td><a href = "' . $_SERVER['PHP_SELF'] . '?usersearch=' . $user_search .
      '&sort= 3 ">Date Posted</a></td>';
    break;
  case 5:
    $sort_links .= '<td><a href = "' . $_SERVER['PHP_SELF'] . '?usersearch=' . $user_search .
      '&sort= 1 ">Job Title</a></td><td>Description</td>';
    $sort_links .= '<td><a href = "' . $_SERVER['PHP_SELF'] . '?usersearch=' . $user_search .
      '&sort= 3 ">State</a></td>';
    $sort_links .= '<td><a href = "' . $_SERVER['PHP_SELF'] . '?usersearch=' . $user_search .
      '&sort= 6 ">Date Posted</a></td>';
    break;
  default:
    $sort_links .= '<td><a href = "' . $_SERVER['PHP_SELF'] . '?usersearch=' . $user_search .
      '&sort= 1 ">Job Title</a></td><td>Description</td>';
    $sort_links .= '<td><a href = "' . $_SERVER['PHP_SELF'] . '?usersearch=' . $user_search .
      '&sort= 3 ">State</a></td>';
    $sort_links .= '<td><a href = "' . $_SERVER['PHP_SELF'] . '?usersearch=' . $user_search .
      '&sort= 5 ">Date Posted</a></td>';
  }

  return $sort_links ;
}
```

> 如果还没有设置$sort,或者$sort是2、4或6,则应当显示原来的链接按升序对数据排序。

使build_query()支持排序

现在已经有两个函数来处理Risky　Jobs搜索。build_query()根据
用户输入的搜索项构建一个SQL查询，generate_sort_links()
为搜索结果标题生成超链接，使用户能够对结果排序。不过build_
query()还没有最后完成，因为它生成的查询还不能排序。这个函数
需要在查询后面追加一个ORDER　BY子句。不过这必须是一个正确的
ORDER BY子句，由一个新的$sort参数确定：

> 除了$user_search外，现在还要为这个
> 函数传入$sort参数。

```php
function build_query($user_search, $sort) {
  $search_query = "SELECT * FROM riskyjobs";

  ......

  // Add the keyword WHERE clause to the search query
  if (!empty($where_clause)) {
    $search_query .= " WHERE $where_clause";
  }

  // Sort the search query using the sort setting
  switch ($sort) {
  // Ascending by job title
  case 1:
    $search_query .= " ORDER BY title";
    break;
  // Descending by job title
  case 2:
    $search_query .= " ORDER BY title DESC";
    break;
  // Ascending by state
  case 3:
    $search_query .= " ORDER BY state";
    break;
  // Descending by state
  case 4:
    $search_query .= " ORDER BY state DESC";
    break;
  // Ascending by date posted (oldest first)
  case 5:
    $search_query .= " ORDER BY date_posted";
    break;
  // Descending by date posted (newest first)
  case 6:
    $search_query .= " ORDER BY date_posted DESC";
    break;
  default:
    // No sort setting provided, so don't sort the query
  }

  return $search_query;
}
```

> 这里是为build_query()增加的
> 代码。这个switch语句检查
> $sort的值，并在搜索查询的
> 最后追加相应的ORDER BY
> 语句。

> 用户加载结果页面时如果没有点击
> 任何列标题，$sort将为空，所以作
> 为默认分支（default），我们不对结
> 果完成任何排序。

> 像从前一样返回$search_query，不过这一次最后会有一个
> ORDER BY子句。

运行测试

改造Search脚本，使用这两个新的定制函数。

在search.php脚本中创建generate_sort_links()函数，然后向build_query()函数增加新代码，使它生成一个提供有序结果的查询。不要忘记在脚本中调用generate_sort_links()函数来取代回显输出结果标题的代码。

将脚本上传到你的Web服务器，在一个浏览器中打开search.html页面，尝试完成一个搜索。现在点击搜索结果上面的标题，根据不同数据对职位排序。多次点击同一个标题来切换升序和降序。

build_query()函数取用户输入的搜索项，将这个查询分解为一个数组，清除数组中的空串，并用搜索项和对应排序值（如果有的话）的一个ORDER BY构建一个SQL查询。

generate_sort_links()函数生成可点击的列标题，在各个链接的URL中加入排序选项。

Risky Jobs - Search Results

Job Title	Description	State	Date Posted
Matador	Bustling dairy farm looking for part-time matador to entertain spirited bull with mild case of ADD. ...	VT	2008-03-11
Firefighter	The City of Dataville is hiring firefighters. No experienced required - you will be trained. Non-smo...	OH	2008-05-22
Electric Bull Repairer	Hank's Honky Tonk n... ...ed electric bu...	NJ	2008-11-14

现在我可以看到最早发布的那些职位，可以看到，佛蒙特州非常迫切想要聘请一位斗牛士。

> 但是有时我试图在更大范围搜索，结果实在太多了。

Risky Jobs

Danger! Your dream job is out there.
Do you have the guts to go find it?

Risky Jobs - Search Results

这个职位清单太庞大了，无法一次看完。

Job Title	Description	State	Date Posted
Custard Walker	We need people willing to test the theory that you can walk on custard. We're going to fill a swi...	NM	2008-07-24
Shark Trainer	Training sharks to do cute tricks for the audiences at our new water theme park. You'll spend tim...	FL	2008-04-28
Voltage Checker	You'll be out in the field checking a.c. and d.c. voltages in the range of 3 to 250 or more volts. Y...	NC	2008-06-28
Antenna Installer	You'll be installing antennas and other metallic broadcast receiving equipment on the roofs of Miami...	FL	2008-09-04
Elephant Proctologist	Needed: experienced proctologist willing to work with large animals. Elephants at our zoo (in San Fr...	CA	2008-07-29
Airplane Engine Cleaner	Jet airplanes needing engines cleaned. In need of clean-minded individuals willing to handle rust an...	TX	2008-08-17
Matador	Bustling dairy farm looking for part-time matador to entertain spirited bull with mild case of ADD. ...	VT	2008-03-11
Paparazzo	Top celebrity photography firm looking for seasoned paparazzo to stalk temperamental lip-syncing pop...	CA	2008-03-24
Tightrope Walker	Fledgling big top looking for three-ring professional with 1-3 years of experience to perform tightr...	TX	2008-11-14
	Do you love animals and hate plaque? Well, then this ...b for you! Our crocodile farm ...	FL	2008-07-14
	...fresh new faces. Full health insurance provided. Must love kids....	NY	2008-11-02
	...elves on how good our pet food tastes. ...help make our products even better. ...	MO	2008-11-09
	...s waiting for your superior non-violent ...kills. Must pass basic bull fighti...	ID	2008-11-14
	...y Tonk needs an experienced electric bull ...des (after you fix it) and hal...	NJ	2008-07-27
Firefighter	The City of Dataville is hiring firefighters. No experienced required - you will be trained. Non-smo...	OH	2008-05-22
Prize Fighter	Up and coming super fly gnat weight boxer needs an opponent to help build his winning record. Slow f...	MO	2008-11-14
Master Cat Juggler	Are you a practitioner of the lost art of cat juggling? ...ned in forty countries, only the Jim Ruiz...	AZ	2008-11-14

BRAIN POWER

其他网站如何避免在一个页面上显示大量搜索结果？

可以对结果分页

现在我们将所有结果都显示在一个页面上，如果与搜索匹配的职位过多，这就会成问题。并不要求用户在一个庞大的页面中上下滚动来查看所有匹配的职位，可以使用一种称为分页的技术显示搜索结果。对结果分页时，会把匹配的职位集合分组，然后分别在单独的Web页面上显示各组职位，如下所示：

每页显示5个结果，另外还提供了访问其他结果页的链接。用户可以很容易地点击各个结果页，并避免滚动页面。

Risky Jobs

Danger! Your dream job is out there.
Do you have the guts to go find it?

Risky Jobs - Search Results

Job Title	Description
Custard Walker	We need people willing to t walk on custard. We're goin
Shark Trainer	Training sharks to do cute t our new water theme park.
Voltage Checker	You'll be out in the field ch in the range of 3 to 250 or
Antenna Installer	You'll be installing antenn broadcast receiving equipm
Elephant Proctologist	Needed: experienced proc large animals. Elephants

< 1 2 3 4 >

用户可以利用这些链接在多个结果页之间导航。

Risky Jobs - Search Results

Job Title	Description
Airplane Engine Cleaner	Jet airplanes nee minded individu
Matador	Bustling dairy fa entertain spirited
Paparazzo	Top celebrity pho paparazzo to stal
Tightrope Walker	Fledgling big top with 1-3 years of
Crocodile Dentist	Do you love anim might be the job fo

< 1 2 3 4 >

当前页不是链接，这是第2个职位结果页。

Risky Jobs

Danger! Your dream job is out there.
Do you have the guts to go find it?

Risky Jobs - Search Results

Job Title	Description	State	Date Posted
Mime	We need some fresh new faces. Full health insurance and shin pads provided. Must love kids....	NY	2008-11-02
Pet Food Tester	We pride ourselves on how good our pet food tastes. Now you can help make our products even better. ...	MO	2008-11-09
Toreador	Lovely bovines waiting for your superior non-violent cape waving skills. Must pass basic bull fighti...	ID	2008-11-14
Electric Bull Repairer	Hunk's Honky Tonk needs an experienced electric bull repairer. Free rides (after you fix it) and hal...	NJ	2008-11-14
Firefighter	The City of Dataville is hiring firefighters. No experienced required - you will be trained. Non-smo...	OH	2008-05-22

< 1 2 3 4 >

很不错，不过怎样把结果分解为这样的组呢？要知道，我们的SQL查询会返回与搜索串匹配的所有结果。

分页将查询结果分组，并分别在单独的Web页面上显示各组结果。

我们需要只返回一个**结果子集**的查询，而不是返回全部结果。

很幸运，SQL已经为此提供了一个方法：LIMIT子句。下面再来讨论LIMIT，看看如何使用LIMIT子句将结果分解为5个一组……

使用LIMIT只获取你需要的行

要控制在给定页面上显示哪些行，关键是要为搜索查询再增加一个子句：LIMIT子句。如果要得到最多5行，可以在查询的最后增加LIMIT 5，如下所示：

```
SELECT * FROM riskyjobs
    ORDER BY job_title
    LIMIT 5
```

由于没有WHERE子句，这个查询会返回数据库中的所有职位，这对应于不带任何搜索项进行搜索。

不论具体找到多少个匹配，只返回前5个匹配结果。

LIMIT控制一个SQL查询返回多少行以及哪些行。

如果还记得，我们使用了定制build_query()函数来创建Risky Jobs查询。为了强制只显示前5个匹配结果，只需在构建查询串之后在最后追加LIMIT 5：

```
$query = build_query($user_search, $sort);
$query =  $query . " LIMIT 5";
```

在查询最后追加一个LIMIT子句，这会限制查询返回的行数，在这里就是限制为5行。

这对于获取前5个结果行很合适，不过之后的5行呢？再接下来的5行呢？为了进一步抽取结果集中的数据行，必须对LIMIT稍做修改。但是如何修改呢？LIMIT 10会得到前10行，所以这是不行的。我们需要得到第6行到第10行，为此要使用LIMIT的另一种不同的语法。可以向LIMIT增加两个参数，第一个参数控制跳过多少行，第二个参数控制返回多少行。例如，利用以下查询可以得到第11行到第15行，这正是第3个结果页：

```
$query = build_query($user_search, $sort);
$query =  $query . " LIMIT 10, 5";
```

Custard Walker	......
Shark Trainer	......
Voltage Checker	......
Antenna Installer	......
Elephant Proctologist	......
Airplane Engine Cleaner	......
Matador	......
Paparazzo	......
Tightrope Walker	......
Crocodile Dentist	......
Mime	......
Pet Food Tester	......
Toreador	......
Electric Bull Repairer	......
Firefighter	......
......	

第一个参数告诉LIMIT跳过多少行，即跳过前10行。

第二个参数控制返回多少行，与前面一样，同样是5行。

用LIMIT控制页面链接

分页有一个很重要的部分，就是要提供链接，从而允许用户在不同结果页之间来回转移。可以利用LIMIT子句在每个结果页最下方建立导航链接。例如，"下一页"（next）和"上一页"（previous）链接各自都有自己的LIMIT。数字链接也是如此，允许用户直接跳至某一个特定的结果页。

以下是对应前3个搜索结果页的LIMIT子句，这里还提供了一些页面链接相应的LIMIT：

LIMIT 0, 5

LIMIT 5, 5

LIMIT 5, 5

LIMIT 15, 5

LIMIT 10, 5

LIMIT 5, 5

没问题。我们只需要编写一大堆查询，各个查询分别包含不同的LIMIT子句，这样就可以了，是吗？

也算是吧。根据页面和链接不同，我们需要一个不同的LIMIT，不过LIMIT可以生成，而不必编写多个查询。

所要做的就是进一步稍稍修改build_query()函数，在它构建的查询最后增加正确的LIMIT。

跟踪分页数据

为了向build_query()增加新的分页功能，我们需要创建并跟踪一些变量，确定要在给定页面上查询并显示哪些搜索结果。这些变量对于确定如何在页面下方生成导航链接也很重要。

$cur_page
通过$_GET从脚本URL得到当前页$cur_page。如果未通过URL传递当前页，$cur_page则设置为第1页（1）。

$results_per_page
这是每一页上显示的结果数，可以根据页面的外观来选择，另外要考虑页面采用这种布局时放多少个搜索结果才合适。LIMIT子句的第2个参数就由这个变量确定。

$skip
计算开始当前页面上的行之前要跳过的行数$skip。这个变量会控制每一页的结果从哪里开始，并为LIMIT子句提供第一个参数。

$total
运行一个不带LIMIT获取所有行的查询，然后统计结果数并存储在$total中。换句话说，这是搜索结果总数。

$num_pages
用$total除以$results_per_page计算页数$num_pages。所以对于给定的搜索，总共有$total个匹配行，不过一次显示一页，每页包含$results_per_page个匹配行。共有$num_pages页，当前页由$cur_page标识。

建立分页变量

分页变量大多都能完全利用URL提供的信息来建立，可以通过$_GET
超级全局变量访问这些信息。例如，$sort、$user_search和
$cur_page变量都直接由GET数据得来。然后可以使用这些变量计算
达到第一个数据行之前要跳过多少行，即$skip。$results_per_
page变量稍有不同，因为只需将它设置为希望每一页上显示多少个搜
索结果，如果已经给定结果页面布局，这更应算是一种个人偏好。

*得到排序顺序，这是介于
1~6之间的一个整数。*

```
// Grab the sort setting and search keywords from the URL using GET
$sort = $_GET['sort'];
$user_search = $_GET['usersearch'];
```

*获取用户在表单中输入
的搜索串。*

*通过GET由URL得到当
前页$cur_page。如果
没有当前页，则设置
$cur_page为1。*

```
// Calculate pagination information
$cur_page = isset($_GET['page']) ? $_GET['page'] : 1;
$results_per_page = 5;  // number of results per page
$skip = (($cur_page - 1) * $results_per_page);
```

*如果未设置页号，则默
认为第1页。*

设置每页的结果数。

*计算结果页上第一行的行号
$skip。*

*这个计算对于第1页会得到0，第2页会得到5，
第3页会得到10，依次类推。*

我们还缺少几个重要的变量：$total和$num_pages。这些变量要
在完成初始查询得出在数据库中找到多少个匹配之后才会设置。一
旦知道找到多少个匹配，就可以设置这些变量，然后使用LIMIT限
制结果……

针对分页结果修改查询

我们已经建立了变量，接下来需要修改Search脚本。现在不再是查询所有结果，而只是为用户当前查看的页面查询所需的结果子集。这需要首先完成一个查询，从而能够设置$total变量并计算$num_pages变量。然后再完成第二个查询，这里使用$skip和$results_per_page生成一个LIMIT子句，并将这个子句增加到查询末尾。以下是修改后search.php脚本的相关部分，其中突出显示了这些新增的代码：

mysqli_num_rows() 返回查询返回的总行数。

这个查询没有LIMIT限制，会获取所有行。

```
// Query to get the total results
$query = build_query($user_search, $sort);

$result = mysqli_query($dbc, $query);

$total = mysqli_num_rows($result);

$num_pages = ceil($total / $results_per_page);


// Query again to get just the subset of results
$query = $query . " LIMIT $skip, $results_per_page";

$result = mysqli_query($dbc, $query);

while ($row = mysqli_fetch_array($result)) {

  echo '<tr class="results">';

  echo '<td valign="top" width="20%">' . $row['title'] . '</td>';

  echo '<td valign="top" width="50%">' . substr($row['description'], 0, 100) . '……</td>';

  echo '<td valign="top" width="10%">' . $row['state'] . '</td>';

  echo '<td valign="top" width="20%">' . substr($row['date_posted'], 0, 10) . '</td>';

  echo '</tr>';

}

echo '</table>';
```

利用一个*mysqli_num_rows()*函数调用，存储总行数。

将总行数除以每页的结果数，计算得到页数，然后对结果向上取整。

*ceil()*函数将一个数向上取整为最接近的整数，即不小于它的最小整数。

跳过这么多行……

……返回这么多行。

执行第二个查询，不过这一次要使用LIMIT限制只返回当前页的结果。

生成页面导航链接

以上已经建立了一些变量，并构建了一个新的SQL查询，可以返回针对页面的结果子集。剩下的就是在搜索结果页面下方生成页面导航链接：包括"前一页"链接，对应各个结果页的数字链接，以及"后一页"链接。我们已经有了生成链接所需的全部信息。下面再回顾一下，确保已经清楚如何使用这些信息。

$user_search
每个页面链接仍然需要知道用户究竟要搜索什么，所以必须在各个链接URL中传递搜索项。

$cur_page
页面导航链接完全依赖于当前页，所以要将它加入各个链接URL，这很重要。

$num_pages
需要知道有多少页以便为各个页面生成链接。

$sort
分页链接中还要加入排序顺序，因为必须保持这个顺序，否则分页就没有任何意义了。

好的，我们已经知道需要哪些信息来生成页面导航链接,下面就来编写PHP代码做到这一点。这个代码可以直接放在search.php脚本中，不过可不可以把它放在自己的定制函数中？这样一来，生成搜索结果的主脚本代码可以更为简单，只需要一行代码来生成页面链接，也就是调用这个新函数，我们将这个新函数命名为generate_page_links()。

唯一要注意的是，只有一页结果时我们不希望调用这个函数。所以在调用新的generate_page_links()函数之前需要检查页数。以下显示了如何进行检查并调用函数，要传入所需的信息作为函数参数：

```
if ($num_pages > 1) {
    echo generate_page_links($user_search, $sort, $cur_page, $num_pages);
}
```

首先确保搜索结果多于1页；否则，不生成页面链接。

传入搜索串、排序顺序、当前页和总页数，用于生成页面链接。

PHP & MySQL磁贴

generate_page_links()函数基本上完成了，不过还缺少一些代码。使用磁贴插入所缺少的代码，使Risky Jobs能够生成页面导航链接。

```php
function generate_page_links($user_search, $sort, $cur_page, $num_pages) {
  $page_links = '';

  // If this page is not the first page, generate the "previous" link

  if (                          ) {
    $page_links .= '<a href="' . $_SERVER['PHP_SELF'] .
      '?usersearch=' . $user_search .
      '&sort=' . $sort .

      '&page=' . (                      ) . '"><-</a> ';
  }
  else {
    $page_links .= '<- ';
  }
```

"上一页"链接显示为一个左箭头，即"<-"。

```php
  // Loop through the pages generating the page number links
  for ($i = 1; $i <= $num_pages; $i++) {

    if (                      ) {

      $page_links .= ' ' . $i;
    }
    else {
      $page_links .= ' <a href="' . $_SERVER['PHP_SELF'] .
        '?usersearch=' . $user_search .
        '&sort=' . $sort .
        '&page=' . $i . '"> ' . $i . '</a>';
    }
  }
```

磁贴（左侧）：

$cur_page
$cur_page
$cur_page
$cur_page

<
>

1
1

==

-
$i

$num_pages

```php
  // If this page is not the last page, generate the "next" link

  if (                            ) {

    $page_links .= ' <a href="' . $_SERVER['PHP_SELF'] .
      '?usersearch=' . $user_search .
      '&sort=' . $sort .
      '&page=' . ($cur_page + 1) . '">-></a>';
  }
  else {
    $page_links .= ' ->';
  }
```

"下一页"链接显示为一个右箭头，即"->"。

```php
  return $page_links;
}
```

PHP & MySQL磁贴答案

generate_page_links()函数基本上完成了，不过还缺少一些代码。使用磁贴插入所缺少的代码，使Risky Jobs能够生成页面导航链接。

```php
function generate_page_links($user_search, $sort, $cur_page, $num_pages) {
  $page_links = '';

  // If this page is not the first page, generate the "Previous" link
  if ( $cur_page > 1 ) {
    $page_links .= '<a href="' . $_SERVER['PHP_SELF'] .
      '?usersearch=' . $user_search .
      '&sort=' . $sort .

      '&page=' . ( $cur_page - 1 ) . '"><-</a> ';
  }
  else {
    $page_links .= '<- ';
  }

  // Loop through the pages generating the page number links
  for ($i = 1; $i <= $num_pages; $i++) {
    if ( $cur_page == $i ) {
      $page_links .= ' ' . $i;
    }
    else {
      $page_links .= ' <a href="' . $_SERVER['PHP_SELF'] .
        '?usersearch=' . $user_search .
        '&sort=' . $sort .
        '&page=' . $i . '"> ' . $i . '</a>';
    }
  }

  // If this page is not the last page, generate the "Next" link
  if ( $cur_page < $num_pages ) {
    $page_links .= ' <a href="' . $_SERVER['PHP_SELF'] .
      '?usersearch=' . $user_search .
      '&sort=' . $sort .
      '&page=' . ($cur_page + 1) . '">-></a>';
  }
  else {
    $page_links .= ' ->';
  }

  return $page_links;
}
```

还必须在每个链接URL中传递用户搜索数据和排序顺序。

"上一页"链接显示为一个左箭头，即"<-"。

确保每个页面链接仍指回这个脚本，只不过每个链接会传递一个不同的页号。

特定页面的链接只显示页号。

"下一页"链接显示为一个右箭头，即"->"。

合成完整的Search脚本

终于得到了一个完整的Risky Jobs Search脚本，它可以根据用户的搜索项
显示适当的搜索结果，生成可点击的结果标题完成排序，还可以对这些结
果分页，并在页面下方生成页面导航链接。

```php
<?php
  // This function builds a search query from the search keywords and sort setting
  function build_query($user_search, $sort) {
    ......

    return $search_query;
  }

  // This function builds heading links based on the specified sort setting
  function generate_sort_links($user_search, $sort) {
    ......

    return $sort_links;
  }

  // This function builds navigational page links based on the current page and
  // the number of pages
  function generate_page_links($user_search, $sort, $cur_page, $num_pages) {
    ......

    return $page_links;
  }

  // Grab the sort setting and search keywords from the URL using GET
  $sort = $_GET['sort'];
  $user_search = $_GET['usersearch'];

  // Calculate pagination information
  $cur_page = isset($_GET['page']) ? $_GET['page'] : 1;
  $results_per_page = 5;  // number of results per page
  $skip = (($cur_page - 1) * $results_per_page);

  // Start generating the table of results
  echo '<table border="0" cellpadding="2">';

  // Generate the search result headings
  echo '<tr class="heading">';
  echo generate_sort_links($user_search, $sort);
  echo '</tr>';
```

我们已经建立了这些函数，所以没
有必要在这里重复每一行代码。

获取作为GET数据通过URL传递的
排序顺序和搜索串。

初始化分页变量，因为稍后需要它
们限制查询并建立分页链接。

调用generate_sort_links()函数，为结果
标题创建链接，然后回显输出。

等一等，这里还有
更多代码！

search.php

完整的Search脚本（续）……

```
// Connect to the database
require_once('connectvars.php');
$dbc = mysqli_connect(DB_HOST, DB_USER, DB_PASSWORD, DB_NAME);

// Query to get the total results
$query = build_query($user_search, $sort);
$result = mysqli_query($dbc, $query);
$total = mysqli_num_rows($result);
$num_pages = ceil($total / $results_per_page);

// Query again to get just the subset of results
$query =  $query . " LIMIT $skip, $results_per_page";
$result = mysqli_query($dbc, $query);
while ($row = mysqli_fetch_array($result)) {
  echo '<tr class="results">';
  echo '<td valign="top" width="20%">' . $row['title'] . '</td>';
  echo '<td valign="top" width="50%">' . substr($row['description'], 0, 100) . '……</td>';
  echo '<td valign="top" width="10%">' . $row['state'] . '</td>';
  echo '<td valign="top" width="20%">' . substr($row['date_posted'], 0, 10) . '</td>';
  echo '</tr>';
}
echo '</table>';

// Generate navigational page links if we have more than one page
if ($num_pages > 1) {
  echo generate_page_links($user_search, $sort, $cur_page, $num_pages);
}

mysqli_close($dbc);
?>
```

调用*build_query*()建立SQL职位搜索查询。

这里是我们创建的LIMIT子句，从而只查询职位结果的一个子集。

这里是使用*substr*()函数编写的代码，用于缩减职位描述和发布日期。

调用*generate_page_links*()函数来生成页面链接，然后回显输出。

要保持"整洁"，关闭数据库连接。

there are no Dumb Questions

问：确实必须向`generate_page_links()`传入搜索、排序和分页信息吗？

答：是的，这是因为，良好设计的函数不应处理其代码范围之外的数据。所以函数只应访问通过参数传入的数据，而且只对它返回的数据做出修改。

问：那么回显数据又是怎么回事？为什么`generate_page_links()`不直接回显链接呢？

答：同样的问题。通过向浏览器回显数据，函数就能超出其范围对外部做出修改。如果不清楚它们修改了哪些数据，这会使函数的调试和维护困难得多。解决方法是：只返回受函数影响的数据，然后可以在这个函数之外对函数返回的数据做任何处理。

运行测试

完成Risky Jobs Search脚本。

将这个新的`generate_page_links()`函数增加到`search.php`脚本，确保增加必要的检查代码，在查看是否有多个结果页之后才调用这个函数。还要创建和初始化作为函数参数的变量。另外不要忘记更新查询代码，使用LIMIT针对每一页取出适当的结果子集。

所有工作完成后，将新的`search.php`脚本上传到你的Web服务器，然后在一个Web浏览器中打开`search.html`页面。尝试几个搜索，确保搜索几个最后会得到大量结果的搜索项，从而能够利用新加的分页特性。要得到最多的结果页，可以利用一个空搜索表单进行搜索。

Risky Jobs

Danger! Your dream job is out there.
Do you have the guts to go find it?

Risky Jobs - Search Results

Job Title	Description	State	Date Posted
Matador	Bustling dairy farm looking for part-time matador to entertain spirited bull with mild case of ADD. ...	VT	2008-03-11
Paparazzo	Top celebrity photography firm looking for seasoned paparazzo to stalk temperamental lip-syncing pop...	CA	2008-03-24
Shark Trainer	Training sharks to do cute tricks for the audiences at our new water theme park. You'll spend tim...	FL	2008-04-28
Firefighter	The City of Dataville is hiring firefighters. No experienced required - you will be trained. Non-smo...	OH	2008-05-22
Voltage Checker	You'll be out in the field checking a.c. and d.c. voltages in the range of 3 to 250 or more volts. Y...	NC	2008-06-28

<- 1 2 3 4 ->

终于等到了，我已经找到了梦寐以求的职位！佛蒙特，我来了。

Ernesto已经找到了最理想的风险职位！

下载！

不要忘记，Risky Jobs应用的完整源代码可以从Head First Labs网站下载：

www.headfirstlabs.com/books/hfphp

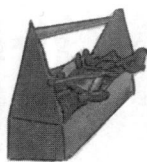

第9章

PHP & MySQL 工具箱

Risky Jobs Search脚本需要一些新的PHP和MySQL
技术。下面对其中最重要的一些技术做个回顾。

substr()

这个PHP函数根据所提供的参数抽
取一个串的一部分。可以获取串
的开始部分、结尾部分，或者是
开头和结尾之间的某一部分。

LIKE

SQL查询中可以使用LIKE查找数
据而不要求完全匹配。可以在一
个搜索项之前和／或之后加一
个 "％"，使LIKE知道这个搜索项
前后可能有其他字符。

explode(), implode()

PHP explode()函数将一个串分解
为由公共定界符（如空格或逗号）
分隔的子串数组。implode()刚好
相反——它由一个子串数组构建
一个串，并在各个子串之间插入一
个定界符。

定制函数

这是一个PHP代码块，组织为一个
命名的可重用包。其思想是将完
成某个特定任务的代码隔离出来，
从而尽可能减少代码重复并尽可
能轻松地重用。

str_replace()

调用这个PHP函数可以对一个文本
串完成"查找－替换"，将一个
字符或字符序列替换为另一个字
符或字符序列。

switch-case

PHP的一种完成决策的构造，允
许根据一个值执行一组代码之一。
如果你遇到一组嵌套的if-else语
句，可能会发现把这些代码改写
为一个switch语句会更加高效。

LIMIT

LIMIT子句允许准确控制一个
SQL查询返回多少行。不仅如
此，LIMIT还可以跳过结果集中的
某些行来抽取一个结果子集。

10 正则表达式

替换规则

Blatt太太偷换了我们的班级仓鼠！她是不是以为我们没注意到？

串函数很可爱，不过它们也很受限。 当然，它们可以告诉你串的长度，可以将串截断，还可以把一些字符改为另外一些字符。不过，有时你还需要自由发挥，完成更复杂的文本处理。在这方面正则表达式可以提供帮助。它们可以根据一组规则而不只是一个条件准确地修改字符串。

Risky Jobs允许用户提交简历

Riskyjobs.biz已经成长壮大。公司现在允许求职者在一个Web表单中
输入他们的简历和联系信息，以便Risky Jobs雇主更容易地找到他们。
这个表单如下所示：

新的Risky Jobs Registration（注册）表单允
许求职者输入他们自己的有关信息，以便
有招聘意向的雇主找到他们。

除了常规的联系信息
外，Risky Jobs求职者
还必须输入他们想得
到的职位以及他们的
简历。

求职者的相关信息存储在一个表中，可供雇主、招聘人员和猎头搜索，
找出可能招聘的员工。不过这里存在一个问题……输入到表单中的数
据显然不能完全信任！

First Name: Four Fingers
Last Name:McGraw
Email: four@gregs-listnet
Phone: 555-098
Desired Job: Knife Juggler

首先，我无法找到这个武师，因为他没有给出
电话号码，另外我给这个耍刀的人发送的email现
在也被退回了。Risky Jobs简历库里这些有问题的
数据实在是让我受够了。

First Name: Jimmy
Last Name: Swift
Email: JS@sim-u-duck.com
Phone: 636 4652
Desired Job: Ninja

雇主可以搜索Risky Jobs求职者
数据库，然后联系某些人，可
能会聘用他们……前提是已经
输入了足够的联系信息！

以下是registration.php脚本的一些代码，它会显示并处理输入到表单的用户数据，来注册一个新的求职者。你认为这个代码有什么问题，请做出注解，并指出如何修改来解决这种数据问题。

```php
<?php
  if (isset($_POST['submit'])) {
    $first_name = $_POST['firstname'];
    $last_name = $_POST['lastname'];
    $email = $_POST['email'];
    $phone = $_POST['phone'];
    $job = $_POST['job'];
    $resume = $_POST['resume'];
    $output_form = 'no';

    if (empty($first_name)) {
      // $first_name is blank
      echo '<p class="error">You forgot to enter your first name.</p>';
      $output_form = 'yes';
    }

    if (empty($last_name)) {
      // $last_name is blank
      echo '<p class="error">You forgot to enter your last name.</p>';
      $output_form = 'yes';
    }

    if (empty($email)) {
      // $email is blank
      echo '<p class="error">You forgot to enter your email address.</p>';
      $output_form = 'yes';
    }

    if (empty($phone)) {
      // $phone is blank
      echo '<p class="error">You forgot to enter your phone number.</p>';
      $output_form = 'yes';
    }
                    ←—— 继续验证职位和
    }                    简历域非空。
  else {
    $output_form = 'yes';
  }

  if ($output_form == 'yes') {
?>
        ←—— 显示表单。
```

以下是registration.php脚本的一些代码，它会显示并处理输入到表单的用户数据，来注册一个新的求职者。你认为这个代码有什么问题，请做出注解，并指出如何修改来解决这种数据问题。

```php
<?php
  if (isset($_POST['submit'])) {
    $first_name = $_POST['firstname'];
    $last_name = $_POST['lastname'];
    $email = $_POST['email'];
    $phone = $_POST['phone'];
    $job = $_POST['job'];
    $resume = $_POST['resume'];
    $output_form = 'no';

    if (empty($first_name)) {
      // $first_name is blank
      echo '<p class="error">You forgot to enter your first name.</p>';
      $output_form = 'yes';
    }

    if (empty($last_name)) {
      // $last_name is blank
      echo '<p class="error">You forgot to enter your last name.</p>';
      $output_form = 'yes';
    }

    if (empty($email)) {
      // $email is blank
      echo '<p class="error">You forgot to enter your email address.</p>';
      $output_form = 'yes';
    }

    if (empty($phone)) {
      // $phone is blank
      echo '<p class="error">You forgot to enter your phone number.</p>';
      $output_form = 'yes';
    }
    ......
  }
  else {
    $output_form = 'yes';
  }

  if ($output_form == 'yes') {
?>
    ......
```

脚本会检查表单域是否为空，这一点很好，不过有些表单域需要更为特殊的必须遵循某种格式的数据。

对于名和姓无需做其他检查，所以这个代码是可以的。

email地址有一个非常特定的格式，接收来自用户的表单数据之前必须保证email地址遵循这个格式。

Four Fingers McGraw在他的email地址靠后的位置漏了一个点号，表单应当捕获这种错误！

电话号码也存在同样的问题，除非可以确保用户的电话号码遵循正确的格式，否则不允许提交用户的表单。

继续验证职位和简历域非空。

Jimmy Swift 没有提供电话号码的区号，表单本应该要求这一点。

我们真正需要的是一种验证方法，能够验证表单中有特定格式的两个域：email地址和电话号码。对于其他域，只需确保它们非空就可以了。

显示表单。

为什么不能使用一些串函数来修正这些有问题的数据？难道不能使用str_replace()加入缺少的数据吗？

利用串函数确实可以修正一些数据，不过如果要求数据必须满足某种特定的模式，这些函数并没有太大帮助。

串函数非常适用于简单的查找－替换操作。例如，如果用户提交了电话号码，其中使用点号（"."）而不是使用连字符（"-"）来分隔各组数字，就可以很容易地编写一些代码使用str_replace()将这些点号替换为连字符。

不过，对于我们可能无法知道的信息，比如Jimmy　Swift电话号码中的区号，则需要询问提交表单的人来明确。要想知道他漏了一个区号，唯一的途径就是需要了解电话号码的具体模式。我们实际上需要的是一种更高级的验证，确保诸如电话号码和email地址等信息输入完全正确。

我懂了，不过，难道不能继续使用串函数来完成这个验证吗？

除了最原始的数据验证外，串函数确实没有太大用处。

假设你想使用串函数来验证一个email地址。PHP有一个strlen()函数，它会告诉你一个串中有多少个字符。不过email地址之类的数据并没有预定的字符长度。当然，这对于电话号码可能会有帮助，因为电话号码包含的数字个数通常是一致的，不过可能还需要处理点号、连字符和括号等等符号。

再来看email地址，它的格式对于串函数来说过于复杂，所以串函数根本无能为力。在这里我们实际上要寻找数据的特定模式，这需要一个验证策略，从而能够根据一个模式检查用户数据是否合法。要建立表单数据的模式，这正是这种验证的核心所在。

确定数据的样式

我们的难题是需要明确地指定一个给定表单数据的样式，而且要精确到每一个字符。可以考虑Jimmy的电话号码。如果由人来检查，可以很明显地发现他的电话号码缺少一个区号。但是表单验证并不是由人来完成；这是由PHP代码完成的。这说明我们需要"教会"代码如何查看用户输入的一个数据串，并确定这个串与电话号码模式是否匹配。

提出这样一个模式可能很困难，这需要仔细考虑一个数据类型的可取值范围。电话号码相对简单，因为其中只包括10个数字，可能还有一些定界符。Email地址则完全不同，不过本章后面再来考虑email地址。

为什么没有人给我打电话？

First Name: Jimmy
Last Name: Swift
Email: JS@sim-u-duck.com
Phone: 636 4652
Desired Job: Ninja

对于人来说，很容易看出Jimmy漏了区号，但是要由PHP代码做到这种"观察"就不那么容易了。

there are no Dumb Questions

问：我还是不太明白为什么不能继续使用 isset() 和 empty() 来完成表单验证。

答：这两个函数会指出提交表单的人是否在一个文本域中输入了数据，不过对于所输入的具体数据，它们无法告诉你任何有关的信息。如果用户在表单的电话号码域中输入"(707) 827-700"或"4FG8SXY12"，对于 empty() 函数来说，这二者没有任何区别。这对于类似Risky Jobs的网站来说会是一个严重的问题，因为这些网站要依赖可靠的数据才能与求职者取得联系。

问：如果 isset() 和 empty() 达不到验证目的，难道不能在数据放入数据库之后再做检查吗？

答：当然可以，不过到那时再修正这些有问题的数据就为时已晚了。如果一个电话号码缺少区号，我们就要让用户明确地指出，为此需要他重新提交这个表单域中的数据。

如果你等到数据已经存放在数据库中时才检查数据，就可能无法联系这个用户，无法告知他的某些数据是不合法的。另一方面，由于用户可能没有意识到他们犯了一个错误，所以也不会知道出了问题。

所以，最好的方案是用户一旦提交表单就验证用户表单数据。这样一来，就可以为用户显示一个错误消息，要求他们重新填写表单。

问：那么如何确定用户输入的数据是否合法呢？

答：这取决于这是何种类型的数据。不同类型的信息需要遵循不同的规则：其中包含何种类型的字符，有多少个字符，以及这些字符采用什么顺序。所以需要在PHP代码中表述这些规则。下面来更详细地分析电话号码的有关规则……

Sharpen your pencil

请写出你认为表示一个电话号码的所有不同方式。

....

....

....

....

....

....

....

....

....

....

你认为用户填写你的表单时可以适当地遵循哪些规则？例如，电话号码不应包含字母。

这里给出了一个规则，你可以由此开始。

可以坚持这样一些规则：如只包含数字，而且10位数字必须放在一起。

....

....

....

....

....

....

....

Sharpen your pencil
Solution

请写出你认为表示一个电话号码的所有不同方式。

555 636 4652

(555) 636-4652

(555)636-4652

(555) 6364652

555636-4652

555 636-4652

555.636.4652

5556364652

555-636-4652

555 ME NINJA

空格、连字符、左右括号，有时还有点号，这些都可能在电话号码中出现。

甚至电话号码中还有可能包含字母，不过这放宽了我们关于合法数字的限制。

你认为用户填写你的表单时可以适当地遵循哪些规则？例如，电话号码不应包含字母。

这里给出了一个规则，你可以由此开始。

可以坚持这样一些规则：如只包含数字，而且10位数字必须放在一起。

可以把电话号码分为3个表单域，一个对应区号，一个对应前3位，最后一个对应后4位。

或者可以告诉填写表单的人：电话号码必须遵循(555)636-4652的形式。要由我们来建立规则。

有太多可能的模式了。如何建立规则来涵盖所有这些模式呢？

关于电话号码，有一些方面是确定的，我们可以利用这些方面来建立规则。

首先，电话号码不能以1（长途）或0（接线员）开头。其次，电话号码应当有10位数。尽管有些人可能有更聪明的办法，可以用字母来表示他们的电话号码，但电话号码基本上是数字，如果包括区号则共有10位数字。

建立电话号码模式

要超越基本验证，如empty()和isset()，我们需要确定希望数据与何种模式匹配。对于电话号码，这说明需要指定一种格式，从表单电话号码域接收数据时希望能遵循这种格式。一旦确定了电话号码格式/模式，就可以根据它来完成验证。

以下可能是当今最常见的电话号码格式，至少对于美国国内电话号码来说，这些是最常见的格式。遵循这种格式意味着，如果用户提交的电话号码数据与此不匹配，PHP脚本会拒绝表单，并显示一个错误消息。

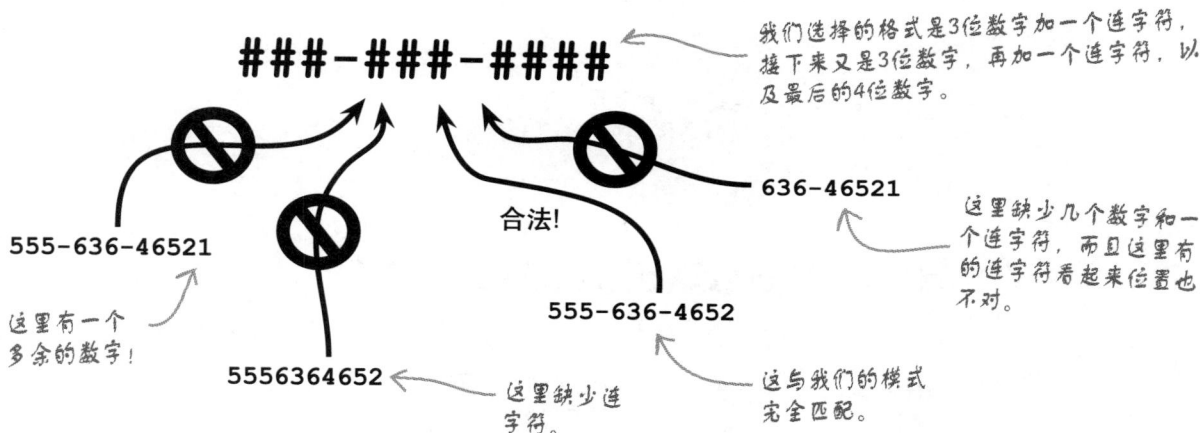

###-###-####

我们选择的格式是3位数字加一个连字符，接下来又是3位数字，再加一个连字符，以及最后的4位数字。

636-46521

这里缺少几个数字和一个连字符，而且这里有的连字符看起来位置也不对。

555-636-46521

这里有一个多余的数字！

合法！

5556364652

这里缺少连字符。

555-636-4652

这与我们的模式完全匹配。

there are no Dumb Questions

问： 必须使用这个模式来匹配电话号码吗？

答： 这是我们在Risky Jobs中使用的模式，因为它相当标准。不过在设计你自己的表单时，应当选择对你来说最合适的模式。不过要记住，模式的认可度越广，用户就越有可能遵循。

问： 难道不能直接告诉用户输入一个类似##########的模式，然后使用PHP的串函数来确保数据包含10个数字字符吗？

答： 可以，如果这正是你的用户所希望的模式，这样完全可以。遗憾的是，这并不是一个很好的模式，因为大多数人在填写表单时都不会像这样把电话号码写在一起。这有些不太标准，这意味着用户会不习惯，相应地可能不愿意遵循这种模式。

问： 那又怎样？这是我的模式，我想怎样就怎样，不是吗？

答： 当然，不过同时你肯定希望你的用户能有好的体验。否则他们不会再访问你的网站。

问： 那么我不能使用3个文本域来表示电话号码吗？一个表示区号，第二个有3位数字，第三个文本域中是最后4位数字。这样我就可以使用PHP的串函数了。

答： 没错，这是可以的，而且有些网站就是这样做的。不过，能够匹配模式会提供更大的灵活性。匹配模式在很多方面都很有用，而不只是确保你的用户输入了模式正确的电话号码，这一点将在本章后面谈到。

用正则表达式匹配模式

PHP提供了一种强大的方法创建和匹配文本中的模式。可以创建一些规则来查找文本串中的模式。这些规则就称为正则表达式，或简写为regex。正则表达式表示要匹配的一个字符模式。利用正则表达式的帮助，可以在代码中描述希望串遵循哪些规则来得到一个匹配。

举一个例子，以下是一个正则表达式，要查找一行中的10位数字。这个模式只匹配由10位数字组成的串。如果串长度大于或小于10个字符，则不能匹配。如果串包含非数字的其他字符，也不能匹配。下面来详细分析这个正则表达式。

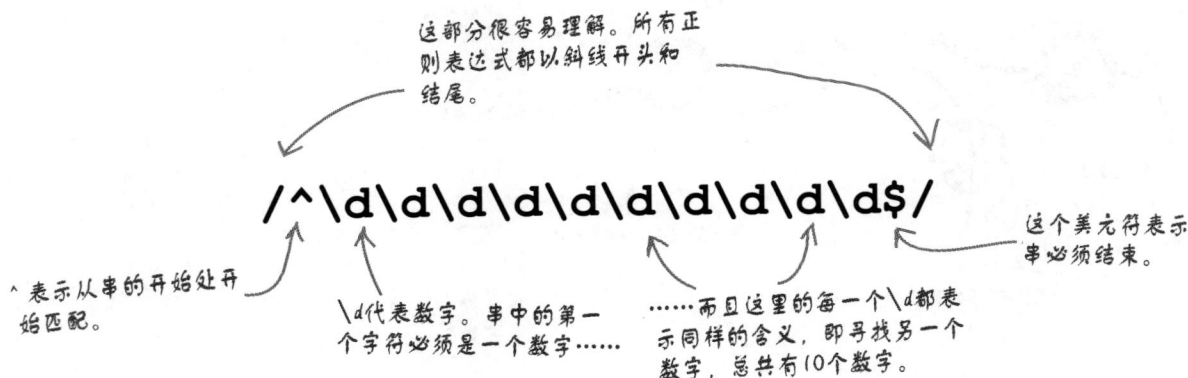

这部分很容易理解。所有正则表达式都以斜线开头和结尾。

`/^\d\d\d\d\d\d\d\d\d\d$/`

这个美元符表示串必须结束。

^ 表示从串的开始处开始匹配。

\d代表数字。串中的第一个字符必须是一个数字……

……而且这里的每一个\d都表示同样的含义，即另找另一个数字，总共有10个数字。

还可以采用一种更简洁的方法重写这个正则表达式，这里要用到大括号。大括号用于指示重复：

`/^\d{10}$/`

这与上面的模式表示同样的含义。{10}是表示10个数字的一种简写形式。

正则表达式是一些规则，用于匹配一个或多个串中的模式。

对，正则表达式相当
"清晰"。简直就像泥巴
一样"清楚"。

**确实，你的讽刺有一定道理。正则表达式很费解，而且通常很难
读…… 不过它们确实非常强大。**

能力总是有代价的，对于正则表达式，这个代价就是要学习正则
表达式费解的语法。你不可能一夜之间就成为一个正则表达式专
家，不过好在你也不必成为一个正则表达式专家。利用正则表达
式可以做一些极其强大而有用的工作，特别是对于表单域验证，只
需对正则表达式有非常基本的了解就可以完成复杂的验证。另外，
更多地使用正则表达式，更多地练习分解和解析正则表达式，就能
更容易地理解它们。

使用元字符构建模式

我们能够使用\d来匹配文本串中的数字，这很不错，不过如果这就是正则表达式所能提供的全部功能，那么它的用途就太有限了。仅仅能匹配数字对于Risky Jobs电话号码验证功能来说还不够，因为我们还希望能够匹配其他字符，如空格、连字符甚至字母。

幸运的是，基于PHP的正则表达式功能，可以使用一组类似\d的特殊表达式来匹配这些内容。这些表达式称为元字符。下面来看最常使用的一些正则表达式元字符。

利用元字符可以在正则表达式中描述文本模式。

\d

上一页已经看到，这个元字符要查找一个数字。这会匹配0到9之间的任何数字，\d本身只匹配一位数字，所以如果希望匹配一个两位数，则要使用\d\d或\d{2}。

\w

查找任何字母数字字符。换句话说，可以是一个字母或者一个数字。它会匹配以下范围内的任意一个字符，包括a–z和A–Z（大写和小写字母），以及0–9（类似于\d）。

\s

查找空白符。这不只是按下空格键在屏幕上显示的空格字符；\s还能匹配制表符、换行或回车符。同样地，要记住\s一次只匹配一个这样的字符。如果希望匹配一行中的两个空格字符，则需要使用\s\s或\s{2}。

^

上一页上还见过^元字符。它会查找一个串的开始位置，所以可以用它指示必须从一个文本串的起始位置开始匹配，而不是串中的任何其他位置。例如，正则表达式/^\d{3}/能匹配串"300 applications"，但不能匹配"Wereceived300 applications"。

.

点元字符可以匹配除换行符以外的任意一个字符。它能匹配字母或数字（类似于\w），还可以匹配空格或制表符（类似于\s）。

$

查找串尾。可以结合^使用这个$元字符确定匹配的范围，指定匹配究竟从哪里开始到哪里结束。例如，/^\w{5}\s\d{3}$/能匹配"Nanny 411"，但不能匹配"Nanny 411 is great"或"Call Nanny 411"。

这些元字符很棒，但是如果你确实希望正则表达式中有一个特定字符该怎么做？只需要直接在表达式中使用该字符。例如，如果希望匹配具体的电话号码"707-827-7000"，可以使用正则表达式/707-827-7000/。

WHO DOES WHAT?

将以下各个不同的电话号码正则表达式与它匹配的电话号码连线。

正则表达式

所匹配的串

5556364652

`/^\d{3}\s\d{7}$/`

555 636 4652

`/^\d{3}\s\d{3}\s\d{4}$/`

555636-4652

`/^\d{3}\d{3}-\d{4}$/`

555 ME NINJA

`/^\d{3}-\d{3}-\d{4}$/`

555 6364652

`/^\d{3}\s\w\w\s\w{5}$/`

555-636-4652

`/^\d{10}$/`

WHO DOES WHAT?
答案

将以下各个不同的电话号码正则表达式与它匹配的电话号码连线。

/^\d{3}\s\d{7}$/   **5556364652**

/^\d{3}\s\d{3}\s\d{4}$/   **555 636 4652**

/^\d{3}\d{3}-\d{4}$/   **555636-4652**

Risky Jobs中匹配###-###-####形式的电话号码就需要这个模式。

/^\d{3}-\d{3}-\d{4}$/   **555 ME NINJA**

/^\d{3}\s\w\w\s\w{5}$/   **555 6364652**

这个模式中的\w元字符会匹配字母。

/^\d{10}$/   **555-636-4652**

这个模式都是数字，所以只匹配不包含空格或连字符的电话号码。

扮演正则表达式

你的任务是扮演正则表达式，可以接受或拒绝Risky Jobs用户提供的电话号码。如果你认为是合法的电话号码，请选中相应的复选框，其他复选框则不要选中。解释那些号码不合法的原因。

这是电话号码正则表达式，你要扮演的角色！

$$/^\backslash d\{3\}-\backslash d\{3\}-\backslash d\{4\}\$/$$

☐ (555) 935-2659

☐ (555)672-0953

☐ 555-343-8263

冲浪可能很危险，特别是作为一个职业鲨鱼饵！

☐ 555-441-9005

☐ 555.903.6386

☐ 555-612-8527-8724

扮演正则表达式答案

你的任务是扮演正则表达式，可以接受或拒绝Risky Jobs用户提供的电话号码。如果你认为是合法的电话号码，请选中相应的复选框，其他复选框则不要选中。解释那些号码不合法的原因。

这是电话号码正则表达式，你要扮演的角色！

$$/^\d\{3\}-\d\{3\}-\d\{4\}\$/$$

括号是不允许的，另外不允许有空格。

☐ **(555) 935-2659**

请不要加括号。

☐ **(555)672-0953**

☑ **555-343-8263**

☑ **555-441-9005**

我们的正则表达式需要连字符，而不是点号。

☐ **555.903.6386**

哇，这里有额外的4个数字。这是办公室的分机吗？

☐ **555-612-8527-8724**

> 有时人们会在电话号码后面增加额外的几个数字，如最后一个4位数字的分机号。有没有办法匹配这些模式？

可以，不过关键是要指定这样一个模式在正则表达式中是可选的。

如果将正则表达式修改为/^\d{3}-\d{3}-\d{4}-d{4}$/，则要求串的在最后必须有一个4位数字的分机号，这样一来将无法再与类似"555-636-4652"的电话号码匹配。不过可以使用正则表达式指出串的这一部分是可选的。正则表达式支持一个称为量词（quantifier）的特性，允许指定字符或元字符在一个模式中出现多少次。你已经见过以下正则表达式中量词的使用：

$$/^\backslash d\{10\}\$/$$

这表示"一个数字应当在一行中出现10次"。

在这里，大括号相当于一个量词，指出前面的数字应当出现多少次。下面来看另外一些常用的量词。

{min,max}

如果大括号里有两个数字，并用一个逗号分隔，这指示了前面的字符或元字符重复次数的范围。{2,4}就是要求应当在一行中出现2、3或4次。

+

前面的字符或元字符必须重复1次或多次。

?

前面的字符或元字符必须出现1次或者根本不出现。

*

字符或元字符可以出现1次或多次……或者根本不出现。

量词指定了一个元字符应当出现多少次。

所以，如果希望匹配电话号码最后的这些可选的数字，可以使用以下模式：

$$/^\backslash d\{3\}-\backslash d\{3\}-\backslash d\{4\}(-\backslash d\{4\})?\$/$$

应用量词的部分用括号包围。

问号使这个连字符和最后4位数是可选的。

你忘了一件事。美国的电话不能以0或1开头。

绝对正确。 0会使你连接到接线员，1会拨长途。

我们只想要区号和号码，需要确保第一个数字不是1或0。为此，需要一个字符类（character class）。

利用字符类，可以匹配一个特定值集合中的字符。可以使用字符类查找一个数字范围，还可以查找一个值集合。另外可以增加一个^查找这个集合以外的所有字符。

要指示一组字符或元字符属于一个字符类，只需要用中括号将它们包围起来（[]）。下面来看实际使用的几个字符类例子：

[0-2]

这与一个数字范围匹配。它会匹配0、1或2。

[A-D]

这会匹配A, B, C或D。

字符类是一组匹配单个字符的规则。

在一个字符类中，^ 表示"不匹配"。

[^b-f]

在字符类中使用这个^时有一个特殊的含义。并不是说"串必须从……开始"，这个^表示"匹配除……以外的所有字符"

这会匹配除b, c, d, e或f以外的所有字符。

请写出一个匹配国际电话号码的正则表达式：

....

....

....

用字符类优化模式

在字符类的帮助下，可以优化电话号码的正则表达式，使它不会匹配不合法的数字组合。这样一来，如果有人不小心输入了以0或1开头的区号，就可以抛出一个错误消息。改进后的新正则表达式如下所示：

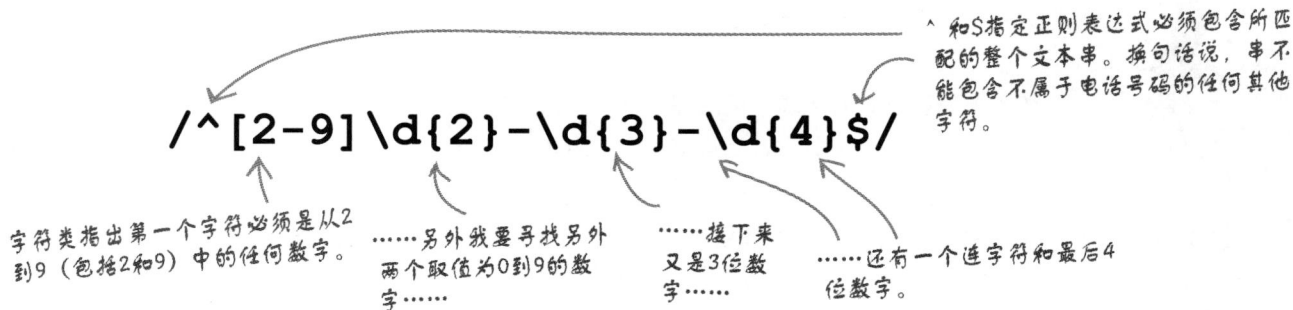

^ 和$指定正则表达式必须包含所匹配的整个文本串。换句话说，串不能包含不属于电话号码的任何其他字符。

$$/^[2-9]\d\{2\}-\d\{3\}-\d\{4\}\$/$$

字符类指出第一个字符必须是从2到9（包括2和9）中的任何数字。

……另外我要马上找另外两个取值为0到9的数字……

……接下来又是3位数字……

……还有一个连字符和最后4位数字。

there are no Dumb Questions

问： 这么说，利用字符类可以指定匹配文本串的一个字符范围。

答： 没错，利用字符类，你可以在正则表达式中指出指定字符集中的任何字符都可以匹配文本串，而不只是一个字符。

例如，字符类[aeiou]可以匹配任何小写的元音字母，字符类[m-zM-Z]将匹配字母表后半部分中的任何字母，包括大写和小写。

字符类[0-9]等价于元字符\d，\d实际上只是表示同一含义的一种简写形式。

问： 字符类中指定的字符或范围之间难道不需要加空格或逗号吗？

答： 不用，如果确实加了空格或逗号，这些额外的字符将解释为匹配文本串的字符集的一部分。

例如，以下字符类

[m-z, M-Z]

不仅匹配m到z的大写和小写字母，还会匹配逗号或空格，这可能并不是你想要的。

问： 如果我希望与一个字符类中的字符匹配多次呢？比如一个或多个连续的元音字母？

答： 只需要在字符类后面增加一个量词。表达式[aeiouAEIOU]+/就可以匹配一行中的一个或多个元音字母。

问： 我认为量词只应用于前面紧邻的字符。

答： 通常是这样，不过，如果一个量词紧跟在一个字符类后面，它就会应用到整个字符类。

如果你希望一个量词应用到连续的一组字符（但这些字符不在一个字符类中），可以用小括号包围这些字符，指示它们应当归为一组。举例来说，正则表达式/(hello)+/将匹配文本串中一个或多个连续的单词"hello"。

问： 如果我想匹配一个词的两个不同发音呢？比如说"ketchup"或"catsup"？

答： 可以在正则表达式中使用竖线字符（|）来指示一组选项，可以从中选择。

所以，正则表达式/(ketchup|catsup|catchup)/将匹配这个单词3种最常见拼法中的任意一个。

如果在正则表达式中加入点号或问号之类的字符会怎么样？如果我键入这些字符，PHP会不会认为它们是元字符或量词而试图处理我的正则表达式？

如果希望在正则表达式中使用保留字符，需要对它们转义。

在正则表达式语法中，有为数不多的一组指定了特殊含义的字符，因为它们用来指示元字符、量词和字符类。这包括点号（.）、问号（?）、加号（+）、开始中括号（[）， 开始和结束小括号、补字号（^）、美元符（$）、竖线字符（|）、反斜线（\）、前斜线（/）和星号（*）。

如果希望在正则表达式中使用这些字符来表示它们的原义，而不是作为它们通常表示的元字符或量词，需要在前面加一个反斜线对它们"转义"。

例如，如果希望匹配一个电话号码中的括号，不能用如下的表达式：

这些会处理为一个组。

(555)636-4652 ✗ `/^(\d{3})\d{3}-\d{4}$/`

实际上，开始和结束括号前面都需要加反斜线，来指示它们应当解释为真正的括号：

现在PHP知道这些是真正的括号。

(555)636-4652 ✓ `/^\(\d{3}\)\d{3}-\d{4}$/`

写出与以下各个模式匹配的串。

Exercise

/^[3-6]{4}/   /^([A-Z]\d){2}$/

假设我们希望扩展Risky Jobs的电话号码验证机制，允许用户采用更多格式提交号码。写出一个与以下所有文本串都匹配的正则表达式，而且不允许0或1作为第一个数字。你的模式应当只允许包含数字、括号、空格和连字符。

555-636-4652   555 636-4652

(555)-636-4652   (555) 636-4652

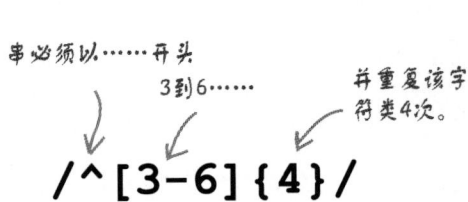

写出与以下各个模式匹配的串。

串必须以……开头

3到6……

并重复该字符类4次。

/^[3-6]{4}/

任何以3、4、5或6括围内的4个数字开头的串都将匹配。下面的串都能匹配:

"5533"，"3546 is a number."，"6533xyz"

串必须以……开头

一个大写字母……

和一个数字……

两次……

然后结束。

/^([A-Z]\d){2}$/

以一个大写字母开头，然后是一个数字，然后是另一个大写字母和一个数字，然后结束:

"B5C9"，"R2D2"

假设我们希望扩展Risky Jobs的电话号码验证机制，允许用户采用更多格式提交号码。写出一个与以下所有文本串都匹配的正则表达式，而且不允许0或1作为第一个数字。你的模式应当只允许包含数字、括号、空格和连字符。

555-636-4652 555 636-4652

(555)-636-4652 (555) 636-4652

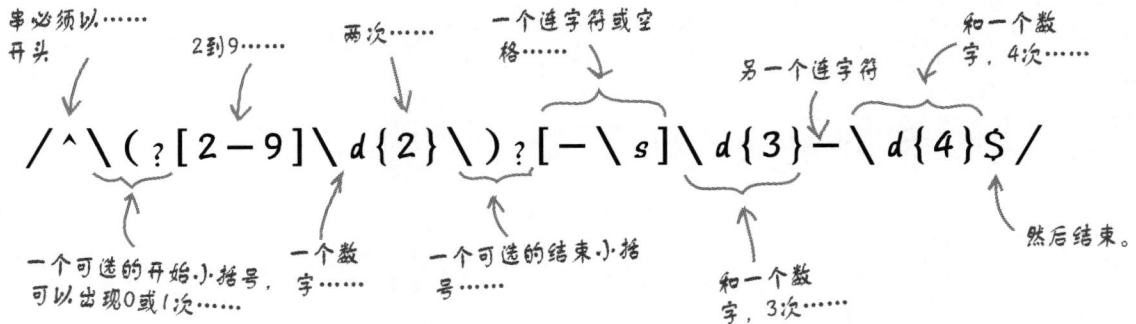

Risky Jobs简历库中这些不真实的数据
已经让我受够了。如果不采用某种方式
使用这些表达式，它们将毫无意义。

Risky Jobs需要真正使用正则表达
式来验证表单数据!

用preg_match()检查模式

我们并不是为了好玩来建立模式。可以结合PHP函数preg_match()使用这些模式。这个函数取一个正则表达式模式（如前面构造的正则表达式）和一个文本串。如果没有匹配，函数会返回false，如果匹配，则返回true。

preg_match($regex, $my_string)

正则表达式放在这里。函数希望收到一个串，这说明正则表达式应当用单引号包围。

这里是要检查的串（查看是否存在匹配）。

以下是实际使用preg_match()函数的一个例子，这里使用一个正则表达式在一个文本串中搜索SSN（社会保险号）模式：

将正则表达式传入preg_match()时，应当包围在单引号中。

preg_match('/^\d{3}-\d{2}-\d{4}$/', '555-02-9983')

返回一个整数：如果串与模式匹配则返回1，否则返回0。

可以像这样把具体模式放在函数中，不过通常最好把模式存储在一个变量中。

这个串与正则表达式匹配，函数将返回1。

可以利用preg_match()函数在PHP脚本中支持更复杂的验证功能，可以针对返回值建立一个if语句。

preg_match()函数嵌套在条件中，所以它的结果将决定运行哪一个代码。

```
if (preg_match('/^\d{3}-\d{2}-\d{4}$/', '555-02-9983')) {

    echo 'Valid social security number.';

} else {

    echo 'That social security number is invalid!';

}
```

如果匹配成功，preg_match()返回true，这会指示PHP条件为true，所以运行这个代码。

如果匹配不成功，preg_match()返回false，这使得条件计算为false，所以运行这个代码。

重写**Risky Jobs** PHP脚本中相关的部分，使用`preg_match()`而不是`empty()`检查 Registration表单数据来验证电话域中输入的文本。`preg_match()`函数中使用之前创建的正则表达式。

```php
if (empty($phone)) {
  // $phone is blank
  echo '<p class="error">Your phone number is invalid.</p>';
  $output_form = 'yes';
}
```

重写Risky Jobs PHP脚本中相关的部分，使用preg_match()而不是empty()检查 Registration表单数据来验证电话域中输入的文本。preg_match()函数中使用之前创建的正则表达式。

EXERCISE SOLUTION

```php
if (empty($phone)) {
    // $phone is blank
    echo '<p class="error">Your phone number is invalid.</p>';
    $output_form = 'yes';
}
```

没有使用empty()，我们使用了preg_match来验证电话号码。在前面加了一个非操作符（!），因为我们希望当输入的数据与模式不匹配时抛出一个错误。

前面建立的电话号码正则表达式。

```php
if (!preg_match('/^\(?[2-9]\d{2}\)?[-\s]\d{3}-\d{4}$/', $phone)) {
    // $phone is not valid
    echo '<p class="error">Your phone number is invalid.</p>';
    $output_form = 'yes';
}
```

echo语句需要稍做修改，因为我们不仅要检查以确保已经输入了数据，还要确保它与一个标准电话号码模式匹配。

与前面一样，将$output_form设置为'yes'。

> 我收到一个错误，然后输入了完整的电话号码。后来就得到了一个武师的职位！

First Name: Jimmy
Last Name: Swift
Email: JS@sim-u-duck.com
Phone: (555) 636 4652
Desired Job: Ninja

运行测试

不只是电话号码
是否为空！

Risky Jobs Registration脚本中检查电话号码是否合法。

从Head First Labs网站（www.headfirstlabs.com/books/hfphp）下载registration.php，另外还要下载Risky Jobs样式表（style.css）和图像（riskyjobs_title.gif和riskyjobs_fireman.png）。然后修改registration.php脚本，使用preg_match()函数根据电话号码正则表达式验证电话号码。需要调整错误消息，使用户知道电话号码不合法，而不只是为空。

将修改后的脚本上传到你的Web服务器，在一个Web浏览器中打开脚本。尝试输入一些不同格式的电话号码，注意脚本如何捕获错误。

现在不会不小心输入有问题的电话号码了。这会避免我们错失工作机会！

现在如果电话号码输入不正确，脚本会显示一个错误消息，这里的问题是使用了点号而不是连字符。

下载！

Risky Jobs应用完整的源代码可以从Head First Labs网站下载：

www.headfirstlabs.com/books/hfphp

嗯，如果我们的正则表达式会匹配电话号码的多个模式，是不是说数据库中会出现所有这些不同格式的文本？这可不好。我想我们需要对这些内容标准化。

允许以不同格式输入数据并不一定意味着希望按这些格式存储数据。

幸运的是，还有一个正则表达式函数允许我们取得Risky Jobs用户提交的合法电话号码数据，并让它们都遵循一致的模式，而不是4种不同模式。

preg_replace()函数在使用正则表达式完成模式匹配方面比preg_match()函数更进一步。除了确定一个给定模式是否与一个给定文本串匹配外，它还允许提供一个替换模式取代串中的匹配文本。这非常类似于前面使用的str_replace()函数，只不过这里使用正则表达式而不是串来完成匹配。

```
preg_replace($pattern, $replacement, $my_string)
```

需要查找这些不想要的字符。

找到一个不想要的字符时，希望把它替换为这个模式。

要完成查找－替换的串。

以下是实际使用preg_replace()函数的一个例子：

```
$new_year = preg_replace('/200[0-9]/', '2010', 'The year is 2009.');
```

preg_replace()函数的结果存储在$new_year中，即完成查找－替换修改后的文本串。

这个正则表达式告诉preg_replace查找2000到2009的匹配。

找到匹配时，会替换为2010。

每次在串中找到一个2000~2009的年份时，会替换为2010。

通过将以下各个数字写入下面数据库表的phone列，对Risky Jobs表单中输入的电话号码完成标准化。确保使用一种适当的格式，从而存储尽可能少的数据来表示用户的电话号码。

(555) 935-2659

(555)672-0953

555-343-8263

555-441-9005

555.903.6386

555-612-8527-8724

Risky Jobs - Registration

Risky Jobs

Danger! Your dream job is out there.
Do you have the guts to go find it?

Risky Jobs - Registration

Register with Risky Jobs, and post your resume.

First Name:
Last Name:
Email:
Phone:
Desired Job:

Paste your resume here:

Submit

phone
......

Exercise Solution

通过将以下各个数字写入下面数据库表的phone列，对Risky Jobs表单中输入的电话号码完成标准化。确保使用一种适当的格式，从而存储尽可能少的数据来表示用户的电话号码。

(555) 935-2659

(555)672-0953

555-343-8263

555-441-9005

555.903.6386

555-612-8527-8724

Risky Jobs – Registration

Risky Jobs

Danger! Your dream job is out there.
Do you have the guts to go find it?

Risky Jobs - Registration

Register with Risky Jobs, and post your resume.

First Name:
Last Name:
Email:
Phone:
Desired Job:

Paste your resume here:

Submit

存储电话号码最简洁的方法就是除数字以外去掉所有其他部分。

phone
......
5559352659
5556720953
5553438263
5554419005
5559036386
5556128527

标准化电话号码数据

现在Risky　Jobs使用以下正则表达式验证用户通过注册表单提交的电话号码。

$$/^\backslash(?[2-9]\backslash d\{2\}\backslash)?[-\backslash s]\backslash d\{3\}-\backslash d\{4\}\$/$$

这会匹配以下4种模式的电话号码：

```
###-###-####
### ###-####
(###)-###-####
(###) ###-####
```

我们希望将数据从这种格式……

尽管人很容易解释这些格式，但是这样一来，要让SQL查询按我们希望的方式对结果排序就会很困难。例如，我们可能希望按区号对电话号码分组，这对于Risky Jobs可能很重要，因为也许我们希望分析有多少网站用户来自某个特定的地理位置，但是这些括号很可能会使这种想法成为泡影。

要完成这种查询，用INSERT向数据库插入数据之前需要先使用preg_replace()把电话号码标准化为同一种格式。最好的做法就是将数字以外的所有其他字符都去除。这样一来，只需在表中存储10位数字（而没有任何其他字符）。我们希望电话号码采用以下方式存储在数据表中：

……变为这种格式。

```
##########
```

为此需要查找和替换4个字符。我们希望找到并去除开始和结束括号、空格和连字符。由于希望找到这些字符而不论它们处于串中的哪个位置，所以这里不需要开始的脱字符（^）或结束的美元符（$）。我们知道需要查找一个集合中的某个字符，所以可以使用一个字符类。搜索的顺序并不重要。以下是我们使用的正则表达式：

$$/[\backslash(\backslash)\backslash-\backslash s]/$$

开始括号　结束括号　连字符　空格

通过标准化数据，可以得到更好的SQL查询结果。

去除不想要的字符

既然已经有了合适的模式来查找这些不想要的字符，我们可以把这个模式应用到电话号码，从而在将电话号码存储在数据库中之前先进行清理。不过如何做到呢？这就要用到preg_replace()函数。这里的关键是，我们不是希望替换这些不想要的字符，而是希望它们完全消失。所以只需向preg_replace()传入一个空串作为替换值。下面的例子会查找不想要的电话号码字符并替换为空串，从而有效地将其去除：

将查找－替换的结果存储在这个新的电话号码变量中。

对$phone中的文本串完成这个替换。

```
$new_phone = preg_replace('/[\(\)\-\s]/', '', $phone);
```

匹配这些字符……

……并将其替换为空串。

```
###-###-####

### ###-####

(###)-###-####

(###) ###-####
```

所有这些电话号码格式都认为是合法的，都能被Registration表单所接受。

phone
......
5559352659
5556720953
5553438263
5554419005
5559036386
5556128527

preg_replace()

##########

每个电话号码标准化为这种格式，使得数据库中的所有电话号码都有相同的格式。

我不明白，看起来大可不必为数据库中存储10位数字串而操心。难道不能从一开始就要求用户这样输入吗？

当然可以，不过以后这会导致问题，因为电话号码查询将不能得到你希望的结果。

大多数用户输入电话号码时都习惯于包含连字符、小括号和空格的某种组合，所以试图强制要求只输入数字电话号码往往不能如愿。更好的做法是努力迎合用户的需要，为他们提供相当灵活的输入选择，而与此同时确保你存储的数据尽可能一致。

另外，我们只讨论了利用一个preg_replace()调用来解决这个问题，这并不麻烦。倘若需要编写某种包含大量代码的定制函数，则是另一回事。不过如果只用一行代码就能改善可用性和数据完整性，还有什么可犹豫的!

运行测试

Registration脚本中清理电话号码。

修改registration.php脚本来清理电话号码，在脚本中增加以下代码行，要增加到感谢用户注册Risky Jobs的那行代码之后：

```
$pattern = '/[\(\)\-\s]/';

$replacement = '';

$new_phone = preg_replace($pattern, $replacement, $phone);

echo 'Your phone number has been registered as ' . $new_phone . '.</p>';
```

将脚本上传到你的Web服务器，然后在一个Web浏览器中打开这个脚本。填写表单，输入包含额外字符的电话号码，如(707) 827-7000。提交表单，并检查结果。

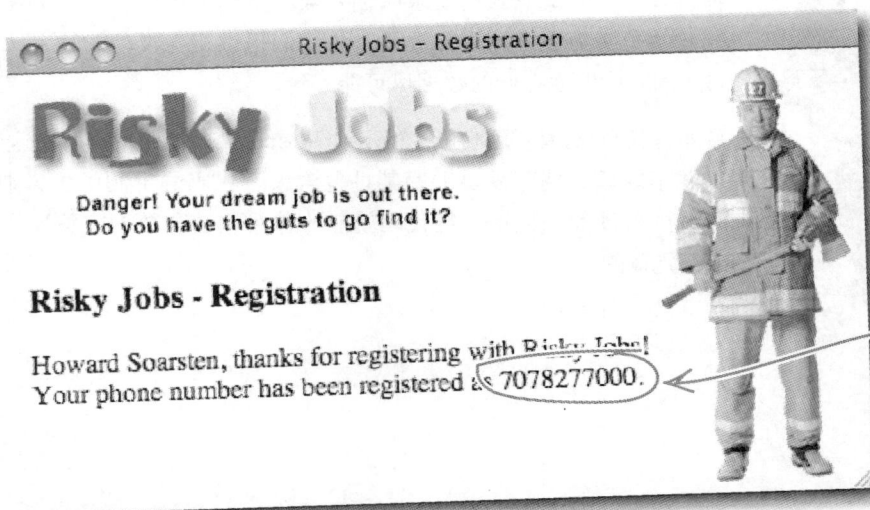

尝试这个数的其他几种变型，如：707.827.7000、(707)-827-7000和707 827-7000。注意正则表达式和preg_replace()如何去除额外的字符。

> 我给这个耍刀的人发送的email被退回来了。我真不敢相信这个愚蠢的表单居然允许人们输入不合法的email地址！

First Name: Four Fingers
Last Name: McGraw
Email: four@gregs-listnet
Phone: 555-098
Desired Job: Knife Juggler

email地址缺少一个点号！

类似于电话号码，email地址也有自己的格式，要求我们进行验证而不仅仅检查是否为空。

就像之前验证电话号码一样，首先需要确定合法email地址必须遵循的规则。然后可以形式化为一个正则表达式，并在我们的PHP脚本中实现。所以下面首先来看email地址的具体构成：

我们知道email地址必须包含这两个字符。

LocalName@DomainPrefix.DomainSuffix

这些将包含字母数字字符，其中LocalName至少有1个字符，DomainPrefix至少有两个字符。

这通常是3个字母数字字符。

BRAIN POWER

看看你能不能给出一个足够灵活的正则表达式，可以匹配右边的这些email地址。请把你的正则表达式写在下面：

aviator.howard@bannerocity.com

cube_lovers@youcube.ca

rocky@i-rock.biz

匹配email地址可能很困难

看起来匹配email地址相当简单，因为乍一看，对于可用字符好像没有电话号码那么多限制。

例如，匹配email地址的*LocalName*部分（@符号之前的部分）看起来就不是大问题。因为它只由字母数字组成，应该可以使用以下模式：

$$/\hat{}\backslash\text{w+}/$$

以……开头 ……一个或多个字母数字字符。

这允许本地名中出现任何字母数字字符，不过遗憾的是，这未能包括email地址中也合法的其他字符。

不论相信与否，合法的email地址在*LocalName*部分还可以包含以下任意字符，不过其中一些字符不能用作为email地址的首字符：

所有这些字符都可以出现在email地址的LocalName部分。

$$! \ \$ \ \& \ * \ - \ = \ \hat{} \ ` \ | \ \sim \ \# \ \% \ ' \ + \ / \ ? \ \_ \ \{ \ \}$$

如果希望允许注册用户的email地址中包含这些字符，就需要类似下面的一个正则表达式：

$$/\hat{}\text{[a-zA-Z0-9][a-zA-Z0-9}\backslash.\_\backslash-\&!?=\#]*/$$

首字符应当是这些字符之一。

其余字符可以是其中任何字符……

……这些字符可以有0个或多个。

这并不能匹配每一个合法的*LocalName*，因为我们还是省略了一些相当少见的字符，不过这个正则表达式很实用，可以匹配大多数Risky Jobs用户的email地址。

!\$&*-=^`|~#%'+/?_{}

> email的验证很容易。只需要使用本地名同样的模式来验证域名……问题不大！

这只适用于域名的一部分，即前缀，不过不适用后缀。

类似于LocalName，域前缀可以包含字母数字和一些特殊字符的任意组合，不过对域后缀的限制则要严格得多。

大多数email地址都以某个常用域后缀结尾：.com、.edu、.org、.gov等。所以我们也需要确保email地址以一个合法的域后缀结尾。

there are no
Dumb Questions

问： 如果我想支持所有可能的合法email地址，可以吗？

答： 当然可以，而且如果这对你的网站很重要，当然也应该这么做。不过，有时最好只是接受常用的格式，而不必接受每一种可能的变型。你需要确定99.9%的用户会有怎样的email，为得到更优化的代码可能不会去验证余下的.1%。验证实际上要在允许接受与实际接受之间做一个权衡。

如果你确实希望在网站上实现更为健壮的email验证，可以在这里找到一些很不错的开源（即免费）PHP代码：http://code.google.com/p/php-email-address-validation/。

问： 如果我拒绝验证某些人的email地址，难道他们不会生气吗？

答： 也许吧，不过大多数人不会有那么疯狂的email地址。大多数在线email服务都有自己的限制规则，保证用户不会创建尽管合法但过于疯狂的email地址，如："_i'm crazy"@gregs-list.net.

验证通常是允许接受与实际接受之间的一个权衡。

域后缀无处不在

除了你经常看到的最为常见的域后缀（如.com和.org），还有很多很多其他的域后缀在email地址中使用也是合法的。域名系统（Domain Name System，DNS）认为合法的其他后缀包括你之前见过的.biz和.info。另外，还有一个后缀列表对应不同的国家，如.ca对应加拿大，.tj对应塔吉克斯坦。

以下只列出了一些可能的域后缀。这并不是全部。

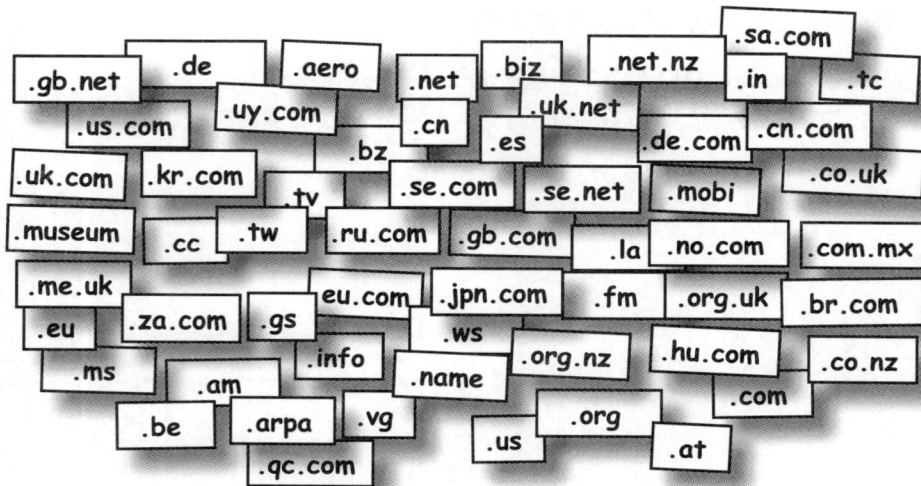

甚至我都不想"耍弄"所有这些域名。

.sa.com　.gb.net　.de　.aero　.net　.biz　.net.nz　.in　.tc　.us.com　.uy.com　.cn　.uk.net　.de.com　.cn.com　.uk.com　.kr.com　.bz　.es　.co.uk　.museum　.cc　.tv　.se.com　.se.net　.mobi　.me.uk　.tw　.ru.com　.gb.com　.la　.no.com　.com.mx　.eu　.za.com　.gs　.eu.com　.jpn.com　.fm　.org.uk　.br.com　.ms　.ws　.org.nz　.hu.com　.co.nz　.am　.info　.name　.com　.be　.arpa　.vg　.org　.qc.com　.us　.at

有些域只有两个字母。有些有2个或3个字母，然后是一个点号，接下来又是2个或3个字母。有些甚至是4到5个字母。这么说我们需要维护这些后缀的一个列表来查看是否有匹配吗？

Geek Bits

域名系统（Domain Name System）是一个分布式数据服务，提供世界范围内域及其IP地址的一个目录，使域名的使用成为可能。如果没有DNS，我们就必须键入208.201.239.36而不是oreilly.com。

可以这么做，这确实可行。

不过还有一种更容易的方法。并不需要跟踪所有这些可能的域，也不必一旦增加新域就修改我们的代码，我们可以使用PHP函数checkdnsrr()检查email地址的域部分。这个函数连接到域名系统或DNS，并检查域的合法性。

使用PHP检查域

PHP提供了checkdnsrr()函数来检查一个域是否合法。与使用正则表达式匹配一个email地址模式相比，这个方法甚至要好，因为它不只是检查一个文本串是否可能是一个合法的email域，还会具体检查DNS记录，得出这个域是否已经注册。因此，举例来说，尽管一个正则表达式可能指出lasdjlkdfsalkjaf.com是合法的，checkdnsrr()则可能更进一步，告诉你实际上这个域并未注册，如果在我们的表单上输入了sdfhfdskl@lasdjlkdfsalkjaf.com，我们可能会拒绝这个email地址。

checkdnsrr()的语法相当简单：

如果这是一个真实的域则返回1，否则返回0。

checkdnsrr()接收一个包含域名的串。这是@符号后面的所有内容。

checkdnsrr('headfirstlabs.com')

只有当Web服务器是Windows时才存在这个问题。如果你在使用一个Windows计算机构建网站，但是实际上会把它发布到一个UNIX/Linux服务器，就不存在这个问题。

如果在一个Windows服务器上运行PHP，这个命令将不起作用。

Watch it!

在这种情况下，可以使用以下代码：

```
       function win_checkdnsrr($domain,$recType='') {
 if (!empty($domain)) {
  if ($recType=='') $recType="MX";
  exec("nslookup -type=$recType $domain",$output);
  foreach($output as $line) {
   if (preg_match("/^$domain/", $line)) {
    return true;
   }
  }
  return false;
 }
 return false;
}
```

这个exec命令会调用服务器上运行的一个外部程序来检查域。

只是为了好玩，可以尝试在foreach后面回显输出$line。你会看到如下的结果：

Server: 68.87.64.146Address: 68.87.64.146#53Non-authoritative answer:oreilly.com mail exchanger = 20 smtp1.oreilly.com.

Email验证：集成

我们现在知道了如何使用正则表达式验证email地址的LocalName部分，
也了解了如何使用checkdnsrr()验证email地址的域部分。下面来逐步
骤地分析如何将这两部分集成起来，为Risky　Jobs注册表单增加完整的
email验证：

❶ 使用preg_match()确定email地址的*LocalName*部分是否包含一个合法的字符
模式。

*注意这个正则表达式末尾
没有美元符，因为@后面还
有字符。*

可以使用以下正则表达式来实现：

```
/^[a-zA-Z0-9][a-zA-Z0-9\._\-&!?=#]*@/
```

*email必须以一个字母数字字符开头，然
后可以包含任意多个字母数字以及一些
特殊字符。*

*现在我们还要搜索@符号，确保
email地址的域之前包含一个@
符号。*

❷ 如果*LocalName*验证失败，向用户回显输出一个错误，并重新加载表单。

❸ 如果*LocalName*验证成功，将用户提交的文本串的域部分传入checkdnsrr()。

❹ 如果checkdnsrr()返回0，说明域未注册，所以向用户回显输出一个错误，并
重新加载表单。

❺ 如果checkdnsrr()返回1，说明域已经注册，可以相信已经得到一个合法的
email地址。我们可以继续验证表单中其余的域。

以下是验证用户email地址的新的PHP代码，不过有些代码不见了。请填空使代码能够正常运行。

```php
if (!preg_match('......................................', $email)) {
  // $email is invalid because LocalName is bad
  echo 'Your email address is invalid.<br />';
  $output_form = 'yes';
}
else {
  // Strip out everything but the domain from the email
  $domain = preg_replace('........................................', ...., ..........);
  // Now check if $domain is registered
  if (........................) {
    echo 'Your email address is invalid. <br />';
    $output_form = 'yes';
  }
}
```

以下是验证用户email地址的新的PHP代码，不过有些代码不见了。请填空使代码能够正常运行。

匹配email地址LocalName部分的正则表达式，以一个@符号结尾。

```php
if (!preg_match(' [a-zA-Z0-9][a-zA-Z0-9\._\-&!?=#]*@/ ', $email)) {
  // $email is invalid because LocalName is bad
  echo 'Your email address is invalid.<br />';
  $output_form = 'yes';
}
else {
  // Strip out everything but the domain from the email
  $domain = preg_replace('/^[a-zA-Z0-9][a-zA-Z0-9\._\-&!?=#]*@/ ', '' , $email );
  // Now check if $domain is registered
  if ( !checkdnsrr($domain) ) {
    echo 'Your email address is invalid. <br />';
    $output_form = 'yes';
  }
}
```

为了去掉LocalName和@符号，指定空串（"）作为替换串。

对$email值完成替换。

如果在一个Windows服务器上运行，不要忘记包含win_checkdnsrr()代码，然后在这里调用win_checkdnsrr函数。

如果域未注册，!checkdnsrr()返回true。

BULLET POINTS

- **preg_match()**会查找串中与模式的匹配。

- **preg_replace()**会改变匹配的串。

- 量词允许控制一个或一组字符在一行中出现的次数。

- 可以使用一个字符类指定模式中允许出现的一组字符。

- 在模式中，\d、\w和\s分别代表数字、字母数字字符和空白符。

- **checkdnsrr()**会检查域名的合法性。

运行测试

为Risky Jobs Registration脚本增加email验证。

使用上一页的代码向 `registration.php` 脚本增加email验证。然后将脚本上传到你的Web服务器，并在一个Web浏览器中打开脚本。尝试提交一个非法的email地址，注意新的正则表达式代码会拒绝表单提交，并显示一个错误消息来解释发生了什么。

好了，我的**risky jobs**工作配额已经完成了。现在的任务只是数钱，其他什么也不用做。

显示一个错误消息，指出用户的email地址非法

（其中包含一个空格而不是@符号）。

借助于*Risky Jobs Registration*表单中的验证，联系那些很有希望的求职者并尽快填补职位空缺已经不成问题。

第10章

PHP & MySQL工具箱

要验证用户在web表单中输入的数据，查找文本中的模式会很方便。以下是一些借助于正则表达式验证数据的PHP技术：

\d, \w, \s, ^, $, ……

正则表达式使用元字符创建，表示诸如3个数字 (\d\d\d) 或空白符 (\w)等文本表达式。

正则表达式

用来匹配串中文本模式的规则。PHP包含了一些相关函数，允许使用正则表达式在一个串中检查某个模式，还可以在串中完成文本模式的查找—替换。

字符类

匹配正则表达式中单个字符的一组规则。例如，[A—D]会匹配字符A、B、C或D。

preg_match()

这个PHP函数会检查一个文本串，查看它与一个正则表达式是否匹配。如果匹配，这个函数返回true，否则返回false。

checkdnserr()

这个PHP函数检查一个域名来看它是否确实存在。验证email地址时这很方便，因为你希望确保email的域部分是真实的。

preg_replace()

使用这个PHP函数可以根据一个正则表达式替换一个串中的子串。这个函数完成一个查找—替换操作，使用一个正则表达式进行查找，并替换为你提供的串。

11 数据可视化……以及更多！

绘制动态图像

坚持住。等一下，不要动。现在直接看着我，笑一笑。不，不是你，是你的数据。好了，下面来换列，让主键稍稍向左偏，哈，太完美了！

当然，我们都知道一个好的查询和丰富的结果很有意义。 不过，查询结果并不总能清楚地自我表达。有时有必要换个角度描述数据，可能需要一个更可见的角度。PHP使之成为可能，可以提供数据库数据的一个图形化表示：饼图、直方图、维恩图、罗夏图等。只要能帮助用户了解应用中的数据流程，就都是有益的。不过并非PHP应用中所有有意义的图像都来自于数据库。例如，你知道可以利用动态生成的图像挫败填写表单的垃圾邮件机器人吗？

Guitar Wars再现：机器的兴起

未来已在眼前。机器人已经在虚拟世界为所欲为，除了一些PHP编码警戒外，没有什么能阻挡它们胡作非为。这些机器人称为垃圾邮件机器人（spam bot），它们会在Web中搜寻允许它们插入广告的输入表单。这些机器人效率极高，完全不关心所攻击的表单的本来用途。它们惟一的目标就是用它们的垃圾广告全面覆盖你的内容，残忍地为它们的主人谋取广告收入。让人伤心的是，Guitar Wars高分应用也不幸成为这些机器人的猎物。

所有Web表单都存在受到垃圾邮件机器人攻击的风险。

增加分数、增加分数、增加分数、增加分数、增加分数、增加分数……

完全没有个性：这些机器人只是想吸引用户的视线来获得广告收入。

Guitar Wars - Add Your High Score

Thanks for adding your new high score! It will be reviewed and added to the high score list as soon as possible.

Name: www.classhates.com
Score: 999999999

CLASSHATES.COM

Reconnect and relive awful experiences with people you hated in high school!

Guitar Wars - Add Your High Score

Thanks for adding your new high score! It will be reviewed and added to the high score list as soon as possible.

Name: www.frowneycentral.com
Score: 999999999

Frowney Central

Guitar Wars - Add Your High Score

Thanks for adding your new high score! It will be reviewed and added to the high score list as soon as possible.

Name: www.headlastlabs.com
Score: 999999999

Head Last Labs

垃圾邮件机器人非常擅长不加思考地重复，在这里就是不断地填写和提交Guitar Wars高分数据表单，不过实际上其中包含的是广告而不是分数。

所有输入表单都是不安全的

对Guitar Wars来说，幸运的是，由于第6章增加的人类仲裁特性，这些垃圾邮件机器人攻击对最终用户是不可见的。不过，人类仲裁者现在完全被超量的垃圾邮件机器人贴子所淹没，使他很难筛选和认可合法的高分。人类仲裁本身是一个很好的特性，但是面对从不知疲倦的自动化对手时，人类就有些力不从心了。

太荒谬了。我实在无法仲裁所有这些帖子，其中大多数看起来都是伪造的。我甚至不知道frowney是什么！

无畏的Guitar Wars仲裁者发现，这些机器人不知疲倦地发布伪造垃圾分数，在与这些机器人的战争自己正处于下风。

Guitar Wars - High Scores Administration

Below is a list of all Guitar Wars high scores. Use this page to remove scores needed.

Name	Date	Score	Action
www.classhates.com	2008-06-23 11:44:56	999999999	Remove / Approve
www.classhates.com	2008-06-23 11:45:15	999999999	Remove / Approve
www.classhates.com	2008-06-23 11:45:29	999999999	Remove / Approve
www.frowneycentral.com	2008-06-23 11:45:53	999999999	Remove / Approve
www.frowneycentral.com	2008-06-23 11:46:06	999999999	Remove / Approve
www.frowneycentral.com	2008-06-23 11:46:19	999999999	Remove / Approve
www.frowneycentral.com	2008-06-23 11:47:26	999999999	Remove / Approve
www.frowneycentral.com	2008-06-23 11:47:42	999999999	Remove / Approve
www.headlastlabs.com	2008-06-23 11:47:55	999999999	Remove / Approve
www.headlastlabs.com	2008-06-23 11:48:12	999999999	Remove / Approve
www.headlastlabs.com	2008-06-23 11:50:24	999999999	Remove / Approve
www.headlastlabs.com	2008-06-23 11:52:20	999999999	Remove / Approve
www.headlastlabs.com	2008-06-23 11:52:32	999999999	Remove / Approve

对高分帖子完成人类仲裁显然还不够。我们确实需要一种方法能够避免机器人提交分数，也就是说，在过关检查时把它们挡在门外。不过，这需要以某种方式区分自动的软件和真正有大脑的人类…… 这是一个棘手的问题，不过，这个问题确实可以解决。

请写出你在区分真正的人类和机器人人造大脑时想问的3个问题：

....

....

....

需要区分人类和机器

为了确定如何检测出Guitar Wars Add Score页面面对的用户是真正的人类，
必须首先分析垃圾邮件机器人在表单中填写垃圾数据时到底做了什么。

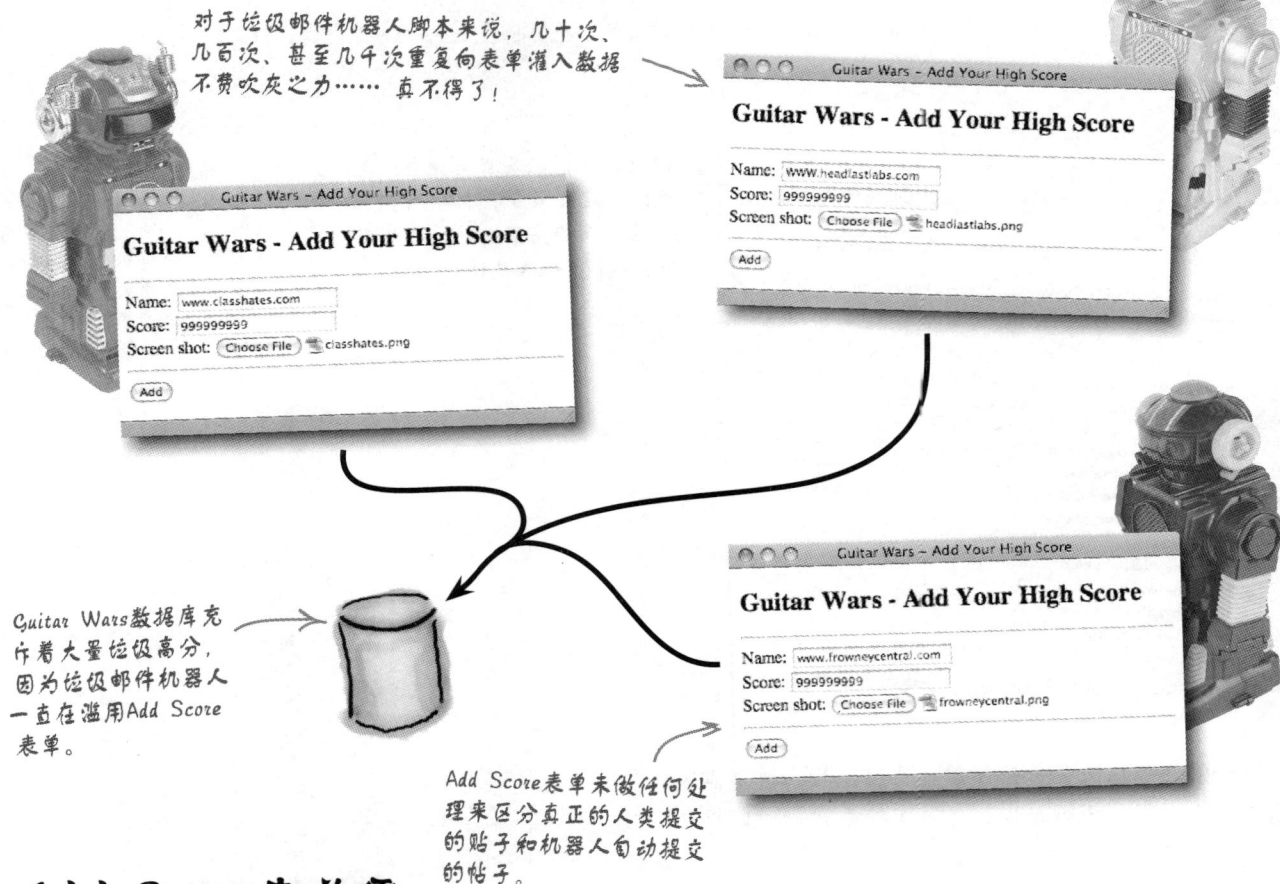

对于垃圾邮件机器人脚本来说，几十次、
几百次、甚至几千次重复向表单灌入数据
不费吹灰之力…… 真不得了！

Guitar Wars - Add Your High Score

Name: www.headlastlabs.com
Score: 999999999
Screen shot: (Choose File) 🖼 headlastlabs.png

(Add)

Guitar Wars - Add Your High Score

Name: www.classhates.com
Score: 999999999
Screen shot: (Choose File) 🖼 classhates.png

(Add)

Guitar Wars数据库充
斥着大量垃圾高分，
因为垃圾邮件机器人
一直在滥用Add Score
表单。

Add Score表单未做任何处
理来区分真正的人类提交
的贴子和机器人自动提交
的帖子。

Guitar Wars - Add Your High Score

Name: www.frowneycentral.com
Score: 999999999
Screen shot: (Choose File) 🖼 frowneycentral.png

(Add)

Add Score表单需要一个新的表单域，在允许提交一个高分之前需要人类验证。

Add Score表单的问题在于，它没有采取任何措施防止自动提交，这说明任
何狡诈的机器人程序员都可以创建一个机器人，重复地在表单中填入广告
数据并提交。当然，归功于仲裁特性，这些广告并不会出现在Guitar Wars
网站的首页上，不过在很多方面它会导致仲裁特性失效，因为人类仲裁者
需要手工地删除成百上千的垃圾广告帖。

表单需要一个新的检验域，必须成功地输入这个域才允许分数提交。这个
域的验证应当对真正的人来说很容易，而对于机器来说则很困难。

Exercise

可以使用表单域防止垃圾邮件机器人提交表单，以下是对这个表单域的一些想法。请圈出你认为哪些表单域可以既简单又成功地只允许人类提交表单，并说明为什么。

你是个机器人吗？　　○ 是　　○ 不是

Elvis最喜欢的食物？　[　　　　　　　　　]

视网膜扫描：　[看着你的网络摄像头并点击]

输入这里显示的字母：　[　　　　　　]　kdyqmc

7 + 5的结果是什么？　[　　]

这是什么动物？　[　　　　　　]

输入这里显示的字母：　[　　　　　]　kdyqmc

指纹扫描：　[按下你的大拇指并点击]

EXERCISE SOLUTION

可以使用表单域防止垃圾邮件机器人提交表单，以下是对这个表单域的一些想法。请圈出你认为哪些表单域可以既简单又成功地只允许人类提交表单，并说明为什么。

太容易猜了，即使靠猜也有50%的成功率，这会导致收到数百万的垃圾分数帖。

你是个机器人吗？　　○ 是　　○ 不是

对机器人来说确实很困难，不过对于某些人来说可能也很困难。并不是所有人都知道Elvis喜欢花生酱和香蕉三明治。而且这可能还需要一个强大的数据库来存储有关琐事的问题和答案。

Elvis最喜欢的食物？ _____

还算不错（假设通行短语字母显示为图像而不是文本），不过可能会被足够聪明的机器人使用光学字符识别（OCR）破解。

视网膜扫描： 看着你的网络摄像头并点击

对于阻止机器人非常好，但在技术上过于困难，而且实现成本太高。

输入这里显示的字母： _____ **kdyqmc**

简单而有效，大多数机器人不会聪明到能够解析算术表达式的地步，希望大多数人都会做这样的算术运算！

7 + 5的结果是什么？ ____

这是什么动物？ _____

看上去似乎很有效，机器人解释图像的内容会有困难。不过这需要一个数据库维护图像和相应答案。

还记得Fang吧，本书前面被外星人劫持的那只狗？

这是对前一个通行短语检验的很好的改进，这里用一些直线和点对字母进行模糊处理，来迷惑带OCR的机器人。

输入这里显示的字母： _____ **kdyqmc**

没有视网膜扫描那么麻烦，但是仍然需要一些特殊的硬件和软件。

指纹扫描： 按下你的大拇指并点击

可以利用自动化打败自动化

要检验一个表单所面对的是一个真正的人，这种测试称为CAPTCHA，这代表"完全自动化公共图灵测试以区分计算机和人类"（Completely Automated Public Turing Test to Tell Computers and Humans Apart）。这个提法很罗嗦，就是指理想情况下只有人类能通过的所有表单"测试"。已经设计出很多有意思的CAPTCHA，不过其中最有效的方法是生成一个要求用户输入的随机通行短语。为了防止更狡诈的机器人（支持光学字符识别（OCR））破解系统，通行短语字母必须变形，或者用随机的直线和点进行部分模糊处理。

CAPTCHA是使用某种测试保护网站避免遭到自动化机器人攻击的一个程序。

由于通行短语中的字母是随机生成的，每次显示表单时短语都不相同。

输入这里显示的字母： [　　　　　　　] **dpmyta**

使用常规的文本域，允许用户输入CAPTCHA通行短语。

随机的直线和点有助于模糊文本，从而足以阻止光学字符识别，但人类仍能识别。

CAPTCHA表单域与所有其他表单域基本相同，只不过它的目的就是防止表单提交，除非已经成功地完成了CAPTCHA测试。其他表单域通常会在提交时向服务器传递数据，与之不同，CAPTCHA域会得到检验，并用来控制提交过程。

由于垃圾邮件机器人无法识别出通行短语，它所能做的只有瞎猜。

失败！

输入这里显示的字母： [qwerty?　　　] **owdysq**

成功地识别出通行短语对于真正的人来说很容易。

通过！

输入这里显示的字母： [owdysq　　　] **owdysq**

CAPTCHA通行短语在表单上要显示为一个图像而不只是文本，这很重要；否则，机器人识别文本会非常轻松。

问： 显示狗的那个图像CAPTCHA相当酷。可以用这个图像CAPTCHA而不是通行短语CAPTCHA吗？

答： 当然可以。只是要记住，你还需要维护一个包含图像以及相关描述的数据库，因为对于所有成功的CAPTCHA，关键之一就是变化性。好的CAPTCHA应当有一个足够深的内容存储库，使表单很少会将相同的测试显示两次。这正是通行短语CAPTCHA的好处：由于通行短语由随机的字母生成，所以对于任何给定用户，完全相同的测试出现两次的可能性不大，即使是多次反复尝试。

问： CAPTCHA对视力残障人士会有什么影响？如果他们无法通过视觉CAPTCHA测试怎么办？

答： 视觉CAPTCHA对于视力残障用户来说不是最好的解决方案。理想的CAPTCHA解决方案可能还需要一个声音CAPTCHA作为视觉CAPTCHA的候选。例如，可以有一个声音CAPTCHA，会大声读出一系列数字，在此之后用户必须输入这些数据来通过测试。不过也存在同样的问题，一些狡诈的机器人可能会使用语音识别来破解这种CAPTCHA，正是因为这个原因，一些声音CAPTCHA会使用高度变形的声音，听起来有些尖锐。声音CAPTCHA在技术上与图像CAPTCHA很类似，因为它们也需要一个

数据库维护音频片段和相应的回答。有一些服务提供了灵活的CAPTCHA，可以同时利用图像和声音CAPTCHA，如www.captcha.net。这些服务很棒，它们提供了最新的CAPTCHA技术，不过通常不能像专门为web应用量身定做的定制CAPTCHA那样无缝地集成。

问： 不过，还有一些人视力不好，而且听力也有问题。他们该怎么办？

答： CAPTCHA一方面会阻止垃圾邮件机器人而得到一些好处，另一方面也可能导致风险，会对一些用户不友好，总的说来，CAPTCHA会在这二者之间做出权衡。与病毒和反病毒软件类似，垃圾邮件机器人和CAPTCHA可能会继续玩一种猫抓老鼠的游戏，还会创建新的机器人来破解某个CAPTCHA，这要求有一个更复杂的CAPTCHA，如此周而复始。会有一些用户由于无法访问某种CAPTCHA而被遗漏，以至于受到这场战火的影响。要由各个Web开发人员对机器人攻击的风险与用户无法访问受CAPTCHA保护的某些部分而可能带来的损失做出权衡。不过让人宽慰的是，要记住，大多数复杂的机器人通常会瞄向有巨大广告收入的大目标，这说明，在你的网站发展到足够大（可能招致超强机器人的攻击）之前，也许不会遇到真正难缠的机器人。

我知道了，这么说CAPTCHA通行短语必须显示为增加随机直线和点的图像。这很好，但是到底如何用PHP来创建呢？PHP只能生成HTML代码，对不对？

PHP提供了图像功能，可以动态地生成图像，然后使用HTML代码显示。

借助于一个名为GD（Graphics Draw）的图形库，PHP脚本可以采用流行的格式（如GIF、JPEG和PNG）动态生成图像，可以把图像返回到web浏览器来显示，或者也可以将图像写至服务器上的一个文件。PHP的这个功能非常重要，因为没有纯粹通过HTML在一个Web页面上"绘图"的概念。PHP可以在一个图像上完成图像处理，然后使用我们熟悉的<img>标记在页面上显示该图像，从而支持在部分页面上"绘图"。

生成CAPTCHA通行短语文本

考虑通行短语CAPTCHA的图像方面之前，需要明确如何生成这个随机的通行短语本身，首先这是一个文本字符序列。通行短语可以是任意多个字符，不过6到8个字符往往就足够了。我们可以使用一个常量表示通行短语的长度，这样一来，以后需要时就可以很容易地改变通行短语的字符个数。

```
define('CAPTCHA_NUMCHARS', 6);
```

6个字符长的CAPTCHA通行短语足以阻止机器人，同时不会惹恼人类。

$pass_phrase

那么究竟如何生成一个6个字符长的随机文本串呢？这里要引入两个内置的PHP函数：rand()和chr()。rand()函数在其两个参数指定的范围内返回一个随机数，而chr()将一个数字ASCII字符码转换为一个真正的字符。ASCII（美国信息交换标准码，American Standard Code for Information Interchange）是一个标准字符编码，其中将字符表示为数字。我们只需要范围在97～122之间的ASCII字符码，这对应于小写字母a-z。如果生成这个范围内的一个编码，共生成6次，就会得到一个由小写字母组成的6字符随机通行短语。

```
// Generate the random pass-phrase
$pass_phrase = "";
for ($i = 0; $i < CAPTCHA_NUMCHARS; $i++) {
  $pass_phrase .= chr(rand(97, 122));
}
```

对于通行短语中的每个字符分别循环一次。

一次创建一个随机字符来构造这个通行短语。

这个代码最后会放在单独的可重用脚本文件中，即captcha.php。

chr()

这个内置函数将一个数转换为与其对应的ASCII字符。举例来说，数字97就是小写字母'a'的ASCII码。所以调用chr(97)会得到一个字符'a'。

rand()

这个内置函数返回一个随机整数，可能在一个指定范围内，或者介于0到内置常量RAND_MAX（依赖于服务器）之间。要得到某个范围内的一个随机数，只需将这个范围的上下界作为两个参数传入rand()。

rand()函数返回给定范围内的一个随机整数。

可视化显示CAPTCHA图像

随机通行短语已经明确，接下来继续生成包含这个通行短语文本的图像，并利用随机的直线和点来帮助模糊文本，以防止机器人识别。不过从哪里开始呢？首先要确定CAPTCHA图像的大小。由于知道这个图像将显示在表单上的一个输入域旁边，因此最好保证它相当小。下面先考虑100×25，将这些值置于常量中，这样一来，只需在一处设置图像大小，以后如果需要可以很容易地修改。

在PHP中绘制动态图像需要使用GD库函数。

```
define('CAPTCHA_WIDTH', 100);
define('CAPTCHA_HEIGHT', 25);
```

CAPTCHA图像的大小存储在常量中，以便以后需要时更容易地调整大小。

绘制CAPTCHA图像需要调用GD库中的多个函数，所有这些函数都要处理内存中的一个图像。换句话说，要在内存中创建一个图像，然后在该图像上进行绘制，完成处理时再把它输出到浏览器以便显示。

```php
// Create the image
$img = imagecreatetruecolor(CAPTCHA_WIDTH, CAPTCHA_HEIGHT);

// Set a white background with black text and gray graphics
$bg_color = imagecolorallocate($img, 255, 255, 255);      // white
$text_color = imagecolorallocate($img, 0, 0, 0);          // black
$graphic_color = imagecolorallocate($img, 64, 64, 64);    // dark gray

// Fill the background
imagefilledrectangle($img, 0, 0, CAPTCHA_WIDTH, CAPTCHA_HEIGHT, $bg_color);

// Draw some random lines
for ($i = 0; $i < 5; $i++) {
  imageline($img, 0, rand() % CAPTCHA_HEIGHT, CAPTCHA_WIDTH,
    rand() % CAPTCHA_HEIGHT, $graphic_color);
}

// Sprinkle in some random dots
for ($i = 0; $i < 50; $i++) {
  imagesetpixel($img, rand() % CAPTCHA_WIDTH,
    rand() % CAPTCHA_HEIGHT, $graphic_color);
}

// Draw the pass-phrase string
imagettftext($img, 18, 0, 5, CAPTCHA_HEIGHT - 5, $text_color,
  'Courier New Bold.ttf', $pass_phrase);

// Output the image as a PNG using a header
header("Content-type: image/png");
imagepng($img);
```

这个代码创建颜色，供其他GD函数使用。

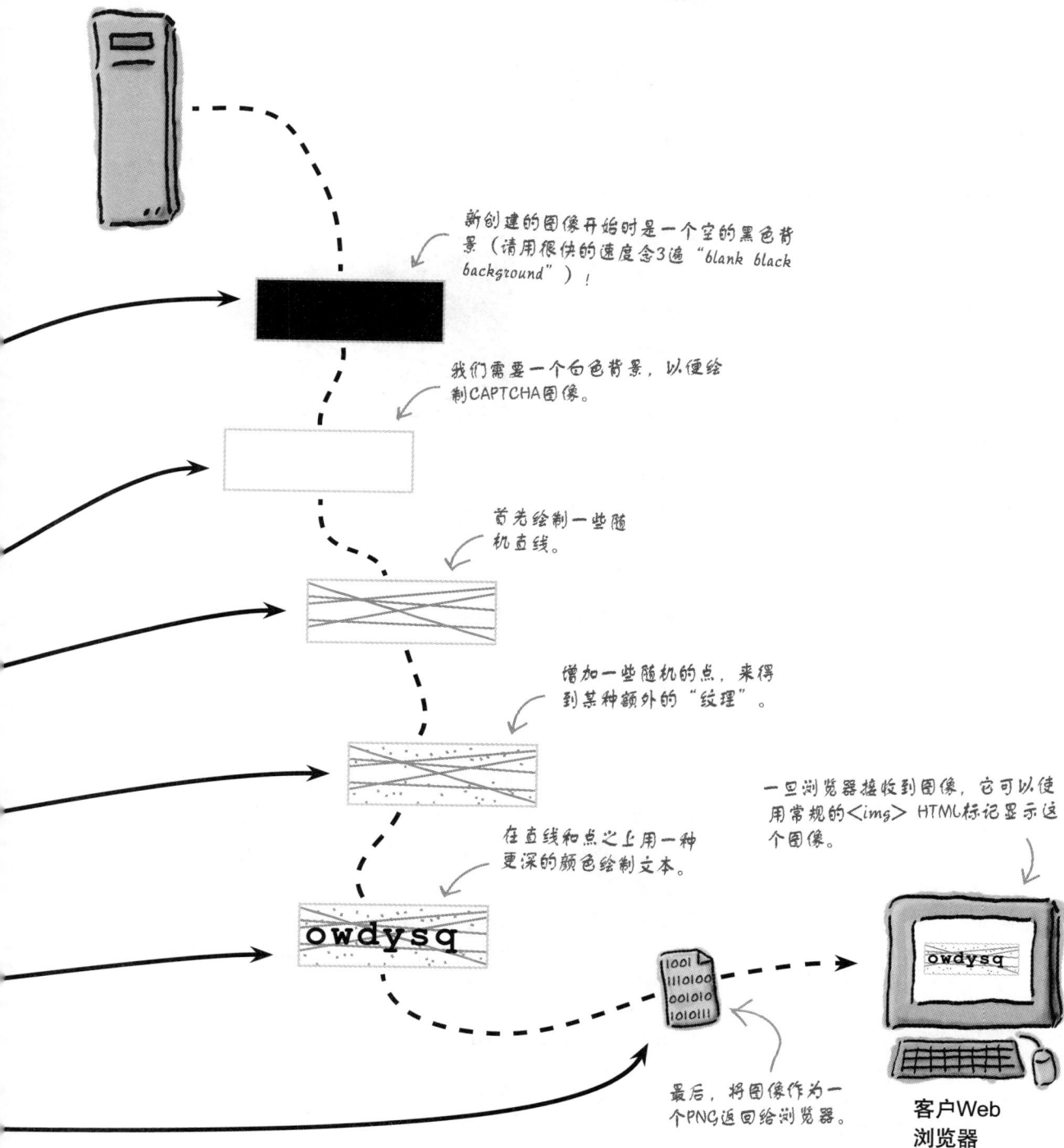

Web服务器

新创建的图像开始时是一个空的黑色背景(请用很快的速度念3遍"blank black background")!

我们需要一个白色背景,以便绘制CAPTCHA图像。

首先绘制一些随机直线。

增加一些随机的点,来得到某种额外的"纹理"。

一旦浏览器接收到图像,它可以使用常规的<img>HTML标记显示这个图像。

在直线和点之上用一种更深的颜色绘制文本。

owdysq

最后,将图像作为一个PNG返回给浏览器。

客户Web浏览器

GD图像函数

创建CAPTCHA图像的魔法是GD图形库的杰作，前面已经了解到这个库提供了一些函数，可以使用PHP代码在一个图像上动态地绘制图形。下面更详细地分析与生成CAPTCHA图像有关的一些函数。

imagecreatetruecolor()

这个函数在内存中创建一个空图像，准备由其他GD函数在它之上进行绘制。imagecreatetruecolor()有两个参数，分别是图像的宽度和高度。图像最初是纯黑的，所以在具体进行绘制之前通常会用一种背景颜色来填充，如白色。为此可以调用imagefilledrectangle()函数。imagecreatetruecolor()的返回值是一个图像标识符，这要作为大多数GD函数的第一个参数，来标识所绘制的图像。

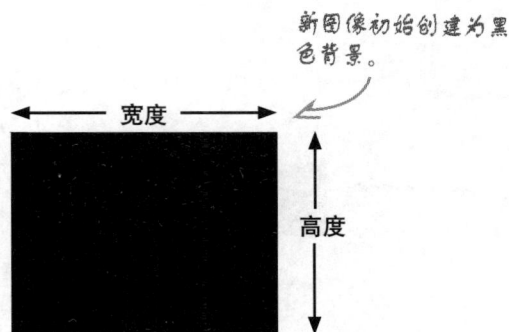

新图像初始创建为黑色背景。

宽度

高度

这个函数返回一个图像标识符，其他绘制函数都需要这个标识符才能具体在图像上完成绘制。

新图像的宽度（以像素为单位）。

图像的高度。

```
$img = imagecreatetruecolor(CAPTCHA_WIDTH, CAPTCHA_HEIGHT);
```

基于我们设置的常量，这个代码会创建一个大小为100×25的图像。

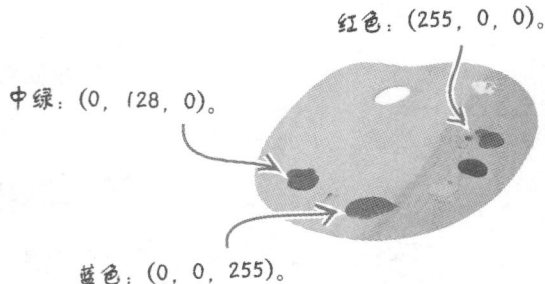

imagecolorallocate()

可以使用这个函数分配一个颜色，以便在其他绘制函数中使用。第一个参数是图像资源标识符，后面3个参数分别表示RGB（红－绿－蓝）颜色值的3个数值分量。每个值都在0～255的范围内。返回值是一个颜色标识符，可以在其他绘制函数中用于指定一种颜色，通常会作为最后一个参数。

红色：(255, 0, 0)。

中绿：(0, 128, 0)。

蓝色：(0, 0, 255)。

```
$text_color = imagecolorallocate($img, 0, 0, 0);
```

返回值是一个颜色标识符，可以在其他绘制函数中用来控制所使用的颜色，如CAPTCHAR文本的颜色。

使用这个颜色的图像（标识符）。

颜色的红、绿、蓝分量，这里为黑色。

imagesetpixel()

这个函数在图像中一个指定的坐标上绘制一个
像素。坐标从图像左上角的0,0开始，向右向
下递增。类似于大多数GD函数，像素会使用
作为函数最后一个参数传入的颜色来绘制。

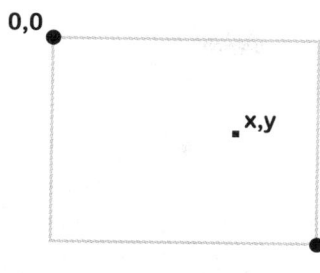

0,0

.x,y

大多数GD函数调用的坐标系都
从图像的左上角开始，向右向
下递增。

宽度,高度

```
imagesetpixel($img, rand() % CAPTCHA_WIDTH, rand() % CAPTCHA_HEIGHT, $graphic_color);
```

要绘制这个像素的
图像（标识符）。

像素相对于图像左上角的XY坐标，在这里
会得到CAPTCHA图像中的一个随机位置。

像素的颜色（标识符）。

imageline()

调用这个函数在两个坐标(x1,y1 和 x2,y2)之间画一条直线。坐标是相对于
图像左上角指定的，直线采用作为函数最后一个参数传入的颜色来绘制。

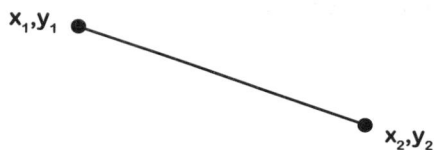

x_1,y_1

x_2,y_2

```
imageline($img, 0, rand() % CAPTCHA_HEIGHT,
    CAPTCHA_WIDTH, rand() % CAPTCHA_HEIGHT, $graphic_color);
```

直线起始点的XY坐标，在这里这个点位于
CAPTCHA图像的左边界上。

直线终点的XY坐标，在这里这个点位于
CAPTCHA图像的右边界。

imagerectangle()

用某种指定的颜色从一个点(x_1,y_1)开始到另一个点(x_2,y_2)结束
绘制一个矩形。这两个点和绘制颜色分别作为函数的第2到第6
个参数提供，第一个参数是图像标识符。

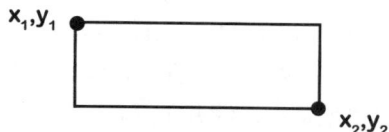

x_1,y_1

x_2,y_2

imagefilledrectangle()

与imagerectangle()类似，这个函数绘制
一个矩形，内部用指定的颜色填充。

x_1,y_1

imagerectangle()函数与
imagefilledrectangle()的参数完
全相同。

x_2,y_2

```
imagefilledrectangle($img, 0, 0, CAPTCHA_WIDTH, CAPTCHA_HEIGHT, $bg_color);
```

起点和终点的XY坐标，在这里会
填充整个CAPTCHA图像。

GD图像函数（续）……

imageellipse()

这个函数用于绘制圆和椭圆，接受一个中心点和一个宽度和高度作为参数。圆就是宽度和高度相等的椭圆。椭圆/圆的颜色作为函数的最后一个参数传入。

宽度

x,y ●

高度

imagefilledellipse()

是不是需要一个填充的椭圆？只需调用 imagefilledellipse()，其做法与 imageellipse() 相同，只不过指定的颜色用于填充椭圆而不只是画出它的轮廓。

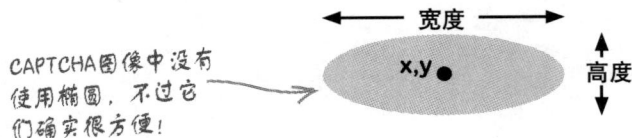

CAPTCHA图像中没有使用椭圆，不过它们确实很方便！

宽度

x,y ●

高度

```
imagefilledellipse($img, 0, 0, 320, 240, $color);
```

imageellipse()和imagefilledellipse() 有同样的参数。

椭圆的宽度和高度，将二者设置为相等就可以绘制一个圆。

椭圆中心点的XY坐标。

imagepng()

完成图像的绘制时，可以调用这个函数把它直接输出到客户Web浏览器，或者输出到服务器上的一个文件。不论何种方式，最终结果都是一个图像，可以利用HTML `<img>`标记在一个Web页面上显示。如果选择直接在内存中生成PNG图像（也就是说，没有文件名），那么还必须调用header()函数通过一个首部把它传送到浏览器。

图像可以直接输出到浏览器，或者输出到服务器上的一个图像文件。

owdysq

其他绘制函数中使用的图像标识符。

myimage.png

```
imagepng($img);
```

这个函数根据图像是否成功创建返回true或false。

可以传递一个文件名作为第二个参数（可选），如果没有这个参数，函数会在内存中生成一个图像，通过一个首部传回浏览器。

完成图像的处理后最好清理图像，这样可以保证服务器不会浪费资源。

imagedestroy()

使用GD库处理图像需要占用系统资源，这个函数负责在你处理完图像后进行清理。只需在用imagepng()输出图像之后调用这个函数来完成清理。

与imagepng()类似，这个函数在成功时返回true，否则返回false。

```
imagedestroy($img);
```

想要撤销的图像（标识符）。

一定要保证对于所创建的每一个图像都有这样一个调用，确保撤销所有图像。

一旦输出了图像，一定要用imagedestroy()释放内存中的图像。

imagestring()

这个函数采用指定的颜色使用PHP的内置字体绘制一个文本串。除了图像资源标识符，还要为这个函数传入字体的大小，这是一个介于1到5的数字，另外要提供串左上角的坐标以及串本身，最后还要提供颜色。

这是1~5范围内的一个数，设置绘制文本串的字体大小。5代表最大字体。

x,y Sample text

内置字体对于基本文本绘制来说已经足够，不过其大小存在限制。

串的字体大小，范围在1到5以内。

```
imagestring($img, 3, 75, 75, 'Sample text', $color);
```

串左上角的XY坐标。

这是要绘制的文本串。

文本的颜色。

用imagestringup()绘制的文本会逆时针旋转90度垂直显示。

Sample text
x,y

imagestringup()

与imagestring()类似，这个函数使用内置字体绘制一个文本串，不过它会垂直地绘制文本，就好像逆时针旋转了90度。调用这个函数时与imagestring()有完全相同的参数。

利用某个字体绘制文本

imagestring()函数很容易用来绘制文本，不过对于文本的外观控制很有限。要得到某种特定的外观，需要使用你自己的一种TrueType字体。对此，CAPTCHA通行短语图像就是一个很好的例子，因为字符必须绘制得相当大，而且最好采用一种粗体字体来绘制。要得到这样一种定制外观，还需要最后一个GD图像函数的帮助，它会使用服务器上你提供的一种TrueType字体来绘制文本。

imagettftext()

要绘制真正定制的文本，需要在你的Web服务器上放置一个TrueType字体文件，然后调用这个函数。不仅可以使用你选择的任何字体，而且你还享有充分的灵活性，可以选择任何字体大小，甚至可以选择绘制文本的角度。不同于imagestring()，传入这个函数的坐标指定了文本第一个字符的"基点"，大致在第一个字符的左下角。

这个函数要求必须在服务器上放置一个TrueType字体文件，然后指定这个文件作为最后一个参数。TrueType字体文件的扩展名通常是.ttf。

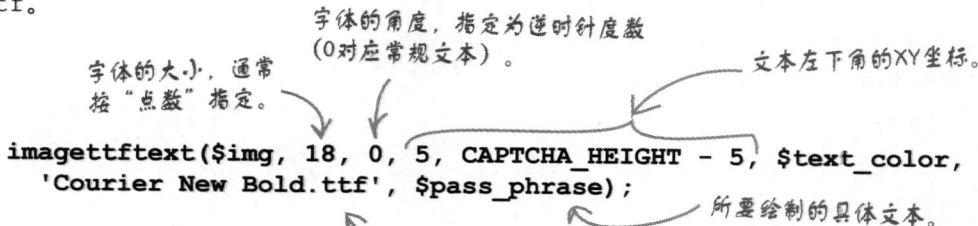

高度定制的文本绘制要求使用一个TrueType字体和imagettftext()函数。

x,y ● Sample text

不同于imagestring()，利用imagettftext()绘制文本所用的坐标位于文本的左下角。

字体的大小，通常按"点数"指定。

字体的角度，指定为逆时针度数（0对应常规文本）。

文本左下角的XY坐标。

```
imagettftext($img, 18, 0, 5, CAPTCHA_HEIGHT - 5, $text_color,
    'Courier New Bold.ttf', $pass_phrase);
```

所要绘制的具体文本。

必须将TrueType字体文件放置在你的Web服务器上，以便GD图形库找到它。

Courier New Bold.ttf

Geek Bits

如果希望创建你自己的TrueType字体，进一步定制你的CAPTCHA，可以查看*www.fontstruct.com*。这是一个在线字体构建社区网站，包含一个基于Web的工具来创建定制字体。

可以使用imagettftext()函数利用你自己的TrueType字体绘制高度定制的文本。

绘制

imagecolorallocate($img, 128, 128, 128);

将PHP图像绘制代码的各个部分与它生成的图形图像配对。假设
图像 ($img) 和颜色 ($black_color、$white_color和
$gray_color) 已经创建。

imagecolorallocate($img, 0, 0, 0);*   *imagecolorallocate($img, 255, 255, 255);

```
imagefilledrectangle($img, 10, 10, 90, 90, $gray_color);
imagefilledellipse($img, 50, 50, 60, 60, $white_color);
imagefilledrectangle($img, 40, 40, 60, 60, $black_color);
```

```
imageline($img, 15, 15, 50, 50, $black_color);
imageline($img, 15, 85, 50, 50, $black_color);
imageline($img, 50, 50, 85, 50, $black_color);
imagefilledellipse($img, 15, 15, 20, 20, $gray_color);
imagefilledellipse($img, 15, 85, 20, 20, $gray_color);
imagefilledellipse($img, 50, 50, 20, 20, $gray_color);
imagefilledellipse($img, 85, 50, 20, 20, $gray_color);
```

```
imagefilledrectangle($img, 10, 10, 90, 60, $gray_color);
imagesetpixel($img, 30, 25, $black_color);
imagesetpixel($img, 70, 25, $black_color);
imageline($img, 35, 45, 65, 45, $black_color);
imagefilledrectangle($img, 45, 50, 55, 90, $gray_color);
```

```
imageellipse($img, 45, 45, 70, 70, $black_color);
imagefilledellipse($img, 75, 75, 30, 30, $gray_color);
imagesetpixel($img, 10, 10, $black_color);
imagesetpixel($img, 80, 15, $black_color);
imagesetpixel($img, 20, 15, $black_color);
imagesetpixel($img, 90, 60, $black_color);
imagesetpixel($img, 20, 80, $black_color);
imagesetpixel($img, 45, 90, $black_color);
```

```
imagefilledrectangle($img, 25, 35, 75, 90, $black_color);
imageline($img, 10, 50, 50, 10, $black_color);
imageline($img, 50, 10, 90, 50, $black_color);
imagefilledrectangle($img, 45, 65, 55, 90, $white_color);
imageline($img, 0, 90, 100, 90, $black_color);
```

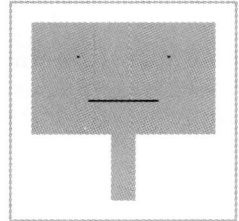

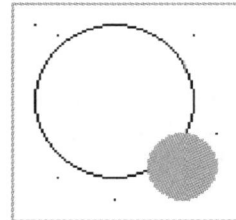

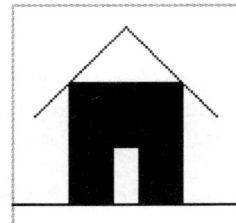

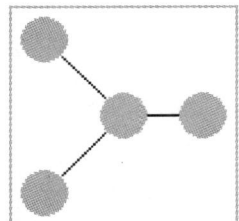

WHO 绘制 DOES WHAT? 答案

将PHP图像绘制代码的各个部分与它生成的图形图像配对。假设图像（$img）和颜色（$black_color、$white_color和$gray_color）已经创建。

我是一个类人机器人，而不是一般的机器人。

```
imagefilledrectangle($img, 10, 10, 90, 90, $gray_color);
imagefilledellipse($img, 50, 50, 60, 60, $white_color);
imagefilledrectangle($img, 40, 40, 60, 60, $black_color);
```

```
imageline($img, 15, 15, 50, 50, $black_color);
imageline($img, 15, 85, 50, 50, $black_color);
imageline($img, 50, 50, 85, 50, $black_color);
imagefilledellipse($img, 15, 15, 20, 20, $gray_color);
imagefilledellipse($img, 15, 85, 20, 20, $gray_color);
imagefilledellipse($img, 50, 50, 20, 20, $gray_color);
imagefilledellipse($img, 85, 50, 20, 20, $gray_color);
```

```
imagefilledrectangle($img, 10, 10, 90, 60, $gray_color);
imagesetpixel($img, 30, 25, $black_color);
imagesetpixel($img, 70, 25, $black_color);
imageline($img, 35, 45, 65, 45, $black_color);
imagefilledrectangle($img, 45, 50, 55, 90, $gray_color);
```

```
imageellipse($img, 45, 45, 70, 70, $black_color);
imagefilledellipse($img, 75, 75, 30, 30, $gray_color);
imagesetpixel($img, 10, 10, $black_color);
imagesetpixel($img, 80, 15, $black_color);
imagesetpixel($img, 20, 15, $black_color);
imagesetpixel($img, 90, 60, $black_color);
imagesetpixel($img, 20, 80, $black_color);
imagesetpixel($img, 45, 90, $black_color);
```

```
imagefilledrectangle($img, 25, 35, 75, 90, $black_color);
imageline($img, 10, 50, 50, 10, $black_color);
imageline($img, 50, 10, 90, 50, $black_color);
imagefilledrectangle($img, 45, 65, 55, 90, $white_color);
imageline($img, 0, 90, 100, 90, $black_color);
```

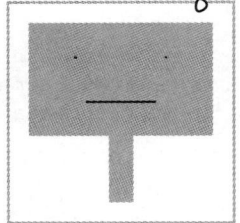

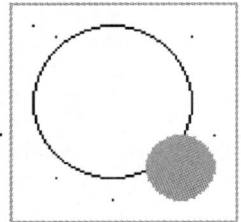

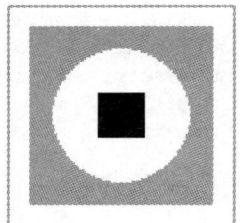

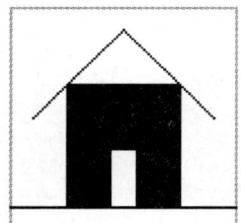

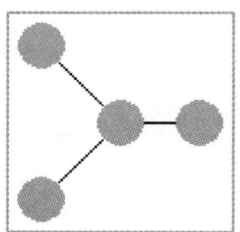

生成一个随机CAPTCHA图像

把所有CAPTCHA代码集成起来，可以得到一个全新的captcha.php脚本，它负责生成一个随机通行短语，然后向浏览器返回一个PNG图像。

> captcha.php脚本是旬包含的，可以在你的浏览器中打开这个脚本，查看它生成的图像。

```php
<?php
session_start();

// Set some important CAPTCHA constants
define('CAPTCHA_NUMCHARS', 6); // number of characters in pass-phrase
define('CAPTCHA_WIDTH', 100);  // width of image
define('CAPTCHA_HEIGHT', 25);  // height of image

// Generate the random pass-phrase
$pass_phrase = "";
for ($i = 0; $i < CAPTCHA_NUMCHARS; $i++) {
  $pass_phrase .= chr(rand(97, 122));
}

// Store the encrypted pass-phrase in a session variable
$_SESSION['pass_phrase'] = sha1($pass_phrase);

// Create the image
$img = imagecreatetruecolor(CAPTCHA_WIDTH, CAPTCHA_HEIGHT);

// Set a white background with black text and gray graphics
$bg_color = imagecolorallocate($img, 255, 255, 255);   // white
$text_color = imagecolorallocate($img, 0, 0, 0);       // black
$graphic_color = imagecolorallocate($img, 64, 64, 64); // dark gray

// Fill the background
imagefilledrectangle($img, 0, 0, CAPTCHA_WIDTH, CAPTCHA_HEIGHT, $bg_color);

// Draw some random lines
for ($i = 0; $i < 5; $i++) {
  imageline($img, 0, rand() % CAPTCHA_HEIGHT, CAPTCHA_WIDTH, rand() % CAPTCHA_HEIGHT, $graphic_color);
}

// Sprinkle in some random dots
for ($i = 0; $i < 50; $i++) {
  imagesetpixel($img, rand() % CAPTCHA_WIDTH, rand() % CAPTCHA_HEIGHT, $graphic_color);
}

// Draw the pass-phrase string
imagettftext($img, 18, 0, 5, CAPTCHA_HEIGHT - 5, $text_color, "Courier New Bold.ttf", $pass_phrase);
// Output the image as a PNG using a header
header("Content-type: image/png");
imagepng($img);

// Clean up
imagedestroy($img);
?>
```

> 创建常量来保存CAPTCHA中的字符数，以及CAPTCHA图像的宽度和高度。

> 尽管可以在数据库中存储加密的通行短语，不过更简单的做法是把它放在一个会话变量中。我们必须存储这个通行短语，以便Add Score脚本访问。

> PNG图像具体通过一个首部传送到浏览器。

> 根据所绘制的内容生成一个PNG图像。

> 有些版本的GD图形库要求提供字体文件的相对路径，如"./Courier New Bold.ttf"。

> 完成处理后要从内存撤销图像（这不会影响它通过首部发送到浏览器）。

captcha.php

运行测试

创建并测试CAPTCHA脚本。

创建一个名为`captcha.php`的新文本文件，输入上一页CAPTCHA脚本的代码（或者从Head First Labs网站（`www.headfirstlabs.com/books/hfphp`）下载这个脚本）。

将脚本上传到你的Web服务器，并在一个web浏览器中打开。你会立即在浏览器中看到包含随机通行短语的CAPTCHA图像。要生成一个新的随机通行短语，只需刷新浏览器。

生成的每个CAPTCHA图像包含6个随机字符，并增加了一些额外的直线和点作为"背景噪声"。

○○○ captcha.php.png 100×25 pixels
gspege

○○○ captcha.php.png 100×25 pixels
sdorbp

○○○ captcha.php.png 100×25 pixels
spetno

○○○ captcha.php.png 100×25 pixels
yvkqcl

○○○ captcha.php.png 100×25 pixels
mhyxqj

刷新CAPTCHA脚本会导致生成一个新的随机通行短语图像。

这些机器人简直让人受不了了！我现在就需要帮助来阻止它们！

使Guitar Wars恢复安宁

既然已经有了一些GD函数和一个CAPTCHA图像，现在就来使用这个CAPTCHA图像解救Guitar Wars仲裁者，使他免受垃圾邮件机器人的攻击。要利用通行短语CAPTCHA解决机器人问题，实际上有多个步骤。好在我们已经完成了其中的两步：生成随机通行短语和绘制CAPTCHA图像。下面来解决剩下的两步，让Guitar Wars真正免受机器人骚扰！

Guitar Wars仲裁者实在太疲惫了，他一直在驱赶那些虚拟机器人。他现在就需要一个解决方案！

已经完成！
❶ ~~生成一个随机通行短语。~~

绘制完成！
❷ ~~使用通行短语绘制一个CAPTCHA图像。~~

❸ 在Guitar Wars Add Score表单上显示CAPTCHA图像，提示用户输入通行短语。

❹ 根据用户的输入验证通行短语。

Exercise

完成Guitar Wars Add Score CAPTCHA的第3步，编写HTML代码来建立一个新的Verification文本输入表单域，提示用户输入CAPTCHA通行短语。要有一个标签，后面是一个`<img>`标记，显示`captcha.php`脚本所生成的CAPTCHA图像。

....

....

....

Exercise Solution

完成Guitar Wars Add Score CAPTCHA的第3步，编写HTML代码来建立一个新的 Verification文本输入表单域，提示用户输入CAPTCHA通行短语。要有一个标签，后面 是一个<img>标记，显示captcha.php脚本所生成的CAPTCHA图像。

使用一个<label>标记给出新的
Verification文本域的标签。

用户要在这个文本域
中输入CAPTCHA图像中
显示的通行短语。

```
<label for="verify">Verification: </label>
<input type="text" id="verify" name="verify" value="Enter the pass-phrase." />
<img src="captcha.php" alt="Verification pass-phrase" />
```

图像的"源"是动态生成CAPTCHA图
像的PHP脚本的名字。这是可行的，因
为captcha.php脚本会通过imagepng()和
一个首部直接向浏览器返回一个图像。

CAPTCHA图像显
示在表单上验证
文本输入域旁边。

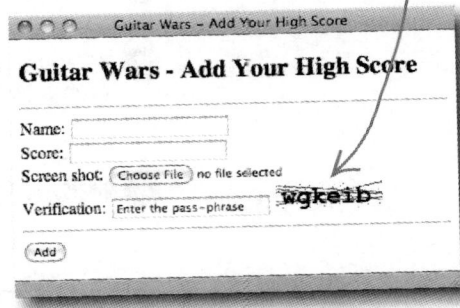

Guitar Wars - Add Your High Score

Name:

Score:

Screen shot: (Choose File) no file selected

Verification: Enter the pass-phrase   **wgkeib**

(Add)

完成！只剩下一步了。

3 在Guitar Wars Add Score表单上显示CAPTCHA图像，并提示
用户输入通行短语。

向Add Score脚本增加CAPTCHA

在客户端，addscore.php脚本包含有新的Verification文本域，旁边
是CAPTCHA图像。不过，最重要的改变是Add Score脚本中新增的if
语句（第4步），来检查以确保用户输入的通行短语与CAPTCHA通行
短语匹配。

```php
<?php
 session_start();
?>

<html>
<head>
 <title>Guitar Wars - Add Your High Score</title>
 <link rel="stylesheet" type="text/css" href="style.css" />
</head>
<body>
 <h2>Guitar Wars - Add Your High Score</h2>

<?php
 require_once('appvars.php');
 require_once('connectvars.php');

 if (isset($_POST['submit'])) {
 // Connect to the database
 $dbc = mysqli_connect(DB_HOST, DB_USER, DB_PASSWORD, DB_NAME);

 // Grab the score data from the POST
 $name = mysqli_real_escape_string($dbc, trim($_POST['name']));
 $score = mysqli_real_escape_string($dbc, trim($_POST['score']));
 $screenshot = mysqli_real_escape_string($dbc, trim($_FILES['screenshot']['name']));
 $screenshot_type = $_FILES['screenshot']['type'];
 $screenshot_size = $_FILES['screenshot']['size'];

 // Check the CAPTCHA pass-phrase for verification
 $user_pass_phrase = sha1($_POST['verify']);
 if ($_SESSION['pass_phrase'] == $user_pass_phrase) {
 ......
 else {
 echo '<p class="error">Please enter the verification pass-phrase exactly as shown.</p>';
 }
 }
?>

 <hr />
 <form enctype="multipart/form-data" method="post" action="<?php echo $_SERVER['PHP_SELF']; ?>">
  <input type="hidden" name="MAX_FILE_SIZE" value="<?php echo GW_MAXFILESIZE; ?>" />
  <label for="name">Name: </label>
  <input type="text" id="name" name="name" value="<?php if (!empty($name)) echo $name; ?>" /><br />
  <label for="score">Score: </label>
  <input type="text" id="score" name="score" value="<?php if (!empty($score)) echo $score; ?>" /><br />
  <label for="screenshot">Screen shot: </label>
  <input type="file" id="screenshot" name="screenshot" /><br />
  <label for="verify">Verification: </label>
  <input type="text" id="verify" name="verify" value="Enter the pass-phrase." />
  <img src="captcha.php" alt="Verification pass-phrase" />
  <hr />
  <input type="submit" value="Add" name="submit" />
 </form>
</body>
</html>
```

④ 检查以确保用户
输入了正确的
CAPTCHA通行
短语。

大功告成！

在这里从一个会话变量读取加密
的通行短语，查看用户是否正确
地输入了通行短语。

第3步中在这里将CAPTCHA脚本"关联"
到的Add Score脚本，从而在页面上显
示CAPTCHA图像。

addscore.php

运行测试

修改Add Score脚本来支持CAPTCHA。

修改`addscore.php`脚本，使之包含一个新的Verification表单域，另外使用`captcha.php`脚本显示一个CAPTCHA图像。还要增加必要的代码，从而在增加一个分数之前检查用户是否输入了正确的通行短语。

将这两个脚本上传到你的Web服务器，然后在一个Web浏览器中打开`addscore.php`。尝试没有输入CAPTCHA通行短语时增加新分数。再输入CAPTCHA图像中显示的通行短语，之后再次尝试增加分数。

> 哈，作为一个真正的人真好。

借助于我们自己的一点点自动化，人类仲裁者终于得到了安宁！

一个不断变化的CAPTCHA通行短语使自动化机器人很难向Guitar Wars表单注入垃圾。

there are no
Dumb Questions

问： 我可以使用GD函数创建PNG以外的其他格式的图像吗？

答： 可以，`imagegif()`和`imagejpeg()`函数的工作非常类似于`imagepng()`，不过它们会分别创建GIF和JPEG图像。

问： 图像创建函数能创建有透明度的图像吗？

答： 可以！有一个名为`imagecolortransparent()`的函数，可以设置一个颜色作为图像中的一个透明色。这必须是使用`imagecolorallocate()`函数创建的颜色。设置这种颜色为透明后，图像中用这种颜色绘制的所有内容都将认为是透明的。要生成有透明度的图像，只能调用`imagegif()`或`imagepng()`，而不能使用`imagejpeg()`，因为JPEG图像不支持透明度。

问： 使用`imagepng()`直接向客户浏览器输出一个PNG图像时，图像的.png文件存储在哪里，文件名是什么？

答： 根本没有这个图像的.png文件，原因是图像并不存储在一个文件中。实际上，`imagepng()`函数会在服务器的内存中生成一个二进制PNG图像，然后把它直接通过一个首部传送到浏览器。由于图像数据创建后直接发送到浏览器，所以没有必要把它存储在一个图像文件中。

问： 是不是就因为这个原因可以把CAPTCHA脚本名直接放在`<img>`标记的`src`属性中？

答： 正是如此。类似Guitar Wars中captcha.php脚本的做法，在`<img>`标记的src属性中引用一个PHP脚本时，会由脚本直接传送图像。这不同于`<img>`标记的常规做法（即在src属性中指定一个图像文件名）。由于脚本会通过一个首部（利用`imagepng()`函数）将图像直接传送到浏览器，所以不存在任何文件。而且浏览器知道要把来自首部的图像连接到`<img>`标记，因为src属性中指定了脚本。

通行短语……
通行短语……
无法计算！

错误！
通行短语未知。

通行-什么？

BULLET POINTS

- 所有Web表单都存在风险，可能受到垃圾邮件机器人的攻击，不过所有垃圾邮件机器人都能被聪明的PHP程序员使用诸如CAPTCHA等技术拒之门外。

- GD是一个标准PHP图形库，允许动态地创建图像，然后在图像上绘制各种不同的图形和文本。

- `createtruecolorimage()` GD函数用于创建一个空图像来完成绘制。

- 要把一个PNG图像输出以浏览器，或者输出到服务器上的一个文件，可以调用`imagepng()` GD函数。

- 完成图像的处理后，要调用`imagedestroy()`进行清理。

5级对立性

由于Mismatch是一个已注册用户（真正的人！）的社区网站，因此不存在垃圾邮件机器人攻击的问题。不过，用户希望从网站的互补配对特性了解更多，主要是关于他们一直听说的"5级对立性"。Mismatch用户不只是希望得到理想配对的主题列表，他们还希望能通过某种可视化环境来了解这些主题在"互补配对性"各个主要类别中的分布情况。

Mismatch的"5级对立性"需要根据类别来度量互补配对主题。

我看到一大堆主题，但是不清楚我们在不同类别上的互补配对程度。我是受"5级对立性"吸引而来，但是我甚至看不出这与我的互补配对有什么关系。到底怎么回事？

Belita是一个强调直观的人，希望不只是看到她的理想配对的一个主题列表。

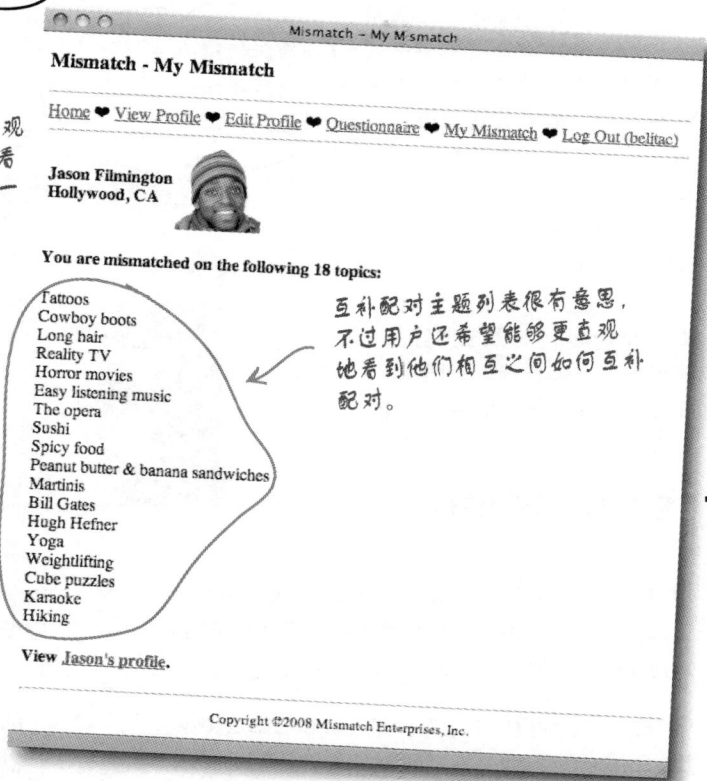

Mismatch - My Mismatch

Home ♥ View Profile ♥ Edit Profile ♥ Questionnaire ♥ My Mismatch ♥ Log Out (belitac)

Jason Filmington
Hollywood, CA

You are mismatched on the following 18 topics:

Tattoos
Cowboy boots
Long hair
Reality TV
Horror movies
Easy listening music
The opera
Sushi
Spicy food
Peanut butter & banana sandwiches
Martinis
Bill Gates
Hugh Hefner
Yoga
Weightlifting
Cube puzzles
Karaoke
Hiking

View Jason's profile.

互补配对主题列表很有意思，不过用户还希望能够更直观地看到他们相互之间如何互补配对。

Copyright ©2008 Mismatch Enterprises, Inc.

建立互补配对性图表

如果还记得，Mismatch包括一个分类别的问卷，用户可以对大量主题选择 Love或Hate。要由这些响应来确定一个理想配对的主题。为一个用户提供理想配对时，My Mismatch脚本会显示一个互补配对主题列表，这是从Mismatch 数据库构建的一个数组。不过用户现在不只是想得到一个主题列表……他们还希望得到"互补配对性"的一个可视化分类明细图表，比如说是不是可以采用直方图的形式？

Exercise

为Mismatch数据绘制一个直方图，直观地显示 Belita和Jason "5级对立性"。并标注直方图中的信息分别表示什么含义。

需要以某种方式将这个主题列表转换成类别的一个直方图。

Tattoos
Cowboy boots
Long hair
Reality TV
Horror movies
Easy listening music
The opera
Sushi
Spicy food
Peanut butter & banana sandwiches
Martinis
Bill Gates
Hugh Hefner
Yoga
Weightlifting
Cube puzzles
Karaoke
Hiking

Exercise
Solution

为Mismatch数据绘制一个直方图，直观地显示Belita和Jason"5级对立性"。并标注直方图中的信息分别表示什么含义。

尽管可以使用很多不同的方法可视化显示互补配对数据，直方图确实是一个不坏的选择，因为各个类别的主题数相同。

直方图的范围确定了各个直条的可取值。

范围

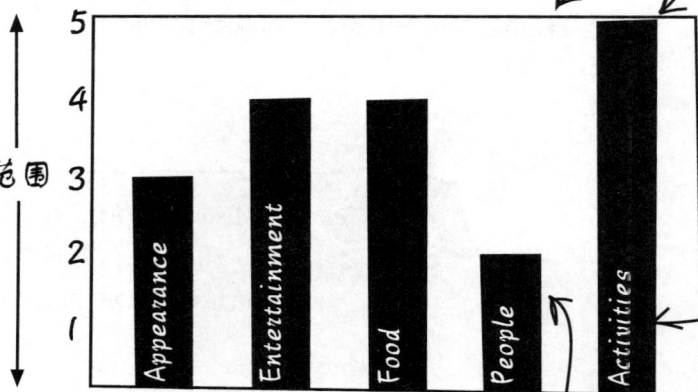

直方图中的每个直条都有一个标题和一个值，这里的值是5。

Appearance
Entertainment
Food
People
Activities

每个直条分别表示给定主题类别中的互补配对数。

直条的高度反映了对应一个标题的值大小。

存储直方图数据

实际上，直方图的底层数据可能比这些图形更为重要。了解到直方图实际上只是一组标题和值，我们可以把直方图的数据看作是一个二维数组，其中主数组存储直条，每个子数组存储对应各个直条的标题/值 对。

每个子数组存储直方图中一个给定直条的标题和值。

值 1   值 2   值 3   ······
标题 1   标题 2   标题 3   ······

```
$graph_data = array(
    array("Heading 1", $value1),
    array("Heading 2", $value2),
    array("Heading 3", $value3),
    ……);
```

主数组中的每一项对应一个直条。

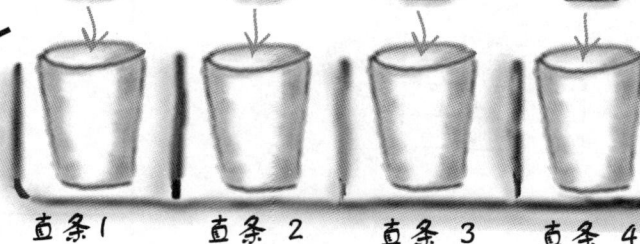

直条 1   直条 2   直条 3   直条 4

there are no
Dumb Questions

问: 直方图是不是必须填充一个二维数组数据?

答: 不,完全不是这样。不过要记住,直方图中的每个直条通常包含两部分信息:一个标题和一个值。而且每个直方图都包含多个直条,所以要存储填充直方图的数据,二维数组是一种合理而高效的方法。有一句俗语:"一叶

障目",对于这里的情况,问题应该是如何最佳地存储注入到直方图中的数据,一种可行的方案就是使用二维数组。当然,还有一个难题,就是如何具体为Mismatch的所有类别构建这个二维数组。第一步要抽出这种方案需要考虑数据库中的哪些数据。

Exercise

Mismatch应用的数据库模式如下所示。请圈出动态生成"5级对立性"直方图时需要考虑的所有数据,并标注如何使用这些数据来创建直方图。

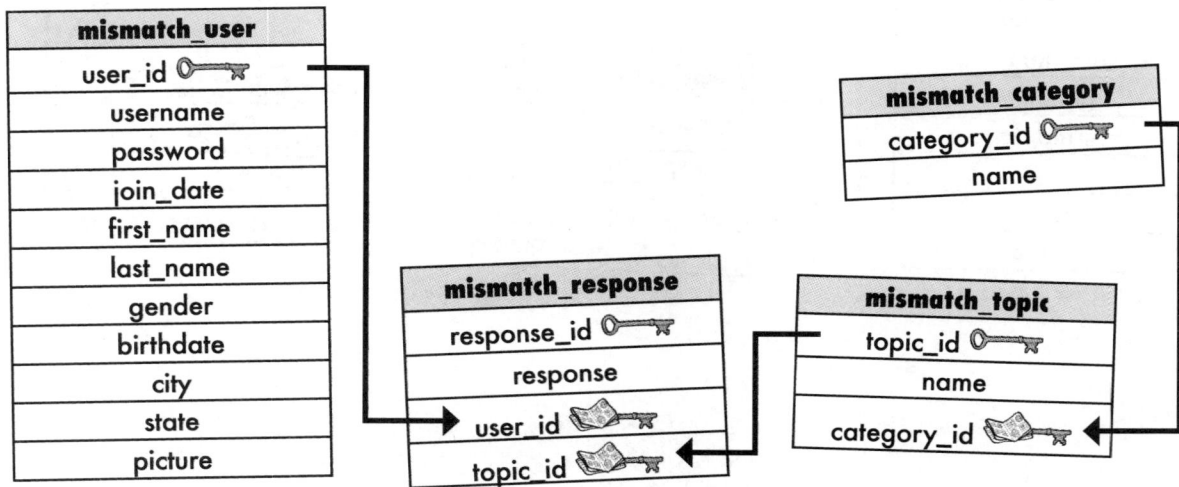

mismatch_user

user_id 🔑
username
password
join_date
first_name
last_name
gender
birthdate
city
state
picture

mismatch_category

category_id 🔑
name

mismatch_response

response_id 🔑
response
user_id 🗝
topic_id 🗝

mismatch_topic

topic_id 🔑
name
category_id 🗝

Mismatch应用的数据库模式如下所示。请圈出动态生成"5级对立性"直方图时需要考虑的所有数据，并标注如何使用这些数据来创建直方图。

*user_id*列用于查询问卷响应，从而确定一个用户的最佳配对。

*category_id*列用于将一个类别与一个主题关联，该主题则指向一个互补配对响应。类别名对于为直方图提供标题很重要。

*response_id*列用于匹配两个用户的响应，确定是否设置为相反的值，即是否是一个互补配对！

mismatch user

user_id 🔑
username
password
join_date
first_name
last_name
gender
birthdate
city
state
picture

mismatch category

category_id 🔑
name

mismatch response

response_id 🔑
response
user_id 🔑
topic_id 🔑

mismatch topic

topic_id 🔑
name
category_id 🔑

*topic_id*列用作类别和响应之间的中间人，要由此确定各个互补配对响应的相应类别。

直方图最终需要统计对应每个类别有多少个互补配对：统计数就是一个给定直条的值，类别名是直条的标题。

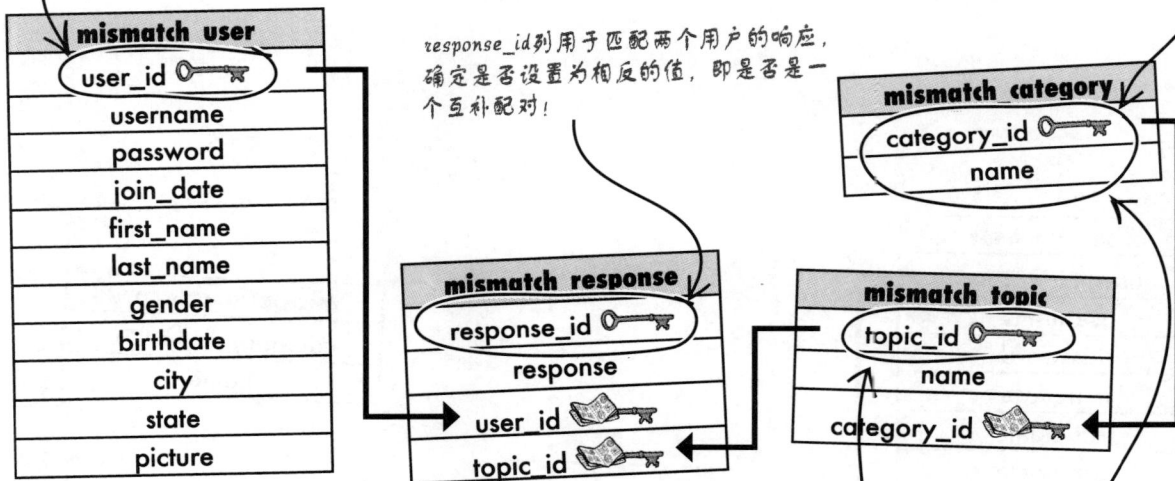

直方图隆重登场

本周访谈：
图表详解

Head First: 这么说，人们需要一些数据的可视化表示时，所请的人就是你。是吗？

直方图：不错，正是我。我对数据可视化的所有方面都很精通，特别是矩形方面。

Head First: 那么你的绘制能力主要限于矩形了？

直方图：需要说明，在这种情况下，"受限"这个词是一个褒义词。有些情况下，越简单越好，而现在就属于这种情况。看来人们喜欢考虑直条，可能因为他们经常看到用这种方式进行度量。应该知道，就像是移动电话上指示信号强度的小计量表（"你现在能听到我吗？"），我喜欢这样。

Head First: 是的。不过我还见过一些很有效的图是圆的。可以让我有一些熟悉的想法······就像是苹果派，你知道我的意思吗？

直方图： 我知道你想说什么，而且我完全了解饼图（Pie Chart）。注意，这是对相同事物的两种不同考虑方式。饼图看世界的角度是曲线的，而我会更直接一些，仅此而已。

Head First: 不过，难道人们内心里不是更倾向于饼而不是一堆直条吗？

直方图：不，不是这样的。至少不太饿的人不会更倾向于饼。可以看到，饼图对于展示一个整体的各部分确实很不错，其中表示的数据累加在一起构成某个总数，如100%，32个队，或者50个州。总共有50个州，对不对？

HeadFirst: 是的。嗯，假设你把华盛顿算作是"首府"，而把波多黎各和关岛之类的地方算作是"领地"，那么就是50个州。不过，不管怎样，我发现你在说饼图更适合展示整体的各个部分，难道你不是一样吗？

直方图：是的，不过要记住，我比饼图要灵活得多。你可以根据需要增加更多的直条，而我在显示时不会有任何问题。另一方面，向饼图增加的部分越多，每一片就会越小。直到达到某一点，为保证展示整体甚至很难看清各个部分。对我来说最关键的是，直条都有值，可以按相同的比例显示。

Head First: 这是什么意思？

直方图： 嗯，对我来说，如果值差别太大，我就很难进行图示，当然，除非你不在意直条显著不同。我真正擅长的是显示相同范围内的值之间的差别。例如，可能你希望使用我来显示一年内的油价情况，在这种情况下，所有值都在一个适当限制的范围内，相互之间有几美元的差别。

Head First: 你确信吗？

直方图：我知道，油价看起来也变化很大，可能不完全在我的能力范围内。

Head First: 这么说你已经看到困难了，是不是？

直方图：你可能不相信。以前有个人构建了一个Web应用，记录他拉着他的老鼠一个月走了多少英里。他总在吹嘘这个应用，而且用我来图示他的"旅程"。很疯狂，不过人们确实很喜欢。

Head First: 这么说，这就是你在Web领域的地位，为人们的数据提供可视化视图？

直方图：是的，我猜是这样。我都可以出现在页面上，为数据提供一些图示吸引视线，否则人们就会觉得数据有些枯燥而且很难理解，每当这种时候我就会很快乐。

Head First: 很高兴听你这么说。也很高兴你能分享你的想法，希望我们还有机会再交流。

直方图：很荣幸。另外不用担心，你随处都会看到我。

从一个数组到另一个

原先的Mismatch只提供一个主题列表，对应两个用户之间的互补配对。更确切地讲，我们实际上有一个主题数组。问题在于，我们想要绘制的直方图并不只是关于主题本身，而是关于与主题关联的类别。所以离我们真正需要的数据还差一层。看起来需要另外一个SQL查询。我们不仅需要互补配对主题的数组，还需要一个与之对应的类似的互补配对类别数组。

指示mismatch_category表的name列时使用别名来消除二义性。

```
$query = "SELECT mr.response_id, mr.topic_id, mr.response,
    mt.name AS topic_name, mc.name AS category_name " .
    "FROM mismatch_response AS mr " .
    "INNER JOIN mismatch_topic AS mt USING (topic_id) " .
    "INNER JOIN mismatch_category AS mc USING (category_id) " .
    "WHERE mr.user_id = '" . $_SESSION['user_id'] . "'";
```

另一个联接将类别表连接到响应表，来抽取类别名。

基于这个查询中新加的联接，可以把对应各个响应主题的类别名追加到结果数据，最终放入$user_responses数组中。不过，要记住，我们只需要互补配对的类别，而不是所有类别。所以需要建立另外一个数组，其中只包含对应响应的互补配对类别。

还需要一个新的数组，其中只包含每组用户的互补配对响应的类别。

topic_name	category_name
Tattoos	Appearance
Gold chains	Appearance
Body piercings	Appearance
Cowboy boots	Appearance
Long hair	Appearance
Reality TV	Entertainment
Professional wrestling	Entertainment
Horror movies	Entertainment
Easy listening music	Entertainment
The opera	Entertainment
Sushi	Food
Spam	Food
Spicy food	Food
Peanut butter & banana sandwiches	Food
Martinis	Food
Howard Stern	People
Bill Gates	People
Barbara Streisand	People
Hugh Hefner	People

$user_responses

在第8章中创建了$user_responses二维数组，并填充了对应当前用户响应的结果数据。

mismatch结果数据的新"列"包含了每个响应的类别名。

只是将互补配对响应的类别名抽取到一个数组中。

Appearance
Appearance
Appearance
Entertainment
Entertainment
Entertainment
Entertainment
Food
Food
Food
Food
People
People
Activities
Activities
Activities
Activities
Activities

不过我们还不能达到目标，真正构建互补配对类别数组。为此，需要再来查看构建互补配对主题数组的代码……

运行测试

尝试这个新查询来抽取互补配对主题和类别。

使用一个MySQL工具，执行以下查询，利用SELECT选择对应一个特定用户的互补配对主题和类别。确保指定一个合法的用户ID，该用户不仅存在于数据库中，而且已经填写了Mismatch问卷表单：

```
SELECT mr.response_id, mr.topic_id, mr.response,
  mt.name AS topic_name, mc.name AS category_name
  FROM mismatch_response AS mr
  INNER JOIN mismatch_topic AS mt USING (topic_id)
  INNER JOIN mismatch_category AS mc USING (category_id)
  WHERE mr.user_id = 3;
```

用户ID必须对应一个合法的用户，而且已经回答了Mismatch问卷。

File Edit Window Help Oppose

```
mysql> SELECT mr.response_id, mr.topic_id, mr.response,
  mt.name AS topic_name, mc.name AS category_name
  FROM mismatch_response AS mr
  INNER JOIN mismatch_topic AS mt USING (topic_id)
  INNER JOIN mismatch_category AS mc USING (category_id)
  WHERE mr.user_id = 3;
```

response_id	topic_id	response	topic_name	category_name
26	1	1	Tattoos	Appearance
27	2	2	Gold chains	Appearance
28	3	1	Body piercings	Appearance
29	4	2	Cowboy boots	Appearance
30	5	1	Long hair	Appearance
31	6	2	Reality TV	Entertainment
32	7	1	Professional wrestling	Entertainment
33	8	1	Horror movies	Entertainment
34	9	2	Easy listening music	Entertainment

注意这个查询的结果与上一页的$user_responses数组一致，这正是我们想要的。

将查询写入PHP代码中之前，最好先在一个MySQL工具中测试，这往往是一个很好的想法。

构建互补配对主题数组

现在我们有了一个查询，可以完成一个多重联接，除了主题外还会抽取各个响应的类别，之后这会抽取到$user_responses数组中。要记住，对于数据库中每一个其他用户也会有一个类似的查询来抽取数据，从而可以进行互补配对比较。所以$user_responses包含了登录Mismatch的用户的响应数据，而$mismatch_responses包含系统中每一个其他用户的响应数据。这样一来，我们就可以循环处理所有用户，每次完成互补配对用户比较时会更新$mismatch_responses。

我们使用这两个数组来计算互补配对的得分，并建立了一个互补配对主题数组。现在可以增加一行新的代码，构建一个互补配对类别数组,这个数组包含了两个用户之间各个互补配对主题的类别。

> 这就是前一个版本Mismatch中的代码，只不过现在除了主题数组外，还构建了一个互补配对类别数组。

```
$categories = array();
for ($i = 0; $i < count($user_responses); $i++) {
  if ($user_responses[$i]['response'] + $mismatch_responses[$i]['response'] == 3) {
    $score += 1;
    array_push($topics, $user_responses[$i]['topic_name']);
    array_push($categories, $user_responses[$i]['category_name']);
  }
}
```

> 这个代码会得到一个只包含互补配对类别的数组。

> 完成后，对于每一个互补配对，$categories数组中都会包含相应的一个类别。

> 通过存储与各个互补配对响应关联的类别来构建互补配对类别数组。

---

there are no Dumb Questions

问：我有点糊涂了。MySQL结果集与PHP数组之间有什么区别？

答：一个很大的区别就是访问。结果集一次只能提供一行数据，而由于可以有多个维度，数组可以包含多"行"数据。通过将一个结果集抽取到一个二维数组，这就允许我们高效地在数据行间转移，而不必不断地返回数据库服务器来获取以及重新获取行。这不适用于超大的数据集，因为你要为此创建超大的数组。不过对于Mismatch响应来说，数组大小绝对不会大于系统中的主题总数。

问：难道我们不需要统计类别互补配对的次数来生成直方图吗？

答：是的。只有互补配对类别数组还不够。要记住，Mismatch直方图的基本思想是每个直条表示一个互补配对类别，而直条的高度表示该类别互补配对的次数。所以需要得出每个类别互补配对的统计数。不过可以先退一步做一个一般规划……

建立直方图规划

有了互补配对类别数组，而且对于如何用它为**My Mismatch**页面生成直方图图像已经有了很多很好的想法，但现在还缺少一个规划。实际上，动态生成直方图只需要3步，而且我们已经解决了其中的一步。

这一步为我们提供互补配对类别的一个列表。

❶ ~~查询Mismatch数据库，得到互补配对类别名。~~

类别列表需要转换为一个类别汇总数列表。

❷ 计算各个类别的互补配对总数。

❸ 使用各个类别的互补配对总数绘制直方图。

有了类别汇总数，可以具体使用GD函数完成直方图的绘制。

要完成计划的第2步，需要以某种方式得到互补配对类别的数组，并把它转换为一组类别汇总数，也就是统计各个类别在互补配对类别数组中出现的次数。如果还记得，这正是绘制直方图所需的数据，其中类别是标题，而各个类别的相应统计数就是每个直条的值。可以使用一个二维数组将类别和总数结合到一个数据结构中。

从一个不同的角度看这个新类别数组，可以看出如何用它向直方图提供数据。

旋转！

Appearance	3
Entertainment	4
Food	4
People	2
Activities	5

这个数组包含各个类别名以及相应的互补配对次数。

新的互补配对类别数据正是直方图所需要的。

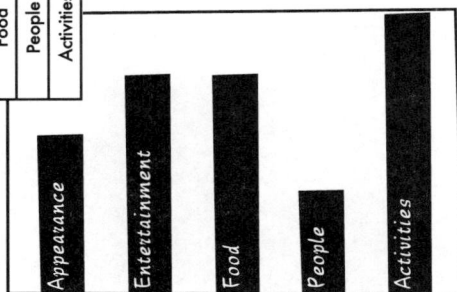

一旦建立了这个类别汇总数组，下面准备继续完成第3步，具体使用一些GD函数建立直方图图示。

处理类别

现在要解决的问题是要对类别数组汇总，放在一个包含标题和值的二维数组中。互补配对类别数组已经存储在$categories数组中。需要建立一个新的数组，名为$category_totals，其中对应各个类别包含一项，每一项还包含各个类别的相应互补配对数。

需要从这里……

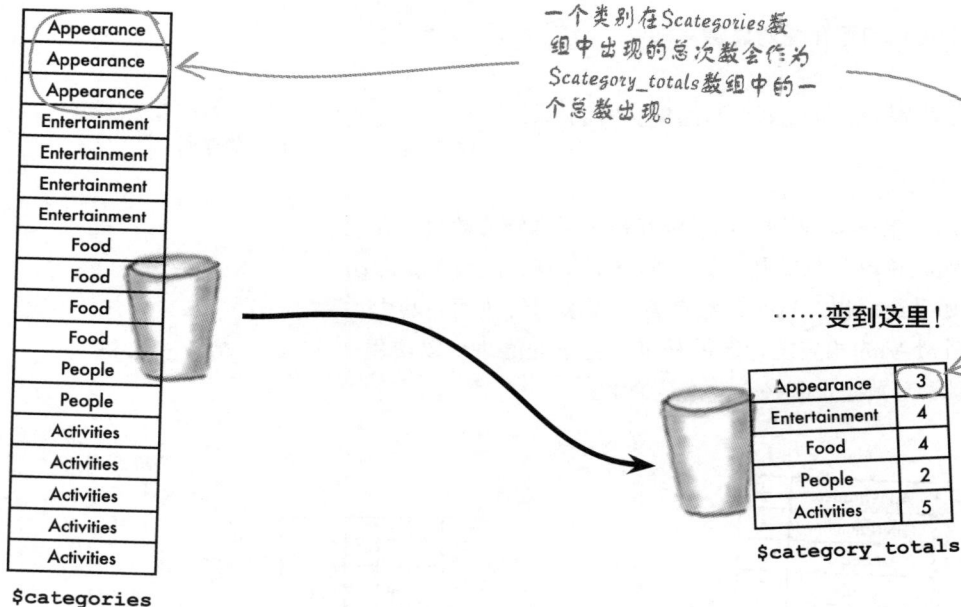

一个类别在$categories数组中出现的总次数会作为$category_totals数组中的一个总数出现。

……变到这里！

Appearance	3
Entertainment	4
Food	4
People	2
Activities	5

$category_totals

$categories

⚛ BRAIN POWER

如何汇总$categories数组中的互补配对类别来建立$category_totals二维数组？

类别的数学问题

要从一个一维的互补配对类别数组转变为一个二维的类别汇总数组，这比
你最初想象的要难一些。出于这个原因，在具体建立PHP代码之前可以先用
伪代码逐步分析解决方案，这会很有帮助。伪代码可以让你避开语法细节，
而把重点放在特定编码方案中的核心思想上。

> 创建一个新的二维数组来存储类别汇总数，确保用第一个互补配对类别和汇总数0初始化第一个元素。

> 循环处理互补配对类别数组。对于数组中的每个类别……

> > 类别汇总数组中的最后一个元素与当前互补配对类别是不同的类别吗？

> > ◆ 是！那么这是一个新的类别，所以把它增加到类别汇总数组，并将其汇总数初始化为
0。

> > ◆ 不是。这是当前类别的另一个实例，所以将类别汇总数组中最后一个元素的汇总数增
1。

这个代码的结果是一个二维的类别汇总数组，其中主数组对应类别，各个
子数组包含类别名和相应的值。

Exercise

转换伪代码来完成具体的PHP代码，建立Mismatch类别数据的一个二维数组，名为
`$category_totals`。

```
$category_totals = array(array($mismatch_categories[0], 0));
foreach ($mismatch_categories as $category) {




}
```

Exercise Solution

转换伪代码来完成具体的PHP代码，建立Mismatch类别数据的一个二维数组，名为 $category_totals。

> 数组从0开始索引，所以数组中的最后一个元素总是count()—1。

```php
$category_totals = array(array($mismatch_categories[0], 0));
foreach ($mismatch_categories as $category) {
    if ($category_totals[count($category_totals) - 1][0] != $category) {
        array_push($category_totals, array($category, 1));
    }
    else {
        $category_totals[count($category_totals) - 1][1]++;
    }
}
```

> 这是一个新的类别，所以把它作为一个新的子数组（包含类别名和初始汇总数1）增加到类别汇总数组中。

> 递增操作符(++)应用到子数组的第二个元素，也就是类别汇总数。

$category_totals

> $category_totals变量现在正好包含生成互补配对类别直方图所需的数据。

Appearance	3
Entertainment	4
Food	4
People	2
Activities	5

> 这是这个代码的最终结果。

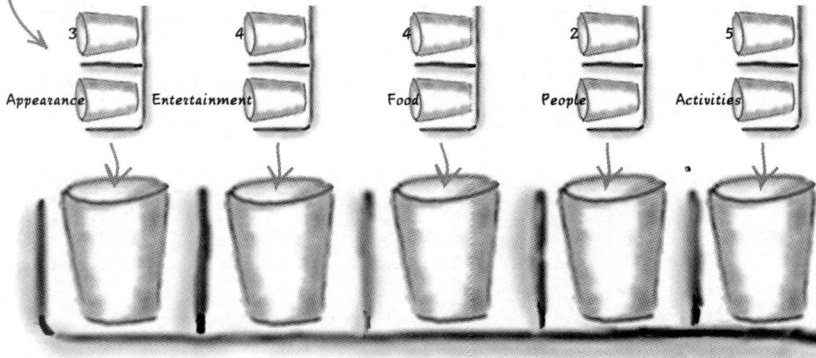

3 Appearance   4 Entertainment   4 Food   2 People   5 Activities

> 现在完全可以把这一步划掉，只剩下直方图的绘制了。

❸ 计算各个类别 ~~的互补~~ ~~配对总数。~~

there are no
Dumb Questions

问: 如果$mismatch_categories数组中的类别是无序的，前面的类别汇总代码会有什么结果?

答: 会有大问题。这个代码完全依赖于$mismatch_categories数组中的类别有序。这里认为类别只要有变化就说明是一个新类别的开始（只要类别分组在一起就可以保证这一点），由此可以看出它依赖于类别有序。幸运的是，原先Questionnaire脚本中的查询（选择主题插入mismatch_response表）足够聪明，它会按类别对响应排序。

```
SELECT topic_id FROM mismatch_topic ORDER BY category_id, topic_id
```

这个查询首先从数据库抽取主题，然后把它们作为给定用户的空响应插入响应表。这样就确保了用户响应是按类别有序地存储在数据库中，进一步确保了类别汇总代码可以正常工作。

问: 但是编写的代码依赖于数据库表中数据存储的顺序不是很有风险吗?

答: 可以说是，也可以说不是。要记住，这个数据库完全由你编写的脚本代码来控制，所以只有当你编写了脚本代码来改变数据顺序时它才会改变。尽管如此，当然还是可以增加一个参数，对My Mismatch脚本中的联接查询按类别排序，从而绝对确保互补配对类别列表是有序的。

直方图基础

我们已经有一个互补配对类别数据的全新二维数组闪亮登场，现在该具体完成直方图的绘制了。不过在重点讨论绘制Mismatch直方图的特定细节之前，为什么不采用一种更通用的方法呢？如果你设计并创建一个通用的直方图函数，不仅可以在Mismatch中使用，还可以自由地使用来满足将来绘制直方图的需要。换句话说，它是可重用的。这个新函数必须完成一系列步骤由一个数据二维数组成功地绘制一个直方图。

1. 创建图像。
2. 创建绘制图像和文本使用的颜色。
3. 用一个背景颜色填充背景。
4. 绘制直条和标题。
5. 在整个直方图外围绘制一个矩形。
6. 沿直方图左边界向上绘制范围。
7. 将直方图写至一个图像文件。
8. 撤销图像，完成清理。

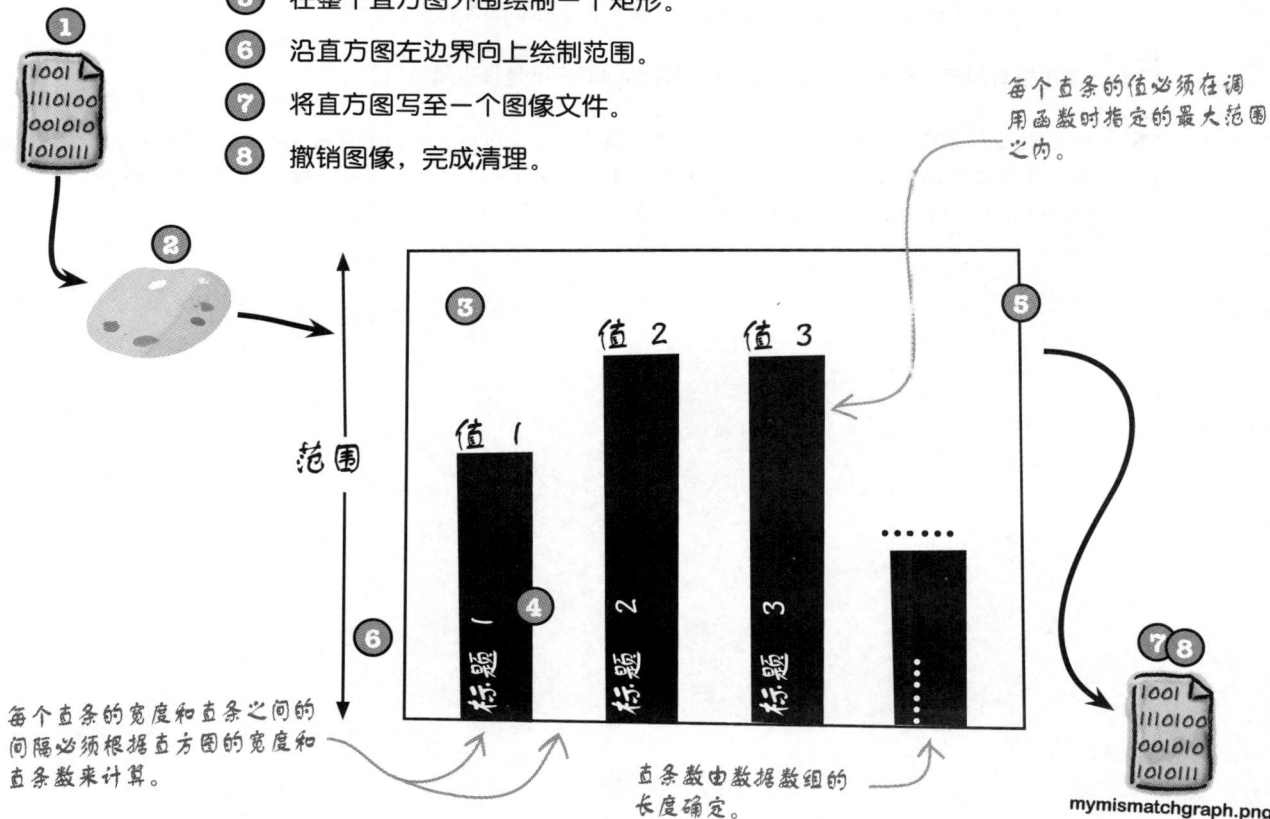

每个直条的值必须在调用函数时指定的最大范围之内。

范围

值 1　值 2　值 3

每个直条的宽度和直条之间的间隔必须根据直方图的宽度和直条数来计算。

直条数由数据数组的长度确定。

mymismatchgraph.png

PHP磁贴

My Mismatch脚本包含一个新的draw_bar_graph()函数，给定宽度、高度、一个直方图数据二维数组、范围最大值以及最终PNG图像的文件名，这个函数负责绘制一个直方图。使用以下磁贴填入缺少的GD绘制函数调用。

```
function draw_bar_graph($width, $height, $data, $max_value, $filename) {
  // Create the empty graph image
  $img =.............................................($width, $height);

  // Set a white background with black text and gray graphics
  $bg_color = .............................................($img, 255, 255, 255);    // white
  $text_color = .............................................($img, 255, 255, 255);    // white
  $bar_color = .............................................($img, 0, 0, 0);        // black
  $border_color = .............................................($img, 192, 192, 192);  // light gray

  // Fill the background
  .............................................($img, 0, 0, $width, $height, $bg_color);

  // Draw the bars
  $bar_width = $width / ((count($data) * 2) + 1);
  for ($i = 0; $i < count($data); $i++) {
      .............................................($img, ($i * $bar_width * 2) + $bar_width, $height,
      ($i * $bar_width * 2) + ($bar_width * 2), $height - (($height / $max_value) * $data[$i][1]), $bar_color);

      .............................................($img, 5, ($i * $bar_width * 2) + ($bar_width), $height - 5, $data[$i][0],
      $text_color);
  }

  // Draw a rectangle around the whole thing
  .............................................($img, 0, 0, $width - 1, $height - 1, $border_color);

  // Draw the range up the left side of the graph
  for ($i = 1; $i <= $max_value; $i++) {
      .............................................($img, 5, 0, $height - ($i * ($height / $max_value)), $i, $bar_color);
  }

  // Write the graph image to a file
  .............................................($img, $filename, 5);
  .............................................($img);
}
```

imagecreatetruecolor

imagestringup

imagerectangle

imagedestroy

imagecolorallocate

imagepng

imagecolorallocate

imagestring

imagefilledrectangle

imagefilledrectangle

imagecolorallocate

imagecolorallocate

PHP磁贴答案

My Mismatch脚本包含一个新的draw_bar_graph()函数，给定宽度、高度、一个直方图数据二维数组、范围最大值以及最终PNG图像的文件名，这个函数负责绘制一个直方图。使用以下磁贴填入缺少的GD绘制函数调用。

```php
function draw_bar_graph($width, $height, $data, $max_value, $filename) {
  // Create the empty graph image
  $img = .. imagecreatetruecolor ($width, $height);

  // Set a white background with black text and gray graphics
  $bg_color = . imagecolorallocate ($img, 255, 255, 255);     // white
  $text_color = . imagecolorallocate ($img, 255, 255, 255);   // white
  $bar_color = . imagecolorallocate ($img, 0, 0, 0);          // black
  $border_color = . imagecolorallocate ($img, 192, 192, 192); // light gray

  // Fill the background
  .. imagefilledrectangle ($img, 0, 0, $width, $height, $bg_color);

  // Draw the bars
  $bar_width = $width / ((count($data) * 2) + 1);
  for ($i = 0; $i < count($data); $i++) {
    . imagefilledrectangle .($img, ($i * $bar_width * 2) + $bar_width, $height,
      ($i * $bar_width * 2) + ($bar_width * 2), $height - (($height / $max_value) * $data[$i][1]), $bar_color);
    .. imagestringup ($img, 5, ($i * $bar_width * 2) + $bar_width), $height - 5, $data[$i][0],
      $text_color);
  }

  // Draw a rectangle around the whole thing
  . imagerectangle .. ($img, 0, 0, $width - 1, $height - 1, $border_color);

  // Draw the range up the left side of the graph
  for ($i = 1; $i <= $max_value; $i++) {
    .. imagestring ($img, 5, 0, $height - ($i * ($height / $max_value)), $i, $bar_color);
  }

  // Write the graph image to a file
  . imagepng ($img, $filename, 5);
  imagedestroy ($img); ..
}
```

① 首先创建一个空的新图像来完成绘制。

② 创建一些颜色，用来绘制直方图的各部分。

③ 清空背景准备绘制直方图图形。

④ 将直条绘制为一个填充的矩形。

将直条的标题绘制为垂直方向的文本串。

⑤ 在整个直方图外围绘制一个矩形。

⑥

⑦ 在直方图左边界向上将范围绘制为常规的水平文本串。

⑧ 基于指定文件名和压缩级别5（中度）将图像写至一个PNG文件。

撤销内存中的图像，完成清理。

要让这个函数正常工作，服务器上写入这个文件的文件夹必须是可写的。

问： 为什么**draw_bar_graph()**函数将直方图图像写至一个文件，而不是把它直接返回到浏览器？

答： 因为这个函数并非包含在它自己的脚本中（这样才可以通过首部向浏览器返回图像）。要记住，要向浏览器直接返回一个动态生成的图像，唯一的办法就是让脚本使用一个首部，这说明，这个脚本的全部用途就是生成图像。

问： 那么为什么不把**draw_bar_graph()**函数放在它自己的脚本中，从而可以使用一个首部直接向浏览器返回直方图呢？

答： 确实可以把这个函数放在自己的脚本中使之更可重用，尽管这是一个不错的想法，但是通过首部返回图像时还存在一个问题。这个问题与你如何重用代码有关。在一个脚本中使用include、include_once、require或require_once包含代码时，这个代码会直接放在脚本中，

就好像它原先就在那里。这对于没有做任何浏览器处理工作的代码来说是可行的。但是发送一个首部会影响脚本的输出，对于被包含的代码这会有问题。

并不是说不能从被包含的代码发送首部；实际上在前面的例子中你已经这样做了。问题在于，你必须极其小心，在一些情况下，假设首部尚未发送是不安全的。例如，My Mismatch脚本不能向浏览器返回一个图像，因为它的任务是输出包含互补配对结果的HTML代码。如果再包含会动态生成并返回图像的脚本代码，则会导致一个首部冲突。

问： 那么，可不可以像Guitar Wars中的**captcha.php**脚本那样引用直方图代码？看起来没有include也能很好地工作，对吗？

答： 是的，确实如此，它从<img>标记的src属性直接引用captcha.php脚本。这里的问题是，我们有大量数据需要传递到直方图代码，而试图通过GET或POST来传递会非常麻烦。

绘制和显示直方图图像

假设已经提供了适当的信息，利用draw_bar_graph()函数可以动态地生成一个直方图图像。对于Mismatch直方图，这需要发送适合My Mismatch页面大小（480×240）的合适的宽度和高度、互补配对类别数据的二维数组、最大范围值5（每个类别的最大互补配对主题数），以及结果直方图图像的一个合适的上传路径和文件名。调用这个函数后会生成图像，可以使用一个HTML <img>标记显示。

这个函数调用所生成的图像文件命名为mymismatchgraph.png，存储在Web服务器上由MM_UPLOADPATH标识的路径中。

```
echo '<h4>Mismatched category breakdown:</h4>';

draw_bar_graph(480, 240, $category_totals, 5, MM_UPLOADPATH . 'mymismatchgraph.png');

echo '<img src="' . MM_UPLOADPATH . 'mymismatchgraph.png" alt="Mismatch category graph" /><br />';
```

借助于这个可重用的函数，可以从数据库数据得到存储在图像文件中的一个直方图。

在<img>标记的src属性中指定同样的路径和图像文件名。

Appearance	3
Entertainment	4
Food	4
People	2
Activities	5

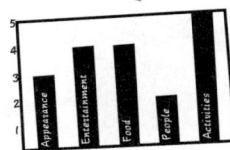

mymismatchgraph.png

测试mismatch，现在提供了直方图

运行测试

创建My Mismatch脚本并测试。

创建一个名为mymismatch.php的新的文本文件，输入My Mismatch脚本的代码（或者从Head First Labs网站（www.headfirstlabs.com/books/hfphp）下载脚本代码）。还要为My Mismatch的navmenu.php脚本增加一个新的菜单项。

将脚本上传到你的Web服务器，然后在一个Web浏览器中打开Mismatch主页（index.php）。如果还没有登录那么请登录，点击主导航菜单上的"My Mismatch"。恭喜你，这里给出了你的理想配对！

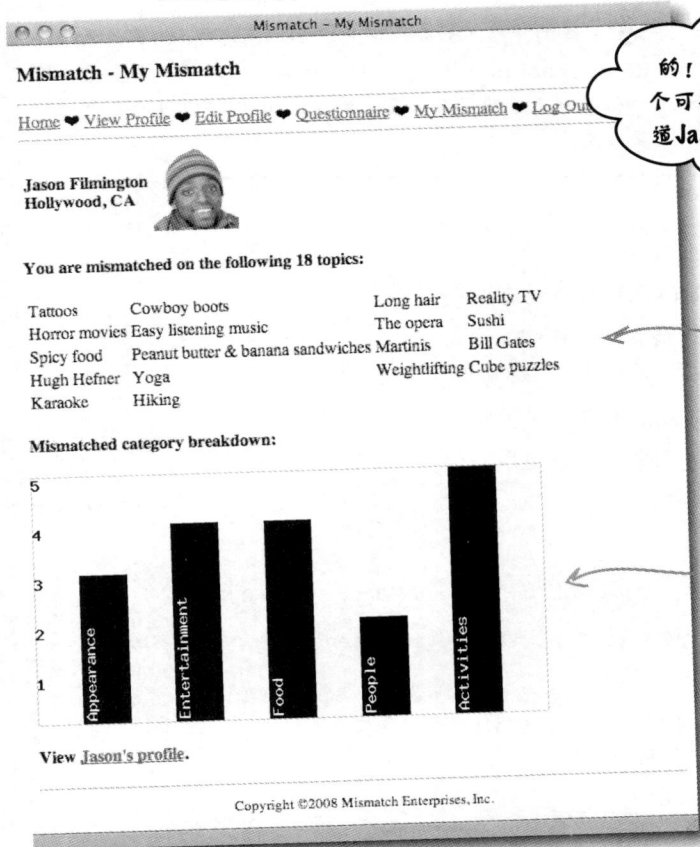

> 这正是我想要的！我就是需要这样一个可视化的类别明细图才能知道Jason就是我的白马王子。

已经对主题重新格式化，放在一个表格中，为直方图留出空间。

直方图和互补配对主题列表正好能大小合适地放在My Mismatch页面上。

③ 使用各类别的互补配对汇总数绘制直方图。

我很好奇，既然要为每个不同的用户生成不同的图像，那么怎么能将**My Mismatch**直方图图像存储在一个文件中呢？

事实上，这有点幸运。

确实，任何给定时刻只有一个直方图图像，而不论究竟有多少个用户。如果两个用户恰好在同一时刻查看My Mismatch页面，这可能会带来问题。我们有可能为两个人生成不同的图像，然后试图把它们写至同一个图像文件。

这个问题在现实中可能相当少见，不过随着Mismatch越来越普及，并且发展到拥有成千上万的用户，这可能会变得非常重要。事实上每个用户都认为，从直方图图像本身可以暴露出这种单个图像直方图设计存在一个弱点。

这里显然可以看到3个不同的直方图图像，但是我们知道只使用了一个图像文件来存储这些图像。

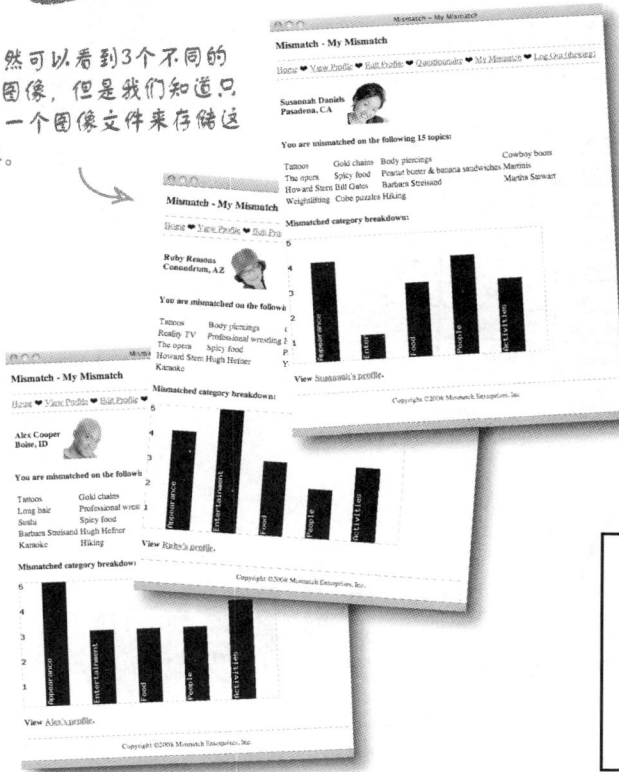

mymismatchgraph.png

对于每个用户的My Mismatch直方图会连续地重新生成这一个图像。

⚛ BRAIN POWER

如何修改Mismatch代码，确保用户不会共享同一个直方图图像？

所有用户分别有一个直方图图像

这个共享直方图图像问题的解决方案就是生成多个图像，实际上，每个用户要分别有一个图像。不过我们还需要确保每一个图像只绑定到一个（而不是多个）用户。这里就要用到一个熟悉的数据库设计元素……主键！mismatch_user表的主键user_id可以唯一地标识各个用户，因此提供了一个很好的方法来唯一地命名各个直方图图像，并将它与一个用户关联。我们所要做的就是将用户的ID追加到他们的直方图图像文件名前面。

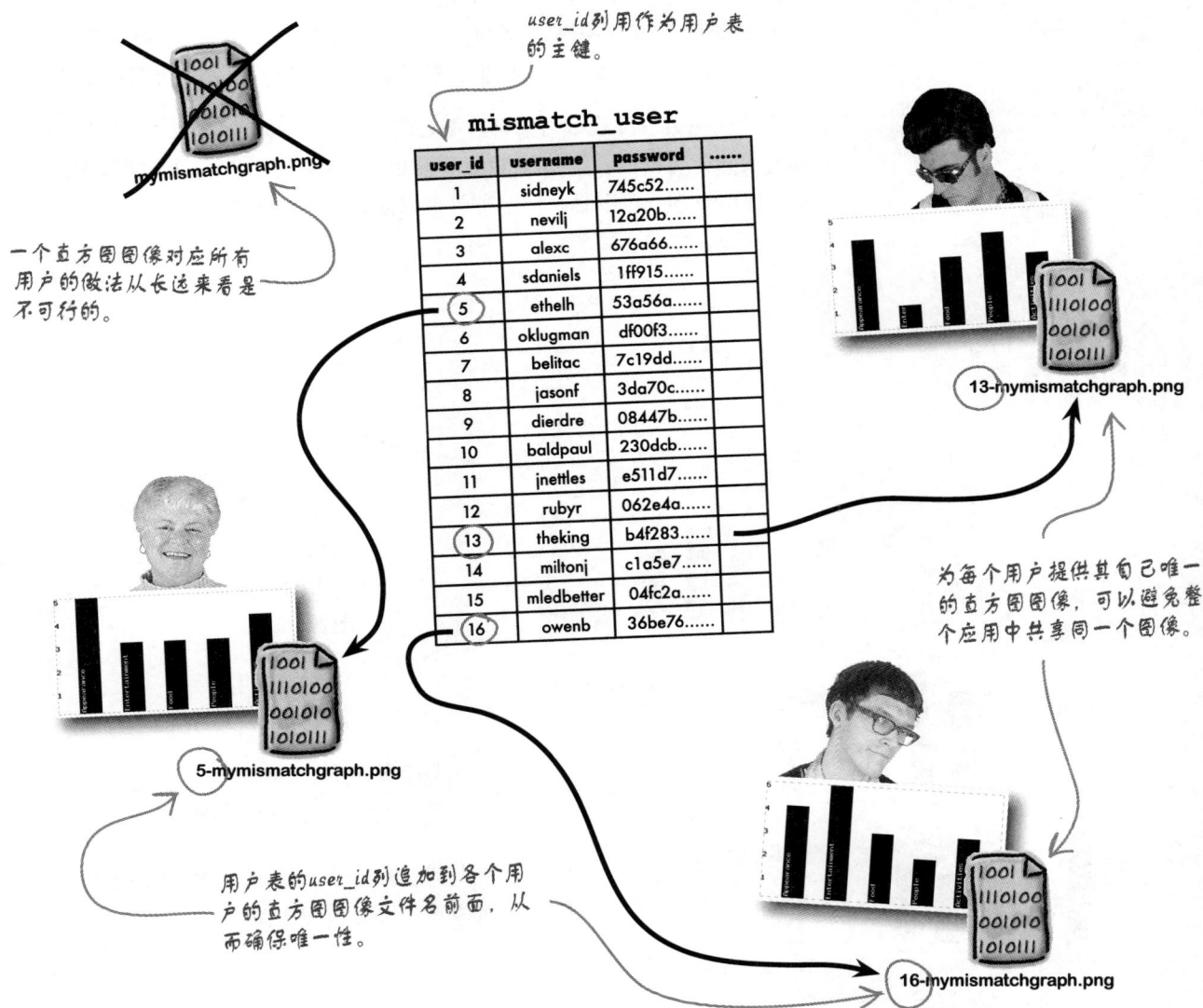

user_id列用作用户表的主键。

mymismatchgraph.png

一个直方图图像对应所有用户的做法从长远来看是不可行的。

mismatch_user

user_id	username	password	......
1	sidneyk	745c52......	
2	nevilj	12a20b......	
3	alexc	676a66......	
4	sdaniels	1ff915......	
5	ethelh	53a56a......	
6	oklugman	df00f3......	
7	belitac	7c19dd......	
8	jasonf	3da70c......	
9	dierdre	08447b......	
10	baldpaul	230dcb......	
11	jnettles	e511d7......	
12	rubyr	062e4a......	
13	theking	b4f283......	
14	miltonj	c1a5e7......	
15	mledbetter	04fc2a......	
16	owenb	36be76......	

13-mymismatchgraph.png

为每个用户提供其自己唯一的直方图图像，可以避免整个应用中共享同一个图像。

5-mymismatchgraph.png

用户表的user_id列追加到各个用户的直方图图像文件名前面，从而确保唯一性。

16-mymismatchgraph.png

问： 将动态生成的图像输出为PNG图像而不是GIF或JPEG有什么额外的优点吗？

答： 没有，对于静态图像，你可能会出于某些原因选择某一种图像格式而不是另一种，选择动态图像的格式时也不外乎这些原因。例如，GIF和PNG更适合于向量型的图像，而JPEG更合适照片型图像。对于Mismatch，我们处理的是向量图像，所以PNG或GIF都很合适。另外PNG是一种更现代的图像标准，所以在这里使用了这种格式，不过也可以使用GIF。要将一个GD图像输出到一个GIF和JPEG，要分别调用imagegif()和imagejpeg()函数。

问： 将PNG图像输出到一个文件时，如何知道使用哪一个压缩级别？

答： 将一个PNG图像输出到文件时，图像中会加入为imagepng()函数设置的压缩级别，其取值范围为从0（无压缩）到9（最大压缩）。至于何时使用何种压缩级别并没有严格的规则，所以你可能需要尝试不同的设置。Mismatch使用5作为直方图的压缩级别，看来这是在质量和效率之间做出的一个很好的权衡。

问： 如果为每一个用户都生成一个直方图图像，这会不会引入一些文件存储问题？

答： 不，完全不会。这个问题在某种程度上与压缩级别问题有关，不过除非你确实太过疯狂，生成了数以千计的大图像文件，否则服务器不太可能被太多或太大的文件所淹没。举例来说，考虑每个直方图图像平均大小2 KB，所以即使网站迅速发展，已经拥有了50000个用户，直方图图像总共也不过100 MB。必须承认，这确实要占据一些Web托管空间，不过一个拥有50000个用户的网站应该能挣到足够的钱来支付这些存储空间的费用。

Exercise

以下Mismatch代码会动态生成一个直方图图像，然后在页面上显示。重写这个代码，使它为每个用户生成一个唯一的图像。提示：使用$_SESSION['user_id']为每个用户建立一个唯一的图像文件名。

```
echo '<h4>Mismatched category breakdown:</h4>';

draw_bar_graph(480, 240, $category_totals, 5, MM_UPLOADPATH . 'mymismatchgraph.png');

echo '<img src="' . MM_UPLOADPATH . 'mymismatchgraph.png" alt="Mismatch category graph" /><br />';
```

....

....

....

....

....

以下Mismatch代码会动态生成一个直方图图像，然后在页面上显示。重写这个代码，使它为每个用户生成一个唯一的图像。提示：使用$_SESSION['user_id']为每个用户建立一个惟一的图像文件名。

```
echo '<h4>Mismatched category breakdown:</h4>';
draw_bar_graph(480, 240, $category_totals, 5, MM_UPLOADPATH . 'mymismatchgraph.png');
echo '<img src="' . MM_UPLOADPATH . 'mymismatchgraph.png" alt="Mismatch category graph" /><br />';
```

确保服务器上的这个文件夹是可写的，从而能够写入图像文件。

仍使用标准文件上传路径确保图像存储在服务器上的指定位置。

各个唯一的图像文件名的形式为X-mymismatchgraph.png，这里X是用户的ID。

```
echo '<h4>Mismatched category breakdown:</h4>';
draw_bar_graph(480, 240, $category_totals, 5,
    MM_UPLOADPATH . $_SESSION['user_id'] . '-mymismatchgraph.png');
echo '<img src="' . MM_UPLOADPATH . $_SESSION['user_id'] . '-mymismatchgraph.png"' .
    'alt="Mismatch category graph" /><br />';
```

可以使用已经存储在一个会话变量中的用户ID。

HTML代码中为直方图图像设置<img>标记 src属性时使用同样的文件名。

运行测试

修改My Mismatch脚本来生成唯一的直方图图像。

修改My Mismatch脚本，为每个用户生成一个唯一的直方图图像。将mymismatch.php脚本上传到你的Web服务器，然后在一个Web浏览器中打开。页面看上去没有不同，不过你可以查看它的源代码，可以看到现在直方图图像有了一个唯一的文件名。

Mismatch仿佛在利用直方图

由于解决了共享直方图图像问题，也就帮助消除了随着越来越多用户加入Mismatch并利用"5级对立性"直方图而可能导致的长期性能瓶颈问题。现在，每个用户查看他们的理想配对时会生成他们自己唯一的直方图图像。幸运的是，这个改进在后台完成，用户并不知情，他们只是利用互补配对数据希望能找到爱的另一半。

Elmer擅长一些新舞步，希望与他的理想配对分享。

13-mymismatchgraph.png

每个用户的互补配对直方图图像现在都分别存储在各自的文件中。

5-mymismatchgraph.png

16-mymismatchgraph.png

Ethel对于这些"对立产生吸引"的说法有些小疑问，不过她倒是乐于试一试。

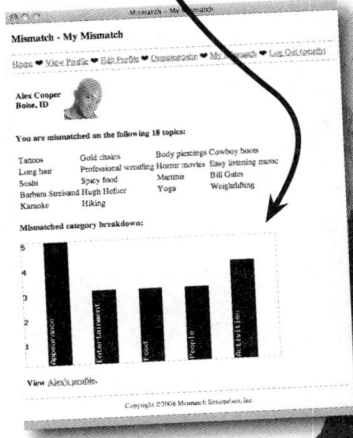

Owen已经与他的互补配对有个约会，还在为那个浪漫的夜晚兴奋不已。

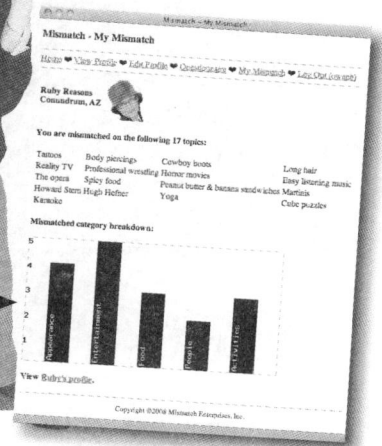

第11章

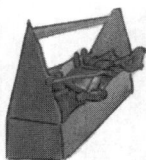

PHP & MySQL工具箱

可以构建PHP脚本动态地生成定制图像，在这方面，动态图像提供了各种各样有趣的可能性。下面来回顾使之成为可能的有关技术。

imagecreatetruecolor()

这个函数属于GD图形库，用于创建一个新图像来完成绘制。这个图像初始在内存中创建，在调用另一个函数（如imagepng()）之前不会输出显示。

CAPTCHA

使用某种测试保护网站免受自动化垃圾邮件机器人攻击的一个程序。例如，一个CAPTCHA测试可能需要识别一个变形的通行短语中的字母，确认一个图像的内容，或者分析一个公式来完成简单的数学计算。

GD库

一组PHP函数，用于在一个图像上绘制图形。利用GD库可以动态地创建和绘制图像，然后直接返回给浏览器，或者写至服务器上的图像文件。

imagestring()，imagestringup()，imagettftext()

GD图形库还支持绘制文本，可以采用一种内置的字体，或者利用你自己选择的一种TrueType字体。

imageline()，imagerectangle()，……

GD图形库提供了大量函数来绘制基本图形，如直线、矩形、椭圆，甚至单个像素。每个函数都在一个已有的图像（由imagecreatetruecolor()创建）上操作。

imagedestroy()

绘制图像并根据需要输出后，最好调用这个函数撤销与之关联的资源。

imagepng()

使用GD图形函数完成图像的绘制后，这个函数会输出图像以便显示。可以选择将图像直接输出到Web浏览器，或者输出到服务器上的一个图像文件。

PHP&MySQL填字游戏

你可以使用一个机器人来完成，不过等你真正需要他们时，这些机器人却不见踪影。没关系，那就用你的人类大脑面对挑战，来完成这个小小的填字游戏。

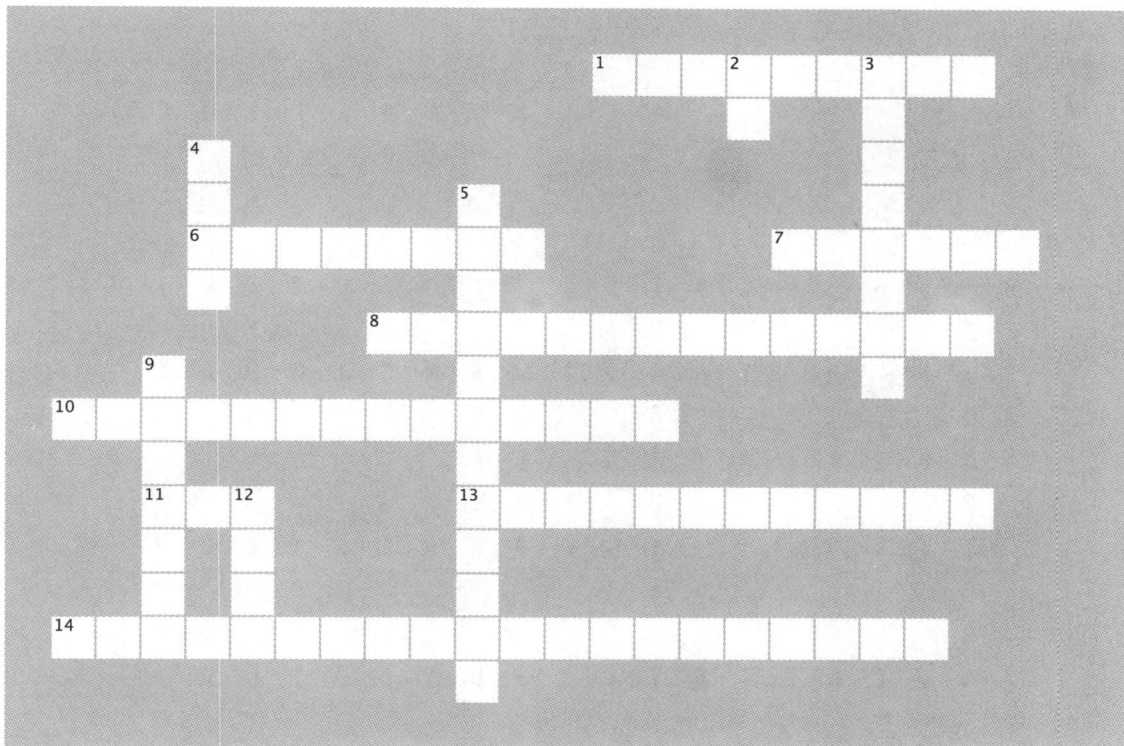

横向

1. 这个PHP图像函数绘制一条直线。

6. 这个可视化图表用于显示互补配对用户在每个类别上的比较情况。

7. 要为Mismatch中的各个用户生成定制的直方图图像，这个信息用作为图像文件名的一部分。

8. Mismatch使用这种数组存储直方图数据。

10. 给定两点，这个图像函数会绘制一个矩形。

11. 如果希望采用某种字体绘制文本，则调用image...text()函数。

13. 在PHP中处理完一个图像之后要调用这个函数完成清理。

14. 调用这个图像函数来创建一个新图像。

纵向

2. PHP图形库的名字。

3. 调用这个函数将一个图像输出为PNG。

4. Owen的理想配对。

5. Mismatch使用一个直方图根据"5级..."对用户进行比较。

9. 用来区分人类和自动化垃圾邮件机器人的一种测试。

12. PHP输出一个图像时，图像要么直接发送到客户浏览器，或者存储在一个...。

PHP&MySQL填字游戏答案

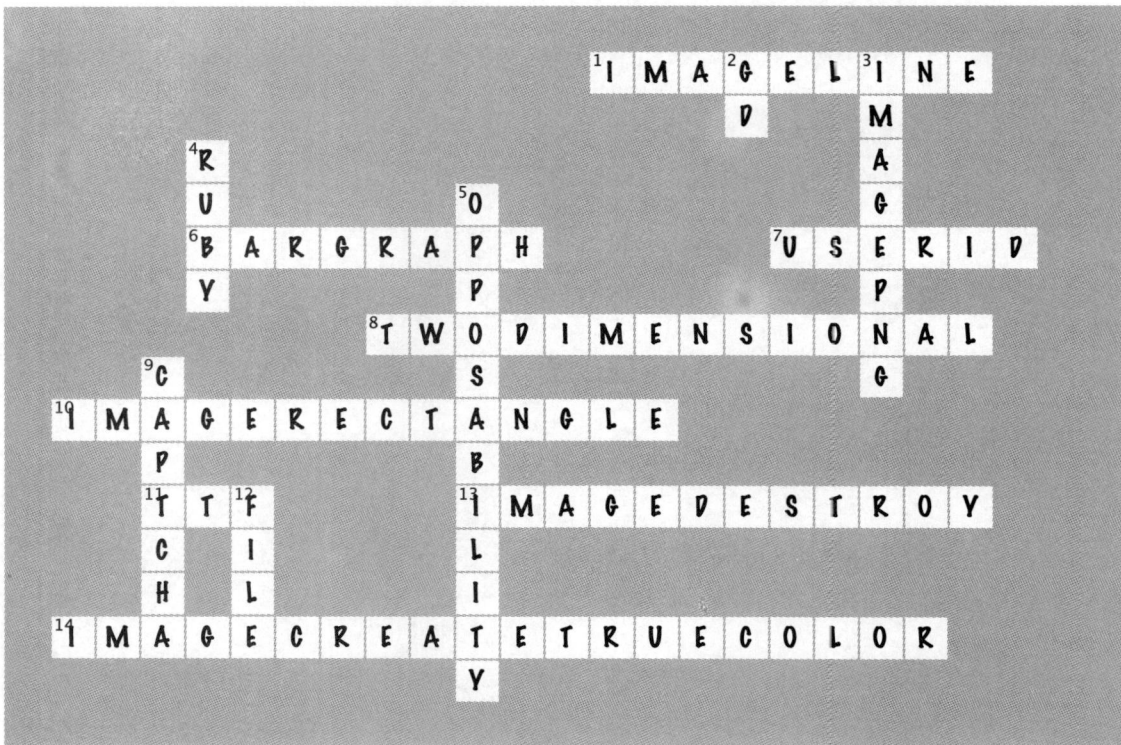

12 合成与Web服务

与世界连接

太奇妙了。不用四处奔波到处询问发生了什么，新闻会自动发送给我们……太棒了！

确实。只需动动手指，世界就在我们面前！

外面的世界很大，不容忽视你的Web应用。也许更重要的，你更希望这个世界不要忽视你的应用。要把你的Web应用加入这个世界，一个绝妙的方法是让Web应用的数据可供合成，这是指用户可以订购你的网站的内容，而不必直接访问网站来查找新的信息。不仅如此，你的应用可以通过Web服务与其他应用连接，充分利用其他人的数据为用户提供更丰富的体验。

Owen需要得到有关Fang的消息

所有网站面对的一个重要问题是要让人们再回到网站。吸引访问者来到网站是一回事，让他们再次回来则是另一回事。即使网站有最吸引人的内容，仍有可能被人遗漏，因为人们很难记得定期访问一个网站。了解到这一点，Owen希望提出查看外星人劫持报告一种候选方法,他希望将报告"推"给人们，而不是要求人们定期访问他的网站。

外星人劫持报告已经有了，但Fang还是找不到！

看起来已经有人见过Fang几次，不过这个信息还不能让Owen确定Fang的位置。

Aliens Abducted Me - Report an Abduction

Share your story of alien abduction:

First name: Belita
Last name: Chevy
What is your email address? belitac@rockin.net
When did it happen? 2008-06-21
How long were you gone? almost a week
How many did you see? 27
Describe them: Clumsy little buggers, had no rhythm.
What did they do to you? Tried to get me to play bad music.
Have you seen my dog Fang? Yes ○ No ⦿

Anything else you want to add? Looking forward to playing some Guitar Wars
Report Abduction

Aliens Abducted Me

...r with extraterrestrials? Were you abducted? Have you seen my abducted dog, Fang?

2008-06-21 : Belita Chevy
Abducted for: Alien description:
almost a week   Clumsy little buggers, had no rhythm.   Fang spotted: no
2008-05-11 : Sally Jones
Abducted for: Alien description:
1 day   green with six tentacles   Fang spotted: yes
2000-07-12 : Alf Nader
Abducted for: Alien description:
one week   It was a big non-recyclable shiny disc full of what appeared to be mutated labor union officials.   Fang spotted: no
1991-09-14 : Don Quayle
Abducted for: Alien description:
37 seconds   They looked like donkeys made out of metal with some kind of jet packs attached to them.   Fang spotted: yes
1969-01-21 : Rick Nixon
Abducted for: Alien description:
nearly 4 years   They were pasty and pandering, and not very forgiving.   Fang spotted: no

Report an Abduction表单能好她工作，不过Owen认为还需要让更多的人了解他的网站。

在你上一次见过Owen之后，他已经创建了一个主页来查看用户提交的外星人劫持报告。

Owen希望更多的人了解他的网站，从而更有可能找到Fang。

将外星人劫持数据推向人们

通过将外星人劫持内容推向用户，Owen可以有效地建立一个"虚拟团队"，这些人可以帮助他监视外星人劫持报告。加入的人越多，就越有可能找到更多见过Fang的报告，相应地更有希望确定Fang的位置。

向用户推Web内容是一个很好的方法，有助于让更多的人了解网站。

一些email客户程序支持"推"内容，允许采用接收email邮件的方式来接收网站更新。

许多常规的Web浏览器还允许浏览"推"内容，可以很快地展示网站发布的最新新闻。

Owen不太清楚如何向用户推内容，不过他确实很喜欢这个想法。

甚至移动设备也允许访问"推"内容，网站上有更新时会自动发送这些内容。

Owen的虚拟团队，这些人会查看外星人劫持内容，有可能增加找到Fang的机会。

RSS向人们推Web内容

向Web发布HTML内容的基本思想是，访问网站的人会查看这些内容。不过，如果希望用户接收我们的Web内容而不要求他们主动请求，该怎么做呢？可以利用RSS做到这一点，这是一种数据格式，允许用户查找Web内容而不必访问网站。

RSS就相当于Web中的数字录像机（DVR）。利用DVR可以"订购"某个电视剧，这个电视剧播放时它会自动录下每一集。既然可以利用DVR让电视剧自己送上门，又何必翻来覆去地调台费劲地查找你喜欢的电视剧呢？尽管RSS并不具体录制任何内容，不过它会把Web内容送给你，而不要求你自己搜索这些内容，从这一点上看它与DVR很类似。

通过为外星人劫持数据创建一个RSS提要，Owen希望在发布新报告时能够通知用户。这有助于确保人们一直保持兴趣，进一步可以让更多的人参与数据的审查。最棒的一点是，这个数据库不仅可以驱动Web页面，还可以驱动RSS提要。

HTML用于查看；RSS用于合成。

利用新闻阅读器，你可以订购新闻提要，其中包含从网站内容得出的新闻。

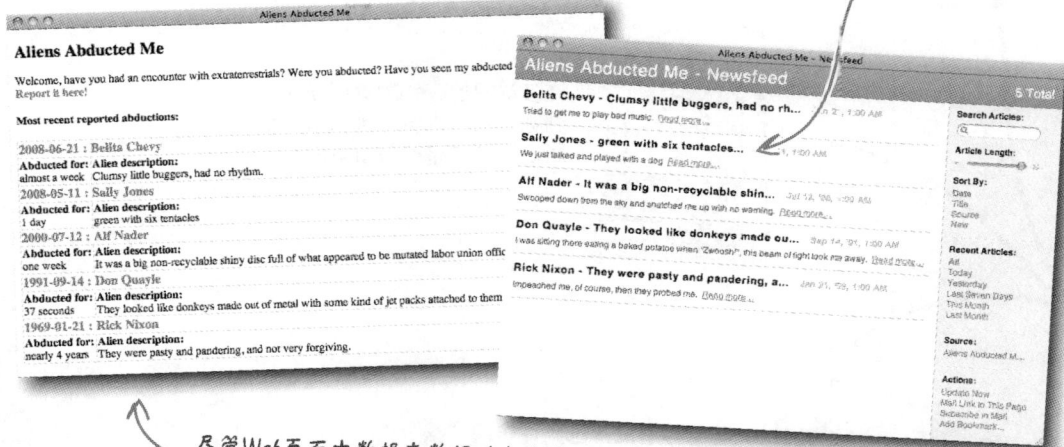

尽管Web页面由数据库数据动态生成，但你必须重新访问网页才能查看是否发布了新数据。

在这里，使用了Safari Web浏览器中内置的新闻阅读器。

RSS提供了Web数据的一个视图，有新内容时就会自动向用户传送这个视图。一个特定数据集上的RSS视图称为RSS提要（RSS feed），或新闻提要（newsfeed）。用户订购提要，有新内容发布到网站时会接收到这些新内容——这里无需用户访问网站并一直关注。

要查看RSS提要，只需要一个RSS新闻阅读器。大多数流行的Web浏览器和email客户程序都可以订购RSS提要。你只需为新闻阅读器提供提要的URL，余下的都由它来处理。

RSS实际上是XML

RSS是一种纯文本标记语言，使用标记和属性来描述内容，在这一点上它类似于HTML。RSS是基于XML的，XML是一种通用标记语言，可以用于描述任何类型的数据。XML的强大威力来自于其灵活性。它没有定义任何特定的标记或属性，而只是对如何创建以及使用标记和属性设置了有关规则。至于可以使用哪些标记和属性以及如何使用的具体细节要由特定的语言（如HTML和RSS）来建立。

精通RSS的前提是必须首先理解XML的基本规则。这些规则适用于所有基于XML的语言，也包括RSS和XHTML（这是HTML的现代版本）。这些规则很简单也很重要,如果违反了这些规则，你的XML (RSS)代码将不能正常工作！具体规则如下：

> RSS是用于描述Web内容来实现合成的一种标记语言。

✔ 包含内容的标记必须成对显示。

> 不正确！没有匹配的结束标记。
>
> ~~\<p\>Phone home!~~
>
> \<p\>Phone home!\</p\>
>
> 正确。

✔ 没有内容的空标记在结束尖括号前面必须有一个空格和一个斜线。

> 不正确！空标记在＞前面需要有一个空格和一个斜线。
>
> ~~\<br\>~~
>
> \<br /\>　正确。

✔ 所有属性值必须包围在双引号内。

> 不正确！属性必须用双引号包围。
>
> ~~\<img src=alien.gif /\>~~
>
> \<img src="alien.gif" /\>
>
> 正确。

> 大多数情况下双引号和单引号在PHP中都允许使用，与PHP不同，XML则很严格，对于属性值只允许用双引号。

> XML是一种用于描述任何类型数据的标记语言。

there are no
Dumb Questions

问：为什么RSS比直接让人访问我的网站好得多？

答：如果人们会定期地访问你的网站来搜寻最新的内容，那么RSS比直接在网站上显示内容并不会好多少。不过，大多数人都可能遗忘网站，甚至是他们喜欢的网站。所以RSS提供了一种有效的途径，可以将Web内容直接带给人们，而不是要求他们自己来搜寻。

问：RSS代表什么？

答：如今的RSS代表真正简单合成（Really Simple Syndication），在它传奇般的发展历史中有过多个不同的版本，不过RSS的最新版本（版本2.0）代表真正简单合成，你只需要了解这一点就可以了。

问：那么RSS的组成呢？

答：RSS是一种数据格式。我们知道，HTML是一种允许描述Web内容以便在web浏览器中查看的数据格式，与之类似，RSS也是一种数据格式，用于描述可以作为新闻提要访问的Web内容。类似于HTML，RSS数据格式是纯文本，由用于描述新闻提要内容的标记和属性组成。

问：从哪里可以得到一个RSS阅读器？

答：大多数Web浏览器都有一个内置的RSS阅读器。甚至一些email客户程序也包含RSS阅读器，在这些RSS阅读器中，RSS新闻会作为email消息出现在一个特殊的新闻提要文件夹中。另外还有一些独立的RSS阅读器。

以下是一个Aliens Abducted Me新闻提要的RSS代码。请对突出显示的代码加注解，解释你认为每个标记有什么作用。

```xml
<?xml version="1.0" encoding="utf-8"?>
<rss version="2.0">
  <channel>
    <title>Aliens Abducted Me - Newsfeed</title>
    <link>http://aliensabductedme.com/</link>
    <description>Alien abduction reports from around the world courtesy of Owen and his
      abducted dog Fang.</description>
    <language>en-us</language>

    <item>
      <title>Belita Chevy - Clumsy little buggers, had no rh……</title>
      <link>http://www.aliensabductedme.com/index.php?abduction_id=7</link>
      <pubDate>Sat, 21 Jun 2008 00:00:00 EST</pubDate>
      <description>Tried to get me to play bad music.</description>
    </item>

    <item>
      <title>Sally Jones - green with six tentacles……</title>
      <link>http://www.aliensabductedme.com/index.php?abduction_id=8</link>
      <pubDate>Sun, 11 May 2008 00:00:00 EST</pubDate>
      <description>We just talked and played with a dog</description>
    </item>

    ……

  </channel>
</rss>
```

以下是一个Aliens Abducted Me新闻提要的RSS代码。请对突出显示的代码加注解，解释你认为每个标记有什么作用。

Exercise Solution

这行代码不是标记，这是一个XML "指令"，指示这个文档包含XML代码。

```
<?xml version="1.0" encoding="utf-8"?>
<rss version="2.0">
  <channel>
    <title>Aliens Abducted Me - Newsfeed</title>
    <link>http://aliensabductedme.com/</link>
    <description>Alien abduction reports from around the world courtesy of Owen and his
      abducted dog Fang.</description>
    <language>en-us</language>

    <item>
      <title>Belita Chevy - Clumsy little buggers, had no rh……</title>
      <link>http://www.aliensabductedme.com/index.php?abduction_id=7</link>
      <pubDate>Sat, 21 Jun 2008 00:00:00 EST</pubDate>
      <description>Tried to get me to play bad music.</description>
    </item>

    <item>
      <title>Sally Jones - green with six tentacles……</title>
      <link>http://www.aliensabductedme.com/index.php?abduction_id=8</link>
      <pubDate>Sun, 11 May 2008 00:00:00 EST</pubDate>
      <description>We just talked and played with a dog</description>
    </item>

      ……

  </channel>
</rss>
```

这个<title>标记应用于整个通道（channel）。

通道的链接（link）通常指向与新闻提要关联的网站。

每个通道需要一个描述（description）来解释它提供何种新闻。

新闻提要可以用不同语言来创建，这个标记确定了通道的语言（language）。

结合被外星人劫持者的名字和外星人描述数据作为各个新闻的标题。

单个新闻的链接通常指向新闻提要相关网站上该新闻的完整内容。

这个RSS文档只包含一个通道，如果不需要对新闻区分不同类别，这是完全可以的。

<pubDate>标记中指定的日期遵循RFC-822 日期/时间格式，这是一个将详细日期和时间表示为文本的标准。

每个XML标记必须有一个开始标记和一个结束标记，这个结束标记结束了这个RSS文档。

这么说RSS实际上就是XML，这说明它就是一堆标记。看起来很容易。所以要想创建一个新闻提要，只需要创建一个XML文件，对吗？

对，可以这么说。不过一般不会手动创建XML代码，而且它通常并不存储在文件中。

XML可以存储在文件中，而且经常如此，这一点不假。但是对于RSS，我们讨论的是一直在变化的动态数据，所以把它存储在文件中没有意义—它会很快过时，我们要不断地重写文件。与此不同，我们希望得到从数据库动态生成的XML代码，HTML版本的Aliens Abducted Me主页就采用了这种做法。所以我们希望使用PHP来动态生成RSS（XML）代码，并根据请求把它直接返回一个RSS新闻阅读器。

从数据库到新闻阅读器

为了提供外星人劫持数据的一个新闻提要，Owen需要由他的MySQL数据库动态地生成RSS代码。这个RSS代码构成一个完整的RSS文档（document），可供RSS新闻阅读器"消费"（使用）。所以可以使用PHP将原外星人劫持数据格式化为RSS格式，然后能够由新闻阅读器处理并提供给用户。这个过程中最酷的一点是，一旦有了RSS形式的新闻提要，所有一切都将是自动的——出现新闻更新时，完全交由新闻阅读器显示更新的新闻。

RSS新闻阅读器设计为要消费RSS新闻提要提供的数据。

aliens_abduction

abduction_id	first_name	last_name	when_it_happened	how_long	how_many	alien_description	what_they_did	......
1	Alf	Nader	200-07-12	one week	at least 12	It was a big non-recyclable shiny disc full of......	Swooped down from the sky and......	......
2	Don	Quayle	1991-09-14	37 seconds	dunno	They looked like donkeys made out of metal......	I was sitting there eating a baked......	
3	Rick	Nixon	1969-01-21	nearly 4 years	just one	They were pasty and pandering, and not very......	Impeached me, of course, then they probed......	
4	Belita	Chevy	2008-06-21	almost a week	27	Clumsy little buggers, had no rhythm.	Tried to get me to play bad music.	
5	Sally	Jones	2008-05-11					

使用PHP由一个MySQL数据库生成一个RSS新闻提要文档。

```xml
<?xml version="1.0" encoding="utf-8"?>
<rss version="2.0">
 <channel>
  <title>Aliens Abducted Me - Newsfeed</title>
  <link>http://aliensabductedme.com/</link>
  <description>Alien abduction reports from around the world courtesy of Owen and his
   abducted dog Fang.</description>
  <language>en-us</language>

  <item>
   <title>Belita Chevy - Clumsy little buggers, had no rh......</title>
   <link>http://www.aliensabductedme.com/index.php?abduction_id=7</link>
   <pubDate>Sat, 21 Jun 2008 00:00:00 EST</pubDate>
   <description>Tried to get me to play bad music.</description>
  </item>
  ......
```

新闻阅读器知道如何解释XML代码中的各个新闻并显示给用户。

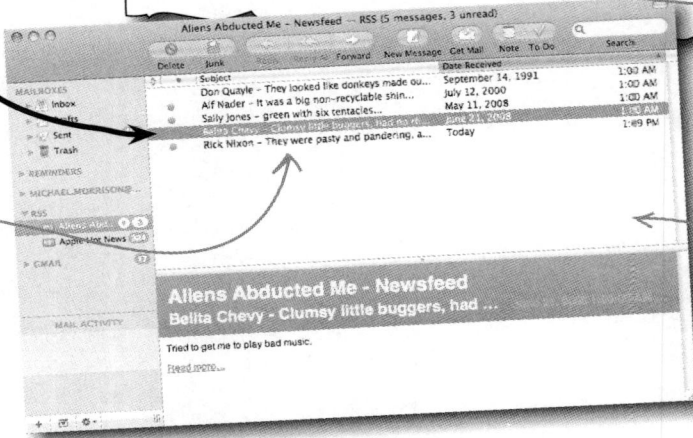

各条新闻在RSS新闻提要文档中都有自己单独的节（section）。

每个新闻阅读器会以其特有的方式显示新闻，这里就是以email消息同样的方式显示新闻。

这个新闻阅读器是Mac OS X中标准mail应用程序内置的。很多其他流行的email应用也包含有内置的新闻阅读器。

WHO DOES WHAT?

创建RSS提要的关键是需要理解RSS语言，这说明应当熟悉描述新
闻所用的标记。将以下各个RSS标记与其相应描述连线。

<rss>

这个标记与RSS无关。不过听上去确实像是新闻数据的一个
很不错的名字！

<channel>

对于所有新闻来说，发布日期都是一个重要信息，这个标
记就用来指定发布日期。

<cronkite>

这个标记表示RSS提要中的一个通道，相当于描述性数据和
单个新闻的一个容器。

<title>

表示单个新闻，由子元素进一步描述。

<language>

这个标记总包含一个URL，作为一个通道或新闻的链接。

<link>

由它包围整个RSS提要，所有其他标记都必须出现在这个标
记内部。

<description>

这个标记存储了一个通道或新闻的标题，通常用在
<channel>和<item>标记中。

<pubDate>

用来提供一个通道或新闻的简短描述，出现在<channel>
和<item>标记中。

<item>

这个标记应用于一个通道，指定通道所使用的语言，如en-
us(美国英语)。

WHO DOES WHAT?

答案

每个RSS提要至少包含一个通道，通常这是一组相关的新闻。

创建RSS提要的关键是需要理解RSS语言，这说明应当熟悉描述新闻所用的标记。将以下各个RSS标记与其相应描述连线。

`<rss>`标记是RSS文档的"根"标记，所有其他标记都必须出现在这个标记内。

`<rss>`

这个标记与RSS无关。不过听上去确实像是新闻数据的一个很不错的名字！

`<channel>`

对于所有新闻来说，发布日期都是一个重要信息，这个标记就用来指定发布日期。

`<cronkite>`

这个标记表示RSS提要中的一个通道，相当于描述性数据和单个新闻的一个容器。

表示单个新闻，由子元素进一步描述。

`<title>`

这个标记只能在通道中使用。

`<language>`

这个标记总包含一个URL，作为一个通道或新闻的链接。

`<link>`

由它包围整个RSS提要，所有其他标记都必须出现在这个标记内部。

`<description>`

这个标记存储了一个通道或新闻的标题，通常用在`<channel>`和`<item>`标记中。

这个标记只应用于新闻。

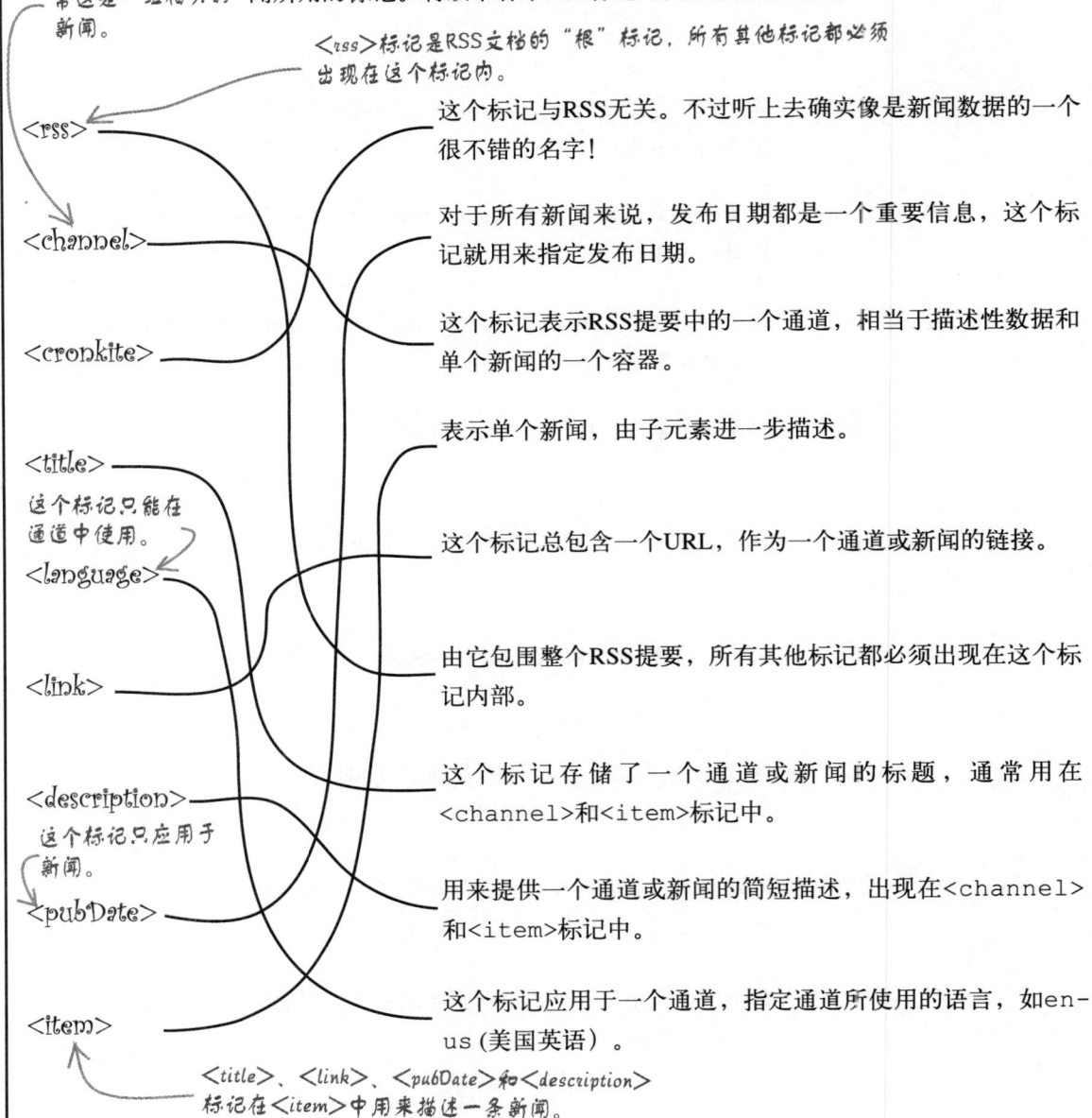

`<pubDate>`

用来提供一个通道或新闻的简短描述，出现在`<channel>`和`<item>`标记中。

`<item>`

这个标记应用于一个通道，指定通道所使用的语言，如en-us(美国英语)。

`<title>`、`<link>`、`<pubDate>`和`<description>`标记在`<item>`中用来描述一条新闻。

RSS
~~XML~~ 可视化

你已经知道，XML代码由标记组成，这些标记有时也称为元素（element），在一个完整的XML文档上下文中构成父-子关系（parent-child relationship）。处理XML代码时如果能可视化显示这个父-子关系会很有帮助。举个例子，上一页的RSS文档可以可视化显示为一个元素层次体系，就像是新闻提要数据的一个家族树，上面的父元素向下扇出到子元素。

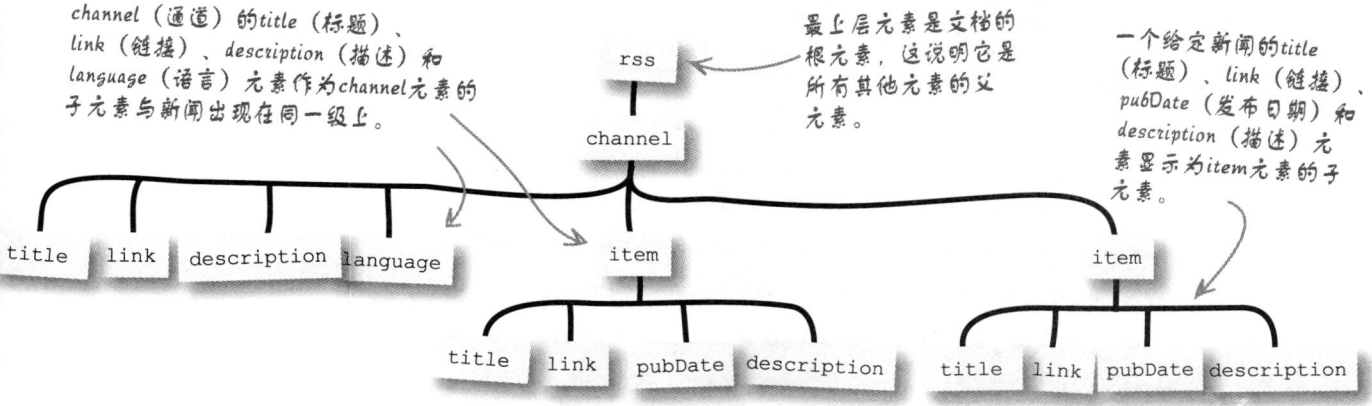

channel（通道）的title（标题）、link（链接）、description（描述）和language（语言）元素作为channel元素的子元素与新闻出现在同一级上。

最上层元素是文档的根元素，这说明它是所有其他元素的父元素。

一个给定新闻的title（标题）、link（链接）、pubDate（发布日期）和description（描述）元素显示为item元素的子元素。

Exercise

以下是增加到aliens_abduction数据库的一个全新的外星人劫持报告。写出对应这个外星人报告的RSS <item>标记的XML代码，要确保遵循新闻提要的RSS格式。

aliens_abduction

abduction_id	first_name	last_name	when_it_happened	how_long	how_many	alien_description	what_they_did	......
				......				
14	Shill	Watner	2008-07-05	2 hours	don't know	There was a bright light in the sky......	They beamed me toward a gas station......	......

....

....

....

....

....

....

Exercise Solution

以下是增加到aliens_abduction数据库的一个全新的外星人劫持报告。写出对应这个外星人报告的RSS <item>标记的XML代码，要确保遵循新闻提要的RSS格式。

aliens_abduction

abduction_id	first_name	last_name	when_it_happened	how_long	how_many	alien_description	what_they_did	......
			......					
14	Shill	Watner	2008-07-05	2 hours	don't know	There was a bright light in the sky......	They beamed me toward a gas station......	......

<item>标记包围这条新闻。

<title>，<link>，<pubDate>和<description>标记描述了新闻的细节。

```
<item>
    <title>Shill Watner - There was a bright light in the sky......</title>
    <link>http://www.aliensabductedme.com/index.php?abduction_id=14</link>
    <pubDate>Sat, 05 Ju 2008 00:00:00 EST</pubDate>
    <description>They beamed me toward a gas station......</description>
</item>
```

<pubDate>标记必须混合大小写，其中D为大写，所以不能是<pubdate>或<PUBDATE>。

there are no Dumb Questions

问：XML区分大小写吗？

答： 是的，XML语言是区分大小写的，所以指定XML标记和属性时文本采用大写或小写会有所不同。对此一个很好的例子就是RSS <pubDate>标记，它必须混合大小写，其中字母D为大写（其余为小写）。大多数XML标记都为全小写或者混合大小写。

问：空白符呢？XML中如何表示空白符？

答： 首先，XML中的空白符包含回车符(\r)、换行符(\n)、制表符(\t)和空格(' ')。大多数XML文档中的绝大部分空白符都纯粹是为了达到美化格式的目的，如缩进子标记。这种"不重要的"空白符通常被处理XML数据的应用所忽略，如RSS新闻阅读器。不过，出现在标记内部的空白符认为是"重要的"，往往会原样显示。正是利用这一点，可以采用XML准确地表示诸如诗歌等包含特定含义空格的文本。

问：RSS提要可以包含图像吗？

答： 可以。只是要记住，并不是每一个新闻阅读器都能够显示图像。另外，在RSS 2.0中，只能向通道增加图像，而不能向单个新闻增加图像。可以使用<image>标记向通道增加图像，它必须出现在<channel>标记内。以下是一个例子：

```
<image>
  <url>http://www.aliensabductedme.com/fang.jpg</url>
  <title>My dog Fang</title>
  <link>http://www.aliensabductedme.com</link>
</image>
```

从技术上讲，在RSS 2.0中也可以在一个新闻中包含图像；这里的技巧是在新闻的描述中使用HTML <img>标记。尽管这是可以的，但要求使用XML实体对HTML编码，而且这在很多方面与RSS项是纯文本内容的前提相悖。

RSS揭秘

本周访谈：
新闻记者的工作

Head First: 我听说人们在Web上寻找新闻时会去找你。是真的吗？

RSS: 我认为这取决于你如何看待"新闻"。我所做的工作主要是把信息打包为一种格式，可供新闻阅读器访问。至于这个内容到底是不是新闻…… 这不是我能控制的。这要由人们来决定。

Head First: 哈，说到"新闻阅读器"，你的意思就是单个人，对吗？

RSS: 不是。我是说一些软件工具，它们了解我是谁，而且知道我如何表示数据。例如，很多email程序就支持我，这说明你可以订购一个新闻提要，然后像接收email消息一样接收更新的新闻。

Head First: 有意思。那么你与email有什么不同呢？

RSS: 噢，我和email太不相同了。一方面，email消息是从一个人发送到另一个人，通常是一个双向对话的一部分。所以你可以响应一个email消息，再得到返回的响应，如此继续。而我只是单向通信，从一个网站到个人。

Head First: 怎么是一个单向通信呢？

RSS: 嗯，如果一个人在他的新闻阅读器软件中订购并打算接收一个新闻提要，实际上表明他们想知道一个给定网站上发布的新内容。确实发布新内容时，我会确保这个内容以新闻阅读器软件能够理解，并且能够向个人显示的方式进行表示。不过，这些人没有机会对新闻做出应答，正因如此，这是一个从网站到个人的单向通信。

Head First: 我知道了。那么你到底是什么呢？

RSS: 我实际上只是一个数据格式，一种大家都认可的方式，可以存储内容以便新闻阅读器识别和消费。如果使用我来存储数据，新闻阅读器就能将数据作为一个新闻提要来访问。

Head First: OK，那么你与HTML有什么差别？

RSS: 嗯，我们都是文本数据格式，而且最终都基于XML，这说明我们都使用标记和属性来描述数据。不过HTML专门设计为由Web浏览器处理和显示，而我设计为由新闻阅读器处理和显示。可以这么讲：我们对相同的数据提供了不同的视图。

Head First: 但是我已经见过一些Web浏览器可以显示新闻提要。那是怎么回事？

RSS: 这个问题问得好。实际上，一些Web浏览器包含了内置的新闻阅读器，所以它们实际上是"二合一"的工具。不过，在一个Web浏览器中查找新闻提要时，你会看到与HTML Web页面完全不同的页面。

Head First: 但是大多数新闻提要都链接到HTMLweb页面，不是吗？

RSS: 没错。所以我要与HTML联手来提供对Web内容更好的访问。具体思想是，首先用我来了解新内容，而不必直接访问一个网站。然后如果你发现希望对一个内容有更多了解，就可以点击链接来访问具体的页面。这就是为什么每个新闻都有一个链接的原因。

Head First: 这么说你可以算是Web页面的一种预览。

RSS: 是的，差不多吧。不过要记住，我会主动来找你，而你不必来找我。这就是人们喜欢我的原因，有了我，人们就不必不断地访问网站来跟踪新内容。

Head First: 我明白了。这确实很方便。谢谢你让我们明白了你在Web中的角色。

RSS: 嘿，很乐于效劳。常联系。

动态生成RSS提要

理解RSS数据格式当然很好，不过Owen还需要一个新闻提要真正为人们提供外星人劫持报告。现在就来利用PHP动态生成一个包含外星人劫持数据的新闻提要，这些数据是从Owen的MySQL数据库抽取的。幸运地是，可以利用以下一系列步骤来做到：

得到的新闻提要并不存储在一个文件中，但它是一个XML文档。

① 设置文档的内容类型为XML。

必须使用一个首部将RSS文档的内容类型设置为XML。

```php
<?php header('Content-Type: text/xml'); ?>
```

② 生成XML指令来指示这是一个XML文档。

```php
<?php echo '<?xml version="1.0" encoding="utf-8"?>'; ?>
```

③ 生成静态RSS代码（并非来自数据库的部分），如<rss>标记和通道信息。

```xml
<rss version="2.0">
  <channel>
    <title>……
    <link>……
    <description>……
    <language>……
```

这个代码不受数据库的影响，对于这个新闻提要，这部分代码总保持不变。

④ 查询aliens_abduction数据库获取外星人劫持数据。

abduction_id
      first_name   last_name
when_it_happened   alien_description
      what_they_did

为新闻生成RSS代码之前，必须查询MySQL数据库来得到外星人劫持数据。

⑤ 循环处理数据，为每个新闻生成RSS代码。

```xml
<item>
  <title>……
  <link>……
  <pubDate>……
  <description>……
</item>
```

这个代码包含由数据库抽取的数据，因此必须仔细生成。

⑥ 生成结束文档所需的RSS代码，包括结束</channel>和</rss>标记。

```xml
  </channel>
</rss>
```

PHP & MySQL & XML! 磁贴

Owen的Aliens Abducted Me RSS新闻提要脚本(newsfeed.php)缺少一些重要的代码。请仔细选择适当的磁贴来完成这个代码，并动态生成新闻提要。

newsfeed.php

```php
❶ <?php header('Content-Type: text/xml'); ?>
❷ <?php echo '<?xml version="1.0" encoding="utf-8"?>'; ?>
<rss version="2.0">

   ....................

   <title>Aliens Abducted Me - Newsfeed</title>
                  http://aliensabductedme.com/ ..................
   ....................
❸ <description>Alien abduction reports from around the world courtesy of Owen
     and his abducted dog Fang.</description>

        .........................en-us.........................


<?php
  require_once('connectvars.php');

  // Connect to the database
  $dbc = mysqli_connect(DB_HOST, DB_USER, DB_PASSWORD, DB_NAME);

  // Retrieve the alien sighting data from MySQL
  $query = "SELECT abduction_id, first_name, last_name, " .
    "DATE_FORMAT(when_it_happened,'%a, %d %b %Y %T') AS when_it_happened_rfc, " .
    "alien_description, what_they_did " .
❹   "FROM aliens_abduction " .

    "ORDER BY when_it_happened ..............";

  $data = mysqli_query($dbc, $query);

  // Loop through the array of alien sighting data, formatting it as RSS
  while ($row = mysqli_fetch_array($data)) {
    // Display each row as an RSS item

    echo '         .................           ';
    echo ' <title>' . $row['first_name'] . ' ' . $row['last_name'] . ' - ' .
      substr($row['alien_description'], 0, 32) . '……</title>';
❺   echo ' <link>http://www.aliensabductedme.com/index.php?abduction_id=' .
      $row['........................'] . '</link>';
    echo '......................' . $row['when_it_happened_rfc'] . ' ' . date('T') . '......................';
    echo ' <description>' . $row['what_they_did'] . '</description>';
    echo '</item>';
  }
?>

   </channel>
❻ .................
```

磁贴:

```
</pubDate>    DESC    <item>    </channel>    abduction_id    <rss>    <language>
first_name    </link>    last_name    </language>    </item>    channel    </item>    <link>
              <pubDate>    </rss>    ASC    <channel>
```

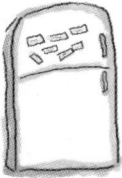

PHP & MySQL & XML! 磁贴答案

Owen的Aliens Abducted Me RSS新闻提要脚本（newsfeed.php）缺少一些重要的代码。请仔细选择适当的磁贴来完成这个代码，并动态生成新闻提要。

❶ `<?php header('Content-Type: text/xml'); ?>` ← 与之前CAPTCHA示例中输出PNG图像所使用的首部类似，这个首部使得脚本输出一个XML文档。

❷
```
<?php echo '<?xml version="1.0" encoding="utf-8"?>'; ?>
<rss version="2.0">
```

`<channel>`

```
<title>Aliens Abducted Me - Newsfeed</title>
```

`<link>` `http://aliensabductedme.com/` `</link>`

❸
```
<description>Alien abduction reports from around the world courtesy of Owen
  and his abducted dog Fang.</description>
```

`<language>` `en-us` `</language>`

```php
<?php
require_once('connectvars.php');

// Connect to the database
$dbc = mysqli_connect(DB_HOST, DB_USER, DB_PASSWORD, DB_NAME);

// Retrieve the alien sighting data from MySQL
$query = "SELECT abduction_id, first_name, last_name, " .
  "DATE_FORMAT(when_it_happened,'%a, %d %b %Y %T') AS when_it_happened_rfc, " .
  "alien_description, what_they_did " .
  "FROM aliens_abduction " .
```

❹
```php
  "ORDER BY when_it_happened DESC";

$data = mysqli_query($dbc, $query);

// Loop through the array of alien sighting data, formatting it as RSS
while ($row = mysqli_fetch_array($data)) {
  // Display each row as an RSS item

  echo '  <item>';
  echo '  <title>' . $row['first_name'] . ' ' . $row['last_name'] . ' - ' .
    substr($row['alien_description'], 0, 32) . '……</title>';
  echo '  <link>http://www.aliensabductedme.com/index.php?abduction_id=' .
```

❺
```php
    $row['abduction_id'] . '</link>';
  echo '  <pubDate>' . $row['when_it_happened_rfc'] . ' ' . date('T') . '</pubDate>';
  echo '  <description>' . $row['what_they_did'] . '</description>';
  echo '  </item>';
}
?>
```

```
</channel>
```

❻ `</rss>`

`<? php ?>` **newsfeed.php**

first_name · last_name · </channel> · ASC · <rss> · </item>

运行测试

为Aliens Abducted Me增加RSS Newsfeed脚本。

创建一个名为`newsfeed.php`的新的文本文件，输入前几页磁贴练习中Owen RSS Newsfeed脚本的代码［或者从Head First Labs网站（`www.headfirstlabs.com/books/hfphp`）下载这个脚本］。

将脚本上传到你的Web服务器，然后在一个新闻阅读器中打开。大多数Web浏览器和一些email客户程序都允许查看新闻提要，所以如果你没有一个独立的新闻阅读器应用，可以先尝试使用Web浏览器或email客户程序查看。Newsfeed脚本应当能显示从Aliens Abducted Me数据库直接抽取的最新外星人劫持报告。

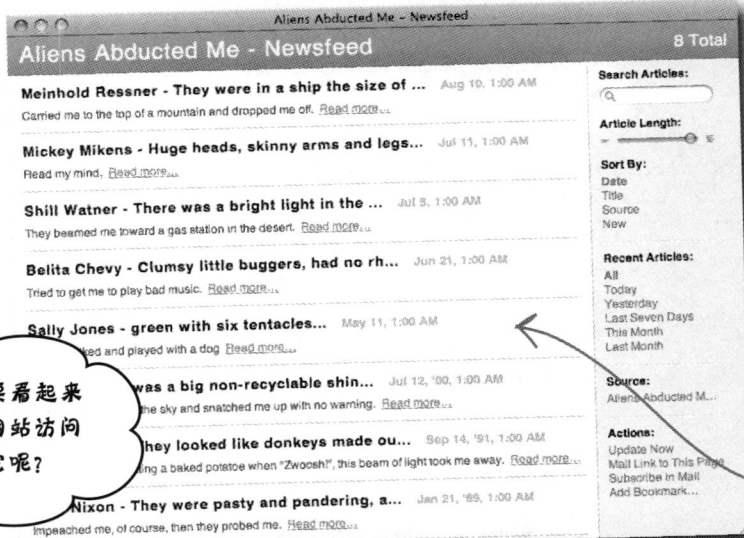

如果你的浏览器不能查看新闻提要，可以尝试URL中使用feed://而不是http://。

newsfeed.php脚本生成一个RSS新闻提要文档，可以用一个RSS新闻阅读器浏览。

这个新闻提要看起来不错，不过网站访问者如何找到它呢？

只需从主页提供一个相应的链接。

不要忘记`newsfeed.php`只是一个PHP脚本。它与在本书中之前看到的大多数其他PHP脚本之间唯一的区别是，它会生成一个RSS文档而不是一个HTML文档。不过访问这个脚本与访问任何其他PHP脚本是一样的，只需在URL中指定脚本的名字。Owen还缺少一种方法与访问其网站的人分享这个URL。稍做努力就可以做到这一点，为此只需提供一个合成链接，这就是指向Owen服务器上的`newsfeed.php`脚本的链接。

链接到RSS提要

为网站新闻提要提供一个醒目的链接非常重要，因为很多用户都会很高兴你能提供这样一项服务。为了帮助用户很快找到一个给定网站的RSS提要，可以使用一个标准图标直观地指示提要。我们可以使用这个图标在Owen的主页（index.php）下方建立一个新闻提要链接。

可以用一个标准RSS图标清楚地指示用户你提供了一个RSS新闻提要。

这个图标有各种不同的形状和图像格式，不过其外观总是一样的。

rssicon.png

要下载一组不同颜色和格式的RSS图标，可以访问www.beedicons.com。

新闻提要的URL正是newsfeed.php脚本，只要这个脚本存储在主页所在的同一个文件夹中，这就可以正常工作。

```
<p>
  <a href="newsfeed.php">
    <img style="vertical-align:top; border:none"
      src="rssicon.png" alt="Syndicate alien abductions" />
    Click to syndicate the abduction news feed.
  </a>
</p>
```

新闻提要的HTML链接同时包含RSS图标和描述文本。

Aliens Abducted Me

Welcome, have you had an encounter with extraterrestrials? Were you abducted? Have you seen my abducted dog, Fang? **Report it here!**

Most recent reported abductions:

2008-08-10 : Meinhold Ressner

Abducted for:	**Alien description:**	**Fang spotted:**
3 hours	They were in a ship the size of a full moon.	no

2008-07-11 : Mickey Mikens

Abducted for:	**Alien description:**	**Fang spotted:**
45 minutes	Huge heads, skinny arms and legs	yes

2008-07-05 : Shill Watner

Abducted for:	**Alien description:**	**Fang spotted:**
2 hours	There was a bright light in the sky, followed by a park or two.	yes

2008-06-21 : Belita Chevy

Abducted for:	**Alien description:**	**Fang spotted:**
almost a week	Clumsy little buggers, had no rhythm.	no

2008-05-11 : Sally Jones

Abducted for:	**Alien description:**	**Fang spotted:**
1 day	green with six tentacles	yes

Click to syndicate the abduction news feed.

Aliens Abducted Me页面上的一个醒目的链接可以为访问者提供一个快捷途径来访问Owen的新闻提要。

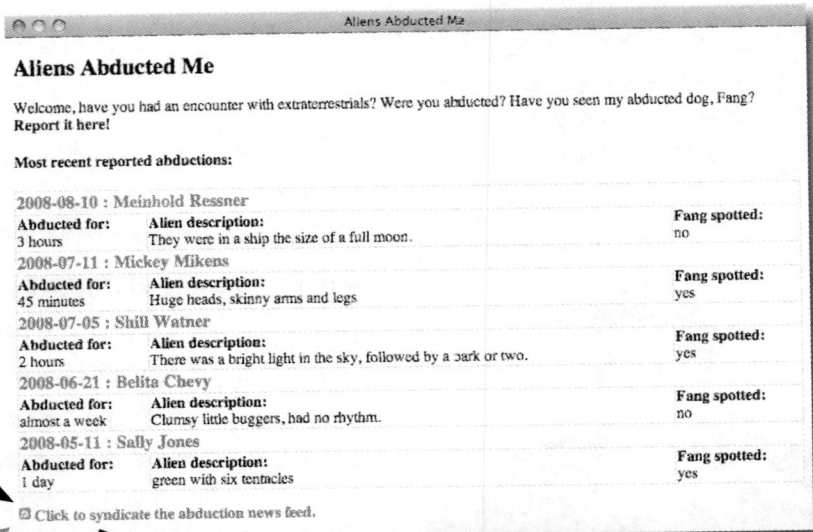

运行测试

为Aliens Abducted Me主页增加新闻提要链接。

修改Aliens Abducted Me的index.php脚本，在页面底部附近显示新闻提要链接。另外从Head First Labs网站（www.headfirstlabs.com/books/hfphp）下载rssicon.png图像（作为本章代码的一部分）。

将index.php脚本和rssicon.php图像上传到你的Web服务器，然后在一个Web浏览器中打开这个脚本。点击这个新链接查看RSS提要。

由于劫持仍在继续，我一直在搜寻外星人。

我还没有看到Fang，不过这些报告很惊人。

多亏RSS，新的外星人劫持报告被"推"至订购者，而不要求他们直接访问Aliens Abducted Me网站。

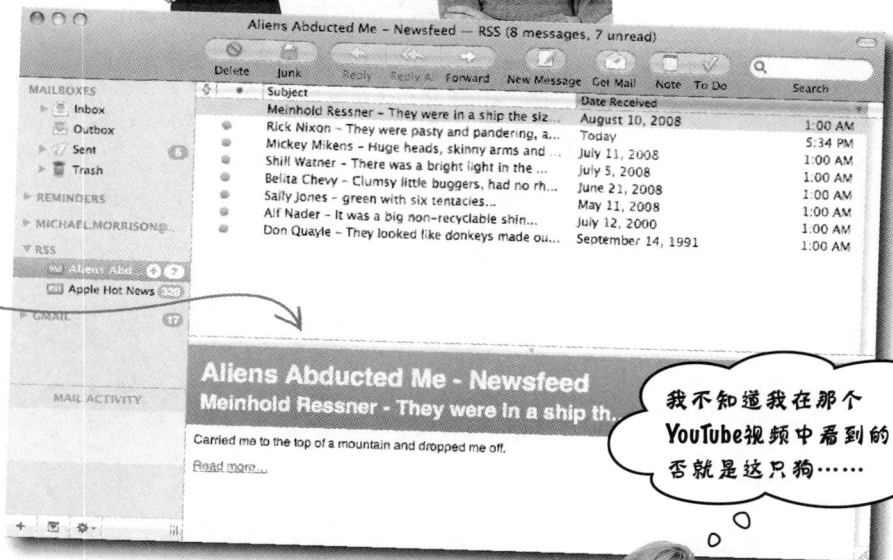

我不知道我在那个YouTube视频中看到的是否就是这只狗……

Chloe，非常喜欢查看Aliens Abducted Me新闻提要，认为她可能在一个YouTube视频中见过Fang。

为Owen的网站增加YouTube内容

一个 ~~图片~~ 视频 胜过 ~~千言万语~~ 长篇大论

有一个新闻提要订购者提醒Owen，指出一个YouTube视频中的一只狗很像是Fang，在此之后，Owen意识到他必须使用另外某种技术来扩大Fang的搜索范围。但是怎么做呢？如果Owen可以在Aliens Abducted Me中结合YouTube视频，他的用户就都可以搜寻Fang。不仅如此，他确实需要提出一种方法避免不断地对YouTube完成手工视频搜索。

> YouTube是一个很不错的工具，在对Fang的搜索中可以帮助收集外星人劫持证据……不过，搜索新的外星人劫持视频确实很不容易。

尽管YouTube非常有助于Owen查找Fang，但他目前必须完成大量手工视频搜索。

YouTube – Broadcast Yourself.

aliensabductedme | (0) | Account ▾ | QuickList (0) | Help | Sign Out

You Tube Broadcast Yourself™

Worldwide (All) | English (US)

| Home | Videos | Channels | Community |

alien abduction dog

Videos ▾ | Search

Upload

Pug Abducted By UFO!

UFO Spotted Near Eiffel Tower!

这会是Fang吗？

Dog Rides in UFO Hovering Near San Francisco!

Owen认为视频可能是找到Fang的最终途径。

0:10 / 0:10

试一试！

① 访问Owen的YouTube视频（**www.youtube.com/user/aliensabductedme**）。

② 查看Owen发现的一些外星人劫持视频。
你认为视频中的狗是Fang吗？

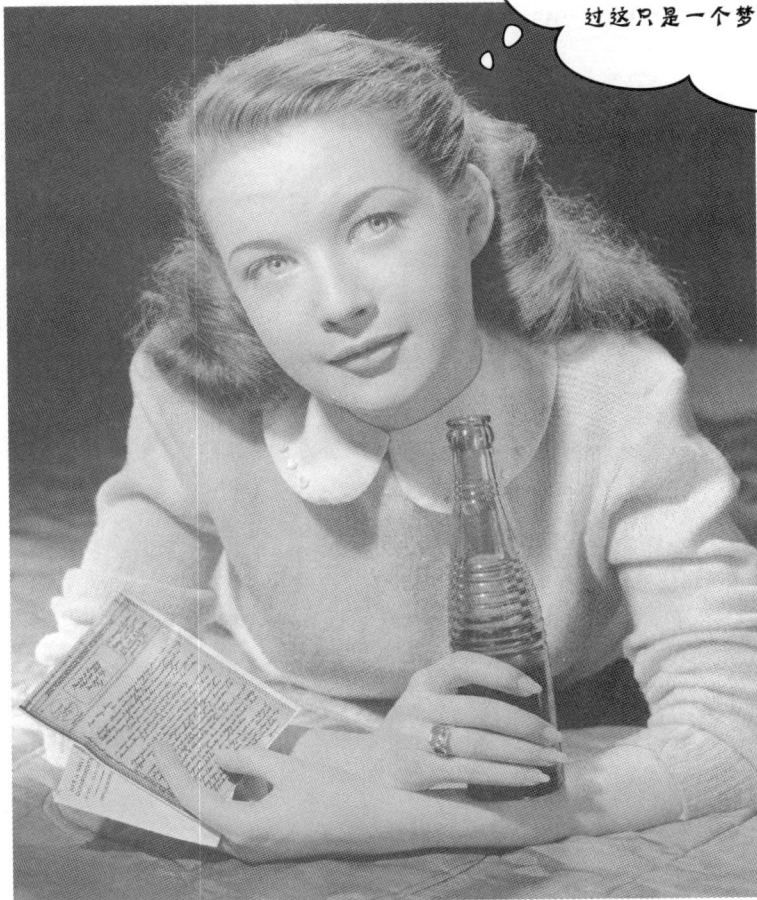

> 如果我可以直接在 **Aliens Abducted Me** 上查看视频而不必在 **YouTube** 上搜索该多好，这难道只是一个梦吗？如果能直接访问一个 **Web** 页面，其中为我完成了搜索，那该多好。不过这只是一个梦吧……

从其他来源"拉"Web内容

RSS新闻提要的基本思想是，它会把你的内容推向其他人，使他们不必不断地访问你的网站来得到新内容。这是一种很好的方法，可以让人们更方便地跟踪你的网站，这一点Owen已经认识到了。不过这只是一个方面，关于Web合成还有一个方面，需要从另一个网站"拉"内容放置在你的网站上。这样一来，你会成为消费者，而其他人相当于内容提供者。由于Owen要在网站上显示YouTube视频，对于这种情况，YouTube就成为了提供者。

YouTube是视频的提供者。

Aliens Abducted Me是视频的消费者。

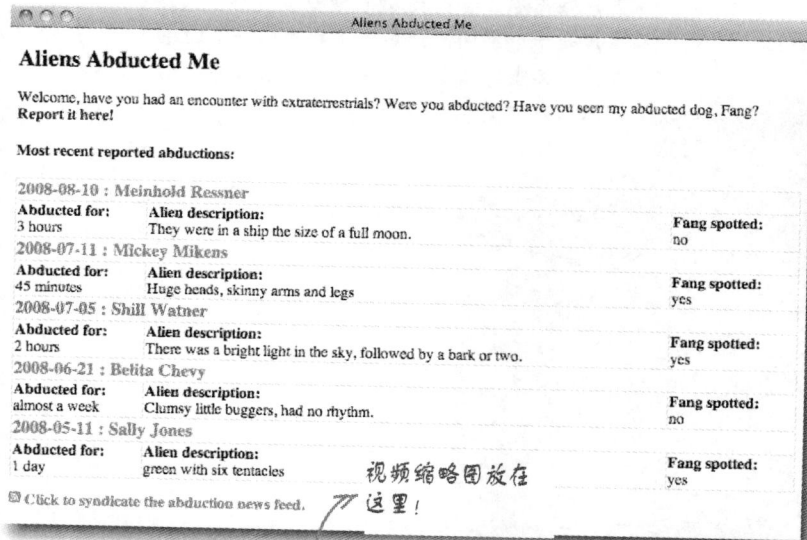

Pug Abducted By UFO!

Aliens Abducted Me

Welcome, have you had an encounter with extraterrestrials? Were you abducted? Have you seen my abducted dog, Fang? **Report it here!**

Most recent reported abductions:

2008-08-10 : Meinhold Ressner		
Abducted for: 3 hours	**Alien description:** They were in a ship the size of a full moon.	**Fang spotted:** no
2008-07-11 : Mickey Mikens		
Abducted for: 45 minutes	**Alien description:** Huge heads, skinny arms and legs	**Fang spotted:** yes
2008-07-05 : Shill Watner		
Abducted for: 2 hours	**Alien description:** There was a bright light in the sky, followed by a bark or two.	**Fang spotted:** yes
2008-06-21 : Belita Chevy		
Abducted for: almost a week	**Alien description:** Clumsy little buggers, had no rhythm.	**Fang spotted:** no
2008-05-11 : Sally Jones		
Abducted for: 1 day	**Alien description:** green with six tentacles	**Fang spotted:** yes

Click to syndicate the abduction news feed.

视频缩略图放在这里！

Aliens Abducted Me主页的设计需要稍做修改，为视频搜索结果留出空间。

UFO Spotted Near Eiffel Tower!

Dog Rides in UFO Hovering Near San Francisco!

YouTube外星人劫持搜索得到的视频由YouTube返回，并输入Owen的主页。

要了解Owen并不只是想嵌入一个特定的YouTube视频或视频链接，这很重要。如果只是嵌入特定的视频，这很容易实现，只需从YouTube剪切和粘贴HTML代码。他想要的是对YouTube视频真正完成一个搜索，并显示该搜索的结果。所以Aliens Abducted Me需要对YouTube数据完成一个实时查询，然后动态地显示结果。这就允许Owen和众多协助寻找Fang的人能时刻监视发布到YouTube的外星人劫持视频。

合成YouTube视频

要从YouTube获得视频，必须清楚地了解YouTube如何提供视频来完成合成。YouTube通过一个请求/响应通信过程来提供用于合成的视频，在这个过程中，你首先请求某些视频，然后从YouTube服务器收到一个响应，其中包含有关这些视频的信息。一方面你要负责采用YouTube期望的格式发出请求，另一方面还要处理响应，这包括筛选响应数据来得到你需要的特定视频数据(视频标题、缩略图图像，链接等)。

需要遵循以下步骤从YouTube"拉"视频并显示:

合成来自YouTube的视频需要发出请求并处理响应。

1 建立一个YouTube视频请求。

这个请求通常采用URL的形式。

2 向YouTube发出视频请求。

YouTube使用XML响应视频请求。

3 接收YouTube的响应数据，其中包含有关视频的信息。

4 处理响应数据，并格式化为HTML代码。

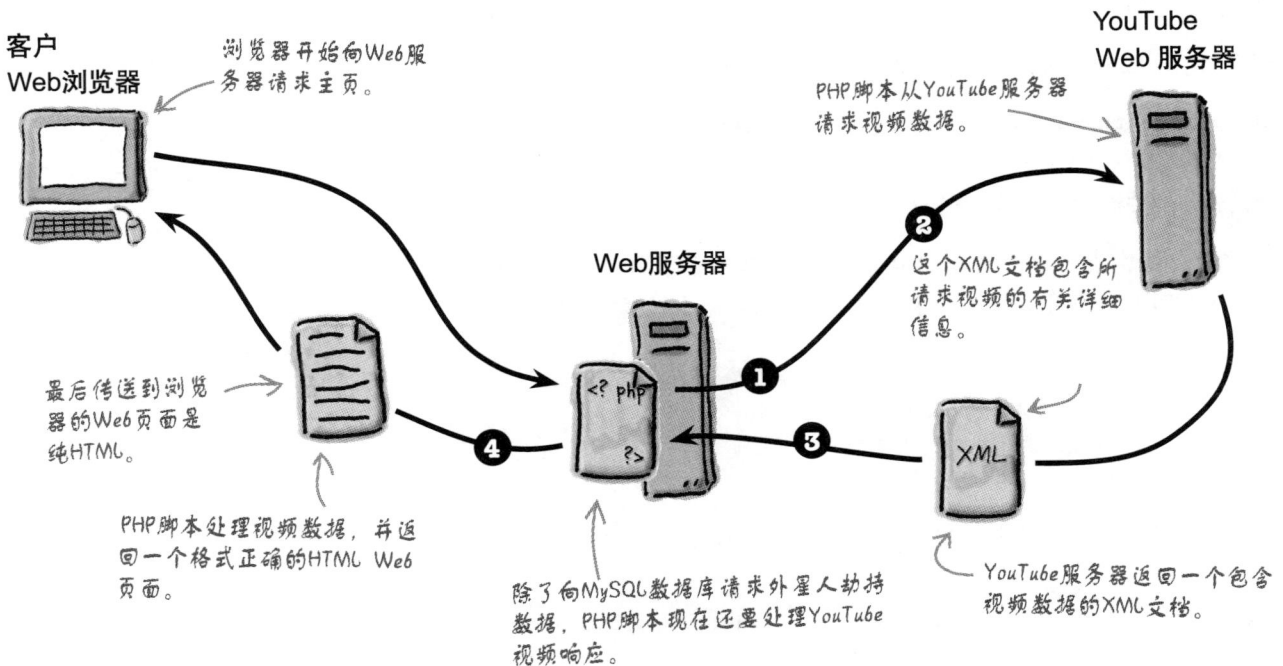

客户
Web浏览器

浏览器开始向Web服务器请求主页。

最后传送到浏览器的Web页面是纯HTML。

Web服务器

YouTube
Web 服务器

PHP脚本从YouTube服务器请求视频数据。

这个XML文档包含所请求视频的有关详细信息。

PHP脚本处理视频数据，并返回一个格式正确的HTML Web页面。

除了向MySQL数据库请求外星人劫持数据，PHP脚本现在还要处理YouTube视频响应。

YouTube服务器返回一个包含视频数据的XML文档。

建立一个YouTube视频请求

要从YouTube"拉"视频并把这些视频结合到你自己的Web页面，首先需要有一个请求。YouTube希望通过使用REST请求来请求视频，这是一个指向特定资源（如YouTube视频数据）的定制URL。首先构建一个标识所要视频的URL，然后YouTube通过一个XML文档返回这些视频的有关信息。

YouTube请求URL的详细信息由你希望访问哪些视频来确定。例如，可以请求某个特定用户最喜欢的视频。对于Owen，最好的方法可能是对所有YouTube视频完成一个关键字搜索。不同类型的视频REST请求所需的URL稍有不同，不过基URL的开头部分总是如下：

```
http://gdata.youtube.com/feeds/api/
```

所有YouTube REST请求都有这个基URL。

按用户请求视频

要请求一个特定YouTube用户最喜欢的视频，需要补充基URL，提供其YouTube用户名。

```
http://gdata.youtube.com/feeds/api/users/username/favorites
```

通过YouTube用户名可以访问该用户最喜欢的视频。

要请求用户elmerpriestley最喜欢的视频，可以使用以下URL：

```
http://gdata.youtube.com/feeds/api/users/elmerpriestley/favorites
```

这个REST请求的结果是YouTube用户elmerpriestley最喜欢的视频。

用关键字搜索请求视频

更强大、通常也更有用的YouTube视频请求是独立于用户完成关键字搜索。可以在URL末尾使用多个关键字，只要用斜线将各个关键字分隔开。

```
http://gdata.youtube.com/feeds/api/videos/-/keyword1/keyword2/.....
```

与按用户请求时的URL开始部分相同，不过这里使用了"videos"而不是"users"。

视频搜索可以使用多个关键字，需要用斜线将它们分隔开。

不要忘记斜线和连字符！

要请求对应关键字"elvis"和"impersonator"的视频，可以使用以下URL：

```
http://gdata.youtube.com/feeds/api/videos/-/elvis/impersonator
```

这里使用关键字"elvis"和"impersonator"来搜索视频。

关键字是不区分大小写的，所以"elvis"、"Elvis"和"eLvIs"都会给出同样的结果。

扮演YouTube REST请求

你的任务是采用YouTube的思维，成为一个视频REST请求。使用下面的磁贴来组装对应以下YouTube视频的视频REST请求，再在你的Web浏览器尝试这些请求。

与关键字"Roswell"匹配的所有视频：

....

与关键字"alien"和"abduction"匹配的所有视频：

....

标记为用户headfirstmork最喜欢的所有视频：

....

与关键字"ufo"、"sighting"和"dog"匹配的所有视频：

....

标记为用户aliensabductedme最喜欢的所有视频：

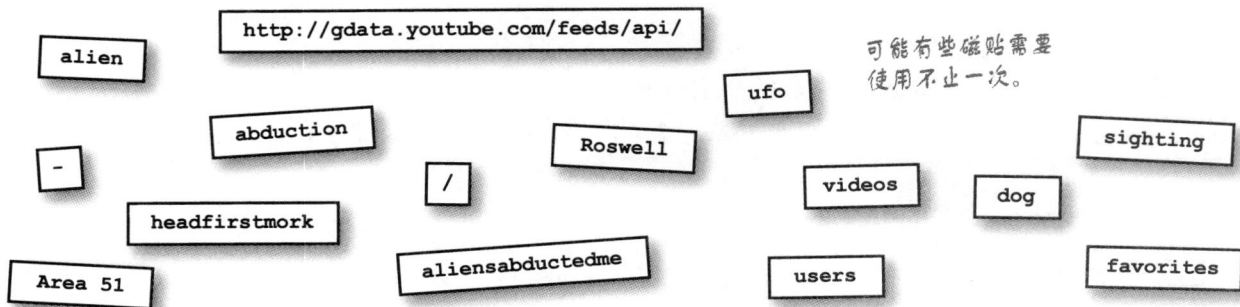

....

alien	http://gdata.youtube.com/feeds/api/	ufo	可能有些磁贴需要使用不止一次。
	abduction	Roswell	sighting
-	/	videos	dog
	headfirstmork		favorites
Area 51	aliensabductedme	users	

扮演YouTube REST请求答案

你的任务是采用YouTube的思维，成为一个视频REST请求。使用下面的磁贴来组装对应以下YouTube视频的视频REST请求，再用你的Web浏览器尝试这些请求。

有些磁贴需要多次使用。

所有REST请求有同样的YouTube基URL。

单个关键字出现在URL的末尾。

与关键字"Roswell"匹配的所有视频：

| http://gdata.youtube.com/feeds/api/ | videos | / | - | / | Roswell |

各个搜索关键字出现在URL的末尾，用斜线分隔。

与关键字"alien"和"abduction"匹配的所有视频：

| http://gdata.youtube.com/feeds/api/ | videos | / | - | / | alien | / | abduction |

标记为用户headfirstmork最喜欢的所有视频：

| http://gdata.youtube.com/feeds/api/ | users | / | headfirstmork | / | favorites |

搜索用户最喜欢的视频时，相应URL要求这里是单词"users"而不是"videos"。

与关键字"ufo"、"sighting"和"dog"匹配的所有视频：

| http://gdata.youtube.com/feeds/api/ | videos | / | - | / | ufo | / | sighting | / | dog |

URL以单词"favorites"结尾。

标记为用户aliensabductedme最喜欢的所有视频：

| http://gdata.youtube.com/feeds/api/ | users | / | aliensabductedme | / | favorites |

这个磁贴没有用到……这是个陷阱！

| Area 51 |

你想访问这个用户最喜欢的视频。

there are no
Dumb Questions

问： REST与其他请求（比如GET请求）有什么区别？

答： 没有区别。使用GET请求时，例如请求一个Web页面，实际上就在使用REST。可以把一个正常的Web页面认为是一个REST资源，因为它可以通过一个URL来访问，而GET是用来访问该资源的REST"动作"。REST更有意思的一点是，可以用它来建立查询，如YouTube视频请求。在这种情况下，仍是在处理REST请求，不过它们会请求一个数据库来得到数据，而不只是请求一个静态Web页面。

问： 完成YouTube关键字搜索时参数的顺序会有影响吗？

答： 是的，第一个关键字会比后面的关键字有更高的优先级，所以一定要确保按重要性递减的顺序来列出。

问： 一个视频搜索有多个匹配结果时，YouTube如何确定返回哪些视频？

答： YouTube关键字视频请求会根据搜索相关性来返回视频，这表示你会得到与关键字最匹配的视频，而不论这些视频何时发布到YouTube。

我想看到一些视频
结果……

Owen准备建立一个REST请求

由于Owen的目标是在YouTube中搜寻可能包含Fang的外星人劫持视频，所以使用关键字搜索作为提交给YouTube的REST请求类型最为合适。可以用很多不同的关键字组合来搜索可能的Fang视频，不过以下关键字组合可以帮助你最有效地追踪特别与Fang有关的视频：

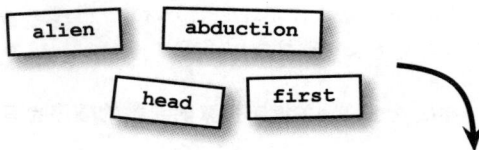

alien abduction

head first

http://gdata.youtube.com/feeds/api/videos/-/alien/abduction/head/first

完成一个正常的YouTube视频搜索时，你可能并不会引用这样一个图书系列的标题（head first），这只适用于这个特定的例子。这里假设恰好大量外星人劫持视频都是由Head First迷制作的!既然已经有了一个REST请求URL，现在Owen可以划掉YouTube视频合成的第一步。

最后两个关键字有助于确保你找到与Owen和Fang有关的外星人劫持视频!

由于已经有了YouTube请求URL，第一步已经完成。

❶ 建立YouTube视频请求。
❷ 向YouTube发出视频请求。
❸ 接收包含视频有关信息的YouTube响应数据。
❹ 处理响应数据并格式化为HTML代码。

运行测试

测试Owen的YouTube请求URL。

在一个Web浏览器中输入Owen的YouTube请求URL：

```
http://gdata.youtube.com/feeds/api/videos/-/alien/abduction/head/first
```

浏览器会显示什么？尝试查看页面的源代码，看看YouTube返回的具体代码。

> Web浏览器将YouTube响应返回的XML数据看作是新闻提要，不过在这种情况下每一个新闻实际上是一个视频。

在Web浏览器中键入一个URL就可以从YouTube请求视频，这实在太酷了，不过这与PHP有什么关系呢？为什么不能从一个脚本访问视频结果？

PHP的SimpleXML扩展包提供了 *simplexml_load_file*() 函数，这个扩展包是PHP 5新增的。所以在之前的版本中，PHP没有提供XML处理的内置支持。

这是可以的， 只需要一个PHP函数允许我们提交REST请求并接收一个响应。

内置函数simplexml_load_file()允许我们提交REST请求并得到XML响应，如YouTube请求/响应。这个函数实际上会把一个XML文档加载到一个PHP对象，然后可以使用这个对象来挖掘XML数据，抽取所需要的特定信息。那么这对Owen的YouTube视频请求有什么影响呢？查看以下代码，这会创建一个包含YouTube URL的常量，然后使用simplexml_load_file()函数发出一个REST请求：

```
define('YOUTUBE_URL', 'http://gdata.youtube.com/feeds/api/videos/-/alien/abduction/head/first')
$xml = simplexml_load_file(YOUTUBE_URL);
```

尽管不是绝对必要，但将静态URL存储在常量中通常是一个很好的想法，这样一来，如果需要修改就能知道在哪里修改。

~~① 建立YouTube视频请求。~~

~~② 向YouTube发出视频请求。~~

~~③ 接收包含视频有关信息的YouTube响应数据~~

④ 处理响应数据并格式化为HTML代码。

这两步现在已经完成！

Relax

如果你不知道对象是什么也不必担心（特别是在PHP环境中）。

PHP对象是一个特定的数据类型，允许将数据与函数一同打包在一个构造中。你现在只需要知道：使用对象可以更容易地在PHP中处理XML数据。稍后你就会更多地了解这是如何做到的。

```xml
<?xml version='1.0' encoding='UTF-8'?>
<feed xmlns='http://www.w3.org/2005/Atom'
  xmlns:openSearch='http://a9.com/-/spec/opensearchrss/1.0/'
  xmlns:gml='http://www.opengis.net/gml'
  xmlns:georss='http://www.georss.org/georss'
  xmlns:media='http://search.yahoo.com/mrss/'
  xmlns:batch='http://schemas.google.com/gdata/batch'
  xmlns:yt='http://gdata.youtube.com/schemas/2007'
  xmlns:gd='http://schemas.google.com/g/2005'>
  <id>http://gdata.youtube.com/feeds/api/users/aliensabductedme/favorites</id>
  <updated>2008-08-01T20:37:48.798Z</updated>
  <category scheme='http://schemas.google.com/g/2005#kind' term='http://gdata.youtube.com/schemas/2007#video'/>
  <title type='text'>Favorites of aliensabductedme</title>
  <logo>http://www.youtube.com/img/pic_youtubelogo_123x63.gif</logo>
  <link rel='related' type='application/atom+xml' href='http://gdata.youtube.com/feeds/api/users/aliensabductedme/favorites'/>
  <link rel='alternate' type='text/html' href='http://www.youtube.com/profile_favorites?user=aliensabductedme'/>
  <link rel='http://schemas.google.com/g/2005#feed' type='application/atom+xml' href='http://gdata.youtube.com/feeds/api/users/aliensabductedme/favorites/batch'/>
  <link rel='http://schemas.google.com/g/2005#batch' type='application/atom+xml' href='http://gdata.youtube.com/feeds/api/users/aliensabductedme/favorites'/>
  <link rel='self' type='application/atom+xml' href='http://gdata.youtube.com/feeds/api/users/aliensabductedme/favorites?start-index=1&amp;max-results=25'/>
  <author>
    <name>aliensabductedme</name>
    <uri>http://gdata.youtube.com/feeds/api/users/aliensabductedme</uri>
  </author>
  <generator version='2.0' uri='http://gdata.youtube.com'>YouTube data API</generator>
  <openSearch:totalResults>9</openSearch:totalResults>
  <openSearch:startIndex>1</openSearch:startIndex>
  <openSearch:itemsPerPage>25</openSearch:itemsPerPage>
  <entry>
    <id>http://gdata.youtube.com/feeds/api/videos/_6Uibqf0vtA</id>
    <published>2006-06-20T07:49:05.000-07:00</published>
    <updated>2008-08-01T09:19:58.000-07:00</updated>
    <category scheme='http://gdata.youtube.com/schemas/2007/keywords.cat' term='sightings'/>
    <category scheme='http://gdata.youtube.com/schemas/2007/keywords.cat' term='ca'/>
    <category scheme='http://gdata.youtube.com/schemas/2007/keywords.cat' term='51'/>
    <category scheme='http://schemas.google.com/g/2005#kind' term='http://gdata.youtube.com/schemas/2007#video'/>
    <category scheme='http://gdata.youtube.com/schemas/2007/keywords.cat' term='area'/>
    <category scheme='http://gdata.youtube.com/schemas/2007/keywords.cat' term='aliens'/>
    <category scheme='http://gdata.youtube.com/schemas/2007/keywords.cat' term='alien'/>
    <category scheme='http://gdata.youtube.com/schemas/2007/categories.cat' term='Travel' label='Travel &amp; Events'/>
    <category scheme='http://gdata.youtube.com/schemas/2007/keywords.cat' term='california'/>
    <category scheme='http://gdata.youtube.com/schemas/2007/keywords.cat' term='nevada'/>
    <category scheme='http://gdata.youtube.com/schemas/2007/keywords.cat' term='ufo'/>
    <category scheme='http://gdata.youtube.com/schemas/2007/keywords.cat' term='sighting'/>
    <title type='text'>UFO Sighting in Yosemite Park near Area 51</title>
    <content type='text'>I went on a trip to Yosemite Park in 2002. Yosemite Park is very close to the border between California and
the evening, on my way out of the park, I was driving down a winding road, when I saw a small ball of light high up in the
it, and a long twirled trail behind it. I grapped my camera to take some pho
capture it well enough. Unfortunately it was too dark for the photo camera, so the pictures didn't come out. All I have
the photos.

The ball of light with the huge halo moved across the sky, leaving a trail. After about 2 minutes the ball of light
trail was illuminated and still brightly visible even when the surrounding sky was already pitch black.

A few minutes later several Air Force jets appeared and circled in the sky where the light had disappeared.</content>
    <link rel='alternate' type='text/html' href='http://www.youtube.com/watch?v=_6Uibqf0vtA'/>
    <link rel='http://gdata.youtube.com/schemas/2007#video.responses' type='application/atom+xml' href='http://gdata.
responses'/>
    <link rel='http://gdata.youtube.com/schemas/2007#video.related' type='application/atom+xml' href='http://gdata.
    <link rel='self' type='application/atom+xml' href='http://gdata.youtube.com/feeds/api/users/aliensabductedme/favorites/_6U
    <author>
      <name>gaspirtz</name>
      <uri>http://gdata.youtube.com/feeds/api/users/gaspirtz</uri>
    </author>
    <media:group>
      <media:title type='plain'>UFO Sighting in Yosemite Park near Area 51</media:title>
      <media:description type='plain'>I went on a trip to Yosemite Park in 2002. Yosemite Park is very close to the border between California and Nevada, and close to
Area 51. In the evening, on my way out of the park, I was driving down a winding road, when I saw a small ball of light high up in the sky, with a large halo of light
surrounding it, and a long twirled trail behind it. I video taped it for a few seconds, and then I grapped my camera to take some photos as well, in case the video
camera didn't capture it well enough. Unfortunately it was too dark for the photo camera, so the pictures didn't come out. All I have is the video I took before and
after I took the photos.

The ball of light with the huge halo moved across the sky, leaving a trail. After about 2 minutes the ball of light disappeared, and only the trail remained. The
trail was illuminated and still brightly visible even when the surrounding sky was already pitch black.

A few minutes later several Air Force jets appeared and circled in the sky where the light had disappeared.</media:description>
      <media:keywords>51, alien, aliens, area, ca, california, nevada, sighting, sightings, ufo</media:keywords>
      <media:category scheme='http://gdata.youtube.com/schemas/2007/categories.cat'>Travel</media:category>
      <yt:duration seconds='50'/>
      <media:category label='Travel &amp; Events' scheme='http://gdata.youtube.com/schemas/2007/categories.cat'>Travel</media:category>
      <media:content url='http://www.youtube.com/v/_6Uibqf0vtA' type='application/x-shockwave-flash' medium='video' isDefault='true' expression='full' duration='50'
yt:format='5'/>
      <media:content url='rtsp://rtsp2.youtube.com/CholENy73wIaEQnQvvSnbiK1_xMYDSANFEgGDA==/0/0/0/video.3gp' type='video/3gpp' medium='video' expression='full'
duration='50' yt:format='1'/>
      <media:content url='rtsp://rtsp2.youtube.com/CholENy73wIaEQnQvvSnbiK1_xMYESARFEgGDA==/0/0/0/video.3gp' type='video/3gpp' medium='video' expression='full'
duration='50' yt:format='6'/>
      <media:player url='http://www.youtube.com/watch?v=_6Uibqf0vtA'/>
      <media:thumbnail url='http://img.youtube.com/vi/_6Uibqf0vtA/2.jpg' height='97' width='130' time='00:00:25'/>
      <media:thumbnail url='http://img.youtube.com/vi/_6Uibqf0vtA/1.jpg' height='97' width='130' time='00:00:12.500'/>
      <media:thumbnail url='http://img.youtube.com/vi/_6Uibqf0vtA/3.jpg' height='97' width='130' time='00:00:37.500'/>
      <media:thumbnail url='http://img.youtube.com/vi/_6Uibqf0vtA/0.jpg' height='240' width='320' time='00:00:25'/>
    </media:group>
    <yt:statistics viewCount='2528356' favoriteCount='1931'/>
    <gd:rating min='1' max='5' numRaters='1648' average='4.17'/>
    <gd:comments>
.....
```

这就是 simplexml_load_file() 函数返回的 XML 文件，其中包括所请求视频的 YouTube XML 数据。

真糟糕…… 问题更严重了!我们到底该怎么处理所有这些乱七八糟的XML数据？PHP脚本根本没办法理解这些数据。

嗯，不过，确实还是有办法的!YouTube返回的XML代码并不像看上去那么乱七八糟…… 只是要知道如何查看。

YouTube的语言是XML

YouTube的视频响应并不是一个包装在闪亮盒子中的DVD，可以由人送到你家门前。不是这样的。这是一个包含所请求视频详细信息的XML文档，而不是视频本身。

YouTube对视频请求的响应是描述视频的XML数据。

```
<?xml version='1.0' encoding='UTF-8'?>
<feed xmlns='http://www.w3.org/2005/Atom'
 xmlns:openSearch='http://a9.com/-/spec/opensearchrss/1.0/'
 xmlns:gml='http://www.opengis.net/gml'
 xmlns:georss='http://www.georss.org/georss'
 xmlns:media='http://search.yahoo.com/mrss/'
 xmlns:batch='http://schemas.google.com/gdata/batch'
 xmlns:yt='http://gdata.youtube.com/schemas/2007'
 xmlns:gd='http://schemas.google.com/g/2005'>
<id>http://gdata.youtube.com/feeds/api/users/aliensabductedme/favorites</id>
<updated>2008-07-25T03:22:37.001Z</updated>
<category scheme='http://schemas.google.com/g/2005#kind'
 term='http://gdata.youtube.com/schemas/2007#video'/>
<title type='text'>Favorites of aliensabductedme</title>
......
<entry>
 <id>http://gdata.youtube.com/feeds/api/videos/_6Uibqf0vtA</id>
 <published>2006-06-20T07:49:05.000-07:00</published>
 ......
 <media:group>
  <media:title type='plain'>UFO Sighting in Yosemite Park near Area 51</media:title>
  <media:description type='plain'>I went on a trip to Yosemite Park in 2002. Yosemite Park is very
   close to the border between California and Nevada, and close to Area 51......</media:description>
  <media:keywords>51, alien, aliens, area, ca, california, nevada, sighting, sightings,
   ufo</media:keywords>
  <yt:duration seconds='50'/>
  <media:category label='Travel &amp; Events'
   scheme='http://gdata.youtube.com/schemas/2007/categories.cat'>Travel</media:category>
  <media:content url='http://www.youtube.com/v/_6Uibqf0vtA' type='application/x-shockwave-flash'
   medium='video' isDefault='true' expression='full' duration='50' yt:format='5'/>
  <media:content url='rtsp://rtsp2.youtube.com/ChoLENy73wIaEQnQvvSnbiK_xMYDSANFEgGDA==/0/0/0/video.3gp'
   type='video/3gpp' medium='video' expression='full' duration='50' yt:format='1'/>
  <media:content url='rtsp://rtsp2.youtube.com/ChoLENy73wIaEQnQvvSnbiK_xMYESARFEgGDA==/0/0/0/video.3gp'
   type='video/3gpp' medium='video' expression='full' duration='50' yt:format='6'/>
  <media:player url='http://www.youtube.com/watch?v=_6Uibqf0vtA'/>
  <media:thumbnail url='http://img.youtube.com/vi/_6Uibqf0vtA/2.jpg' height='97' width='130'
   time='00:00:25'/>
  <media:thumbnail url='http://img.youtube.com/vi/_6Uibqf0vtA/1.jpg' height='97' width='130'
   time='00:00:12.500'/>
  <media:thumbnail url='http://img.youtube.com/vi/_6Uibqf0vtA/3.jpg' height='97' width='130'
   time='00:00:37.500'/>
  <media:thumbnail url='http://img.youtube.com/vi/_6Uibqf0vtA/0.jpg' height='240' width='320'
   time='00:00:25'/>
 </media:group>
 <yt:statistics viewCount='2478159' favoriteCount='1897'/>
 <gd:rating min='1' max='5' numRaters='1602' average='4.17'/>
 <gd:comments>
  <gd:feedLink href='http://gdata.youtube.com/feeds/api/videos/_6Uibqf0vtA/comments'
   countHint='4426'/>
 </gd:comments>
</entry>
<entry>
 <id>http://gdata.youtube.com/feeds/api/videos/XpNd-Dg6_zQ</id>
 <published>2006-11-19T16:44:43.000-08:00</published>
 ......
</entry>
</feed>
```

尽管这个XML代码有很多内容，不过需要注意的一点是每个视频都出现在一个 <entry> 标记内。

这个 <entry> 标记作为XML响应数据中另一个视频的开始。

Sharpen your pencil

研究上一页YouTube响应XML代码中突出显示的部分，回答以下问题。你可能以为自己对YouTube视频XML格式没有多少了解，但事实上也许并非如此！

1. 视频的标题是什么？ ....

2. 与视频关联的3个关键字是什么？ ....

3. 这个视频的持续时间是多少秒？ ....

4. 这个视频属于哪一个YouTube视频类别？ ....

5. 这个视频被查看了多少次？ ....

6. 用户对这个视频平均评分是多少？ ....

Sharpen your pencil Solution

研究上一页YouTube响应XML代码中突出显示的部分，回答以下问题。你可能以为自己对YouTube视频XML格式没有多少了解，但事实上也许并非如此！

```
<media:title type='plain'>UFO Sighting in Yosemite Park near Area 51</media:title>
```

1. 视频的标题是什么？

   UFO Sighting in Yosemite Park near Area 51

```
<media:keywords>51, alien, aliens, area, ca, california, nevada, sighting, sightings,
   ufo</media:keywords>
```

2. 与视频关联的3个关键字是什么？

   51, aliens, nevada

3. 这个视频的持续时间是多少秒？

   50

```
<yt:duration seconds=50 />
```

XML使用特殊代码对一些字符编码，如 &，这表示一个 "&" 符号。

```
<media:category label='Travel &amp; Events'
   scheme='http://gdata.youtube.com/schemas/2007/categories.cat'>Travel</media:category>
```

4. 这个视频属于哪一个YouTube视频类别？

   Travel & Events

```
<yt:statistics viewCount='2478159' favoriteCount='1897'/>
```

哇，查看了这么多次……接近250万！

5. 这个视频被查看了多少次？

   2478159

```
<gd:rating min='1' max='5' numRaters='1602' average='4.17'/>
```

6. 用户对这个视频平均评分是多少？

   4.17

> 嗯，这些**XML**标记让我有些糊涂，它们有两个名，并且用一个冒号分隔。这是一种组织标记的方法吗？另外，视频类别中奇怪的**&**代码又是什么？

这个不寻常的XML代码使用了命名空间和实体，这有助于组织标记和对特殊字符编码。

如果看到一个XML标记有两个名并用一个冒号分隔，说明你看到了一个命名空间，这是将一组标记组织为一个逻辑分组的方法。命名空间的作用是：当同一个文档中使用了多个XML词汇表时，命名空间可以保证同名的标记不发生冲突。举例来说，考虑以下两个XML标记：

```
<title type='text'>Favorites of aliensabductedme</title>
```

```
<media:title type='plain'>UFO Sighting in Yosemite Park near Area 51</media:title>
```

命名空间是命名的XML标记组，而**实体**用于对XML文档中的特殊字符编码。

如果第二个<title>标记中没有media命名空间，而且倘若这两个标记出现在同一个XML代码中，那么就无法区分这两个标记。所以可以把命名空间认为是标记的一个"姓"——通过在相关的标记上加一个"姓"，可以保证包含大量"名"的XML文档不会发生冲突。YouTube响应代码使用了多个不同的命名空间，这说明它同时使用了多个不同的XML语言，命名空间则允许我们清楚地加以区分。

为确保唯一性，XML命名空间总是与一个URL关联。例如，YouTube XML数据中使用的media命名空间在<feed>标记中建立：

> 这个URL并不是一个Web页面，这只是一个命名空间的唯一标识符。

```
xmlns:media='http://search.yahoo.com/mrss/'
```

> Yahoo!命名空间出现在YouTube XML代码中看起来可能很奇怪，这只是表示YouTube部分依赖于Yahoo!创建的XML数据格式。

YouTube XML代码中另一个奇怪的东西是&，这是XML中表示AND字符（&）的方法。它是一个XML实体（entity），即引用一个特殊字符（如&、<或>）的符号表示，所有这些字符在XML代码中都有特殊的含义。以下是5个预定义的XML实体，深入研究XML代码时往往会遇到这些实体：

| & | = | & | | < | = | < | | > | = | > | | " | = | " | | ' | = | ' |

剖析YouTube XML响应

一旦了解了YouTube响应的结构，抽取出所需的视频数据就相当简单了。除了了解哪些标记和属性存储哪些数据，理解标记相互之间有何关系也很重要。如果还记得本章前面分析RSS提要时曾指出，XML文档可以看作是元素的一个层次体系。YouTube视频响应返回的XML数据也是一样。

<title>标记包含视频的标题。

在这个代码中，标记名为"title"，命名空间是"media"。

```
<entry>
  <id>http://gdata.youtube.com/feeds/api/videos/_6Uibqf0vtA</id>
  <published>2006-06-20T07:49:05.000-07:00</published>
  ......
<media:group>
  <media:title type='plain'>UFO Sighting in Yosemite Park near Area 51</media:title>
  <media:description type='plain'>I went on a trip to Yosemite Park in 2002. Yosemite Park is very
    close to the border between California and Nevada, and close to Area 51......</media:description>
  <media:keywords>51, alien, aliens, area, ca, california, nevada, sighting, sightings,
    ufo</media:keywords>
  <yt:duration seconds='50'/>
  <media:category label='Travel &amp; Events'
    scheme='http://gdata.youtube.com/schemas/2007/categories.cat'>Travel</media:category>
  <media:content url='http://www.youtube.com/v/_6Uibqf0vtA' type='application/x-shockwave-flash'
    medium='video' isDefault='true' expression='full' duration='50' yt:format='5'/>
  <media:content url='rtsp://rtsp2.youtube.com/ChoLENy73wIaEQnQvvSnbiKl_xMYDSANFEgGDA==/0/0/0/video.3gp'
    type='video/3gpp' medium='video' expression='full' duration='50' yt:format='1'/>
  <media:content url='rtsp://rtsp2.youtube.com/ChoLENy73wIaEQnQvvSnbiKl_xMYESARFEgGDA==/0/0/0/video.3gp'
    type='video/3gpp' medium='video' expression='full' duration='50' yt:format='6'/>
  <media:player url='http://www.youtube.com/watch?v=_6Uibqf0vtA'/>
  <media:thumbnail url='http://img.youtube.com/vi/_6Uibqf0vtA/2.jpg' height='97' width='130'
    time='00:00:25'/>
  <media:thumbnail url='http://img.youtube.com/vi/_6Uibqf0vtA/1.jpg' height='97' width='130'
    time='00:00:12.500'/>
  <media:thumbnail url='http://img.youtube.com/vi/_6Uibqf0vtA/3.jpg' height='97' width='130'
    time='00:00:37.500'/>
  <media:thumbnail url='http://img.youtube.com/vi/_6Uibqf0vtA/0.jpg' height='240' width='320'
    time='00:00:25'/>
</media:group>
<yt:statistics viewCount='2478159' favoriteCount='1897'/>
<gd:rating min='1' max='5' numRaters='1602' average='4.17'/>
<gd:comments>
  <gd:feedLink href='http://gdata.youtube.com/feeds/api/videos/_6Uibqf0vtA/comments'
    countHint='4426'/>
</gd:comments>
</entry>
```

视频的关键字。

视频的长度(秒数)。

视频的YouTube类别。

视频在YouTube上的链接。

视频的缩略图，用于预览。

视频的平均用户评分。

视频被查看的次数。

"gd"命名空间代表Google Data，包含Google定义的表示各类数据的标记，YouTube是Google的一部分。

要理解这个XML代码中隐藏的视频数据，一个重要的线索就是这里使用的不同命名空间。media命名空间包含大多数专门与视频数据相关的标记，而yt命名空间主要用于<statistics>标记。最后，注释包含在<comments>标记中，这属于gd命名空间。编写PHP代码来查找特定的标记及其数据时，这些命名空间会很有帮助。

可视化显示XML视频数据

本章前面处理RSS代码时，曾指出XML文档可以图示化为元素（标记）的一个有父子关系的层次结构。在处理XML代码以及访问其中存储的数据时，这个关系更显重要。实际上，如果通过查看一个XML文档就能立即可视化显示出元素之间的关系，这是一个极有意义的本领。只需记住，包含在另一个元素中的所有元素都作为子元素，外围元素是其父元素。处理上一页YouTube视频的XML代码可以得到以下可视化图示。

元素就是考虑XML标记及其所包含数据的一种抽象方法。

XML数据组织为元素（标记）的一个层次结构。

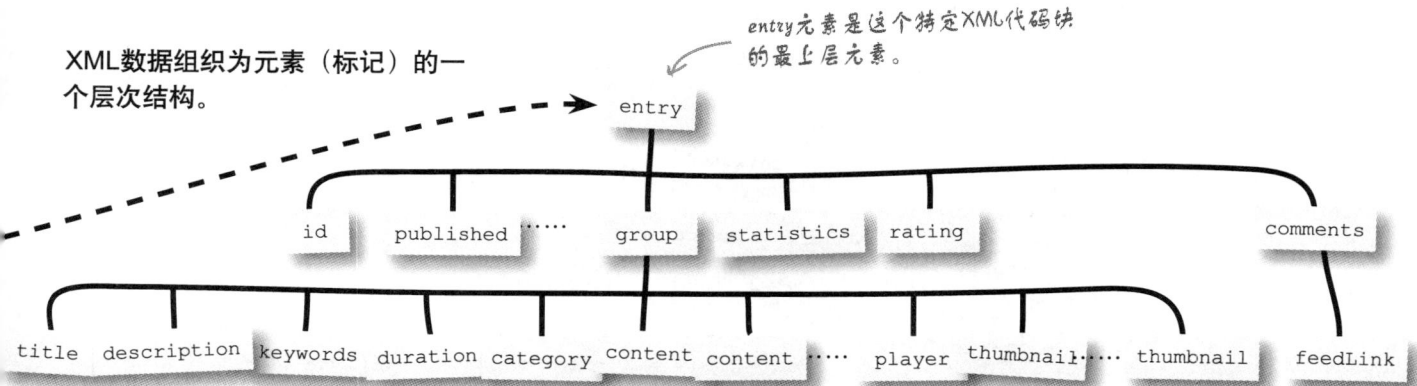

entry元素是这个特定XML代码块的最上层元素。

这个元素层次体系的意义在于，通过追踪由这个层次体系最上层开始的路径，可以从任何元素导航到另一个元素。所以，举例来说，如果希望得到视频的标题，可以如下追踪其路径：

要导航到XML文档中的一个元素，需要沿着从父元素到子元素的路径导航。

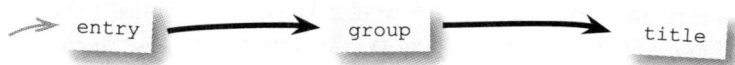

entry → group → title

there are no Dumb Questions

问： 为什么需要考虑命名空间？

答： 因为其他人生成的XML代码通常都会用到命名空间，这会对你如何通过程序访问XML元素产生影响。你会发现，编写处理XML数据的PHP代码时，与一个元素关联的命名空间会直接影响该元素。所以如果试图获取一个给定元素的数据，代码中必须考虑到命名空间。

问： 如何知道一个标记是否是一个命名空间的一部分？

答： 尽管标记有可能有一个默认命名空间，而默认命名空间不会显式出现在代码中，但大多数情况下，都会看到标记名旁边有命名空间，所以标记会写作<media:title>而不只是<title>。冒号左边的往往就是命名空间。

你现在的位置 ▶ **695**

用对象访问XML数据

用PHP处理XML数据有很多不同方式，其中最好的一种方法就是使用对象。对象是一个特殊的PHP数据类型，可以将数据和函数结合到一个构造中。不过，这与XML有什么关系呢？事实上，一个XML文档中的整个元素层次结构都包含在一个变量中，即一个对象。可以使用这个对象挖掘到数据，并访问单个元素。对象还提供了方法，也就是绑定到对象的函数，从而允许进一步处理对象的数据。对于一个包含XML数据的对象，方法允许我们访问一个元素的一组子元素以及其属性。

对象是一个结合了数据和函数的特殊PHP数据类型。

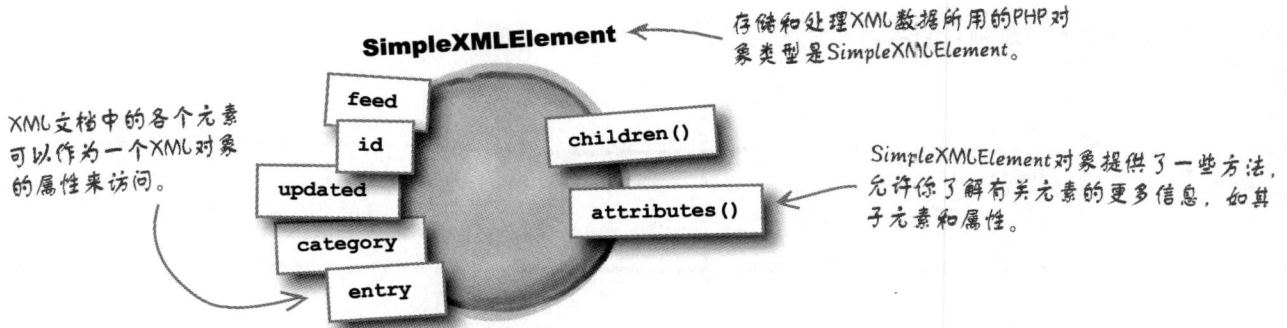

SimpleXMLElement

| feed |
| id |
| updated |
| category |
| entry |

children()

attributes()

存储和处理XML数据所用的PHP对象类型是SimpleXMLElement。

XML文档中的各个元素可以作为一个XML对象的属性来访问。

SimpleXMLElement对象提供了一些方法，允许你了解有关元素的更多信息，如其子元素和属性。

你已经见过如何为Owen的外星人劫持YouTube关键字搜索创建XML对象：

要记住，这个函数要求使用PHP 5或更高版本。

```php
define('YOUTUBE_URL', 'http://gdata.youtube.com/feeds/api/videos/-/alien/abduction/head/first');
$xml = simplexml_load_file(YOUTUBE_URL);
```

这个函数创建一个类型为SimpleXMLElement的PHP对象，其中包含YouTube视频响应中的XML数据。

这个代码会得到一个名为$xml的变量，其中包含打包到一个PHP对象的所有XML YouTube视频数据。要访问这个数据，可以使用对象属性，即存储在一个对象中的各部分数据。每个属性对应一个XML元素。来看下面的例子，这里将访问文档中的所有entry元素：

```php
$entries = $xml->entry;
```

通过指定元素名(entry)，可以获取XML数据中的所有entry元素。

利用->操作符可以访问一个对象中的属性。

这个代码使用一个属性来访问XML数据中的所有entry元素。由于数据中有多个entry元素，$entries变量会存储一个对象数组，可以用来访问单个的视频项。另外由于现在在处理一个数组，所以可以指定数据索引来访问各个视频<entry>标记。例如，文档中第一个<entry>标记就是数组中的第一个元素，第二个标记是第二个元素，依次类推。

所有视频项都存储在$entries数组中。

$entries

从XML元素到PHP对象

谈到XML数据和PHP对象时，实际上就是指一个对象集合。还记得前面关于把XML文档可视化显示为一个元素层次结构的内容吗？实际上，这个层次结构还可以在PHP中实现为一个对象集合。如下：

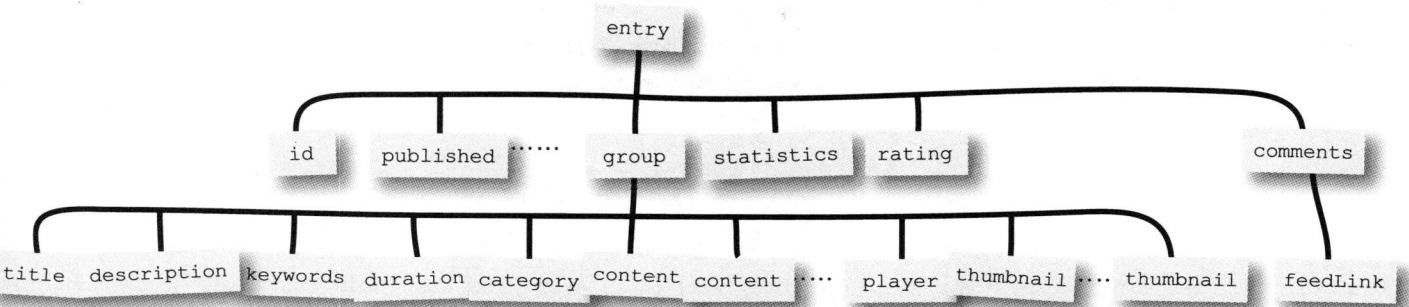

从XML对象的角度来看，XML元素的层次结构就是一个嵌套的对象集合。

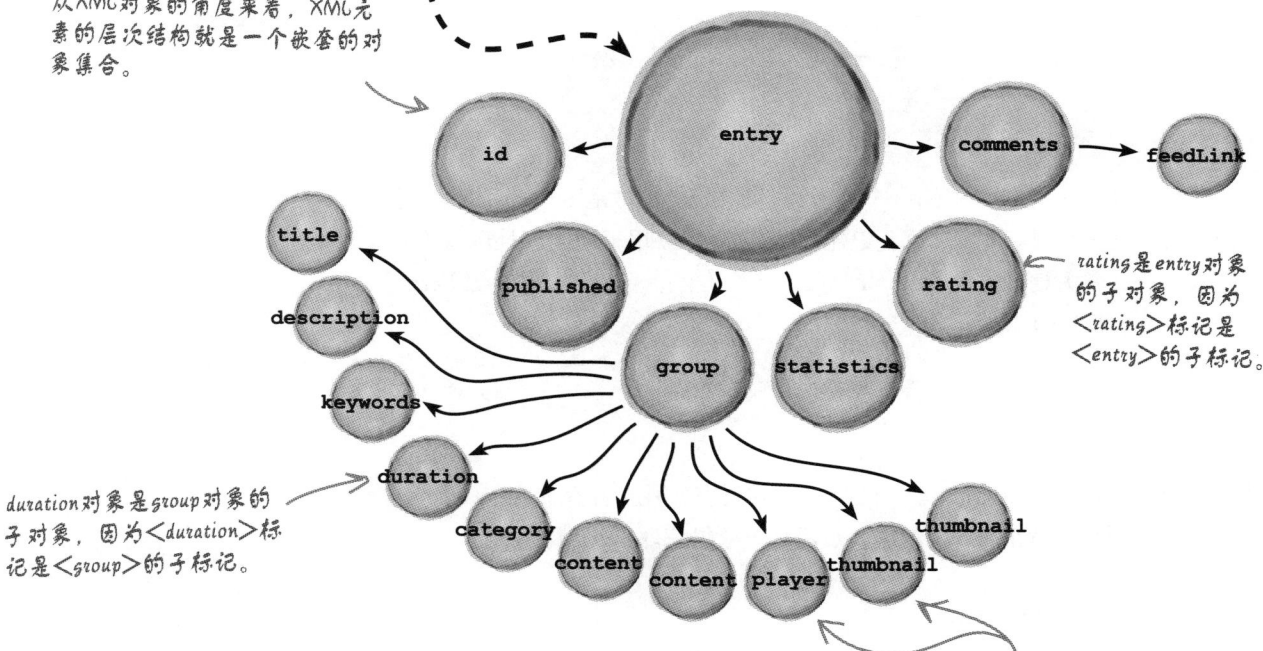

rating是entry对象的子对象，因为<rating>标记是<entry>的子标记。

duration对象是group对象的子对象，因为<duration>标记是<group>的子标记。

YouTube视频大多数有意思的内容都包含在group对象的子对象中。

这个元素层次结构/对象集合可以作为理解PHP中如何处理XML数据的基础。考虑到各个XML数据之间的这种关系，完全可以编写代码在数据中导航。这样一来，我们可以抽取出深深存储在XML文档的某个特定标记或属性中的内容。

利用对象挖掘XML数据

再来看Owen的情况，我们的目标是取出有关视频的一些信息，这是作为XML
YouTube响应的一部分返回的。我们知道如何使用simplexml_load_file()
函数将XML数据获取到一个PHP对象中，但是大多数有意思的数据还需要在其中
更深层次地查找。如何在对象集合中导航呢？答案是利用->操作符，这个操作
符用于引用一个对象的属性或方法。对于XML对象，->操作符可以访问各个子
对象。所以以下代码会显示存储在一个$entry变量中的视频的标题：

这里->操作符用于挖掘嵌套子
对象来访问title对象。

```
echo $entry->group->title;
```

这个代码相当依赖于title、group和entry对象之间的关系，这构成从
一个对象到下一个对象的父子关系。

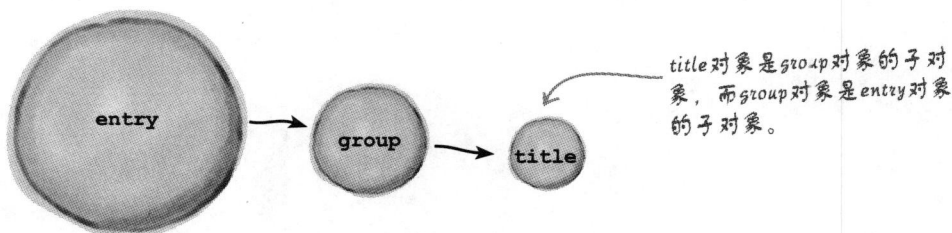

entry → group → title

title对象是group对象的子对
象，而group对象是entry对象
的子对象。

->操作符从一个父对象引用一个子对象。所以title是group的子对象，
而group是entry的子对象。记住->操作符可以用于访问属性以及方法。
还有一个非常方便的方法：attributes()方法，可以用这个方法取出给
定元素的一个XML属性的值。

attributes()方法可以得到一个对象
（元素）的一个属性数组。

```
$attrs = $entry->group->duration->attributes();

echo $attrs['seconds'];
```

这个代码挖掘到duration元素，然后获取其所有属性，并存储在$attrs变
量中，这是所有属性的一个数组。然后从该数组获取第2个属性的值。

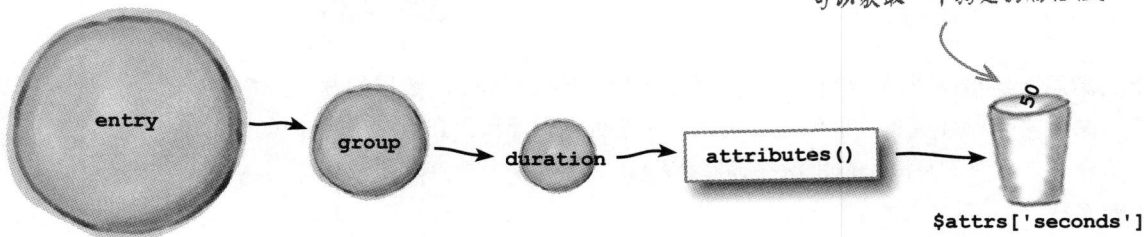

使用属性名作为数组的键，
可以获取一个特定的属性值。

entry → group → duration → attributes() → 50

$attrs['seconds']

不能没有命名空间！

上一页使用对象访问XML数据的代码有一个小问题，还必须处理命名空间。如果还记得，命名空间相当于标记的姓，把标记组织到有特定含义的集合中。所以在一个YouTube响应中，`<duration>`标记实际上编码为`<yt:duration>`，视频的标题则编码为`<media:title>`，而不是`<title>`。一个元素与一个命名空间关联时，PHP代码中就不能只用标记名来引用。实际上，必须通过对父对象调用`children()`方法，首先按命名空间来抽取。

命名空间会使访问XML数据中的元素更困难一些。

```php
$media = $entry->children('http://search.yahoo.com/mrss/');
```

children()方法返回一个数组，其中包含指定命名空间中的所有子元素。

这个代码会获取一个视频中命名空间为`http://search.yahoo.com/mrss/`的所有子对象。不过，这是命名空间的URL，而不是命名空间本身。这个URL放在XML文档最前面的`<feed>`标记中。在这里可以找到所使用的全部命名空间。

```
<feed xmlns='http://www.w3.org/2005/Atom'
  xmlns:openSearch='http://a9.com/-/spec/opensearchrss/1.0/'
  xmlns:gml='http://www.opengis.net/gml'
  xmlns:georss='http://www.georss.org/georss'
  xmlns:media='http://search.yahoo.com/mrss/'
  xmlns:batch='http://schemas.google.com/gdata/batch'
  xmlns:yt='http://gdata.youtube.com/schemas/2007'
  xmlns:gd='http://schemas.google.com/g/2005'>
```

所有以"<media:"开头的标记都属于这个命名空间。

这个命名空间对应以"<yt:"开头的标记。

这个代码显示了各个命名空间如何与一个URL关联。更具体地，可以看到这里指定了media和yt命名空间要在文档中使用。你所要做的就是找到与这两个命名空间关联的标记。

使用children()方法抽取出与一个命名空间关联的所有元素。

一旦通过对父元素调用`children()`方法抽取出一个特定命名空间的子元素，就可以用`->`操作符继续访问子对象。例如，以下代码从`<media:group>`标记得到视频标题：

```php
$title = $media->group->title;
```

<title>标记是<media:group>标记的一个子标记。

Sharpen your pencil

使用以上的命名空间信息和PHP代码，完成下面的PHP代码，得到一个视频片段的持续时间（秒数）。

```php
$yt = $media->children('.........................................');

$attrs = ...............................;

echo $attrs['...........'];
```

Sharpen your pencil
Solution

使用以上的命名空间信息和PHP代码,完成下面PHP代码,得到一个视频片段的持续时间(秒数)。

```
$yt = $media->children(' http://gdata.youtube.com/schemas/2007 ');
$attrs = $yt->duration->attributes();
echo $attrs[' seconds '];
```

这是文档开始处 <feed> 标记中所列命名空间的URL。

获取 <yt:duration> 标记的所有属性。

属性名作为访问属性数组的键。

there are no Dumb Questions

问: 对象与数组有什么区别?数组不也能存储数据集合吗?

答: 是的。数组和对象确实很相似。不过它们之间最大的一个区别是,对象可以通过方法为之关联可执行的代码。方法与函数很相似,只不过方法要绑定到一个对象,通常设计为专门处理存储在一个对象中的数据。数组则纯粹存储一组相关的数据,根本没有方法的概念。另外,数组元素可以通过在中括号([])中指定索引或元素的键进行访问,而对象属性和方法要使用->操作符按名来访问。

问: 对象中到底有什么?它就像正常的变量吗?

答: 是的。对象与PHP中的所有其他变量非常相似;不过它能存储更为复杂的数据。所以对象不只是存储一个文本串或一个数字,它能够存储串、数字等的一个组合。基本思想是,通过将相关的数据与作用在这些数据上的函数相结合,应用的总体设计和编码会变得更为合理。

问: 那么对象对于处理XML数据有什么帮助?

答: 对象对于XML数据处理很有帮助,因为能够用嵌套的子对象对一个XML文档的元素层次结构建模。这种方法的好处是,可以使用->操作符在子对象间导航并访问你想要的任何数据。

问: 我认为->操作符是用来访问对象属性的。怎么能用它来访问一个子元素呢?

答: 原因在于,在PHP中处理XML对象时,子对象实际上存储为属性。所以使用->操作符访问一个子对象时,实际就是在访问一个属性。SimpleXMLElement对象使之成为可能。

问: 等一下,什么是SimpleXMLElement对象?

答: PHP中的每个对象都有一个特定的数据类型,这表明"对象"其实只是一个通用说法。所以创建一个对象时,实际上在创建某种特定类型的对象,这个类型专门设计用来完成一个特定的任务。对于XML,对象类型就是SimpleXMLElement,它由simplexml_load_file()函数自动返回。换句话说,调用simplexml_load_file()函数会创建一个类型为SimpleXMLElement的对象。

问: 对于SimpleXMLElement,我需要了解什么?

答: 有意思的是,并不需要了解太多。需要知道的一个重点是:它将XML文档中的元素提供为属性,由这些属性可以得到子对象,而这些子对象本身也是SimpleXMLElement对象的实例,依次类推。SimpleXMLElement对象还包含方法,利用这些方法可以访问一个元素中的数据,如children()和attributes()。

见过Fang的报道越来越多

Owen忙于学习XML以及如何与YouTube通信的同时，Fang也很忙。很多视频报道发现，这个小东西显然是外星劫持者的向导。Owen已经完成了YouTube脚本，并在Aliens Abducted Me主页上显示了一些视频，准备寻找他丢失的小狗。

Dog Rides in UFO Hovering Near San Francisco!

Aliens Turn Face of Sphinx into a Dog!

UFO Spotted Crashing Party at Graceland!

> XML的内容很有意思，不过我得去找我的小狗。我总听人说YouTube上有见过Fang的新视频……我确实需要把这些视频放在主页上。

好在Owen基本上已经完成了YouTube脚本。实际上，现在只剩下处理XML数据，并格式化为HTML代码。

处理这一步后，youtube.php脚本就要完成了！

❶ 建立YouTube视频请求。

❷ 向YouTube发出视频请求。

❸ 接收包含视频有关信息的YouTube响应数据。

❹ 处理响应数据并格式化为HTML代码。

如何在Aliens Abducted Me主页下方将YouTube响应数据显示为视频，请画出相应的格式：

摆放视频以便查看

这些是作为XML数据从YouTube动态访问的视频。

youtube.php脚本最终将包含在Aliens Abducted Me的index.php主脚本中。这说明，youtube.php脚本需要负责提交一个视频请求，处理XML响应，并安排各个视频的布局，使之能与主页上已有的外星人劫持报告共存，很好地通过HTML显示。为此，一个好方法是沿页面底部水平地摆放视频。

这一行视频缩略图图像就是youtube.php脚本负责生成的内容。

视频	视频	视频	视频	视频

水平摆放视频缩略图时，5个缩略图比较合适，不会占用太多空间。

将包含youtube.php脚本，使视频出现在外星人劫持报告下方。

Aliens Abducted Me

Welcome, have you had an encounter with extraterrestrials? Were you abducted? Have you seen my abducted dog, Fang? Report it here!

Most recent reported abductions:

2008-08-10 : Meinhold Ressner

Abducted for:	Alien description:		Fang spotted:
3 hours	They were in a ship the size of a full moon.		no

2008-07-11 : Mickey Mikens

Abducted for:	Alien description:		Fang spotted:
45 minutes	Huge heads, skinny arms and legs		yes

2008-07-05 : Shill Watner

Abducted for:	Alien description:		Fang spotted:
2 hours	There was a bright light in the sky, followed by a bark or two.		yes

2008-06-21 : Belita Chevy

Abducted for:	Alien description:		Fang spotted:
almost a week	Clumsy little buggers, had no rhythm.		no

2008-05-11 : Sally Jones

Abducted for:	Alien description:		Fang spotted:
1 day	green with six tentacles		yes

Click to syndicate the abduction news feed.

这是一个很好的位置，可以显示一行视频缩略图，使访问者可以很容易地访问。

通过在主页上水平摆放视频，可以避免视频过多地分散人们对外星人劫持报告的注意。另外，我们讨论的是摆放视频缩略图图像，而不是视频本身，所以用户必须点击缩略图来访问YouTube查看具体的视频。如果试图在Aliens Abducted Me页面上显示多个大小足以直接嵌入的视频，就会占据太多屏幕空间。

安排视频数据布局以便显示

评价一个视频是否值得查看时，尽管视频缩略图图像肯定是最重要的信息之一，但它并不是对Owen的YouTube脚本唯一有用的数据。例如，视频标题可能包含关于视频性质的一些重要信息，比如是否包含一只狗。视频长度也可能很有用。当然，我们还需要YouTube视频链接的URL，使用户能点击一个视频缩略图来具体查看一个视频。所以以下可能是我们需要从YouTube响应的XML数据抽取的信息：

标题　　　　长度　　　　　缩略图　　　　　　链接

为了将YouTube视频放在Web页面上，需要多个视频数据。

这个数据构成了显示一行视频的HTML代码的基础。实际上，这一行中的各个视频最后形式如下：

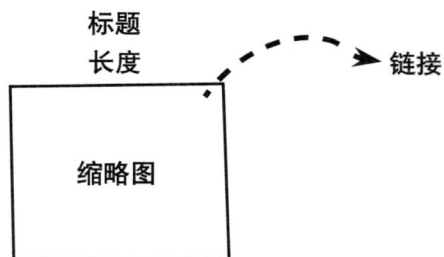

标题
长度　　　　　　　　　　链接

缩略图

这个链接指向YouTube上的视频，只要点击了视频标题、长度或缩略图图像就会沿着这个链接显示具体的视频。

在YouTube响应数据中，视频长度在`<yt:duration>`标记的seconds属性中指定。遗憾的是，大多数人并不按总秒数来考虑，因为我们习惯于按分和秒的方式计时。例如，330秒就是视频长度为5分30秒，但是并不那么明显，你必须对这个值做一些数学计算才能了解时间长度。了解到这一点，显示视频长度时最好更进一步为用户完成这个数学计算，即把秒数转换为分钟和秒数。

也就是说，除非你参与了YouTube Director程序，在这种情况下可以发布超过10分钟的视频。

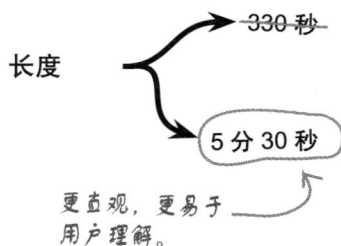

长度　　→　330 秒

→　5 分 30 秒

更直观，更易于用户理解。

Geek Bits

在视频长度计算中没有必要考虑小时，因为YouTube目前不允许发布超过10分钟的视频。

youtube.php脚本使用PHP代码获取一个外星人劫持YouTube视频搜索中前5个最为匹配的结果。然后在一个水平行中显示这些视频的缩略图图像，并提供YouTube上具体视频的链接。填入脚本中缺少的代码，可以参考上一页示例YouTube XML视频响应数据。

```php
<?php
define('YOUTUBE_URL', 'http://gdata.youtube.com/feeds/api/videos/-/alien/abduction/head/first');
define('NUM_VIDEOS', 5);

// Read the XML data into an object
$xml = ....................... (YOUTUBE_URL);


$num_videos_found = count(................);
if ($num_videos_found > 0) {
 echo '<table><tr>';
 for ($i = 0; $i < min($num_videos_found, NUM_VIDEOS); $i++) {
  // Get the title
  $entry = $xml->entry[$i];
  $media = $entry->children('http://search.yahoo.com/mrss/');
  $title = $media->group->.........;

  // Get the duration in minutes and seconds, and then format it
  $yt = $media->children('http://gdata.youtube.com/schemas/2007');
  $attrs = $yt->duration->attributes();
  $length_min = floor($attrs['..........'] / 60);
  $length_sec = $attrs['..........'] % 60;
  $length_formatted = $length_min . (($length_min != 1) ? ' minutes, ':' minute, ') .
   $length_sec . (($length_sec != 1) ? ' seconds':' second');

  // Get the video URL
  $attrs = $media->group->player->................();
  $video_url = $attrs['url'];
```

```php
        // Get the thumbnail image URL
        $attrs = $media->..........->thumbnail[0]->attributes();
        $thumbnail_url = $attrs['url'];


        // Display the results for this entry
        echo '<td style="vertical-align:bottom; text-align:center" width="' . (100 / NUM_VIDEOS) .
         '%"><a href="' . $video_url . '">' . .......... . '<br /><span style="font-size:smaller">' .
         $length_formatted . '</span><br /><img src="' . ..................... . '" /></a></td>';
    }
    echo '</tr></table>';
    }
    else {
     echo '<p>Sorry, no videos were found.</p>';
    }
?>
```

填写缺少的PHP代码
时，可以参考这个示
例XML代码。

```xml
......
<entry>
 <id>http://gdata.youtube.com/feeds/api/videos/_6Uibqf0vtA</id>
 <published>2006-06-20T07:49:05.000-07:00</published>
......
 <media:group>
  <media:title type='plain'>UFO Sighting in Yosemite Park near Area 51</media:title>
  <media:description type='plain'>I went on a trip to Yosemite Park in 2002. Yosemite Park is very
   close to the border between California and Nevada, and close to Area 51......</media:description>
  <media:keywords>51, alien, aliens, area, ca, california, nevada, sighting, sightings,
   ufo</media:keywords>
  <yt:duration seconds='50'/>
  <media:category label='Travel &amp; Events'
   scheme='http://gdata.youtube.com/schemas/2007/categories.cat'>Travel</media:category>
  <media:content url='http://www.youtube.com/v/_6Uibqf0vtA' type='application/x-shockwave-flash'
   medium='video' isDefault='true' expression='full' duration='50' yt:format='5'/>
  <media:content url='rtsp://rtsp2.youtube.com/ChoLENy73wIaEQnQvvSnbiKl_xMYDSANFEgGDA==/0/0/0/video.3gp'
   type='video/3gpp' medium='video' expression='full' duration='50' yt:format='1'/>
  <media:content url='rtsp://rtsp2.youtube.com/ChoLENy73wIaEQnQvvSnbiKl_xMYESARFEgGDA==/0/0/0/video.3gp'
   type='video/3gpp' medium='video' expression='full' duration='50' yt:format='6'/>
  <media:player url='http://www.youtube.com/watch?v=_6Uibqf0vtA'/>
  <media:thumbnail url='http://img.youtube.com/vi/_6Uibqf0vtA/2.jpg' height='97' width='130'
   time='00:00:25'/>
  <media:thumbnail url='http://img.youtube.com/vi/_6Uibqf0vtA/1.jpg' height='97' width='130'
   time='00:00:12.500'/>
  <media:thumbnail url='http://img.youtube.com/vi/_6Uibqf0vtA/3.jpg' height='97' width='130'
   time='00:00:37.500'/>
  <media:thumbnail url='http://img.youtube.com/vi/_6Uibqf0vtA/0.jpg' height='240' width='320'
   time='00:00:25'/>
 </media:group>
 <yt:statistics viewCount='2478159' favoriteCount='1897'/>
 <gd:rating min='1' max='5' numRaters='1602' average='4.17'/>
 <gd:comments>
  <gd:feedLink href='http://gdata.youtube.com/feeds/api/videos/_6Uibqf0vtA/comments'
   countHint='4426'/>
 </gd:comments>
</entry>
<entry>
......
</entry>
......
```

视频标题。

视频的持续时间（长度），
即秒数。

YouTube上视频
链接的URL。

视频缩略图图像
（预览）的URL。

Exercise Solution

youtube.php脚本使用PHP代码获取一个外星人劫持YouTube视频搜索中前5个最为匹配的结果。然后在一个水平行中显示这些视频的缩略图图像，并提供YouTube上具体视频的链接。填入脚本中缺少的代码，可以参考上一页示例YouTube XML视频响应数据。

Owen的YouTube关键字搜索URL。

```php
<?php
define('YOUTUBE_URL', 'http://gdata.youtube.com/feeds/api/videos/-/alien/abduction/head/first');
define('NUM_VIDEOS', 5);
```

要显示的视频数，存储为一个常量。

```php
// Read the XML data into an object
$xml = simplexml_load_file (YOUTUBE_URL);
```

simplexml_load_file()函数用于从YouTube请求XML数据。

```php
$num_videos_found = count($xml->entry);
if ($num_videos_found > 0) {
 echo '<table><tr>';
 for ($i = 0; $i < min($num_videos_found, NUM_VIDEOS); $i++) {
```

通过统计<entry>标记数查看YouTube实际上返回多少个视频。

循环处理视频数据，一次处理一个视频项。

```php
  // Get the title
  $entry = $xml->entry[$i];
  $media = $entry->children('http://search.yahoo.com/mrss/');
  $title = $media->group-> title ;
```

抽取视频项的标题，存储在<media:title>标记中。

获取这一项在Yahoo! media命名空间（media）的所有子元素。

```php
  // Get the duration in minutes and seconds, and then format it
  $yt = $media->children('http://gdata.youtube.com/schemas/2007');
  $attrs = $yt->duration->attributes();
  $length_min = floor($attrs[' seconds '] / 60);
  $length_sec = $attrs[' seconds '] % 60;
  $length_formatted = $length_min . (($length_min != 1) ? ' minutes, ':' minute, ') .
   $length_sec . (($length_sec != 1) ? ' seconds':' second');
```

获取这一项在YouTube命名空间（yt）的所有子元素。

从<yt:duration>标记得到视频持续时间（秒数），然后转换为分钟。

```php
  // Get the video URL
  $attrs = $media->group->player-> attributes ();
  $video_url = $attrs['url'];
```

从<media:player>标记的url属性获取视频链接（URL）。

```php
// Get the thumbnail image URL
$attrs = $media->group->thumbnail[0]->attributes();
$thumbnail_url = $attrs['url'];
```

从 `<media:thumbnail>` 标记的 url 属性抽取第一个缩略图图像URL。

```php
// Display the results for this entry
echo '<td style="vertical-align:bottom; text-align:center" width="' . (100 / NUM_VIDEOS) .
 '%"><a href="' . $video_url . '">' . $title . '<br /><span style="font-size:smaller">' .
 $length_formatted . '</span><br /><img src="' . $thumbnail_url . '" /></a></td>';
    }
    echo '</tr></table>';
}
else {
    echo '<p>Sorry, no videos were found.</p>';
}
?>
```

视频结果格式化为包含视频标题、长度和缩略图图像的表单元格。

1. ~~建立YouTube视频请求。~~
2. ~~向YouTube发出视频请求。~~
3. ~~接收包含视频有关信息的YouTube响应数据。~~
4. ~~处理响应数据并格式化为HTML代码。~~

已完成！

```xml
......
<entry>
<id>http://gdata.youtube.com/feeds/api/videos/_6Uibqf0vtA</id>
<published>2006-06-20T07:49:05.000-07:00</published>
......
<media:group>
 <media:title type='plain'>UFO Sighting in Yosemite Park near Area 51</media:title>
 <media:description type='plain'>I went on a trip to Yosemite Park in 2002. Yosemite Park is very
  close to the border between California and Nevada, and close to Area 51......</media:description>
 <media:keywords>51, alien, aliens, area, ca, california, nevada, sighting, sightings,
  ufo</media:keywords>
 <yt:duration seconds='50'/>
 <media:category label='Travel &amp; Events'
  scheme='http://gdata.youtube.com/schemas/2007/categories.cat'>Travel</media:category>
 <media:content url='http://www.youtube.com/v/_6Uibqf0vtA' type='application/x-shockwave-flash'
  medium='video' isDefault='true' expression='full' duration='50' yt:format='5'/>
 <media:content url='rtsp://rtsp2.youtube.com/ChoLENy73wIaEQnQvvSnbiKl_xMYDSANFEgGDA==/0/0/0/video.3gp'
  type='video/3gpp' medium='video' expression='full' duration='50' yt:format='1'/>
 <media:content url='rtsp://rtsp2.youtube.com/ChoLENy73wIaEQnQvvSnbiKl_xMYESARFEgGDA==/0/0/0/video.3gp'
  type='video/3gpp' medium='video' expression='full' duration='50' yt:format='6'/>
 <media:player url='http://www.youtube.com/watch?v=_6Uibqf0vtA'/>
 <media:thumbnail url='http://img.youtube.com/vi/_6Uibqf0vtA/2.jpg' height='97' width='130'
  time='00:00:25'/>
 <media:thumbnail url='http://img.youtube.com/vi/_6Uibqf0vtA/1.jpg' height='97' width='130'
  time='00:00:12.500'/>
 <media:thumbnail url='http://img.youtube.com/vi/_6Uibqf0vtA/3.jpg' height='97' width='130'
  time='00:00:37.500'/>
 <media:thumbnail url='http://img.youtube.com/vi/_6Uibqf0vtA/0.jpg' height='240' width='320'
  time='00:00:25'/>
</media:group>
<yt:statistics viewCount='2478159' favoriteCount='1897'/>
<gd:rating min='1' max='5' numRaters='1602' average='4.17'/>
<gd:comments>
 <gd:feedLink href='http://gdata.youtube.com/feeds/api/videos/_6Uibqf0vtA/comments'
  countHint='4426'/>
</gd:comments>
</entry>
<entry>
  ......
</entry>
......
```

视频标题。

视频的持续时间（长度），即秒数。

YouTube上视频链接的URL。

视频缩略图图像（预览）的URL。

运行测试

将YouTube脚本增加到Aliens Abducted Me。

创建一个名为youtube.php新的文本文件，输入前面两页Owen的YouTube脚本的代码［或者从Head First Labs网站（www.headfirstlabs.com/books/hfphp）下载脚本］。还需要把这个脚本包含到index.php脚本中，使YouTube视频出现在Aliens Abducted Me页面上。可以用以下两行PHP代码完成这个工作：

```
echo '<h4>Most recent abduction videos:</h4>';

require_once('youtube.php');
```

将这些脚本上传到你的Web服务器，然后在一个Web浏览器中打开index.php。页面下方会显示一行动态生成的与外星人劫持相关的YouTube视频链接。

要增加这一行外
星人劫持视频，
只需在主页中包
含 youtube.php
脚本。

我想我知道Fang
在哪里了……

Aliens Abducted Me

Welcome, have you had an encounter with extraterrestrials? Were you abducted? Have you seen my abducted dog, Fang? Report it here!

Most recent reported abductions:

2008-08-10 : Meinhold Ressner		
Abducted for: 3 hours	**Alien description:** they were in a ship the size of a full moon	**Fang spotted:** no
2008-07-11 : Mickey Mikens		
Abducted for: 45 minutes...and counting	**Alien description:** huge heads, skinny arms and legs	**Fang spotted:** yes
2008-07-05 : Shill Watner		
Abducted for: 2 hours	**Alien description:** there was a bright light in the sky, followed by a bark or two	**Fang spotted:** yes
2008-06-21 : Belita Chevy		
Abducted for: almost a week	**Alien description:** clumsy little buggers, had no rhythm	**Fang spotted:** no
2008-05-11 : Sally Jones		
Abducted for: 1 day	**Alien description:** green with six tentacles	**Fang spotted:** yes

Click to syndicate the abduction news feed.

Most recent abduction videos:

| UFO Spotted Crashing Party at Graceland! 0 minutes, 10 seconds | Aliens Turn Face of Sphinx Into a Dog! 0 minutes, 10 seconds | Dog Rides in UFO Hovering Near San Francisco! 0 minutes, 11 seconds | UFO Spotted Near Eiffel Tower! 0 minutes, 13 seconds | Pug Abducted By UFO! 0 minutes, 18 seconds |

YouTube 视频帮助
Owen缩小查找范
围或者确定Fang的
位置。

Sharpen your pencil

Fang找到了！

Sharpen your pencil
Solution

谢谢你，PHP 和 MySQL！

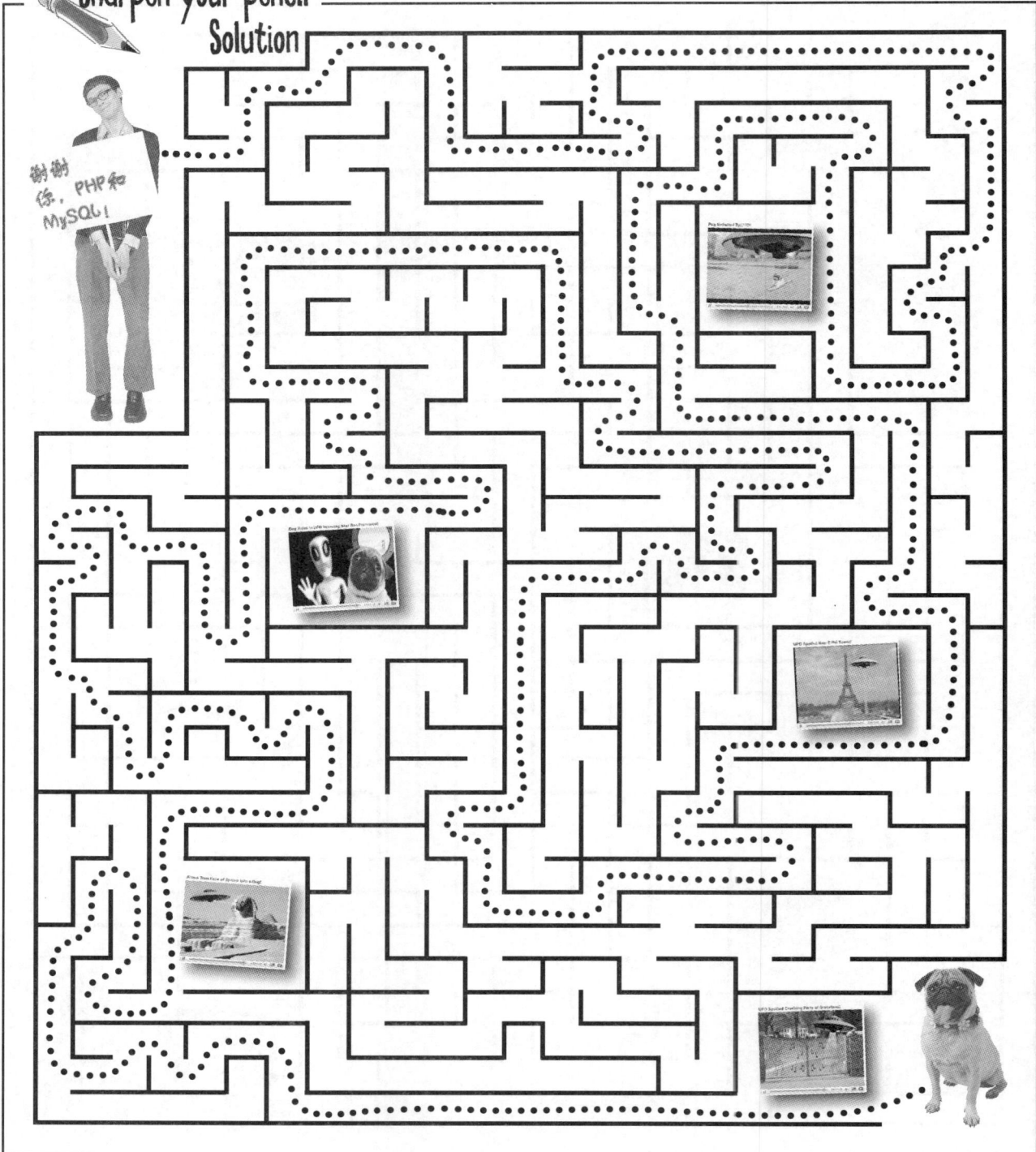

PHP & MySQL工具箱

既然Fang现在已经找到了，从找到它的过程可以反映出一些问题。可以看到，PHP和MySQL还需要一些其他技术的帮助。

REST

一种纯粹通过URL访问Web信息的方法。利用REST，可以通过创建一个URL来完成功能强大的数据请求。这种请求通常称为"REST"请求。

XML

一种通用标记语言，用于提供数据的一个可预测结构。以XML为基础，有多种不同的标记语言，如XHTML和RSS。其思想是，针对存储为XML的数据创建一组特定的标记。

RSS

一种基于XML的语言，用于存储合成的内容，如新闻。RSS允许网站将其数据提供给其他应用和网站进行合成，并允许你充分利用其他网站提供的数据。

simplexml_load_file()

这个内置PHP函数会从一个URL加载一个XML文件，然后可以通过一个对象访问所得到的XML数据。

命名空间

这种方法将一组XML标记组织为一个逻辑分组，有些类似于你的姓氏，利用姓氏可以将你的家族组织到一个命名分组中。命名空间总是与一个URL关联，这样能确保所有命名空间的唯一性。

SimpleXMLElement

一个内置PHP对象，用于访问XML数据。这个对象由*simplexml_load_file()*函数返回，其中包含一个XML文档的整个文档层次结构。

剧终。

附录 i: 其他

（我们没有谈到的）
十大主题

尽管讲了这么多，还是不能面面俱到。 还有一些问题我们认为你需要知道。觉得完全忽略这些主题有些不合适，不过也不必太过深入，只需简单提到即可。所以在放下这本书之前，再来简单了解这些非常重要的PHP和MySQL技术。另外，读完这些内容后，就只剩下另外两个小附录和索引，可能还有一些广告。然后你就大功告成了。我们保证！

#1. 改造本书代码使用PHP4和mysql函数

除了第12章的XML函数外，本书大多数代码都可以在PHP　4服务器上运行（只需稍做一点修改）。我们在本书中已经使用了mysqli系列函数，它们只能在PHP　4.1及以后版本使用，而且由于这个库必须手工安装，所以有些服务器并不支持mysqli。

mysqli函数通常更快，但是只有当你的数据库非常庞大时这才有意义。对于小型或中型数据库，使用较老的mysql函数往往觉察不出更慢。这一节将专门介绍如何改造mysqli函数，从而对较老版本的PHP使用mysql函数。

如果你看到：

```
$dbc = mysqli_connect(localhost, 'mork', 'fromork');

mysqli_select_db($dbc, 'alien_database');
```

可以改为使用：

```
$dbc = mysql_connect(localhost, 'mork', 'fromork');

mysql_select_db('alien_database', $dbc);
```

在这里数据库连接变量不是第一个参数，这与mysqli_select_db()不同。

一般地，只需从mysqli去掉i变成mysql，然后交换参数的顺序，使数据库连接变量（本例中的$abc）出现在最后。

不过mysqli_connect()函数绕过mysqli_select_db()而使用了一个数据库名参数时，情况会稍复杂一些。在mysql系列函数中没有类似的函数。对于一个使用了数据库名的mysqli_connect()函数，则需要两个mysql函数。

如果你看到：

```
$dbc = mysqli_connect(localhost, 'mork', 'fromork', 'alien_database');
```

这里选择了数据库作为建立连接的一部分，利用mysql函数一步完成这个工作是不可能的。

需要使用两个命令：

```
$dbc = mysql_connect(localhost, 'mork', 'fromork');

mysql_select_db('alien_database', $dbc);
```

这个连接变量也称为数据库连接"链接"。

使用mysql函数时，总是需要两个函数调用来建立与一个特定数据库的连接。

以下是mysql和mysqli函数的对照。

关闭MySQL连接	`mysql_close(conn)`	`mysqli_close(conn)`
打开与一个MySQL服务器的连接	`mysql_connect(host, username, password)` 必须使用`mysql_select_db()`来选择一个数据库	`mysqli_connect(host, username, password, database)` 不需要`mysqli_select_db()`选择数据库
返回先前MySQL操作的错误消息文本	`mysql_error(conn)`	`mysqli_error(conn)`
对一个串转义	`mysql_escape_string(string, conn)` 参数的顺序是相反的，首先是串，然后是连接（链接）	`mysqli_escape_string(conn, string)` 先是连接（链接），后面是串
获取一个结果行作为一个关联数组、一个数字数组，或者二者兼有	`mysql_fetch_row(result)`	`mysqli_fetch_row(result)`
得到结果中的行数	`mysql_num_rows(result)`	`mysqli_num_rows(result)`
执行一个MySQL查询	`mysql_query(query, conn)`	`mysqli_query(query, conn)`
转义串中的特殊字符	`mysql_real_escape_string(string, conn)` 参数的顺序是相反的，首先是串，然后是连接（链接）	`mysqli_real_escape_string(conn, string)` 先是连接（链接），后面是串
选择一个MySQL数据库	`mysql_select_db(dbname, conn)` 参数的顺序是相反的，首先是串，然后是连接（链接）	`mysqli_select_db(conn, dbname)` 先是连接（链接），后面是串

#2. MySQL中的用户权限

假设你创建了一个Web应用，只允许访问者从你的数据库表选择（SELECT）数据。可以使用一个特定的数据库在数据上完成查询，MySQL会允许你控制你的数据。

不过考虑这种情况：mysqli连接串中使用的登录名和口令（如果通过MySQL终端或GUI直接连接到数据库）还允许用户插入（INSERT）、更新（UPDATE）和删除（DELETE）数据。

如果你的应用不需要做这些事情，与有此需求的应用相比，没有理由使用同样的用户/口令来连接。利用MySQL可以限制对数据库的访问。可以告诉MySQL只允许用户使用SELECT，或者只允许使用SELECT和INSERT，或者你要求的任何组合。

更令人震撼的是，你可以控制对特定表的访问。例如，如果你的应用只处理一个名为alien_info的表而不需要访问cyborg_info表，就可以加以限制。

首先，你可能希望创建一个全新的用户/口令在应用中使用。这可以在MySQL终端中做到：

```
File  Edit  Window  Help  Aliens!
mysql> CREATE USER alienguy IDENTIFIED BY 'aliensRsc4ry';
Query OK, 0 rows affected (0.07 sec)
```

然后可以使用MySQL GRANT命令来控制alienguy能够对你的数据库做什么操作。如果了只需要使用SELECT和INSERT对数据库选择和插入数据，则执行以下命令：

```
File  Edit  Window  Help  TheyLive
mysql> USE alien_database;
Database changed
mysql> GRANT SELECT, INSERT ON alien_info TO alienguy;
Query OK, 0 rows affected (0.03 sec)
```

如果你不喜欢使用MySQL终端创建用户和设置权限，可以下载并安装一个很好用的程序MySQLAdministrator。可以从这里下载：http://dev.mysql.com/downloads/gui-tools/5.0.html。

可以设置非常特定的用户权限，甚至控制用户可以对一个特定的列做什么操作。要了解更多内容，请参考Head First SQL。

MySQL Administrator允许你控制你的用户帐户，还能控制各个用户帐户在你的数据库中可以访问哪些内容。它甚至还允许你指定用户可以对数据库中的各个表完成何种查询。要控制每个用户对各个表和各个查询的访问，需要打开MySQL Administrator应用，点击**Accounts**页。

下面给出界面，并简要介绍如何控制各个用户能够做什么。首先，创建一个帐户：

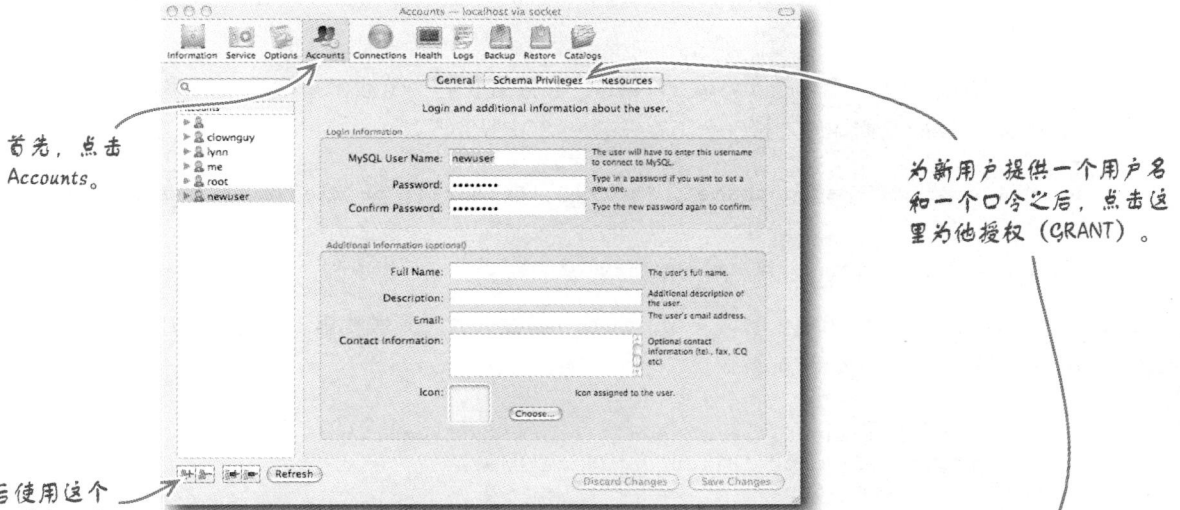

首先，点击Accounts。

为新用户提供一个用户名和一个口令之后，点击这里为他授权（GRANT）。

然后使用这个按钮增加一个新帐户。

这里是一个给定数据库中的表列表。选择你的应用要使用的表。

这是你的用户列表。可以创建新用户来专门设置各用户对给定应用的控制。在这里选择你希望修改的用户。

如果查看这个列表，可以看到本书中已经见过的主要MySQL语句。只选择你的应用需要使用的语句。

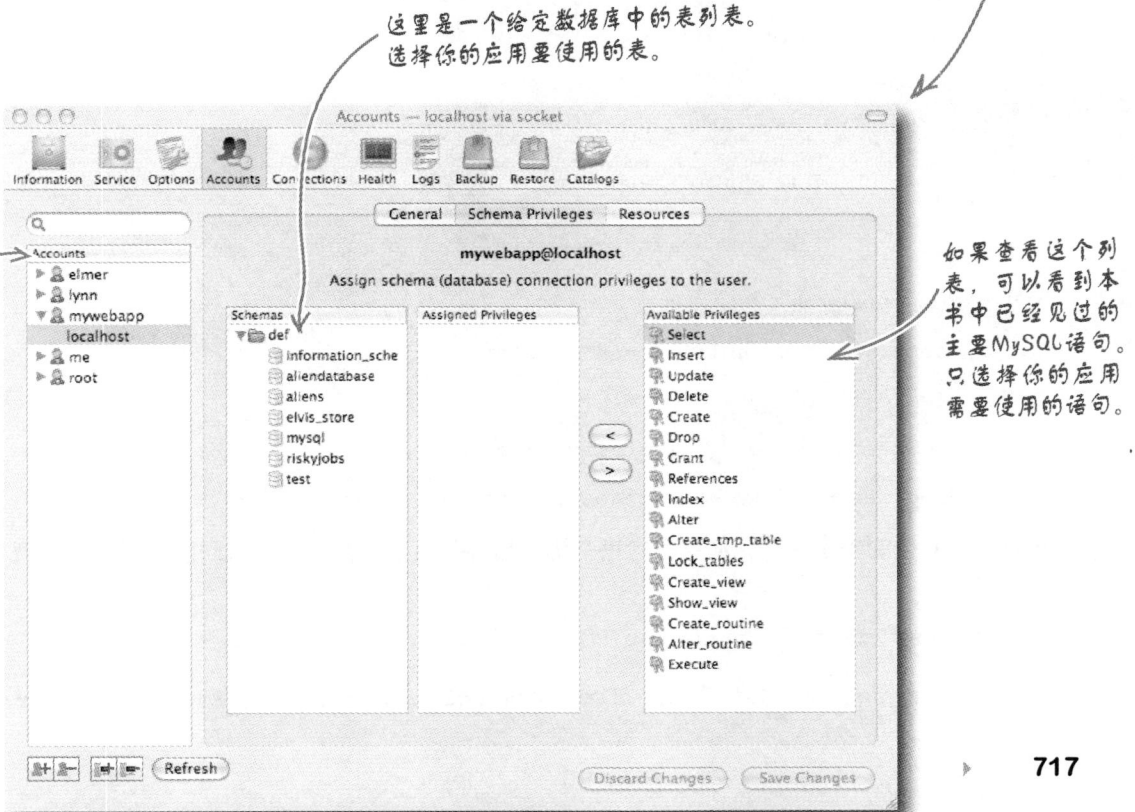

#3. MySQL错误报告

在我们的许多代码示例中，你会看到类似下面的代码行：

```
mysqli_connect(localhost, 'mork', 'fromork') or die ('Could not connect.')
```

这个命令失败时，会在页面上显示"Could not connect"。它告诉我们哪里出了问题，不过除此以外没有给出更多信息。

幸运的是，PHP提供了一个函数**mysql_error()**，它会给我们一个线索来准确了解哪里出了问题。考虑以下代码，在此我们试图连接一个不存在的MySQL服务器：

```php
<?php
  mysqli_connect('badhostname', 'mork', 'fromork') or die (mysqli_error());
?>
```

这是你将看到的错误消息。

```
Unknown MySQL server host 'badhostname' (1)
```

这会返回清楚的信息，说明mysqli_connect()函数失败时到底哪里出了问题。还可以对其他mysqli函数使用mysqli_error()。

```php
<?php
  $dbc = mysqli_connect('localhost', 'mork', 'fromork');
  mysqli_select_db($dbc, 'alien_database');
  echo mysqli_error($dbc) . '<br />';
  mysqli_select_db($dbc, 'alien_database');
  mysqli_query($dbc, "SELECT * FROM alien_info");
  echo mysqli_error($dbc);
?>
```

试图连接一个不存在的数据库。

试图从一个不存在的数据库表选择（SELECT）数据。

输出如下：

```
Unknown database 'alien_database'
Table 'alien_info' doesn't exist
```

以下是你可能看到的其他一些错误消息：

```
Table 'test.no_such_table' doesn't exist

Can't create table

Can't create database 'yourdatabase'; database exists

Can't drop database 'yourdatabase(; database doesn't exist
```

还有数十个其他的错误消息，如果在这里全部列出有些浪费篇幅。可以访问以下网站来得到更多信息：

```
http://dev.mysql.com/doc/refman/5.0/en/error-messages-server.html
```

如果要改造为mysql函数，如#1所述，可以使用 **mysql_error()**，而不是**mysqli_error()**。

#4.PHP错误异常处理

异常处理允许你改变代码的正常流程，出现某个特定异常时执行一个特殊的代码块。PHP 5和6都提供了异常处理。以下做一个简单介绍。

假设你想从一个ATM取$200。

不过可能要求最低余额为$1000，而这次取款会让你的余额低于$1000。这是不允许的。

事务失败！

以下说明这种情况下PHP代码如何利用异常处理来来捕获失败。

```php
<?php
  function checkBalance($balance) {
    if($balance < 1000) {
      throw new Exception("Balance is less than $1000.");
    }
    return true;
  }

  try {
    checkBalance(999);
    echo 'Balance is above $1000.';
  }

  catch(Exception $e) {
    echo 'Error: ' . $e->getMessage();
  }
?>
```

这是余额低于1000时将发出的反馈。

"try"块用于测试余额值而不会结束代码流程。

在这里检查余额。

如果出现异常，则执行这个块中的代码。在这种情况下，会回显我们的消息。

运行这个代码时，会看到以下结果：

```
Error: Balance less than $1000.
```

#4. PHP错误异常处理（续）

异常处理包括三个代码块：

1. **Try块** —— 要这个块中查看值是否是所期望的值。

如果是，则一切正常，你的代码会继续正常执行。如果不是，则出现一个异常，从程序员的角度讲，就是"抛出了"一个异常。

抛出异常时，需要采取措施来捕获它。如果有一个异常，会执行"catch"块的代码。如果没有异常，代码则会继续正常执行。

2. **Throw块** —— "throw"会控制"catch"块，向它发送一个错误消息。每个"throw"都至少有一个"catch"。

3. **Catch块** —— 利用异常信息创建一个对象。关于对象的更多信息请看下一页。

```php
<?php
  function checkBalance($balance) {
    if($balance < 1000) {
      throw new Exception("Balance is less than $1000.");
    }
    return true;
  }
  try {
    checkBalance(999);
    echo 'Balance is above $1000.';
  }
catch(Exception $e) {
  echo 'Error: ' . $e->getMessage();
}
?>
```

#5. 面向对象PHP

面向对象语言使用的编程模型与过程语言完全不同。前面一直都是采用过程方式使用PHP，不过它也有其面向对象的一面。不再是按顺序逐步执行的一组指令，现在的结构变成了对象。对象不仅包含数据的定义，还包含可以在数据上完成的所有操作。使用面向对象PHP时，需要创建和使用对象。

在讨论为什么希望使用面向对象PHP之前，先来写一些面向对象代码：

这是定义对象的Song类。

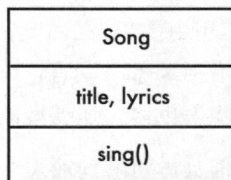

Song
title, lyrics
sing()

❶ 编写类。

```php
class Song
{
  var $title;          ← 这些是实例变量。
  var $lyrics;

  function Song($title, $lyrics) {   ← 创建一个对象时这个方法会设置歌名和歌词。
    $this->title = $title;
    $this->lyrics = $lyrics;
  }
                        ← 这是使用对象实例变量的一个方法。
  function sing() {
   echo 'This is called ' . $this->title . '.<br />';
   echo 'One, two, three……' . $this->lyrics;
  }
}
```

❷ 创建一个新对象。

新歌的歌名值为"Blue Suede Shoes"。

```php
$shoes_song = new Song('Blue Suede Shoes', 'Well it\'s one for the money……');
$shoes_song->sing();
```

在这里调用对象的sing()方法。

❸ 这首歌现在会自己唱起来！

运行这个代码时可以得到以下结果：

```
○○○          Mozilla Firefox
◀ ▶ ↻ ✕ ⌂ ▯  ▼
This is called Blue Suede Shoes.
One, two, three...Well it's one for the
money...

Done
```

不过，既然不用这些对象也完全可以直接编写echo代码，为什么还要使用面向对象PHP呢？

对此有一些很充分的理由……

#5. 面向对象PHP （续）

不再是按顺序逐步执行的一组指令，你的数据结构变成了对象。对象不仅包含数据的定义，还包含可以在这些数据上完成的所有操作。在我们的Song示例中，类中设置了歌名和歌词，而且在这个类中创建了sing()方法。如果需要向Song对象增加更多功能，需要向Song类增加新的方法和变量。例如，如果希望每首歌的作者与各个song对象关联，可以将它作为一个变量增加到类中。

随着应用规模的增大，面向对象才更能发挥威力。假设我们决定在一个卡拉OK应用中使用Song类，其中有成百上千甚至成千上万个单个的song对象，所有对象都有其自己唯一的歌名、歌词和作者。现在假设有人希望只选择Elvis写的歌，所要做的就是查看各个对象的songwriter实例变量。

那么如何具体将歌词输入卡拉OK应用呢？完成这个操作时只需在各个song对象上调用sing()方法。尽管在各个对象上调用完全相同的方法，它只会访问各个对象所独有的数据。

所以使用面向对象PHP的两大好处是：

对象可以轻松地重用。它们设计为独立于使用对象的代码，可以根据需要进行重用。

代码更易于理解和维护。如果一个数据类型需要改变，这个改变只出现在对象中，而不会出现在代码别处。

总的说来，面向对象有一个很大的缺点：面向对象代码可能更冗长，而且编写时需要更长的时间。如果只是需要显示一首歌的歌词，那么编写一个小的过程式程序可能是你的最佳选择。不过，如果你希望建立一个在线卡拉OK应用，那么可以考虑更深入地研究面向对象PHP。

#6. 保护PHP应用的安全

可以遵循一些简单的步骤来保护你的PHP脚本不会受到穷凶极恶的黑客的攻击，要知道他们可能盘踞在键盘后面虎视眈眈地等待你的失误。

❶ 删除phpinfo()引用。第一次在新的Web服务器上开始构建PHP应用时，你可能会创建一个包含phpinfo()函数的脚本，以便了解你使用的是哪个版本的PHP，以及它是否支持MySQL，还会得到其他已安装库的一个列表。用phpinfo()检查本身没有问题，不过查看之后一定要删除这个函数。如果没有删除这个函数，其他黑客如果发现了一个新的PHP漏洞，就能查看你的网站是否存在这个漏洞。

❷ 如果你没有使用一个Web托管服务，而且可以访问php.ini文件，可以做一些修改进一步加强PHP应用的安全。有讽刺意味的是，php.ini文件的位置可以使用phpinfo()找到：

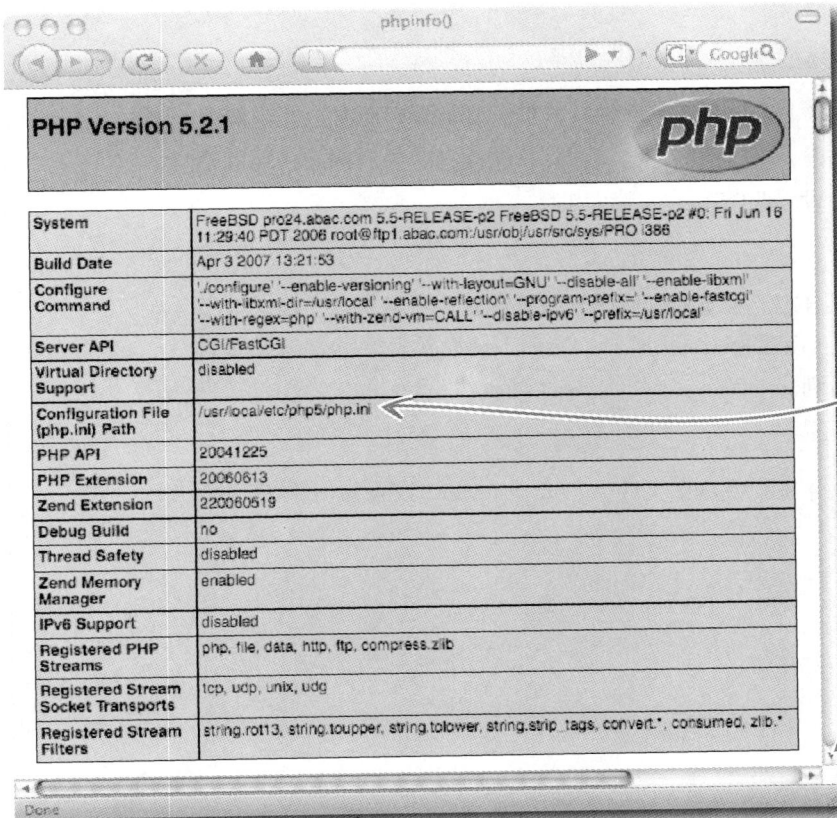

这是你的php.ini文件的路径。写下这个路径后，要记住删除phpinfo()函数。

这个页面下面还有更多敏感信息。

#6. 保护你的PHP应用（续）

需要考虑在php.ini文件中修改以下特定设置。在一个文本编辑器中打开这个文件，完成修改，保存文件，然后重启你的Web服务器。

```
safe_mode = On
```

打开safe_mode时，对于任何PHP脚本，如果一个PHP脚本归某人所有（即该脚本的所有者），则不能由同一个Web服务器上其他人的另一个脚本所调用。很明显，如果允许其他所有者的脚本调用你的脚本，则不能使用这个设置。

```
open_basedir = directory[:……]
```

这会限制PHP能够执行或访问的脚本和文件必须在这个目录及其下面的子目录中。

```
expose_php = Off
```

如果将这个选项设置为On，每个访问网站的Web浏览器都会发送首部信息，其中会暴露有关你的PHP服务器的信息。把它关闭则会隐藏该信息，使你的服务器暴露更少。

```
display_errors = Off
```

一旦完成应用开发，并在实际Web服务器上运行，就不需要再看到所有这些错误消息。很可能你已经处理了错误，不过有时还是会漏掉一些问题。要对网站访问者隐藏这些错误消息，可以将它设置为Off。

```
log_errors = On
```

这会把错误发送至一个错误日志。希望检查应用查找错误时，可以从这个错误日志开始。将display_errors设置为Off并把log_errors设置为On，你就能看到问题，而网站访问者不会看到。

```
error_log = filename
```

必须用特定的Web服务器软件来查找这个文件。log_errors设置为On时错误将写至这个文件。

#7. 保护应用免受跨网站脚本攻击

你可能听说过跨网站脚本攻击（cross-site scripting），有时称为XSS。跨网站脚本攻击是一种针对Web应用的攻击，将脚本代码传递到你的表单处理脚本，并篡改你的输出。这在PHP Web应用中是一个严重的安全问题。下面来具体看看这是什么，以及如何防范。

跨网站脚本攻击通常会利用那些显示用户提交数据的网站。从用户得到并显示的数据有可能被破坏，导致网站的访问者很容易受到黑客的攻击。

通过使用XSS攻击，黑客可以做任何事情。其中比较糟糕的就是将你的结果页面重定向到受黑客控制的一个网站中的一个页面，可能要求用户提供更多信息。你的用户可能没有注意到现在已经不再在你的网站上，而且由于他信任你的网站，很有可能会直接向攻击者的服务器提交敏感信息。

以下是Guitar Wars网站上可能发生的情况：

Ethel,并不是在表单的Name域提交她的名字，而是键入了一些JavaScript代码。在这个例子中，她使用window. location函数将浏览器重定向到她自己的网站。而且由于她控制着自己的网站，所以可以向访问者显示她希望的任何内容，包括一个看上去像Guitar Wars的网站。她甚至还可以利用一些网站做更邪恶的事情，要求人们提交比高分更重要的信息，如财务信息。

她还可以做另外一些甚至更为阴险的事情，包括窃取cookie，或者向用户提供一个看上去像是登录界面的屏幕。一旦用户登录，她就得到了该用户的用户名和口令，然后可以假扮作这个用户再去访问原来的网站。

那么如何避免你的Web应用受到跨网站脚本攻击呢？

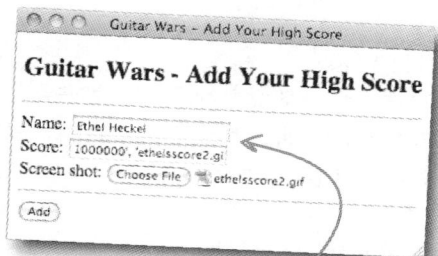

Guitar Wars - Add Your High Score

Guitar Wars - Add Your High Score

Name: Ethel Heckel
Score: 1000000', 'ethelsscore2.gi
Screen shot: Choose File ethelsscore2.gif

Add

如果Ethel无法做弊，她会利用跨网站脚本攻击将分数页面重定向到她自己的网站。

你以为能打败我吗？只要我打算攻击你的网站，你就完了！

```
<script language="
javascript">window.
location="http://ethelrulz.
com";</script>
```

她要做的只是在表单的name域提交这个代码。有人查看分数时，他们的浏览器会由这个JavaScript代码重定向到她的网站。

#7. 保护应用免受跨网站脚本攻击（续）

幸运的是，如果在验证你的数据，则表明已经在保护你的应用。你已经了解如何在Guitar Wars中提供保护。以下是保证应用安全的3个原则：

一切都要验证

对于你接收到的任何数据（如表单输入），都需要加以验证，保证在黑客代码危害你的应用之前能够及早检测出来。如果先假定数据是不正确的，直到通过验证证实它确实无害，那么你会安全得多。

内置PHP函数可以提供帮助

使用内置PHP函数（如strip_tags()）来帮助保证外部数据的合法性。strip_tags()是一个很棒的函数，可以从一个脚本删除所有HTML标记。所以如果对Ethel的$_POST['name']使用strip_tags()，就会得到：

window.location='http://ethelrulz.com'

尽管这仍然不是一个用户名，但它确实不会让浏览器重定向，因为已经去除了重要的JavaScript标记。

数据在被证明清白之前都有嫌疑

尽你所能从限制性最强的验证开始，只是在必要时才放松限制。例如，如果开始时电话号码域中只接受数字，然后逐步允许有连字符或括号，这样做会比一开始就允许任何字母数字字符要安全得多。或者对于Guitar Wars的情况，如果在name域中除了字母外不允许出现其他字符，那么甚至不会得到小于号（<，Ethel邪恶的JavaScript代码就是由此开始）。正则表达式（第10章）还可以更进一步，确保只接收你希望的数据。

#8. 操作符优先级

考虑下面这行代码。

```
$marbles = 4 / 2 - 1;
```
← 这将为1。

$marbles存储的值可能是1或4。我们从代码中无法确定，不过可以假定某种优先规则。所谓优先级是指执行的先后顺序。PHP中的操作符会按一种特定的顺序执行。在上面的例子中，除法要在减法之前完成，所以$marbles将等于1。

取决于我们需要代码输出什么内容，可以用两种不同方式来编写这个代码：

```
$marbles = (4 / 2) - 1;
$marbles = 4 / (2 - 1);
```

在第一个表达式中，将4除以2，再减去1。在第二个表达式中，先用2减去1，再将4除以前面得到的1。使用括号允许你准确地控制操作的顺序。不过了解PHP中操作符的优先级可以帮助你确定一个复杂的表达式中会发生什么。而且，请相信，如果你忘记使用括号，这会帮助你调试代码。

给出PHP操作符优先级列表之前，下面先给出使用括号的另一个原因。请考虑以下代码：

```
$marbles = 4 - 3 - 2;
```
← 这会等于-1。

这里没有应用优先级规则。其结果可能是3或者 -1。在写代码时这很让人糊涂。相反，写代码时最好使用括号，如以下两行代码：

```
$marbles = 4 - (3 - 2);
$marbles = (4 - 3) - 2;
```

现在给出优先级列表，这里的顺序是从最高优先级（最先计算）到最低优先级（最后计算）。

操作符	操作符类型
++ --	自增/自减
*/ %	算术操作符
+ - .	算术和字符串操作符
< <= > >= <>	比较
== != === !==	比较
&&	逻辑
||	逻辑
= += -= *= /= .= %= &= |= ^= <<= >>=	赋值
and	逻辑
xor	逻辑
or	逻辑

比较操作符（如IF语句中使用的操作符）也有优先级。

#9. PHP 5 与 PHP 6 的差别

写这本书时，PHP 5是PHP的最新生产版本。不过PHP 6正在开发当中，开发人员可以从这里得到PHP 6：`http://snaps.php.net/`。

PHP 4与5之间的差别远比5与6之间的差别大得多。在很多方面，6只是对5中提出的面向对象特性提供了一些改进。其他修改包括对XML和Unicode的更多支持。

更多Unicode支持

假设你的应用需要用希腊语输出文本。

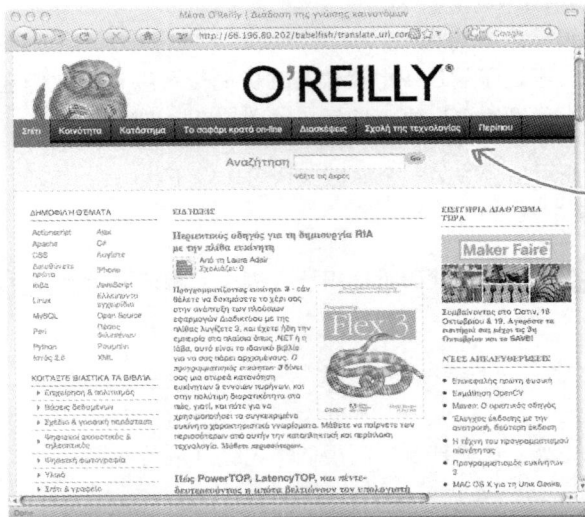

这些都是希腊语。

考虑有时对字符串所做的操作，如需要知道字符串的长度或者对字符串排序。如果是英语会很简单，不过如果处理其他语言的字符，串操作会变得更复杂。

Unicode是一个字符集及对其编码的技术。在Unicode中，为看上去像三角形的希腊字符指定了一个特定的数字值，其他语言中的其他字符也有相应的数字值。Unicode是一个标准，这说明它得到了主要技术提供者的广泛支持。在Unicode中，每个字符都有一个唯一的数字与之对应，而不论使用何种语言、程序或平台。在PHP 5推出以前，PHP对Unicode没有提供真正的支持。PHP 6在其函数中改进了对Unicode字符串的支持，而且专门建立了一些函数来完成Unicode的创建和解码。

#9. PHP 5与PHP 6的差别（续）

面向对象改进，XML支持和其他修改

PHP 5提供了一个面向对象编程模型，不过仍允许混合使用过程式编程风格。PHP 6在面向对象领域则更进一步。这里最大的改变之一就是不再允许使用静态语法来调用动态函数。对于PHP如何处理面向对象代码还有一些很小但很重要的修改，使之与其他面向对象语言（如C++和Java）更为一致。

这本书里所有代码都没有使用动态函数，所以你不必担心这里的代码在PHP 6中不能运行。

一些修改包括：

- XML Reader和XML Writer将成为PHP 6的扩展包，从而更易于处理XML文件。

- php.ini文件中的register_globals、magic_quotes和safe_mode选项不再可用。

- 提供另一种方式构建正则表达式的ereg扩展已经去除。幸运的是，本书中介绍的preg_match()代码将成为PHP 6中建立正则表达式的主要方法。

- 将增加一个64位的整数类型。

- 多维数组将能够使用foreach。

- PHP 6更应算是一个对PHP语言进行整理和优化的版本。

#10. 重用其他人的PHP

并不总是一定要从头开始编写你自己的PHP代码。有时最好重用其他人的代码。以下是几个相当成功的基于PHP的流行软件包，如果你需要完成某个任务，而且不打算从头开始编写PHP代码，就可以考虑使用这些软件包。对了，它们都是免费的！

Drupal

作为当前最有影响力的PHP项目之一，Drupal是一个功能强大的内容管理系统，可以用来构建几乎任何类型的内容驱动网站。NASA、The Onion、Electronic Frontier Foundation和Popular Science都使用了Drupal来建立其网站。它相当灵活，几乎可以建立任何包含巨量内容的网站。关于这个项目请访问http://drupal.org/。

> 等一等！既然打算重用其他人的代码，为什么还那么麻烦地去学PHP呢？

> 另一个基于PHP的内容管理系统Joomla!也相当不错，有关内容请访问http://www.joomla.org/。

phpBB

作为在线公告板（论坛）领域中的高手，phpBB可以很容易地用于建立你自己的论坛。它极其灵活，它所擅长的管理分线程讨论更是独树一帜，无人能敌。有关的更多内容参见http://www.phpbb.com/。

Coppermine Gallery

如果你打算维护图像，可以利用Coppermine Gallery PHP应用。在Flickr、Photobucket、Shutterfly和Snapfish年代，维护你自己的照片库听起来相当离奇。不过随着控制能力的增强，如果你想充分控制你的照片，可以考虑使用Coppermine Gallery（http://coppermine-gallery.net/）。

WordPress

作为博客世界里的重量级选手之一，WordPress是一个基于PHP的博客软件，利用这个软件，你可以非常轻松地构建并维护一个博客。当然这个领域中还有很多竞争对手，所以你可能还希望对其他博客软件做一些研究，不过建立博客时那些软件很可能比不上WordPress。可以从http://wordpress.org/下载这个应用。

因为重用代码并不总是像听上去那么简单，有时还需要一些PHP技巧。

很多PHP软件包仍需要定制，而且通常需要一些很高明的PHP开发技巧。不仅如此，也许你只能重用其他人代码中的一小部分，或者根本不能重用。无论如何，拥有PHP知识你就有了选择，而且有选择余地总没有坏处！

附录 ii: 建立开发环境

搭建舞台

他觉得我是一个好厨子,不过,其实在他发现之前,我已经隐瞒我的所有错误。

你需要一个场所来实践刚刚学到的PHP和MySQL技术,而不影响Web上的实际数据。将PHP应用发布到Web公布与众之前,最好先在一个安全的场所进行开发。这个附录介绍了如何安装一个Web服务器、MySQL和PHP,来为你提供一个安全的场所进行工作和实践。

创建一个PHP开发环境

将完成的应用发布在Web之前，需要先进行开发。如果在所有人都能看到的Web上进行Web应用开发，这绝对不是一个好主意。你可以在本地安装软件，以便应用上线之前先在本地构建和测试你的应用。

要在本地计算机上构建和测试PHP应用，需要有3种软件：

1. 一个Web服务器

2. PHP

3. 一个MySQL数据库服务器

PHP不是一个服务器，它只是Web服务器理解的一组规则，使得Web服务器可以解释PHP代码。Web服务器和MySQL服务器都是计算机上运行的可执行程序。

要记住，我们目前只讨论如何将你的本地计算机设置为一个进行PHP开发的Web服务器。不过最终仍需要一个在线Web服务器来上传完成的应用，以便其他人访问和使用你的应用。

必须有Web服务器软件（如Apache）才能将PHP脚本提供为Web页面。

MySQL数据库服务器通常与Web服务器软件安装在同一个计算机上——在这里就是你的本地计算机！

服务器计算机

在一个PHP开发环境中，你的本地计算机要作为运行PHP脚本的服务器计算机。

Web服务器

数据库服务器

PHP作为Web服务器的一部分安装，允许Web服务器运行PHP脚本。

找出你有些什么

安装PHP开发环境所需的任何软件之前，最好首先查看你已经安装了什么。下面来看这3个部分，并说明如何确定你的系统上已经有什么。

你的本地计算机的平台可能安装了不同的软件，而且在这方面往往存在很大差异。例如，Mac OS X会默认安装一个Web服务器，而大多数Windows计算机则没有。

说明： 这个附录涵盖Windows 2000、XP、Vista、Windows Server 2003/2008或其他32位Windows操作系统。对于Mac，则涵盖Mac OS X 10.3.x或更新版本。

你有Web服务器吗？

如果你在使用一个较新的PC或Mac，可能已经安装有一个Web服务器。要在这些系统上快速查看是否安装有Web服务器，可以打开一个浏览器窗口，在地址栏键入http://localhost。如果得到一个说明页面，这说明你的本地机器上安装并运行着Web服务器。

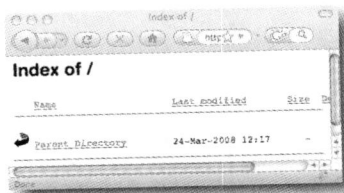

如果是一个Mac或Windows机器，并安装有Apache Web服务器，可能会看到这个页面。

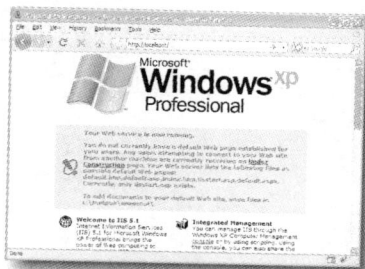

如果是一个安装了IIS的Windows机器，可能会看到这个页面。

有没有PHP？ 哪一个版本？

如果你有一个Web服务器，可以很容易地查看是否安装有PHP，以及所安装的版本。
创建一个名为info.php的新脚本，并在其中键入以下代码：

```
<?php phpinfo(); ?>
```

将这个文件保存到Web服务器使用的目录上。在Windows上通常是：

```
C: inetpub/wwwroot/
```

在Mac上，通常是以下目录：

```
/Users/yourname/sites/
```

尝试在你的浏览器中键入http://localhost/info.php来打开这个文件，倘若安装了PHP，你会看到以下页面：

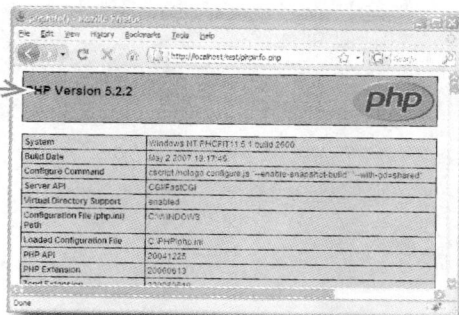

这是你安装的PHP的版本。

有MySQL吗？哪一个版本？

在Windows上，可以打开控制面板→管理工具→ 服务来查看：

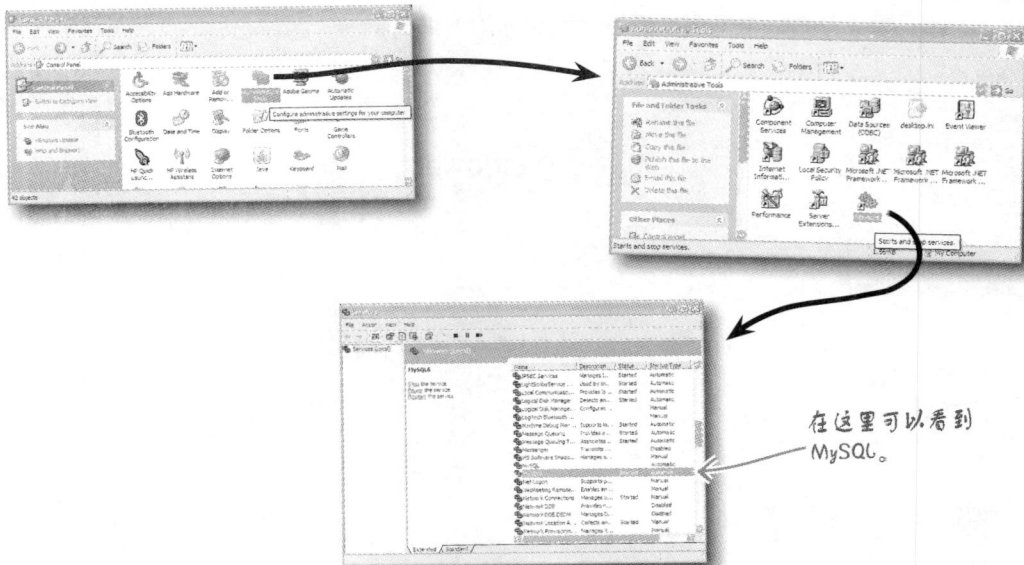

> 在这里可以看到
> MySQL。

要确定在Mac是否安装有MySQL，可以打开你的终端并键入以下命令：

```
cd /user/local/mysql
```

如果这个命令能工作，则说明已经安装了MySQL。要检查具体的版本，可以键入以下命令：

```
mysql
```

> MySQL终端也称为
> MySQL "监视器"。

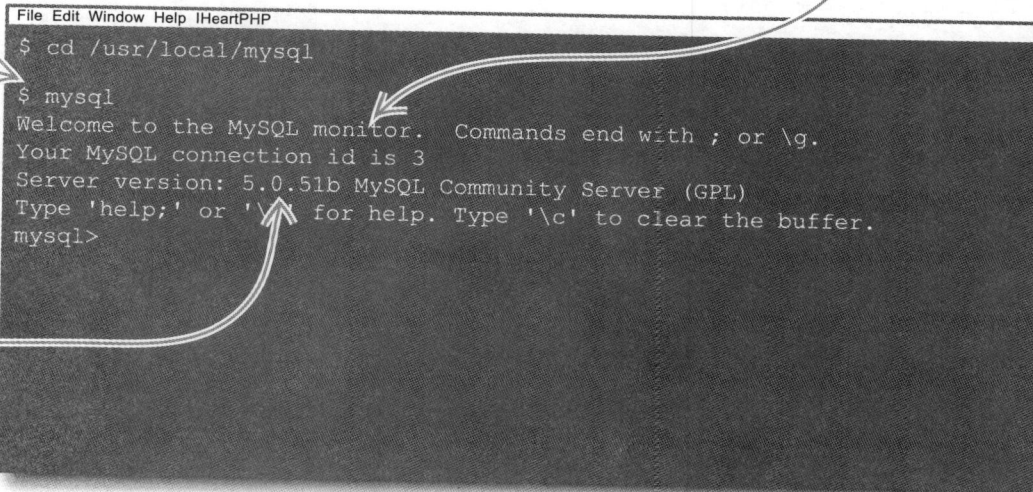

> 如果这个命令成功，说明已经安装了MySQL。

> 这里是所安装的MySQL的版本。

```
File Edit Window Help IHeartPHP
$ cd /usr/local/mysql

$ mysql
Welcome to the MySQL monitor.  Commands end with ; or \g.
Your MySQL connection id is 3
Server version: 5.0.51b MySQL Community Server (GPL)
Type 'help;' or '\h' for help. Type '\c' to clear the buffer.
mysql>
```

从Web服务器开始

取决于你的Windows版本，可以下载Microsoft的Internet信息服务器（Internet Information Server，IIS），或者下载开源的Apache Web服务器。如果需要Mac平台上的一个Web服务器，可以直接使用Apache，因为Mac上已经安装了这个Web服务器。

以下简要介绍如何在Windows上安装Apache：

访问http://httpd.apache.org/download.cgi

如果在使用Windows，建议你下载apache_2.2.9-win32-x86-no_ssl-r2.msi文件。完成下载并双击该文件之后，会自动为你安装Apache。

选择这个版本并在下载之后双击该文件。

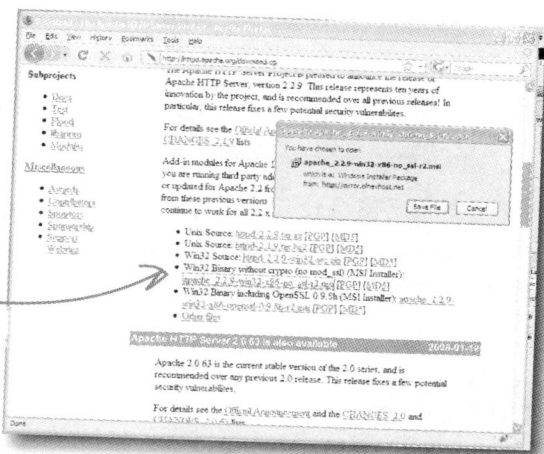

接下来你会看到安装向导。大多数指令都很简单明了，而且可以接受默认选择。

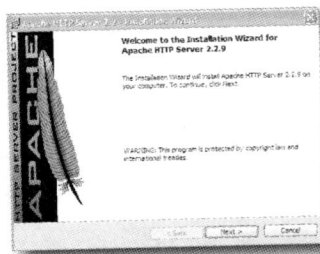

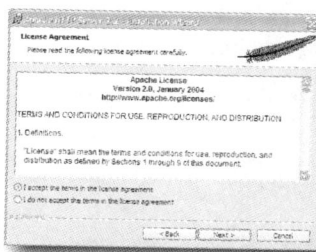

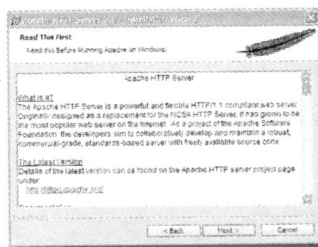

选择你的计算机所在的域。如果没有域，可以输入localhost。

最好选择典型安装选项。

通常可以选择默认目录来安装软件。

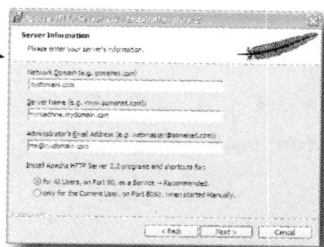

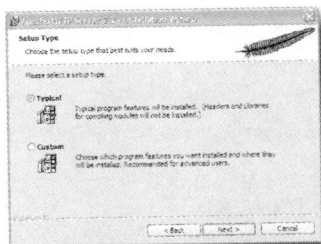

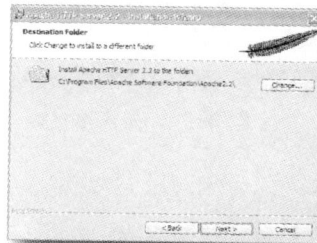

Apache安装……续

已经快要成功了。点击"安装"，等一分钟左右使安装完成。
大功告成了！

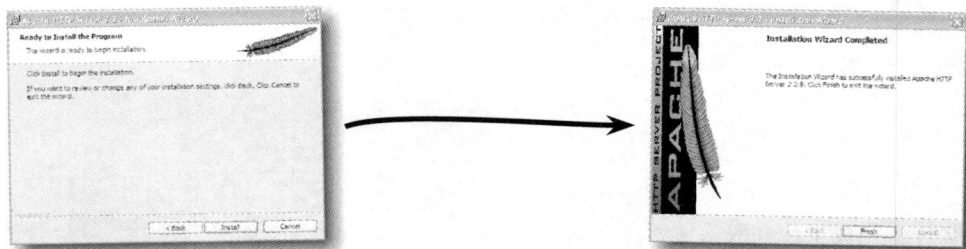

你的Web服务器会设置为启动计算机时自动启动。不过，可以使用服务面板加以控制，可以在控制面板→管理工具→服务对话框（现在它会出现在这个对话框中）中开始或停止这个服务。

PHP安装

访问http://www.php.net/downloads.php。

与Apache类似，如果在使用Windows，建议你下载Windows版本的安装程序php-5.2.6-win32-installer.msi。下载和双击该文件之后为你安装PHP。

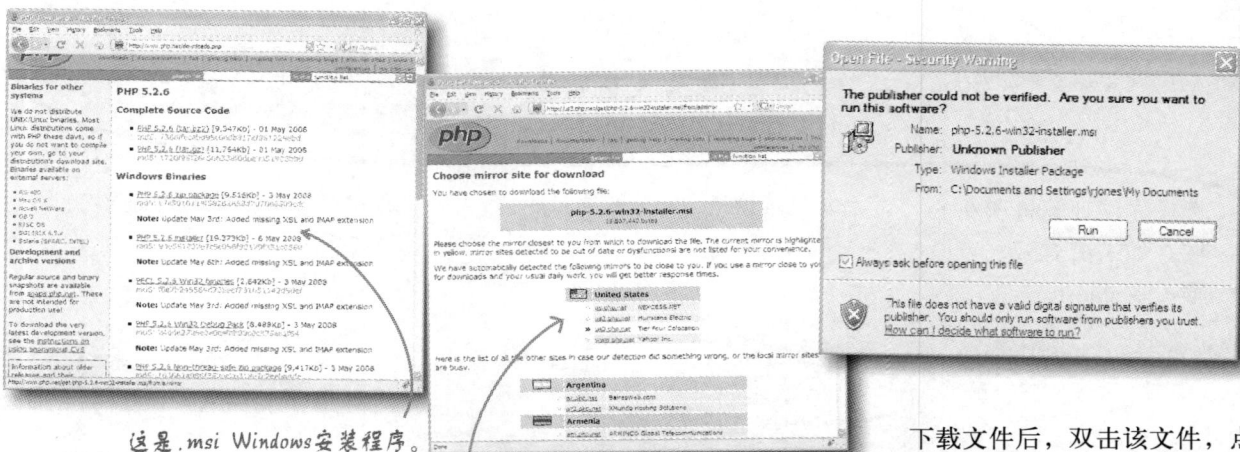

这是.msi Windows安装程序。

点击文件后，点击其中一个位置并下载。

下载文件后，双击该文件，点击 **Run**（运行）按钮开始安装。

PHP安装步骤

首先是一个基本启动屏幕。

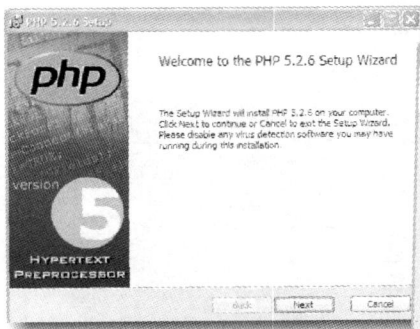

接受License Agreement （许可协定）继续安装。

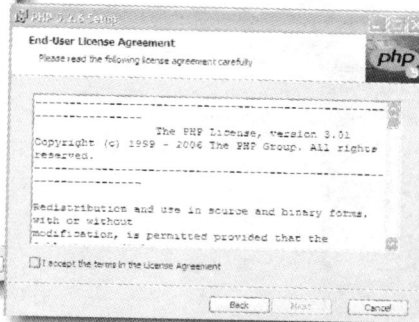

选择默认安装文件夹通常是一个很好的想法。

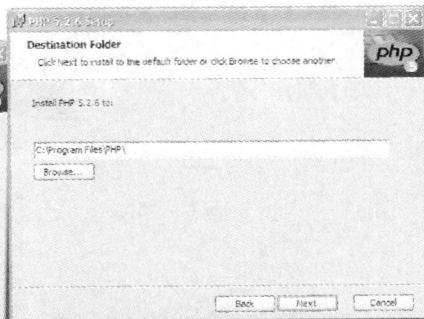

在这个屏幕上要当心。如果在使用Apache，要选择正确的版本。如果在使用IIS，可能要选择IISAPI模块。检查你的具体软件来确定到底需要什么。

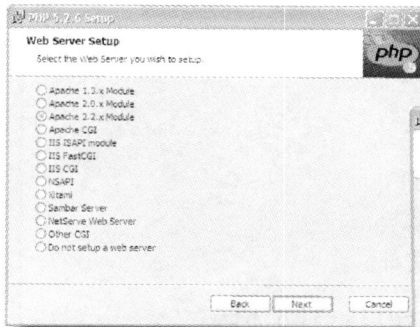

下一个屏幕也有些麻烦。需要向下滚动到*Extensions*下面，并选择*MySQLi*。这样一来，你就可以顺利使用本书中一直用到的内置PHP mysqli函数！

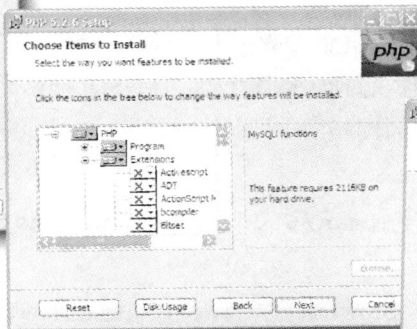

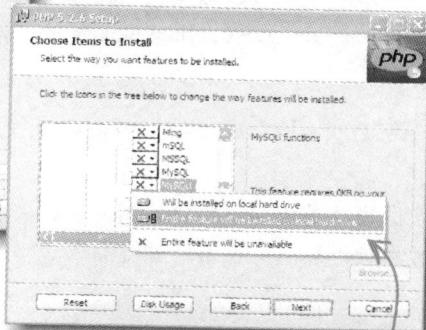

向下滚动到"Extensions"以下，并点击MySQLi。点击"Entire feature"（全部特性）选项。

PHP安装步骤……续

这就可以了。点击Install（安装），然后点击Done（完成）来关闭安装程序。

现在尝试在你的web浏览器中查看http://localhost/info.php文件，看看显示哪一个版本。

安装MySQL

说明和故障排除

还需要MySQL，所以下面完成MySQL的下载和安装。目前MySQL RDBMS服务器免费版本的官方名字是MySQL Community Server。

以下会给出Windows和Mac OS X上安装MySQL的步骤列表。不过，这绝对无法取代MySQL网站提供的周详说明，而且我们也强烈建议你去MySQL网站阅读有关说明！要了解更详细的说明和故障排除指南，可以访问这里：

6.0或更新版本。

http://dev.mysql.com/doc/refman/6.0/en/windows-installation.html

你肯定会喜欢前面提到的MySQL Query Browser。你可以在其中键入你的查询，并在软件界面中查看结果（而不是一个控制台窗口）。

Windows上安装MySQL的步骤

❶ 访问:

http://dev.mysql.com/downloads/mysql/6.0.html

并点击MySQL Community Server下载按钮。

可能必须向下
滚动一点。

得到5.0或更新
版本。

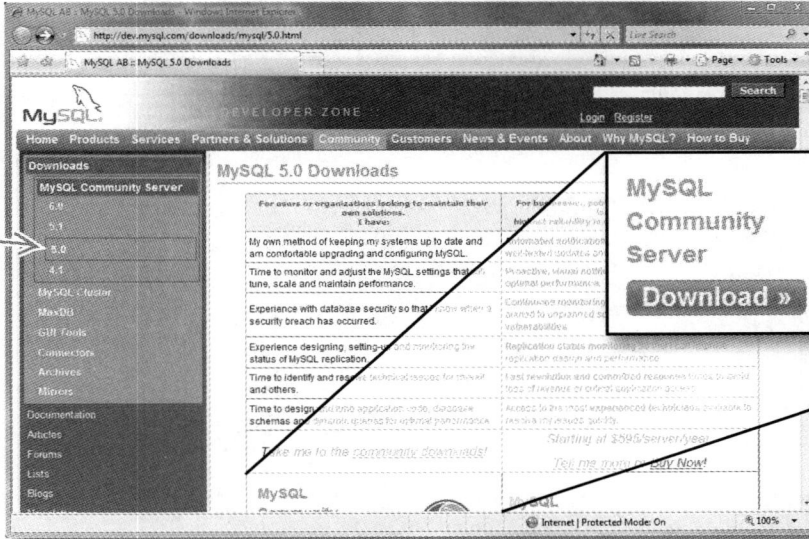

❷ 从列表中选择Windows。

最上面一个!

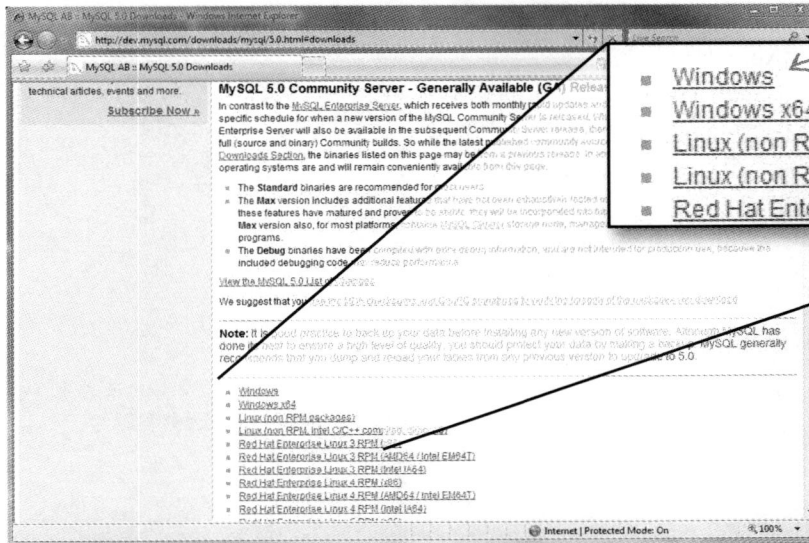

下载安装程序

❸ 在Windows上下载时，建议你选择Windows ZIP/Setup.EXE选项，因为它包含一个安装程序，可以大大简化安装。点击"Pick a Mirror"（选择一个镜像）。

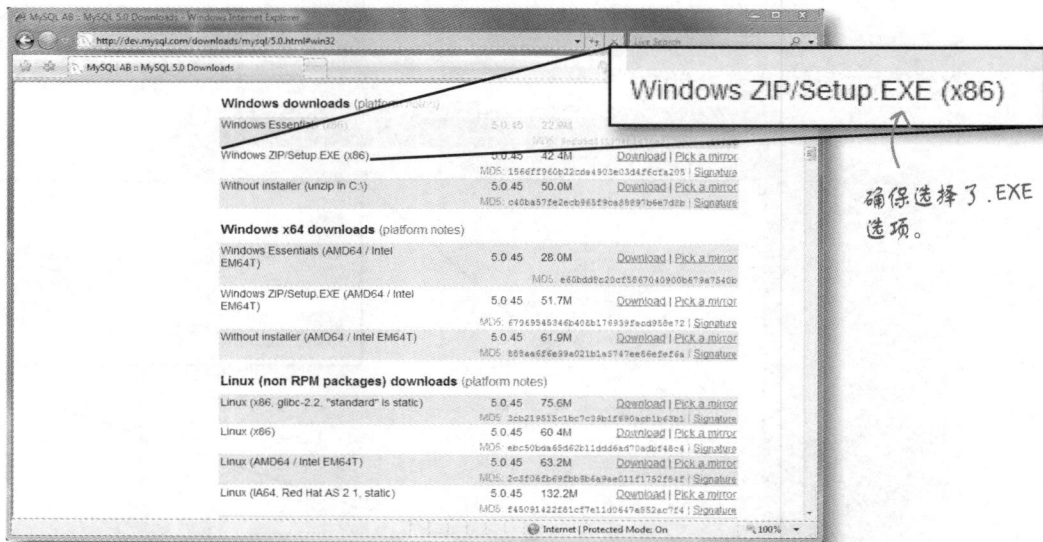

Windows ZIP/Setup.EXE (x86)

确保选择了.EXE选项。

❹ 你会看到一个位置列表，各个位置分别提供了一个可供下载的副本。选择离你最近的一个位置。

❺ 文件下载完成时，双击文件启动安装程序。接下来会通过安装向导完成安装过程。点击Next（下一步）按钮。

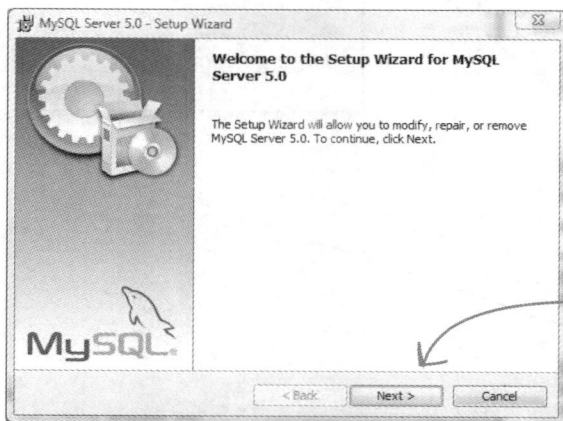

Welcome to the Setup Wizard for MySQL Server 5.0

The Setup Wizard will allow you to modify, repair, or remove MySQL Server 5.0. To continue, click Next.

双击文件安装向导对话框出现时，点击Next（下一步）按钮。

选择一个目标文件夹

❻ 会要求你选择Typical（典型安装）、Complete（完全安装）或Custom
（自定义安装）。要完成本书的工作，请选择Typical（典型安装）。

可以修改计算机上安装MySQL的位置，不过建议你仍保留默认位置：

`C:\Program Files\MySQL\MySQL Server 6.0`

点击Next（下一步）按钮。

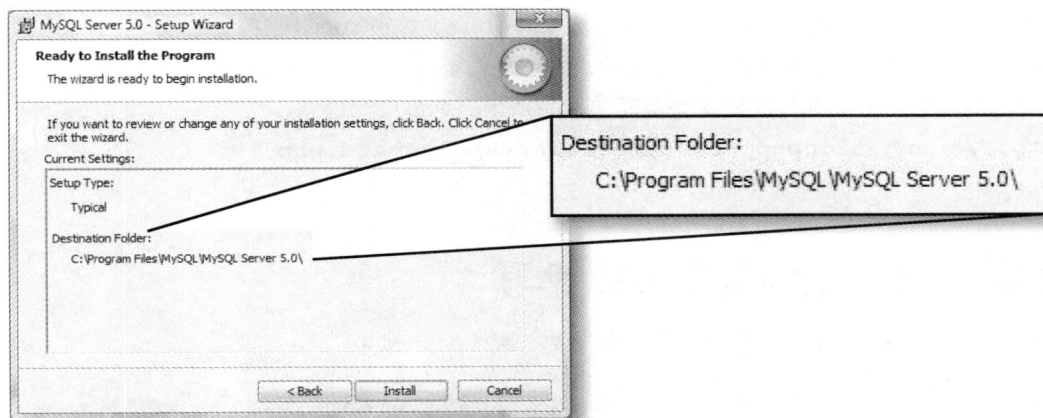

点击 "Install"（安装），你的工作就完成了！

❼ 你会看到*Ready to Install*对话框列出了*Destination Folder*

（目标文件夹）。如果你对这个目标文件夹感觉满意，可以点击*Install*（安装）。
否则，后退。更改目录，再返回到这个对话框。

点击*Install*。

Mac OS X上启用MySQL

Macs OS X 10.5+ (Leopard)上已经安装了PHP，不过默认情况下并没有启用。必须访问Apache主配置文件，取消一行代码的注释来启用PHP。这个文件名为http.conf，这是一个隐藏文件，位于Apache安装文件夹下。

你要寻找以下代码行，它前面有一个#符号，使这行代码成为一个注释：

```
#LoadModule php5_module          libexec/apache2/libphp5.so
```

需要去掉这个#符号，重启服务器来启用PHP。http.conf文档由"root"所有，这说明你必须输入你的口令才能修改这个文件。可能还需要调整php.ini文件以便Apache使用。有关如何完成这些步骤并启用PHP的更多详细信息，请访问**http://foundationphp.com/tutorials/php_leopard.php**。

Mac OS X上安装MySQL的步骤

如果你在运行Mac OS X服务器，应该已经安装了某个版本的MySQL。

开始之前，查看是否已经安装了某个版本。进入**Applications/Server/MySQL Manager**来检查。

❶ 访问：

http://dev.mysql.com/downloads/mysql/6.0.html

并点击MySQL Community Server Download（下载）按钮。

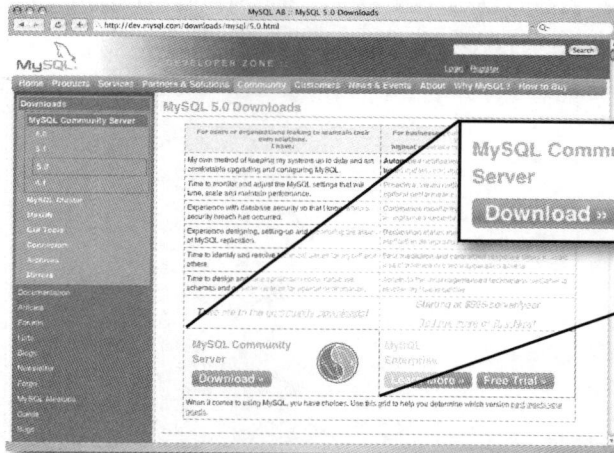

可能必须向下滚动一点。

❷ 从列表中选择Mac OS X (package format)。

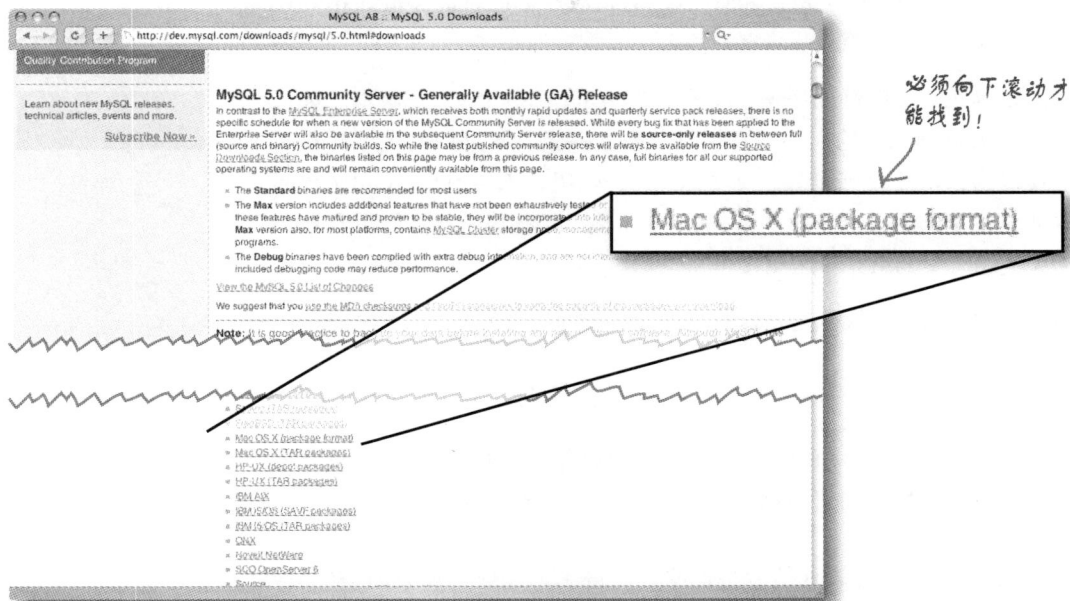

必须向下滚动才能找到！

❸ 针对你的Mac OS X版本选择适当的包。点击Pick a Mirror（选择一个镜像）。

❹ 你会看到一个位置列表，这些位置提供了可供你下载的一个副本。选择离你最近的一个位置。

❺ 文件下载完成时，双击文件启动安装程序。现在可以在你的Mac上打开一个终端窗口，并键入：

```
shell> cd /usr/local/mysql
shell> sudo ./bin/mysqld_safe
```

（如果必要，输入你的口令）

（按下 Control-Z）

```
shell> bg
```

（按下 Control-D 或输入exit退出shell）

如果在使用GUI工具，如phpMyAdmin，可以查看文档来了解MySQL成功安装后如何访问。

从开发网站转向实际网站

你已经花了几天甚至几个星期的时间开发你的网站，觉得它已经准备就绪可以投入实用了。要把你的PHP和MySQL网站从本地计算机移植到Web上，这需要一点规划，还需要一些特定的技术。

首先，需要确保存放网站的服务器上有你期望的PHP和MySQL版本。如果没有，可能需要调整你的代码与其提供的版本一致。本书中的大多数代码都是可移植的，不过你可能需要改造你的PHP代码，仍然使用mysql函数而不是本书中使用的mysqli函数。如果还有问题，请查看"（我们没有谈到的）十大主题"中的#1来了解更多信息。

如果你的实际网站上的软件是兼容的，那么移植网站很简单。步骤如下：

1. 从生产服务器将PHP文件上传到实际服务器的Web目录。保证文件结构不变，确保没有漏掉之前可能创建的文件夹（存放所包含的文件）。

> 你的PHP文件需要通过FTP传送到实际网站的Web目录。

2. 完成数据库转储（稍后将说明），得到创建数据库表所需的MySQL语句，以及将数据从生产服务器上的表移植到实际服务器上的表所需的INSERT语句。

> 需要得到表结构和表中存储的数据。方法请见这里：

3. 登录到实际数据库，可以运行CREATE和INSERT MySQL语句将数据从你的本地网站移植到实际网站。

> SQL转储会提供CREATE TABLE语句和INSERT语句的具体语法。

4. 修改PHP文件中的数据库连接代码，指向实际数据库服务器。如果没有做此修改，实际代码就会尝试连接你的生产网站而无法正常连接。

> 修改那些mysqli_connect()语句，指向与实际网站关联的MySQL服务器，同时提供正确的用户名和口令以保证连接。

转储数据（和数据库表）

你已经通过FTP将PHP文件传送到实际服务器，不过你的数据还没有存放到实际网站的MySQL服务器上。由于表中装满了数据，所以把它们移植到另一个MySQL服务器上可能很让人头疼。幸运的是，随MySQL还提供了一个MySQLdump程序，利用这个程序可以很容易地重新创建CREATE TABLE语句，进一步重建你的数据库表，另外可以基于数据库表中的数据重新创建所有INSERT语句。只需使用MySQLdump程序就可以完成所有这些工作。要建立数据的一个副本以便移植到另一个MySQL服务器，可以在你的终端中键入以下命令：

```
File  Edit  Window  Help  DumpYourData
$ mysqldump
Usage: mysqldump [OPTIONS] database [tables]
OR     mysqldump [OPTIONS] --databases [OPTIONS] DB1 [DB2 DB3......]
OR     mysqldump [OPTIONS] --all-databases [OPTIONS]
For more options, use mysqldump --help

$mysqldump riskyjobs jobs > riskyjobstable.sql
```

这会把jobs表的相应CREATE TABLE语句发送到刚创建的riskyjobsttable.sql文本文件。如果省略>riskyjobstable.sql部分，这些CREATE TABLE和INSERT语句会飞速显示，你会看到终端屏幕一直向下滚动。你可以尝试看看我们说的是什么意思。如果只是这样则用处不大，不过你会看到所有数据确实按照INSERT语句的格式快速飞过。

如果利用大于号将所有这些数据发送到你的新文件，可以得到该文件，并使用其内容作为托管网站上的MySQL查询来移动你的数据库表和数据。

准备使用转储数据

接下来在实用MySQL服务器上运行一个CREATE   DATABASE语句开始移动数据。然后在这个新数据库上运行一个USE   DATABASE。现在可以从你的生产服务器向实际服务器移植数据了。

将转储数据移动到实际服务器

你已经创建了一个名为riskyjobstable.sql的文件，其中包含创建数据库表以及在其中插入数据的MySQL语句。文件riskyjobstable.sql可能如下：

riskyjobstable.sql

这些都是注释，可以将其忽略。

```
-- MySQL dump 10.11
--
-- Host: localhost    Database: riskyjobs
-- ------------------------------------------------------------
-- Server version    5.0.51b

/*!40101 SET @OLD_CHARACTER_SET_CLIENT=@@CHARACTER_SET_CLIENT */;
--
-- Table structure for table `jobs`
--
```

创建这个表时，如果你很清楚不存在一个名为"jobs"的表，可以忽略这个命令。

mysqldump在完成一个CREATE和INSERT之前总是写一个DROP语句全新开始。

```
DROP TABLE IF EXISTS `jobs`;
CREATE TABLE `jobs` (
  `job_id` int(11) NOT NULL auto_increment,
  `title` varchar(200) default NULL,
  `description` blob,
  `city` varchar(30) default NULL,
  `state` char(2) default NULL,
  `zip` char(5) default NULL,
  `co_id` int(11) default NULL,
  PRIMARY KEY  (`job_id`)
) ENGINE=MyISAM AUTO_INCREMENT=14 DEFAULT CHARSET=utf8;
```

这里是CREATE TABLE语句。

```
--
-- Dumping data for table `jobs`
--
```

可以忽略这个LOCK语句，从INSERT语句开始复制粘贴。

```
LOCK TABLES `riskyjobs` WRITE;
/*!40000 ALTER TABLE `riskyjobs` DISABLE KEYS */;
INSERT INTO `riskyjobs` VALUES (8,'Custard Walker','We need
people willing to test the theory that you can walk on
custard.\r\n\r\nWe\'re going to fill a swimming pool with
custard, and you\'ll walk on it. \r\n\r\nCustard and other
kinds of starchy fluids are known as non-Newtonian fluids.
They become solid under high pressure (your feet while you
walk) while remaining in their liquid form otherwise.\r\n\r\
nTowel provided, own bathing suit, a must.\r\n\r\nNote: if
you stand on for too long on the custard\'s surface, you will
slowly sink. We are not liable for any custard sinkages;
```

Mysqldump建立一个INSERT语句，在表中插入每一行。

取.sql文件的全部文本，将其粘贴到你的MySQL终端，或者MySQL图形客户程序（phpMyAdmin）的查询窗口。

这会执行文件中的查询。对于这一页上的例子，转储文件包含一个CREATE TABLE语句和一个INSERT语句。除此以外，转储文件还告诉你的MySQL服务器要删除所有现有的表，另外当你使用INSERT插入新数据时会锁定（LOCK）这个表（阻止其他人使用）。

连接到实际服务器

你已经把PHP文件移动到实际网站。而且已经由**mysqldump**得到了一些CREATE TABLE语句和一个庞大的INSERT语句（从而可以得到表结构和数据），并在实际Web服务器上运行了这些语句，所以数据已经完成移植。

还剩下一个小步骤。通过FTP传送到实际网站的PHP代码原先并非连接到你的实际MySQL服务器。

需要修改**mysqli_connect()**函数中的连接串，指向你的实际MySQL服务器。PHP代码中任何调用**mysqli_connect()**函数的地方都需要加以修改。

```
$dbc = mysqli_connect('localhost', 'myusername', 'mypassword', 'mydatabase')
  or die('Error connecting to MySQL server.');
```

这是实际网站的名或IP地址。只有当MySQL服务器与PHP页面在同一台机器上时这才是"localhost"。

这是允许你连接到实际MySQL服务器的用户名和口令。

这是实际服务器上创建的数据库的名。

大功告成!

■ 已经将你的PHP文件复制到Web服务器。

■ 已经将你的数据库表和数据转储到一个.sql文件中。

■ 已经在你的实际MySQL服务器上运行了.sql文件中的查询。

■ 而且已经修改了PHP文件来调用你的实际MySQL服务器数据库。

现在你的网站应该可以投入实际使用了!

附录iii: 扩展PHP

还可以更多

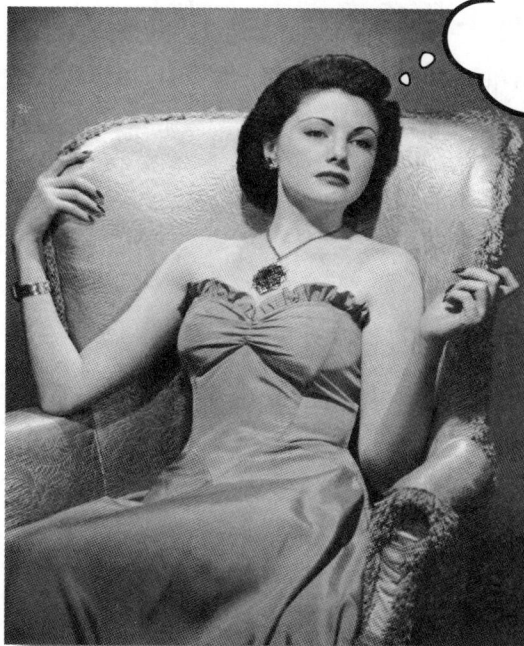

> 我知道我已拥有美丽与聪慧兼备的女人所需要的一切，不过这还不够。

是的，你可以用PHP和MySQL编程，创建非常棒的Web应用。不过你知道肯定还不止这些。这个简短的附录会展示如何安装mysqli扩展和GD图形库扩展。我们还会提到另外一些你可能想得到的PHP扩展包。因为有时要得更多没有坏处。

扩展PHP

这本书讨论了在Windows上同时安装mysqli和GD模块。这一节中，我们将介绍如何查看已经安装有哪些模块，如果还没有又将如何得到GD或mysqli模块，以及如何在Windows上安装。遗憾的是，在一个Mac或Linux系统上安装这些模块有些麻烦。有关的更多内容见本附录最后。

> 注意：这个附录涵盖Windows 2000、XP、Vista、 Windows Server 2003/2008或其他32位Windows操作系统。

如果你在使用Windows，那么你很幸运

你的计算机上可能已经安装有mysqli和GD模块。即使没有，增加这些模块也相当容易。我们将介绍如何查看已经拥有哪些模块，如果缺少其中一个模块又该如何得到，以及如何激活一个或两个模块。

首先查看你有些什么。

❶ 首先，确定你的系统上是否有GD或mysqli。为此，先导航到安装这些PHP扩展包的目录。它们通常都在C:/PHP/ext目录下，不过你的机器上的具体路径可能有所不同。打开ext目录，查找php_gd2.dll和php_mysqli.dll。一般地，PHP 5及以后版本中都已经安装了这些模块，只需激活即可。如果你已经有这些模块，那么很好，可以直接转向第3步。如果没有，请看第2步。

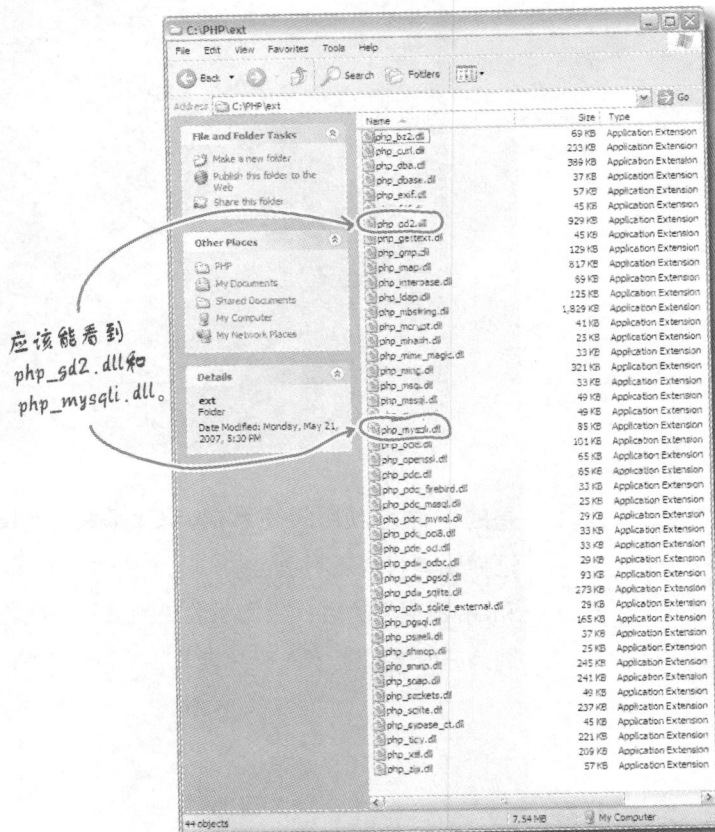

应该能看到
php_gd2.dll和
php_mysqli.dll。

❷ 如果没有`php_mysqli.dll`或`php_gd2.dll`，必须得到相应模块。你的机器上很可能已经有这两个DLL，不过如果没有，可以在`http://www.libgd.org/Downloads`找到`php_gd2.dll`。下载这个DLL，把它复制到PHP安装目录下的`ext`文件夹。在我们的例子中，它位于`C:/PHP/ext`。

另外可以从MySQL.com得到mysqli扩展包。首先，浏览`http://www.mysql.com`。点击Downloads（最上面）→Connectors（左菜单）→ MySQL native driver for PHP →Download php_mysqli.dll for PHP 5.2.1 (Windows)（确保这正是你的版本）。

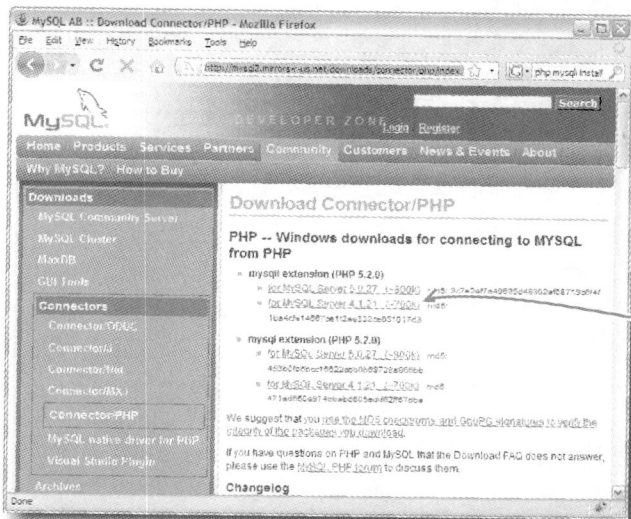

得到mysqli的版本以匹配你的PHP版本。

❸ 现在已经将`php_mysqli.dll`和`php_gd2.dll`复制到你的`/PHP/ext`文件夹。需要指示`php.ini`文件使用这些DLL。为此，浏览到它所在的目录，在一个文本编辑器中打开这个文件。

有时你的PHP最后会安装在Program Files\PHP目录。找到php.ini文件，打开这个文件完成下一步。

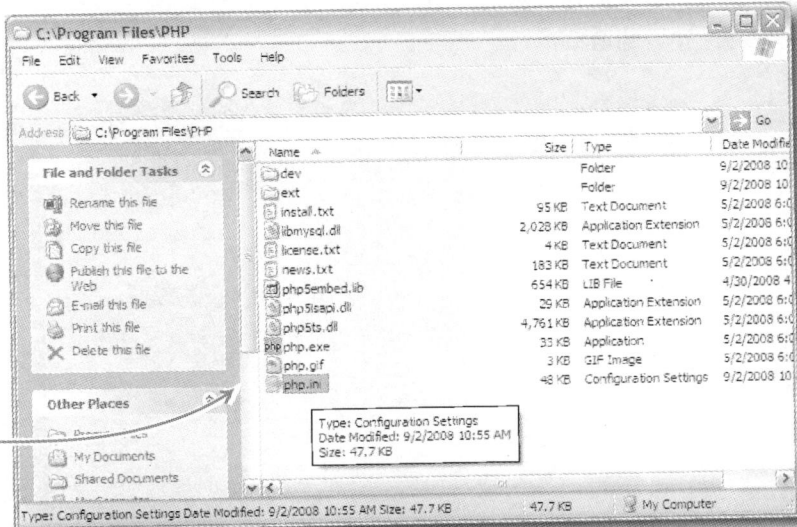

❹ 在php.ini文件中查找，找到下面这些
代码行：

    extension=php_gd2.dll

和

    extension=php_mysqli.dll

如果这些代码行前面有分号（；）或#，
这说明它们被作为注释。将这些符号去
掉，并保存文件。

*如果这两行代码前面有分号，将
它们去掉。然后保存你的文件。*

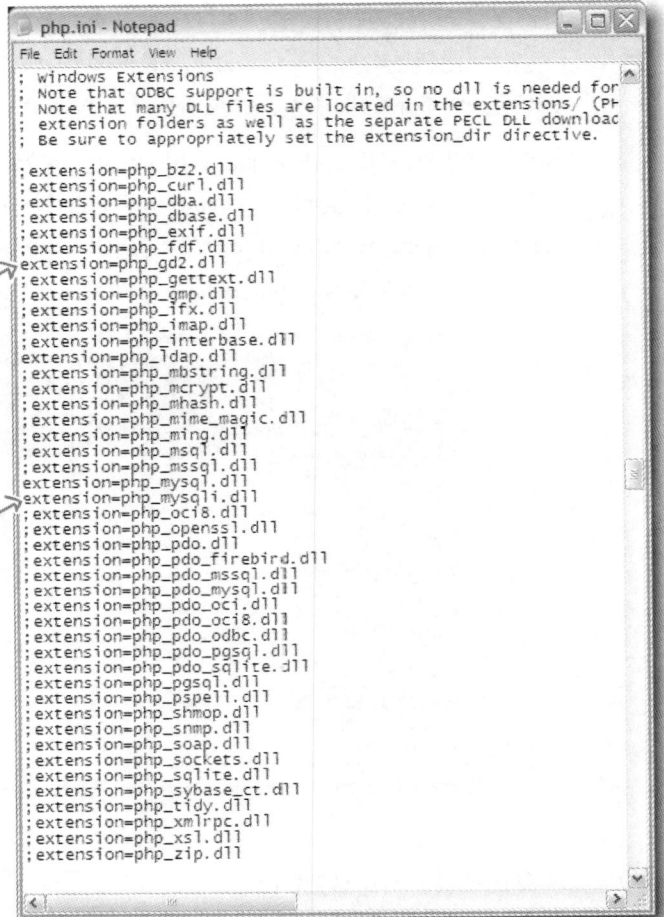

❺ 最后一步是重启你的Apache Web服务器，
使得对php.ini文件所做的修改生效。
为此，进入Windows控制面板，双击管
理工具，然后点击服务。你会看到下面
的窗口：

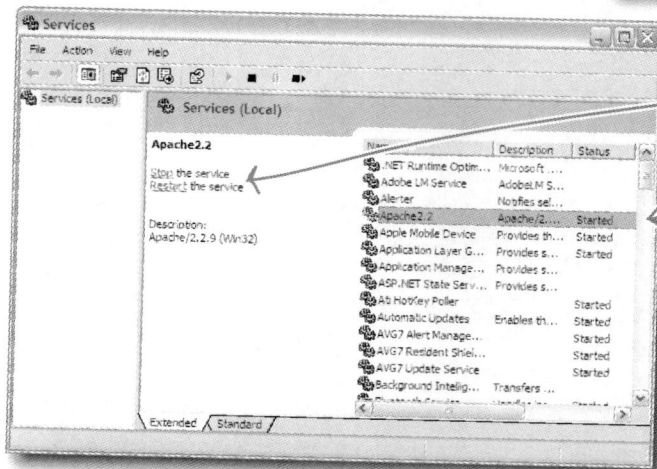

```
php.ini - Notepad
File  Edit  Format  View  Help

; windows Extensions
; Note that ODBC support is built in, so no dll is needed for
; Note that many DLL files are located in the extensions/ (PH
; extension folders as well as the separate PECL DLL downloac
; Be sure to appropriately set the extension_dir directive.

; extension=php_bz2.dll
; extension=php_curl.dll
; extension=php_dba.dll
; extension=php_dbase.dll
; extension=php_exif.dll
; extension=php_fdf.dll
extension=php_gd2.dll
; extension=php_gettext.dll
; extension=php_gmp.dll
; extension=php_ifx.dll
; extension=php_imap.dll
; extension=php_interbase.dll
extension=php_ldap.dll
; extension=php_mbstring.dll
; extension=php_mcrypt.dll
; extension=php_mhash.dll
; extension=php_mime_magic.dll
; extension=php_ming.dll
; extension=php_msql.dll
; extension=php_mssql.dll
extension=php_mysql.dll
extension=php_mysqli.dll
; extension=php_oci8.dll
; extension=php_openssl.dll
; extension=php_pdo.dll
; extension=php_pdo_firebird.dll
; extension=php_pdo_mssql.dll
; extension=php_pdo_mysql.dll
; extension=php_pdo_oci.dll
; extension=php_pdo_oci8.dll
; extension=php_pdo_odbc.dll
; extension=php_pdo_pgsql.dll
; extension=php_pdo_sqlite.dll
; extension=php_pgsql.dll
; extension=php_pspell.dll
; extension=php_shmop.dll
; extension=php_snmp.dll
; extension=php_soap.dll
; extension=php_sockets.dll
; extension=php_sqlite.dll
; extension=php_sybase_ct.dll
; extension=php_tidy.dll
; extension=php_xmlrpc.dll
; extension=php_xsl.dll
; extension=php_zip.dll
```

选择Apache，然后点击Restart链接。

点击**Apache**服务，然后从左边的
菜单点击**Restart**。下一次试图使用
GD或mysqli函数时，它们就能正
确地工作了。

在Mac上……

遗憾的是，这要稍微困难一些。在Mac上增加模块意味着需要重新编译PHP源代码，并传入参数来加入你想要的模块。Mac操作系统与PHP版本可能的组合太多，所以无法在这个简短的附录中全部涵盖。有一个非常棒的指南可以帮助你安装GD模块，可以在这里找到：

`http://macoshelp.blogspot.com/2008/02/adding-gd-library-for-mac-os-x-leopard.html`

只有当OS X版本正确(Leopard)而且PHP版本正确（版本5）时它才能正常工作。如果没有合适的版本，或者这里的说明不适用你的情况，可以进一步研究这个网站以及原GD网站`http://www.libgd.org/`上的评论，得到针对你的OS X和PHP版本的更具体更详细的安装说明。

要为Mac版本的PHP增加mysqli，这也意味着需要重新编译PHP，要得到有关帮助，建议你参考以下说明：

`http://dev.mysql.com/downloads/connector/php-mysqlnd/`

要记住，只有当你试图在Mac上的一个Web服务器上运行时，如一个本地开发服务器，安装GD和mysqli扩展包才存在这种复杂性。不过，如果只是使用一个Mac来编写PHP代码，而在另外一个服务器上传和测试，则不存在问题。

索引

E

Q

R